第三届满通古斯语言文化国际研讨会
暨满通古斯"一带一路"学术讨论会论文集

"一带一路"战略及东北亚研究

朝克 主编

社会科学文献出版社
SOCIAL SCIENCES ACADEMIC PRESS (CHINA)

目 录

第三届满通古斯语言文化国际研讨会暨满通古斯"一带一路"学术讨论会开幕式主题发言

满通古斯诸民族语言文化与"一带一路" ………………… 朝　克 / 003
少数民族文化对我国文化建设的贡献 …………………… 朝戈金 / 007
"一带一路"与高层人才的培养 …………………………… 黄晓勇 / 010

语言文字部分

中国濒危民族语言文字的保护及学术价值 ……………… 朝　克 / 017
试论锡伯语口语和书面语的关系 ………………………… 贺元秀 / 036
通古斯鄂温克人"双语"运用历史与现状 ………………… 李·蒙赫达赉 / 041
关于新中国成立前的蒙古语言政策研究 ………………… 曹道巴特尔 / 047
浅议鄂伦春族氏族名称中的"依尔"
　　——鄂伦春族族源探识 ………………………………… 恩和巴图 / 054
满语、赫哲语、锡伯语及文化现状分析 …………………… 赵阿平 / 057
柯尔克孜族语言文字的传承、发展及研究现状
　　………………………… 阿地里·居玛吐尔地　托汗·依萨克 / 067
论我国蒙古语族语言与突厥语族语言词汇的比较研究
　　………………………………………………………… 高·照E格图 / 089
关于敖鲁古雅鄂温克语名词类词中形容词的级形态
　　变化现象 ………………………………………………… 翁建敏 / 096
满语在满族说部中的遗存 ………………………………… 高荷红 / 105
蒙古语布里亚特方言亲属称谓简析 ……………………… 哈申格日乐 / 113

阿旺丹德尔《诗镜三品之引喻·智者项饰珍珠美鬘》两种
　　蒙译版本研究 ………………………………………… 彩　云 / 120
关于满通古斯语言与汉语音韵对应词的分析 ………… 高晶一 / 131
17 世纪末至苏联解体前俄罗斯埃文基语研究 ………… 张英姿 / 136
论杜拉尔鄂温克语级形态变化现象 …………………… 娜　佳 / 143
满语渔猎词汇特点探析 ………………………………… 崔宝莹 / 152
论蒙英翻译中句型结构关系 …………………………… 凯　琳 / 164
试探现代哈萨克语同形多义问题 ……………… 阿热依·邓哈孜 / 172
《黑龙江舆图》及其图说中满语地名探源 …………… 周　赫 / 181
满语服饰词语文化语义研究 …………………………… 石文蕴 / 188
Adjectives Denoting Character Traits in Evenki Language
　　………………………………………………… Andreeva T. E. / 201
A Study on Word Final-n in the Manchu Dictionaries Transcript in
　　Chinese and Korean Scripts of the Qing Dynasty ……… Jin Hui / 206

文学文化部分

鄂温克族自治旗伊敏苏木苇子坑嘎查萨满文化论析 … 汪立珍 / 221
鄂伦春族人类起源神话母题类型与特征分析 ………… 王宪昭 / 227
"一带一路"视域下的文化景观与文化记忆
　　——基于湖北远安嫘祖传说的考察 ……………… 毛巧晖 / 238
"一带一路"与全新的世界文学地图 ………………… 刘大先 / 247
论移民文学发展变化及朝鲜族民族认同 ……………… 张春植 / 253
加强中哈两国文化交流与共同振兴"一带一路"经济带 … 黄中祥 / 261
伊玛堪与赫哲族族称的演变 …………………………… 郝庆云 / 266
浅论藏族史诗《格萨尔王传》谚语的分类及特点 …… 甲央曲正 / 273
"一带一路"视野下对骆越海上文化的重新认识 …… 李斯颖 / 280
"追魂—弃魂"与《尼山萨满》传说的形成 ………… 吴　刚 / 289
文化自觉意识及艺术节文化主体的认同 ……………… 刘　晓 / 298
试论满通古斯诸民族神话的道德观念及功能 ………… 卜晶磊 / 305

论鄂温克神话的环保意识 …………………………………… 伊兰琪 / 313
论满族说部的平民英雄叙事模式 …………………………… 明　阳 / 319
论满族说部传承危机及其重建 ……………………………… 邵丽坤 / 325
史诗《乌布西奔妈妈》与《阿黑西尼摩》文化意蕴比较
　　……………………………………………………………… 吉羑小明 / 336
鄂温克族狩猎叙事的复言
　　——记忆与遗忘 ………………………………… 娜　敏　白　鹭 / 347
中国通古斯诸语族的文化保护与文艺创作 ………………… 李　震 / 357
论鄂伦春族、鄂温克族、达斡尔族神话产业发展途径 …… 杨金戈 / 374
浅析印第安创世神话中恶作剧者的形象 …………………… 黄诜坚 / 380
鄂温克语地名文化探析 ……………………………………… 乌日乌特 / 384
驯鹿鄂温克、鄂伦春、赫哲族剪纸传承现状分析 ………… 王　纪 / 389
传承满族语言文字与弘扬中华民族文化 …………………… 谢文香 / 396
萨满信仰与生态环保 ………………………………………… 希德夫 / 402
当代鄂伦春族"摩苏昆"研究 ……………………………… 张文静 / 418
有关伊玛堪研究 ……………………………………………… 周伟伟 / 422

社会历史部分

社会经济转型与鄂伦春族的生存发展 ……………………… 刘晓春 / 433
清代伊犁索伦营简述 ………………………………… 涂格敦·柳华 / 445
铁器在古代赫哲族社会的应用 ……………………………… 杨　光 / 450
辛亥革命时期内蒙古革命斗争浅析 ………………… 赵图雅　斯琴高娃 / 459
鄂温克族传统文化与旅游经济简论 ………………………… 塔　林 / 464
达斡尔人的祖先神"霍卓尔·巴日肯"的结构类型探析 …… 孟盛彬 / 467
关于白英和曹香滨鄂伦春题材艺术作品的几点思考 ……… 李　杰 / 475
关于使鹿鄂温克人的称呼问题 ……………………………… 龚　宇 / 481
论清代喀尔喀地区书吏培养制度 …………………………… 锡　莉 / 485
达斡尔、鄂温克、鄂伦春"三少民族"文献数据库建设实践探讨
　　……………………………………………………………… 莫　德 / 490

关于巴尔虎蒙古族草牧场产权观念的分析 ·················· 塔米尔 / 496

国内产业转移对区域经济的影响 ······················· 孙涧桥 / 505

A Study on the Cooperation for the Integration of the Land Transport and
　　Logistics among East Asian Countries ············ Eom，Woon Yong / 513

Summer Tourism in Aoluguya: Reindeer Evenkis' Mobile and Economic
　　Strategies ································· Aurore Dumont / 517

第三届满通古斯语言文化国际研讨会暨满通古斯"一带一路"
　　学术讨论会综述 ································· 朝　克 / 529

第三届满通古斯语言文化国际研讨会暨满通古斯"一带一路"学术讨论会开幕式主题发言

满通古斯诸民族语言文化与
"一带一路"

朝 克

（中国社会科学院民族文学研究所党委书记，研究员）

尊敬的先生们、女士们：

　　大家好！今天我们在这里隆重召开由中国社会科学院民族文学研究所主办、内蒙古呼伦贝尔学院与呼伦贝尔民族历史文化研究院协办的"第三届满通古斯语言文化国际研讨会暨满通古斯'一带一路'学术讨论会"。大家还记得 2001 年 8 月和 2004 年 8 月我们先后两次在呼伦贝尔大草原的美丽城市海拉尔召开过第一届、第二届国际满通古斯学术研讨会，从哲学社会科学的角度广泛、深入、科学地讨论过以满族、锡伯族、鄂温克族、鄂伦春族、赫哲族为核心的我国满通古斯诸民族，以及俄罗斯远东和西伯利亚地区通古斯诸民族，蒙古国的察嘎坦通古斯人、日本的乌依拉塔通古斯人，讨论还包括蒙古族、达斡尔族等阿尔泰诸民族，还包括朝鲜人和日本人，北欧的萨米人等生活在东北亚及北极圈的诸民族的语言文字、文学艺术、历史考古、宗教信仰、经济社会、民俗文化、思想教育以及体质人类学等方面的诸多学术问题。这些都很大程度上推动了国际满通古斯学及其相关学术研究事业。同时，也充分展示了我国在满通古斯学领域已有的学术地位和强盛发展趋势，也提高了我们在该学术领域的话语权及学术权威性。那么，时隔十一年，满通古斯学术界及相关学术领域的专家学者再次在这里相聚，共同交流在这十余年的岁月里获得的学术探索、学术思考、学术成果及理论观点。这对满通古斯学术界及相关学术领域而言又是一次学术盛会，在此非常感谢不远万里、不辞辛苦远道而来的国外专家学者，也非常感谢在百忙之中从祖国各地来参会的专家学者，对于大家的到来表示最诚挚的感谢和最崇高的敬意。因为大家的到来，大家的参与，国际满通古斯学术讨论会才得以按计划顺利地召开。为此，向大家表示感谢！

大家知道，"通古斯"早在《中国通史纲要》第一册第41页就有相应解释。例如，"东北就是指东胡，东胡就是通古斯"，并强调说辽河流域的高句丽人也属东胡。中国史书《东夷传》记载历史上"东夷人"是指居住在包括东蒙及朝鲜半岛的古亚洲地域的通古斯人。法国汉学家列木萨特（Remusat）在1823年出版的《塔塔尔语》一书中提出，中国早期所说的通古斯人应该是当今的满族及东北与西伯利亚地区的诸民族。后来德国的汉学家，克拉普罗特（Julisu Klaproth）也认为，古代通古斯是指与东胡有关的诸民族，而且要涉及肃慎、挹娄、勿吉、靺鞨、室韦、兀里阳海、渤海、契丹、女真等族群。英国汉学家帕克尔（Parker）于1895年在有关论述"通古斯"概念的学术成果里也指出"古代匈奴东面的民族就是东胡（通古斯），其中除了鞑靼人之外，还有高丽人、土库曼人、阿富汗人及一部分叙利亚人、印度人和波斯人，是指用梵语和叙利亚语的人们，应该是指高丽人和满族人的祖先"。再后来，西方学者认为"东胡"就是"通古斯"。我国史学家梁启超也认为"东胡"就是"通古斯"的译写，他还认为古代通古斯人的广义概念应该包括蒙古人，狭义概念包括我国东北三省，朝鲜半岛的肃慎、挹娄、勿吉、靺鞨、高句丽、渤海、契丹、女真人等。《松花江下游的赫哲族》一书也说"通古斯就是指古代的东胡、鲜卑、肃慎、后来的女真和满洲人"，也就是说，广义的"通古斯"概念应该涵括阿尔泰诸民族的先民以及韩国、日本、朝鲜等东北亚诸民族的先民。狭义的"通古斯"应该说是指中国的满通古斯诸民族，俄罗斯西伯利亚通古斯诸民族，日本的乌依拉塔人以及蒙古国的察嘎坦人等历史上使用过满通古斯诸语言或至今还在使用满通古斯诸语言的民族或族群。

有关"通古斯"一词的解释，早在1736年法国汉学家杜哈勒德（Du Halde）就提出，居住在贝加尔湖的人被称为"通古斯"可能是17世纪末之前的事情。有些西方专家也认为，早期西伯利亚诸民族把"本土人"称之为Dunki，它接缀复数人称形态变化语法词缀后就会变成dunkis，而"通古斯"一词也许由此而来，原有的dunkis演变为tunkis和后来的tunkus。同时，一些早期专家也认为"通古斯"这一称谓与鞑靼人将"海"称为tinkis有关。也有人认为由于在西伯利亚有叫tungus的姓氏家族，因此"通古斯"可能是指他们的后代。另外，移居靠近贝加尔湖地区的与土耳其相关的雅库特人把"吃野猪肉的人"称为tungus"通古斯人"，因此，也有人认为"通古斯"一词由此而来。

我国专家将"通古斯"这一称谓解释为，早期生活在西伯利亚"通古斯喀"河边的人们，"通古斯喀"河指的是"清澈透明的河"。这种说法与阿尔泰语系诸民族常说的 tungu"沉淀"、tungun"沉淀物"、tungulag"清澈的、明朗的"等说法有关。自古以来无论是生活在山林，还是游牧在草原的原住民，均有习惯于以山川、河流等命名祖先称谓的习俗。满通古斯诸民族尤其如此，比如生活在 dular、bilar、iming、huihe、mergel 等河畔的人就叫 dularqian、bilarqian、imingqian、huiheqian、mergelqian 等，用汉语翻译的话应该是叫作"杜拉尔人""毕拉尔人""伊敏人""辉河人""莫日格勒河岸人"等。不只是满通古斯诸民族有这种习惯，阿尔泰诸民族及东北亚和北极圈诸民族同样有这种习惯。总而言之，有关"通古斯"的解释有很多，其中以"生活在清澈透明的通古斯喀河畔"之意，解释"通古斯"这一名称比较受认可。

我们本次国际满通古斯学术讨论会又增加了通古斯"一带一路"学术研讨会这一新的内容。这和我国提出的"一带一路"发展战略紧密相连，也是我们学术研究的一个新的视角、新的思考、新的探索。从 17 世纪开始通古斯诸民族，或者说涵括在通古斯领域的民族或族群，就在白令海峡、萨哈林地区、黑龙江流域，从长白山到西伯利亚、到新疆、到祖国各地及周边国家展开了各种形式的自由贸易。其中，就包括他们从内陆地区商人那里弄来丝绸、陶器，再与日本人和朝鲜人进行海上和沿海地区的商品买卖，与俄罗斯人进行三江一带的商品买卖和兴安岭西伯利亚一带的易货买卖。在清代，他们与西欧进行沿海各国的商品交易等，涉及诸多国家与地区的贸易活动。与此同时，他们还把满通古斯的一些传统文化和文明传播到其他国家和地区，也不同程度地把西方文化和文明吸纳到自己生活的地区。日本大阪博物馆的佐佐木先生就是研究通古斯诸民族 17~18 世纪在白令海峡和萨哈林、阿穆尔河流域开展自由贸易历史的专家。他在这方面掌握的资料更多，知道的也很多，会议讨论期间，大家可以和他交流相关问题。应该说，"一带一路"发展战略给满通古斯学研究提供了新思考、新思路。

我们知道，"一带一路"发展战略与满通古斯学主要有以下五个方面的学术关系：一是满通古斯学可以此为契机从历史视角建立一种古为今用的全新意义的区域性学术合作关系；二是建立健全更加稳固、更加长远的区域性的国际学术交流新思路、新平台；三是将其作为新时期满通古斯学与周边国家和地区展开深度学术交流的重要基础；四是将满通古斯学作为推动地区性学术文化发展交流、走入国际化的一条新途径；五是我们要把"一带一路"作为更高层面、更广泛意义的、更加长远的学术通道，开展不同视角、不同层面、不同学科的多元化学术交流，在此基础上打造出温故知新、走向未来的全新学术共同体和可持续健康发展的学术合作机制。我们真诚地希望，大家在学术交流中达到优势互补、合作共荣和学术双赢目的，要用面向未来的学术发展思想进行深度沟通、坦诚交流。特别是，在基础研究和高端理论探索方面建立广泛共识，从而保持学术交流渠道的畅通，促进学术成果和成绩共享，让满通古斯学在东北亚学术共同体、北极圈学术共同体，以及"一带一路"发展战略中发挥不可忽视的重要学术作用。

谢谢大家！

2015 年 6 月 1 日

少数民族文化对我国文化建设的贡献

朝戈金

(中国社会科学院民族文学研究所所长,研究员)

  中华文化是由生活在中国境内的各民族共同创造的。在今天的中国,"多元一体"主要表现为政治上一体、文化上多元的特征。换句话说,少数民族文化是中华文化的重要组成部分,是人类文明的宝贵财富。

  今天生活在祖国各地的少数民族,为了适应当地的气候条件和自然环境,发展出各具特色的文化——渔猎文化、草原游牧文化、绿洲农业文化和高山农业文化等。这些文化保存有大量多民族特质基因,成为我国总体文化的重要组成部分。仅就手工艺制作技艺而言,东北通古斯民族的鱼皮制作技艺、桦树皮制作技艺等,就反映出少数民族民众是如何巧妙地利用当地的物产和资源,制作出能够满足各种需要的精美绝伦的制品的。

  这些各具特色的少数民族文化,是人类文化多样性的生动见证,也是繁荣发展祖国丰富多彩的文化、维护各民族团结和祖国统一、增强中华民族的凝聚力和向心力的重要资源。历史上尽管有族群之间的冲突和对立,也有矛盾和斗争,但历史的主流和总体态势,是各民族在政治制度、经济生活和文化创造上长期相互学习和借鉴,沟通和交流,进而在各自的发展中,以多种多样的方式,体现和践行了文化通过共享获得繁荣的普遍规律。从一定意义上说,这也是中国文化发展道路上形成的独特经验,这种经验,在种族冲突和文化冲突频仍的今日世界,具有非常重要的现实意义。

  少数民族对整个中国文化的发展所做出的贡献,有的仍然很好地保存在少数民族民众当中,如藏医、藏历,蒙古音乐、蒙古舞蹈,纳西东巴经,水族水书,彝族毕摩,傣族诗歌等。这些特色文化,我们比较容易看到。有的已融合到华夏文化历史发展的长河当中,今天已经不大容易看出来了,例如某些种植技术、某些器具的借用等。历史上赵武灵王倡导胡服骑射，就是向少数民族学习的生动例子。

少数民族地区的人文活动，留下了各种遗迹和文化艺术传统资源，它们是宝贵的人文资源，是人类文明一点点积累和延续的成果。它们不仅是历史发展的见证，也是人类艺术创造能力的生动见证，其中很多遗产是不可再生的，是带有样板意义的，我们应当格外珍视和保护。那些在今天为各民族广大群众喜闻乐见的艺术样式，对于发展和弘扬优秀的人文精神，对于推动创意产业的发展，乃是取之不尽用之不竭的源头活水。

人类发展的脚步迈进了 21 世纪，今天，国际社会越来越意识到，人类不能过于注重经济发展，也要重视并重新认识人文资源的价值。人类文化多样性的诉求，对历史遗产的继承和发展，对过往经验教训的总结和借鉴，是人类健康、可持续发展的基本保证。

在越来越强调对话和协商、沟通和交流的今天，在我国大力推动"一带一路"战略的新形势下，回顾和总结少数民族文化的遗产，对于更好地推动社会经济文化的全面进步，具有非同一般的意义。少数民族文化对中华文化的贡献，究其大端，挂一漏万，可以至少从如下几个方面理解。

（1）经济文化方面：在少数民族地区具有悠久传统和长期定向发展的农耕、渔猎、畜牧、经商等经济活动，作为定向专化的经济生活方式，不仅是适应自然环境和气候条件的选择，而且发展出了与自然条件和谐调适的生产生活经验，进而通过多种多样的方式，与汉族以农业为主的经济形态，形成交换和互补的关系。

（2）政治文化方面：若干少数民族入主中原后建立的中央王朝和各级地方政权，在政治制度、社会治理、法律体系等方面的建树，既吸纳了中原汉族政治文化的大量内容，又加入了具有自己特色的管理智慧，在对汉族政治文化形成某些冲击的同时，也为它带来了新鲜的、有差异的因素。在今天看来，它们仍然是宝贵的政治文化遗产。

（3）军事文化方面：从历史上著名的"胡服骑射"，到少数民族军事力量在长期的战争实践中所积累的战争智慧和战争艺术等，都是珍贵的中华传统军事遗产的重要组成部分。

（4）伦理道德方面：与特定的少数民族家庭和社会组织结构以及社会形态相适应的伦理道德观念，长期以来很好地维护和发展了各民族的社会秩序和人伦关系，在维持稳定和保护发展方面，发挥了重要的多方面的作用。今天，我们仍然能够在生态文学创作、绿色发展理念等思潮中，看到各界人士广泛地借鉴少数民族伦理文化的例子。

（5）科学技术方面：各少数民族在天文历法、生产工具、医药卫生、交通运输、种植栽培、建筑工艺等许多方面，取得了多方面的成就。有学者从一本《齐民要术》中，就曾总结出少数民族在三个方面的贡献：①少数民族育种和引种的成就；②少数民族畜牧文化和畜牧技术对中原的影响；③少数民族对中原饮食文化的影响。这还只是对一部历史著作的有限梳理而已。

（6）民俗文化方面：少数民族的民俗文化可谓包罗万象，学界通常按照物质民俗、精神民俗和制度民俗进行大致分类。少数民族的民俗文化顽强地、生动地表现出文化的多层级多方面多向度的功能和作用。

（7）艺术传统方面：各少数民族在长期的历史进程中，发展出了许多独特的艺术样式，在音乐、舞蹈、戏剧、造像艺术、叙事文学等方面成就极为突出。如在多个民族中保存至今的规模宏大的英雄史诗演述传统、藏戏、维吾尔的十二木卡姆、蒙古族的好力宝、彝族的克智论辩……它们以独有的魅力，为我们提供了极大的审美享受。

总之，在今天的大环境下，维护人类和平，强调发展的可持续性，鼓励不同文明之间彼此欣赏，已经成为国际社会的共识。在中国，各民族之间交流和学习，欣赏和共享，也已经成为越来越多人的共识，对少数民族文化的更充分的认识，也变得越来越必要。

"一带一路"与高层人才的培养

黄晓勇

(中国社会科学院研究生院院长,教授)

谢谢朝克教授邀请我参加这样一个学术盛会,并给了我一个难得的机会,向各位专家学者介绍一下我最近的一些研究工作。必须首先声明并致歉的是,我并非今天这场研讨会主题方面的研究学者,当然就没资格就相关学术问题发表见解,今天我想讲的是关于教育与人才培养对于出成果出大家的作用与影响。一些不成熟的观点还请各位批评指正。

我们在去年出版了一本《诺贝尔奖之问》的书。该书的主旨是如何理解和对待诺贝尔奖,如何客观评价中国相关领域的研究与诺贝尔奖之间的距离。我们发现,到目前为止,虽然莫言已经获得诺贝尔文学奖,但我们在自然科学领域,科学优势的积累还远远不足,整体来看距离诺贝尔奖的距离还相对较大,尽管我们(包括一些华裔科学家)在个别领域已经开始具备了冲击诺贝尔奖的实力。下面,我结合我们的研究,从教育的理念、人才导向的科研管理、立足本土以及认真踏实的工作四个方面,就中国的科学研究和人才培养做些探讨,以向大家请教。

一 教育的理念

一个时期以来,谈到杰出人才的培养,我们就会想到"钱学森之问",即为什么我们的学校总是培养不出杰出人才,并尝试去解答。但有学者发现,其实钱学森先生的这个问题本身是"有问题"的,因为真正的杰出人才的出现,在任何人群中都是小概率事件。因此,整体上说,杰出人才不是"培养"出来的,更可能是在一种有利的环境中"涌现"出来的。所以创造有利于杰出人才出现的土壤更加重要。尤其是,我国正在实施的"一带一路"战略中,对于适应性和适用性特殊人才的培养显得更为紧迫和必要。我国教育中，不管是现实普遍存在的应试教育，还是教育主管部门一直努力推进的素质教育，都有可能是在"扼杀"潜在的杰出人才。教育当然有助于提高人力资本，但教育更基本的功能是对不同特征的人的能力的筛选，试图通过培养教育而全面提升个体的能力，实在是不现实的，徒劳无益的。因此，教育需要做的，不是应试，也不是全面的素质提升，而是为学生的发展提供一个良好的成长土壤。

二 人才导向的科研管理

对一个国家的发展和科学进步来说，诺贝尔奖并不一定要成为一个非常明确的政策性目标。因为诺贝尔奖，只能在非常狭小的人群范围中出现。因此，对科学家的支持，让他们自主研究，更有可能促进高水平研究成果的出现，进而有可能获得诺贝尔奖，尽管这可能很漫长，但是更可靠的方法。科学研究大致可分为国家需求、应用研究和自主探索。国家需求是基于国家的需要确定研究目标，进而进行技术攻关。应用研究是为了解决问题、推动经济社会发展的研究。自主探索则以个人兴趣为出发点，可能有很多非常前卫的研究，或许不仅开创人类知识前沿，而且带来新的技术甚至产业。基于以上科学研究的分类，科研管理模式可分为任务导向和人才导向。任务导向是需求方提出任务、人们提出解决途径、通过竞争获得支持后努力完成任务。这是多年来国内科研管理的主要模式。人才导向是支持有能力的人，而他们中有可能有人探索出大家没想到的方向和成果。特别是，在"一带一路"的战略中，我们应该着重培养出有创新力和创造力的创新型人才队伍。在国际上，任务导向和人才导向同时存在。但在我们国家，人才导向尽管开始得到重视，但与人才导向相关的科研管理体制机制，还存在浓重的任务导向色彩，严重限制了研究者个体研究的进行（例如科研经费申报与管理中的问题，项目重评审轻考核等问题）。

三 重视本土人才的培养和发现

分析中国科学家获得诺贝尔奖的可能性和趋势，我们需要有一个国际比较的视野。美、英、德等国是老牌发达国家，也是自诺贝尔奖开始颁发以来的获奖大户，与这些国家对比，显然不切实际。我是研究日本经济的，因此对日本较为熟悉，日本也恰好是一个较好的比照对象。对日本的诺奖情况做一简单归纳，可以发现两点：一是日本获奖的数量存在一个快速递增的情况。1949～1999年总共4位，平均约十年一位，而在2000年后，每两年多有一位。由于获诺奖时间和实际从事研究发现的时间会平均滞后20年以上，因此日本在今后相当长一段时间内获奖人数可能会更多。二是日本获奖的多为本土的研究成果，并不依赖海外日裔科学家的工作，一些获奖者长期在企业一线的研究部门工作，并没有显赫的学历和教职，甚至像2008年诺奖获得者益川敏英，到领奖时才第一次出国。

到目前为止，海外华裔科学家大致平均每十年一人获奖，尽管今后也有递增的趋势，但海外华人人数基数毕竟太小。因此，从长期来看，中国本土科学的发展是更重要的。只要我们坚持，未来我们的诺贝尔奖数量也会经历一个如日本一样的快速增长的过程。我们在这里还应该提到，我国正在实施的"一带一路"战略也为本土化人才、与民族地区经济社会发展相匹配的高端人才的培养和发展带来了很好的机会，也为他们走向国际，走上诺贝尔奖台带来了更多机遇。

四 科学研究需要认真踏实的工作

2014年诺贝尔物理学奖获得者中村修二，曾经只是一个普通公司的职员，即使在1990年做出重大发现之后，仍然长期在地下室工作，只是到了2000年以后才被美国大学礼聘去做了教授。2002年诺贝尔化学奖得主田中耕一也只是一个拥有本科学历的公司职员。小职员何以能摘得世界科学高峰的桂冠？这显然与他们在科学道路上的坚守和探索精神密不可分。中村修二的获奖还说明，依靠严谨、认真和坚持也可能做出重要的科研成果。客观地讲，正如我前面说的，单靠努力和认真，做出非常突出工作成果的比例和可能性相对较低，所以需要非常多的人认真工作才能产生少量最杰出的工作成果。北京大学的饶毅教授曾指出，普通人靠认真而做到诺贝尔奖水平的工作，表明这个国家有很多人在认真做科学技术，反映这个国家的科学技术不仅发达而且普遍。对他的这个提法，我非常赞同。我们中国人向来以聪明自居，并以聪明做事为荣，不重视甚至鄙视"又笨又执着"的人。这个方面，我们实在是需要向踏实钻研、精益求精、甘于奉献的诺贝尔奖获得者们学习。尤其是，在我国实施"一带一路"战略中，人才的培养显得尤为重要，中央在这方面也在做很大的努力。为此，我们必须高度重视"一带一路"人才的培养，特别是，要培养出脚踏实地、知难而进、不断探索、勇于创新的优秀人才。

我以为，在对我国人才培养、本土科学家的发现、默默无闻执着的研究者的支持等方面，无论政府还是社会层面，都需要有更多更好的理解与扶助，以唤起前辈奖掖后学，后生博采互鉴，众志创新的新鲜学术气息，这无疑是我国学术界亟须弘扬和重视的。

我以为，有越来越多的执着的学者的踏实研究，加上教育和科研等体制的进一步改革与完善，中国科学界获得大量诺贝尔奖的时间就会不远了。到那个时候，我们就不会因为获得那么一两个诺贝尔科学奖而沾沾自喜了。我们在那时，会更关注于科学带给我们的快乐和幸福。或许若干年后，会出现另一个李约瑟问题：从21世纪才开始认识的新科学何以出现在中国，而不是出现在美国或其他地方。再说，我们正在实施的"一带一路"战略，更加适应了我国的强国战略、科学战略、人才战略，也适应了我国科学技术、尖端人才走向世界、走上诺贝尔奖台的战略思想的需要。因此，这就需要我们不忘初心、继续努力，共同奋斗。

语言文字部分

中国濒危民族语言文字的保护及学术价值

朝 克

（中国社会科学院民族文学研究所）

一

我国是一个由多种民族、多种民族语言、多种民族文字和丰富多彩的民族文化以及地区文化组成的社会主义国家。不同民族的不同语言文字承载着各自民族的历史、文明和文化，由此被认为是一个个灿烂耀眼的活的历史、活的文明、活的文化，进而被美誉为人类活的化石。同时，在漫长的历史进程中，我国各民族语言文化相互接触、相互影响、相互渗透，从而构筑了一个丰美、绚丽、辉煌、和谐而理想的东方大国的语言文化世界。众所周知，我国除了汉族之外，还有蒙古族、回族、藏族、维吾尔族、苗族、彝族、壮族、布依族、朝鲜族、满族、侗族、瑶族、白族、土家族、哈尼族、哈萨克族、傣族、黎族、傈僳族、佤族、畲族、高山族、拉祜族、水族、东乡族、纳西族、景颇族、柯尔克孜族、土族、达斡尔族、仫佬族、羌族、布朗族、撒拉族、毛南族、仡佬族、锡伯族、阿昌族、普米族、塔吉克族、怒族、乌孜别克族、俄罗斯族、鄂温克族、德昂族、保安族、裕固族、京族、塔塔尔族、独龙族、鄂伦春族、赫哲族、门巴族、珞巴族、基诺族等55个少数民族。他们使用的语言也就叫蒙古语、藏语（包括嘉戎语）、维吾尔语、苗语、彝语、壮语、布依语、朝鲜语、满语、侗语、瑶族语（布努语、勉语等）、白语、土家语、哈尼语、哈萨克语、傣语、黎语、傈僳语、佤语、畲语、高山语、拉祜语、水语、东乡语、纳西语、景颇语、柯尔克孜语、土族语、达斡尔语、仫佬语、羌语、布朗语、撒拉语、毛南语、仡佬语、锡伯语、阿昌语、普米语、塔吉克语、怒族语（阿侬语、怒苏语等）、乌孜别克语、俄罗斯语、鄂温克语、德昂语、保安语、裕固语（东部裕固语、西部裕固语）、京语、塔塔尔语、独龙语、鄂伦春语、赫哲语、门巴语（错那门巴语、仓洛门巴语）、珞巴族语、基诺语等。我国境内的少数民族多数使用一种母语，但也有使用两种母语或两种以上母语的少数民族。例如，门巴族使用门巴语和仓洛语两种母语；裕固族也使用东部裕固语和西部裕固语两种语言；仡佬族用仡佬语、俫语；哈尼族用哈尼语和桑孔语；布依族使用布依语、莫语；怒族使用怒苏语、柔若语、阿侬语；珞巴族使用博嘎尔语、苏龙语、义都语、崩如语；景颇族除了使用景颇语之外，还使用载瓦语、浪速语、波拉语、勒期语等；藏族用藏语、嘉戎语、尔龚语、木雅语、尔苏语等；瑶族使用勉语、布努语、拉珈语、巴哼语、炯奈语等；回族使用回辉语和康家语；高山族使用阿美语、布农语、排湾语、赛德克语、泰耶尔语、鲁凯语、雅美语、巴则语、邹语、阜南语、沙阿鲁阿语、卡那卡那富语、邵语、噶玛兰语等。语言使用现象更为复杂的是，一些少数民族语言在特定生活环境和历史条件下，因为长期相互影响和相互渗透而演变成由两种以上民族语言融合而成的混合性语言。所以，由中国社会科学院民族研究所和国家民族事务委员会文化宣传司主编的《中国少数民族语言使用情况》一书指出："少数民族中一部分人和汉族中的一部分人使用的语言尚未最后确定，因此说我国民族语言的使用情况很复杂，少数民族语言有多少种目前还没有公认的说法。根据一般看法，少数民族语言有 80 种以上。"① 在这里，还有必要特别提出的是，由孙宏开等主编的 2007 年作为"十五"国家重点图书出版规划项目出版的《中国的语言》一书，包括汉语在内收入了 129 种民族语言。② 其中指出："这些民族语言是民族语言工作者陆续调查研究后确认的。其中的五分之三已在 20 世纪 80 年代成稿，先后在《中国语文》、《民族语文》上作为'语言概况'陆续被发表。约五分之一的语言资料，已在国内外的著作、文集或论文中被公布。"③ 也就是说，其中绝大多数少数民族语言在 20 世纪 50 年代开始的民族语言识别工作中被发现和确定。然而，就像在前面所阐述的那样，一部分独立性很强而很有特点的少数民族语言，却被归类为使用人口多的某一民族语言里，或者干脆被认

---

① 中国社会科学院民族研究所与国家民族事务委员会文化宣传司主编《中国少数民族语言使用情况》，中国藏学出版社，1994，第 2 页。
② 参见孙宏开等主编《中国的语言》前言部分，商务印书馆，2007。
③ 孙宏开等主编《中国的语言》，第 10 页。

定为使用人口多的民族语言之方言土语。而在刚刚出版的《中国的语言》这本书里，作者将那些曾经被忽略或认为是某一个使用人口多的民族语言的方言或土语的独立性语言都一一剥离出来，并从一个个独立而富有特征的少数民族语言的理论视角进行了较全面的分析研究。当然，我国的少数民族语言，是否有这么多？还是比这个数字还要多？这一类学术问题，还得要进一步深入细致而全面系统的科学研究才能定论，这方面的工作恐怕还需要参阅体质人类学、遗传学、民族学、社会学、考古学、历史学、地域学、文化学、认知学等方面的相关研究成果。

二

我国的少数民族语言分属于汉藏语系、阿尔泰语系、南岛语系、南亚语系、印欧语系等5个语系的不同语族，此外还有个别未定系属关系的语言。其中：（1）属于汉藏语系藏缅语族的语言有藏语、错那门巴语和仓洛门巴语、景颇语、怒族语、独龙语、彝语、哈尼语、纳西语、傈僳语、拉祜语、白语、基诺语、阿昌语、羌语、普米语、土家语、珞巴族语；苗瑶语族语言里包括苗语、布努语、勉语、畲语；壮侗语族语言里有壮语、布依语、傣语、侗语、仫佬语、水语、毛南语、黎语、仡佬语等。（2）隶属于阿尔泰语系突厥语族的语言有维吾尔语、哈萨克语、柯尔克孜语、乌孜别克语、塔塔尔语、撒拉语、西部裕固语；蒙古语族语言包括蒙古语、达斡尔语、土族语、东乡语、保安语、东部裕固语；满通古斯语族语言内有满语、锡伯语、鄂温克语、鄂伦春语、赫哲语。（3）属南岛语系印度尼西亚语族语言的有高山语。（4）属南亚语系孟-高棉语族语言的有佤语、布朗语、德昂语。（5）属印欧语系斯拉夫语族的有俄罗斯语和印度伊朗语族的塔吉克语。（6）未定系属关系的语言有朝鲜语和京语等。（7）还有一些混合语。①

我国的少数民族语言主要使用于：（1）内蒙古自治区，广西壮族自治区，西藏自治区，宁夏回族自治区，新疆维吾尔自治区等5个少数民族自治区；（2）延边朝鲜族自治州，湖北省恩施土家族苗族自治州，湖南省湘西土家族苗族自治州，四川省阿坝藏族羌族自治州/凉山彝族自治州/甘孜

---

① 孙宏开、胡增益、黄行主编的《中国的语言》一书的前言，将西藏察隅县的扎话、四川雅江县的倒话、青海同仁县的五屯话等都列为混合语范畴。参见《中国的语言》，第12页。

藏族自治州，贵州省黔东南苗族侗族自治州/黔南布依族苗族自治州/黔西南布依族苗族自治州，云南省西双版纳傣族自治州/文山壮族苗族自治州/红河哈尼族彝族自治州/德宏傣族景颇族自治州/怒江傈僳族自治州/迪庆藏族自治州/大理白族自治州/楚雄彝族自治州，甘肃省临夏回族自治州/甘南藏族自治州，青海省海北藏族自治州/黄南藏族自治州/海南藏族自治州/果洛藏族自治州/玉树藏族自治州/海西蒙古族藏族自治州，新疆昌吉回族自治州/巴音郭楞蒙古自治州/克孜勒苏柯尔克孜自治州/博尔塔拉蒙古自治州/伊犁哈萨克自治州等30个少数民族自治州；（3）11个满族自治县，9个瑶族自治县，8个彝族自治县，7个回族自治县，6个蒙古族自治县，5个苗族自治县，5个侗族自治县，4个土家族自治县，4个黎族自治县，3个哈萨克自治县，2个藏族自治县，2个佤族自治县，以及哈尼族自治县，傈僳族自治县，纳西族自治县，拉祜族自治县，瑶族自治县，水族自治县，毛南族自治县，朝鲜族自治县，锡伯自治县，塔吉克自治县，土族自治县，撒拉族自治县，东乡族自治县，裕固族自治县，畲族自治县，羌族自治县，仡佬族自治县。除此之外，我国少数民族语言还使用于由两个或两个以上少数民族合成的4个土家族苗族自治县，3个布依族苗族自治县，2个哈尼族彝族自治县，2个回族土族自治县，2个黎族苗族自治县，2个各族自治县，2个仡佬族苗族自治县，2个彝族傣族自治县以及彝族回族自治县，彝族回族苗族自治县，彝族苗族自治县，彝族哈尼族拉祜族自治县，保安族东乡族撒拉族自治县，傣族佤族自治县，傣族拉祜族佤族自治县，拉祜族佤族布朗族傣族自治县，苗族瑶族傣族自治县，苗族侗族自治县，壮族瑶族自治县，哈尼族彝族傣族自治县，独龙族怒族自治县，白族普米族自治县，满族蒙古族自治县等117个少数民族自治县和内蒙古的鄂伦春自治旗，鄂温克族自治旗，莫力达瓦达斡尔族自治旗等3个自治旗；（4）1147个少数民族乡和2个民族苏木等。在这里还有必要强调指出的是，这些自治地区的少数民族除使用母语之外，基本上也懂本语族的其他民族语言或长期共同生活的同一生活区的相关民族语言以及汉语等。

我国少数民族居住的边境线同俄罗斯、哈萨克斯坦、蒙古、朝鲜、越南、老挝、缅甸、印度、不丹、尼泊尔、阿富汗、巴基斯坦等十余个国家接壤。而且，在我国的少数民族语中，像蒙古语、藏语、苗语、彝语、壮语、布依语、朝鲜语、瑶语、哈尼语、哈萨克语、傣语、傈僳语、佤语、拉祜语、景颇语、柯尔克孜语、布朗语、塔吉克语、怒族语、乌孜别克语、俄罗斯语、鄂温克语、鄂伦春语、德昂语、京语、塔塔尔语、独龙语、赫哲语、门巴语、珞巴语等30余个民族语均属于跨境语言。例如，像鄂伦春语和赫哲语跨中国和俄罗斯2国；怒族语和独龙语跨中国与缅甸2国；蒙古语和鄂温克语跨中国、蒙古国、俄罗斯3国；朝鲜语跨中国、朝鲜、韩国3国；傣语跨中、越、缅、老、泰5国；等等。此外，多数跨境民族语在各自国家的边境线上相邻使用。不过，在那些边境线上不相邻的跨境民族语地区，人们也同样可以用彼此熟悉的母语方言或土语进行交流。当然，也有的跨境民族语，受不同国土间存在的较大空间距离，以及母语交流出现的断代现象和其他强势语言的因素等影响而彼此间产生了差别，由此一定程度上影响了他们用母语进行理想交流。同时，多数跨境民族语的称谓基本上一致，例如，鄂温克语、蒙古语、哈萨克语、乌孜别克语、壮语、傈僳语等都是如此。与此相反，像赫哲语、景颇语、朝鲜语等却有不同说法。例如，赫哲语在俄罗斯叫"那乃语"，景颇语在缅甸叫"克钦语"，朝鲜语在韩国称"韩国语"等。另外，像蒙古语、藏语、苗语、瑶族语、壮语、哈尼语、拉祜语、佤语等民族语言的使用人口在我国境内占有多数，然而像朝鲜语、哈萨克语、鄂温克语、柯尔克孜语、塔吉克语、乌孜别克语、鄂伦春语、赫哲语、景颇语、京语等民族语言的使用人口在境外占有多数。这些跨境少数民族语，几乎都是属于同语系同语族同一语言而隶属于不同国家的同源异流之产物。

三

自公元7世纪，吞米桑布扎参照印度梵文结合藏语语音特点创制藏文以后，我国少数民族的先民就开始了创制本民族文字的文明历程。到13世纪，藏族宗教界运用雕版印刷技术刊印的藏文史记和文献资料达到相当规模和数量。后来，在不同时期不同朝代，我国少数民族分别使用过吏读文、崒利文、突厥文、回鹘文、契丹文、西夏文、女真文、八思巴文、察合台文、于阗文、焉耆—龟兹文、佉卢文等古文字。[①] 接着又先后创制或

---

① 中国社会科学院民族研究所与国家民族事务委员会主编《中国少数民族文字》，中国藏学出版社，1992，第1~2页。

改进了藏文、彝文、傣文、蒙古文、满文、维吾尔文、哈萨克文、柯尔克孜文、朝鲜文以及纳西族使用过的东巴文和哥巴文。另外，在壮族、苗族、瑶族、白族、水族等少数民族生活的部分地区或上层阶级中，曾使用过仿造汉字创制的壮族方块字、苗族方块字、瑶族方块字、白族方块字、水书等文字。再有，根据日益频繁而重要的宗教活动的需求，在20世纪初还创制了景颇文、拉祜文、老傈僳文、滇东北老苗文等主要用于宗教活动的文字。南方少数民族使用的这些文字，基本上是西方传教士或人们在传教士的指导下，于19世纪末和20世纪初结合景颇语、拉祜语、傈僳语、滇东北苗语的语音特点创制的拉丁字母拼音文字，主要在少数民族基督教徒中使用，还出版过为数不多的宗教和民俗方面的读物或一些基督教经典。

新中国成立后，景颇文和拉祜文经过改进，扩大了使用范围；傈僳文继续使用于本地的宗教活动，同时也用该文出版一些地方小报；滇东北老苗文一直用于宗教活动。我国境内的俄罗斯人和塔塔尔人也使用俄罗斯文和塔塔尔文。当然，根据民族地区社会经济文化发展的需要，没有本民族文字的少数民族提出了文字使用的迫切要求，他们希望创制适用于本民族语言的文字，或改进已在使用而不适合他们语言发展的原有文字。少数民族的这一要求，得到国家相关领导和相关部门的高度重视，有关部门很快将帮助少数民族创制、改革和改进文字工作纳入国家民族事务工作的重要议事日程。1951年2月，我国政府在国家教委设立了民族语言文字研究指导委员会，指导和组织少数民族语言文字研究工作，帮助尚无文字的民族创制文字，同时帮助文字不完备的民族修订改进其文字系统。1956年，中国共产党第八次全国代表大会的政治报告指出："对于没有文字的少数民族，应当为他们创造文字。"接着国务院在《关于发展国民经济的第二个五年计划的建议》中还提出："对于那些还没有文字或者文字尚不完备的少数民族，应该积极地帮助他们创制和改革自己民族的文字。"[①] 国务院同时还发布了《关于各少数民族创立和改革文字方案的批准程序和试验推行分工的通知》[②]《对"中国文字改革委员会关于讨论壮文方案和少数民族文

[①] 参见1956年9月19日周恩来在中国共产党第八次全国代表大会作的《关于发展国民经济的第二个五年计划的建议的报告》。
[②] 金星华主编《中国民族语文工作》，民族出版社，2005，第220~221页。

字方案中设计字母的几项原则的报告"的批复》①等重要文件。其中，对于少数民族新创文字的字母、设计原则、文字方案、审批程序、试验推行等均做出了明确规定。1957年，国务院在审批通过的《少数民族文字方案中涉及字母的几项原则》里提出："（1）少数民族创制文字应该以拉丁字母为基础。原有字母进行改革，采用新的字母系统时，也应该尽可能以拉丁字母为基础；（2）少数民族语和汉语相近的音，尽可能用汉语拼音方案里相当的字母表示；（3）少数民族语言里有而汉语里没有的音，如果使用一个拉丁字母表达一个音的方式有困难的话，在照顾到字母系统清晰、字形简便美观、字母数目适当、便于教学使用的条件下，根据语言的具体情况，可以采用两个字母表达一个音或另创新字母或采用其他适用字母，个别情况也可以在字母上加附加符号；（4）对语言声调，根据实际需要，可在音节末加字母表示或采用其他办法表示或不表示；（5）各民族文字，特别是语言关系密切的文字，在字母形式和拼写规则上应尽量取得一致"等五项工作原则。② 所有这些，为我国民族文字创制和改进工作注入了活力，也为民族语言文字的繁荣发展创造了十分理想的条件和机会，同时从政府的角度对于少数民族文字创制给予了保障。

也就是说，从20世纪50年代初期开始，我国有关部门组织人力和财力到少数民族地区广泛做调查研究，同时开展了对于那些有文字而使用起来不太方便的民族文字进行修订和改进，以及给没有文字的少数民族创制文字等工作。这些工作，到20世纪60年代中期已经初见成效，并且有了具体的文字方案和试行计划，但这些方案和计划直到20世纪80年代才得以真正批准试行。到今天为止，各有关部门遵循少数民族自愿自择的原则，充分尊重少数民族的意愿，尊重少数民族选择自己文字的要求：（1）帮助壮族、布依族、彝族、苗族、哈尼族、傈僳族、纳西族、侗族、佤族、黎族、景颇族、土族等民族创制了拉丁字母文字；（2）同时给傣族、拉祜族的原有文字作了必要的改进；（3）还将阿拉伯字母体系的维吾尔文和哈萨克文改为拉丁字母文字。新创文字，除了个别实例之外，总体上讲书写简单，易学易用，比较适应少数民族语言文化的发展和保护，以

---

① 国家民委文化宣传司编《民族语文政策法规汇编》，民族出版社，2006，第33~34页。
② 国家民委文化宣传司编《民族语文政策法规汇编》，第33~34页。

及社会经济的发展需求。而且，这些工作在中小学和成人扫盲教育中发挥了较为重要的作用，有的少数民族地区，还用新创文字创办了民族文字报刊，出版了不少少数民族文字图书，开办了民族语言广播。同时，在民族地区的政府重要文件、单位印章、牌号、路标、证件等方面也开始使用新创民族文字，从而使试验推行民族文字工作初见成效。不过，在"文革"期间，民族文字的试验推行工作被迫中断，80 年代后才得到逐步重视和恢复。然而，有的新创民族文字或新改进的民族文字，由于不适合民族语言本身的交流和发展需要，结果在试用过程中就被淘汰或改进。例如，黎族的新创文字就是在试验推行时被淘汰，维吾尔族和哈萨克族新创的拉丁字母文字也是在试用过程中被停止使用而恢复了他们原来使用的阿拉伯字母文字。1992 年，有关部门对 20 世纪 50 年代中后期以后正式推行的新创壮文、彝文以及试验推行的新创布依文、侗文、四种苗文、哈尼文、傈僳文、纳西文、佤文、土文等进行跟踪调查，结果发现少数民族对于新创文字和新改进文字十分满意。尤其可贵的是，这些新创文字在少数民族的日常生产生活、学校初级教育、普及文化知识、保护和发展本民族语言中发挥了不可忽视的重要作用。

我国现行少数民族文字大多数是拼音文字，只有少数是音节文字。其中，拼音文字按字母的来源一般分为以下 5 种：（1）以古印度字母为基础的有藏文和 4 种傣文；（2）以回鹘字母为基础的有蒙古文、满文、锡伯文；（3）以阿拉伯字母为基础的有维吾尔文、哈萨克文、柯尔克孜文；（4）以拉丁字母为基础的有壮文、布依文、侗文、4 种苗文、2 种傈僳文、纳西文、拉祜文、哈尼文、佤文、景颇文、载瓦文、土文；（5）独创字母类型的有朝鲜文、滇东北老苗文。另外，属于音节字母文字的有传统彝文和四川规范彝文等。

我国现有 20 个少数民族在使用 30 来种本民族文字。其中，像藏族、满族、锡伯族、维吾尔族、哈萨克族、柯尔克孜族、朝鲜族、拉祜族、佤族、壮族、布依族、哈尼族、纳西族、侗族、土家族等均使用一种本民族文字；像蒙古族、彝族、傈僳族、景颇族等各使用两种本民族文字；像傣族、苗族各使用四种本民族文字。这些民族文字，根据其创制和推广程度，以及民族人口和生活区域的不同，其使用历史和地域范围也有所不同。例如，藏族使用的藏文，是在公元 7 世纪吞米桑布扎参照印度梵文结合藏语特点创制的拼音文字；使用于彝族生活区小学教育和启蒙教育的彝文的来历也可以追溯到公元7世纪；蒙古族使用的蒙古文是属于公元10世纪以后递传演变，最后在回鹘文字母基础上创制而成的拼音文字；维吾尔文和哈萨克文也是从公元10世纪以后，以阿拉伯字母文字为基础创制的拼音文字；朝鲜族使用的朝鲜文创制于15世纪中叶，后经过几次改进而成为今天的独创性拼音文字；使用于傣族生活区小学教育和启蒙教育的傣文，源于古印度字母系统；新疆的柯尔克孜族使用的柯尔克孜文是以阿拉伯字母为基础的文字；使用于相关科研工作或历史档案整理工作的满文，是于公元15世纪末创制，又于16世纪30年代改进而成的拼音文字；使用于新疆察布查尔伊犁锡伯族生活区的锡伯文，是于1947年在满文的基础上略加改动而形成的拼音文字。另外，就如在前面提到的那样，像壮文、彝文、布依文、侗文、四种苗文、哈尼文、傈僳文、纳西文、佤文、土文等南方少数民族文字是属于20世纪50年代以后推行或试验推行的文字。

　　这里还应该提出的是，我国少数民族文字中也有一些跨境文字。例如，像朝鲜文、蒙古文、维吾尔文、哈萨克文、柯尔克孜文、藏文、傣文、景颇文、载瓦文、拉祜文、苗文、壮文等均属于跨境民族文字。其中，像朝鲜文、景颇文、藏文等在境内外文字结构特征上完全相同或基本相同。不过，像苗文、壮文、拉祜文、载瓦文等在境内外使用的文字存在字母相同而写法有所不同之特征。再有，像蒙古文、维吾尔文、哈萨克文、柯尔克孜文、傣文等在境内外使用的文字完全属于两种不同字母类型的文字。另外，像鄂温克族、赫哲族、京族等在境外有文字，但在我国境内不使用，他们在国内一般使用汉文或蒙古文。与此相反，像我国境内的哈尼族、佤族等使用新创拉丁字母文字，而在国外的哈尼族、佤族则没有本民族文字，他们学习和使用其他民族文字。

　　总而言之，我国的少数民族有着悠久而丰富多样的文字历史。对这一令人眼花缭乱而复杂多变的文字世界，要是从文字结构类型学的角度进行分类，可以归类为以下四种：（1）东巴图画文字结构类型的图画文字；（2）契丹象形文结构类型的象形文字；（3）彝族音节文结构类型的音节文字；（4）还有上面提到的，我国大多数少数民族正在使用的拼音文字。实际上，用这些不同结构类型的少数民族文字撰写、记录、印刷的历史文献和各种文本资料浩如烟海。所有这一切，都为我国民族语言文字工作者提供了得天独厚的研究条件和广阔天地。

四

我国是一个多民族和谐统一的国家。在中华文明历史的进程中，各民族同胞一直是相互学习、相互影响、相互渗透、相互交融、相互帮助和支持，同生死共患难，共同走到了今天繁荣发展的新时期。我们完全可以说，包括汉族在内的我国各民族使用的语言文字，均包含着我们共同的历史、文明、思想和智慧，从而构成了一个你中有我，我中有你，谁也离不开谁的强大而丰富、和谐而文明的语言文字世界。这个世界涵括我们一切远古文明和思想，涵括我们共同的发展历程，也展示着我们义无反顾地走向和谐、繁荣而高度发达社会的美好愿景。

我国许多少数民族语言一直到20世纪60年代末，都被保存得比较理想和完整，这一切得益于新中国成立以来依据不同少数民族和不同地区的发展需要具体制定、颁布、实施了行之有效的一系列先进的民族政策和相关规定。其中包括：中华人民共和国民族区域自治实施纲要、实施民族区域自治法若干规定、自治区学习和使用及发展民族语言的若干规定、自治区语言文字工作条例、自治区教育条例、自治区义务教育实施办法、自治州自治条例、自治州民族语言文字工作条例、自治州民族教育条例、自治州民族教育工作条例、自治州义务教育条例、自治县自治条例、自治县语言文字条例，等等。所有这些，为少数民族语言文字的保护和发展奠定了十分坚实的政治基础、社会基础，也提供了政策和资金方面的保障，这使我国的民族语言保护、发展工作，以及民族文字的创制、改进工作等按部就班地得到发展。毫无疑问，这促使我国的少数民族语言文字得到空前的繁荣发展。

在我国，从中央到地方的民族语文广播使用的少数民族语言多达20余种，包括：蒙古语、朝鲜语、藏语、维吾尔语、哈萨克语、瑶语、壮语、京语、临高话、彝语、西双版纳傣语、德宏傣语、傈僳语、景颇语、拉祜语、哈尼语、苗语、载瓦语、安多藏语、康巴藏语、柯尔克孜语等。其中，在中央广播中使用的有蒙古语、朝鲜语、藏语、维吾尔语、哈萨克语等民族语言。在内蒙古、新疆、西藏、青海等省、自治区的电视台也开设了蒙古语、维吾尔语、哈萨克语、藏语等电视频道，广西电视台还开播壮语新闻节目。除此之外，自治州或自治县（旗）的电视台或电视转播站使用民族语播放节目的现象更为广泛，包括的语种更多。电影方面，我国也非常重视民族语言在电影中的使用。新中国成立以来每年都拍一些民族语言影片或用民族语言译制的影片。更为重要的是，在中国共产党全国代表大会、全国人民代表大会、政协全国委员会全体会议等党和国家的重要政治活动中，同汉语平等使用蒙古语（"及其文字"即可）、藏语（"及其文字"即可）、维吾尔语（"及其文字"即可）、哈萨克语哈（"及其文字"即可）、朝鲜语（"及其文字"即可）、彝语（"及其文字"即可）、壮语（"及其文字"即可）等民族语言及其文字。同时，在不同层面的少数民族聚居区或民族自治地区的政治、经济、文化生活中各民族语言文字仍然发挥着不可替代的重要作用。

20 世纪末，对于我国大陆少数民族语言使用情况进行调查的资料充分表明，少数民族语言使用人口共有 6828 万人，占少数民族总人口的 53%，占全国总人口的 5% 左右。其中，（1）使用人口在 1000 万左右的少数民族语有壮语；（2）使用人口在 500 万～1000 万的少数民族语有藏语、维吾尔语、彝语、苗语等；（3）使用人口在 100 万～500 万的少数民族语有蒙古语、朝鲜语、哈萨克语、布依语、侗语、哈尼语、白语、傣语、黎语、勉语等；（4）使用人口在 50 万～100 万的少数民族语有傈僳语、拉祜语、临高语等；（5）使用人口在 10 万～50 万的少数民族语有布努语、水语、佤语、纳西语、土家语、羌语、仫佬语、载瓦语等；（6）使用人口在 5 万～10 万的少数民族语有东乡语、达斡尔语、土族语、柯尔克孜语、布朗语、撒拉语、普米语、嘉戎语等；（7）使用人口在 1 万～5 万的少数民族语有锡伯语、鄂温克语、塔吉克语、保安语、俄罗斯语、毛南语、景颇语、阿昌语、基诺语、德昂语、怒苏语、独龙语等；（8）使用人口在 5000～1 万的少数民族语有西部裕固语、鄂伦春语、乌孜别克语、仡佬语、京语、仓洛门巴语、毕苏语、回辉语等；（9）使用人口在 1000～5000 的少数民族语有东部裕固语、塔塔尔语、错那门巴语、崩尼－博嘎尔语、柔若语、图佤语、克木语等；（10）使用人口不到 1000 人的少数民族语有畲语、义都语、阿侬语、康家语、格曼登语、赫哲语、满语等。在我国少数民族语言使用人口中，汉藏语系民族语言的使用者达到 5000 万以上，其中壮侗语族语言的使用者有 2500 万左右、苗瑶语族语言的使用者约有 720 万、藏缅语族语言的使用者达到 1780 万。而阿尔泰语系民族语言的使用者在 1455 万以上，其中突厥语族语言的使用者有 1000 万左右、蒙古语族语言的使用者在450万以内、满通古斯语族语言的使用者约有5万。还有，朝鲜语的使用者有200万以上，南亚语系语言的使用者有53万左右，印欧语系语言的使用者有6万以上。在这里还有必要解释的是，过去学术界一直认为满语和回族语是完全消失了的或已经死了的语言，但最近一个时期以来发表的一系列调查报告和研究成果充分证明，满语口语还有人在现实生活中使用①，被确证为回族一个分支的族群还在使用回辉语②等。如果这些研究成果确实反映了这些语言存在的事实，那么我们不能再说满语和回族语完全消失之类的不切实际的话了。当然，一些少数民族语言由于进入严重濒危状态而失去了社会功能，但在极少数人的极其特殊的条件和环境下仍被有限地使用。依据使用语言学理论，只要有人使用某一种语言，就不应该对其下完全消失或完全死亡的结论。

特别是，我国20世纪80年代以后，具体实行开放式的民族语言文字教学政策，对于少数民族语言文字的使用和保护起到十分重要的作用。据不完全统计，20世纪90年代初我国大陆用少数民族语言文字教学的小学达到4100多所，中学达到1800多所，中等专业学校148所。这使我国13个省、自治区的21个民族的中小学里用29种民族文字进行教学，从而使民族语言文字授课的中小学生和中专生的数量迅速得到增长。尤其是，像蒙古族、藏族、维吾尔族、哈萨克族、朝鲜族等民族的语言文字在基础教育和高等教育中得到广泛使用，由此形成了从初级教育到高等教育的一整套行之有效的教学体系。同时，还扩大了双语教学工作，使少数民族地区双语教学的学校增加到1万多所。一些有文字的少数民族在基础教育中采用了形式多样的双语教学，如在壮族、布依族、侗族、苗族、哈尼族、景颇族、纳西族、傈僳族、彝族、傣族等民族的中小学用民族语和汉语双语教学；在达斡尔族、鄂温克族、鄂伦春族聚居的一些地区用蒙古语和汉语双语教学；在新疆用锡伯语和汉语、哈萨克语和汉语、维吾尔语和汉语双语教学，在柯尔克孜族和塔吉克族生活区用维吾尔语和汉语双语教学等。毫无疑问，一些双语教学只在部分民族学校进行，甚至只在民族学校的初级班里实施。没有文字的少数民族，基本上用汉语

---

① 根据我们20世纪80年代以及21世纪初实地调查的第一手资料，生活在黑龙江省富裕县三家子满族村的55岁以上的满族老人相互不同程度地使用母语。
② 参见孙宏开等主编《中国的语言》，第2359~2373页。

或生活区内的相关民族语进行双语教学，同时把他们的母语作为辅助性教学手段使用。尤其是 20 世纪 50 年代初以后的很长一段时间里，我国民族地区具体实施扫盲教育运动，双语教育发挥了极其特殊的历史性的作用。这使双语教学自然而然地成为少数民族地区基础教育阶段的重要教学内容和形式之一。另外，在我国 31 所高等院校逐步落实了民族语言文字教学改策，进而在 10 个省、自治区设立了民族文字教材编译、出版机构，每年编译、出版中小学多种教材近 3000 种，少数民族地区的民族语言文字教学已形成一定规模，并在民族地区的教育和科学技术事业的发展中发挥着重要作用。

我国的少数民族文字，有史以来在出版领域占据着不容忽视的重要位置。在历史上，少数民族文字留下浩如烟海的历史文献和档案资料，特别是 20 世纪 80 年代以后，我国用民族文字出版的图书、杂志、报纸种类和语种都达到历史最高点。《中国民族统计年鉴 1998》[①] 的统计资料显示，国内出版民族文字图书的出版社达 36 家，涉及 27 个少数民族文种，出版图书种类有 3000 多种，印数也超过了 5 万册。例如，（1）少数民族文字图书在北京就有 160 种，内蒙古的蒙古文图书 752 种，辽宁的蒙古文和朝鲜文图书有 59 种，吉林朝鲜文图书有 790 种，黑龙江的朝鲜文图书有 31 种，四川的规范彝文和藏文图书有 199 种，贵州苗文图书有 5 种，云南的傣文、景颇文、傈僳文、拉祜文、佤文、哈尼文、纳西文、彝文图书有 30 种，西藏的藏文图书有 252 种，甘肃的藏文图书有 29 种，青海的藏文图书有 234 种，新疆的维吾尔文、哈萨克文、柯尔克孜文、锡伯文图书有 888 种；（2）现在全国范围内，用 17 种民族文字出版 184 种杂志，其中在北京出版发行的《民族团结》[②] 杂志是用蒙古文、维吾尔文、哈萨克文、朝鲜文 4 种文字编辑和印刷，同样在北京出版发行的《民族画报》[③] 也用蒙古文、藏文、维吾尔文、哈萨克文、朝鲜文 5 种民族文字编辑印刷。另外，少数民族文字杂志中包括内蒙古的蒙古文杂志 43 种，吉林的朝鲜文杂志 14 种，黑龙江朝鲜文杂志 3 种，广西壮文杂志 1 种，四川的规范彝文和藏

---

① 王福临、叶震主编《中国民族统计年鉴》，民族出版社，1998。
② 《民族团结》是国家民族事务委员会机关刊物，创刊于 1957 年，是全面报道我国少数民族政治、经济、文化、教育等状况的唯一一份中央级新闻性、综合性月刊。除了汉文版每月一期发行之外，其他少数民族文字版均属双月一期刊印。
③ 《民族画报》也是由国家民族事务委员会主管，由民族画报社主办的，以摄影图片为主的综合性月刊，1955 年创刊，同《人民画报》《解放军画报》并称为"全国三大画报"。

文杂志 4 种，云南的傣文、景颇文、傈僳文、拉祜文、佤文、哈尼文、纳西文、彝文杂志 3 种，西藏藏文杂志 10 种，甘肃藏文杂志 3 种，青海藏文杂志 6 种，新疆的维吾尔文、哈萨克文、柯尔克孜文、锡伯文杂志 81 种等；(3) 现在我国用 17 种民族文字出版发行 88 种报纸，印数多达 1 万多份。其中，内蒙古蒙古文报纸有 14 种，辽宁蒙古文和朝鲜文报纸 3 种，吉林朝鲜文报纸 7 种，黑龙江朝鲜文报纸 1 种，广西壮文报纸 1 种，四川规范彝文和藏文报纸 3 种，云南傣文、德傣文、景颇文、傈僳文、拉祜文、佤文、哈尼文、纳西文、彝文报纸 5 种，西藏藏文报纸 5 种，甘肃藏文报纸 1 种，青海藏文报纸 5 种，新疆的维吾尔文、哈萨克文、柯尔克孜文、锡伯文报纸等 43 种。

我国的少数民族语除了以上提到的在出版业、报刊业取得了举世瞩目的辉煌成绩之外，在金融领域，如人民币上使用蒙古文、藏文、维吾尔文、壮文 4 种文字；在行政领域，如在民族自治地方的政府单位的牌匾、印章、证件中一般都用汉文和当地通用的民族文字。尤其可贵的是，现已有了蒙古族、藏语族、维吾尔族等 16 种少数民族文字的信息处理系统，其高科技功能包括民用化的字符集、键盘、字模标准、信息显示、文字数据库、文字多种类型的操作系统、出版照排系统等现代化手段。所有这些，使民族语言文字在日常生活中得到更为广泛的使用，一些使用少数民族语言文字的文艺和戏剧，也充分利用这一大好时机迅速发展，从而为民族语言文字在更广泛领域的使用和保护注入了新的生命力。例如，贵州布依语布依戏，云南大理州白语剧，广西西部壮语剧，贵州和湖南侗语戏，海南临高话戏，湖南湘西州湘西苗语剧，云南德宏州傣语剧，西藏和四川等地的藏语戏，云南楚雄州彝语剧，等等。另外，我国少数民族在漫长的历史进程中，用本民族语言共同创作的曲艺也获得了意想不到的开发和弘扬。例如，像广西布努语铃鼓，贵州布依语八音座唱，云南白语花柳曲，云南佤语芒锣弹唱，广西壮语蜂鼓和末伦，云南西双版纳傣语赞哈，广西侗语牛腿琴说唱和琵歌，贵州苗语果哈与嘎百福，云南哈尼语哈巴，新疆哈萨克语冬不拉弹唱，新疆柯尔克孜语库木孜弹唱，新疆维吾尔语达斯坦和说唱，吉林朝鲜语弹唱与平鼓演唱，内蒙古蒙古语好来宝和笑嗑亚热，新疆锡伯语念说，广西瑶语春鼓与冬诺，黑龙江赫哲语依玛堪，青海撒拉语巴西古溜溜，西藏藏语格萨尔王说唱和喇嘛玛尼说唱，云南彝语四弦弹唱等，都重新焕发了强大的生命力，从而为少数民族语言文字的使用和保护发挥了十分积极的作用。①

五

民族语言文字中所蕴藏的特定思维规则、表现形式、符号系统以及丰富的历史文化现象，都是传承不同民族特有的文明和思想内涵的活化石。然而，伴随历史的变迁和人类文明的进程，曾经在人类史上创造辉煌和文明的一些民族语言文字已消失得无影无踪，由此人类也失去了一些弥足珍贵的历史记忆和文明与文化成果，结果我们人类自身至今很难说清在过去漫长的历史进程中，我们的祖先究竟使用过多少种语言文字。特别是，当今世界全新的网络信息革命铺天盖地兴起，以电视、电脑为主流的语言文字传媒工具无处不用，我们生存的世界在诸多方面自觉不自觉地加快了一体化进程。这使少数民族千百年来用生命和信仰传承的语言文字开始面对既无可回避又无法回避的历史性挑战和选择，它们何去何从已成为人类共同关注的重大而现实的课题。在我国，以人口较少的一些民族为代表，已有诸多民族语言文字进入或趋于濒危状态。毫无疑问，那些进入濒危而面临衰亡的民族语言文字，告示我们这不只是属于该语言文字的使用者所面临的极其无情的精神文化损失，同时也属于人类丰富多彩的精神文化所面临的重大损失。

20世纪80年代以后，在市场经济大潮和现代信息技术革命的冲击下，少数民族语言文字的使用状况发生了很大变化，民族语言文字在教育、新闻、出版、影视以及社会活动中的使用开始逐年减少，相反汉语言文字的学习和使用日益得到加强和普及。在我国丰富多彩的少数民族语言文字世界中，绝大部分语言文字已进入退缩不前，甚至出现萎缩退化、濒危消亡的现象。这一切，更加显示出少数民族语言文字保护和发展的紧迫性和必要性，也体现出少数民族语言文字工作面临的艰巨性和重要性，应引起国家职能部门的关注和重视。虽然，近年来设立了"非物质文化遗产保护专项资金"，开展了包括濒危民族语言文字在内的少数民族濒危语言文化的

---

① 很有意思的是，像达斡尔、锡伯、土族、鄂温克、东乡、鄂伦春等人口较少而没有文字的少数民族充分利用汉字拼音字母或拉丁字母通俗易懂地转写母语，通过手机短信进行相互交流。这使那些不懂汉文的少数民族同胞也可以用手机短信进行母语交流，从而给本民族语注入了新的生命力。

调查、收集、整理、研究工作，启动了"中国少数民族濒危语言文字数据库""建立少数民族'双语'环境建设示范区"等少数民族语言文化保护和发展的重大工程，然而，从实际情况看，我国少数民族濒危语言文字的调查研究和保护抢救工作进展并不十分理想。加之，有关部门，没有很好地论述和宣传少数民族濒危语言文字保护抢救工作的重要性和必要性，使少数民族对于母语的使用和保护意识日趋淡漠，不学母语和不说母语的青少年日益增多，这直接影响民族语言文字的教育事业，使少数民族语言文字濒危现象不断扩大和严重。我们只有不断增加人力和资金方面的投入力度，并采取行之有效的科学措施，给那些处于弱势状态的少数民族语言文字注入实实在在的活力，循序渐进地有计划、有步骤、有成效地扩大使用范围，少数民族的濒危语言文字才有可能得到有效抢救与保护，才有可能起死回生。通过加强对我国少数民族濒危语言文字的抢救与保护，增强少数民族语言文字使用的活力，延缓或遏制少数民族语言文字的衰亡，不仅可以满足少数民族对本民族语言文字使用的基本需求，而且可以使不同民族语言文字在更加稳定、和谐的社会关系中相互促进、共同发展，为民族地区社会经济、政治、科学技术的发展营造良好环境。我们深深地懂得，语言的多样性是文化多样性的根本保障，也是其最直接最理想的体现，进一步提升和完善包括濒危语言在内的少数民族语言文字的保护政策与措施，是直接关系到国际社会审视我国民族政策和制度的一个重要问题，从这个意义上讲，有其不可忽视而十分重要的政治意义。

近 20 年来，我国各民族交往日益扩大，少数民族自觉学习和使用汉语言文字的人与日俱增。尽管如此，边远相对闭塞的少数民族聚居村落，民族语言文字仍然使用得比较理想，从而发挥着其他语言无可替代的重要作用。反过来说，失去母语交流功能而越来越多地使用汉语言文字的少数民族，绝大多数是生活在城镇或靠近城镇地区或经济发达地区。根据我们在 20 世纪 80 年代所掌握的调查资料，当时我国大陆使用母语的少数民族人口占少数民族总人口的 80% 左右。其中，在西藏和新疆的少数民族使用母语人口都达到 95% 左右，内蒙古和青海达到 80% 左右，广西约为 70%，云南和四川约为 65%。而且，这其中还包括相当数量不懂汉语的少数民族人口。[①]

[①] 参见中国社会科学院民族研究所与国家民族事务委员会文化宣传司主编《中国少数民族语言使用情况》。

可是，20余年后的今天，情况出现了根本性的变化，民族语言文字的使用日趋减少，像鄂伦春语、赫哲语、东部裕固语、塔塔尔语、图佤语、满语、畲语、土家语、仡佬语、错那门巴语、仓洛门巴语、京语、毕苏语、回辉语、崩尼-博嘎尔语、柔若语、克木语、义都语、阿侬语、康家语等民族语言只在极少数人口或个别人群或老年化人群中使用①，从而已进入濒危状态或严重濒危状态。同时，像鄂温克语、锡伯语、达斡尔语、东乡语、保安语、撒拉语、乌孜别克语、柯尔克孜语、塔吉克语、布朗语、普米语、嘉戎语、毛南语、景颇语、阿昌语、基诺语、德昂语、怒苏语、独龙语等少数民族语言及其相关文字的社会功能日益减弱，甚至有的已开始进入濒危的前期阶段。其结果，我国濒危少数民族语言文字的数目不断增加。我们知道，民族语言文字的濒危和消亡，就像世间物种的濒危和灭绝一样极其可怕，随着一种少数民族语言文字的濒危和消亡，其中积存和蕴藏的人类文明和文化现象也将随之消失，进而给人类自身带来不可弥补的损失。毫无疑问，这会使人类曾经有过的极其丰富而绚丽多彩的语言世界、词汇宝藏、思维功能、语法形式、表现手段等逐渐走向单一、枯涩和乏味，进而给人类的大脑、智慧和创造带来意想不到的损伤。

我国濒危少数民族语言文字的保护和抢救及调查研究工作，现已成为世界文化多样性研究的重要组成部分，丰富多彩的少数民族语言文字是我国极其宝贵的文化财富和社会财富。然而，对于那些处于偏远边疆地区而使用人口较少，并在特定自然环境与物种世界、特定历史条件与思维空间、特定表现形式和社会生活中有其特殊生命力和学术价值的民族语言，如还未进行全面系统的深入调查研究就已丢失，不能不说是我们这一代人的重大遗憾和愧疚。所以说，对于这些面临濒危的少数民族语言文字进行抢救性记录和保存，是我国政府和民族语言工作者责无旁贷的历史使命，也是一项刻不容缓的重要任务。就如刚才所说，这项工程的具体实施和圆满结束，对于研究人类不同思维规则、不同表述形式、不同文化历史、不同自然环境和地理结构以及不同物种的起源，乃至人类起源等问题都将发挥十分积极的推动作用。民族语言文字是我们取之不尽的知识和智慧源泉，对于它的科学保护和开发利用将给我们迅速崛起的祖国带来政治、经

---

① 这里提到的极少数人群或个别人群是指那些远离城镇生活区而生活在深山老林或极其偏远的山寨的为数不多的少数民族人口。一般情况下，人口都在十几人到百人之间。

济、文化、科学技术等方面的许多好处，对于深入研究我国各民族的历史来源和相互接触关系，对于进一步深入阐述我国民族大家庭多元一体格局的丰富内涵，对于更好更理想地开展民族工作、促进和发展民族团结、构建和谐文明进步的社会主义国家均有极强的现实意义和深远的历史意义。众所周知，语言是一种文化现象，语言多样化是文化多样性的主要标志和最好体现。无论使用人口多少，一种民族语言就是一种极其丰富的民族文化资源，在我们生存的世界，多种民族语言盘根错节而叶枝茂盛，这是人类在漫长的进化和繁荣发展的历史岁月里用共同的劳动与智慧创造的博大而灿烂辉煌的财富。近年来，联合国教科文组织通过了《语言活力与语言濒危》《保护非物质文化遗产公约》《世界文化多样性宣言》等一系列决议案①，明确提出有效保护民族语言文字和传统文化的重要性和必要性。近年来，已有20多个国家的语言学家到我国民族地区实地调查、记录、搜集、整理、研究濒危少数民族语言，甚至出资举办不同类型的民族语文培训班等。这些工作的具体落实，自然给我国濒危民族语言文字的抢救和保护带来了较好的国际环境。② 同时，我们也理性地认识到，我国弥足珍贵的少数民族濒危语言文字资料源源不断地流向国外。这就需要我国相关专家学者和各有关部门齐心协力，不失时机地保护和抢救、搜集和整理少数民族濒危语言文字，并尽快立法保护我国少数民族濒危语言文字这一不可再生的宝贵资源，依法严格控制或限制其向国外不断流失。众所周知，民族语言是民族文化和民族认同的重要标志，是维系民族文化及民族认同的重要因素和条件之一。一个民族失去了自己的语言，就意味着失去了自己特有的语汇世界、思维方式和表现手段以及特殊的精神家园。正因为如此，少数民族对于母语都怀有特殊情感和认同。为了更好地维护民族文化和民族认同，为了构建高度和谐、文明而科学发展的社会主义国家，我们应该将少数民族濒危语言文字的抢救和保护作为一项长期的重要战略任务

---

① 参见范俊军编译《联合国教科文组织关于保护语言与文化多样性文件汇编》，民族出版社，2006。
② 研究与此相关的学术问题可以参阅李红杰和马丽雅主编，由民族大学出版社于2008年出版的《少数民族语言使用与文化发展政策和法律国际比较》一书。该书多篇文章从不同理论层面和理论视角探讨，在国外对于人口较少民族的濒危语言实施的行之有效的抢救和保护工程取得较好成效的国际环境下，国内开展的少数民族濒危语言文字实地调查、记录、搜集、整理、研究工作，以及出资举办的不同类型和不同层面的民族语文培训班等方面的工作及其作用。

来完成。

  汉语言文字是我国使用率最高、使用面最广、生命力最强的通用语言文字，在我国 55 个少数民族中都获得不同程度的使用，甚至在一些人口较少的民族①或与汉族接触历史较长而相互接触和渗透现象较深的一些少数民族②中，除了极个别的一些人使用母语之外，基本上改用了现代汉语。其他一些正在使用濒危或趋于濒危状态的民族语言文字的民族，也基本上掌握了汉语言文字或兼通汉语言文字。甚至像蒙古族、壮族中兼通民族语和汉语的双语人口越来越多。所有这些，跟我国社会经济的迅速发展有着紧密的内在联系，少数民族在为本地区社会经济的繁荣发展而努力拼搏的同时，充分利用各种现代传媒和手段，更直接、更深入、更广泛地接触、接受汉语言文字。毫无疑问，这些少数民族在学习和使用汉语言文字的同时，对本民族语言文字的日益濒危深感忧虑。

  总之，我们应该更快地出台更加科学而有效的少数民族语言文字保护政策和法规，站在人类共同利益和保护人类丰富多彩的生存空间、思维规则、表述形式、符号系统的高度，进一步加强少数民族语言文字的保护工作。在此基础上，有计划、有步骤、有力度、有成效地开展抢救濒危语言或趋于濒危的少数民族语言文字的工作，从而促使少数民族语言文字和汉语言文字在文明而和谐的社会环境中相互学习、相互交融、共同繁荣发展、长期和谐共存，为我国社会科学、文明、和谐的发展发挥积极作用。

---

① 例如，像赫哲族、京族、鄂伦春族等人口较少的民族在日常生活中基本上是用汉语或汉文，使用母语的现象越来越少。

② 例如，像满族虽然人口达到 1000 多万，但由于同汉语和汉文接触的历史较长，受其影响太深而他们几乎自然而然地放弃满语和满文，使用起了汉语和汉文。

试论锡伯语口语和书面语的关系

贺元秀

(伊犁师范学院中国锡伯语言文化研究中心)

锡伯族是中华民族大家庭中的一员,也是拥有自己语言文字的少数民族之一。1947年,锡伯族在满文的基础上创建锡伯文,也就是说,锡伯文是在满文的基础上创建的拼音文字。在这之前,锡伯族使用满文。这说明锡伯文和满文之间具有非常密切的关系,正因为如此,锡伯文与满文在语音、词法、句法等方面基本相同。实际上,锡伯文是通过对满文的继承、改革、发展而产生的文字。然而,二者之间不是等同关系,尤其是在满文与现代锡伯口语之间更不能画等号;因为锡伯语书面语与现代锡伯口语之间的差异较大。锡伯文诞生以来,锡伯语书面语语法系统和基本词汇处于基本固定的状态,没有太大的变化,只是随着社会的不断发展和社会心理的变化,特别是社会上出现新的现象及新的事物时,锡伯语言的一般词汇中才增加新的词语来指称,譬如《汉锡名词术语规范词典》收入了近万条新的锡伯语名词。这说明,任何一种语言不可能停滞不前,它总是处在逐渐变化中。学者从语言的外部找到了语言发展演变的两大原因,即社会因素的影响和心理因素的影响,同时从语言自身内部找到了语言发展演变的内在因素,这就是语言发展变化的内在规律。锡伯语也不例外,它总是受语言演变发展规律的支配。截至目前,国内外学术界对锡伯语的研究取得不少成果,包括现代锡伯口语研究所取得的成果。然而,现有研究成果是否全面反映出现代锡伯口语存在的真实面貌呢?是否表现出现代锡伯口语与书面语之间的关系呢?

锡伯语有个显著特点:现代锡伯口语与书面语之间的差异较大,二者之间发生的语流音变现象比较突出,并且表现出一定的规律性。锡伯语言的语流音变主要有语音同化、语音异化、语音弱化、语音脱落、语音增音等形式。我认为,语流音变是造成锡伯语口语和书面语之间差异性的主要原因。那么，锡伯语口语和书面语之间的差异都体现在哪些方面呢？

从语言发生学角度来看，口语是第一性的，书面语是第二性的。世界上任何一种语言可以没有书面语，然而不能没有口语。书面语是在口语的基础上产生和发展起来的。锡伯语口语和书面语之间的关系也体现出语言学的这种发展规律，但锡伯语口语和书面语之间的关系比较复杂。明清时代，锡伯语除了固守母语外，受蒙古语和满语影响比较大，甚至很多锡伯人精通蒙古语和满语，后来直接接受并使用满文，其口语越来越受满文的制约和影响，也就是说，锡伯语的书面语不是完全建立在口语的基础上，而是借用了满文。这就造成锡伯语口语和书面语之间较大的差异性。锡伯族在西迁到新疆伊犁以后的 250 年中逐渐形成脱离母语大环境的语言生活，使锡伯语口语和书面语之间的这种差异性越来越大。纵观新疆锡伯族 250 年的语言生活史，我们发现，锡伯语口语和书面语之间存在以下几种关系。

一是锡伯语一部分口语词与书面语词的读音完全一致，譬如 adali（相同的，一样的）、age（哥哥，老兄）、adur udur（形容潦草）、ai（什么）、aifini（早已）、alung（地毯）、amban（大臣）、amkeni（大姨）、an（通常，一般，平时）、ba ezhen（地主）、bacha（黑蜘蛛）、bai（闲，没事干）、baibi（白白地、徒劳地）、baige（赛马）、baili（恩惠，恩典，恩情）、bal（小狗）、bana（土地，领土）、banin（性格，性情，脾气）、baniha（谢谢）、be（鸡食）、beilen（舞蹈）、belen/bengsen（本事，能力/笨）、berhen（汤）、beri（弓）、bi（我，又，存在）、biretei（普遍）、bisan（洪水，涝）、bira（河）、bodo（菜刀）、bolori（秋天）、boro（牛犊）、budun（野蛮，粗鲁）、budungchang（乱七八糟，乱堆东西）、buku（摔跤手）、buldun（公猪）、burhu（小姑子）、buthin（不清晰，不清楚）、butu（闷，房子不透气）、churhu（鱼子）、dachun（锋利，敏捷，聪明）、da ani（照常，照旧，仍然）、da ba（籍贯，原籍）、dasan（改治）、dasan yamun（政府）、deken（稍高，略高）、den（高），等等。

二是锡伯语一部分口语词与书面语词读音大致相近，譬如 aixi/aisi（利益，利润）、arexi/arasi（作家，作者）、arsen/arsun（芽儿）、batur/baturu（英雄，勇士）、bulungku/buleku（镜子）、buri bari/buru bara（形容渺茫，朦胧）、da maf/da mafa（高祖）、dad/dade（原来，跟前）、dalen/dalan（岸，堤坝；马的脖颈子）、daqi/dachi（从前，原来）、dasan arh/dasan arga（政策）、davsun/dabsun（盐）、davker yas/dabkuuri yasa（双眼皮）、der/dere（脸；桌子）等。这些词语在锡伯语口语与书面语中读音大致相近，只要会说现代锡伯口语的人，听到这些词语的书面语都可以听懂。这种口语词与书面语词读音大致相近的词语，在锡伯语中占一大半以上。锡伯语一部分口语词与书面语词的读音完全一致，而一部分锡伯现代口语词与书面语词读音大致相近，说明锡伯文可以书写并反映现代锡伯口语的基本面貌。

在锡伯语中，还有一种现象值得注意，即在现代锡伯语口语中，书面语动词词尾"bi"往往被省略，从而造成现代锡伯口语与书面语读音的细微差异，譬如 cham/chambi 插（木棍儿）、changlem/changlembi（鸣，唱）、checherem/checherembi（痛恨，愤恨）、chelmerem/chelmerembi（瞎扯）、chendem/chenembi（实验，测验）、chukum/chukumbi（疲倦）、dom/dombi（落；栖）、duilem/duilembi（对照，对等，校对）、dulembum/dulembumbi（经过，经历）、dundam/dundambi（喂猪）、edelem/edelembi（减少）、edulem/edulembi（疯，中风）、ehedem/ehedembi（不痛快，怀恨）、ehelem/ehelembi（迫害，陷害，嫉妒）、ehenchum/chenchumbi（诽谤，背地说人）、eherem/eherembi（恶化，翻脸，不和睦，变天）、eiterem/eiterembi（欺骗，诈骗）、elbim/elbimbi（号召）、elem/elembi（满足，足够；顶撞，顶嘴）、adanam/adanambi（参加）、acam/acambi（会见，会合，和好）、holbom/holbombi（联结，结婚）、hederem/hederembi（搜集，搂，扒，拾取），等等。

三是锡伯语一部分口语词与书面语词读音不相同，譬如 kua riyang/saikan（漂亮，好看）、sahenji/sargandgui（女孩）、nan/nialma（人）、kethun/hitahun（指甲）、nimah/umiaha（虫）、afh apdaha（叶）、halin/hailan（树）、galvang gisun/ehe gisun（坏话）、gehe/eiun（姐），等等。

在锡伯语中，口语与书面语之间为何出现如此差异呢？笔者认为：这里既有世界上其他民族口语和书面语差异的共性，也有由锡伯族自身历史文化与语言发展的特殊性决定的个性，语流音变是造成锡伯语口语和书面语之间差异的主要原因，并且这种语流音变速度也在加快。下面，重点从锡伯语语音音素脱落及规律方面，进一步论证锡伯语口语和书面语的差异。

在现代锡伯口语中，书面语词汇音节中的第二个元音往往脱落。比如锡伯语书面语词"砖瓦"念为"wara",其中排在音节后面的元音"a"在现代锡伯口语中脱落,念为"war"(五牛录除外);书面语词"dogo"(瞎子)在现代锡伯口语中,其中排在音节后面的元音"o"脱落,念为"dog";书面语词"salu"(胡须),在现代锡伯口语中,其中排在音节后面的元音"u"脱落,念为"sal";书面语"sefu"(老师),在现代锡伯口语中,其中排在音节后面的元音"u"脱落,念为"sef"。在锡伯语中这种音变现象还比较突出,而且还在悄然地变化发展。如锡伯语动词现在进行时形式,在动词词干上接缀"mahabi",表示动作正在进行或持续进行。"mahabi"为书面语动词词尾,它在口语中则变成"mahei",譬如:bi buda jemahei(我在吃饭)、bi jugun yabumahei(我在走路)、bi xin gisunbe donjimahei(我在听你说话)、bi utuk utumahei(我在穿衣服)、bi bithe tamahei(我在看书)、bi lousederi uvemahei(我在下楼)、bi tacimahei(我在学习)、bi efimahei(我在玩)、age amgemahei(哥哥在睡觉)、eyi mais hademahei(爷爷在割麦子)、indahun minb amchimahei(狗在追我)、eni buda aremahei(妈妈在做饭)、xi anemahei(你在干什么)、bi boci bederemahei(我在回家)、ihan muku omimahei(牛在喝水)、xi ai giamahei(你在买什么)、gehe feksimahei(姐姐在跑步)。那么,书面语动词词尾中的"mahabi",在口语中怎么变为了"mahei"呢?这是由元音脱落现象所导致的,"mahabi"中"ma"音节不变,"ha"中的元音"a"则变为元音"e","bi"中的辅音"b"脱落,故变为口语中的"mahei";而在说口语带有"mahei"的句子时,倘若语速稍快,则会直接变为"maei",辅音"h"弱化或脱落。例如:"zhimaei"(在吃)、"songgumaei"(在哭)、"weilemaei"(在干活)、"adanemaei"(在参加)、"ilimaei"(在舔)、"lalmaei"(饿了)、"donjimaei"(在听)、"fonjimaei"(在问)、"jomaei"(在运)、"yavemaei"(在走)、"haitemaei"(在绑)、"gelemaei"(在害怕)、"genemaei"(在去)、"dasimaei"(在修理)、"ilganemaei"(在开花)等。

再如察布查尔锡伯自治县的"八个牛录",即"扎坤古萨"在书面语与口语转化时的一些问题。锡伯语书面语"牛录"(niru)一词在口语中读为"nir",其中的元音"u"脱落。"乌珠牛录"(一牛录)在书面语中读为"uju niru",在口语中则读为"uju nir";"寨牛录"(二牛录)也是同理,"jai niru"在口语中变为"jai nir";而"依拉齐牛录"(三牛录)略有不同,书面语中读为"ilaci niru",按道理在口语中应变为"ilaci nir",但在现代锡伯口语中说成"ilacur","ilaci"中的元音"i"与元音"u"相互替换,"niru"中的元音"u"脱落,故变为现代锡伯口语中的"ilacur";"堆齐牛录"(四牛录)的语音变化也略有不同,书面语为"duici niru",在现代锡伯口语中却读为"duiciyur",序数词"duici"(第四)不变,"niru"则变为"yur","ni"则变为辅音"yu","ru"中的元音"u"自然脱落,故为"duiciyur";"孙扎齐牛录"(五牛录)为"sunjaci niru"(书面语),口语中则转化为"sunjacur",与"三牛录"的音变情况基本一致,但在"孙扎齐牛录"(五牛录)中,序数词也有元音替换现象。"sunjaci"中的元音"i"与"u"相互替换,"niru"中的"ni"和"u"均脱落,只剩颤音"r",转化成口语中的"sunjacur";"宁固齐牛录"(六牛录)与"孙扎齐牛录"情况一致,"ningguci niru"(书面语),元音"i"与"u"替换,"niru"中的"ni"与"u"均脱落,即成口语中的"ninggucur";"纳达齐牛录"(七牛录),"nadaci niru"(书面语),与其他牛录的音变也略有不同,"纳达齐牛录"(七牛录)在口语中变为"nacur",序数词"nadaci"中的"da"音脱落,元音"i"与"u"相替,"niru"中的"ni"与"u"均脱落,剩颤音"r",即变成口语中的"nacur"(七牛录);"扎固齐牛录"(八牛录)在书面语中读为"jakuci niru",而在现代锡伯口语说成"jakcur",元音"u"替换了"i","ku"中的元音"u"脱落,"niru"中的"ni"与元音"u"脱落,只剩"r",形成现代锡伯口语中的"jakcur"。现代锡伯口语中的这种元音脱落及元音交替现象,是由元音脱落规律造成的。

动词现在进行时附加成分"mahei"弱化为"maei","扎坤古萨"(即八个牛录)从书面语到口语的些微变化,是因为人们在交际过程中,为了更方便更快速地互相交流,就在有意或无意之间形成了语言使用的经济原则和元音脱落规律,从而导致锡伯语的书面语与口语之间的差异,而口语也相对显示出不受书面语约束、随意性强、发展快等特征。

综上所述,现代锡伯口语与书面语之间的语音差异较大,并且这种差异还在不断扩大,其语流音变速度尤其是语言同化速度也在加快脚步。这就需要我们做全面而深入的研究工作,认清有关现代锡伯口语与书面语之间的真实关系及其规律。

通古斯鄂温克人"双语"运用历史与现状

孛·蒙赫达赉

(呼伦贝尔学院民族历史文化研究院)

鄂温克人使用的语言属于阿尔泰语系满通古斯语支,基本上与满语相似。鄂温克人没有本民族的文字,在牧区的通用蒙古文,在农区和山区的通用汉文。我国境内的鄂温克语分为辉河、莫日格勒、敖鲁古雅三大方言,其中通古斯鄂温克人所使用的语言为"莫日格勒方言"。由于我国境内鄂温克族没有创建自己的文字,所以中国境内的鄂温克人在不同年代掌握和使用过不同文字,如在清代使用过满文、民国时期使用过蒙古文和汉文、民国后期也有一部分人学习掌握过日文。通古斯鄂温克人过去在俄罗斯境内生活时曾使用过俄文,迁入呼伦贝尔以来主要使用蒙古文,在伪满洲国时期曾有一部分人学习和掌握过日语,现在在日常生活中使用本民族语言和蒙古语进行交流。蒙古文和蒙古语已经在通古斯鄂温克人中深深地扎下了根,成为他们社会生活中不可分离的重要组成部分。

通古斯鄂温克人主要居住在呼伦贝尔市陈巴尔虎旗鄂温克苏木,还有一部分人居住在鄂温克族自治旗的锡尼河流域。依据接触族群的不同,通古斯鄂温克人还被外族人分别称为"通古斯"和"哈木尼干"。俄罗斯人和汉族人称他们为"通古斯",而布里亚特人和巴尔虎蒙古人称他们为"哈木尼干"。关于"哈木尼干"名称的由来和含义,大多数人都认为这是通古斯鄂温克人接触到布里亚特人之后得到的他称。"哈木尼干"之称含有"内部很团结"和"我们在一起"之意,这一称呼是布里亚特人送给他们的称呼,"专指一同战斗的鄂温克群体"。因此,通古斯鄂温克人使用的"双语",亦被分别称为"哈木尼干鄂温克语"和"哈木尼干蒙古语"。

一 使用"双语"的主要特点

通古斯鄂温克人是呼伦贝尔地区一个比较特殊的族群，他们历来以勤劳勇敢、乐观向上和擅长因地制宜地经营畜牧业而著称，并以自身鲜明的民族特色为呼伦贝尔地区多元文化的形成做出了应有的贡献。通古斯鄂温克人使用"双语"（即"哈木尼干鄂温克语"和"哈木尼干蒙古语"）的情况比较普遍，形成的历史也较为久远。通古斯鄂温克人与蒙古人的接触时间比较长，在语言使用上产生的变迁也是一个缓慢而循序渐进的过程。通古斯鄂温克人由于只有语言没有文字，所以他们的适龄儿童几乎在上小学之前就普遍接受蒙古化的教育，他们在上小学或中学后，又主要学习蒙古文并通过蒙古文学习科学文化知识。这种在家庭内部使用鄂温克语，在学校和社会上使用蒙古语的现象，随着他们年龄的增长，学习和掌握知识层面的不断加深也发生变化，他们使用母语的机会和环境变得越来越少，促使他们从使用母语逐渐转变到使用蒙古语方面。

纵观通古斯鄂温克人的"双语"使用情况，"鄂蒙兼通"始终是主流，蒙古文和蒙古语已经在通古斯鄂温克人中深深地扎下了根，成为他们社会生活中不可分离的重要组成部分。现在通古斯鄂温克人使用"双语"的情况，具有以下几个特点：一是一些人鄂温克语与第二语言同样熟练，两种语言使用起来均可达到得心应手的程度；二是一些人第二语言比较熟练，而自己的母语已经不能流利地使用；三是一些人能听懂一些鄂温克语，但已基本上不使用鄂温克语，而使用第二语言。

由于蒙古语是通古斯鄂温克人的通用语言，因此，在通古斯鄂温克人使用的鄂温克语里便自然而然地融入了很多蒙古语借词，使用面也在不断得到扩展，从而在一定程度上间接地影响到纯粹意义上的鄂温克语的使用范围。不同语言的相互接触，都会从对方的语言中借入所需的新词术语或相关的交流词汇，尤其是处于弱势状态的语言会从强势语言中借入大量词语，而且这些借词基本上是与当时进行的变革及生产、生活发展的总趋势密切相关。通古斯鄂温克人自接触畜牧业后，从蒙古语里借入了数量可观的有关畜牧业生产和游牧生活方面的名词术语。这些畜牧业词语的借入，给鄂温克族刚刚起步的畜牧业经济和游牧生活带来了许多方便，使他们很快就能够按部就班地发展畜牧业经济，使他们的畜牧业方面的词语很快得到补充，极大地丰富了通古斯鄂温克人关于畜牧业方面的词汇结构系统。随着通古斯鄂温克人与蒙古人之间接触的增多和对蒙古文化了解的不断加深，他们开始普遍用蒙古语给自己的孩子起名，表明他们对于蒙古语的一定程度的心理认同，也表现出他们对于自己母语变迁现象产生的认可态度。

二　使用"双语"的历史较长

通古斯鄂温克人使用"双语"的历史较长，他们使用的"双语"被称为"哈木尼干鄂温克语"和"哈木尼干蒙古语"。通古斯鄂温克人所使用的"哈木尼干鄂温克语"与"索伦鄂温克语""雅库特鄂温克语"有所区别，而"哈木尼干蒙古语"与近代蒙古语也有所区别，所以他们使用的"双语"又被称之为"哈木尼干鄂温克语方言"和"哈木尼干蒙古语方言"。这种一个民族同时普遍使用两种语言的情况，在人类语言发展史中是比较罕见的。据考证，通古斯鄂温克人使用"哈木尼干鄂温克语"和"哈木尼干蒙古语"已有几百年、甚至更长的历史。在13世纪前后或13世纪以后，因鄂温克人和蒙古人长期共同居住在一起，使通古斯鄂温克人成为同时使用两种语言的特殊族群。通古斯鄂温克人在外贝加尔地区与布里亚特人杂居后，使用双语的范围进一步扩大了。

通古斯鄂温克人使用"双语"的情况，可概括为以下两种：第一种是会讲"哈木尼干鄂温克语"，也会讲"哈木尼干蒙古语"，他们属于真正使用"双语"的人；第二种是只会讲"哈木尼干蒙古语"，虽然不讲"哈木尼干鄂温克语"，但是他们能听懂"哈木尼干鄂温克语"。在通古斯鄂温克人中之所以会出现以上两种情况，是与他们成长的环境有关。在父母都使用"双语"的家庭中长大的孩子，自然会讲"哈木尼干鄂温克语"和"哈木尼干蒙古语"；但是在只讲"哈木尼干蒙古语"的家庭中长大的孩子，则只会讲"哈木尼干蒙古语"。通古斯鄂温克人使用的"双语"没有主次之分，所以使用哪一种语言都不会受到限制。

通古斯鄂温克人的双语保存着鄂温克语和古代蒙古语的一些特征，目前属于濒危的语种。在俄罗斯和蒙古国的通古斯鄂温克人，使用本民族语言的人越来越少，大都转向使用俄语或蒙古语。相对于蒙古国的通古斯鄂温克人而言，中国境内的莫日格勒通古斯鄂温克人和俄罗斯境内的通古斯鄂温克人，将自己的民族语言保存得比较好。从20世纪80年代开始，随着我国改革开放的加快，鄂温克苏木境内外来人口增多，通古斯鄂温克人周边的语言环境开始发生明显的变化。通古斯鄂温克人与别的民族相比，人口数量较少，由于对外交往的需要，汉语逐渐渗入通古斯鄂温克人的日常生活中，这些都对民族语言的传承环境形成一种潜在的威胁。

从通古斯鄂温克人使用"双语"的情况来看，在日常生活中使用"哈木尼干蒙古语"的占大多数，而使用"哈木尼干鄂温克语"的人则越来越少，这与受到外来文化的影响有着直接的关系。例如，通古斯鄂温克人从小学开始便接受蒙古语授课的教育或汉语授课的教育，参加工作后又普遍使用蒙古语或汉语。对通古斯鄂温克人来讲学习和使用蒙古语无疑是十分必要的，但要注意把握好保护和传承鄂温克母语的问题。如果不注重保护和传承"哈木尼干鄂温克语"，鄂温克苏木的通古斯鄂温克人使用的语言将会失去均衡，有可能首先向"哈木尼干蒙古语"倾斜，并有可能会威胁到"哈木尼干鄂温克语"的正常发展，并导致最后全部使用"哈木尼干蒙古语"。这样的情况，在与鄂温克苏木的通古斯鄂温克人一同迁到呼伦贝尔，但长期与布里亚特人共同生活在一起的另一部分通古斯鄂温克人中就能见到。在鄂温克族自治旗锡尼河东苏木汗乌拉嘎查，当地的通古斯鄂温克人已经不会说鄂温克语，就是70岁左右的老人也不会说，他们讲的都是布里亚特蒙古语。

三 强化母语教育的重要性

通古斯鄂温克人的母语传承途径，主要有三条：一靠家庭口耳传授，二靠学校教育提升，三靠社会环境熏陶。由于儿童时期正是一个人语言养成的关键时期，而家庭成员的口耳传授则是缺一不可的重要环节，对孩子语言习惯的养成起着至关重要的作用。家庭是一种语言使用的最小场合，也是母语保持与传承的最后堡垒，对于母语的传承十分重要。过去鄂温克苏木学校采用"双语"或"多语"进行授课，对孩子鄂温克母语的提升也起到了不可替代的作用。从保护通古斯鄂温克人的长远利益出发，在民族教育中重点实施"双语"教育有着非常重要的意义。在学校教育中实施"双语"教育是通古斯鄂温克人现实生活的需要，在他们中间有组织、有计划地进行"双语"教育也符合他们的根本利益与愿望。同时，在学校教育中实施"双语"教育不仅是提高民族教学质量的有效途径,而且还是实施多元化教育,保存与传承通古斯鄂温克人优秀传统文化的必要手段。2006年,鄂温克苏木学校撤并,通古斯鄂温克人的适龄儿童全部到100多公里以外的旗所在地上学。针对鄂温克苏木学校撤并到旗民族小学后存在的实际问题,有必要通过以下几种渠道来加强鄂温克母语的教育。

一是在旗民族小学内单设鄂温克民族班。在民族班内安排懂鄂温克语的老师担任班主任,授课采用双语制。尽管到旗所在地读书能享受到优质教育资源,但是缺乏懂鄂温克族语、熟悉鄂温克族民俗文化的教师。在学校里采用民族语言进行辅助教学,可以使民族学生结合自己的语言实际,对授课内容理解得更深、记得更牢,有利于提高教学质量,但先决条件是教师必须熟练地掌握当地的民族语言。所以应该选拔和培养专门的师资力量,主要是会说鄂温克语、熟悉鄂温克民族传统文化的教育行政人员以及相关的教师。

二是在旗民族小学内开设鄂温克语言课。民族学校是民族教育和文化传承的重要基地,让鄂温克语进课堂对鄂温克语的传承将起到至关重要的作用。抢救语言的重点在青少年,民族中小学应开设鄂温克语,每周至少两节。教育行政部门应把民族语言课纳入教育发展规划,建立监督和评价机制,为"双语"教学提供保障措施。

三是编写鄂温克语教材、光盘,在社会上普及鄂温克语。可以在适当的时候举办鄂温克语演讲比赛、鄂温克语歌曲比赛、主持人大奖赛等群众喜闻乐见的活动,提高鄂温克语在社会上的使用率。应该有目的地创作一些短小精悍、便于传唱的鄂温克语新民歌,引导牧民子弟们学唱,并在婚礼、旅游点、喜庆节日等场合进行推广和普及,提高使用民族语言的荣誉感。

四是在鄂温克苏木学校现有的校园设立小学初级班。小学初级班可作为旗民族小学的分校,由旗民族小学代管,主要招收1~3年级的小学生,强化"双语"教学,然后再入旗所在地学校就读。在鄂温克语教学过程中,应当设置鄂温克语听、说、读、写的系统教学程序,加强学生日常情景对话训练,利用多媒体教学等现代教学手段,提高学生用鄂温克语相互交流的兴趣。这种过渡性的措施,在某些方面可以弥补亲情教育和家庭教育的缺失,有利于通古斯鄂温克人母语的传承与保护。

民族语言是少数民族最古老、最辉煌的成就之一,是各民族祖先留传下来的智慧宝库，是其世世代代创造力的集中表现。民族语言不仅是一种内部交际的媒介，而且还是同一民族的人们相互认同的重要标志。作为一种思维工具，通古斯鄂温克人长期使用"哈木尼干鄂温克语"和"哈木尼干蒙古语"，这已积淀成了这个族群长期的思维模式和行为规范，其中任何一种语言的失衡或消失，都会对民族文化的传承和发展造成无法弥补的损失。语言和文化实际上是不可分割的。特别是在只有口头语言的民族中，他们的文化主要靠口头语言来保存和传播，因而口头语言既是民族文化的仓库，也是民族文化的桥梁，因此保护民族语言是现在刻不容缓的首要任务。目前，国内对"哈木尼干鄂温克语"的研究还很薄弱，研究成果也比较少。在"哈木尼干鄂温克语"和"哈木尼干蒙古语"中，保存着很多古代鄂温克语和蒙古语的词汇特征，可以为北方民族语言研究提供新的思路。"哈木尼干鄂温克语"和"哈木尼干蒙古语"现在仍属濒危语种，每一种语言在地球上消失都是一种新的遗憾，所以进一步加强对"哈木尼干鄂温克语"和"哈木尼干蒙古语"的研究及保护显得尤为迫切。

关于新中国成立前的蒙古语言政策研究

曹道巴特尔

(中国社会科学院民族学与人类学研究所)

一

清末开始中国产生了在西方影响下的近代教育事业。推翻清王朝以后，国民政府实行现代教育制度，其过程也涉及民族地区的教育问题。孙中山先生指出国民党的民族主义一方面是实现中国民族的自求解放，另一方面是国内各民族的一律平等。国民政府的法律文书也有相应的规定。国民政府虽然提出推翻君主制度，取得民主平等原则，但是他们的平等原则是代表资产阶级的利益，也具有明显的民族局限性，因而不可避免地形成了大汉族主义倾向。五族共和的国家里除了被承认的汉、满、蒙、藏、回以外，其他少数民族均没有获得承认，而且被承认的少数民族也受到了不平等的待遇。国民党致力于推行一党、一族、一国、一主义，对少数民族进行同化。毛泽东指出："国民党反人民集团否认中国有多民族存在，而把汉族以外的各少数民族称为'宗族'。他们对于各少数民族，完全继承清朝政府和北洋军阀政府的反动政策，压迫剥削，无所不至。"[①] 国民党的蒙藏政策也是为了更好地奴役蒙、藏民族而制定的。他们只考虑怎样宣传党规，而根本不考虑民族的平等，更谈不上民族的振兴和繁荣。

1929 年，国民政府颁布了"三民主义"教育宗旨："中华民国之教育，根据三民主义，以充实人民生活，扶植社会生存，发展国民生计，延续民族生命为目的；务期民族独立，民权普遍，民生发展，以促进世界大

---

① 国家民族事务委员会政策研究室编《中国共产党主要领导人论民族问题》，民族出版社，1994，第 29 页。

同。"1940 年 9 月国民党更是直接提出"国族团结"和"融合大中华各部分文化",把"以期大民族主义国家之完成"作为民族教育的总方针和终极目的。他们企图通过这一教育方针的实施,把大汉族主义的教育宗旨合法化和普遍化,把各民族人民的根本利益融合于以国民党为代表的地主、资产阶级的利益之中。①

在其整个统治时期,国民党在内蒙古建立的官方学校不多,有记载的有定远营实验中心学校等极少数的民族小学。就该学校来说,它以周围的蒙古族儿童为学生来源,采取系统灌输党规的方式。在 1942 年,该校是在校学生 238 人,教职工 11 人的规模。另外,1935~1938 年全国教育部补助设立的边疆小学有 2375 所,其中蒙古族地区占很少的比率,如绥远仅有 29 所,察哈尔 13 所而已。② 国民政府设立的中等以上的学校极少,教学语言也是单一的汉语。全国只有蒙藏学校的教育语言除了以汉语为主以外,也有蒙古语和藏语课程。1939 年中华民国教育部公布的《推进边疆教育方案》规定:初级教育以国语为主,以蒙藏回等语文为副。高级小学以上学校,以国语国文编订为原则。③ 也就是说,国民政府极力推行的是汉化教育,是融合民族语言的政策。

国民党从来没有真正重视民族语言的使用和发展,他们只是为了达到党义宣传的目的,在某种程度上重视民族语言。国民党第三届第二次中央全会通过的《关于蒙藏的决议案》指出用蒙古语文和藏语文进行党义宣传(1929)。④ 1930 年在国民党第三届中央执行委员会第 63 次常务会议通过的《进行内蒙党务初步办法》也规定"用蒙文宣传国民党义"⑤。同年 7 月召开的第三届中央执行委员会第 99 次常务会议通过的《内蒙党务派员工作大纲》提出"宣传原则以宣扬三民主义指示蒙人进步为指南","翻译印发有关党政书籍,创办党报及通讯社,设立图书馆"等更为具体的办法。国民党在当时创办的报纸有由国民党绥蒙党务特派员主办的《民众日报》(1929)、由国民党阿拉善旗中央直属党部创办的《阿旗简报》等蒙汉双文报纸和由绥远省政府盟旗文化福利委员会主办的《新蒙》(1947)等蒙汉

---

① 谢启晃:《中国民族教育史纲》,广西教育出版社,1989,第 26 页。
② 谢启晃:《中国民族教育史纲》,第 38~39 页。
③ 谢启晃:《中国民族教育史纲》,第 39 页。
④ 周庆生:《语言与人类》,中央民族大学出版社,2000,第 265 页。
⑤ 周庆生:《语言与人类》,第 265 页。

合璧报纸。①

总之，国民党的民族语言政策实际上是推行大汉族主义，加强同化，从根本上讲是反动的。国民政府虽然标榜三民主义，但是其"三民主义"早已不是孙中山先生的三民主义，而是被国民党当局扭曲了的三民主义，其出发点不是民族、人民的根本利益，而是国民党反动派官僚层的利益。歧视民族，灭绝文化是他们的目的。其结果，加剧了汉民族和少数民族的矛盾，使中华各民族的统一大家庭变成一个四分五裂的悲惨世界。国民党为了达到宣传目的，对已有文字的几个大一点的民族制定过相应的语言政策和奖励办法，也创办过一些民族语文党报。但是因为其边疆教育方针的目的是以汉语为唯一的正统，实现国家语言和文化的统一，因此他们一味地片面推行国语教育，加强民族同化。因为是不平等政策，所以无论是在语言文字使用的法律地位方面，还是在教育和出版等方面，少数民族语言文字都没有得到真正意义上的正常发展。

二

中国共产党自建党初期开始，一直推行国内各民族一律平等的政策。早在大革命时期，中国共产党就主张民族平等和自由。党的第二次全国代表大会提出"蒙古、西藏、回疆逐步实行自治。成为民主自治联邦"。"用自由联邦制统一中国本部、蒙古、西藏、回疆，建立中华联邦共和国。"（1922）② 党的六大革命纲领也提出承认民族自决权（1928）。③ 毛泽东和朱德领导的红军在司令部布告中明确提出"红军宗旨、民权革命……满蒙回藏、章程自定"的口号（1929）。④ 中国第一个民主政权——中华苏维埃共和国提出了民族自治共和国和民族自治区域的思想，提出了使少数民族在经济、文化上得到发展，为少数民族设立民族语言文字学校、编辑馆与印刷局，政府机关用民族语言文字，让民族干部做管理工作，反对大汉族

---

① 周庆生：《语言与人类》，第266页。
② 中国社会科学院民族研究所民族问题理论研究室编《我国民族区域自治文献资料汇编》（第三辑第一分册），民族出版社，1999，第120页。
③ 中国社会科学院民族研究所民族问题理论研究室编《我国民族区域自治文献资料汇编》（第三辑第一分册），第120页。
④ 国家民族事务委员会政策研究室编《中国共产党主要领导人论民族问题》，第3页。

主义等主张（1931）。① 到了抗日战争时期，中共六届六中全会提出：在联合建立的统一的国家中，各族人民和汉民族具有平等权利，各民族的语言文字、文化、宗教、习惯都应得到尊重和平等的待遇，对其不得有侮辱和轻视（1938）。② 在新中国成立准备时期，1949 年 9 月通过的"中国人民政治协商会议共同纲领"是具有宪法性质的文献。共同纲领规定，在即将成立的中华人民共和国大家庭里，各民族之间是一律平等、团结互助的关系；反对大汉族主义的同时反对狭隘民族主义，禁止民族歧视、压迫和分裂；各民族均有发展语言文字、保持或改革风俗习惯及宗教信仰的自由。

内蒙古是中国民族解放事业的先锋地区。早在 20 世纪 20 年代初就在中国共产党的帮助和参与下成立过内蒙古人民革命党。抗战时期和解放战争时期的内蒙古西部是革命根据地的大后方。所以，始终是党的民族政策的受益者和落实者的内蒙古人民在新中国建立前两年，即 1947 年就成立了共产党领导下的内蒙古自治区。内蒙古不仅是落实党的民族政策的模范，也是落实民族语言政策的先行者。中国共产党在延安建立成吉思汗纪念堂，也有蒙古族文化促进会，延安民族学院设有蒙古班。③ 在保存和发展蒙古族文化习俗方面，陕甘宁边区施政纲领规定："（十七）依据民族平等原则，实行蒙、回民族与汉族在政治经济文化上的平等权利，建立蒙、回民族的自治区，尊重蒙、回民族的宗教信仰与风俗习惯。"（1941）④

1945 年 11 月 25 日在张家口成立了以乌兰夫为首的内蒙古自治运动联合会。11 月 7 日通过的《内蒙古自治运动联合会目前工作方针的意见案》指出："在目前，应该创办一所内蒙古学院和工作人员训练班。各盟旗旧有学校，在说服自愿下，应尽量恢复，并广泛采取夜校普及巡回识字等方式，使广大文盲识字。关于蒙文报纸和印刷机关的建设，也应立即着手进行。"⑤ 按照这个精神，在张家口很快成立了内蒙古军政学院，在赤峰成立了内蒙古学院。这两个学院都设立了军事、行政、中学部三个部分，而且内蒙古学院专设蒙古语班。开始时军政学院每天迎接几十名学员报到，而

---

① 参见周庆生《语言与人类》，第 271~272 页。
② 参见周庆生《语言与人类》，第 272 页。
③ 国家民族事务委员会政策研究室编《中国共产党主要领导人论民族问题》，第 323 页。
④ 参见中国社会科学院民族研究所民族问题理论研究室编《我国民族区域自治文献资料汇编》（第一辑），民族出版社，1999，第 2 页。
⑤ 中国社会科学院民族研究所民族问题理论研究室编《我国民族区域自治文献资料汇编》（第三辑第一分册），第 27 页。

内蒙古学院则已有 500 多名学员在那里学习。在蒙文报纸和蒙文书籍方面，张家口建印刷厂，出版内蒙古周报，翻译印刷出版毛泽东著作等。东蒙地区也有报社出版好几种报纸。①《内蒙古自治运动联合会成立大会宣言》指出："在文化上，各盟旗设立人民大众所需要的平民普及学校，扫除文盲，由政府帮助在各盟旗广设小型医院，提倡卫生，灌输科学知识。"② 内蒙古自治运动联合会和东蒙古人民自治政府在承德联合召开内蒙古自治运动统一会议，并于 1946 年 4 月 3 日合并成为中共领导下的一个统一的自治运动机构。据 1946 年 6 月 14 日《东北日报》报道：王爷庙（今乌兰浩特）先后出版的报纸有《群众》《东蒙》《人民之友》《经济书刊》。其中除《群众》以外均有蒙文版。书刊中《毛泽东选集》等已出版。创办两所师范学校，两个完小和五个民办小学，蒙汉学生达 2000 多名。东蒙干部学校一期、二期学员加起来有 330 多名。有两个戏院，每天演出两场，有蒙汉节目。街道墙报、标语均用蒙汉两种文字。③ 张家口和赤峰的两家学院经过一年的努力培养了 2000 多名民族干部。《内蒙古周报》《内蒙自治报》《兴安报》《呼伦贝尔报》等每期销售量达 2000 多份。毛泽东的《论联合政府》《新民主主义论》等著作翻译成蒙古文。④

国民党反动政府，蔑视少数民族的存在，把独立的民族视为汉族的大小宗支。在地域上实行分散政策，把内蒙古分划给当时的辽宁、热河、察哈尔、绥远等省，使蒙古这一民族问题淡化为边区问题，在文化上采取同化政策。中国共产党则实行民族平等自由的政策，用当时蒙古族领袖之一哈丰阿的话讲："共产党不是狭隘的为了一个民族一个国家利益的党，而是国际主义的党。中共不是汉人的党，不会像国民党那样实行大汉族主义，他要解放被压迫的阶级和被压迫的弱小民族。"（1947）⑤ 内蒙古人民代表会议通过的《内蒙古自治政府施政纲领》第十二条规定："普及国民

---

① 中国社会科学院民族研究所民族问题理论研究室编《我国民族区域自治文献资料汇编》（第三辑第一分册），第 32 页。
② 中国社会科学院民族研究所民族问题理论研究室编《我国民族区域自治文献资料汇编》（第三辑第一分册），第 41 页。
③ 中国社会科学院民族研究所民族问题理论研究室编《我国民族区域自治文献资料汇编》（第三辑第一分册），第 79~80 页。
④ 中国社会科学院民族研究所民族问题理论研究室编《我国民族区域自治文献资料汇编》（第三辑第一分册），第 82 页。
⑤ 中国社会科学院民族研究所民族问题理论研究室编《我国民族区域自治文献资料汇编》（第三辑第一分册），第 120 页。

教育，增设学校，开办内蒙古军政大学及各种技术学校，培养人才，推广蒙文报纸及书籍，研究蒙古历史，各蒙古学校普及蒙文教科书，发展蒙古文化。"（1947）① 内蒙古自治运动联合会自成立之日起，其领导机构成员都一直是完全的蒙古族。比如成立时期的主席团 9 位成员云泽（乌兰夫）、奎壁、克力更、乌兰、田户、苏剑啸、乌勒旗纳楞、索特诺穆卓玛绰、阿拉登特古斯等全为蒙古族人，而且大部分有蒙古名字，我们可以推断，他们大部分都会讲蒙古语。尤其是来自巴彦塔拉盟、伊克昭盟、锡林郭勒盟、乌兰察布盟、察哈尔盟、昭乌达盟、卓索图盟、哲里木盟和布特哈旗等的 79 名代表覆盖了工人、学生、士绅、王公等各阶层，具有广泛的代表性（1945）。内蒙古自治政府成立大会 121 名参议员中有 96 名蒙古族、24 名汉族、1 名回族成员。这是由 397 名代表从 198 名候选人中选出的。关于会议用语、文件文字等没有找到具体描述的文献。《东北日报》称："大卷选票纷纷投入红漆色书有蒙汉文字的投票箱……"（1947）② 从当时的代表成分和实际情况可以断定，当时用的工作语言一定是蒙汉两种语言文字。

中国共产党帮助一些少数民族成立了文化促进会。文化促进会在新疆蒙古族中创办 24 所学校，在校学生有 917 名（1937），设有民族语文课程。③ 1946 年内蒙古 1627 所小学 137000 学生中有 1 万多名蒙古族学生。22 所中等学校 4000 名学生中有 400 多名蒙古族学生，差不多占 10% 左右。④ 尤其是自治政府创办的高等学院中的学员几乎都是蒙古人。

三

国民党的民族语言政策是片面的、功利的政策。一方面，为了推动大汉族主义，国民党不承认多民族的存在。但是另一方面，国民党当局为了在蒙、藏等具有悠久文字史而且具有相当大的民族特色的少数民族中更顺

---

① 中国社会科学院民族研究所民族问题理论研究室编《我国民族区域自治文献资料汇编》（第三辑第一分册），第 126 页。
② 中国社会科学院民族研究所民族问题理论研究室编《我国民族区域自治文献资料汇编》（第三辑第一分册），第 138 页。
③ 谢启晃：《中国民族教育史纲》，第 12 页。
④ 谢启晃：《中国民族教育史纲》，第 14 页。

利、更有效地灌输国民党党化思想，他们在一定程度上采取了利用民族语言的方式。也就是说，他们建立蒙藏学校和开办一些蒙文报纸等纯属自身利益上的考虑，是为了顺利实现思想上的同化。他们宣扬的是消灭各民族个性发展，使之同化于汉民族当中的思想。而共产党的政策是提倡各民族的语言文字的自由和平等，而且要帮助各民族在经济、文化各领域得到自由的发展，是提倡大众的、民主的、科学的民族文化。国民党的学校是片面追求培养忠实于它的干部队伍，而共产党的目的是培养革命干部，更重要的是使少数民族青年得到系统的科学知识教育，提高少数民族群众的整体文化水平，通过民族教育来消除文盲，提高民族的素质。

国民党的教育体制是围绕本党的利益，因此，所设立的为数不多的公费学校，仅仅对民族青年进行奴化教育。而共产党的政策是以各民族人民的利益为出发点，采取全民义务教育体制，帮助少数民族建设完全的民族语言学校。民族语言不仅仅是接受政治教育的手段，而且更重要的是民族人民通过本民族语言的学习掌握现代科学技术，提高物质文化生活。蒙古族在中共英明的语言政策指引下，在新中国成立以前的短短几年里取得了辉煌成就，为以后的发展打下了基础。

浅议鄂伦春族氏族名称中的"依尔"
——鄂伦春族族源探识

恩和巴图
（内蒙古大学）

鄂伦春族历史悠久，是距今约 4000 年前上古时期中原地区东夷族的后裔，这是我们近年以来考证中国古代语言文字资料所得出的结论。

一个民族的氏族名称包含着该民族古老而重要的语言文化信息，是研究一个民族族源的活化石。

鄂伦春族的氏族名称中几乎有一半的名称都带有词尾 yi-r"依尔"。例如：玛拉依尔、魏拉依尔、葛瓦依尔、古拉依尔、玛哈依尔、帽活依尔、柯尔特依尔、吾库萨依尔、阿其克查依尔、嘎格达依尔等。[①]

不独鄂伦春族，同语族的鄂温克族的氏族名称同样也带有这样的词尾。例如，特尼河流域的氏族名称有乌达依鲁、阿姆拉卡依鲁、苏鲁卡依鲁、的拉依鲁、尼拉依鲁、白路依鲁；音河流域有卡他基鲁、依克基鲁、巴亚基鲁等[②]。

20 世纪 20 年代，流亡中国的俄罗斯著名学者史录国先生研究通古斯社会组织时指出："凡老的氏族名称，都带有词尾基尔（gir，ɣir，jir）。"[③] 鄂伦春族氏族名称词尾"依尔"和鄂温克族氏族名称词尾"依鲁""基鲁"，就是史录国先生所说的词尾基尔（gir，ɣir，jir），实际上，gir，ɣir，

[①] 国家民委《民族问题五种丛书》之一《中国少数民族社会历史调查资料丛刊》，内蒙古自治区编辑委员会编《鄂伦春族社会历史调查》第一集，第 29~30 页。
[②] 国家民委《民族问题五种丛书》之一《中国少数民族社会历史调查资料丛刊》，内蒙古自治区编辑组编《鄂温克族社会历史调查》第一集，第 29 页。
[③] 〔俄〕史录国：《北方通古斯的社会组织》，吴有刚、赵复兴、孟克译，内蒙古人民出版社，1984。

jir 都是 yi-r"依尔"的变体。至于这个 yi-r"依尔"的词汇意义，至今没有得到语言学的解释。

那么，这个 yi-r"依尔"是什么意思呢？研究表明，"夷语族"① 民族，包括鄂伦春族的先人，都源于上古黄河流域下游的夷族。何以为据？《说文解字》云：夷，"东方之人也"，在夏之东，故称东夷。可见，"夷"的本义是"东方人"。东方人善射，"夷"字就是在大（古文"大"和"人"通用）上加"弓"而成，是一个拤弓而立的人。"夷"加尾音-r 就是今鄂伦春族氏族名称中的 yi-r"夷儿"或"依尔"了。

东汉许慎无缘甲骨文，是根据战国时期的篆文研究"夷"字的。"夷"在更早的甲骨文中是一个蹲踞的人形②，就是现在的"尸"字。要注意，这里的"尸"不是现代汉语里尸体的尸，根据郭沫若先生的研究，这个字读"衣"，本义为"人"，而没有现代汉语里那种尸体的意思③。它就是现代通古斯语表示"人"的 yi"夷"。商代卜辞常见"尸方"，乃指山东半岛。"尸""夷"二字古音古义相同，所以后来"尸方"依其方位也称"东夷"，尸方亦即夷方，就是尸人即通古斯人所在的地方。甲骨文的"尸"字，后来转化为氏族、部族之意，到战国时期就被它的同音汉字"夷"代替了。yi"尸""夷"又可加词尾-l，就成为 yi-l 或 yi-le，就是秦汉时期的"挹娄"或"挹勒"了。

所以，鄂伦春族氏族名称词尾-ir"依尔"和鄂温克族氏族名称词尾-il"依鲁"、-gil"基鲁"的词义就是人、人们，子孙，或家族、氏族、部族。不过，这些词义在鄂伦春语和索伦鄂温克语里已经消失了。但是，在同属于挹娄—通古斯语民族的西伯利亚巴尔古津通古斯语里仍然保留着这个古义，在他们的语言里 yi-le"挹娄"或"挹勒"仍然是人的意思。④ 看来，鄂伦春族和鄂温克族与 2000 年前秦汉时期的"挹娄"或"挹勒"同族或是其后裔。

根据庆齐乌斯主编的《满—通古斯语比较词典》，俄罗斯国鄂温克语

---

① 我们将中国北方民族的语言称为"胡语"（蒙古语族语言）和"夷语"（满—通古斯语）。所谓"夷语"又可分为南支"肃慎—满语"和北支"挹娄—通古斯语"两个语支。鄂伦春语属于后者。

② 此处因技术原因未能附甲骨文原字，请谅解。

③ 郭沫若：《中国古代社会研究》，河北教育出版社，2000。

④ 见 А. А. КУДРИ 主编《РУССО—ЭВЕНКИЙСКИЙ СЛОВАРЬ—ЛУЧАДЫ—ЭВЭДЫ ТУРЭ РУК》（俄语—鄂温克语词典），莫斯科，1988。

南部方言的下卡缅通古斯土语、上连斯基土语、尼普斯基土语和吐克敏斯基土语里 yi-le "挹娄"或"挹勒"这个词除了表示词义"人"外，也用来作民族自称，也就是说，那里的鄂温克人也自称为 yi-le "挹娄"或"挹勒"。看来，鄂温克族原来也同达斡尔等民族一样是以本民族语言中指称人的词为族名的民族。

所以，不论是甲骨文的"尸"、战国时期的篆文"夷"，还是秦汉时期的"挹娄"或"挹勒"和现在鄂伦春氏族名称的"依尔"，都是同一个词在不同的历史时期由不同的人用不同的汉字记音的结果。鄂伦春族氏族名称的"依尔"和它的词义，把今天的鄂伦春族和上古时期黄河流域下游的东夷族紧紧地连在了一起。至此，我们为史录国先生在80年前就提出的北方通古斯民族起源于黄河流域中下游地区的著名论断找到了语言学的根据。

由此我们可以得出结论：鄂伦春族与秦汉时期的"挹娄"或"挹勒"同族，其族源可以追溯到距今约4000年前生活在黄河流域下游的东夷族。所以，笔者认为鄂伦春族是一个有4000多年文字记载历史的古老民族。

满语、赫哲语、锡伯语及文化现状分析

赵阿平

（黑龙江大学满族语言文化研究中心）

一 濒危满族语言文化抢救调查研究的意义

满语是一种濒临消亡的语言，而它是在历史上起过重要作用的语言，对这种语言的抢救、保存和研究具有抢救人类濒危文化遗产的重要价值与意义。2001年，联合国教科文组织通过的《世界文化多样性宣言》，确认了生物多样性、文化多样性和语言多样性的相互关系，将这种联系上升为生命多样性的构成内涵。保护世界语言多样性一直在联合国教科文组织众多工作中保持重要地位，语言遗产在该组织的文化遗产项目中享有最高的优先权。随着国际上对濒危语言文化抢救调查的关注与重视，濒危满族语言文化调查研究日趋深入并成为学术热点。

满族走过了一条独具特色的发展道路，在中华民族发展史上乃至人类社会发展史上都做出了突出的贡献，提供了极有价值的宝贵历史经验。满族作为清朝的主要建立者，曾将满语定为"国语""清文"推行全国，成为人们进行社会交际的重要工具，为社会发展和繁荣起到了重要的作用。语言是文化的载体，满语承载着满族深厚丰富的文化内涵。因此，满语口语是研究满族语言文化的第一手珍贵资料，也是满学及相关学科研究的活化石，具有极其重要的学术价值，对满通古斯语言、阿尔泰语言的比较研究及诸多疑难问题的解决都具有重要的"活化石"作用。同时，这一工作对开展类似的濒危少数民族语言调查研究也可提供有益的借鉴，对培养满语人才，翻译满文档案史料，促进满语、清史、满族史、民族关系的研究都将起到重大作用。

濒危满族语言文化调查研究是抢救、继承、发扬中华民族优秀文化遗产、促进人类社会发展的具体举措，对于研究多元一体的中华民族历史文化、促进黑龙江建设边疆文化大省乃至中国现代社会经济文化和谐发展、落实或完善民族政策以及外交政策都具有重要的参考价值与现实意义。濒危满族语言文化抢救调查研究有幸获得香港意得集团董事长、黑龙江省政协委员高佩璇女士的高度重视与资助，促成此项调查研究立项并顺利开展，这为切实保护这一中华民族历史文化瑰宝提供了保障。

二　濒危满语现状与抢救调查研究概述

满语作为清朝"国语"，曾为当时统治阶层的行政和满族社会的交际起过非常重要作用，并留下了浩如烟海的满文文献档案资料，这是前人留给我们的珍贵文化财富。但是，到了清朝后期，盛极一时的满语由于种种原因开始衰落，尤其随着清朝统治被推翻，加速了满语消亡的速度。时至今日，仅有黑龙江省富裕县三家子村、黑河市大五家子一些满族村屯中还保留着满语口语，而熟练掌握满语者皆为 70 多岁以上的十几位老人，50 多岁以上满语会话较好者仅有数十人。满语濒临消亡已进入最后阶段，形势紧迫，亟待持续有效地抢救保护与调查研究。

我国对于满语口语的调查研究，始于 20 世纪 50 年代末 60 年代初。1961 年内蒙古大学组织研究人员赴黑龙江省富裕县友谊乡三家子村进行满语调查。当时会说满语的人还比较多，40 岁以上的人都能够用满语交流。根据当时调查材料发表了清格尔泰《满洲语口语语音》一文和恩和巴图《满语口语研究》，对 20 世纪 60 年代三家子村满语口语词汇的音变、词义变化及特点、满语话语材料、满语词汇等进行了系统全面的论述。季永海、赵志忠、白立元的《现代满语八百句》、乌拉熙春的《满语语音研究》、赵杰《现代满语研究》（1989 年，民族出版社）等，都对 80 年代黑龙江地区满语语音、语法、词汇的演变规律及特点作了阐述；赵阿平、朝克的《黑龙江现代满语研究》（2001 年，民族出版社），则是在 60 年代及至 90 年代穆晔骏、朝克、赵阿平对黑龙江地区满语连续调查研究基础上，对黑龙江地区满语各方言的语音、语法和词汇进行了系统的科学分析和研究，并在此基础上与满语书面语进行了比较研究；赵阿平、郭孟秀、何学娟的《满、赫哲语的使用变化过程及濒危原因》一文（2005 年，《中国社会语言学》刊发）是在对 60 年代至 20 世纪初黑龙江地区满语和赫哲语现状的文献考察与实地调查基础上，运用社会语言学理论方法对两种濒危语言演变过程及原因进行共时描写研究。以上调查研究成果为持续保存与研究黑龙江地区满语濒危过程提供了阶段性的科学依据。黑龙江省满语研究所自 1983 年成立以来，长期坚持对黑龙江省黑河、富裕等满族村屯的现存满语进行系统跟踪调查，获取了大量宝贵的第一手资料，并保持了调查的连续性和资料的系统性。

然而，多年来濒危满语抢救调查研究虽然持续进行并取得多项阶段性成果，但由于长期面临一些实际困难，主要是专业人才紧缺与经费有限，因而存在诸多不足，影响工作的深入持续开展。目前亟须在原有调查研究基础上，继续进行更为有效的保护与全面深入调查，在满语濒临消亡的最后阶段，组合专业人才队伍，形成合力，以相应的现代化设备进行现存满语的高效保存记录，真实留存高龄老人珍贵的满语口述资料及满族传统文化习俗的亲身经历，并补充以往调查中的不足，尽量形成真实记录满语濒危过程的系统资料，为后人留下珍贵的满族文化遗产。同时对取得的所有调查资料进行科学、规范和有序化整理研究，可编辑词典、出版专著、建立数据库、采用多媒体技术保存声像资料等，为濒危满语保存有科学研究价值的文献。

在国际上，"全球化"语境的出现不仅促使各国站在全球的框架内考虑本民族的文化生存发展，而且促使各国意识到文化的多样性正在受到"经济全球化""金融全球化""传媒全球化"等多方面的冲击。因此，对少数民族文化资源的保护挖掘与研究利用已成为世界性课题和发展趋势，抢救满通古斯诸族语言文化遗产与历史文化综合研究显得更加紧迫。近年来，国外一些研究机构正不断加大对满通古斯语言的调查和研究力度。日本文部省专门设立大型课题"环太平洋濒危语言抢救调查"，其中将满通古斯语言列为重点内容，日本专家学者按计划曾到黑龙江进行满语、赫哲语实地考察，并有专刊发表调查研究成果。韩国首尔大学也设立了专项课题，按计划到黑龙江进行满语、赫哲语实地调查。对此，黑龙江省作为满族的发源地与目前唯一的满语现存地，是进行该项工作的主要地区；黑龙江大学满族语言文化研究中心（黑龙江省满语研究所）作为多年专门研究满语文化的科研机构与国际满族语言文化研究的中心阵地，理应发挥主力军作用，承担起历史赋予的重任。

三 满语、赫哲语、锡伯语及文化现状调查

满语是一种在历史上起过重要作用的语言，对其记录、保存和研究具有抢救人类濒危文化资源的重要意义。时至今日，满语濒临消亡已进入最后阶段，形势紧迫，亟待持续有效进行抢救保护与调查研究。本项目研究组合了专业人才队伍，形成合力，以相应的现代化设备进行现存满语的高效保存记录，真实留存满族老人珍贵的满语口述资料及有关传统文化习俗，并补充了以往调查中的一些不足，尽量形成真实记录满语目前状况的系统资料。同时对新疆现使用的锡伯语言文字、黑龙江地区现遗存使用的赫哲语进行调查，这些是满语同语族亲缘语言，是满语抢救调查研究的重要相关语言，其调查可为满语抢救调查提供必要的补充与支撑。调研时间为2009年至2015年。在全面调查基础上，我们对取得的所有调查资料进行科学、规范和有序化整理研究，撰写发表调研报告、系列研究论文、出版专著、采用多媒体技术保存声像资料、建立满语数据库等，以便保存有科学研究价值的濒危满语第一手资料与文献。

课题组成员按照项目计划、调查大纲，采用相应现代化录音录像设备，深入满语文化遗存实地进行语言现状全面调查研究，并对满语同语族语言赫哲语、锡伯语等进行实地相关对照调查，为满语抢救调查研究提供必要的补充与支撑，并为满语与赫哲语、锡伯语关系研究提供客观依据。

1. 满语及文化现状调查

课题组成员于2010年8月、2011年8月、2015年8月赴黑龙江富裕县三家子村进行满语现状调查，使用满语使用现状问卷调查133份（20~90岁）；对满族老人赵凤兰、孟淑静、孟宪孝、吴贺云、陶青兰、计金禄、石亚琴等进行了满语词汇、句子、满语民间传说、故事、会话、民歌、族际通婚、经济生活、文化习俗等录音调查；收集了三家子村满语三代传承人（16人）的图片及档案资料。

2. 赫哲语及文化现状调查

课题组成员于2010年8月、2011年6月赴黑龙江同江街津口、八岔乡、佳木斯市郊区敖其等地区进行赫哲语现状调查，使用赫哲语使用现状

问卷调查 84 份（20~85 岁）；对赫哲族老人尤文兰、何桂香、吴明新、吴宝臣等进行了赫哲语词汇、句子、伊玛堪说唱、赫哲语民间传说、故事、会话、族际通婚、经济生活、文化习俗等录音调查。

3. 新疆锡伯语及文化现状调查

课题组成员于 2012 年 8 月 5 日至 20 日赴新疆乌鲁木齐、伊犁、察布查尔锡伯自治县、金泉镇锡伯乡进行锡伯语言及文化现状调查（录音、录像、图片、问卷等），与现存满语进行比较对照。内容涉及锡伯族语言使用现状调查问卷 22 份（20~85 岁）；新疆民族语言使用、保护、传承政策措施；锡伯语言文字使用现状、锡伯语教学、传媒；锡伯族老中青几代人使用锡伯语基本词汇、句子形态结构、词汇语义、会话；锡伯语民间传说、故事、诗歌、歌舞；锡伯族家庭语言使用、族际通婚、经济生活、文化习俗等。

4. 相关文献资料收集、学术活动及社会实践

课题组成员赴北京、新疆、吉林、辽宁及黑龙江等地，收集了部分有关文献资料。

黑龙江大学满族语言文化研究中心与中央民族大学中国少数民族语言文学学院、黑龙江省富裕县人民政府于 2010 年 8 月联合举办了"中国·三家子满族语言文化论坛"，赵阿平教授为大会主持人之一；大会同 16 位满族语言文化传承人颁发了聘书；在富裕县三家子建立了黑龙江大学满族语言文化教学科研基地。课题组成员参加学术会议及相关的学术交流活动，了解学术前沿动态，通过电脑网络等媒体查阅国内外相关学术成果及最新研究动态；为下一步综合研究作了必要准备。课题组成员赴辽宁北镇满族高中、营口红旗满族中学调查指导满族传统文化传承与现代化教育结合项目的进展情况。

5. 调查研究成果（2010 年 8 月至 2015 年 6 月）

（1）满语、赫哲语、锡伯语及文化调查录音、录像、图片资料；

（2）撰写发表了满语使用现状、满语词汇语义研究、满语与历史文化研究、锡伯语谚语研究、满语与历史文化资源开发研究、黑龙江现存濒危民族语言文化遗产有效抢救保护与研究利用等相关调研报告、论文、编著等共 18 项。

调查研究成果

序号	成果名称	成果形式	作者	提交形式出版单位及时间或发表刊物及年期
1	《关于黑龙江现存濒危民族语言文化遗产有效抢救保护与研究利用的建议》	建议	赵阿平	2011年1月提交黑龙江省第十一届人民代表大会第六次会议，对此建议省文化厅、教育厅、省财政厅等主管部门予以高度重视并采纳
2	《满语情态动词语义研究》	论文	赵阿平	《乾池人文学》（韩国）2012（7）
3	《依兰古城历史文化内涵探析——满族先世发祥地"斡朵里"释义》	论文	赵阿平	《满族研究》2009（4）
4	《满语词汇语义研究》	论文	赵阿平	《西北民族研究》2015（1）
5	《推动黑龙江少数民族传统生态文化发展的建议》	建议	赵阿平	2013年1月提交黑龙江省第十二届人大第一次会议，对此建议省民委等主管部门予以高度重视并采纳
6	《高校民族语教学资源的整合与有效利用——加强满语教学与人才培养》	论文	赵阿平	全国高等院校民族语文教学暨学术研讨会（2012.7.10~12，桂林）大会主题报告
7	《黑龙江流域少数民族英雄叙事诗——赫哲卷》	编著	赵阿平副主编	黑龙江人民出版社，2012.12
8	《满语二十四节气初探》	论文	时妍	《黑龙江民族丛刊》2012（5）
9	《满语"locha"和"oros"由来探析》	论文	时妍	《西北民族研究》2013（1）
10	《"空古鲁哈哈济"词义探析》	论文	刘鹏朋	《满族研究》2012（2）
11	《满语摹声词及其文化内涵》	论文	綦中明	《满族研究》2012（4）
12	《锡伯语谚语的语言特征与文化内涵》	论文	鄂雅娜	《满族研究》2013（1）
13	《满语君主称谓探析》	论文	綦中明	《黑龙江民族丛刊》2012（5）
14	《清代"巴图鲁"封号及其文化内涵》	论文	綦中明	《山西师大学报》（哲学社会科学版）2011（6）
15	《满语酒类词语文化语义探析》	论文	尹鹏阁	《满族研究》2013（1）
16	《满语"fergetun"的文化语义分析》	论文	魏巧燕	《满族研究》2013（1）
17	《清代满语文教育与黑龙江地区的满语》	论文	长山	《满族研究》2012（4）
18	《充分利用电视文化载体传承满族语言文化》	论文	孙国太	《满族研究》2011（2）

四 成果主要内容及方法创新、突出特色和建树

1. 研究内容及方法

本研究成果运用田野调查法、文献研究法及文化语言学、社会语言学、比较语言学的理论方法，首先是对满语、赫哲语、锡伯语现存地区黑龙江省富裕县三家子村、佳木斯市、同江市、街津口、新疆乌鲁木齐市、察布查尔锡伯自治县、金泉镇、伊宁市等地区进行广泛而深入的实地调查，对满语及同语族语言赫哲语、锡伯语基本词汇、句子、民间传说、故事、说唱等进行实地录音、录像，抢救保存了第一手调查资料，为满语持续系统抢救工作提供必要的补充与支撑。其次是在占有丰富实地调查资料和文献资料的基础上，将理论与实际相结合，对满语、赫哲语、锡伯语的现状、满语词语语义、满语与历史文化、锡伯语谚语文化内涵等进行分析探讨，同时对满语、赫哲语及锡伯语发生变化的社会背景进行深入分析，揭示满语和赫哲语的濒危原因及其濒危过程中存在的差异与联系。在调查研究过程中，利用现代化仪器设备（计算机、录音机、录像机、多媒体等）进行语言文化实地调查及分析。

满语和赫哲语已被我国语言界确认为濒危语言，目前只有黑龙江省一些满族村屯和赫哲族集居地的部分老人能加以使用。现存满语由于长期受汉语等周边语言的影响，不仅在语音结构以及语音组合规律等方面产生了一定的变化，而且在语义及有关句子结构上也发生了一些变化。语音结构的变化体现在有些元音的替换与辅音的脱落，在形态结构方面被省略或丢失的现象十分严重，在语义上受社会环境影响，发生引申、转换等变化。满语在与汉语等相关语言的接触中，产生被影响、吸收、融合等现象。

相对满语和赫哲语的濒危状态，锡伯语目前的使用及教学传承状况比较好。锡伯语的使用及语言教学传承在20世纪末至21世纪初也曾出现过衰弱趋向，但由于政府对保护中华民族非物质文化遗产不断提高认识而出台实施了一系列政策及措施，从而扭转了局面，得以有效保护。2005年国务院办公厅印发了《关于加强我国非物质文化遗产保护工作的意见》（以下简称《意见》），充分表明了党和政府对保护中华民族非物质文化遗产的

高度重视，其后一系列有关保护少数民族文化遗产的政策及措施相继出台并实施，从而加强了我国非物质文化遗产保护工作。新疆维吾尔自治区语言工作委员会按照《意见》要求，将锡伯族等民族语言文化保护工作列入重要工作议程，纳入经济和社会发展规划，纳入文化发展纲要，并发挥政府的主导作用，广泛吸纳社会各方面力量共同开展保护工作。有关学生经过对实地大量语料的调查对照，充分说明锡伯语与满语在底层的语音、语法、语义方面基本相同。随着社会环境及生态环境的变化及使用需要，锡伯语中增加了大量新词语。可以说锡伯族语言文字是满族语言文字的继续，这为满语的保护传承及研究利用提供了客观有效的借鉴与支撑。

2. 创新程度、突出特色和主要建树

（1）田野调查资料系统丰富，记录客观真实

本项目立足于田野调查，利用现代化仪器设备与多媒体技术进行语言文化实地调查与分析，记录保存大量的满语、赫哲语、锡伯语及相关文化录音录像第一手资料，为满语持续系统的抢救工作提供了必要的补充与支撑，并为满、赫哲、锡伯文化对照与比较研究提供了充分依据。以往的满语、赫哲语、锡伯语及相关文化调查受限于调查设备与手段，仅以笔记、录音为主，缺乏真实性与生动性。而此项目利用现代化录音录像设备进行实地录制，获取了真实生动的第一手资料，为下一步语料数据库建设项目的实施提供了基础条件。

（2）研究方法科学，加强跨学科综合分析

本项目运用田野调查法、文献研究法及文化语言学、社会语言学、比较语言学等理论方法，在占有丰富田野调查资料和文献资料的基础上，将理论与实际相结合，对满语、赫哲语、锡伯语的现状、满语词语语义、满语与历史文化、锡伯语谚语文化内涵等进行分析探讨，同时对满语、赫哲语及锡伯语发生变化的社会背景进行分析，在以往研究成果的基础上取得了新突破。

（3）理论结合实际，适应社会经济文化发展

本项目在调查研究的同时，关注与支持满语、赫哲语、锡伯语及文化遗存地的保护、语言文化的教学传承、相关学术研讨交流、文化产业开发论证、旅游经济发展推进等工作，将理论研究成果应用于社会经济文化发展，适应社会发展要求，有效发挥了成果作用。

五 成果的学术与应用价值、社会影响和效益

1. 学术价值和应用价值

本项目田野调查资料系统丰富，记录客观真实，主要运用田野调查法、文献研究法及文化语言学、社会语言学、比较语言学的理论方法，通过对满语、赫哲语、锡伯语现状及其文化背景的分析探讨，揭示了有关语音、语义、语法在变化过程中的相通性与差异性。语言是随着社会的发展变化而发展变化的，生态环境与社会环境的变化是满语、赫哲语、锡伯语发生变化的主要因素，这为进一步在理论上总结濒危语言的发展演变提供了一定思路与具体实例，在少数民族濒危语言理论研究与应用研究方面具有一定的学术价值与应用价值。

2. 社会影响和效益

本项目的满语、赫哲语、锡伯语调查成果为相关语料数据库建设提供了一定客观基础与条件；满语等词语语义及与文化关系研究也为现代地方文化产业开发、旅游经济发展提供了文化内涵支撑，有效推进持续发展。本项目主持人作为省人大代表向大会及有关领导、部门提交的两项建议《关于黑龙江现存濒危民族语言文化遗产有效抢救保护与研究利用的建议》《推动黑龙江少数民族传统生态文化发展的建议》，得到省文化厅、教育厅、民委、财政厅等主管部门的高度重视并采纳，中国社会科学报对此专访报道，中国社会科学在线、中国民族宗教网、中国政府网、凤凰网、新民网、东北网等诸多新闻媒体转载报道，引起社会广泛关注与重视。

六 成果存在的不足与尚须深入研究的问题

满语词语语义分析及与文化关系的研究作为满语研究的重要内容，相对以往满语语音、语法研究还显得薄弱，本项目研究虽然取得多项拓展性成果，但该领域仍亟待深入系统研究。特别是赫哲语伊玛堪颇为珍贵，为世界级重要保护非物质文化遗产，极具学术价值与应用价

值，亟待抢救采集、录制及文本编译出版；满语口语、书面语语料库建设亦极为重要与紧迫。今后需在这几方面加大投入力度，有效推进研究，取得相应成果。恳请赞助者与有关领导、专家给予重视支持，以推进本研究项目的深入发展。

柯尔克孜族语言文字的传承、发展及研究现状

阿地里·居玛吐尔地 托汗·依萨克
（中国社会科学院、中央民族大学）

一 柯尔克孜族的语言

柯尔克孜族语属于阿尔泰语系突厥语族东匈语支克普恰克语组。柯尔克孜语同其他突厥语一样，属于黏着语类型。它有34个音位，其中辅音音位20个，元音音位14个，元音中短元音8个，长元音6个。最近有学者对这一观点提出挑战，指出柯尔克孜语应该有36个音位，其中辅音音位22个，元音音位14个，元音中短元音8个，长元音6个。[①] 也就是说，辅音音位增加到了22个，而不是原先的20个。长元音的存在，是柯尔克孜语区别于其他突厥语的一个显著特征。词汇有重音，但重音没有区别词义的功能，一般落在最后一个音节上，仅起到加重语气的作用。重音并不固定，在词形变化时，重音往往随之变动。柯尔克孜语元音与谐律十分严谨，辅音同化现象较多，语法附加成分有比较多的变体。元音与谐律不仅表现在词本身的音节中，而且也表现在词的附加成分里，这是柯尔克孜语区别于其他突厥语的又一个显著特征。柯尔克孜语音节构成形式同其他突厥语基本一致，共有6种。柯尔克孜语的词分为名词、代词、形容词、数词、动词、副词、连词、后置词、叹词、拟声词、助词等11类。其中，名词有人称、数和格的变化。形容词和部分副词有级的变化。代词分为人称代词、指示代词、确定代词、不定代词、否定代词、指己代词、物主代词、泛指代词等，并有格、数的变化。数词有格的变化。动词分及物动词和不及物动词，有时态、式（命令式、假设式、愿望式）、人称和体的变

---

① 吉尔吉斯斯坦诸位学者编著《现代柯尔克孜书面语》，Avrasya Press，2009，前言第7页。

化。柯尔克孜语的构词方法是在词干上加附加成分或采用复合形式。柯尔克孜语的语序是 SOV，即"主语—宾语—谓语"格式，定语和状语都在被修饰语的前面。

柯尔克孜语一个最显著的特点是关于畜牧业生产、狩猎生活方面的词汇特别丰富，保持了古代突厥语词汇和语言的很多原始特征，而且形容词的表现力很强，很生动。比如马："吉勒克（jilki）"；种马："阿伊赫尔（aygir）"；公马（牡马）："阿特（at）"；纯种马（argimak）；劣马（chobur）；未产过马驹的牝马："巴依塔勒（baytal）"；产过马驹的母马"别（bee）"；1岁以内的马："库伦（kulun）"；1岁以上的马："塔伊（tay）"；2岁以上的马："库南（kunan）"；3岁以上的马："朵南（dönön）"；4岁以上的马："披西特（pishti）"；5岁以上的马："阿斯伊（asiy）"；6岁马："埃克阿斯伊（eki + asiy）"（两个阿斯伊）；7岁马："玉其阿斯伊（üch + asiy）"（3个阿斯伊），16岁的马："奥尼埃克阿斯伊（on eki + asiy）"（12个阿斯伊）等，并依此类推。对于马的年龄来说，"阿斯伊（asiy）"具有固定量词的作用。3岁牝马："库南巴依塔勒（kunan + baytal）"；4岁牝马："披西特巴依塔勒（pishti + baytal）"。除了马之外，牛、羊、山羊、骆驼等牲畜根据不同的年龄也同样有固定的名称。牛："乌伊（uy）"；牦牛："托珀孜或阔托孜（topoz 或 kotoz）"；种牛："布卡（bukga）"；公牛："奥格孜（ögüz）"；母牛："伊奈克（inek）"；牛犊："托尔珀克（torpok）"、"穆佐（muzoo）"；绵羊："考伊（koy）"；母绵羊："索鲁克或图瓦尔（sooluk 或 tuvar）"；种绵羊："考其阔尔（kochkor）"；公绵羊："伊日克（irik）"；1岁绵羊羔："阔祖（kozu）"；2岁绵羊："提谢篾（tisheme）"；3岁绵羊："托库图（toktu）"；3岁公绵羊："波茹科（bork）"；山羊："艾奇科（echki）"；种山羊："铁开（teke）"；公山羊："埃尔凯奇（erkech）"；母山羊："索鲁克或图瓦尔艾奇科（sooluk 或 tuvar echki）"；山羊羔："乌拉克（ulak）"；3岁母山羊："且比奇（chebich）"；3岁公山羊："塞尔凯（serke）"；野山羊："珂伊科（kiyik）"；羚羊："吉染（jeren）"；大头羊："库勒加（kulja）"；母大头羊："阿尔卡尔（arkar）"等。表达一些特定的生活用品，如毡房外部骨架及其内外部结构构成部件及内部装饰的特殊名词，或表达马具的各种构成部件的名词等（请看图1、图2及说明），也都是最能够代表柯尔克孜族草原文化和文明的词语。此外，柯尔克孜语除了保持古老的本民族词汇和古突厥词汇外,还吸收了不少阿拉伯语、波斯语,以及汉语、蒙古语等外来语言的词汇。

图 1 柯尔克孜族毡房模拟图

注:①天窗盖毡(tündük jabuu)、②盖毡(üzük)、③毡门帘(eshigi)、④毡房门(kaalga)、⑤围毡(tuurduk)、⑥天窗(tündük)、⑦天窗撑竿(uuk)、⑧栅栏式毡房骨架(kerege)。

柯尔克孜语有南、北两种方言。① 北部方言是现代柯尔克孜书面标准语的基础,也是现代柯尔克孜族文学语言的基础。用北部方言的地区有新疆乌恰县的黑孜苇、托云、铁列克、巴依库鲁提克、乌合沙鲁、乌鲁恰提、吉根;阿图什市的哈拉峻、吐古买提;阿合奇县全境;乌什县的牙满苏;温宿县的包孜洪;北疆特克斯县的阔克铁来克;昭苏县的沙陀等地。用南部方言的地区是乌恰县的波斯坦铁列克、膘尔托考依;阿克陶县的恰尔隆、布伦口、奥依塔克、克孜勒陶、木吉、哈拉克其克及英吉沙、皮山、莎车、叶城等县的柯尔克孜族聚居地区。②

柯尔克孜语南、北方言之间语法上的差别并不很大,差别主要表现在语音和某些词汇及土语上:(1)语音方面的差别。北部方言有 8 个短元音,南部方言比北部方言多 1 个短元音,有 9 个短元音;北部方言有 6 个长元音,南部方言有 7 个长元音,比北部方言多 1 个长元音;(2)词汇方

---

① 持这种观点的学者有吉尔吉斯斯坦学者 И. А. 巴特玛诺夫、Б. М. 尤达欣、Э. 阿布都勒达耶夫等,但 Б. М. 尤努萨利耶夫等学者认为柯尔克孜语应该考虑人们生活区域和部落分布区域的不同而产生的区别。按照他的观点,柯尔克孜语应该分为北部方言、东南部方言和西南部方言等。参见胡毅《中国柯尔克孜语南部方言研究》,新疆大学出版社,2001,第 5~18 页。

② 参见胡振华《柯尔克孜语言文化研究》,中央民族大学出版社,2006,第 30 页;胡毅《中国柯尔克孜语南部方言研究》。

图 2

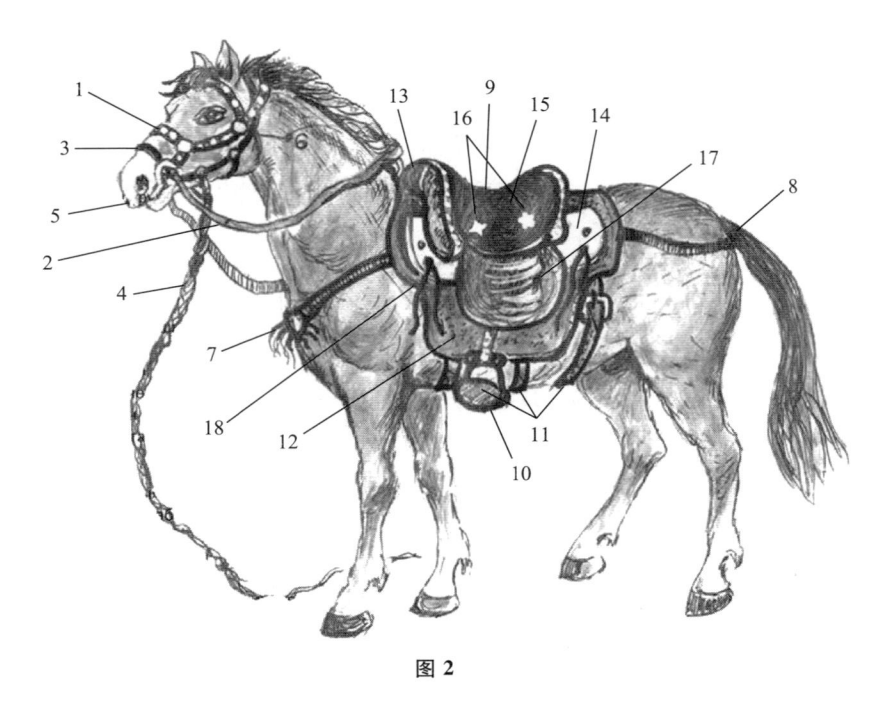

注：① 辔头（jügön），② 辔带（tizgin），③ 笼头（nokto），④ 缰绳（chilbir），⑤ 嚼子（oozduk），⑥ 下颚带（sagaldirik），⑦ 胸带（鞅）（kömöldürük），⑧ 后鞧（kuyushkan），⑨ 马鞍（eer），⑩ 马镫（üzöngü），⑪ 腹带（basmayil），⑫ 汗垫（terdik），⑬ 鞍鞒（eerdin kashi），⑭ 鞍后垫（kaptirga），⑮ 马鞍褥垫（körpöchö），⑯ 褥垫装饰（körpöchönün jasalgasi），⑰ 马鞍皮垫（eerdin kayish jabuusu），⑱ 马鞍绑物绳（kanjiga）。

面的差别。南、北方言在词汇和土语上，有比较明显的差别。南部方言中农业词汇比较丰富，北部方言则保留了比较丰富的古代畜牧业词汇。

从 20 世纪初开始，中亚及我国的柯尔克孜族分别开始使用斯拉夫文基础上改制而成的吉尔吉斯文和在察合台文基础上改制而成的柯尔克孜文。在这之前的漫长历史进程中，柯尔克孜族在动荡的战争和不断迁徙过程中丢失了自己祖先曾经创立的文字，民族的历史文化基本上都是以口头形式传承和发展。柯尔克孜族的口头文化传统源远流长，内容丰富，形成了自己独有的特点。其中，尤其是以长篇口头叙事见长。史诗、部落谱系散吉拉（Sanjira）、民歌（Eldik ir）、故事（Jomok）、传说（Ulamish）、谚语（Makal-Ilakap）是其中最优秀的部分。英雄史诗《玛纳斯》（Manas）是一部传记性的英雄史诗，中国三大史诗之一，描绘了玛纳斯及其后代共 8 代人反抗异族侵略、保卫家乡的事迹。柯尔克孜族中还流传着《艾尔托什图克（Ertoshtuk）》《库尔曼别克（Kurmanbek）》《阔交加什（Kojojash）》《巴额什（Bagesh）》《托勒托依（Toltoy）》《加尼西与巴依西（Janish - Bayish）》等近百部各类大小史诗。

《玛纳斯》史诗是这一口头文化传统造就的一座丰碑，而演唱这部史诗的歌手玛纳斯奇（Manaschi）是这个口头文化传统创造保存者中的杰出代表。这些歌手都对柯尔克孜族精神文化、思想智慧、语言资料保存和传承做出了不可替代的巨大贡献。每一位大师级玛纳斯奇都堪称是一个民间文化的宝库。正是他们，创造了数量极为丰富的口头语言艺术作品和《玛纳斯》这样百科全书式的综合性口头传统史诗，并把柯尔克孜族世代相继的民间传统文化知识无一例外地纳入其中，保存和传播着柯尔克孜族传统文化的精华。

二 柯尔克孜族的文字

柯尔克孜族文字的使用有很长的历史。从古至今，除了最初的岩画及一些出土文物上的符号之外，柯尔克孜族先后使用过三种正式文字，即鄂尔浑-叶尼塞文（公元552～744年）、在阿拉伯字母基础上结合波斯文而创制的（公元1255～1266年）哈卡尼亚文字察合台文（又称波斯式阿拉伯文字）和现代柯尔克孜文。当今中国柯尔克孜族使用的是在察合台文基础上创制改进的柯尔克孜文，而生活在国外（吉尔吉斯斯坦）的柯尔克孜族使用的是以西里尔（斯拉夫）文字母为基础的吉尔吉斯文（他们也被称为"吉尔吉斯人"）。

国内外史料以及出土文物、岩画中的文字符号表明，柯尔克孜族很早就开始使用文字符号。根据国内外研究，柯尔克孜族使用文字的历史可以分为三个阶段。首先是古柯尔克孜文，即从古代柯尔克孜族先民曾经生活过的地区出土的文字记载以及岩画所反映的古崖画文。他们用这种岩画文将族群内发生的一些重大事件，猎手们狩猎的情景等刻录在岩画上，表达自己的思想。在柯尔克孜族先民生活过的叶尼塞河流域上游地区、阿尔泰山脉、塔拉斯谷地都有这种文字符号的发现。[①] 此外，柯尔克孜人的祖先

---

① 参加贺继宏、张光汉主编《中国柯尔克孜族百科全书》，新疆人民出版社，1998，第186页。

早在公元前 2 世纪左右就创造了自己的文字，这种文字是柯尔克孜人依据大自然的变化和生活内容以及各种动物的形态和动作创造的象形文字，例如："↑↓""箭"字是根据箭的形状创造的，其读音为"喔克（ok）"，即表示箭的意思。根据毡房的外形，创造了"夊"字，读音为"依艾甫（eb）"，还可读为"纡（yu）"。"纡"和"依艾甫"同为柯尔克孜语房子、毡房的意思。当时古柯尔克孜人称这种文字为"巴克甫提"文，意为象形文。

柯尔克孜族先民在叶尼塞河时期，即公元 5～10 世纪，曾使用古代柯尔克孜文（即鄂尔浑－叶尼塞文，Orkhon-Yenisei）。该文字又因其重要文献（石碑）发现于南西伯利亚鄂尔浑河和叶尼塞河上游以及现吉尔吉斯斯坦的塔拉斯地区，又被称为"鄂尔浑－叶尼塞文"或"塔拉斯文"。该文字为字母文字，元音、辅音字母齐全，共有 40 个字母。黠戛斯（柯尔克孜）和突厥汗国、回纥汗国、高昌回鹘、骨利幹（在西伯利亚）等都使用过这种文字。它们之间既有一定的共同之处也有很明显的区别。因其与古代北欧日耳曼民族使用的鲁尼文外形相似，又被学界称为突厥鲁尼文。在汉语中还被译为卢尼文、儒尼文、古突厥文等。现存重要文献有《暾欲谷碑》《阙特勤碑》《毗伽可汗碑》《回纥英武威远毗伽可汗碑》《苏吉碑》《塔拉斯碑铭》等。这种文字有以下几个特点：叶尼塞河流域和塔拉斯谷地发现的碑文除了个别差别外，文字的字母形式相同；文字中保留了古代柯尔克孜语的语言特点；文字书写有两种，一种是从右向左横着书写，另一种是前一行从右往左书写，下一行则接着上一行的尾部，从左往右连着写，被学者称为"耕牛式"书写；文字上刻有许多古代柯尔克孜族的官名。《新唐书·黠戛斯传》载："其文字语言与回鹘正同。"但近年来据专家考证，柯尔克孜人的祖先最早使用一种特殊的岩画文字。6 世纪后，才开始使用上述鄂尔浑－叶尼塞文和塔拉斯文。柯尔克孜族先民所使用的叶尼塞文和塔拉斯文同突厥、回鹘使用的古突厥文在字母的变体书写形式和变体数目上都略有不同。古代柯尔克孜人刻写的《苏吉碑》证实了他们在古突厥文的基础上形成的鄂尔浑－叶尼塞、塔拉斯文字。该文字有 8 个元音，用 5 个字母及变体表示；有 8 对 16 个双符字母；有 10 个单符字母；有 3 个多符字母；有 3 个混合字母。柯尔克孜人使用该文字直至 13 世纪蒙古征服中亚为止。这种文字，除了留下一些碑文文献外，都在民族的迁徙过程中失传了。

公元 9~10 世纪黠戛斯统治者与唐朝几代帝王之间的友好书信往来的历史记载，从另一个侧面证明了黠戛斯时期的柯尔克孜文字的使用情况。唐武宗年间（公元 841~846 年在位），回鹘汗国灰飞烟灭，其后至少有四位黠戛斯官方使节受遣入唐，传递了上方官方的书信，直至公元 847 年唐宣宗正式册封黠戛斯可汗为"英武诚明可汗"。关于这段历史，在李德裕《会昌一品集》《李德裕文集》以及《新唐书》等史书中都有明确记载。我们目前尚不知道当时黠戛斯汗王递交唐朝皇帝的书信使用的是什么文字，这些书信是否就使用了古代碑铭上所使用的文字目前由于资料缺乏尚不能确定。但是，无论如何，这些书信往来都说明当时的柯尔克孜族至少在王公贵族层面是用书面文字进行政治交往的。

至于迁徙至天山及中亚地区之后，柯尔克孜族逐步信仰伊斯兰教，还曾一度使用察合台文（Čaḡatay）。察合台文是由以阿拉伯文字母为基础的哈喀尼亚文（喀拉汗文）演变而成的。有 32 个字母，字母分单写、词首、词中、词尾四种形式，即在单个使用和组词中位置不同，有不同写法。察合台文因为察合台汗国（1225~1678）所使用而得名。它最先在蒙古成吉思汗后裔察合台汗及其后代统治的地区形成，后延续至 20 世纪初。中亚铁木尔时代是其鼎盛时期。这种文字既保持了古代突厥文的传统，又吸收了许多阿拉伯 - 波斯语源的词汇，在中亚、西亚乃至印度等地使用突厥语族语言的民族中广为流传。现代柯尔克孜文、维吾尔文、哈萨克文是其延续。

现代柯尔克孜族的书面文字产生于 20 世纪 20 年代。1911 年以阿拉伯字母为基础的察哈台文，被重新制定为符合柯尔克孜族语音特点、书写方便的现代柯尔克孜文。1934 年在喀什成立的"柯尔克孜协会"就是用这种文字为学校编写教材。这种文字由 27 个字母组成（见图 3）。目前使用的文字字母表是在上述字母表的基础上于 1954 年由克孜勒苏柯尔克孜自治州制定。这种改制后的文字由 30 个字母组成。1957 年开始引进苏联吉尔吉斯加盟共和国使用的以基里尔文为基础的柯尔克孜文（见图 7），并出版了《克孜勒苏报》等出版物。但此后不久，1959 年又重新推广使用 1955 年制定的以阿拉伯字母为基础的柯尔克孜文。好景不长，1963 年至 1979 年近 20 年，我国的柯尔克孜族文字曾一度被停用，使柯尔克孜族语言文字的发展遭到重创。新疆南部的柯尔克孜族被迫使用维吾尔文；北疆的柯尔克孜族则只能使用哈萨克文。1979 年根据新疆维吾尔自治区有关文件精神，柯

NO	字母	标音	NO	字母	标音
1	ا	a	14	ك	k
2	ب	b	15	گ	g
3	پ	p	16	ڭ	ŋ
4	ت	t	17	ل	l
5	چ	tʃ	18	م	m
6	ج	dʒ	19	ن	n
7	د	d	20	و	o、ø
8	ر	r	21	ۇ	u、y
9	ز	z	22	ۋ	v
10	ش	ʃ	23	ە	e
11	س	s	24	ى	ə、i
12	غ	ʁ	25	ي	j
13	ق	q	26	ء	前元音符号

图3　20世纪30年代至1954年使用的柯尔克孜文字母表

注：表格见胡振华《柯尔克孜语简志》，民族出版社，1986，第208页。

尔克孜文重新得到恢复，再次开始使用1954年制定的柯尔克孜文方案，并于1983年又对上述字母表顺序方案进行了适当调整，使其更符合当今柯尔克孜语的书写规范（见图4、图5、图6）。与此同时还出版了《柯尔克孜语正字法》词典。[①]

目前，我国柯尔克孜族语文使用情况如下：有三个国家全额扶持的，国内外定期出版发行的柯尔克孜文一报三刊。它们分别是克孜勒苏柯尔克孜族自治州党委主办的《克孜勒苏报》（包括汉文、柯尔克孜文和维吾尔文）、新疆文联作家协会主办的《新疆柯尔克孜族文学》、新疆维吾尔自治区民族语言文字改革委员会主办的《语言与翻译》，克孜勒苏柯尔克孜族自治州文联主办的《克孜勒苏文学》。除此之外，在新疆还有几个出版社或者是出版社的专门编辑部，它们分别是新疆克孜勒苏柯尔克孜文出版社、新疆教育出版社柯尔克孜文编辑室、新疆人民出版社总社柯尔克孜文编辑室、新疆科技卫生出版社柯尔克孜文编辑室等。在使用柯尔克孜语的新闻媒体方面有新疆人民广播电台柯尔克孜广播（每天播出18小时的各

---

① 马克来克·玉买尔拜主编《柯尔克孜语正字法》，新疆人民出版社，1985。

国际音标	字母 单写	字母 尾写	字母 间写	字母 首写	NO	国际音标	字母 单写	字母 尾写	字母 间写	字母 首写	NO
ø	ﺋ	ﻰ	—	ﺋ	16	a	ا	ﺎ	—	ا	1
p	پ	ﭗ	ﭙ	ﭘ	17	b	ب	ﺐ	ﺒ	ﺑ	2
r	ر	ﺮ	—	ر	18	v	ۋ	ۋ	—	ۋ	3
s	س	ﺲ	ﺴ	ﺳ	19	g	گ	ﮓ	ﮕ	ﮔ	4
t	ت	ﺖ	ﺘ	ﺗ	20	d	د	ﺪ	—	د	5
u	ۇ	ۇ	—	ۇ	21	dʒ	ج	ﺞ	ﺠ	ﺟ	6
y	ۈ	ۈ	—	ۈ	22	z	ز	ﺰ	—	ز	7
f	ف	ﻒ	ﻔ	ﻓ	23	i	ى	ﻰ	ﻴ	ﻳ	8
x	ح	ﺢ	ﺤ	ﺣ	24	j	ي	ﻲ	ﻴ	ﻳ	9
tʃ	چ	ﭻ	ﭽ	ﭼ	25	k	ك	ﻚ	ﻜ	ﻛ	10
ʃ	ش	ﺶ	ﺸ	ﺷ	26	l	ل	ﻞ	ﻠ	ﻟ	11
e	ە	ﻪ	—	ە	27	m	م	ﻢ	ﻤ	ﻣ	12
ə	ﯨ	ﻰ	—	ﯨ	28	n	ن	ﻦ	ﻨ	ﻧ	13
ʁ	غ	ﻎ	ﻐ	ﻏ	29	ŋ	ڭ	ﯓ	ﯕ	ﯔ	14
q	ق	ﻖ	ﻘ	ﻗ	30	o	و	ﻮ	—	و	15

图4　1954年创制1983年修订的柯尔克孜文字母表

注：表格见胡振华《柯尔克孜语言文化研究》，中央民族大学出版社，2006，第36页。

种节目），新疆电视台外宣部"中国之声"柯尔克孜语电视（每天播出2小时），新疆电视台柯尔克孜语新闻频道（每天播出2小时），克孜勒苏柯尔克孜自治州电视台柯尔克孜语频道（每天播出4小时）等。这些出版部门和新闻媒体部门几乎承担了我国所有柯尔克孜语的官方主流出版以及新闻媒体和传播业务，深受读者及听众喜爱，并在国内外产生了很大影响。目前，全国高等院校中只有新疆师范大学语言文学学院设有柯尔克孜族语言文学方向的本科招生，每年招生20名。另外，中央民族大学设有柯尔克孜族语言文学方向的硕士研究生招生方向。新疆师范大学语言文学学院也招收柯尔克孜族语言文学方向的硕士研究生。进入21世纪，柯尔克孜语文在电子网络上的使用情况也比较活跃，而且具有很大的发展空间，但到目前为止对此还没有一个权威的统计数字。

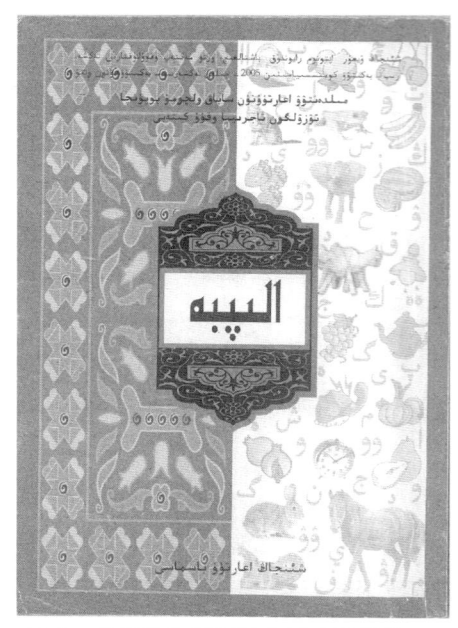

图 5　义务教育课程标准试验教科书
之柯尔克孜文《识字课本》

图 6　2005 年出版的《识字课本》
中的字母表

注：新疆维吾尔自治区中小学教材审定委员会审定通过，新疆教育出版社 2005 年版。

从图 6 中我们可以看到现今柯尔克孜文 30 个字母的书写包含 4 种形式。第一从右边到左边排，每一个字母分别为单独书写（或大写）方式，词头书写方式，词中书写方式，词尾书写方式 4 种。所有 22 个辅音字母书写时尾部增加"ى"字母来发出读音，而 8 个元音字母不需要此成分。

1957 年短暂使用的吉尔吉斯基里尔文字母表共计 36 个字母。在吉尔吉斯斯坦目前推广的标准柯尔克孜语字母表中，我们看到 36 个字母。这充分体现该民族语言不断改善语音和语法方面的更新，在不断接受和应用现代化文化多元化语境的特点。

本字母表图片来自吉尔吉斯斯坦学者编著的《吉尔吉斯（柯尔克孜）语词典》标准字母版。① 从图中可以看出吉尔吉斯斯坦当今使用的标准民族语言吉尔吉斯（柯尔克孜）语有 14 个元音字母含 6 个长元音字母：a，aa，e（э），ээ，и，o，oo，ө，өө，y，yy，ү，үү，ы。

---

① 参见《吉尔吉斯（柯尔克孜）语词典》，吉尔吉斯斯坦，比什凯克"Avrasya Press"，2010，第 11 页。

КЫРГЫЗ АЛФАВИТИ

Тамгалар	Тамгалардын аттары	Тамгалар	Тамгалардын аттары
Аа	а	Пп	пэ
Бб	бэ	Рр	эр
Вв	вэ	Сс	эс
Гг	гэ	Тт	тэ
Дд	дэ	Уу	у
Ее	е/йэ,э/	Үү	ү
Ёё	ё/йо/	Фф	эф
Жж	жэ	Хх	ха
Зз	зэ	Цц	цэ
Ии	и	Чч	чэ
Йй	ий	Шш	ша
Кк	ка	Щщ	ща
Лл	эл	Ъ	ажыратуу белгиси
Мм	эм		
Нн	эн	Ыы	ы
Ңң	ың	Ь	ичкертүү белгиси
Оо	о		
Өө	ө	Ээ	э
		Юю	ю/йу/
		Яя	я/йа/

图 7 基里尔文字母表（目前吉尔吉斯斯坦所使用）

柯尔克孜语书面语系统由 14 个元音组成，根据发音长短还可以分为短元音和长元音。短元音有 a，e（э），и，ы，о，ө，у，ү。长元音有 аа，ээ，оо，өө，уу，үү。

在阿尔泰语系突厥语族中，长元音被有条件地分成古代长元音和后期长元音两组。古代长元音逐渐减少，目前只保存在古代突厥文献和现在的土库曼语、雅库特语、尕尕乌斯语以及乌兹别克语的喀拉－布拉克地区方言里，大多数在词汇头绪或词中间出现，词尾上不用。后期长元音则比较普遍地保存在柯尔克孜（吉尔吉斯）语、阿尔泰、哈卡斯、图瓦、绍尔和尕尕乌斯语等语言中①。

三 柯尔克孜族语研究现状

1. 国内研究

对柯尔克孜语言文字的研究，是新中国成立以后才开始的。但是，随

---

① 参见《现代柯尔克孜书面语》，第 32 页。

着苏联社会主义联盟国家的建立和我国新文化运动的发展，新疆各地的民族文化复兴运动也十分高涨。当时，在各地都建立了文化促进会。1937年，刚从苏联学成回国的阿布都卡德尔·托合托诺夫[1]根据1924年吉尔吉斯语言学家Э.阿拉巴耶夫编制出版的《吉尔吉斯（柯尔克孜）字母》编写了一本《柯尔克孜文识字课本》。该书由南天山报印刷发行，这是中国的柯尔克孜族第一次编写的本民族语言文字课本。它对普及柯尔克孜文字起了重大作用。由于柯尔克孜语未能在教学、翻译、出版等方面实际运用，适用范围有限，也在很大程度上限制了柯尔克孜语研究。当时发表的研究成果只有胡振华的《中国柯尔克孜族的语言和文字》（1957）、《柯尔克孜谚语》（1962）、《柯尔克孜族语言概况》（1979）以及阿帕孜·杜拉托夫以哈萨克文发表的《柯尔克孜新文字》一文（1957）等几篇介绍性文章。

20世纪80年代初，随着柯尔克孜文的恢复使用，新疆民族语文工作委员会指导，由柯尔克孜族语言学家阿布都卡德尔·托合托诺夫负责制定了《柯尔克孜语正字法》（1985年出版，1989年修订再版）。马克来克·玉买尔拜[2]在研究吉尔吉斯资料基础上编著的《柯尔克孜语正字法》词典（1985年，新疆人民出版社）也得以出版，词典共收入56000个词。与此同时，新疆维吾尔自治区民族语文工作委员会组织编写的《柯尔克孜文标点符号规则》（1996）、《柯尔克孜语正音规则》（1998）也相继由新疆人民出版社出版[3]。

在我国柯尔克孜语文研究方面最有建树、在国内外产生影响的专家是阿布都卡德尔·托合托诺夫和中央民族大学胡振华教授[4]。阿布都卡德尔·托合托诺夫早年曾留学苏联，在塔什干中亚细亚大学接受系统的教育，是我国柯尔克孜族语文研究的开拓者。早在20世纪30年代，他就致力于柯尔克孜语的研究，尤其在柯尔克孜族字母表的制定、修改、推广以及在柯尔克孜语语音、语法研究方面最有建树，曾编写我国第一部《柯尔

---

[1] 阿布都卡德尔·托合托诺夫（1916~2002年），出生于新疆乌恰县，20世纪柯尔克孜族语言学家、作家。
[2] 马克来克·玉买尔拜，1956年出生于新疆乌恰县，柯尔克孜族语言学家，《语言与翻译》（柯文版）主编、编审。
[3] 朝克、李云兵等：《中国民族语言文字研究史论》（第一卷 北方卷），中国社会科学出版社，2013，第323页。
[4] 胡振华，1931年出生，回族，中央民族大学教授，语言学家，吉尔吉斯斯坦科学院名誉院士。

克孜语字母读本》《柯尔克孜语语法》。新中国成立后，他又修订了《柯尔克孜语字母表》并编写了《柯尔克孜语正字法》等书籍并撰写发表《克孜勒苏柯尔克孜族教育的现状及解放前的状况》《古代及现代柯尔克孜族语言文字》《我们近代历史资料中的文字》《论我们的字母创制过程》《文学语言中使用的一些词汇之我见》《我们的字母的创制过程以及我的点滴贡献回顾》等论文①。胡振华教授在国内柯尔克孜语研究方面是一位大家，他的许多著作不仅具有开拓性，而且在世界突厥语学界也有很大影响。20世纪 80～90 年代他先后编著出版了《柯尔克孜语简志》（1986 年，民族出版社），《柯尔克孜语教程》［与依马尔特（G. Imart）合作，英文，"乌拉尔－阿尔泰学丛书"之一，美国印第安纳大学出版社，1989 年］，《柯尔克孜语教程（吉尔吉斯语）》（1995 年，中央民族大学出版社），《柯尔克孜语言文化研究》（2006 年，中央民族大学出版社）等著作以及《柯尔克孜语中的元音和谐》②《柯尔克孜语动词及其构成》③《柯尔克孜语中的助动词及其用法》④《柯尔克孜语陈述句疑问句祈使句和感叹句》⑤《黑龙江富裕县柯尔克孜族及其语言特点》⑥《哈卡斯族部落与黑龙江柯尔克孜族姓氏的来源》⑦ 等论文。与此同时，柯尔克孜族本民族的语文教师和研究人员和其他民族的语言学者也积极投入柯尔克孜语言研究领域，不断有研究成果出版或发表，大大推进了柯尔克孜语言文字的研究。比如，马克来克·玉买尔拜编写的《柯尔克孜语语法》共 3 册，于 1984～1988 年由新疆教育出版社出版；诺茹孜·玉萨那里⑧编著的《现代柯尔克孜语》《柯尔克孜语概论》《语言学名词术语》《汉柯大词典》等著作先后于 1987 年、

---

① 参见阿布都卡德尔·托合托诺夫著，托合提拜克·库尔曼塔依编《圣山之子：阿布都卡德尔·托合托诺夫作品集》，克孜勒苏柯尔克孜文出版社，2012，第 321～387 页。
② 《中央民族学院学报》1981 年第 1 期。
③ 《民族教育研究》1999 年增刊。
④ 《青海民族学院学报》1998 年第 3 期。
⑤ 《中央民族大学学报》1997 年第 6 期。
⑥ 《中央民族学院学报》1983 年第 2 期；另见《胡振华文集》上卷，中央民族大学出版社，2011，第 102～137 页；胡振华《柯尔克孜语言文化研究》，中央民族大学出版社，2006，第 86～117 页。
⑦ 见《胡振华文集》上卷，中央民族大学出版社，2011，第 118～123 页；胡振华《柯尔克孜语言文化研究》，中央民族大学出版社，2006，第 138～144 页。
⑧ 诺茹孜·玉萨那里，1946 年出生于新疆阿合奇县，柯尔克孜语言学家、编辑家，曾任新疆人民出版社柯尔克孜族文编辑室主任。

1996年、1998年由新疆人民出版社出版,填补了这方面的空白,成为我国柯尔克孜语本土研究学者的标志性成果。朱玛·玉米提、马克来克·玉买尔拜合编的《语言学基础》(1990年,新疆人民出版社);尤丽都丝·阿曼吐尔与马克来克·玉买尔拜合编的《汉柯教科书名词术语词典》(1996年,新疆科技出版社)和《汉柯常用新词新语词典》(1998年,新疆人民出版社);考交木拜·玛提力编著的《语音基础》(1995年,新疆人民出版社);胡毅编著的《中国柯尔克孜语南部方言研究》(2001年,新疆大学出版社);阿曼吐尔·阿不都热苏尔主编的《柯汉词典》(2000年,克孜勒苏柯尔克孜文出版社);胡振华和阿曼吐尔·阿不都热苏尔合编的《汉柯小词典》(1986年,克孜勒苏柯尔克孜文出版社);吉勒德丝·阿曼吐尔编的《汉柯语言学词典》(1995年,新疆人民出版社);多位学者共同编著的《汉柯大词典》(1999年,新疆人民出版社)等也都是当时具有代表性的研究著作或工具书。此外,还有各族研究人员在《语言与翻译》等刊物上发表的大量有关柯尔克孜语语音、语法、词汇、方言、正字法、新词术语及比较语言等方面的论文数百篇。此外,新疆维吾尔自治区民族语言文字委员会编辑发行的《语言与翻译》(柯尔克孜文版)从1984年开始发行以来,到2015年总共发行了120期,在我国柯尔克孜语言文字政策的宣传推广,在柯尔克孜语言文字、民族文化、口头传统、英雄史诗的研究方面发挥了不可替代的重要作用,不仅发表了数以百计的研究论文和翻译,而且培养了一批专门研究柯尔克孜族的中青年学人。此外,柯尔克孜文刊物《克孜勒苏教育》《新疆柯尔克孜文学》等也是柯尔克孜语文学者的重要园地,也发表了很多论文。在柯尔克孜语文研究方面,在本民族中比较有成就和影响的学者有马克来克·玉买尔拜、考交木拜·玛提力、诺茹孜·玉萨那里、尤丽都丝·阿曼吐尔、伊斯拉伊·阿和马特、阿曼吐尔·阿不都热苏尔等。而胡毅则代表了新一代汉族学者的研究及成果。

在柯尔克孜族古代文字和语言研究方面的论文也值得一提,主要成果有由阿曼吐尔·阿不都热苏尔编著的《叶尼塞-鄂尔浑碑铭选译》(2002年,克孜勒苏柯尔克孜文出版社)以及胡振华先生的《黠戛斯叶尼塞文献使用的字母》[①]

---

① 见《胡振华文集》上卷,第148~158页;胡振华《柯尔克孜语言文化研究》,第137~147页。

《黠戛斯文献语言的特点》① 《黠戛斯碑铭选译》② 等论文。这些著作和论文是国内第一次关于古代鄂尔浑－叶尼塞柯尔克孜文的介绍和研究，尤其是胡振华先生的系列论文不仅系统阐释了黠戛斯叶尼塞文献所使用的字母符号的特点及运用规律，而且对黠戛斯叶尼塞文献的语音、语法、词汇进行了详尽的介绍和研究，并且对其中的一些代表性文献进行了译注，在我国古代柯尔克孜语文的研究方面堪称是开山之作，对于古代柯尔克孜语文的研究具有重要意义。

此外，耿世民先生的《古代突厥碑铭研究》（中央民族大学出版社，2005 年）、《新疆文史论集》（中央民族大学出版社，2001 年）、耿世民与阿不都热西提·亚库甫合作编著的《鄂尔浑－叶尼塞语言研究》（新疆大学出版社，1999 年）、芮传明的《古突厥碑铭研究》（上海古籍出版社，1998 年）也是研究古代柯尔克孜文不可多得的学术著作。在这些研究成果中，最值得关注的是胡振华先生的上述几篇论文。

2. 国外研究

在国际学术坐标系中，对柯尔克孜语的研究可以追溯到公元 11 世纪中亚著名学者麻赫穆德·喀什噶里所编撰的《突厥语大辞典》。《突厥语大辞典》是现存规模最大的古代突厥语词典，共收录突厥语词 7500 条。全书共分三卷，两个部分，638 页。第一部分是长篇序言，论述了地点编撰的起因、词条的编排体例、文字结构、突厥语诸部的地理分布等。第二部分是突厥语词条以及用阿拉伯文对这些词语的注释。正像编撰者麻赫穆德·喀什噶里在绪论中所言："我将此书用名言、韵文、寓言、诗歌、英雄史诗和散文片断加以修饰，并按字母顺序专门列出。"他在编撰词典时，大量地引用了自己亲自调查的语言学资料以及书面文学、民间口头文学的资料。其中收录的诗歌有 277 首，谚语达 216 条，除此之外还有史诗、民歌、神话等民间文学资料。流传下来的手抄本 8 卷，现存土耳其国家图书馆。抄本于第一次世界大战前在土耳其伊斯坦布尔发现，后来整理出版了影印本、铅印本和土耳其文译本。现已有吉尔吉斯文、乌兹别克文、英文、俄

---

① 见《民族语文》1992 年第 6 期，另见胡振华《胡振华文集》上卷，第 148～158 页；胡振华《柯尔克孜语言文化研究》，第 209～222 页。

② 原载《民族语文论文集：庆祝马学良先生八十寿辰文集》，中央民族学院出版社，1993；另见《胡振华文集》上卷，第 159～167 页；胡振华《柯尔克孜语言文化研究》，第 223～233 页。

文、德文等多种译本。我国学者于1981~1984年翻译出版了现代维吾尔文版三卷本，2002年出版了全书的汉译本。《突厥语大词典》①所收录的丰富资料，不仅对研究突厥语民族语言有重要价值，而且为研究突厥语诸民族的宗教、历史、文学、地理、民俗等提供了弥足珍贵的资料。②正像该词典作者麻赫穆德·喀什噶里自己指出的那样，词典中包含了突厥、土库曼、乌古斯、奇吉尔、样磨、黠戛斯（柯尔克孜）等民族语言的词汇。③编纂者对每一个词条都用阿拉伯语进行解释，每一个词都有详尽的诠释，并引用了大量的民间诗歌、谚语等材料作为范例。这些词语及其诠释都根植于古老的民间传统文化，涵盖了古代突厥语族各民族语言、文学、民俗、历史、宗教、天文、地理、数学、医学、政治、经济、动植物、地质矿产等方方面面的内容，堪称是了解和研究古代阿尔泰语系突厥语族诸民族语言、文化、历史、生活习俗以及生产生活的百科全书。吉尔吉斯斯坦国家科学院语言文学研究院组织，由阿拉依别克·托卡耶夫（Таалайбек Токоев）和库瓦特别克·阔士莫考弗（Кубатбек Кошмоков）合作翻译的《突厥语大辞典》柯尔克孜语翻译本于2011年由Avrasya Press出版。《突厥语大辞典》为研究柯尔克孜族和柯尔克孜语提供十分重要的线索。辞典中有若干处涉及有关柯尔克孜族的名称和事迹。证明辞典编纂者曾在柯尔克孜地区做过系统的田野调查。④

《突厥语大辞典》堪称研究柯尔克孜族语言文字的最早资料，而于17世纪在俄国出版的《俄语－柯尔克孜语词典（Русско-киргизский словаръ）》《吉尔吉斯词语汇编（Собрание киргизских имен числи-телъных, слов и фраз на 7 страицах）》《俄语－柯尔克孜语词典（Русско-киргизский словаръ）》《俄罗斯语－阿拉伯语－波斯语－吉尔吉斯语－鄂温克语－布哈拉词语（Русско-арабско-персидско-мещеряцко-киргизско-хивинско-бухарский гдосарий）》等四部词典应该说是目前发现的最早的有关柯尔克孜语的词典。《俄语－柯尔克孜语词典（Русско-киргизский словаръ）》于1774年8月8

---

① 参见《突厥语大词典》（汉译文版），民族出版社，2002。
② 参见阿地里·居玛吐尔地《中亚民间文学》，宁夏人民出版社，2008，第11~12页。
③ 参见《突厥语大词典》第一卷。
④ 参见阿布德乐达江·阿和马塔里耶夫《麻赫穆德·喀什噶里〈突厥语大辞典〉是当代吉尔吉斯语及文学的源泉之一》，载麻赫穆德·喀什噶里《突厥语大辞典》，吉尔吉斯文版前言，比什凯克，2011，第7页。

日出版，共 84 页，是俄语词汇的柯尔克孜语翻译对照词典。《吉尔吉斯词语汇编》用阿拉伯语和俄语字母编写而成，并有俄语翻译和注释。《俄罗斯语 - 阿拉伯语 - 波斯语 - 吉尔吉斯语 - 鄂温克语 - 布哈拉词语》这三部词典均没有注明编纂者姓名。《俄语 - 柯尔克孜语词典》于 1780 年在翁布城由柳提尔（Лютер）编著，1780～1781 年在中亚布哈拉城印刷出版。① 这些词典对于研究近现代柯尔克孜语的发展变迁是弥足珍贵的资料，具有非常重要的研究价值。

19 世纪，为了配合沙俄的扩张，俄国学者对吉尔吉斯（柯尔克孜）语言、文学、习俗、宗教、社会生活、经济文化等开始大规模调查，并搜集了许多珍贵的资料。其中比较重要的人物有沙俄军官、哈萨克学者乔坎·瓦里汉诺夫（Ч. Валиханов）、德裔俄罗斯突厥语学者 В. В. 拉德洛夫（В. В. Радлов）、俄罗斯语言学家 Н. И. 伊利明斯基（Н. И. Илъминский）等。乔坎·瓦里汉诺夫于 1856 年搜集的举世闻名的《玛纳斯》史诗的传统诗章"阔阔托依的祭典"充分证明柯尔克孜语的古老而成熟的语言身份。他在自己的研究著作里非常肯定地强调指出："此语言里几乎没有阿拉伯和波斯语词汇，即便是有也极少，而蒙古语和古代突厥语词汇占据多数。"② 著名突厥语学家 В. В. 拉德洛夫 1861 年和 1869 年来到吉尔吉斯楚河、伊塞克湖及我国伊犁地区搜集柯尔克孜族英雄史诗《玛纳斯》并用接近俄语字母的音标记录下史诗的故事内容，然后把这些内容翻译成德语发表出来。③ В. В. 拉德洛夫在自己所编的系列丛书《北方诸突厥语民族的民间文学典范》10 卷本第五卷中以一篇宏赡翔实的导论论述了柯尔克孜语和《玛纳斯》口头文学传统的突出特征。④

1860 年，俄罗斯学者 Н. И. 伊利明斯基《柯尔克孜族副词资料及研究

---

① 参见《当代吉尔吉斯文学语言》，吉尔吉斯斯坦科学院艾特玛托夫语言文学研究所编，比什凯克，阿瓦拉西亚出版社（Avrasya Press），2009，第 17 页。
② 乔坎·瓦里汉诺夫（Ч. Валиханов）：《文集》第五卷，阿拉木图，1961，第 360 页；转引自《当代吉尔吉斯文学语言》，第 17 页。
③ 《〈玛纳斯〉百科全书》第 2 卷，吉尔吉斯斯坦百科全书出版社，比什凯克，1995，第 160 页。
④ Radlov, Vasilii V.: Proben der Volkslitteratur der Nördlichen Türkischen Stamme, Vol. 5, Der Dialect der Kara - Kirgisen, St. Petersburg：Commissionare der Kaiserlichen Akademie der Wissenschaften. 1885；汉译文《北方诸突厥语民族的民间文学典范》第五卷前言——卡拉 - 柯尔克孜（吉尔吉斯）的方言，见阿地里·居玛吐尔地《玛纳斯史诗歌手研究》的附录部分，民族出版社，2006，第 241～262 页。

(Материалы к изучению киргизского наречия)》一书在喀山大学出版社出版。正如吉尔吉斯学者克·迪卡诺夫（К. Дыйканов）所指出的那样，在俄罗斯历史上他第一次把柯尔克孜语中的副词特征从塔塔尔语中区分出来。在该著作中编入的《柯尔克孜语－俄罗斯词汇表》部分，他首次用俄罗斯字母转写方法，把柯尔克孜语副词中的"Ч（Q）"音符用字母"Ш（X）"来表示，而把字母"Ш（X）"字母"C（S）"连起来写，从而使自古传承的语音"Ч（Q）"退出书面语了。① 其他还应提到的有 1883 年伊悉·穆罕默德·布坎（Иш Мухаммед Букин）所编的《俄罗斯－吉尔吉斯与吉尔吉斯俄罗斯词汇》，而 1894 年由 П. М. 米利尧兰斯基（П. М. Мелиоранский）编写的《哈萨克－吉尔吉斯语语法（Краткая грамматика казак-киргизского языка）》一书第一次把柯尔克孜语副词分成两个组并首先将哈萨克语与柯尔克孜语分成两个不同的方言，由此强调两个语言的亲属关系。

进入 20 世纪，柯尔克孜（吉尔吉斯）语研究进入繁荣发展时期。1911 年 Э. 阿拉巴耶夫（Э. Арабаев）与 Х. 沙尔赛凯耶夫（Х. Сарсекеев）为哈萨克－柯尔克孜（吉尔吉斯）语编写了第一本字母学习书《字母读本》，该书在乌法印刷出版。② 1924 年，Э. 阿拉巴耶夫又重新编制并在塔什干出版了《吉尔吉斯（柯尔克孜）字母》一书。同年 7 月，苏联卡拉－吉尔吉斯共和国的共产党机关报自由山（Эркин Тоо）印刷发行，这是用吉尔吉斯文印刷发行的第一种报纸。之后，1927 年，吉尔吉斯语言学家卡斯穆·特尼斯坦诺夫（К. Тыныстанов）的《字母手册》课本和《我们的母语》两本书用阿拉伯字母的吉尔吉斯（柯尔克孜）文出版发行。1928年，苏联吉尔吉斯共和国开始改用拉丁字母，其后卡斯穆·特尼斯坦诺夫又陆续编辑出版了拉丁字母版的《字母手册》和《语言教程》（1933 年）、《吉尔吉斯（柯尔克孜）语形态学（Кыргыз тилинин морфологиясы）》（1934年）、《吉尔吉斯（柯尔克孜）语句法学（Кыргыз тилинин синтак сиси）》（1936 年）等。

20 世纪上半叶，在苏联出版的重要研究著作还有，А. 夏布达诺夫（А. Щабданов）编写的《吉尔吉斯语语法精要》（1933 年）、И. А. 巴特

---

① 克·迪卡诺夫：《吉尔吉斯语的命运（кыргыз тилим-тагдырым）》，比什凯克，2002，第 143 页。
② 参见《当代吉尔吉斯文学语言》，第 18 页。

玛诺夫（И. А. Батманов）编写的三卷本《吉尔吉斯语语法》（1939~1940年）、《吉尔吉斯语语音体系》（1946年）、《吉尔吉斯语研究引论》（1947年）等论著，Б. М. 尤达欣（Б. М. Юдахин）编著的《吉尔吉斯－俄语词典》（1940年）等。①

20世纪50年代中期起，出版了不少吉尔吉斯语方言研究方面的著作和调查报告。例如：Г. 巴克诺娃的《伊塞克库勒（热湖）土语材料》（1955，伏龙芝），Э. 阿布都勒达耶夫的《吉尔吉斯语恰特卡勒土语》（1956，伏龙芝），Г. 巴克诺娃的《吉尔吉斯语奥什土语》（1956，伏龙芝），Э. 阿布都勒达耶夫、Ж. 穆卡姆巴耶夫的《吉尔吉斯语方言学概论》（1959，伏龙芝），Г. 巴克诺娃、С. 康都恰劳娃、С. 斯德考夫的《吉尔吉斯语楚河土语》（1959，伏龙芝），Т. 阿赫玛托夫的《吉尔吉斯语塔拉斯土语》（1959，伏龙芝），Э. 阿布都勒达耶夫、Г. 巴克诺娃、С. 康都恰劳娃、С. 斯德考夫的《天山吉尔吉斯的语言特点》（1960，伏龙芝），Э. 阿布都勒达耶夫、Г. 巴克诺夫、Н. 别依舍凯耶夫的《乌兹别克斯坦境内的吉尔吉斯人的语言地方特点》（1962，伏龙芝）以及 Н. 别依舍凯耶夫的《哈萨克斯坦境内的柯尔克孜人的语言特点》（1964，伏龙芝），Э. 阿布都勒达耶夫的《吉尔吉斯诸土语》（1966，伏龙芝）等。②

20世纪下半期，苏联学者的主要著作有 И. А. 巴特玛诺夫（И. А. Батманов）编著的《现代吉尔吉斯语》（1963年）以及他与人合作编著的《现代吉尔吉斯语》（1956年）、Д. 伊萨耶夫（Д. Исаев）的《吉尔吉斯语语法》（1957年）、К. 德哈诺夫（К. Дыйканов）的《吉尔吉斯语词法》（1957年）、Б. М. 尤努萨利耶夫（Б. М. Юнусалиев）的《吉尔吉斯语词汇学》（1959年）、《Б. М. 尤努萨利耶夫文选》（1971年）、《吉尔吉斯方言学》（1971年）、Б. О. 奥鲁兹巴耶娃（Б. О. Орозбаева）的《吉尔吉斯语构词法》（1964年）、《吉尔吉斯（柯尔克孜）文学语言基础概论》（1968年）以及 Б. М. 尤达欣在20世纪40年代版本基础上做了修改、补充，在突厥学界享有盛誉的《吉尔吉斯－俄语词典》（1965年）等。

20世纪末21世纪初也有很多成果出版和发表。主要有胡赛因·卡拉萨耶夫（Хусаин Карасаев）的《特殊词探源》（1982年）、К. К. 萨尔特巴

---

① 朝克、李云兵等：《中国民族语言文字研究史论》（第一卷 北方卷），第322页。
② 参见胡振华《柯尔克孜语言文化研究》，第187~188页。

耶夫（К. К. Сартбаев）的《吉尔吉斯语语言学概述》（1985年）、О. В. 艾哈罗夫（О. В. Эахаров）主编的《吉尔吉斯标准语语法》第一卷（语音与词法部分，1987年）等。① 此外，吉尔吉斯斯坦国家科学院集体编写的大型词典《柯尔克孜语词典》（2010年），是一部详解词典，共含5万词条和词组及其变化的解释。吉尔吉斯斯坦国家科学院集体编写的《现代柯尔克孜书面语》（2009年），共978页，通过研究词条和汇集的文章全面正规地阐述了柯尔克孜语的语音、词汇、词法、词组、句法、术语学、修辞学、篇章学、诗歌语法学等九个方面。1995年出版，由吉国众多学者联合编撰的二卷本《〈玛纳斯〉百科全书》是一本大型百科词典，汇集了世界玛纳斯学方方面面的内容，被看成近年来吉尔吉斯斯坦学者在玛纳斯学方面集大成之作。其中也有英雄史诗《玛纳斯》不同的文本中出现的大量的关于古代柯尔克孜族语言、词汇方面的词条。该词典收入长短词条共计超过3000多条，两卷本共计870页，已经成为具有世界影响的在柯尔克孜语言、文化、口头史诗传统、民间文学、民俗、历史研究等方面必备的参考书。

其他国家的研究成果有：黑伯特（R. Hebert）和鲍培（N. Poppe）合编的《吉尔吉斯语手册》（1963年），系美国印第安纳大学"乌拉尔—阿尔泰学丛书"之一。1991年日本西胁隆夫与胡振华先生一起发表了《英雄叙事诗〈玛纳斯〉研究（1）》（《岛根大学法文学部纪要》第15号），其中有原文，有逐词逐句汉译、日译和注释，共研究600多行。

世界各国尤其是苏联著名突厥学家、历史学家关于古代柯尔克孜语、古代碑铭、古代突厥语等方面的著作对于研究柯尔克孜语的起源、类型、发展、变异以及特点是最具有参考价值的文献资料，也是本文最重要的参考书目。为了便于查阅，笔者仅将其中的一部分列出如下。俄国语言学家拉德洛夫于1894~1899年5年间出版的《古代突厥语语法纲要（Grammatische Skizze der Alttürkischen Sprache, Neue Folge, St. Petersburg, 1895）》、《蒙古古代突厥碑文研究（Die Alttürkischen lnschrifen der Mongolei, St. Petersburg, 1894）》和《古代突厥语研究》等著作②，汤姆森的《鄂尔浑流域的碑文（Inscriptions de l'Orkhon déchiffrees, MSFOuV. 1896）》、《突

---

① 朝克、李云兵等：《中国民族语言文字研究史论》（第一卷 北方卷），第322页。
② 参见耿世民《古代突厥文碑铭研究》，中央民族大学出版社，2005，第29页。

厥学（Turcica，1916）》、《蒙古发现的古代突厥语文献（Die Alttürkischen Inschriften der Mongolei，ZDMG，1924，78. Bd）》，万贝里（H. Vambery）的《在蒙古和西伯利亚发现的古代突厥语碑铭注释（Noten zu den Alttürkischen Inschriften der Mongolei und Sibirien，MSFOu，12，1898）》，冯·加班（Annamarie Von Gaain）的《古代突厥语语法（Alttürkische Grammatika，1941、1950、1974 年）》，M. 拉塞农（M. Rasanen）的《突厥语语音发展史资料》（1949 年）、《突厥语历史语音学资料》（1955 年），H. K. 奥尔坤（H. K. Orkun）的《古突厥碑铭》1 至 4 卷（1936~1941 年），S. E. 马洛夫（S. E. Malov）的《古代突厥文献（Pamyatniki drevnetyurskoy pismennosti）》（1951 年）、《突厥叶尼塞文献（Yeniseyskaya pismennost'tyurkov）》（1952 年）、《蒙古和吉尔吉斯古代突厥文献（Pamyatniki drevnetyurskoy pismennosti Mongolii i Kirgizii）》（1959 年），勒内·吉罗（René Giraud）的《东突厥汗国碑铭考释》（1984 年）[①]，H. A. 巴斯卡考夫（Н. А. Баскаков）的《突厥语研究导论（Введение в изучение тюркских языков）》（1969 年），克劳森（G. Clauson）的《13 世纪前突厥语词源学词典（An Etymological Dictionary of Pre - Thirteen - Century Turkish，Oxford University Press，1972）》，И. А. 巴特玛诺夫的《塔拉斯古代突厥碑文（Talasskiye pamyatniki drevnetyurkskoy pis'mennosti，Frunze，1971）》，路易·巴赞（Louis Bazin）的《古代突厥碑文（La Litterature epigraphique turque ancienne，Philologigiae Turcicae Fundamenta）II》（1964 年）、《苏吉碑（L'inscription Kirghize de Suji，Documents et Archives provenant de l'Asic Centrale，Kyoto，1990）》，克里亚什托尔内（С. Г. Кляшторный）的《古代突厥鲁尼文碑铭——中亚细亚史原始文献（Древнетюркские Рунические Памятники Как Источники По Истории Срепнеи Азии，Москва，1964）》[②]，Э. Р. Т. 捷尼舍夫（Э. Р. Тенишев）的《古代柯尔克孜语（Древнекыргызский язык）》（1997 年），瓦西里耶夫（Д. Д. Василиев）的《叶尼塞河流域突厥鲁尼文献全集（Korpus Tyurkskoy Runiceskix Runiceslix Pamyatnikov Basseyna Eniseya，Leninggrad，1983）》，塔拉提·特肯（Talat Tekin）的《鄂尔浑突厥语语法（A Grammar of Orkhun Turkic，Indiana University Press，1968）》、《鄂尔浑碑铭（Orhon Yazitlari，Ankara，

[①] 勒内·吉罗：《东突厥汗国碑铭考释》，耿昇译，新疆社会科学院历史研究所，1984。
[②] С. Г. 克里亚什托尔内：《古代突厥鲁尼文碑铭——中亚细亚史原始文献》，李佩娟译，黑龙江教育出版社，1991。

1988）》，日本护雅夫的《突厥碑文记》（1985年）、热斯别克·阿利莫夫（Rysbek Alimov）的《天山铭文（Tanri Dagi Yazitlari）》（2014年）等。

除了上述各种专题的古代碑铭研究文献之外，国内外还有一些通过各种碑铭资料的解读、分析和吸收，然后将其运用到历史、文化、政治、经济、习俗、宗教研究等方面的著作，如巴尔托里德①的《中亚史十二讲》（1962年）②，A. 伯恩什达姆的《6－8世纪鄂尔浑－叶尼塞突厥社会经济制度（东突厥汗国与黠戛斯）》（1997年）③，W. 巴托尔德的《中亚历史》（上、下卷，2013年）④，我国学者岑仲勉、韩儒林以及林幹、杨圣敏、薛宗正、吴景山等人的研究也值得重视。

---

① 有些文献中译为巴托尔德，全名为"瓦西里（或威廉）·弗拉基米罗维奇·巴托尔德"。
② 威廉·巴托尔德：《中亚突厥史十二讲》，罗致平译，中国社会科学出版社，1984。
③ A. 伯恩什达姆的《6－8世纪鄂尔浑－叶尼塞突厥社会经济制度（东突厥汗国与黠戛斯）》，杨讷译，新疆人民出版社，1997。
④ W. 巴托尔德著，B. A. 罗莫金、B. Y. 斯塔维斯基整理，B. G. 加富罗夫编《中亚历史》（上、下卷），张丽译，兰州大学出版社，2013。

论我国蒙古语族语言与突厥语族语言词汇的比较研究

高·照日格图

(内蒙古大学蒙古学研究中心)

一

众所周知,阿尔泰语言学是对蒙古语族语言、突厥语族语言以及满通古斯语族语言进行历史比较研究的学科。有一些学者把朝鲜语和日语也包括在阿尔泰语言学比较研究之内。阿尔泰语系多族语言之间的共同性早在18世纪初就曾引起人们的注意,至今阿尔泰语言学的理论或假设的提出已有300余年的历史。国内外学者经过多年的研究和探索,在阿尔泰语系各个语族语言的研究方面,或在某一语族语言内部以及各语族语言之间的比较研究方面均取得了丰硕的成果,为阿尔泰学研究奠定了坚实的理论基础,积累了丰富的实践经验。除此之外,由于学者们所运用的语言学理论和所掌握的语言材料不尽相同以及对我国境内阿尔泰语系诸语言的情况理解不同,因而研究成果或得出的结论存在着异议,有些研究成果或理论观点尚未取得学术界公认。

我国是阿尔泰民族的主要发祥地之一,在我国境内居住着众多使用阿尔泰语系语言的民族。其中有些语言只在中国境内分布和使用。例如,属于蒙古语族语言的保安语、东乡语、土族语、达斡尔语以及东部裕固语等;属于突厥语族语言的撒拉语、西部裕固语等。因此,国内阿尔泰学者尤其是身为阿尔泰语系本民族的学者应对阿尔泰语系诸语言做更深入的比较研究从而做出自己的贡献。

20世纪50年代在中国境内开展过两次少数民族语言田野调查,对阿尔泰语系蒙古语族语言、突厥语族语言、满通古斯语族语言进行了普遍调查,搜集到了许多真实可靠的第一手材料,初步开始了有关语言词汇的比较研究。但因受当时社会观念、政治方面诸多因素的影响，阿尔泰语系语言的比较研究工作被迫搁浅。

自20世纪80年代开始，被搁浅20余年的阿尔泰语系语言研究工作终于有了转机，专家学者们对我国境内阿尔泰语系诸语言开展了多次调查研究，取得了令人喜悦的成果，特别是蒙古语族语言的研究和突厥语族语言的研究取得了很大成绩，出版了许多专著、词汇集和词典。虽然这些研究大多注重个别语言的描写研究，比较研究方面的工作做得尚少，但对其后蒙古语族语言与突厥语族语言的词汇比较研究工作提供了可靠而丰富的语言材料和宝贵的研究实践经验。

二

语言是由语音、语法和词汇这三个基本要素组成。研究某一语言的语音、词法、句法等内容都要通过词汇的研究来达到目的。比如，研究语音演变规律，揭示语音对应关系，就都要从相关语言词汇的比较当中找到线索，另外想了解某一语言的词法或句法时也要从词汇的组合关系研究中得出结论。因此词汇研究在语言各领域的研究中占有很重要的地位，而且也是一个较为复杂的课题。

组成语言的各个要素，即语音、语法以及词汇等的发展和变化不尽相同，也不平衡。其中语音的发展变化最灵活，语法的发展和变化最稳定，词汇在语言发展中虽然有变化但变化稍慢些。换言之，语言的词汇系统具有稳定性，但也具有一定动态性。语言是文化的载体，而且语言本身也是文化的核心部分，其中词汇则蕴含着一个民族历史文化的丰富内容，并体现出不同时代社会文化的变迁。我们通过蒙古语族语言与突厥语族语言的比较研究，不但可进一步探讨二者的共同性是由亲缘关系所致还是某种接触关系的结果，而且可以从各个视角对蒙古民族与突厥民族历来的关系、生活习惯、思维方式以及社会文化等方面的共同点和差异点进行研究，另外也有助于深入研究二者与其他民族的社会、文化、经济关系等诸多问题。

三

在从事和开展蒙古语族语言与突厥语族语言的比较研究工作中，国外学者做出了重要的贡献。国内学者虽然在这一领域内从事工作仅 30 余年，但进展和成果也令人瞩目。

国内从事蒙古语族语言与突厥语族语言词汇比较研究具备以下几项优越条件：

（1）改革开放以来，国外刊布出版的有关阿尔泰语系语言研究著作、国外有关研究机构、学术活动和重要学者的介绍等在国内开始翻译出版刊布。可以提到的有：N. 鲍培的《阿尔泰语言学导论》和《阿尔泰语比较语法》；G. J. 兰司铁的《阿尔泰语言学导论》；H. A. 巴斯卡科夫的《阿尔泰语系语言及其研究》；W. 科特维奇的《阿尔泰诸语言研究》等著作。这些著作可供我国从事阿尔泰语言研究的学者们参考，并且有助于我们了解国外学者所运用的理论与方法、所使用的语言材料，这对掌握国外突厥语族语言情况具有重要的意义。

（2）国外学者从不同视角，运用不同的理论与方法对蒙古语族语言与突厥语族语言进行比较研究，并提炼出一系列行之有效的研究方法。在这方面做出较大贡献的有：N. 鲍培，G. J. 兰司铁，W. 科特维奇，A. M. 谢尔巴克，S. G. 克劳森，B. A. 谢列勃连尼科夫，A. 罗纳－塔斯等学者。这些学者的学术著作和研究成果对我们今后的理论探索、方法的提炼、经验的总结等都将起到至关重要的作用，在一定程度上奠定了坚实的基础。

（3）改革开放以来，国内蒙古语族语言的比较研究及突厥语族语言的比较研究进行得较为顺利而活跃。在语言材料的汇编、词典的编纂、研究著作的出版等方面取得了令人鼓舞的成绩。比如，民族出版社出版发行的《中国少数民族语言志丛书》，内蒙古大学蒙古语文研究所编辑的《蒙古语族语言方言研究丛书》，陈宗振等编著的《中国突厥语族语言词汇集》，孙竹等编著的《蒙古语族语言词典》等。这些词典和著作的出版对我们从事蒙古语族语言与突厥语族语言词汇比较研究提供了丰富的材料基础与可供参考的研究经验。

在此有利的条件下我们可以继续深入地开展蒙古语族语言与突厥语族语言的比较研究工作。在进行比较研究的方法论上，我们可以运用语言学研究方法与非语言学研究方法，即一方面我们运用历史比较语言学研究方法找出蒙古语族语言与突厥语族语言共有的关系词，并辨别哪些词是借入蒙古语族语言中的突厥语词语，哪些词是借入突厥语族语言中的蒙古语词语，还有哪些词是从第三种语言借入到蒙古语族语言和突厥语族语言中的外来词语。另一方面，在此前提下，对被视为蒙古突厥两种语族语言共有词语部分进行比较研究，揭示它们之间的语音对应关系，找出这些共有词语部分的共同特点和存在的差异，并进行更广泛的历史文化比较研究。

蒙古语族语言与突厥语族语言均有构词功能的元音交替现象。我们通过蒙古语族语言与突厥语族语言的比较研究已发现并揭示蒙古突厥两种语族语言的元音交替现象，但此类共同特点在学术界尚未得到充分深入的研究。进一步探索找出在蒙古语族语言与突厥语族语言之间的共同特点并对其进行深入浅出的研究，对确定蒙古语族语言与突厥语族语言的关系是亲缘关系还是接触关系，从而对阿尔泰系语言的比较研究乃至提炼出更适合比较研究的理论与方法都具有深刻的意义。

同时，在充分利用和梳理蒙古语族语言与突厥语族语言的语言材料基础上，要注重使用阿尔泰语系语言的多古代民族的人文历史材料的广泛挖掘与利用。因为语言词汇里面蕴含着一个民族历来的社会、政治、文化、历史等方面的重要因素。因此积极借鉴和吸收有关使用阿尔泰语系诸语言的古代民族的人文历史研究成果（如历史学、考古学、人类学等），与现有的语言材料结合起来，互相参照，作通盘的、认真的对照分析，以便总体上把握蒙古语与突厥语的共同性的形成与发展。

四

国内外学者在蒙古语族语言和突厥语族语言的比较研究领域取得了重要成就，但也存在很多问题有待完善和提高。

（1）有些学者不区分蒙古语族语言和突厥语族语言中的借词成分和同源词成分，进行笼统的比较研究，使得相关词的统计或比较研究的结果不够可靠。

在蒙古语族语言与突厥语族语言里存在着很多音义相近的词，如果对这些音义相近的词作比较研究，不先辨别出借用成分而罗列出一系列音义相近的词作比较研究，那就会浪费时间，最终得出的结论仍然是不可靠、难以令人信服的。譬如，一些词已经通过比较研究被确定为外来词而不是蒙古语族语言固有词，在这种情况下如果没有新的语言材料或新的理论和方法的突破就不必再对这些词源已经得到证实的词作比较研究。因此，从事蒙古语族语言与突厥语族语言词汇比较研究工作时，首先要辨别出在这些语言中的借代成分，即辨别出蒙古语族语言中的突厥语借词、突厥语族语言中的蒙古语借词以及蒙古语族语言与突厥语族语言中同时存在的来自第三种语言的外来成分。当然，只有在解决研究词里的借代成分的前提下才能更好地、更顺利地进行比较研究并能得到令人信服的结论。

（2）由于片面强调某些方面的资料，而把蒙古语中出现的13世纪以前的突厥文资料记载的词，均看成突厥语借词。

语言是随着人类的起源而产生的，自从有了人类，就有了语言。人类社会经过漫长的历史长河才能慢慢创造记录语言的书面符号系统，即所谓的文字。事实上各个民族语言文字的发展情况不尽相同，有的有语言没有文字，有的既有语言又有文字。

在操阿尔泰语系诸语言的民族中操突厥语族语言的诸民族最早创造了记录自己语言的文字，最初用如尼文在石碑和石岩上记录的文献流传至我们这个时代。相对而言，操蒙古语族语言和满通语族语言的诸民族开始使用文字的时间比突厥诸民族要晚些。有的学者根据操突厥语族语言的诸民族和操蒙古语族语言的诸民族开始使用文字的时间有差异，就认为突厥诸民族是文化发达的民族，而蒙古诸民族是文化落后的民族，因此认为在突厥诸民族和蒙古诸民族之间的历史、文化、经济等诸方面的接触中往往蒙古诸民族从突厥诸民族语言中借用词汇，乃至认为现代蒙古语族语言与突厥语族语言中的音义相近的很多词都来自突厥语。笔者认为，这是一种过于强调文字记载的片面的、极端的、不合逻辑的观点。因为每个民族都用自己语言给后代传授本民族的文化，这一点是肯定的；但在用文字记录传授文化方面各民族有着时间前后的差别。当今也有不少民族有语言没文字。譬如，突厥语族的撒拉语、西部裕固语，蒙古语族的东乡语、保安语和东部裕固语等。因为这些语言没有文字，在这些语言中的与蒙古语族和突厥语族语言音义相近的词汇，我们也不能轻易地认为均是来自蒙古语族其他语言或突厥语族其他语言的借词。

历史上蒙古诸民族有过"文字盲"的时期（其实每个民族都有过这样"文字盲"的历史），他们只是比突厥诸民族晚些使用文字记载自己的文化历史而已。正因为如此，开展蒙古语族语言与突厥语族语言词汇比较研究中，我们不能因过于强调文字材料而导致把在蒙古语族语言中使用着的、出现在古突厥文碑铭中的音义相近的全部词都看成突厥语借词。而应把文字文献材料与活语言的材料相结合使用，在充分发挥其作用的基础上进行比较研究，这才是实事求是的科学态度。

（3）由于过分局限于语音的对应，或过分迷信语音的对应，而忽略或夸大了词义的联系，或者把词义方面根本不存在任何明的或暗的关系的词放在一起进行比较研究。比如：把突厥语族语言的 bar（有）、baylïq（财富）、balïq（城市）、barlïq（所有的、一切）、bala（孩子）、bir（一个）、bil -（知道）、bar（给）、bit -（完成、建成）、bälgä（标记、记号）、pütün（完整的、整的）等词和蒙古语族语言的"富足""节日、喜事""抓、拿""城镇""自然界""繁荣、发展""有、在""天才""封闭的""全体""全、都""完整的""现成的""礼物"等词都看作 *ba - *bi - "有、是、存在、产生、形成"词根的派生词。

过于夸大比较研究中一些词汇的词义与联系，对我们蒙古语族语言与突厥语族语言的词汇比较研究具有消极作用。我们搞科研工作，尤其开展诸语族语言的比较研究一定要坚持严谨的科学态度，对蒙古语族语言与突厥语族语言的音义相近的词汇的各个层次进行细致的研究，在确定一大部分词的渊源关系的前提下可以从事宏观的即各语族之间的比较研究。挖掘蒙古语族语言和突厥语族语言之间的关系词需坚持语音的相近或相似性、语义的明和暗的联系这两个标准的平衡，尽量避免注重或扩大哪一个标准的情况。比如说，有些学者把蒙古语族语言的 semǰi tušaγa 等词认同为突厥语族语借词，还把突厥语族语的 sergeg 一词认同为蒙古语借词。因为突厥语族语言的 z 和 š 辅音跟蒙古语族语言的 r 和 l 辅音相对应，根据这一语音对应特点，他们认为蒙古语族语言中本应是 *semir 或 semiri、*tulaγa 或 tuliγa 形式的词，可却是 semǰi、tušaγa 形式，因而断定这是借用词，突厥语族语言中应该是 *sezgak 形式，可却是 sergeg 形式。从这一点他们来推断这是从蒙古语族语言借用的词。我们不能把语言间语音对应关系看成是一成不变的，任何一种语言间的语音对应都有语音例外现象，在像蒙古语族语言和突厥语族语言语音相似的语言间做比较研究时必须活用语音对应原则。

因此，我们理应避免过度依赖语音发展的规律性，避免机械性地处理一些词，还要克服无限扩大词汇间的语义关系。

（4）叙述多，求证少，因而未能很好地证明为什么自己所说的同源词的确是同源词，为什么自己所说的借词的确是借词。

国内学者在开展蒙古语族语言与突厥语族语言词汇比较研究时，对国外学者的观点不作任何梳理而持完全认可的态度，并且把他们的观点和看法原封不动地引用到自己的作品当中，这种现象比比皆是。比如，蒙古语族诸语言与突厥语族诸语言的 bolük、kesek 等词。我们使用新的研究方法与语言材料完全可以断定这些词语是蒙古突厥两种语族的同源成分。但国内学者不作深入细致的研究就去接受并认可国外学者认为这些词是来自突厥语族语言的观点。这便是我们比较研究工作中的一个薄弱点，并且还影响着比较研究的深入和进一步的发展。实际上，当我们引用他人研究成果时理应多思考和考证，这样才能避免重犯同样的错误，才能提高研究成果的质量。总之，我们一定要认真仔细地学习和梳理学术界所提出的观点和结论，同时提出更符合实际的、令人信服的结论。除此之外，蒙古语族语言与突厥语族语言比较研究还出现了混淆元音交替和元音屈折等问题，也应引起重视。

我们开展蒙古语族语言与突厥语族语言比较研究，应在广泛收集这两种语族语言材料基础上，认真阅读、了解和掌握相关著作和研究成果的主要内容。要充分发挥母语语感的优越性，不断探索新的研究方法与理论并将其运用到这一研究领域，这样我们才能够进一步推动和发展该领域的研究。

关于敖鲁古雅鄂温克语名词类词中形容词的级形态变化现象

翁建敏

(中国社会科学院研究生院学生处)

敖鲁古雅鄂温克语名词类词中形容词的级形态变化现象比较复杂,它们是表示事物性质、功能、特征、形状等方面出现的不同等级关系语法手段。根据第一手调研资料,以及级形态变化现象表现出的语法关系及其概念的全面分析,可以得出如下几种结构类型的分类。它们是一般级、次低级、低级、最低级、次高级、高级、最高级七种级形态变化现象。再说,它们的表现形式一般是形态变化语法词缀。不过,也有用词干形式、词首音节的重叠手段、程度副词等表示其语法概念的特殊实例。下面以形容词为例,全面谈论敖鲁古雅鄂温克语名词类词级形态变化现象。

以下表示的是用表格形式归纳整理的敖鲁古雅鄂温克语名词类词级形态变化现象的分类及作为表现形式的形态变化语法词缀。

级形态变化现象的分类及其形态变化语法词缀

	级形态分类	级 形 态 词 缀
1	一般级	零形式
2	次低级	/tʃala/、/tʃələ/、/tʃolo/、/tʃulu/
3	低级	/kan/、/kən/、/kon/、/kun/
4	最低级	/tʃalakan/、/tʃələkən/、/tʃolokon/、/tʃulukun/
5	次高级	重复词首音节
6	高级	mandi
7	最高级	maŋgar

从以上表格可以看出,一般级形态变化现象是用词干形式表示,没有

接缀特定的语法词缀；次低级、低级、最低级用约定俗成的形态变化语法词缀来表示；次高级则用重叠使用词首音节的形式来表现；高级和最高级要以特定程度副词来表达。

一 一般级形态变化现象

敖鲁古雅鄂温克语名词类词中形容词级形态变化的一般级，也叫基本级或原级。也就是说，在形容词词根或词干后面不用接缀任何形态变化语法词缀，以其原有形式和结构特征来使用，并表示事物最为常见的和最具标志性的特征、功能、性质、形状等实例。而且，一般级在敖鲁古雅鄂温克语句子中有相当高的使用率。例如：

aja bəjə aja bait aja inəŋj baldibun.
好　人　好　事　好　日　　过
"好人好事好生活。"

giroji　əkin komakan ugum behen.
能干的　姐姐　　驯鹿　　骑　　在
"能干的姐姐骑在驯鹿上。"

上面的第一个句子里出现的形容词 aja "好的"，以及第二个句子里出现的形容词 giroji "能干的" 均属于一般级形态变化现象实例。在它们的词根或词干后面，没有接缀任何形态变化语法词缀，在句子中完全以 aja 和 giroji 之原有结构形式来使用，进而表示事物最为常见的和标志性的性质特点。

二 次低级形态变化现象

敖鲁古雅鄂温克语级形态变化现象有次低级功能和作用，并有约定俗成的形态变化语法词缀，主要表示比一般级略低一级的事物性质、功能、形状、特征等。次低级的形态变化语法词缀是，由四元一体元音和谐原理组合而成的 /tʃala/、/tʃələ/、/tʃolo/、/tʃulu/ 等。它们接缀于形容词词根或词干后面，要表示相当于汉语的"略"之意的语法概念。另外，我们可以看出，次低级的这套级形态变化语法词缀有元音和谐现象，所以使用时一定要严格遵循其元音和谐原理。其中，/tʃala/ 要接缀于由阳性短元音 /a/ 和长元音 /əə/ 为主构成的一般级形容词后面，/tʃələ/ 要接缀于由阴性元音 /ə/ 和中性短元音 /i/ 及其长元音 /əə/、/ii/ 为主构成的一般级形容词后面，/tʃolo/ 是以阳性元音 /o/ 为中心构成的，因此要接缀于由阳性短元音 /o/ 及长元音 /oo/ 构成的一般级形容词后面，/tʃulu/ 要接缀于由阳性短元音 /u/ 及长元音 /uu/ 构成的一般级形容词后面。例如：

akinbi　daga-tʃala hogdo girkoran.
哥哥我　近的　略　路　　走
"我哥哥走了略近的路。"

taraŋi ʤuunin nəgtəg-tʃələ ʤuuŋurən.
他的　房子　低的　略　盖
"他的房子盖得略低。"

hunaaʤiwi tətkə oomogto-tʃolo təttən.
我的女儿　衣服　新的　略　穿
"我的女儿穿的衣服略新。"

taraŋi esdannin uruŋkun-tʃulu ootʃa.
他的　裤子　短的　略　成
"他的裤子变得略短了。"

上述四个句子中，次低级形态变化语法词缀 /tʃala/、/tʃələ/、/tʃolo/、/tʃulu/，严格遵循元音和谐原理分别接缀于由元音 /a/、/ə/、/o/ 及 /oo/、/u/ 为主构成的一般级形容词 daga "近的"、nəgtəg "低的"、oomogto "新的"、uruŋkun "短的" 后面，进而派生出 dagatʃala "略近的"、nəgtəgtʃələ "略低的"、oomogtotʃolo "略新的"、uruŋkuntʃulu "略短的" 等具有次低级形态变化语法概念的形容词。

三　低级形态变化现象

敖鲁古雅鄂温克语级形态变化现象中，要用形态变化语法词缀 /kan/、/kən/、/kon/、/kun/ 形成低级形态变化语法结构特征的实例，进而表示比次低级语法概念略低一级的事物性质、功能、形状、特征等。它们表现出的语法概念，相当于汉语的"略微"之意。由于低级形态变化语法词缀同样有元音和谐现象，所以使用时也要充分考虑元音和谐关系及其原理。例如：

amiwi　aja-kan　morin gadan.
我爸爸　好的 略微　马　买
"我的爸爸买了略微好的马。"

akinbi　ʤuunin mori(n)s kətə-kən ooʧa.
哥哥我　家　　马　　多的 略微　成了
"我哥哥家的马变得略微多了。"

bi gogdo-kon ʤiŋkiwə gami.
我 高的 略微　桌子　买
"我要买略微高的桌子。"

tara　uruŋkun-ʧulu esdan təttən.
他的　短的　　略微　裤子　穿
"他穿略微短的裤子。"

可以看得出来，这四个例句内，低级形态变化语法词缀 /kan/、/kən/、/kon/、/kun/，按照元音和谐原理先后接缀于一般级形容词 aja"好的"、kətə"多的"、gogdo"高的"、uruŋkun"短的"后面，由此派生出 ajakan"略近的"、kətəkən"略低的"、gogdokon"略高的"、uruŋkunʧulu"略短的"等充分表示低级形态变化语法概念的形容词。

四　最低级形态变化现象

根据调研资料，敖鲁古雅鄂温克语名词类词里，用形态变化语法词缀 /ʧalakan/、/ʧələkən/、/ʧolokon/、/ʧulukun/ 表示最低级形态变化语法概念。我们不难看出，最低级形态变化语法词缀是以次低级形态变化语法词缀 /ʧala/、/ʧələ/、/ʧolo/、/ʧulu/ 及低级形态变化语法词缀 /kan/、/kən/、/kon/、/kun/ 的组合形式构成。也就是说，在次低级形态变化语法词缀后面，接缀低级形态变化语法词缀的内容构成。它们接缀于一般级形容词词根或词干后面，主要表示比低级形态变化现象的语法概念还要略低一级的事物性质、功能、形状、特征等，相当于汉语的"略微……一点……"之意。例如：

akinbi daga-tʃalakan hogdo girkoran.
哥哥我 近略微一点的 路 走
"我哥哥走了略微近一点的路。"

taraŋi ʥawatʃa ʥuunin nəgtəg-tʃələkən ootʃa.
他的 盖的 房子 低略微一点 成
"他盖的房子略微低一点了。"

hunaaʥiwi oomogto-tʃolokon tətkə təttən.
女儿我 新略微一点的 衣服 穿
"我女儿穿略微新一点的衣服。"

taraŋi əniŋin tuŋguruku-tʃulukun dərətʃi.
她的 妈妈 圆略微一点的 脸
"她妈妈有略微圆一点的脸蛋。"

最低级形态变化语法词缀 /tʃalakan/、/tʃələkən/、/tʃolokon/、/tʃulukun/，在上述例句中遵循元音和谐原理，分别接缀于由短音元音 /a/、/ə/、/o/、/u/ 及长元音 /oo/ 为主构成的一般级形容词 daga "近的"、nəgtəg "低的"、oomogto "新的"、uruŋkun "短的" 后面。在此基础上，派生出 dagatʃalakan "略微近一点的"、nəgtəgtʃələkən "略微低一点的"、oomogtotʃolokon "略微新一点的"、tuŋguruku-tʃulukun "略微圆一点的" 等包含最低级形态变化语法概念的形容词。

另外，我们掌握的调研资料还表明，最低级形态变化语法词缀 /tʃalakan/、/tʃələkən/、/tʃolokon/、/tʃulukun/ 等，还可以用 /kantʃala/、/kəntʃələ/、/kontʃolo/、/kuntʃulu/ 的结构形式用于句子。也就是说，将最次低级形态变化语法词缀 /tʃala/、/tʃələ/、/tʃolo/、/tʃulu/ 用于低级形态变化语法词缀 /kan/、/kən/、/kon/、/kun/ 的后面。比如说，可以把 dagatʃalakan、nəgtəgtʃələkən、oomogtotʃolokon、uruŋkuntʃulukun 等说成 dagakantʃala（daga-kantʃala）、nəgtəgkəntʃələ（nəgtəg-kəntʃələ）、oomogtokontʃolo（oomogto-kontʃolo）、uruŋkunkuntʃulu（uruŋkun-kuntʃulu）等。

五 次高级形态变化现象

敖鲁古雅鄂温克语次高级形态变化语法概念，要表示比一般级略高一级的事物性质、功能、形状、特征等。而且，要指出相当于汉语里的将某一形容词重复使用的特定语法意义。比如说，aja "好的"属于形容词一般级结构形式，而 ab aja "好好的"则是它的次高级形态变化现象。不难看出，它是重复使用一般级形容词 aja 的词首音节的形式来表达。不过，词首音节重复使用时，由单一元音构成的词首音节后面要接缀过渡音 b。例如：

morin gub dab daga bugdu behen.
马　都　近近的　地方　在
"马群都在近近的地方。"

komakan nəb nəgtəg urədu behen.
驯鹿　　矮矮的　　山　在
"驯鹿在矮矮的山上。"

bi gob gogdo urədu tukugəmi.
我　高高的　　山　爬
"我要爬高高的山。"

əri bub burgu bəjə ʤuudu iitʃə.
这　胖胖的　　人　屋　进
"这位胖胖的人进屋了。"

先后适用于以上四个句子的一般级形容词 daga "近的"、nəgtəg "低的"、gogdo "高的"、burgu "胖的" 等，按照次高级形态变化现象的使用规则及其结构特征，产生 dab daga、nəb nəgtəg、gob gogdo、bub burgu 等变化。也就是，根据次高级形态变化现象的变化原理，重叠式使用了它们的词首音节。与此同时，将单一元音构成的词首音节重叠使用时，在其后面都接缀了双唇辅音 b。另外，重叠式使用由辅音结尾的词首音节时，将其词首音节末辅音由双唇辅音 b 来替换。毫无疑问，它们用此形态变化手段表现出了近近的、低低的、"高高的"、"胖胖的" 等次高级形态变化语法概念。再说，作为过渡音 b 是属于单一辅音结构形式，所以不存在元音和谐现象及其特征，可以不受任何限制地使用于名词类词词根或词干后面。

六　高级形态变化现象

　　敖鲁古雅鄂温克语名词类词存在高级形态变化现象。而且，要用一般级形容词前使用程度副词 mandi 很的手段来表现。高级形态变化现象表现出的是，比次高级略高一级的事物性质、功能、形状、特征等。它表示的语法概念相当于汉语里的"很"。例如：

komakan mandi daga urədu behen.
驯鹿　　很　近的　山　在
"驯鹿在很近的山上。"

mugan mandi goro bogdu kukurən.
他　　很　远的　地方　去
"他要去很远的地方。"

　　不难看出，这两个句子里，程度副词 mandi"很"使用于一般级形容词 daga"近的"、goro"远的"前面，从而表达了"很近的""很远的"等高级形态变化现象的语法概念。另外，在敖鲁古雅鄂温克语名词类词里，还有用形态变化语法词缀 /man/、/mən/、/mon/、/mun/ 表示高级语法概念的实例。比如说，dagaman（daga"近的"-man）"很近的"、kətəmən（kətə"多的"-mən）"很多的"、gogdomon（gogdo"高的"-mon）"很高的"、burgu-mun（burgu"胖的"-mun）"很胖的"等。比较而言，它们都有一定使用率。

七　最高级形态变化现象

　　根据实地调研中获得的第一手资料，敖鲁古雅鄂温克语名词类词的最高级语法概念，基本上是在一般级形容词前面使用程度副词 maŋgar"最"的结构形式表现。例如：

komakan maŋgar daga urədu behen.
驯鹿　　最　近的　山　在
"驯鹿在最近的山上。"

bi maŋgar gogdo urədu tukugəmi.
我　最　高的　山　攀登

"我要攀登最高的山。"

显而易见，用于一般级形容词 daga "近的"、gogdo "高的" 前面的程度副词 maŋgar "最" 表达了 "最近的""很高的" 等最高级形态变化现象的语法内涵。我们掌握的资料还显示，该语言里也用程度副词 minti "最" 指称最高级形态变化语法概念的情况。比如说，minti daga "最近的"、minti kətə "最多的"、minti gogdo "最高的"、minti burgu "最胖的" 等。在这里还应该提到的是，人们用形态变化语法词缀 /soma/、/somə/、/somo/、/somu/ 来表示最高级形态变化语法关系的特殊实例。由于这套形态变化语法词缀有元音和谐现象，所以使用时要严格遵循元音和谐原理。比如说，dagasoma（daga "近的" -soma）"最近的"、kətəsomə（kətə "多的" -somə）"最多的"、gogdo-somo（gogdo "高的" -somo）"最高的"、burgu-somu（burgu "胖的" -somu）"最胖的" 等。

概而言之，敖鲁古雅鄂温克语名词类词形态变化现象中，级形态变化现象的结构系统属于最为复杂的部分。而且，其表现形式也相当复杂。其中，有用复杂多变的形态变化语法词缀构成的实例，也有以词首音节的重叠式形式表现出的结构形式，还有用一般级形容词前使用程度副词的手段。用这些手段和形式，分别表示不同事物在性质、功能、特征、形状等方面产生的不同等级的关系。那么，在本文中，以实地调研资料为理论依据，分析整理出了名词类词内出现的一般级、次低级、低级、最低级、次高级、高级、最高级七种级形态变化现象，并以实际语句为例论述了不同级形态变化现象表现出的不同语法概念。

根据上面的讨论，我们可以清楚地认识到，该语言中名词类词的（1）一般级形态变化现象，也就是人们所说的原级结构形态，要用名词类词的词根或词干形式来表示，没有约定俗成的形态变化语法词缀。而且，主要表示事物最为常见且最具代表性的特征、功能、性质、形状等。再说，一般级形态变化现象在敖鲁古雅鄂温克语中有很高的使用率。与此相反，其他六种级形态变化现象都有各自特定的形态变化现象语法词缀及使用规则；（2）次低级形态变化现象要用形态变化语法词缀 /tʃala/、/tʃələ/、/tʃolo/、/tʃulu/ 来展示，进而表示比一般级形态变化现象略低一级的事物性质、功能、形状、特征；（3）低级形态变化现象要用形态变化语法词缀 /kan/、/kən/、/kon/、/kun/ 等充当，主要表达比次低级语法概念还要略低一级的事物性质、功能、形状、特征；（4）最低级形态变化现象主要是在一般级名词类词词根或词干后面，接缀形态变化语法词缀 /kantʃala/、/kəntʃələ/、/kontʃolo/、/kuntʃulu/ 的手段来表示，进而指出要比低级更低一级的事物性质、功能、形状、特征；（5）次高级形态变化现象主要是重复使用名词类词词首音节的特定形式来构成，要表达比一般级形态变化语法概念略高一级的事物性质、功能、形状、特征；（6）高级和最高级形态变化现象是，在一般级结构类型的名词类词前使用程度副词的手段来构成，表示"很""最"等高级和最高级形态变化现象的语法概念。除此之外，高级和最高级形态变化现象的结构形式中，也有在一般级形态变化现象的名词类词词根或词干后面接缀 /man/、/mən/、/mon/、/mun/ 以及 /soma/、/somə/、/somo/、/somu/ 两套形态变化语法词缀之手段，表达高级和最高级形态变化语法概念的情况。再说，通过上面的讨论，我们已经清楚地了解到，该语言名词类词级形态变化现象里出现的语法词缀，均属由四元一体元音和谐原理组合而成的产物，所以使用时一定要严格遵循元音和谐规则及其条件。

满语在满族说部中的遗存

高荷红

（中国社会科学院民族文学研究所）

满族说部是满族及其先世世代传承的口头艺术形式，按照其内容和讲唱形式可分为"窝车库乌勒本""给孙乌春乌勒本""巴图鲁乌勒本""包衣乌勒本"四类，根据已知的说部情况，"窝车库乌勒本"包括《乌布西奔妈妈》《天宫大战》《尼山萨满》《恩切布库》《奥克敦妈妈》和《西林安班玛发》。

《尼山萨满》异本很多，在北方各个民族中都有流传，最初多用满语流传，现在汉化得比较厉害。"从现有材料看，《尼山萨满》手抄本已经发现和公布了六部，并且还有用汉文记录下来的一部及有关尼山萨满传说的一些片段，还有一些是满族老人用满语讲述的尼山萨满故事。另外，在我国东北的一些少数民族中也有尼山萨满故事的流传，有满文本、汉文本及其他民族文字本之分。"[1] A. B. 戈列尼西科夫 1908 年在齐齐哈尔发现了第一部手抄本；1909 年他从黑龙江省爱辉城一位叫德新格的满族人那里得到了第二部手抄本，实为不同的两部。1985 年，意大利满学家乔瓦尼·斯达里将这两个手抄本公布，大家就发现 1909 年手抄本实为不同的本子。1913 年，戈列尼西科夫在海参崴德克登格得到了第四个手抄本。这四个文本分别被称为齐齐哈尔本、爱辉一本、爱辉二本、海参崴本。目前世界上最流行的版本即为此三种满文手抄本。在 2007 年出版的满族说部丛书《尼山萨满》中有大量满文手抄本及黑龙江省孙吴县四季屯何世环老人讲唱的满语《尼山萨满》。

在满族说部的三批近 60 余部文本中，与富育光有关的说部有 20 余部，

---

[1] 赵志忠译注《〈尼山萨满〉全译》，民族出版社，2014。

或为他从家族中传承而得，或为他父亲富希陆及他自身搜集整理而得，《天宫大战》《乌布西奔妈妈》更是有过满语说唱被记录下来的版本。在诸多文本中都可见满语的保留，我们认为他能够传承讲述并书写下来的传本有悠久的传统，从中可以看到对满语手抄本的强烈诉求。

《奥克敦妈妈》原为满语，因屯里说满语的年轻人渐习用汉语，说满语的人越来越少，从20世纪30年代中叶起，由奶奶改说汉语，听讲者尤众。①

伊郎阿竟然住进看守渔网的乞列迷老人白桦窝棚里40天，用满语速记下洋洋巨篇的《雪山罕王传》，记录歌唱的白桦皮足足有一大背囊，背回故乡。额真回来之后，利用休息时间逐字重新抄录，形成了说部唱本。伊郎阿初始听此长歌，原来还没有《雪山罕王传》这个名字。当时，乞列迷人都管它叫作"果勒敏乌春"，即长歌，或叫"妈妈离乌春"，即奶奶的歌，也就是祖先创世歌。伊郎阿听老人讲唱后，说："你们唱的长歌，不是歌颂你们的遥远祖先雪山罕王吗？"乞列迷人答："是的，我们祖先叫长歌。"伊郎阿回来后，他给族人们讲唱，为了表达清晰，他给起名叫《雪山罕王传》，而且从此留下这个名字。②

民国年间，其长子德连公复录该部《雪山罕王传》时，社会早已经重用汉文，满文已不畅行，所以便以汉文为主，兼有少量满文，由此留下了一部满汉混用的《雪山罕王传》抄本全书。进入日伪初期，匪患猖獗，抢金银，砸大户，避难中火灾，满汉书稿终遭焚失。③

《恩切布库》最早讲唱完全是满语满歌，而且有优美高亢的声腔曲调；《乌布西奔妈妈》的满语仅记录了鲁连坤讲唱的《头歌》《创世歌》《哑女的歌》诸段落；富育光将富希陆记录《天宫大战》文本唱诗体形式公布出来，还将当年记录时所记述的汉字标音满语也整理出来，可惜多有散失；《西林安班玛发》的头歌保留了一段满语：

额勒　窝莫西莎音　衣能给
ere　umesisain　inenggi
这个　很　美好　日子

---

① 富育光：《满族传统给孙"乌勒本"说部——〈奥克敦妈妈〉传承概述》，未刊稿。
② 富育光：《满族传统说部——〈雪山罕王传〉传承概述》，未刊稿。
③ 富育光：《满族传统说部——〈雪山罕王传〉传承概述》，未刊稿。

比　衣　尼玛琴　箔　德恩哈
bi I imcin be tuumha
我　鼓　把　打起

通肯　安布拉　乌拉哈
tungken ambula uraha
抬鼓　　大　　敲响

恩都力乌春　乌春勒赫
enduriuchun uculeke
神　歌　　唱起

各穆　妈妈　玛发　阿玛哈　阿浑德
gemu mama mafa amaha ahunde
各位　奶奶　爷爷　大爷　　兄弟

阿古　西莎音　毕　依浓哈
agu　sisain　bi inenggi
阿哥 你们好 有　今天

西林　安班　玛发　给孙　衣　勒勒
silin　amba mafa gisun rere
西林 安班 玛发 要说的话

额发萨　额给萨　端吉布哈
wesihun ekisaka donjibuha
盛大　　静静地　　听

额勒　朱勒格　萨克达衣　果勒敏　乌春 朱鲁
ere julergi sakdai golmin uchun juru
这　以前　古老的　长　歌　对

萨玛　朱克敦得勒　恩都力乌春　乌春勒莫
saman zhuktendere enduriuchun uculeme
萨满　祭祀　　　　神　　　　　歌唱

《乌布西奔妈妈》"引曲"和"尾歌"也保留了一段满语:

德乌勒勒，哲乌勒勒
de u le le, je u le le,

de u liyei li, je liyei!
德乌咧哩，哲咧！

巴那衣　舜　奥莫罗，
ba nai šun omolo,
大　地　太阳　子孙

巴那衣　舜　奥莫罗，
ba nai šun omolo,
大　地　太阳　子孙

沃拉顿　恩哥，沃拉顿恩哥，
eldengge bi eldengge bi
光辉的　有　光辉的　有

恩都里嘎思哈　沃拉顿　恩比，
endurigasha eldengge bi,
神　鸟　光辉的　有

恩都里嘎思哈　沃拉顿　恩比，
endurigasha eldengge bi
神　鸟　光辉的　有

沙音　沃尔顿，
sain eldengge
好　光辉的

沃尔顿　巴那，
eldengge bana
光辉的　大地

乌布西奔　妈妈　布离
umesiben mama bumbi.
乌布西奔　妈妈　带来

"尾歌" uncehenucun

德乌勒勒，哲乌勒勒，
de u le le, je u le le,

德乌咧哩，乌哲咧！
de u liyei li, u je liyei!

巴那吉舜窝莫洛，
ba nai juišun i omolo,
大　地　太阳　的　子孙

巴那吉舜窝莫洛，
ba nai juišun i omolo,
大　地　太阳　的　子孙

德顿恩，德顿恩，
dedun, dedun,

恩都力　嘎哈　德顿　恩比，
enduri gahai dedun bi,
神　　鸦　站　有

恩都力　嘎哈　德顿　恩比，
enduri gahai dedun bi,
神　　鸦　站　有

珊延　窝尔顿　德顿　巴那比，
šanyan uldeni dedun ba na bi,
白　　色　　的　站 大地 有

乌布西奔妈妈　布米。
umesiben mama bumbi.
乌布西奔　妈妈　赐予

从文本来看"窝车库乌勒本"中满语遗存情况，《天宫大战》因为有汉字记录的满音相对应，文本中仅保留了一些满语词汇；《恩切布库》《西林安班玛发》中保留的满语内容也较少;《乌布西奔妈妈》《奥克敦妈妈》中满语保留得最多。

1. 满语单词

动物:沙克沙,满语 saksaha,喜鹊;嘎喽,满语 garu,天鹅;嘎哈,满语 gaha,乌鸦;莫林,满语为 morin,马;舜莫林,满语为 shun morin,日马,将太阳比喻为一匹奔驰的烈马;乌米亚罕,满语为 umiyaha,虫子,满族创世神话中特有的理想神祇形态。在古老的萨满原始文化观念中,宇宙皆源于水,水生气,气凝华而生万物,故万物蕴有宇宙精髓之一切特质和优长,乌米亚罕为宇宙精髓之佼佼者也;扎布占,满语为 jabjan,蟒。

神名:突姆女神,满语为 tumu;者固鲁女神,满语为 jeguru;车库妈妈,满语为 ceku mama,秋千妈妈。

与人的称呼有关的:尼亚勒玛或尼雅玛或尼雅,满语为 niyalma,人;昂阿,满语为 angga,口;沙里甘居,满语为 sarganjui;玛发,满语为 mafa,爷爷;妈妈,满语为 mama,奶奶;翁古玛发,满语为 unggu mafa,曾祖父;窝莫罗西,满语为 omolosi,孙子们;哈哈,满语为 haha,男子;阿古,满语为 agu,对男子的尊称:老兄、君子、先生;色夫,满语为 sefu,师傅;朱申,满语 zhushen,明代对女真人的称呼。

形容词:安班,满语为 amba,大;淑勒,满语为 wure,聪明,聪慧;塞依堪,满语为 saikan,好看的,俊美;比干,满语为 bigan,野;乌勒衮,满语为 urgun,喜;萨克达,满语为 sakda,古老的。

名词:玛克辛,满语为 maksin,舞蹈;佛克辛,满语为 feksin,跳跃;乌春,满语为 uchun,歌;额真,满语为 ejen,主人;但有一个可能是错的"扈伦,部落"之意,但部落的满语应为 aiman;塔旦包,满语为 tatantobo,帐篷;音色克,满语为 serki,探子;巴纳罕,满语为 banahan,地方之主;栽力,满语为 jaili,萨满祭神时的助手,助神人;托户离,满语为 toli,铜镜;山塔哈,即珊延衣尔哈,满语为 šanyanilha,白花;谙达西,满语为 andasi,结拜兄弟;额芬,满语 efen,面食,饽饽。

2. 满汉兼用词

如"朝海觉昆",觉昆,满语为 jugūn,道路,满汉合意为通海的道路;刨参尼亚玛,尼亚玛,满语为 niyalma,汉人之意;鹿窝陈,窝陈满语为 wece,祭祀,满汉合意为鹿祭;它思哈裙,它思哈满语为 tasha,虎裙;亚克哈裙,亚克哈满语为 yarha,豹裙;达敏裙,达敏满语为 damin,雕裙;

尼玛哈裙，尼玛哈满语为 nimaha，鱼裙；飞崖哈哈西，哈哈西满语为 hahasi，富有攀岩越涧本领的男儿们。

3. 满语组合词

这类词较多，如达包色珍（音达浑包衣色珍），满语为 indahūnbooisejen，狗棚车；沙延安班夹昆，满语为 šanyanambagiyahūn，大白鹰；窝莫洛裸踏玛克辛，满语为 omolomaksin，子孙舞；阿浑德乌勒衮乌春，满语为 agu de urgunuchun，兄弟喜歌；端吉给孙勒勒，满语为 donjigisunrere，（恭）听（神）说；萨克达玛克辛，满语为 sakdamaksin，满族女真人古舞一种，一人、十人、百人不等，全为老妪老叟合舞；尼玛哈吉勒冈乌春，满语为 nimahagilganuchun，鱼声歌；朱勒格玛克辛，满语为 julergimaksin，古舞蛮舞；朱勒格乌春，满语为 julergiuchun，古歌；窝陈玛克辛，满语为 wecemaksin，祭舞；生机多伦玛克辛，满语为 shenggedolomaksin，礼舞；乌克逊玛克辛，满语为 uksunmaksin，族舞；生机木陈玛克辛，满语为 shenggemuchenmaksin，东海女真人萨满血祭时舞蹈的一种，顶血盆祭舞；生机比干玛克辛，满语为 shenggebiganmaksin，东海女真人萨满血祭时舞蹈的一种，双手托举血盆祭舞；生机嘎思哈玛克辛，满语为 shenggegashamaksin，东海女真人萨满血祭时舞蹈的一种，盆祭中百禽拟神舞；顿顿依尔哈，满语为 dundun ilha，蝴蝶花；都鲁坎玛发恩都力，满语为 durkanmafaenduri，东海人相传为山门神。

当然大段的句子就是我们在上面分析的保留了满音的《西林安班玛发》和《乌布西奔妈妈》。使用整句满语的句子较少，《乌布西奔妈妈》里有一句"活绰勒夫啊，沙音，沙音！"汉译为"俊美的熊啊！好啊，好！"

满语原为满族说部传承的主要媒介，虽然历经时代的变迁，满语早已不是满族民众的日常交流用语，满族说部的媒介也经历了满汉兼用到以汉语为主，但从其文本中我们看到了无论是传承人还是民众都在有意识地恢复使用满语，我们认为这也是对满族文化传统的回归。满族说部已出版的两批及即将出版的第三批文本逾千万字，大多是在东北三省、河北省几个县乡个别村屯内流传并被搜集整理出来，掌握该传统的也是极少数的民众。"近年来随着满族说部的集中出版，还有学者调查研究的深入，满族民众开始恢复对满语言的热情，对满族说部的认同感逐渐加强。黑龙江省黑河市红色边疆农场即富育光儿时生活之地大五家子，该地将满语作为民间交流语言的仅有一两位老人，他们能够讲述个别单词，富育光近年来多次回大五家子调研，与民众交流。2013年笔者再到大五家子调研时发现，满语单词的恢复和满语的学习已经成为当地50岁以上老人的重要活动，他们时常聚在一起用满语讲述现在和过去的生活。[①] 而满族说部、乌勒本一词辽宁新宾也从2007年的无人知晓，变成2014年传承人的有意识依附，他们将满族说部、乌勒本纳入当地民间文学的类别之中（如讲古趣儿）。从满族说部中满语的遗存及其在个别地域的使用来看，满族民众对满语的渴望与回归，也许在某种程度上会影响将来满族文学的发展。

---

① 高荷红：《国家话语下代表性传承人的认定：以满族说部为例》，《民族文学研究》2015年第4期。

蒙古语布里亚特方言亲属称谓简析

哈申格日乐

（内蒙古社会科学院蒙古语言文字研究所）

一 关于布里亚特蒙古人

布里亚特人是蒙古族的一支，现主要分布在俄罗斯、蒙古国和中国的一些地方。其中，俄罗斯有42万多人，蒙古国有4万多人，中国有近8000人。布里亚特人是蒙古族的一个古老部落，《蒙古秘史》称作"不里牙惕"。其先民一直在贝加尔湖一带森林草原地区，从事畜牧业生产。据史料记载，1207年，成吉思汗命儿子术赤率军西征，布里亚特部遂成部属。俄国十月革命胜利后，白匪被苏联红军击溃，退到布里亚特地区顽抗，到处抢劫牛羊和财产，绑架男子当兵，当地民不聊生。为了躲避白匪祸乱，布里亚特人陆续迁入我国境内，并最终定居在内蒙古自治区呼伦贝尔市鄂温克族自治旗境内的锡尼河两岸。

布里亚特人所用的语言布里亚特蒙古语是阿尔泰语系蒙古语族语言，是蒙古语三大方言之一，三大方言即卫拉特方言、内蒙古方言、布里亚特方言。它与标准蒙古语有很大区别。如：标准蒙古语的"s"音，在布里亚特方言里发"h"音；标准蒙古语中的 sainčuɣtu "赛音朝克图"在布里亚特方言中的发音变为 hainsuɣtu "哈音苏克图"；标准蒙古语主要借用汉语名词，布里亚特方言借用了许多俄语名词。

二 布里亚特方言亲属称谓

笔者于2013年6月到海拉尔市进行布里亚特方言亲属称谓调研。在这次田野调查当中，笔者挑选了53个亲属称谓（下附分析表），并把调查搜集到的布里亚特方言亲属称谓与标准蒙古语中与之相对应的词语做比较，同时对它们进行了义素分析。分析表中使用的符号是欧美语言学家、人类学家研究亲属称谓时经常使用的符号系统。下面首先对这些符号作一介绍。［G］表示辈分：［G0］表示同辈、［G+n］表示上辈、［G-n］表示下辈；［S］表示性别：［S+］表示男性、［S-］表示女性；［F］表示亲疏关系：［F+］表示血亲、［F-］表示姻亲；［A］代表年龄：［A+］表示年长、［A-］表示年幼；［C］表示父系母系：［C+］表示父系、［C-］表示母系；［L］表示血统：［L0］表示直系、［L1］表示间接的血统关系、［L2］表示间接的间接的血统关系。如下所示：

1. ［G］辈分：同辈［G0］、上一辈［G+1］、下一辈［G-1］；
2. ［S］性别：男性［S+］、女性［S-］；
3. ［F］亲疏关系：血亲［F+］、姻亲［F-］；
4. ［A］年龄：年长［A+］、年幼［A-］；
5. ［C］父系母系：父系［C+］、母系［C-］；
6. ［L］血统：直系［L0］、间接的血统关系［L1］、间接的间接的血统关系［L2］。

请看下表。

布里亚特方言与标准蒙古语亲属称谓比较及义素分析表

被称呼人	标准蒙古语	辈分	性别	亲疏	长幼	父系母系	血统	汉语书面称谓	布里亚特方言	辈分	性别	亲疏	长幼	父系母系	血统
配偶男	er-e	G0	S+	F-	A0			丈夫	ebügen	G0	S+	F-	A0		
配偶女	ekener	G0	S-	F-	A0			妻子	hamaɤan	G0	S-	F-	A0		
父亲	ečige	G+1	S+	F+	A+	C+	L0	父亲	awe	G+1	S+	F+	A+	C+	L0
母亲	eke	G+1	S-	F+	A+	C-	L0	母亲	iji	G+1	S-	F+	A+	C-	L0
儿子	küü	G-1	S+	F+	A-	C+	L0	儿子	hübün	G-1	S+	F+	A-	C+	L0
女儿	ökin	G-1	S-	F+	A-	C+	L0	女儿	basɤan	G-1	S-	F+	A-	C+	L0
兄	aqa	G0	S+	F+	A+	C+	L1	哥哥	ahai	G0	S+	F+	A+	C+	L1
弟	degüü	G0	S+	F+	A-	C+	L1	弟弟	degüü	G0	S+	F+	A-	C+	L1
姐	egeči	G0	S-	F+	A+	C+	L1	姐姐	abjia	G0	S-	F+	A+	C+	L1
妹	ükin-degüü	G0	S-	F+	A-	C+	L1	妹妹	degüü-basɤan	G0	S-	F+	A-	C+	L1
祖父	ebüge	G+2	S+	F+	A+	C+	L0	祖父	kügsin-awe/ebüge-awe	G+2	S+	F+	A+	C+	L0

续表

被称呼人	标准蒙古语	辈分	性别	亲疏	长幼	父系母系	血统	汉语书面称谓	布里亚特方言	辈分	性别	亲疏	长幼	父系母系	血统
祖母	emege	G+2	S−	F+	A+	C+	L0	祖母	kügsin-iji	G+2	S−	F+	A+	C+	L0
外祖父	naɣači-ebüge	G+2	S+	F+	A+	C−	L0	外祖父	naɣač-awe	G+2	S+	F+	A+	C−	L0
外祖母	naɣači-emege	G+2	S−	F+	A+	C−	L0	外祖母	naɣač-iji	G+2	S−	F+	A+	C−	L0
孙子	ombul-küü	G−2	S+	F+	A−	C+	L0	孙子	asi-hübün	G−2	S+	F+	A−	C+	L0
孙女	ombul-ökin	G−2	S−	F+	A−	C+	L0	孙女	asi-basɣan	G−2	S−	F+	A−	C+	L0
外孙	jige-ombul-küü	G−2	S+	F+	A−	C+	L1	外孙		G−2	S+	F+	A−	C+	L1
外孙女	jige-ombul-ökin	G−2	S−	F+	A−	C+	L1	外孙女		G−2	S−	F+	A−	C+	L1
岳父/公公	qadam-abu	G+1	S+	F−	A+			岳父/公公	qadam-awe	G+1	S+	F−	A+		
岳母/婆婆	qadam-eke	G+1	S−	F−	A+			岳母/婆婆	qadan-iji	G+1	S−	F−	A+		
大舅子/大叔子	qadam-aqa	G0	S+	F−	A+			大舅子/大叔子	qadam-ahai	G0	S+	F−	A+		
大姨子/大姑子	qadam-egeči	G0	S−	F−	A+			大姨子/大姑子	qadam-abjia	G0	S−	F−	A+		
小舅子	küri-dügüü	G0	S+	F−	A−			小舅子	küri-dügüü	G0	S+	F−	A−		
小姨子	küri–ökin-dügüü	G0	S−	F−	A−			小姨子	degüü-basɣan	G0	S−	F−	A−		
嫂子	bergen	G0	S−	F−	A+			嫂子	abaɣai	G0	S−	F−	A+		
姐夫	kürgen-aqa	G0	S+	F−	A+			姐夫	quriyaqai	G0	S+	F−	A+		
儿媳	beri	G−1	S−	F−	A−			儿媳	beri	G−1	S−	F−	A−		
女婿	kürgen	G−1	S+	F−	A−			女婿	kürgen	G−1	S+	F−	A−		
大伯	yeke-abaɣa	G+1	S+	F+	A+	C+	L1	大伯	aqai	G+1	S+	F+	A+	C+	L1
叔叔	abaɣa	G+1	S+	F+	A−	C+	L1	叔叔	aqai	G+1	S+	F+	A−	C+	L1
姑姑	abaɣa-egeči	G+1	S−	F+	A+	C+	L1	姑姑	awjia	G+1	S−	F+	A+	C+	L1
舅舅	naɣaču–abu	G+1	S+	F+	A+	C−	L1	舅舅	naɣaču-awe	G+1	S+	F+	A+	C−	L1
姨娘	naɣaču-egeči	G+1	S−	F+	A+	C−	L1	姨娘	awjia	G+1	S−	F+	A+	C−	L1
大娘/婶婶	abaɣa-eji	G+1	S−	F−	A+	C+	L2	大娘/婶婶	abaɣai/abaɣa-bergen	G+1	S−	F−	A+	C+	L2
姑父	abaɣa-kürgen-aqa	G+1	S+	F−	A+	C+	L2	姑父	abaɣa-quriyaqai	G+1	S+	F−	A+	C+	L2
姨父	naɣaču-kürgen-aqa	G+1	S+	F−	A+	C−	L2	姨父	naɣaču-quriyaqai	G+1	S+	F−	A+	C−	L2

续表

被称呼人	标准蒙古语	辈分	性别	亲疏	长幼	父系母系	血统	汉语书面称谓	布里亚特方言	辈分	性别	亲疏	长幼	父系母系	血统
舅妈	naɣaču-eji	G+1	S-	F-	A+	C-	L2	舅妈	abaɣai	G+1	S-	F-	A+	C-	L2
侄子	ači-küü	G-1	S+	F+	A-	C+	L1	侄子	ači-hübün	G-1	S+	F+	A-	C+	L1
侄女	ači-ökin	G-1	S-	F+	A-	C+	L1	侄女	ači-basčan	G-1	S-	F+	A-	C+	L1
外甥	jige-küü	G-1	S+	F-	A-	C+	L1	外甥	jige-hübün	G-1	S+	F-	A-	C+	L1
外甥女	jige-ökin	G-1	S-	F-	A-	C+	L1	外甥女	jige-basɣan	G-1	S-	F-	A-	C+	L1
堂哥	üyeled-aqa	G0	S+	F+	A+	C+	L2	堂哥	üyeled-ahai	G0	S+	F+	A+	C+	L2
堂弟	üyeled-degüü	G0	S+	F+	A-	C+	L2	堂弟	üyeled-degüü	G0	S+	F+	A-	C+	L2
堂姐	üyeled-egeči	G0	S-	F+	A+	C+	L2	堂姐	üyeled-abjia	G0	S-	F+	A+	C+	L2
堂妹	üeled-ökin-degüü	G0	S-	F+	A-	C+	L2	堂妹	üyeled-degüü-basɣan	G0	S-	F+	A-	C+	L2
表哥（舅姨）	bülü-aqa	G0	S+	F+	A+	C-	L2	表哥	bülü-ahai	G0	S+	F+	A+	C-	L2
表弟（舅姨）	bülü-degüü	G0	S+	F+	A-	C-	L2	表弟	bülü-degüü	G0	S+	F+	A-	C-	L2
表姐（舅姨）	bülü-egeči	G0	S-	F+	A+	C-	L2	表姐	bülü-abjia	G0	S-	F+	A+	C-	L2
表妹（舅姨）	bülü-ökin-degüü	G0	S-	F+	A-	C-	L2	表妹	bülü-degüü-basɣan	G0	S-	F+	A-	C-	L2
姑姑的儿子		G0	S+	F+	A+	C+	L2	表兄	taɣar-ahai	G0	S+	F+	A+	C+	L2
姑姑的儿子		G0	S+	F+	A-	C+	L2	表弟	taɣar-degüü	G0	S+	F+	A-	C+	L2
姑姑的女儿		G0	S-	F+	A+	C+	L2	表姐	taɣar-abjia	G0	S-	F+	A+	C+	L2
姑姑的女儿		G0	S-	F+	A-	C+	L2	表妹	taɣar-degüü-basɣan	G0	S-	F+	A-	C+	L2

从上述分析表中我们可以了解到，布里亚特方言中的亲属称谓与标准蒙古语的亲属称谓既有区别又有相似之处。有些亲属称谓在布里亚特方言和标准蒙古语中的写法和用法完全一样。如，küri-dügüü"小舅子"、beri"儿媳"、kürgen"女婿"、bülü-degüü"表弟"等。但有些却不然。比如 ebügen 在标准蒙古语中通常是"老人"的意思，如，ebügen-abu 是"老人家"之意，但在布里亚特方言当中却指自己的丈夫，如 mini-ebügen"我的丈夫"。标准蒙古语中有 samaɣan 一词，表示"自己的妻子"这一意思，布里亚特方言中 hamaɣan"妻子"很可能就是这个 samaɣan"妻子"发生

音变而产生的。因为在布里亚特方言当中标准蒙古语的 s 音变为发 h 音。

标准蒙古语中表示"父亲、母亲"的 ečige、eke 在布里亚特方言里是 awe 和 iji。在内蒙古方言中也用 awe、iji 来表示"父亲、母亲"之意。布里亚特方言的 hübün 是标准蒙古语中 höbügün 的音变。

basɣan"女儿"这一亲属称谓是布里亚特方言比较特殊的词语。它对应标准蒙古语的 ökin"女儿"。蒙古语其他方言、其他蒙古语族语言中也没有这个词语。同样，abjia"姐姐"、degüü-basɣan"妹妹"、asi-basɣan"孙女"、quriyaqai"姐夫"、aqai"叔叔"、awjia"姑姑"等也是布里亚特方言所具有的亲属称谓。

从构词形式上看，标准蒙古语和布里亚特方言的亲属称谓都由单纯词和合成词两种形式构成。如：ebüge"祖父"、emege"祖母"、ečige"父亲"、eke"母亲"、küü"儿子"、ökin"女儿"、aqa"哥哥"、degüü"弟弟"、egeči"姐姐"、bergen"嫂子"、beri"儿媳"、kürgen"女婿"、abaɣa"叔叔"等单纯词成为标准蒙古语亲属称谓的基本词，其余都是由几个单纯词合在一起，表示不同的称谓关系。如：naɣači-ebüge"外祖父"、naɣači-emege"外祖母"、ombul-küü"孙子"、ombul-ökin"孙女"、abaɣa-egeči"姑姑"、naɣaču-abu"舅舅"、naɣaču-egeči"姨娘"、abaɣa-eji"大娘/婶婶"、abaɣa-kürgen-aqa"姑父"、naɣaču-kürgen-aqa"姨父"、naɣaču-eji"舅妈"等。同样，布里亚特方言中的亲属称谓也由单纯词和合成词构成。如：ebügen"丈夫"、hamaɣan"妻子"、awe"父亲"、iji"母亲"、hübün"儿子"、basɣan"女儿"等是单纯词，asi-basɣan"孙女"、bülü-ahai"表哥"、qadam-ahai"大舅子/大叔子"等为合成词。

另外，从上述表格的标准蒙古语和布里亚特方言亲属称谓义素分析中可以看出，标准蒙古语的亲属称谓一般是单义位的，况且亲属称谓的辈分、性别及亲属等义素非常清晰、分明，而布里亚特方言的亲属称谓却是多义位的。由于它的随意性，同一词可以表示很多亲属称谓，如 abaɣai 一词既可以称呼"嫂子"，也可以称呼"大娘""婶婶""舅妈"。即一个词有四个义位。同一个亲属称谓表示两个不同的辈分，即"嫂子"是与自己同辈的人，而"大娘""婶婶""舅妈"是自己的上一辈姻亲。标准蒙古语里这四个概念分别用不同的词语来表示，且义素非常清晰、分明。从布里亚特方言里的这个词不仅看不出其辈分，也区分不出父系与母系之别。同样，awjia"姑姑、姨娘"也一样。这里我们可以做出判断的唯一一点就是，在布里亚特方言里用 abaɣai 一词表示与自己有姻亲关系的女性，而用 awjia 一词来表示与自己有血缘关系的第一旁系女性亲属。现代蒙古语亲属称谓父系、母系的区别是很严格的，分别用 abaɣa 和 naɣaču 来区分"父系"和"母系"，而且在《蒙古秘史》中也有记载。蒙古族有崇尚"娘舅亲"的礼俗。如俗话说：naɣaču-in sir-a nuqai bulbaču aq-a"舅舅家的狗也是大的"。古代蒙古族还有从娘亲家族里娶媳妇的习俗。而布里亚特方言中的上述用法也许是从不区分父系、母系，而同等看待自己双亲的亲戚这个角度出发的。双方都一样就没有必要再细分，就不用另造一个别的词语来进行区分。布里亚特人也是北方少数民族之一，历来生活在北方大草原上，过着逐水草而居的游牧生活，这种生产生活方式使人们之间的来往比较贫乏，即使亲戚之间也由于交通不便等原因，经常聚不到一块儿。来往稀疏了，人们自然也就不用特别重视亲戚之间的区别，而只用一个笼统的称呼去招呼一下就可以了。也许，布里亚特方言保存了蒙古语族语言的一些更加古老的语言文化特点。

标准蒙古语中，父亲的姐妹的孩子和母亲的兄弟姐妹的孩子的称呼是一样的，如：bülü-aqa"表哥"、bülü-degüü"表弟"、bülü-egeči"表姐"、bülü-ökin-degüü"表妹"等。布里亚特方言却用 taɣar 来表示"父亲的姐妹的孩子"，而 bülü 只表示"母亲的兄弟姐妹的孩子"。如：taɣar-ahai"姑姑的儿子、比自己年龄大"、taɣar-degüü"姑姑的儿子、比自己年龄小"、taɣar-abjia"姑姑的女儿、比自己年龄大"、taɣar-degüü-basɣan"姑姑的女儿、比自己年龄小"。也就是说，布里亚特方言的一部分亲属称谓在父系母系分类方面比标准蒙古语还要详细。

在布里亚特方言中，面称时使用布里亚特方言特有的亲属称谓系统。当向别人叙述时，既可以使用布里亚特方言的亲属称谓系统，也可以使用标准蒙古语的亲属称谓系统。在交际中，由于面称只涉及听话人和说话人，言语交际的方向与亲属称谓的指称方向是一致的，所以布里亚特方言亲属称谓在面称中不会引起混乱。而叙称总是涉及称呼人、被称呼人和听话人，这里的被称呼人和听话人是分离的，言语交际方向与称谓指称方向不一致，所以布里亚特方言亲属称谓在叙称中，还要用标准蒙古语的亲属称谓系统做辅助，更完全准确地向听话人反映讲话人与被称呼人之间的亲属关系。

布里亚特方言中面称系统的形成与亲属称谓的全部功能以及社会制

度，如亲属制度、婚姻制度等有密不可分的联系，更准确地规定着亲属之间的现实的行为标准。布里亚特人居住地区人口稀少、地域广阔、与外界联系极少，它的面称受汉族的宗族观念影响极少。布里亚特人对晚辈称名，对长辈使用亲属称谓，即使没有亲属关系也忌讳直呼其名。由此可见，布里亚特方言的面称系统不仅反映称谓，替代名字，它还体现着人们之间的亲疏和感情。

布里亚特方言的叙称与现实的社会组织关系并不密切，受标准蒙古语和书面语影响很大。它的叙称系统是在与外界交际的过程中产生的，并尽可能地增强共性，以避免交流的障碍。

由于外界交往的增加，布里亚特方言的亲属称谓系统开始发生变化，有向标准蒙古语靠拢的趋势。

阿旺丹德尔《诗镜三品之引喻·智者项饰珍珠美鬘》两种蒙译版本研究

彩 云

(中国社会科学院民族文学研究所博士后流动站)

阿拉善拉然巴·阿旺丹德尔是一位精通蒙、藏、汉及古代梵文的著名学者和佛学大师,在国际学术界享有蒙藏语法大师、辞学家、翻译家、宗教哲学家、文学家等美誉,他一生著述颇多,现搜集到的著作共有92部。《诗镜三品之引喻·智者项饰珍珠美鬘》(以下简称《珍珠美鬘》)是由阿拉善拉然巴·阿旺丹德尔在清朝道光九年(1829)完成的《诗镜论》注释著作。《珍珠美鬘》对《诗镜论》研究史上,甚至对蒙古族文论研究具有重大影响,对蒙古族文学理论及研究印度、藏族、蒙古族文学关系都有较高的学术参考价值。

一 阿旺丹德尔生平与《珍珠美鬘》简介

有关阿旺丹德尔的生辰年代,国内外学者的看法有所不同,有些学者认为阿旺丹德尔的生辰年代是清乾隆二十三年(1758),有些学者认为是在藏历第十三饶炯土卯年(1759),但查阅相关书籍和藏文文献,证明1758年是准确的说法,并且国内多数学者都认同阿旺丹德尔的生辰年代为1758年。阿旺丹德尔是阿拉善和硕特旗东苏木巴彦尼伦队辉特氏宰桑[①]义乃之子。7岁开始,阿旺丹德尔到广福寺当佛教徒,19岁那年,开始接触

[①] 宰桑(jaisang):明清时期蒙古官号,从元代沿袭下来,多数为出身于非成吉思汗家族的封建领主。

藏区的佛教经咒学，之后，到佛教圣地拉萨，拜精通大小五明的隆多阿旺洛桑为师，刻苦钻研 24 年，精通佛学。之后在拉萨正月总念颂大会的答辩会上，阿旺丹德尔辩败众多智者，获得了头等拉然巴之衔，从此阿拉善拉然巴阿旺丹德尔之美誉名扬蒙藏诸地区。阿旺丹德尔从西藏获得拉然巴头衔之公函后，于 1800 年，42 岁时回到故乡阿拉善，在广福寺担任四年的大殿格斯贵。① 1804 年，依照洛桑丹毕贡布喇嘛（阿拉善旗第三代王洛桑多吉之子格里格普勒）之意，转到巴彦郭勒东寺（现在的福因寺），阿旺丹德尔大部分时间都在福因寺度过，并钻研讲说、辩论、著作等。作为蒙藏文化历史的巨大影响者和功臣，阿旺丹德尔留给后代诸多用蒙藏文撰写的著作。清道光二十年（1840），卒于巴彦郭勒东寺，享年 82 岁。

目前，学界所搜集到的他的作品中 36 篇著作是用藏文撰写，并于 19 世纪中叶由佛教六大寺之一的塔尔寺木刻版刊印，其中哲学类著作 14 篇，文学抒情类 13 篇，语言学类著作 9 篇。这些著作均收录于《阿旺丹德尔文集》（木刻版），总字数为 18 万左右。

阿旺丹德尔在 56 岁那年再到藏区找拉布楞寺的多让巴利侍立大师为师，学习《诗镜论》。他回乡后就撰写《诗镜论》注释《诗镜三品之引喻·智者项饰珍珠美鬘》，1829 年即 71 岁时完稿。

佛教徒把道、教证、诗镜论当作有志者必须具备的三大智慧。正因为如此阿旺丹德尔为了学习《诗镜论》，年逾古稀，却到藏区，隐姓埋名，屈尊就蓓，拜利侍立大师为师，学习《诗镜论》。他不仅学好《诗镜论》，而且还是致力于为传授后代年轻人学习《诗镜论》而不懈努力的喇嘛学者之一。

《珍珠美鬘》是阿旺丹德尔 71 岁那年为年轻的《诗镜论》学者而撰写的藏文著作。《珍珠美鬘》由三章内容构成。第一章，按原《诗镜论》第一章辨别风格，古代印度文学理论著作的南方派和东方派做了不同风格的解释诗例，并在一定程度上解释《诗镜论》"辨别风格"；第二章，对《诗镜论》第二章 35 种"意义修饰"做了不同程度的解释诗例；第三章给《诗镜论》做"字音修饰"，"重迭修饰"说明读法的《全部循环体》（samandabadraagiinhurd)，难作体中的牛尿体给"隐语修饰"作解释，力所能及给《诗镜论》作了全方位的解释诗例。可以说，阿旺丹德尔的《珍珠美

---

① 格斯贵：喇嘛寺院的执法喇嘛，亦称掌堂师。

鬘》，全面、系统地展示了《诗镜论》内容。虽然《珍珠美鬘》被视为《诗镜论》的注释著作，但作者并没有刻意追求理论解释，而是特别注重用举例形式做注释诗例。

《珍珠美鬘》被收录为《阿旺丹德尔藏文全集》第二卷第八部作品。该著作为《诗镜论》作 276 种修饰（其中"辨别修饰"有 10 种即"十种诗德"，"意义修饰" 203 种，"字音修饰" 63 种），作了 309 首诗，再加上开篇诗和结尾诗 29 首，共有 338 首诗。

二　《珍珠美鬘》两种蒙译版本特征

由于《珍珠美鬘》在蒙古文论研究中具有独特价值，学者们很重视做蒙古文翻译，利于后人利用和研究。目前，在国内外它有两种蒙译版本。一种是由阿·额尔敦白音翻译、阿旺格里格嘉央嘉措审译的《诗镜三品之引喻·智者项饰珍珠美鬘》，收录于巴·格日勒图编著的《悦目集》（以下简称《阿·额尔敦白音所译"珍珠美鬘"》），1991 年出版。另一种是由道敖日布扎木苏翻译的《诗镜三品之引喻·智者项饰珍珠美鬘》（以下简称《道敖日布扎木苏所译"珍珠美鬘"》），收录于 G. 朝格图主编《阿旺丹德尔文集》（第三册），2014 年出版。

早在 13 世纪伊始，蒙古族已有翻译维吾尔、波斯、阿拉伯、藏、梵文书籍而用维唔真蒙古文和八思巴文形式刊印出版的传统。其中，自藏文文献翻译了不少著作。在藏文书籍译成蒙古文书籍的几百年历史中，形成了三种基本的翻译方法。一种是直译，一种是音译，一种是编译。这三种翻译方法一直沿用到当今的翻译工作中。下面，笔者主要对上述《珍珠美鬘》两种蒙译版本做一相互对比分析。

1. 阿·额尔敦白音所译《珍珠美鬘》

阿·额尔敦白音翻译《珍珠美鬘》时主要采用了音译方法，完全依照诗歌规律进行文本翻译。但是《珍珠美鬘》第三章"字音修饰"中除了牛尿体修饰外其他难作体均未翻译。

（1）结合蒙古诗歌的押头韵形式进行翻译

该翻译完全能反映阿旺丹德尔藏文原著《珍珠美鬘》的韵味、旋律，在风格翻译的同时用蒙文诗词的押头韵音译，给读者一种阅读蒙文诗歌的美感。下面给大家展示一下诗句例子。

原藏文：

"'thungngoskom pas gdungrnamschu

buchung a ma'i nu zho dang

bung bas sbrangrtsi'imtshanbcud

bdagniblama'i legs bshad do"

蒙译（国际音标）：

"uugujuhui, anggan qanggagqi berumdagan i

Ulagan nilhaseyerehe in qagan sun i

Uhagantʉ jʉgeiberbal un arigun simegi

Urmatʉbiberbagʃʉin sainnomlali"

汉译：

"喝，口渴者把饮品

婴儿把母乳，

智蜂把蜂蜜营养，

热情的我把老师教诲。"

本段翻译中译者不仅把 u 当押头韵，以 gi，i 的格助词当作尾韵，并把 uugujuhui 一词放在句首，展示了动词放置在首的点睛修饰的特征。

下面再用叙本体喻来举例说明。

原藏文：

"gcigtumjes 'di dbyangsldanlhamo'ibzhin

yingyi 'dab brgyabzhadpa'i pad ma min

dal bur 'khor 'di bung ba ma yin gyi

dkyus ring spyangyizurmda' gyoba lags"

蒙译（国际音标）：

"ʉjesgʉlengtʉene egeʃigtʉʉhin tengri in qiraibolhueqe biʃi

θnggejijʉ mʉʃiyegsen jagun nabqitʉlinghuwaqeqegbusu

alagurergigqi enetunggalagmelmei in θnqθgtʉsumubolhueqe biʃi

ajillajʉ hʉlʉrʉgsenqeqeg un horuhaitʉbaltʉ jʉgeibusu"

汉译：

"这是美丽的妙音天女脸庞

不是光彩夺目的莲花，

缓慢闪亮的是眼角箭，
而不是勤劳的花蜂。"

前两行蒙译是用 ʉ，θ 当押头韵，后两行是用 a 当押头韵，形成尾韵的是 biʃi、busu 的两种否定式。

（2）完全表现诗歌美意

诗歌是内容与形式的完美结合，所以翻译不仅要求达到诗歌内容美，而且还要展现它的形式美。如果翻译忽略诗段或诗行的结合，所翻译的词句可能就是字和词的堆积。译者在翻译中不仅应考虑诗歌形式，而且还应注重译文完全符合原文。

下面举例说明。

原藏文：
"thub pa bdudrtsibrnyespa'itshe
phyogsrnams kun tu 'od kyiskhyab
sa yang rnam pa drug tugyos
bdudkyibumo'ingozumgnag"

蒙译（国际音标）：
"degedʉqidagqi in raʃiyan I olhuʉye
Delger jʉg bʉhʉne gegengereleyer tʉgegdebei
Deleheiyirtinqʉ qʉjirgugan nambaberdolgisun
Tersʃimnus un ʉhid un qiraibaruinharalabai"

汉译：
"佛祖得到甘露时，
各方都闪烁光芒，
世界以六种形式摇曳，
魔女脸庞变得乌黑。"

本段蒙译在完全体现意境和形式美的同时，采用了蒙古诗句的押头韵形式，而且蒙译中的"第一行五个字，第二行六个字，第三行五个字，第四行六个字"的形式，达到了 5，6，5，6 的字数对称。这样的翻译给读者一种阅读蒙文创作的美感。

（3）采用了字词的加减法

这种翻译不仅达到内容与形式的完美结合，而且为表达原文中心思想而采用了字词加减法。举一翻译中的具体例子。

原藏文：
"char sprinmkha' la gnas pa yi
btsa' than ngan pa ring du btang
zhing pa rnamskyi yid la yang
dga' bamchognirgyas par byas"

蒙译（国际音标）：
"θtgen egʉle ogtargui dʉr oruʃigsan eyer
θlθn gangθniholadanjailajʉ
ʉi tʉmen tariyaqid un ʉrʉqendur
θgedebayasulasuru delgerehʉbolumoi"

汉译：
"乌云密布蓝天时，
可恶的干旱早逃远处，
广大农牧民心中，
有种说不出的喜悦。"

文中加了 θtgen，θlθn，ʉi tʉmen，θgede 等字。采用这种翻译既没有完全直译，又没有完全音译，为了达到押头韵的诗律效果，按照原文加几个字，同时采用了一定的音译法。这种翻译给读者带来一种舒适、美感，同时保持了藏译蒙的传统。

通过对阿·额尔敦白音教授的《珍珠美鬘》"点睛修饰"诗例翻译的分析，得知，他的诗例翻译主要以音译方法为主，同时为了保持押头韵的需求，文中采用了不少字词的加减法。这种方法一直贯穿于整个《珍珠美鬘》翻译中。

（4）阿·额尔敦白音教授除了牛尿体诗例外，难作体诗例均无译

阿旺丹德尔的《珍珠美鬘》的第三章"字音修饰"诗例包括间隔重叠修饰与不间隔重叠修饰，难作体或难作修饰诗例。难作修饰诗例包括五种修饰，它们分别是牛尿体、半循环体、胜妙循环体、全部循环体（这是"难作修饰"中对蒙古族文学影响比较大的一种修饰方式）和卡伽体。除此之外，也有三种难作体，它们分别是韵母、发音部位、声母难作体。另

外还有"隐语修饰"的一种修饰。这种修饰不常用，即便是有这种修饰诗例，但没有必要的解释，读者一般很难懂。所以用"隐语修饰"作诗例的学者少之又少。

阿·额尔敦白音教授除了牛尿体诗例，其他"难作修饰"均无译。笔者猜测阿教授没有翻译的原因可能是阿旺丹德尔的"难作修饰"诗例虽然原藏文具有独立意义并有具体表达的内容能够体现修饰原则，但是蒙译后有自己的表达思想，又不能准确地体现"难作修饰"的原则。因为我们把韵母、发音部位、声母的不同句型"难作体"的诗例翻译成蒙文后，只领会具体表达的意思，完全看不出"难作体"的任何特征。虽然如此，如果翻译成蒙文，后人起码能看懂阿旺丹德尔是怎么作诗的，原文的大概意思是什么。

下面用一段发音部位作"难作体"诗例来说明。

原藏文：

"gang skurgyal（mgrin pa）khams kun khyabmgon
rtsimchog（lce so）mchodtshogschechesmchod
pad ma（mchu）phungporspungs pa phul
rtagtu（rkan）rnam dag ltar dad do"

蒙译（国际音标）：

"ilgugsan beyemahabudalineyer tʉgemelitegejʉ（hʉjʉgʉ）
Degedʉʃimetʉ（hele ʃidʉ）dahil un quglagan bolugsan
Linghuwaqeqeg（urugul）eyerqogqalanergʉn
ʉrgʉljite（tangnai）arigun setgileyer sʉsʉglemʉ。"（以上是本人翻译的版本）

汉译：

"您丰体（颈项）气质普遍护持，
把盛大的上汁（舌齿）供奉，
用莲花（唇）铸造上供，
永（喉）保虔诚的心供养。"

原文中的第一行是用"颈项"发音部位作的难作体，第二行用"舌齿"部位发音的"难作体"，第三行是"嘴唇"位发音的"难作体"，第四行是"喉咙"位发音的"难作体"诗例。这里的"位"指的是"发音部位"。

藏文中的 gang skurgyal, rtsimchog, pad ma, rtagtu 词从"颈项""舌齿""嘴唇""喉咙"来发的音等均用四个部位发音的"难作体"诗例。但是蒙译中依然看不出"发音部位"来作的诗例。

仔细分析阿·额尔敦白音的蒙译版本，《珍珠美鬘》的蒙译，除了第三章"难作修饰"没翻译外，整体翻译非常好，但是偶尔会出不恰当翻译。

具体例子如下。

原文中的 drangsrongbdensmrasrdzuntshigbzhin 翻译成 butugeltuarʃi in yariyaneqehudaluge garhubusu，但是依照藏文翻译出来的意思是 uneni θguledeg arʃi in hudalheledeg metu。把 mu stegstshogskyis pad ma mi dga' med 翻译成 tersnomtanquglagan nu linghuwasbayashulangθlθ tθrθn，但是依照藏文翻译出来的意思是 tersnomtadun linghuaese bayashuber q ugei，这句是用"双重否定"的方式表达"肯定"的意思。还有"go stongdga" dun pa yispyansnga-ru 翻译成 amitanolanbayashulang husehutohitaiqag tur，但依照藏文翻译出来的意思是 mingganterigunt（hormustatengri）bayashulangeyertagalagqimelmei in emune。阿·额尔敦白音的蒙译版总共有以上几处翻译不恰当之处。本人觉得阿教授的这几处翻译不会影响他整个文本的良好翻译质量。

2. 道敖日布扎木苏所译《珍珠美鬘》

道敖日布扎木苏蒙译《珍珠美鬘》翻译内容比较完整，总体上坚持直译原则。诗歌翻译一定要注重诗歌的准确、明亮、优美和悦耳。诗歌翻译中领会原意的同时表达是十分重要的。诗歌翻译不仅要意思准确，还要求诗词的悦耳、表现浓厚的情感、保持严谨的诗词格律、依照原作的形式和风格。翻译人员的翻译能力，理应面面俱到，保证诗词翻译质量。① 道敖日布扎木苏的翻译有以下几个方面的特征。

（1）采用直译方式

直译诗歌是指逐字逐句翻译，没有任何字词的增减，完全依照原文意思来直接翻译。下面举一个例子来说明。

原藏文：

"char sprinmkha' la gnas pa yi

---

① 伍月：《翻译实践基础》，民族出版社，2009，第 124 页。

btsa' than ngan pa ring du btang
zhing pa rnamskyi yid la yang
dga' bamchognirgyas par byas"

蒙译（国际音标）：
"hura in egʉle ogtargui degere baihu
Magu gang hagsargan I holaorhihuya
Tariyaqin tʉmen nu setgilsanagan doni qʉ
Erhim degedʉbayar mʉsiyeliarbijigulumoi"

汉译：
"乌云在漫天密布，
远离可恨的干旱，
农民心目中，
增多喜庆的微笑。"

以下是笔者做的蒙译国际音标：
"hura in egʉle ogtargui dʉoruʃigsan eyer
Hooratʉ gang gaqig holadanjailajʉ
ʉiolantariyaqid un ʉrʉqen dʉr qʉ
hotalabayashulangyehete delgerehʉbolumoi"

（2）用普通词句进行翻译

诗歌翻译应尽量避免使用普通词语进行翻译，应注意用悦耳、流畅的词句。这也是注重诗歌翻译的明亮、优美、动听词句的表现。就此翻译原则，下面举一段道敖日布扎木苏的翻译来说明。

原藏文：
"dan med gtam la rnaba 'gebs
tshe 'di'ibyabzhagthed la bor
ehenpo'ingobsrung ma dgos par
phyima'i don semschospo'i"

蒙译（国际音标）：
"hereg ʉgeiʉgen dʉr qihi ban taglajʉ
Enenasun nu yabudali hθnggelejʉorhin
Yehe in niguriboduhu heregʉgeiber

Hojim un tusagi setgihuninomqibolai"

汉译：

"为无用的话掩耳，

轻视今生的所为，

不顾大家的面子，

思量今后功德的是经师。"

翻译虽然能够表达诗句的意思，但选用的词句过于普通。

以下是笔者做的蒙译国际音标：

"eldebesenᵤgen dᵤr qihi ban taglajᵤ

enenasun nu ᵾile hereg ihairalalᵤgeiorhin

Etegedyehe in niguriharalᵤgei

Eqᵤs hoitᵤ in tusa giboduhuanusainnomqibolai"

（3）词句的翻译存在某些不妥当之处

翻译作品最难能可贵的是能够准确地表达原文内容。但是该译本中某些词句的翻译存在不妥当之处。下面举几个例子来简单说明。

把 gsalbyed 翻译成 toduragulhuqimeg。按照藏文和梵文，准确的翻译是 geigᵤlᵤgqi qimeg。蒙古国著名的沙·毕拉等大师解释"gsalbyed"在梵语中的意思是显明、修饰，精神上打气、恢复、强壮，名词形式为光芒、月光、景观，字词和修辞上表达优美的语言，但藏语和蒙语意思为"点睛"。所以《诗镜论》相关的所有著作均把 gsalbyed 译为点睛修饰。还把 lam gyirtsa 翻译成 mᵤr un saguri，虽然 ᵾndesᵤ 和 saguri 意思相近，但翻译成 mᵤr un ᵾndesᵤ 更准确一些，把 sa yang rnam pa drug tugyos 的藏文应翻译成 deleheiyirtinq ᵾjirgugannambaberdolgisuhu，但是译者把它翻译为 gajardelehei qᵤjirgugan jᵤileyer hθdelθn，如此翻译，意思多少会变得偏颇一些。文本中类似的翻译不在少数。

（4）除"全部循环体"外的"难作体"诗例均作了翻译

下面从道敖日布扎木苏"难作修饰"的"四位难作体"来说明。

原藏文：

"gang skurgyal（mgrin pa）khams kun khyabmgon

rtsimchog（lce so）mchodtshogschechesmchod

pad ma（mchu）phungporspungs pa phul

rtagtu (rkan) rnam dag ltar dad do"

蒙译（国际音标）：

"hen nu beye in ulus un nutug bʉhʉne tθgemelitegel ʃime in degedʉdahil un qigulgan asurutomudahili linghuwaqeqeg un bʉdʉgʉn obuga giergʉjʉdahigad θrgθljiqagimagta arigun setgileyer sʉsʉglemʉ"①

汉译：

"谁国的领土普遍护持，
为上上供奉，
拿莲花堆垛来供养，
永持虔诚的心来信奉。"

译文中道敖日布扎木苏还解释藏文第一行用"颈项"位发音，第二行用"舌齿"发音，第三行用"嘴唇"发音，第四行用"喉咙"发音。但是蒙译中完全没有体现发音部位。

综上所述，阿·额尔敦白音教授和道敖日布扎木苏喇嘛的蒙译版本有着两种不同的翻译特征，阿·额尔敦白音教授的翻译虽有漏译之处，但总体翻译依照音译原则，翻译的诗词悦耳、明亮。笔者认为，阿·额尔敦白音教授所翻译的《珍珠美鬘》，虽有漏译之处，但整体上准确而完全地表达了原作的内容和形式。道敖日布扎木苏的翻译依照直译原则来进行，文本虽有更多翻译，但也存在某些不妥当之处。随着阿旺丹德尔研究的不断深入，笔者相信，有关其作品的翻译质量会越来越高。

---

① G. 朝格图主编《阿拉善拉然巴阿旺丹德尔全集（1-6）》，内蒙古文化出版社，2014，第1186页。

关于满通古斯语言与
汉语音韵对应词的分析

高晶一

(爱沙尼亚塔尔图大学)

等韵对应是一种严格而复杂的音韵对应规律。它的实现，不仅是单个音素而且是成串音韵在关系语言之间的一致对应。汉语方言之间以及日耳曼语言之间的等韵对应较为显著。例如，汉语上古耕韵部字映射的北京话-ɤŋ韵对应广州粤方言-eŋ·韵、台北闽方言-iəŋ韵，北京话"耕"gēng、"生"shēng对应广州粤方言"耕"gang1、"生"sang1，台北闽方言"耕"king、"生"sing。再例如日耳曼语言的一组等韵对应规律：英语-one韵的4个单词one、stone、bone、shone依次对应德语-ein韵的ein、Stein、Bein、schein；也对应荷兰语-een韵的een、steen、been、scheen以及瑞典语-en韵的en、sten、ben、sken。

因为实现等韵对应规律配组的偶合概率很低，等韵对应规律配组相比音义近同捉对、单音素对应规律配组更能有效地举证关系词对应字。

由于诗经时代的上古汉语语音仅实证于韵，涉及汉语的语源研究当以参照诗经韵部的等韵对应为基调。俞敏先生早在1949年发表《汉藏韵轨》，探讨汉语与藏语之间的关系词对应字。[①]

一种语言中的词汇多有不同来源。笔者长期致力于汉语与乌拉尔语言之间关系词对应词的甄选研究，已发表过有关汉语与乌拉尔语言之间等韵对应规律配组的注文。[②] 例如上文提到上古汉语耕部字"耕"、"生"二字的对应即可延伸至乌拉尔语言：爱沙尼亚语"耕"kündA-、"生"sündI-、芬兰语"耕"kynty-、"生"syntä-。鉴于汉语与乌拉尔语言的同源对应词

---

① 俞敏：《汉藏同源字谱稿》，《民族语文》1989年第1、2期。
② 高晶一：《汉语与乌拉尔语言同源关系概论》，载（张维佳主编）《地域文化与中国语言》，商务印书馆，2014。

甄选研究已有初步进展，其他语族语言的类似研究或得启发。本文初探满通古斯语言与汉语的可能关系词对应字。

本文运用的满通古斯语言材料主要选自中方的《满通古斯语族语言词汇比较》（2014）以及外方的《阿尔泰语言语源字典》（*Etymology Dictionary of the Altaic Languages*）（2003）。汉语语言材料主要依据《说文解字》。上古汉语兼顾王力系统（据郭锡良 2010）及郑张尚芳系统（据郑张尚芳 2013）。

本文运用语源学方法，其中涉汉比较择对方法可参见郑张尚芳（2003）。

下面具体举证满通古斯语言与汉语的可能关系词对应字，分 2 组，共计 4 字条。

第一组，满通古斯语言中表示"树木"的语源可能对应汉语的"木"字（说文：冒地而生），同时满通古斯语言中表示"火焰"的语源可能对应汉语的"烛"字（说文：庭燎火烛也），汉语"木""烛"二字同属上古屋韵部，详见下表。

	【木】	训/语义	【烛】	训/语义
上古韵部	屋部	"冒地而生"	屋部	"庭燎火烛也"
上古音（王力）	*mok		*tɕiok	
上古音（郑张）	*moog		*tjog	
北京话	[muː˥˩]（C）	"木"	[tʂuː˧˥]（A2）	"火烛"
广州粤	[mok˨]（D2）	"木"	[tsʊk˥]（D1）	"火烛"
台北闽	[bɔk˧]（D2）	"木"	[tsiok˧˩]（D1）	"火烛"
埃文（俄）	mō	"树木"	toɣ	"火焰"
埃文基（俄）	mō	"树木"	toɣo	"火焰"
鄂温克（中）	moo	"树木"	tog/tuga	"火焰"
鄂伦春（中）	moo	"树木"	togo/too	"火焰"
索伦（俄）	mō	"树木"	togo	"火焰"
涅基达尔（俄）	mō	"树木"	toɣo	"火焰"
奥罗奇（俄）	mō	"树木"	tō	"火焰"
乌德盖（俄）	mō	"树木"	tō	"火焰"
赫哲（中）	mo	"树木"	to/tua	"火焰"
那乃（俄）	mō	"树木"	tao	"火焰"
口传满语（中）	mō	"树木"	tuā	"火焰"
书传满语（中）	moo	"树木"	tuwa	"火焰"
女真（中）	mo	"树木"	towo	"火焰"

续表

	【木】	训/语义	【烛】	训/语义
锡伯（中）	mo	"-树"	tua	"火焰"
奥罗克（俄）	mō	"树木"	tawa	"火焰"
乌利奇（俄）	mō	"树木"	tawa	"火焰"

"木"、"烛"二字的对应音读在上古汉语、北京话、广州粤方言、台湾闽方言、鄂伦春语、奥罗奇语、乌德盖语、赫哲语中均构成完全的等韵对应。其他语言中二者稍有区别，"烛"字所对应的埃文语、埃文基语、鄂温克语、鄂伦春语（一读）、索伦语、涅基达尔语表"火焰"的词语，均保有对应上古汉语塞音韵尾的塞音 ɣ 或 g；其他音读不保有相应塞音，可解释为已舒化。

参考《古汉语语源字典》（*ABC Etymology Dictionary of Old Chinese*）（2007）的总结归纳，汉语"木"字在其他常与汉语相比较的语族（藏缅、苗瑶、壮侗等）中未有对应关系词；汉语"烛"字可对应书传藏语 tok "火焰、光芒"、书传缅甸语 dugs-pa "加热、点燃"、卢萨（Lushai）语 dukL "燃烧取暖"、孟高棉语系 Bahnar 语 tōk "燃烧"、Stieng 语 dúk "燃烧"。"烛"字在其他语言中的可能关系词与其在满通古斯语言中的可能关系词并不冲突，甚至语义更为接近。

根据笔者的平行研究，汉语"木"字在乌拉尔语言中有关系词对应：芬兰语 puu "树木"；爱沙尼亚语 puu "树木"；马里埃尔语 pu "树木"；乌德穆尔特语 pu "树木"；科米语 pu "树木"；曼西语 -p ě/-p ė/-pä "-树"；匈牙利语 fa "树木"；涅涅茨即西部萨摩耶德语 pā "树木"；中部萨摩耶德语 fe/f ā/p ā "树木"；东部萨摩耶德语 fa "树木"；森林萨摩耶德语 pō/poo "树木"；卡玛什（Kamass）语 pa "树木、树林"［乌拉尔语言材料主要依据《乌拉尔语源字典（*Uralisches etymologisches Wörterbuch*）(1988—1991)》]。"木"字在其他语言中的可能关系词与其在满通古斯语言中的可能关系词并不冲突。针对"木"于乌拉尔语言声纽主要读/p/，笔者认为此字原始声纽应为鼻冠塞音/mp/，顺应乔全生（2002）的探讨。

汉语"烛"字在乌拉尔语言中有关系词对应：汉特语 töt "火焰"；曼西语 täwət/tāwt "火焰"；匈牙利语 tüz "火焰"。"烛"字在其他语言中的可能关系词与其在满通古斯语言中的可能关系词并不冲突，甚至语音语义更为接近。

第二组，满通古斯语言中表示"箭镞"的语源可能对应汉语的"砮"字（说文：石可以为矢镞），同时满通古斯语言中表示"土地"的语源可能对应汉语的"土"字（说文：地之吐生物者也），汉语"砮"、"土"二字同属上古鱼韵部，详见下表。

	【砮】	训/语义	【土】	训/语义
上古韵部	鱼部	石可以为矢镞	鱼部	地之吐生物者也
上古音（王力）	*na		*tʰa	
上古音（郑张）	*naaʔ		*lʰaaʔ	
北京话	[nuːˇ]（B）	镞石（古语）	[tʰuːˇ]（B）	土壤
广州粤	[nowˊ]（B2）	镞石（古语）	[tʰowˊ]（B1）	土壤
台北闽	[lo̯ˋ]（B）	镞石（古语）	[tʰo̯ːˇ]（B）	土壤
埃文（俄）	ńur	箭镞	tōr	土地
埃文基（俄）	ńùr	箭镞	tur	土地（方言）
鄂温克（中）	nur/niru	箭镞	--	--
鄂伦春（中）	niru	--	tur	土地
索伦（俄）	nur（u）/niru	箭镞	--	--
涅基达尔（俄）	ńoj	箭镞	tūj	土地
赫哲（中）	niru	--	--	--
那乃（俄）	--	--	tur-qa	土块
口传满语（中）	ńurə/jurə	箭镞	--	--
书传满语（中）	niru	箭镞	--	--
女真（中）	niru	箭镞	--	--
锡伯（中）	nyrə	箭镞	--	--

"砮"、"土"二字的对应音读在上古汉语、北京话、广州粤方言、台湾闽方言、埃文基语、涅基达尔语中均构成较完善的等韵对应（表中已加阴影）。其他语言中二者稍有区别或其一未见（表中 -- 指示）。鄂温克语、鄂伦春语、索伦语 niru 一读应为来自满语的晚近借词。

参考《古汉语语源字典》（*ABC Etymology Dictionary of Old Chinese*）（2007）的总结归纳，汉语"砮"、"土"二字在其他常与汉语相比较的语族（藏缅、苗瑶、壮侗等）中未有对应关系词。

根据笔者的平行研究，汉语"砮"字在乌拉尔语言中有关系词对应：芬兰语 nuoli, e"箭镞"；爱沙尼亚语 noolE"箭镞"；拉普兰语 njuollaâ/

njuolla/ńūll/ńuoll "箭镞"；莫尔多瓦语 nal "箭镞"；马里埃尔语 nölö "箭镞"；乌德穆尔特语 ńil/ńel/ńel/ńòw "箭镞"；科米语 ńịl/ńev/ńùl "箭镞"；曼西语 ńēl/ńāl "箭镞"；汉特语 ńal/ńot "箭镞"；匈牙利语 nyíl "箭镞"；涅涅茨即西部萨摩耶德语 tū ń-ńi "火枪"；中部萨摩耶德语 ту-ни "火枪"；森林萨摩耶德语 qāsə-ńī "打鸟用的箭镞"；卡玛什（Kamass）语 nié "箭镞"、na "弹球"。"砮"字在其他语言中的可能关系词与其在满通古斯语言中的可能关系词并不冲突，甚至语音语义更为接近（同具有流音韵尾）。

根据《春秋国语》所载"肃慎氏贡楛矢石砮"，可知汉语先民与满通古斯语言先民肃慎氏确实曾交流石砮，但"砮"字的具体传播方向与方式尚不明。

不同于一般的单一捉对比较举证，本文依据等韵对应举证了两组共计四字条汉语与民族语言关系词对应字。由于构成等韵对应，上述关系词对应字完全出于偶合的概率相对小。上述关系词对应字有同源传承的可能，也有交流传承的可能，有待日后进一步研究。

17世纪末至苏联解体前俄罗斯埃文基语研究

张英姿

（中央民族大学少数民族语言文学系）

俄罗斯埃文基人（эвенки）是俄罗斯境内较大的北方通古斯人群，与中国的鄂温克族是跨境的同一民族。现有38396人（2010年），曾居住在黑龙江以北，西自叶尼塞河、东至鄂霍次克海的广大地域，现主要居住在俄罗斯的埃文基自治州、萨哈共和国（雅库特）、布里亚特、哈巴罗夫斯克、阿穆尔州和赤塔地区。

埃文基语属于阿尔泰语系满通古斯语族通古斯语支。本文主要通过对瓦西里耶维奇《埃文基语方言概况》等专著的译介，分沙俄时期及苏联时期两个阶段，对俄罗斯学者关于埃文基语的研究情况做简要记述，以期对我国北方跨境民族的语言研究有所帮助。

一　沙俄统治时期

俄罗斯学者对埃文基语的研究始于17世纪末。最早关于埃文基语的记录出现在尼古拉·维京1666~1677年的考察报告中，其中记录了40个埃文基词。该报告部分材料于1692年及1705年收录于阿姆斯特丹出版的《北方边界国家》（《noord en ost tartarye of te bounding ontwerp van eenige dier landen en valken》）一书。1719年，Д. Г. 米塞尔史密特在完成西伯利亚旅行之后，记录了当地通古斯人（埃文基人）、拉穆特人（埃文人）以及其他西伯利亚民族的一些词汇和语段，这些材料被法国航海家拉普鲁斯收录在《亚洲的多语人》（《Asia polyglotta》）一书中，并于1823年在巴黎出版。1723年，旅行家 Д. Г. 斯特拉林别尔克记录了来自叶尼塞河及下通古斯的埃文基人的少量词汇，并第一次尝试对亚洲语言进行了分类。这部分词汇也被拉普鲁斯收录在 1823 年的著作中。1787 年帕拉斯出版了《方言对比词典》，这部词典收集了来自各个地区的埃文基人的词汇，遍及马加丹、叶尼塞、贝加尔湖北部地区、巴尔古津、赤塔州以及雅库特和鄂霍次克海沿岸地区，并将这些词汇按照专题词目表进行了编纂。

1810 年，旅行家 Г. 斯帕斯基记录了来自乌茨科耶州以及丘米坎、玛伊、乌楚尔地区的埃文基人的部分词汇。1843～1844 年，旅行家、地理学家 Д. Е. 米捷多尔夫收集了来自下通古斯、诺里尔斯克、乌茨科耶、阿尔丹地区的埃文基人的部分词汇。1855～1856 年，地理学家马克、马克西姆维奇、戈尔斯特菲尔德记录了阿穆尔北部地区埃文基人的词汇语料，从中可以找到雅库特语及西伯利亚古代语言的一些痕迹。这部分资料收录在马克的《阿穆尔游记》一书中，于 1855 年在圣彼得堡出版。

1856 年，著名的北方民族语言学家、民族学家 А. М. 卡斯特伦根据自己在埃文基人居住区收集到的第一手资料，结合前述旅行家们的语料，撰写完成了《通古斯诸语语法教科书》一书，并在圣彼得堡出版了德文版（19 世纪盛行用德文音标来标注西伯利亚民族语言），其俄译版作为 Е. N. 季托夫的《通古斯 – 俄语词典》的附录在 1926 年出版。这本专著是第一本专门并且全面地介绍埃文基语语音、句法、形态的著作，也是第一本埃文基语语法教科书，奠定了埃文基语语法研究的基础，以后所有的语法研究都是基于 А. М. 卡斯特伦建立的语法体系。这本 160 页的小册子以及 А. М. 卡斯特伦 1850 年完成的博士论文《阿尔泰语系的人称词缀》被认为是阿尔泰语系对比研究的奠基之作。

1874～1876 年，地质学家 А. 切冈诺夫斯基记录了下通古斯地区从莫格村向南至里木塔河的埃文基人的词汇语料。之后，俄罗斯东方学家、语文学家 А. М. 希尔涅夫将这部分材料重新进行梳理，于 1859 年及 1878 年在科学杂志发表了两篇学术文章。

1903 年，雅库特学者别卡尔斯基在聂尔卡纳地区收集了大量的埃文基语词汇。1905 年，瓦西里耶夫记录了埃文基州东北部地区的词汇。1912～1913 年，民族学家雷奇科夫记录了大量从塞木斯克到伊里姆比斯克地区的埃文基语料，并将其编纂为词典。但这些研究成果并没有得到出版，他们的手稿现保存在科学院的档案中心。

在 17 世纪中期至 20 世纪初沙俄统治时期，对埃文基语的记录主要是由游历各地的旅行家们完成的,在标音和记音的过程中难免有些不一致和错误。但是,这些看似简单和粗糙的原始材料却为我们展现了埃文基语在这一漫长历史时期的状态、发展和变化,为后人的研究提供了弥足珍贵的文献参考,具有不可替代的意义和作用。而 A. M. 卡斯特伦等学者对阿尔泰语系以及埃文基语的初步研究和探索,也拉开了埃文基语学术研究的大幕。

二 苏联时期

1917 年十月革命胜利之后,列宁提出"民族平等和语言平等"的原则,通过法律确立各民族语言平等的地位。首要措施之一就是为没有文字的民族创制文字,大力发展民族语言文字和语言教学。1930 年,建立在拉丁字母基础上的埃文基文字创制成功,1931 年出版了第一本埃文基语书籍,之后北方、西伯利亚和远东的中学开始推广用埃文基语进行教学。为了便于学习俄语和本民族语,1936 年埃文基语转用俄文的基里尔字母。

受此鼓舞,学者们对埃文基语的研究更加深入和广泛,也更加有计划性和系统性,相继出版了一定数量的研究专著、教学材料、词典、论文,涵盖方言、词汇、语音、语法、对比研究等方面,学术成果丰硕。

(一)方言与词汇研究

苏联在成立初期,为了加快北方少数民族地区经济和社会关系改造进程,组织了大规模的历史、文化、语言的科学考察,收集了大量埃文基语的词汇和民俗材料。1919~1926 年,在伊尔库茨克大学和赤塔博物馆的倡议和组织下,伊尔库茨克大学的埃文基族学生们对陵斯克 - 基廉斯克、北贝加尔湖、维季姆 - 涅尔琴斯克(尼布楚)地区进行了考察,收集了大量的词语、句子、段落等材料。E. N. 季托夫将这些语料整理成埃文基语 - 俄语词典,收录了 3000 个词语,附上 A. M. 卡斯特伦的语法教科书,于 1926 年出版。这本词典是以俄语音标进行标注的。

1925~1948 年,Г. M. 瓦西里耶维奇对多个地区的埃文基语进行了实地考察,其间形成了《埃文基语方言词典》(1934 年)、《埃文基人的民俗》(1936 年)、《埃文基语法概况》(1940 年)、《埃文基语方言概况》(1948 年)等成果。《埃文基语方言词典》收录了 4000 个词语,包含伊里姆比斯克、耶尔保加琴斯克、石泉通古斯卡、涅普斯克、托克明斯克、塞姆斯克等地的方言土语。这些词语有的来自瓦西里耶维奇的调查所得，有的来自方言文献材料，有的来自埃文基语的民俗传说，Г. М. 瓦西里耶维奇对其进行了梳理和分类，这是最早的埃文基语方言词典之一。《埃文基语方言概况》集合了当时所有的方言语汇材料，全面描写了 11 种方言土语的基本特征，是第一本综合性的方言著作。书中将埃文基语分为南部方言、北部方言、东部方言三大方言区，并将每一方言区所辖的土语进行了细致的划分。

从这一时期起，学界出版了多部描写埃文基语各个方言的学术著作，例如《埃文基巴尔古津方言特点》（В. А. 果尔茨夫斯卡娅，1936 年）、《雅库特地区的埃文基季姆顿斯克方言》（О. А. 康斯坦丁诺娃，1941 年）、《达金斯语与达莫特语概况》（А. В. 罗曼诺娃、А. Н. 梅列耶娃，1962 年）、《乌楚尔语、玛伊语、达京语概况》（А. В. 罗曼诺娃、А. Н. 梅列耶娃，1964 年）等书，学者们对于埃文基语的方言划分也展开了热烈的谈论。В. А. 果尔茨夫斯卡娅、О. А. 康斯坦丁诺娃等学者分别提出了自己的观点。

В. И. 琴其乌斯、Н. Я. 布拉托娃在前人研究的基础上，综合各家观点，将埃文基语进行了重新划分。Н. Я. 布拉托娃在 1987 年出版的《埃文基阿穆尔方言》一书中进行了具体阐述。埃文基语分为北部、南部、东部三大方言区，包含 15 种方言，50 多种土语。埃文基标准语建立在南部方言的基础上。北部方言区包括两种方言：伊里姆比斯克方言（包括伊里姆比斯克语等 6 种土语）、耶尔保加琴斯克方言（包括耶尔保加琴斯克语、纳卡诺夫斯基语）。南部方言区包括两个分区：唏辅音方言区包括塞姆斯克方言（含托克明语或称上涅浦语、上列恩或卡丘格语、安加拉语）和北贝加尔湖方言（含北贝加尔语、上安加拉语）；咝辅音方言区包括石泉通古斯卡方言（含瓦纳瓦尔语、泰梅尔语等 8 种土语）、涅普斯克方言（含涅浦斯基语、基廉斯克语）、维季姆－涅尔琴斯克方言（含巴乌托夫语、通古卡米语、涅尔琴斯克语）。东部方言区包括 7 种方言：维季姆－奥列明斯克方言（含巴尔古津语等 5 种土语）、上阿尔丹方言（含阿尔丹语等九种土语）、乌楚尔方言（含乌楚尔语、杰伊斯基语）、赛列姆金斯基方言（含赛列姆金斯基语等 3 种土语）、玛依方言（含玛依语、达金斯语等 5 种土语）、通古尔斯克方言（含秋明康斯克语、通古尔斯克语）、萨哈林方言。①

---

① Булатова, Н. Я. Говоры эвенков Амурской области. – М.: Наука, 1987. 9 – 10.

总体来讲，俄罗斯学者对东部方言的研究成果比较多。在方言研究的基础上，学者们出版了多部词典，例如《埃文基语－俄语词典》（Г. М. 瓦西里耶维奇，1958 年）、《俄语－埃文基语词典》（В. Д. 果列斯妮科娃、О. А. 康斯坦丁诺娃，1960 年）、《基于雅库特地区方言语料的埃文基语方言词典》（А. В. 罗曼诺娃、А. Н. 梅列耶娃，1968 年）等。这些成果的出版，有助于人们加深对埃文基诸方言的理解和认识，有助于将埃文基语的文学艺术作品、民俗故事传说更好地翻译成俄语，同时有助于埃文基人更好地掌握族际通用语俄语，为埃文基语的发展和传承做出了极大贡献。

（二）语音与语法研究

语音、语法是俄罗斯语言学研究的传统方向，几乎所有关于埃文基语的著作都不同程度地涉及这一语言的语音、语法特点。除此之外，还涌现了很多专门性的语音、语法研究成果。

卓越的埃文基语研究专家 Г. М. 瓦西里耶维奇在 1940 年出版了《埃文基语（通古斯语）语法概况》。这是 20 世纪第一本系统描写埃文基语语音、语法的专著，研究对象是埃文基的书面语，包含了所有埃文基方言的语法特点，是埃文基语语法研究的集大成之作。

О. А. 康斯坦丁诺娃 1964 年出版了《埃文基语：语音学与形态学》，与之前的学术著作不同的是，这本书用更加简洁的叙述、更加翔实的示例描写埃文基语的语音特点和形态特点，结构紧凑、通俗易懂，适用于所有埃文基语学习者和使用者。

随着语言学的发展，语音学家的视角也开始转向实验语音学领域。Т. Е. 安德烈耶娃 1988 年在新西伯利亚出版的《埃文基达莫特方言发音系统》是第一本基于埃文基东部方言——达莫特方言语料的实验语音学研究著作，也是第一本对达莫特方言的咏唱、和声采用实验手段进行语音分析的著作。书中汇集了来自雅库特、阿穆尔、伊尔库茨克地区的方言，运用定性和定量分析的方法，确定方言的音响和音位构成，描写其语音和音位特点，并对其做出音位学原理的解释。这本书经由满－通古斯语研究专家、普通语音学家、实验语音学家进行审定，是埃文基语实验语音学研究的代表作之一。

相关的著作还有《埃文基语句法研究》（В. Д. 卡列斯尼科娃，1966 年）、《埃文基语的成语学》（Г. И. 瓦尔拉莫娃，1986 年）等。

（三）埃文基语与其他语言的对比研究

学者对埃文基语与其他语言的对比研究，主要集中在阿尔泰诸语之间或者满－通古斯语族内部诸语作对比。

H. H. 波普 1927 年出版了《通古斯语研究语料（基于巴尔古津方言）》，对其田野调查收集到的谜语、传说等民俗语言材料进行记录、描写和翻译，并附有对照词典，认为"尽管有些材料显示通古斯语与芬兰乌戈尔语系有很多联系，但是其更接近于阿尔泰语系的蒙古语与土耳其语"，支持通古斯语归入阿尔泰语系的观点，并倡议关注更多的没有被研究的通古斯语言。

著名的语言学博士、满－通古斯语言研究专家 В. И. 琴其乌斯对阿尔泰语系及满－通古斯语族对比研究做出了重要贡献，他撰写的《满－通古斯语族语音对比》是历史上第一本对满－通古斯语族诸语言语音进行对比的著作，于 1949 年在列宁格勒出版。书中对满－通古斯语族中埃文基语（通古斯语）、埃文语（拉穆特语）、索伦语、涅基达尔语、奥罗奇语、乌德盖语、那乃语（果尔特语）的音位构成进行了描写，并分别对元音和辅音进行了详细的对比和分析，涉及近 20 种语言和方言，归纳出了满－通古斯语族的语音构成规则。

苏联科学院语言学研究所列宁格勒分所阿尔泰语部在 В. И. 琴其乌斯的领导下，对阿尔泰诸语的词汇进行了历史比较研究，并将成果结集出版，主要有《阿尔泰诸语词汇对比概况》（1972 年）、《阿尔泰诸语词源学研究》（1979 年）、《阿尔泰词源学》（1984 年）等。

除此之外，还涌现了《埃文基语与雅库特语的相互影响》（А. В. 罗曼诺娃、А. Н. 梅列耶娃、П. П. 巴拉什科夫，1975 年）、《满－通古斯语的间接格范畴》（Б. В. 勃尔德列夫，1976 年）、《满－通古斯语对比词典》（科学出版社，1975 年、1977 年）等对比研究著作。

苏联时期，为了推进民族语言教学的发展，学者们还编写了适用于不同教学阶段的教科书，例如《埃文基语：适用于师范大学的埃文基语教科书》（О. А. 康斯坦丁诺娃、Е. П. 康斯坦丁诺娃，1953 年）等以及一些埃文基语的会话课本和简易读本。

苏联前期，埃文基语的教学和科研工作主要是由 1930 年在列宁格勒创立的北方民族学院组织和开展的。之后，以北方民族学院为中心，来自萨哈共和国（雅库特共和国）、布里亚特共和国、哈巴罗夫斯克边疆区、马加丹州等地区的高校、科研院所的学者们都投入到埃文基语的研究工作中，共同为埃文基语言、文化、历史的保护和发展做出了不可磨灭的贡献。

论杜拉尔鄂温克语级形态变化现象

娜 佳

(中国社会科学院研究生院)

杜拉尔鄂温克民族乡位于内蒙古自治区呼伦贝尔市莫力达瓦自治旗西北部,由于当地的鄂温克人生活在杜拉尔河边,因此就称他们为杜拉尔鄂温克人,后来依据该称呼成立杜拉尔鄂温克民族乡,他们说的母语也叫杜拉尔鄂温克语或鄂温克语杜拉尔方言。杜拉尔鄂温克语无论是在语音、词汇还是在语法方面,都与鄂温克语其他方言存在一些地区性差异,有其自身独特之处。这种特殊性表现在杜拉尔鄂温克语的级形态变化现象方面更为明显。在杜拉尔鄂温克语名词类词的形态变化现象中,表示事物性质、功能、状态、特征等方面出现的不同等级关系的语法手段,被称为级形态变化系统。它的错综复杂性在于,级形态变化现象中,名词类词的范畴主要是名词类词的形容词,很少用于其他名词类词;而不同等级的形态变化语法词缀,又用于表现同一事物在性质、功能、状态、特征等方面存在的不同程度的差异。

在杜拉尔鄂温克语级形态变化现象中,根据表示不同等级的形态变化语法词缀的具体使用情况,分为一般级、次低级、低级、最低级、次高级、高级和最高级7种。其中,除一般级用形容词自身词干形式表示外,其他6种级形态变化现象均由约定俗成的形态变化语法词缀或语法形式表示。以下是杜拉尔鄂温克语级形态变化的表现形式及语法词缀。

一般级	次低级	低级	最低级	次高级	高级	最高级
零形式	/hantʃila/、/hantʃilə/	/tʃila/、/tʃilə/	/han/	重复词首音节	amashaŋ	mandi

可以看出,在以上7种级形态变化现象中,除了一般级以形容词自身词干形式表示,不接形态变化语法词缀外,其他6种均有特定的形态变化语法词缀或表现形式,来表示级形态变化现象的语法概念。其中,有的形

态变化语法词缀有元音和谐现象，因此使用时需要严格依照元音和谐规律。下面对杜拉尔鄂温克语级形态变化现象进行具体分析。

一　一般级

杜拉尔鄂温克语级形态变化现象中，一般级不接缀任何形态变化语法词缀，也没有特定的语法表现形式，以形容词词干形式表示，因此称其为零形式。表示事物最基础和最有标志性的性质、形态、功能和特征时，常用一般级来表示。例如，

丑陋的 ərukəjə　　　讨厌的 golomo　　　可怜的 guʤəmn
奇怪的 gaihamo　　　闷的 butu　　　　　可爱的 guʤəje

məməwa anekə bəjd əmu tʃaatʃugu *ukudi* ukkuŋ uŋkuŋmətʃə.
妈妈　　客人　　一　　碗　　热　　奶茶　　倒
妈妈给客人倒了一碗热奶茶。

məmə noonid əmu *ʃaŋirin* tərgəsə unitʃimtʃə.
妈妈　他给一件　黄色　　衣服　　买
妈妈给他买了一件黄色的衣服。

从上述例子中可以看出，形容词"热的"ukudi 和"黄色的"ʃaŋirin 分别接缀于名词"奶茶"ukkuŋ 和"衣服"tərgəsə 前面，以形容词词干的形式表示事物最基本的特征和性质。调查资料显示，在杜拉尔鄂温克语中，一般级形态变化现象中形容词使用率相当高。

二　次低级

在级形态变化现象中，形态变化语法词缀/hantʃila/和/hantʃilə/接缀于形容词后，表示事物性质、功能、状态、特征等方面比一般级略低一级，即为次低级。次低级形态变化现象表现出的语法概念，相当于汉语中的"略"。由于形态变化语法词缀/hantʃila/和/hantʃilə/有元音和谐现象，因此使用时要严格依照元音和谐规律。形态变化语法词缀/hantʃila/接缀于由阳性元音或中性元音为主的形容词后面，/hantʃilə/接缀于由阴性元音或中性

元音为主构成的形容词后面。例如，

laha 矮小的 +/hantʃila/ = lahahantʃila 略矮小的
baran 多的 +/hantʃila/ = baran hantʃila 略多的
dəjə 软的 +/hantʃilə/ = dəjəhantʃilə 略软的
əmgə 宽的 +/hantʃilə/ = əmgəhantʃilə 略宽的

əri **laha-hantʃila** miji morin.
这个　矮小　略　我　马
这匹略矮小的是我的马。

məməni noonid əmu **dəjəkkun-hantʃilə** tans unitʃimtʃə.
妈妈　他　一个　软　略　毯子　买
妈妈给他买了一个略软的毯子。

tari **aji-hantʃila** juunite ʃiji jə?
那个　好　略　房子　你的　吗
那个略好的房子是你家吗？

tari **əmgə-hantʃilə** orite nəkuni.
那个　宽　略　床　弟弟的
略宽的那个是弟弟的床。

在上述例句中，形态变化语法词缀/hantʃila/和/hantʃilə/分别接缀于形容词"矮小的"laha、"软的"dəjəkkun、"宽的"əmgə 和"好的"后面，表示了次低级形态变化现象的语法概念。

三　低级

低级形态变化现象的形态变化语法词缀是/tʃila/和/tʃilə/，是接缀于形容词词根或词干后，表示事物性质、功能、状态、特征等方面比次低级略低一级的语法概念。其语法意义相当于汉语的"略微"。形态变化语法词缀/tʃila/和/tʃilə/有元音和谐现象，而按照元音和谐规律，/tʃila/接缀于阳性元音为主的形容词后面，/tʃilə/接缀于阴性元音或中性元音为主的形容

词后面。例如，

laibar 脏的 + /tʃila/ = laibartʃila 略微脏的
udu 大的 + /tʃila/ = udutʃila 略微大的
əbir 笨重的 + /tʃilə/ = əbirtʃilə 略微笨重的
hələg 紫色的 + /tʃilə/ = hələgtʃilə 略微紫的

məməni noonid gamtʃə ərkini **udutʃila**
妈妈　　　他　　买　　裤子　大 略
妈妈给他买的裤子略微有点大。

tari **hələg -tʃilə** tərəste miji.
那件 紫色 略微 衣服 我的
略微紫的那件衣服是我的。

aba mid əmu **udu-tʃilə** bitigni təkku uuitʃimtʃə.
爸爸 我 一个　　大　　略微 书包　　买
爸爸给我买了一个略微大的书包。

nooni ərkini titunə **laibar-tʃila** ootʃa.
他的　裤子　穿　　　脏　　略微
他的裤子穿的有点略微脏。

从例子中可以看出，形态变化语法词缀/tʃila/和/tʃilə/按照元音和谐规律，分别接缀在形容词"脏的"laibar、"大的"udu 和"紫色的"hələg 后面，表示事物性质、功能、状态、特征等方面比次低级略低一级。据调查资料表明，杜拉尔鄂温克语中，低级形态变化现象使用频率较高。

四　最低级

最低级形态变化现象的语法概念表现形式，是将形态变化语法词缀/han/接缀于形容词后，表示事物性质、功能、状态、特征等方面比低级再略低一级，可用汉语中的"略微……一点"替代。例如"略微脏的"是低级形态变化现象语法概念，"略微脏一点"就是最低级形态变化现象的语法概念。

  laibar 脏的 +/han/ = laibarhan 略微脏一点的
  udu 大的 +/han/ = uduhan 略微大一点的
  əbir 笨重的 +/han/ = əbirhan 略微笨重一点的
  hələg 紫色的 +/han/ = hələghan 略微紫一点的

  ahaji bəjni miʤi *goodo-han*.
  哥哥的 身子 我 高 略微一点
  哥哥的个子比我略微高一点。

  miji ʃujtan *gore-han*.
  我的 学校 远 略微
  我的学校略微远一点。

五 次高级

  次高级是与次低级相对的形态变化现象，是表示事物性质、功能、状态、特征等方面比次低级略高一级的语法概念。与其他级形态变化现象不同的是，次高级形态变化现象的表现形式，不接缀任何形态变化语法词缀，而是以重复形容词词首音节的形式表示。用汉语表示次高级形态变化现象语法概念时，也是以重复形容词的形式表示。例如用汉语表示一般级形态变化现象语法概念"脏的"，那么"脏脏的"则是次高级形态变化现象的语法概念。据调查资料表明，与杜拉尔鄂温克语级形态变化现象中的其他语法范畴相比，次高级形态变化现象的使用原理比较复杂。第一，重复形容词词首音节由元音结尾时，形容词词首音节末尾接缀辅音/b/、/p/、/w/；第二，重复形容词词首音节由/b/、/p/、/w/以外的辅音结尾时，形容词词首音节末的辅音要替换成/b/、/p/、/w/。

  1. 重复辅音/b/的使用原理

  当形容词词首音节由元音结尾，且第二音节是除/m/、/n/、/ŋ/、/w/以外的辅音开头时，表达次高级形态变化现象语法概念时，需重复形容词词首音节末尾再接缀辅音/b/。例如，

butu 闷的→bub butu 闷闷的

udan 慢的→ub udan 慢慢的

当形容词词首音节由/m/、/n/、/ŋ/、/w/以外的辅音结尾时，使用时需省略该辅音，重复形容词词首音节再接缀辅音/b/。当形容词词首音节由辅音/b/结尾时，需重复词首音节并接缀辅音/b/。例如，

gogdo 高的→gob gogdo 高高的

giltirin 白的→gib giltirin 白白的

əri inig təŋgər ***bub butu*** ooʤinrə.
今天　　天　　　闷闷的
今天的天气闷闷的。

aba minu iraadi tərgəni ***ub udan*** iləbətʃə.
爸爸 我 送　车子　 慢慢的
爸爸送我时车开得慢慢的。

2. 重复辅音/w/的使用原理

当形容词词首音节由元音结尾，且第二音节由鼻辅音/n/或/ŋ/开头时，需重复的形容词词首音节末尾要接缀辅音/w/。例如，

gonim 长的→gow gonim 长长的

mənəŋ 呆的→nəw mənəŋ 呆呆的

当形容词词首音节由鼻辅音/n/或/ŋ/结尾时，重复词首音节时需先省略鼻辅音再接缀辅音/w/。当形容词词首音节由辅音/w/结尾时，需重复词首音节并接缀辅音/w/。例如，

tondo 直的→tow tondo 直直的

hoŋnirin 黑的→how hoŋnirin 黑黑的

miji ʤuujiwə urki ʤulilə əmu ***tow tondo*** moodo biʃin.
我的　家　　门　前　　一个　直直的　　树　有
我家门前有一棵直直的大树。

əkinji nukətni ***how hoŋ nirin.***
姐姐的　头发　　黑黑的
姐姐的头发黑黑的。

3. 重复辅音/m/的使用原理

当形容词词首音节由元音结尾，且第二音节由辅音/m/开头时，需重复词首音节并接缀辅音/m/。当形容词词首音节由辅音/m/结尾时，重复词首音节时则保留辅音/m/。例如，

namuɡdi 暖的→nam namuɡdi 暖暖的
nomokin 老实的→nom nomokin 老老实实的

məmə mini iirki unitʃimtʃə kuwuŋtʃi tərtəni titirdə ***nam namuɡ di.***
妈妈　我的　买　棉花　衣服　穿　　暖暖的
妈妈新给我买的棉衣穿起来暖暖的。

nooni əmu ***nom nomokin*** niʃuhur.
他　一个　老老实实　孩子
他是一个老老实实的孩子。

六　高级

与其他级形态变化现象不同的是，高级形态变化现象的表现形式，是将程度副词/amashan/用于形容词之前，该形态变化现象没有元音和谐现象，因此使用时在形容词前使用，是表示事物性质、功能、状态、特征等方面比次高级略高一级的语法概念。在汉语中可以用"很"来表示高级形态变化现象的语法含义。例如，

baran 多的→amashan baran 很多的
buku 结实的→amashan buku 很结实的
ukudi 热的→amashan ukudi 很热的
dasun 甜的→amashan dasun 很甜的

aba irkən ootʃa honin horiɡaŋ ***amashan buku.***

爸爸 新 搭 羊 圈 很 结实
爸爸新搭的羊圈很结实。

əri ənəŋgəŋ udu honinsuluna **amashan baran** niʃukuŋhonin baalitʃa.
这 年 大 羊 很 多 小 羊 生
今年大羊又生了很多小羊羔。

七 最高级

最高级形态变化现象的表现形式和高级形态变化现象一样，是将程度副词/mandi/用于形容词之前，其表现的语法概念可以用汉语的"最"来代替。例如，

aja 好的→mandi aja 最好的
golomo 讨厌的→mandi golomo 最讨厌的
burgu 胖的→mandi burgu 最胖的
gudʒəje 可爱的→mandi gudʒəje 最可爱的

muji dʒuudulamu əkən bəjda **mandi gudʒəjete** miji urkəkəŋ nəkuŋ.
我的 家里 人 最可爱 我的 弟弟
我们家最可爱的就数我弟弟了。

urkəkəŋ nəkuŋmute bandʒidula **mandi burgu** niʃuhur.
弟弟 班级里 最 胖 孩子
弟弟是班里最胖的孩子。

八 结语

综上所述，杜拉尔鄂温克语级形态变化现象，共有一般级、次低级、低级、最低级、次高级、高级和最高级 7 种形式。除了一般级形态变化现象以形容词词干形式表示，其他 6 种均有约定俗成的形态变化语法词缀或表现形式。其中，次低级、低级、最低级通过在形容词后面接缀特定的形

态变化语法词缀表示，次高级以重复词首音节的形式表示，高级和最高级的表现形式是将程度副词使用于形容词前面。除此以外，在次低级和低级形态变化现象中，各自的形态变化语法词缀均有元音和谐现象，使用时要严格按照元音和谐规律使用，分别接缀于以阳性短元音 /ǎ./ 和阳性长元音 /aa./ 为主构成的名词类词词根或词干后，以及以阴性短元音 /ə̌./ 和阴性长元音 /əə./ 为主构成的名词类词词根或词干后面；最低级、高级和最高级形态变化现象没有元音和谐现象，使用时不受元音和谐规律的限制，可以接缀在任意的形容词后或使用于形容词前面；与其他级形态变化现象相比，杜拉尔鄂温克语中次高级形态变化现象最为复杂，要根据词首音节末的音变条件和规律来具体分析和使用。

总之，杜拉尔鄂温克语级形态范畴无论是从语法概念还是从使用原理角度来看，都是一套复杂多变且规律严格的语法系统。根据田野调查情况来看，由于杜拉尔鄂温克语已进入严重濒危的状态，该语法系统可能仍会继续随着使用人数的减少而功能逐渐缩减。尤其是在杜拉尔鄂温克族青年中，已经开始出现口语中简化语法概念，或混淆不能辨别具体使用何种语法手段的情况，因此搜集整理杜拉尔鄂温克语对保护濒危少数民族语言发挥着积极的作用。

满语渔猎词汇特点探析

崔宝莹

(中国社会科学院研究生院)

综观由文字保留下来的绝大部分满语词汇,其中占有较大比例的是反映满族早期狩猎、捕捞以及采集情形的词,从渔猎对象的名称种类、渔猎方式到渔猎工具等,无不详尽至微,而其他方面相对而言就显得逊色多了。满语渔猎词汇是满语词汇中的特色词汇,本文对此做出初步探讨,语料来源以清朝乾隆年间编纂的辞书《御制五体清文鉴》为主,辅以《大清全书》《清文总汇》等辞书,旨在通过对反映满族渔猎生产方式、对象及工具等的词汇的搜集整理、归纳分析,来主要讨论满语渔猎词汇具有动物体词语及相关拟声拟态词特征、渔猎多义词和同义词现象、渔猎多义词和同音词现象、渔猎构词的生命力、渔猎动词词尾的可变性等诸特征或问题。同时,本文还对同义词、多义词展开讨论,并对相关构词特点进行阐释。

一 动物体词语及相关拟声拟态词特征

在这里,主要依据第一手资料,对与满族渔猎方式、渔猎对象及渔猎工具等密切相关的特殊词语进行分类分析。这些词语同人们的狩猎对象的动物肢体、状貌及渔猎场景下产生的声态有着极其紧密的内在联系。下面的讨论,主要从动物肢体与状貌相关类和渔猎场景下的模拟词两个方面展开分析。

1. 描写动物肢体类、状貌类

满族及其先民长时间跟野兽禽鸟打交道,不仅做到对猎取对象进行专物专名,而且对渔猎对象的身体部位、形态、动作等也实现了专名。例如:

1.1 兽类肢体类

weihe（牙）
argan（獠牙）
uihe（角）
uniyele（鹿尾根黄毛）
kidaki（麕尾根白毛）
suci（兽胎）
sucilehebi（兽怀胎）

uihengge（有角的）
fatha（蹄）
šooge（爪指）
tebku（胎胞）
kemin（骨血糖）
horon giranggi（虎威骨）

nesi（蹄爪缝）
funtu（鹿茸）
gili（角根）
balakta（衣胞胳）
delen（奶孩子）
bederi（斑纹）

1.2 禽鸟肢体类

senggele（冠子）
fusuri gunggulu（芙蓉冠）
gugulu（顶毛）
gunggulu（凤头）
asha（翅）
ashangga（有翅的）
duthe（翅翎）
niongdu（翅大翎）
hehe dethe（翅次翎）
šooge（翅稍小硬翎）
yentu（穿翅）
kitala（翎管）
edun dasihikū（撩风）

orho šoforkū（撩草）
encehen（尾）
gindacan（盖尾）
fiyelen（嘴丫黄）
konggolo（嗉子）
tashū（嗉底）
alajan（蹼子）
akjin（距）
hureo（鸟脊背）
soiho（鸟尾椿）
fungsan（臊疙瘩）
koikon（臊尖）
takiya（鸟膝）

sira（腿梃）
wasiha（爪）
ošoho（爪指）
fatha（掌）
wasihalambi（爪刨地）
ošoholombi（用爪）
ošohooggo（有腿的）
erge（后蹬）
engge（鸟嘴）
šošon（鹰条）
šošombi（鹰打条）

1.3 飞禽动息类

soilombi（飞腾）
mukdumbi（云起）
fiyelembi（鹰飘起）
kalimbi（鹰飘去）

dasihimbi（鹰击物）
forimbi（击打）
urulehe（雏肥难飞）
aksaha（鸟惊飞）

fijirembi（擦地飞）
lesumbi（擦地慢飞）
habta habtalambi（垠翅疾飞）

1.4 鳞甲肢体类

esihe（鳞）
esihengge（有鳞的）

nomin（鱼油、田鸡油）
ucika（前分水）

haga（鱼刺）
usata（鱼白）

senggele（鳃） fethe（后分水） huru（壳、盖）
hurungge（有壳的） kabari（鱼发泡） murulambi（鱼成群）
tahūra notho（蛤蜊壳） gūdumbi（鱼摆子） fatar seme（活跳）
fuhu（虾瘼癫） godumbi（鱼跃） šarišambi（鱼翻白）
hafirakū（螃蟹夹子） godundumbi（齐跃） gūbadambi（翻跳）
bulimbi（水面吞食） patar pitir（鱼跴声）

这些关于动物肢体类、动息类词语是满族及其先民长期观察与认知的结果。由于打猎面临重重危险，满族及其先民必须谨慎观察周围的事物，经过长期积累，就在满语词汇里集聚了大量关于狩猎对象微观描写的词语。

2. 渔猎场景模拟词

渔猎词汇中还有一类特点鲜明的词是模拟词。满语渔猎词汇中的摹拟词多用来模拟动物的声音及其状貌以及射猎的声音及其状貌，打围的情形等。

2.1 摹声词

摹声词又称象声词，是表示人或事物发出的各种声音的词。满语渔猎词汇中的摹声词多用来形容动物发出的各种声音及射猎的声音。例如：

cang seme（弹硬弓弦声，形容弹硬弓时发出的声音）
tab seme（弦落垫声，形容弓弦落在弓垫子上的声音）
hiyong seme（箭去有力声） gui gui（赶兽声）
hiyor seme（箭翎声） ahūri hūyari（吓伏卧兽声）
hiyob seme（胞头坠地声） cu（嗾狗声，逐猎犬声）
sab seme（箭擦过声） kur（虎兽相据声）
sab sib seme（众箭声） or（虎猛叫声）
kas seme（箭略擦着声） giyar giyar（猴叫声）
tas seme（箭擦着声） fosok（兽猛起声）
tas tis seme（箭擦蹭着声） fasak（兽猛起声）
hab seme（正中声） miyar miyar（獐狍鹿羔疾叫声）
giyob seme（近中声）

2.2 摹形词

摹形词又称象形词，是表示人或事物的各种形态的词。① 满语渔猎词汇摹形词主要存在于对射猎打围的状貌、动物的情状方面。例如：

cib seme（箭急貌）
ter seme（整齐貌，形容人马整齐的样子）
hib seme（深入状）　　　　far seme（人马众多）
sob seme（正中着）　　　　sab（咬住）
lib seme（刺入状）　　　　kab kib（众犬撕咬）
ter tar seme（整齐貌，形容整齐）
kiyab seme（团聚貌，形容行动急速的样子）
cab seme（整齐貌）

描写动物肢体类、状貌类的词语以及摹写渔猎现场情形的模拟词大量存在于满语渔猎词汇当中，成为满语渔猎词汇的一大特色。

二 渔猎同义词现象

满族及其先民渔猎经济较为发达，在渔猎词汇中留下了大量有关渔猎的近义词，还有一定数量的等义词。

1. 近义词

近义词是从不同角度反映相同事物从而形成意义基本相同而色彩和使用范围又不完全相同的词。② 满语渔猎词汇中这样的词很多。例如：abalambi（打围，打猎）—butambi（打牲，捕兽，打鱼，采集）—gurgušembi（狩猎，捕猎野兽）就是一组关于打猎的近义词。abalambi 侧重于打围，butambi 侧重于打牲，gurgušembi 侧重于捕猎野兽。

有些近义词因施事对象不同而呈现出语义侧重点不同。例如：

jalakū（鸟媒子）：用来引诱鸟雀的诱饵。

bolin（鸟媒子）：用来引诱猎物的诱饵，即将鸟雀当成诱饵。

《御制五体清文鉴》中，jalakū 和 bolin 给出的汉语意思是鸟媒子，单

---

① （清）沈启亮：《大清全书》，京师宛羽斋刻本。
② （清）沈启亮：《大清全书》，京师宛羽斋刻本。

看汉语的解释意思，貌似 jalakū 和 bolin 二者没有什么区别，但从满汉词典中得到的解释却可以看出一个是诱饵，来引诱鸟雀来食的，另一个是将鸟雀当成诱饵，吸引其他食肉动物的注意。

还有一些近义词基本语义相同，只是语义侧重面有些微的不同，例如：

fejilen（打雀鸟马尾的套子）：用马尾做的打鸟的套子；
hūrka（打雀鸟马尾的套子）：用马鬃做的打鸟的套子。

同样的打鸟雀套子，从制作材料对其进行辨析便可看出二者语义上的差异。fejilen 是用马尾制作的，hūrka 是用马鬃制作的。

2. 等义词

满语渔猎词汇中存在不少意义完全相同，可以互换使用的等义词。例如：

jolo（母鹿）—eniyen（母鹿）
calan（桦皮船）—jaya（桦皮船）—tolohon weihu（桦皮船）
sahadambi（秋狝）—wame abalambi（秋狝）
kame abalambi（冬狩）—hoihalambi（冬狩）
ter seme（整齐貌）—ter tar seme（整齐貌）—cab seme（整齐貌）
gabtandumbi（齐射）—gabtanumbi（齐射）

有些等义词是由语法手段促成的，例如 gabtandumbi（齐射）—gabtanumbi（齐射）。满语的相互态有两种表示方法：一种是在词根和动词词尾之间加上"-du-"，如果词根不是以"n"结尾的要先加上"n"，再加动词词尾；另一种是在词根和动词词尾间加上"-nu-"。满语渔猎词汇中还有很多这样的词，例如：abalandumbi（一齐打围）—abalanumbi（一齐打围）。

有些等义词是由于古今叫法不一，同时存留于满文中使用造成的，例如：sahadambi（秋狝）—wame abalambi（秋狝）、kame abalambi（冬狩）—hoihalambi（冬狩），赵阿平教授就认为 sahadambi、oihalambi 为旧语，wame abalambi、kame abalambi 为新语。类似的词还有春蒐和夏苗：otorilambi（春蒐）为旧语，sonjome abalambi（春蒐）为新语；ulun gidambi（夏苗）为旧语，usin i jalin abalambi（夏苗）为新语。

有些词由于年代久远，加之笔者能力有限，已不能断定是何种原因促成的了。笔者推测可能有以下几种原因：一种可能是根据事物的状貌特征命名的，一种可能是语言内部的调整，如语义范围的变化、语音流变等。这个问题有待进一步探讨，在此不赘述。

三　渔猎多义词和同音词现象

满语渔猎词汇中的词很多都不是只有一个义项，按其各个义项之间有无密切的语义联系可分为多义词和同音词。

1. 多义词

我们将各义项之间有着密切语义联系的词称之为多义词。满语多义词的语义结构类型按照各个义项之间的语义联系可具体分为：连锁型、辐射型和交叉型。

1.1　连锁型

连锁型语义结构就是由一个词的本义引申出一个引申义，接着由这个引申义再引申出另一个引申义，以此类推，后一个义项均由前一个义项引申而来而形成连锁结构。

如 šurdembi 在《御制五体清文鉴》中的意义是"转迷卧兽"（将其标示为①，以下简称为①。下同），《新满汉大辞典》中 šurdembi 有以下四个义项：旋转（②）；环绕、围绕（③）；轮、轮流、轮回（④）；画圈儿（⑤）。由于《御制五体清文鉴》成书较早，"转迷卧兽"又为表现满族社会早期渔猎经济的词语，所以本人认为"转迷卧兽"为 šurdembi 的本义，只是由于满族社会的发展进步，渔猎经济退居其次以致渐次隐退，这个与之有着密切关联的义项也随之消失了。由"转迷卧兽"的方式"转"引申出"旋转"这一义项，又由"旋转"这一动作引申出这一动作的发出者"轮"，而"轮"引申出其动作"轮流、轮回"，最后由"轮、轮流、轮回"引申出"画圈儿"。通过以上语义分析，不难得出连锁型的语义结构为：

①⟶②⟶③⟶④⟶⑤

1.2　辐射型

辐射型语义结构指的是由多义词的基本义引申出几个不同的义项，这些义项都与基本义发生语义上的联系，并围绕基本义发散引申而形成一种语义结构。

如 bologo 在《御制五体清文鉴》中的意思是"干净"；《新满汉大辞

典》中的 bologo 有以下七个义项：①清、清洁、干净、纯净；②廉洁；③寂静；④声音清脆；⑤射箭动作干净利落；⑥绥靖；⑦淳（封谥用语）。由于《御制五体清文鉴》成书较早，且只有一个义项，其释义"干净"正对应《新满汉大辞典》中义项①，因此可判断 bologo 的基本义为干净。义项②是由义项①干净引申出来的，指在品德上的清洁、干净；义项③是指四周环境很纯净，没有嘈杂之音，也是由干净引申出来的；义项④指声音很纯净，清脆悦耳，亦是由干净引申出来的；义项⑤指的是射箭动作干净利落，也是由干净引申出来的；义项⑥绥靖意为保持地方上平静，也是由干净引申出来的；义项⑦淳是封谥用语，意为淳朴、朴实，亦是由干净引申出来的。由以上分析可知辐射型语义结构为：

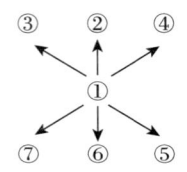

1.3 交叉型

交叉型语义结构是指多义词的语义结构中连锁型和辐射型两种语义结构同时出现，相互交织。由于语义引申的复杂性，因此这种语义结构在多义词语义引申中最为常见。

如 gala 在《新满汉大辞典》中有以下五个义项：①手；②胳膊；③半庹；④拳；⑤翼。在《御制五体清文鉴》中有两个义项，一个是手，一个是围翼。由于人们认识事物首先从认识自身开始，所以 gala 的基本义应为手，义项②胳膊和手密切相关，是由义项①手引申而来的；庹是一种计量单位，两臂自然张开为一庹，一只胳膊的距离为半庹，因此义项③是由义项②胳膊引申而来的；义项④拳是一种捕鹌鹑的计量单位，由义项①手引申而来；义项⑤翼是一种组织形式，八旗分左右两翼，每翼为四旗，行围狩猎、行军布阵、驻防安营、旗地坐落都按翼进行，是由义项①手引申而来的。由以上分析可知交叉型语义结构为：

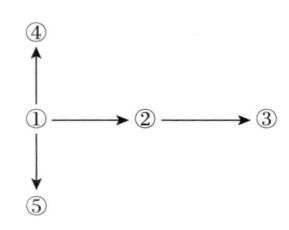

2. 同音词

各义项之间无明显语义联系的词我们称之为同音词。如渔猎词 singgiyambi 在《新满汉大辞典》中有两个义项：①掖箭，插箭；②身体感到麻木、酸疼。义项②身体感到麻木、酸疼与义项①掖箭，插箭没有明显的密切的语义联系，因此为同音词。

多义词和同音词存在的情况非常复杂，有时候会出现交叉的情况。如渔猎词 tatambi 在《御制五体清文鉴》的义项只有"拉弓"这一个意思。在《新满汉大辞典》中有九个义项：①拉；②扯、扯开；③绞缢；④睁眼；⑤抽（签）；⑥夺；⑦住、住宿、歇宿、住下；⑧驻扎；⑨说。可知义项①拉为 tatambi 的基本义。由义项①拉引申出②扯、扯开，义项②又引申出③绞缢，④睁眼，⑤抽（签），⑥夺。而义项⑦住、住宿、歇宿、住下引申出义项⑧驻扎，与前六个义项为同音关系，义项⑨说与前八个义项均无语义联系，亦为同音。综上分析，tatambi 的语义结构为：

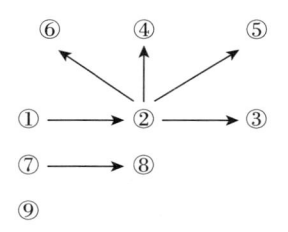

```
       ⑥   ④   ⑤
        ↖  ↑  ↗
    ①  →  ②  →  ③
    ⑦  →  ⑧
    ⑨
```

四 渔猎构词的生命力

满语渔猎词汇是早期先民日常生活必须使用的，属于基本词汇，具有较强的能动性和灵活性，具体表现为渔猎词汇拥有很强的构词能力。

同一根词可以接缀不同的附加成分构成不同的派生词。例如，动词词根 gabta-（射），若是加上名词后缀 "-n" 就构成射箭的名词形式 gabtan；若是直接接缀动词词尾 "mbi" 就构成射的动词原形 gabtambi；若是在其后加上表示使动态的 "-bu-"（使），再加上动词词尾 "mbi" 就构成了它的使动态 gabtabumbi（使射）；若是在其后加上方向态的 "-ji-"（来），"-ji-" 会使 gabta- 增加一个音 "n"，再加上动词词尾 "mbi" 就构成了射的方向态 gabtanjimbi（来射）；若是在它后面先接缀相互态 "-nu-"，再加上动词词尾 "mbi" 就构成了射的相互态 gabtanumbi（一起射）；再如名词 ošoho

（爪指），可作为词根加上中缀"-lo-"再加上动词词尾"mbi"构成了动词 ošoholombi（用爪），也可以直接在它后面加上形容词词缀"-nggo"构成形容词 ošohonggo（有腿的）。

同一附加成分可以分别附加在不同的词根上。例如，动词词尾"mbi"就可以附加在名词的后面，或再加上中缀，名词就变成了一个语义上有联系的动词，如：niyammiyan（马箭）—niyammiyambi（射马箭）；aba（围）—abalambi（打围），"la"为中缀，起辅助作用，无意义。

一个词干还可以同时接缀几个不同的附加成分。例如：butha（渔猎）—buthašabumbi（使行渔猎）就是在 butha（渔猎）后同时接缀了表示"被、使"的"-bu-"和表示动词意义的"ša-mbi"这几个附加成分。

五 渔猎动词词尾的可变性

满语渔猎词汇中的动词按形态讲属于有形态变化的动词，词尾可根据时态需要做相应的变化。《御制五体清文鉴》中出现了许多有着丰富词尾变化的动词。

1. 词尾为原形形式

满语动词的原形形式是在动词词根后面直接接缀动词词尾"mbi"，表示的是现在时、将来时、现在-将来时的语法意义。例如：

ana-mbi（推围）　　　　　　　hoktošo-mbi（雨后高处行猎）
dasa-mbi（整围）　　　　　　 hūji-mbi（哄虎）
dangdalila-mbi（下拦河网）　　wada-mbi（狗嗅寻牲）
seng-mbi（鱼上饵）　　　　　 dari-mbi（兽擦人过）
dali-mbi（赶兽使回）　　　　 harhūda-mbi（搅水呛鱼）
gidala-mbi（枪扎）　　　　　 tonji-mbi（击水赶鱼）
singgiya-mbi（披箭）　　　　 tabu-mbi（支打牲器）
tubile-mbi（罩鱼）　　　　　 tole-mbi（下网套）

另外，满语动词的使动态、被动态、互动态等都是通过在动词词干之后接缀中缀构成的，现在时、将来时、现在-将来时的词尾形式没有因此而有所变化，仍用原形形式。例如：

hari-bu-mbi（兽被围住）　　　hūji-bu-mbi（使哄虎）

adan-du-mbi（齐排列行围）

中缀"-bu-"既表示被动态，又表示使动态，有"被……""使……"之意。"-du-"表示互动态，有"相互""彼此"之意，有时翻译成"齐……"。

2. 词尾为过去式形式

过去式表示的是过去时。满语动词的过去式分为三种：一般过去式、肯定过去式和曾经过去式。一般过去式指行为动作刚刚结束，表示方法是依据元音和谐律在动词词干上接缀 ka、ha、ko、ho、ke、he；肯定过去式指行为动作结束了一段时间，但不是很久，表示方法是依据元音和谐律在动词词干上接缀 kabi、hebi、hobi；曾经过去式指行为动作是很久以前结束的，表示方法是在依据元音和谐律在动词过去式后接缀 bihe、bikebi，这种词形形式没有在《御制五体清文鉴》中出现，在此不做举例分析。下面请看其他的两种形式。

2.1 一般过去式

daribu-ha（些微擦着）　　　abtukūla–ha（中非致命处）

gala-ha（放箭手动）　　　　goi-ha（中了）

biyohala-ha（打住又脱落）　dosi-ka（裹了，射中的意思）

milara-ka（张了，指骑射时，马突然离开箭道向外跑开、闪开）

2.2 肯定过去式

oihorila-habi（伤得不轻）　　waina-habi（歪斜了）

ta-habi（打住了）　　　　　　boiholo-hobi（打住又脱落）

3. 动词的否定式

满语动词的否定式是在动词词干后接缀 rakū 或动词过去式后接缀 kū，表示未发生或不发生的动作行为。例如：

baha-rakū（不得）

jabdu-hakū（误了，指骑射时没来得及放马箭）

4. 副动词形式

满语副动词是动词的一种特殊形式，或兼有副词和动词两种功能，或只做动词，或只做副词修饰后边的动词。《御制五体清文鉴》中的渔猎动词出现了以下五种副动词形式,分别是并列副动词、顺序副动词、伴随副动词、连续副动词、直至副动词。

4.1 并列副动词

并列副动词是在动词词干后边接缀附加成分 me,表示与后边的动词同时发生或者修饰后面的动词。《御制五体清文鉴》中渔猎动词的并列副动词有两种形式:独立出现的副动词和出现在词组里的副动词。出现在词组里的副动词主要作用是修饰后面的动词。例如:

(1) 独立出现的副动词

kalumi-me(箭透皮）　　　　　kanggara-me(射着皮毛）

(2) 词组里的副动词

šuse-me tatambi(从下抽箭）　　bono-me gabtambi(往下射）
so-me gabtambi(乱射）　　　　burgoša-me niyamniyambi(争射）
sonjo-me abalambi(春蒐）　　　ka-me abalambi(冬狩）

对以上例词,选取几个以作分析:šuse-me tatambi(从下抽箭） 是 šusembi(从下边抽） 变成副动词形式 šuseme 来修饰 tatambi(抽箭）,bono-me gabtambi(往下射） 是 bonombi(往下） 变成副动词形式 bonome 修饰 gabtambi(射）, so-me gabtambi(乱射） 是 sombi(乱射） 变成副动词形式 some 来修饰 gabtambi(射）。

4.2 顺序副动词

顺序副动词的表示方式是在动词词干后面附加 fi,表示动作依次发生。例如:

gai-fi niayamiyambi(绕马脖子射）

gaimbi 有按着、沿着的意思,"-fi"表示按顺序,指两个动作行为按先后次序依次发生,gai-fi niayamiyambi 应该是先过马脖子,然后再射箭。

4.3 伴随副动词

伴随副动词的表示方式是在动词的现在－将来时形式之后接缀附加成分 lame,表示一个行为动作伴随另一个行为动作发生。例如:

norgi-lame(箭铁半边蹭着）

damja-lame(箭穿横担,指射中野兽时,箭穿透而没有飞出去,可见箭头又可见箭尾）

4.4 连续副动词

连续副动词的表示形式是根据元音和谐律在动词词干后接缀附加成分

hai、hei、hoi，表示动作行为连续不断。例如：

hada-hai（一直带着箭）

4.5 直至副动词

直至副动词是根据元音和谐律在动词词干后接缀附加成分 tala、tele、tolo，有"直至、直到"之意。例如：

damja-tala（箭穿透横担）

5. 形动词形式

满语形动词兼有动词和形容词的特征，现在-将来时的形动词是在动词词干后面加上附加成分 ra 构成。《御制五体清文鉴》中的形动词形式主要出现在词组里，形动词做形容词来用，修饰后面的词。例如：

baha-ra songko（不得的踪迹）

niyamniya-ra mahala（马箭靶子，射马箭使用的靶子）

6. 动名词形式

满语动名词兼有动词和名词的特征，现在-将来时的动名词是依据元音和谐律在动词词干后面加上附加成分 ra、re、ro 构成，例如：

niyamaniya-ra ehe（骑射不好）

niyamaniya-ra juken（马箭射得平常、骑射差劲）

其中，ehe、juken 是用来描述或陈述 niyamaniyara 的。

从以上例子中不难看出，满语渔猎动词的词尾变化是非常丰富的。

论蒙英翻译中句型结构关系

凯 琳
（中国社会科学院研究生院）

　　现代对比语言学的发源地是欧洲和美国。在20世纪初期，布拉格学派中有较多的语言学家对不同语言的"对比分析"产生兴趣，代表人物马塞修斯于1926年发表了关于英语与捷克语对比分析的文章。1941年美国语言学家沃尔夫在他的《语言与逻辑》一文中第一次使用了 contrastive linguistics（对比语言学）这一名称，并做了相应的论述。美国学者拉多（Robert Lado）发表于1957年的《跨文化语言学：语言教师的应用语言学》一书被视为对比语言学的开山之作。后来的对比语言学家把这一年和这本书当作对比语言学诞生的标志。

　　中国的语言对比研究，最早可以追溯到一百多年前马建忠编著的《马氏文通》。中国英、汉语比较研究会的老会长、学界前辈刘重德先生最早提出了中国汉外对比研究史的框架，指出我国的对比研究可分为三个时期，即以对比实践为主的时期、停滞状态时期和有自觉学科意识的时期。

　　对比语言学是现代语言学的一个分支。对比语言学的一般理论包括不同语言之间的语音、语法、词汇、篇章、语用等方面的对比，也可以从语言的文化、心理、民族等角度进行对比研究。随着全球化的深入发展，对比语言学越来越得到各国语言学家和学者的重视。其理论基础是"语言迁移"（Language Transfer）。

　　在蒙、英两种语言的互译过程中，人们总是倾向于将一种语言（通常是母语）的形式、思想及与之相关的文化"迁移"到另一种语言（通常是目的语）的理解中去，由于受母语句法结构的限制，以蒙古语为母语的人们在翻译英语这一外语的过程中遇到了不少的问题。因此，对蒙英翻译者而言，母语对外语翻译时的影响是不能忽视的一个重要问题。

根据语言的谱系分类法，蒙古语属于阿尔泰语系的蒙古语族语言，英语则属于印欧语系的日耳曼语族下的西日耳曼语支语言。英语与蒙古语虽然分属不同的语系，但是两种语言在语音、语法、语用及文化等众多领域都有较多的可比之处。本文通过对比研究蒙古语句法结构与四种英语句型特点，进一步揭示两种语言句型表达方面的异同，从而推论出蒙英互译时蒙古语句子结构对英语句型表达的迁移现象。

一 英语基本句型的阐述

依据传统语法的句法学，句子是语言中能表达一个完整思想的最小部分，有一定的语法特征，是最基本的语言运用的单位。根据句子结构可将句子划分为简单句和复合句。而英语中的简单句根据组合排列方式，通常有以下五种基本句型：S + V（主语 + 不及物动词）；S + V + O（主语 + 及物动词 + 宾语）；S + V + IO + DO（主语 + 双宾动词 + 间接宾语 + 直接宾语）；S + V + P（主语 + 系动词 + 表语）；S + V + O + OC（主语 + 及物动词 + 宾语 + 宾语补足语）。上述五种英语基本句型是学习掌握其他复杂的英语句子结构的基础。因此，本文旨在根据上述五种英语基本的简单句型，从陈述句、疑问句、祈使句和感叹句等四种句子类型着手，对比分析英语与蒙古语句法结构层面的异同。

二 蒙古语句子结构的阐述

世界上的语言，一般可分为六种基本语序类型，最常见的有两种：SVO（主谓宾）和 SOV（主宾谓）。阿尔泰语系中的语言属于 SOV（主宾谓）语序语言。科姆里指出："知道一个语言是属于 SOV（主宾谓）语序，我们可以很有把握地预测该语言的其他语序参数的价值；知道一个语言是 SVO（主谓宾），我们实际上不能预测其他任何东西。"可见，SOV（主宾谓）语言与它的其他语序参项之间存在蕴含关系。在 SOV（主宾谓）语序语言中，V（谓语）的位置是固定的，S（主语）和 O（宾语）则可以变动位置，即变为 OSV（宾主谓）语序。这类语序有一些共同的特点，V（谓语）是动态部分，S（主语）与 O（宾语）是静态部分，即：主语—宾语—定语状语—补语—谓语。

SOV（主宾谓）和 OSV（宾主谓）语序在阿尔泰语系的蒙古语族语言中非常常见，OVS（宾谓主）语序只存在于阿尔泰语系的满通古斯语族和突厥语族的部分语言中。

（一）SOV 句型（主宾谓）

SOV（主宾谓）是蒙古语中最基本的句型结构，是演变为其他句型的基础形式。SOV（主宾谓）句型如依据有无宾格标记再进行分类的话，可分为有宾格标记与无宾格标记的（主宾谓）句型。

1. 无宾格标记的 SOV（主宾谓）句型

无宾格标记的 SOV（主宾谓）句型属于最简单的句型结构，普遍存在于蒙古语中。

例1：bi：kino：uzhehu dorte.（我喜欢看电影。）

该类句型中，宾语没有显著的宾格标记，句子通常只有主语、宾语、谓语部分组成，除了这三项成分以外，几乎没有掺杂其他的句子成分，从而，也可称其为无标记的 SOV 句型。

2. 有宾格标记的 SOV（主宾谓）句型

如宾语后面有明显的宾格标记，就形成了带有宾格标记的（主宾谓）句型，此类句型比上述无宾格标记句型要复杂一些，在蒙古语中同样普遍存在。

例2：bi：bagxin nom i abugad yabuzhe.（我把老师的书拿走了。）

（二）OSV（宾主谓）句型

SOV（主宾谓）句型中如果将宾格标记与宾语向前移动，就构成了 OSV（宾主谓）句型。OSV（宾主谓）句型与 SOV（主宾谓）句型相比，受到的限制就要多一些。OSV（宾主谓）句型中的（宾语）也有简单和复杂之别，所以，可以将 OSV（宾主谓）句型分为：简单的 OSV（宾主谓）句型与复杂的 OSV（宾主谓）句型两类。

1. 简单的 OSV（宾主谓）句型

简单的 OSV（宾主谓）句型通常是指，由简单形式的宾语部分组成的 OSV 句型，包含以只有一个名词的宾语或"指示代词 + 名词"形式组成的宾语。

例3：egun i nama r hilegeqihe.（这件事让我做吧！）

例 4：ter nom i eqi abogad yabozhe. （那本书姐姐拿去了。）

从句法层面分析，宾语移动至句首时，远离动词，动词对宾语的支配力度也随之减弱。为了确保动词和宾语之间存在有效的支配与被支配关系，就运用宾格标记宾语部分与动词之间的联系。

2. 复杂的 OSV（宾主谓）句型

复杂的 OSV（宾主谓）句型是指，宾语部分由关系从句或类似于"的"字结构组成的 OSV（宾主谓）句型。当宾语具有复杂结构时，通常使用该类句型。

例 5：hen mino ba：gn dere oyozhu baisen mori i hutelezhu yabugsan boi？（谁牵走了我拴在柱子上的马？）

可以说，复杂的 OSV（宾主谓）句型不是由 SOV（主宾谓）句型变换而来的，而是阿尔泰语系蒙古语的一种独立存在的句型，只是这种句型不如 SOV 句型常见，因此可以说，SOV 是阿尔泰语系蒙古语典型的句型，而 OSV 是蒙古语非典型的句型。

三 蒙古语句子结构与英语四种句子类型的对比

从上述蒙古语与英语的句子结构的描述，我们可以得知，蒙古语作为阿尔泰语系的蒙古语族语言，与作为印欧语系的日耳曼语族语言的英语在句子结构上存在着很大的差别。本文从最典型、最常见的英语例子入手分析，重点阐述蒙古语句子结构与四种英语句子类型的异同关系，从而揭示蒙英互译过程中，蒙古语句子结构对英语句型表达的正、负迁移现象。

（一）陈述句

就英语陈述句的五种基本句型而言，蒙古语和英语在句法结构方面既有相似之处，又有区别之处。

1. S+V（主语+不及物动词）

例 6：The bus stopped there just now.

在 S+V（主语+不及物动词）句子结构中，蒙古语和英语极其相似。蒙古语若要表达与上面例子相同的意思，同样需要使用 S+V 的句型结构，蒙古语的表达方法为：enu（那辆）tereg（车）sai（刚刚）tende（在那里）zhogseb（停了）。翻译为：那辆车刚刚在那里停了。不同于英语和汉语之处的是，蒙古语始终遵循着 S + O + V 的句法结构，将谓语动词置于句末。然而，本文关注的不是这一语序上的区别，而是想重点阐明两种语言在及物动词使用方面的相似之处。不论是英语还是蒙古语，如要表达相同意思，都需要使用不及物动词：英语"stopped"，蒙古语 zhogseb（停了）。此外，由于蒙古语句子中动词也会根据时态发生动词进行体、完成体等形态变化，因此，两种语言的句子中动词形式转变极其相似。因此，对这类句型蒙英互译时，蒙古语对英语起到了正迁移的作用。

2. S + V + O（主语 + 及物动词 + 宾语）

例7：He finished his homework last night.

上文已经提到，蒙古语句子结构属于 S + O + V，其谓语动词通常出现在句末。在蒙古语中该句的表述应为：ter（他）uqieder（昨天）oroi（晚上）dasgal（作业）en hizhei（做）。翻译为：昨晚他完成了他的作业。从而，在这类句型中，我们可以判断蒙古语句子结构对英语是产生了负迁移现象。因此，在这类句型的蒙英互译过程中，译者可以介入汉语（第二语言）的句法思维降低蒙古语对英语所产生的负迁移。这样一来，译者很少会认为有可能存在以下句子：He last night his homework finished.

3. S + V + IO + DO（主语 + 双宾动词 + 间接宾语 + 直接宾语）

例8：He handed me a letter.（He handed a latter to me.）

蒙古语中也有 S + V + IO + DO（主语 + 双宾动词 + 间接宾语 + 直接宾语）这样的句型。区别在于，蒙古语句子会在间接宾语前加一个类似于英语介词"to"的蒙古语名词方位格（du/to）（表达"向"的意思）成分。在蒙古语中上述句子的表述应为：ter（他）mana du（向我）nigen zhehetel（一封信）damzhigulbe（递给）。句子翻译为：他递给了我一封信。上述例子中的英语句子可以转换直接宾语和间接宾语的前后顺序，表达的意思不会产生任何变化。即：He handed a latter to me. 这样一来，在英语句子中出现的置于间接宾语前面表示方向的介词"to"与蒙古语句子当中出现的置于间接宾语前面表示方向的名词方位格（du/to）的现象，对蒙英互译者而言，呈现了一种有规律可循的蒙英两种语言共有的特征。因此，笔者推测，这类句型在蒙英互译过程中，蒙古语对英语产生了一定的负迁移，然而，译者如果能够灵活转变英语句子内部的结构顺序，那么，蒙古语对英语的负迁移就能降低或某种程度上可转化为正迁移。

4. S + V + P（主语 + 系动词 + 表语）

例 9：Tom is a student.

在 be 动词做系动词的 S + V + P（主语 + 系动词 + 表语）句子结构中，无论是简单句还是复杂句，蒙古语对英语都体现了正迁移的作用。该句子的蒙古语表述为：Tom（汤姆）bol 是 surugqi jum（学生）。翻译为：汤姆是学生。

例 10：The music sounds good.

如果英语中用一些表示某种状态的动词充当系动词时，由于蒙古语中缺乏系动词和表语成分，此外，该类句型的表达在蒙英两种语言中还存在主动语态与被动语态的差异。该句的蒙古语表述应为：en（这个）do：（歌）zhuger xig（不错）sonsegdezh（被听起来/听起来）bain。翻译为：这个音乐听起来不错。值得关注的是，此蒙古语句子中的"sonsegdezh"这一被动形式是表达"sounds 听起来"这一主动概念，而蒙古语句中的动词是不能转化成主动形式的。因此，此类句型在蒙英互译过程中，蒙古语对英语产生了负迁移。

5. S + V + O + OC（主语 + 及物动词 + 宾语 + 宾语补足语）

例 11：Good food keeps you healthy.

因为蒙古语同样缺乏宾语补足语成分，在蒙英互译时，蒙古语对英语产生了负迁移影响。该句的蒙古语应为：xim tai（有营养的）idegen（饮食）hun no bein du（对人体）tosotai（有益）。蒙汉直译为：有营养的饮食对人体有益。原句的英汉翻译为：良好的饮食使人健康。由于，蒙古语中缺少宾语补足语成分，从而，在蒙英互译时产生了显而易见的词性变化。

本文上述内容是对蒙英互译时，蒙古语句子结构对英语陈述句的五种基本句型产生正、负迁移现象的探讨。以下，本文将分析蒙英互译时，蒙古语与英语疑问句方面发生的迁移现象。

（二）疑问句

由于蒙古语缺乏"助动词"和"情态动词"，蒙古语疑问句与英语疑问句在句子结构上有一定的差异，因此，在蒙英疑问句互译过程中，蒙古语对英语产生了负迁移影响。

1. 一般疑问句中的"助动词"和"情态动词"的使用

但是，笔者认为对其仍有规律可循，通过对例 12、例 13 的观察，我们可以推理出。

例 12：Do you know Chinese？（你懂汉语吗？）

在蒙古语中该句的表述应为：ta（你）heted hele（汉语）oilgen（懂）nu（吗）？

例 13：Can you give me the card？（你能把这张卡片给我吗？）

在蒙古语中该句的表述应为：ta（你）ene cart i：（这张卡片）nama du ugezhu（给我）bolen nu（能吗）？

英蒙翻译结果表明，英语的"助动词"和"情态动词"，在蒙古语的疑问句中已经被省略了，只体现了原语中的实意动词。虽然在蒙英疑问句互译时，蒙古语对英语产生了一定的负迁移影响，但是，笔者认为这里仍有规律可循，通过对例10、例11的观察，我们可以推论出，在蒙英互译时，译者如果根据蒙古语的 S + O + V 句子结构，将英语一般疑问句当中的实意动词在蒙古语疑问句中置于句末，再将英语的"助动词"和"情态动词"都处理为蒙古语的语气助词"ju"，这样一来，蒙英疑问句互译时，蒙古语中缺乏"助动词"和"情态动词"的问题，即可得以解决。

（三）祈使句

例 14：close the door. 把门关了。

该句的蒙语表达应为：egude（门）gi（把）ha：（关）。叶斯柏森从语言哲学的角度提出的普遍语法学认为：人类所有语言在句法方面存在着共同点，这种共同点是直接建立在人类思维本质的逻辑上的。蒙古语和英语在表示命令或请求时，都采用祈使句。值得注意的是，英语祈使句的动词用动词原形，一般置于句首；而蒙古语则遵循 S + O + V 的句型原则，将祈使句的动词置于句末，需要用蒙古语命令式、请求式或祈使式动词。从两种语言祈使句中的动词都采用动词原形的角度来看，在蒙古语与英语祈使句的互译过程中，蒙古语对英语产生了一定程度的正迁移影响。

（四）感叹句

为了便于蒙古语与英语感叹句的对比，本文选取了英语感叹句最常用的 how 和 what 引导的感叹句进行对比分析。在蒙古语中，我们经常会使用"jahgsen""uneher"（多么）等程度副词来表达感叹句中的感情色彩。

例 15：How clever she is!（她多么聪明啊！）

该句的蒙古语表达应为：ter（她）jahgsen（多么）serguleng（聪明）boi（啊）！

例 16：What a nice weather it is!（多么好的天气啊！）

该句的蒙古语表达应为：jahgsen（多么）saihan（好的）u：der（天气）boi（啊）！

从上述例子中我们可以看出，蒙古语与英语祈使句的区别在于：英语感叹句的引导词 how 后需要使用形容词或副词词组；引导词 what 后需要使用名词或名词词组。而蒙古语感叹句中表示感情色彩的"jahgsen""uneher"等程度副词的后置词与其搭配时，则不需要区分词性。因此，笔者认为，在蒙英感叹句互译时，蒙古语对英语体现了一定程度的负迁移现象。

四　结语

笔者认为对这一领域的研究，不论从理论层面还是从实际应用层面来说都有较大意义。首先，在理论层面，该研究有助于：（1）揭示蒙古语与英语在句型方面的共性与差异；（2）探索蒙古语与英语互译时，有关句子结构方面的正、负迁移现象；（3）提高对蒙古族语言与文字的重视程度。其次，在实际应用层面，该项研究的意义在于：通过文中的实际例子分析，有助于蒙英语言学习者、翻译者更充分地利用蒙古语对英语的正迁移作用，同时也更有效地避免两种语言在互译时产生的负迁移现象。进而，在蒙英互译时，充分发挥蒙古语（母语）优势，达到理论与实践相结合的最佳效果。

试探现代哈萨克语同形多义问题

阿热依·邓哈孜

（中央民族大学）

现代哈萨克语的形态变化是非常丰富的，具有音形一致的黏着特性，它的这种特性使它产生一些读音和形式相同但意义不同的一类词，当然，这些现象在哈萨克语里被认为是同音和多义现象，在词汇层面上被称为"多义词"和"同音词"。

哈萨克语同音词虽然在概念上跟其他语言相同，但它有自己独有的特点。汉语里读音相同是指声母、韵母、声调都相同而意义却不同的词。而哈萨克语里一旦读音相同了形式也会相同，或形式相同的词读音也相同，但对于母语为非哈语的学习者来说，学习哈萨克语时区分哈萨克语同音词和多义词是比较困难的，因为，它们的表现形式基本一致。

组成哈萨克语同音词的一组词都有词汇意义和色彩意义，它们在具体的语言环境中，以自己独特的表现形式和独立使用中的意义来区分。在哈萨克语中，一组同音词的意义是不同的，所以在区分同音词时，不能把一个词的多义现象当作同音现象来看待。

下面对哈萨克语同音词、多义词、同音同形现象以及同形多义的复合词和同形多义结构关系进行分析。

一 同音词

哈萨克语里读音形式相同，但意义不同的一组词被称为"同音词"[1]。比如，"tüs"这个词，有以下几种范畴意义：

① **tüs** boldï. 到中午了。（表示时间）

---

[1] 新疆语委会：《现代哈萨克语》，新疆人民出版社，2002，第84页。

② men bir **tüs** kördim. 我做了个梦。（做梦的梦）
③ qanday **tüsti** unatasïŋ? 你喜欢什么颜色？（颜色）
④ ol üydiŋ balalarï bir **tüsti**. 他们家小孩都是一样的。（小孩的性别）
⑤ tez **tüs**. 快下来。（表示动作行为，命令式）

再比如，"qoy"这个词有以下三种范畴意义：

① akem bügin **qoy** soydï
爸爸今天宰羊了。（名词）
② kitapti ornïna **qoy**
把书放到原处。（动词）
③ **qoy**, büytseŋ bolmaydï
不，不要这样。（命令式，动词）

再比如，"sen""tömen"等词都有不同表达意义：

① **sen** kimsiŋ?
你是谁？（代词）
② mağan **sen**.
相信我。（动词）

① onïŋ üyi **tömen** jaqta.
他的房子在下边。（方位词）
② ol menen **tömen** aldï
他考得比我低。（形容词）

① bul mäsele **öte** qyïn.
这个问题很难。（形容词）
② onïŋ minezi **öte** qyïn.
他脾气不好。（形容词）

① **men** oqwšïmïn.
我是学生。（代词）
② Muğalïm **men** oqwšï.
老师和学生。（连词）

① tez šïndïğïdï **ayt**.

快说实话。（动词）

② bügin qurban **ayt** merekesi.

今天是古尔邦节。（名词）

① **jaz** šïqtï，tawğa barïp kelmeymizbe.

夏天到了，我们去上山吧。（名词）

② balam tapsïrmaŋdï tez **jaz**.

孩子，快去写作业吧。（动词）

① waqïtïŋ bolsa kyno **kör**.

有空的话看看电影吧。（名词）

② birewge dep **kör** qazba öziŋ tüsersiŋ

坑害别人的人会使自己落入陷阱（坟墓）。（名词）

① mektepke **bar**，bilim al，balam.

去学校，学知识吧，孩子。（动词）

② mende köp kitap **bar**.

我有很多书。（动词）

类似于以上的几组词在哈萨克语中被称为"同音词"。一组词的读音形式相同，但意义完全不同。哈萨克语同音词一般由不同的词类构成，有时也可以由同一种词类构成而表达不同的意思。

二 多义词

多义词与同音词不同，多义词是有同一个读音形式，但表示的意义相互联系的一组词[①]。比如，"köz"这个词有以下四种意义：

① sw **köz**inen tunadï（水从泉源变清）泉源，发源地

② ol köp oqïğan **köz**i ašiq adam（他是有智慧的人）有智慧的人。

③ **köz**ben köremiz qulaqpen estymiz（用眼睛看，用耳朵听）眼睛。

---

① 新疆语委会：《现代哈萨克语》，第 84 页。

④ **köz**siz batïrlïq erlik emes（有勇无谋成不了英雄）粗心大意的，冒失的。

在共识语言系统中，语音形式相同并且词义上有联系的词属于"多义词"，也就是形式相同、表达相互关联的一组词。

三 同音同形现象

戴炜栋先生在《简明英语语言学教程》中谈到词有两个或两个以上的意义归属于同一种语言形式的情况，即在共时语言系统中，语音形式相同，但是词义上没有联系的词①。哈萨克语里的同音同形现象类似于这种现象。

哈萨克语的同音词和多义词都是读音形式相同，但意义不同的一组词，但在现代哈萨克语里，不经过形态变化的词根和词干才属于同音词范畴，发生形态变化后的同形现象不属于同音词范畴，因此笔者把这类现象看作同音同形现象来分析。比如：

① biz **ulï** otanïmïzdï süyemiz.

我们热爱我们伟大的祖国。

ulï：形容词，汉语为"伟大"

② onïŋ bir **ulï** bar.

他们有个儿子。

ulï：ul + ï（儿子 主格 - 领属词尾 3）词根是"ul"

① onïŋ **tegin** anïqtaw kerek.

必须弄清他的来历。

tegin：tek + in（源 - 宾格）词根是"tek"

② **tegin** jerge ye boldï

得到了无报酬的地块。

tegin：形容词，汉语为"免费的"

① sen onï **tospa** bara bersin

别拦他，就让他去吧！

---

① 戴炜栋：《简明英语语言学教程》，上海外语出版社，2011，第 72 页。

tos + pa（等待 否定-命令式），词根是"Tos"表示"等待"

② osïnda bir **tospa** bar

这里有个水坝。

tospa，名词"水坝"

① sende kitap **barma**？

你有书吗？

bar + ma（有 疑问词尾），词根是"bar"表示"有"

② sen ol jerge **barma**.

你不要去那里。

bar + ma（去 否定词尾），词根是"bar"表示"去"

① saparïmïz **öte** sätti boldï.

旅途很愉快。

öte（很，非常），"副词"

② asan janïmnan **öte** šïqtï.

阿山刚从我这边走过去了。

öte šïqtï（走过去），表示"横过去，走过去"

① balam **alma** jegendi jaqsï köredi.

孩子喜欢吃苹果。

alma（苹果），词根是"alma"表示"苹果"，名词。

② basqalardïŋ närsesin **alma**.

不要拿别人的东西。

al + ma（拿 否定词尾），词根是"al"表示"拿"，动词。

① ol bul seraqtï **šeše** almadï.

他没有解决这个问题。

šeš + e（解决 副动），词根是"šeš"表示"解决，处理"，动词。

② **šeše**，qašan qaytïp kelesiŋ？.

妈妈，您什么时候回来？

šeše（母亲），词根也是"šeše"表示"母亲，妈妈"，名词

③ Ol äli kiškene öz kyimin özi **šeše** almaydï

他还小，不会脱自己的衣服。

šeš + e（脱副动），词根是"šeš"表示"脱"，动词。

哈萨克语里类似于这样的同形同音词很多。哈萨克语语言学家认为，发生形态变化后的词也属同音词，这样的话，同音词的数量就大了，就没什么意义，但对于学习哈萨克语的其他民族学生来说这是有必要解释的一种语言现象，除了其他民族学生学习哈萨克语外，计算语言学也需要我们把这些现象解释清楚，否则无法解释同音同形现象的存在。由于语言中大量存在这样的同形同音现象，因而出现了本文所谈的同形多义问题。

四　同形多义的复合词

复合词是由词根与词根复合而成的合成词①。两个词根结合不甚紧密，看上去像词组，实际上已凝结为一个词，是书面上分写的复合词。

哈萨克语里有一些合成词由两个实词的组合来表达一个意义，一般都是形容词和名词的组合，在以往的哈萨克语的拼写规则里两个词分开写，因此，有的学生常常注意这些词的字面意义，从而导致翻译上的错误。计算机也一样，它认识的是单独的词和它的词干意义，因此做词汇库的时候需要建立一套哈萨克语合成词和它的类别的规则。比如：

① qïrïq + ayaq（四十 + 脚）表示（蜈蚣）
bul **qïrïkayaq**（这是蜈蚣）而不是"四十个脚"。

② eki + betkey（二 + 山坡面）表示（两面派）
Osï zamanda **ekibetkeyler** öte köp（现实社会中两面派很多）而不是"山坡面"。

③ awïr + ayaq（重 + 脚）表示（身孕的）
Onïŋ äyeli **awïrayaq**（他老婆怀孕了）而不是"脚重"。

④ qolï + qïsqa（手臂 + 短）表示（手头紧张）
Jaqïnnan beri **qolïm qïsqa** bolïp jür（最近手头比较紧张）而不是"手臂短"。

⑤ iši + tar（里边 + 窄）表示（心眼小）

---

① 张定京：《现代哈萨克语实用语法》，中央民族大学出版社，2004，第19页。

Ol bir jurgen **iši tar** adam（他是个小心眼的人）而不是"里边窄"。

⑥ qïzïl + köz（红眼睛）表示（眼红）

qïzïlköz bolsaŋ bolmaydï（不要总是眼红）而不是"红眼睛"。

⑦ qara + bet（黑 + 脸）表示（丢脸）

Ol köpšiliktiŋ aldïnda **qarabet** boldï（他在大家面前丢脸了）而不是"黑脸"。

哈萨克语里有很多类似于这样既有明义又有暗义的复合词。因此，在自然语言信息处理中，不能随意对语料进行切分，现代哈萨克语中有大量的复合词是不能切分的，是已经定了形的合成词。

五　同形多义结构

吴竞存、侯学超编著的《现代汉语句法分析》一书，提出了同形多义结构现象之一的歧义现象，从句法结构角度描述和讨论了各种歧义结构产生的条件①，有助于我们加深对语言特点的理解。哈萨克语中也存在这种现象。比如：

① men **toydïm**

我吃饱了。

② **toy**ğa barsaŋ **toy**ïp bar

参加婚礼前要吃饱。

第①toydïm，表示"吃饱了，再吃不下了"；②toy 表示"婚礼"除此之外，还有一些以同样的形式表达不同意义的同形多义结构。比如：

① mektepke **artqï esikpen** kirwge bolama？

能从后门进（学校）吗？

② mektepke **artqï esikpen** kirwge bolama？

能不能找找路子进这个学校？

这里的 artqï esik 指的是学校的前后门（artqï esik 后门），是单层意义，而这句话还包含着（能不能找找路子进这个学校），也许是想找关系让某

---

① 吴竞存、侯学超编著《现代汉语句法分析》，北京大学出版社，1982，第 86 页。

人进这个学校上学，或是工作，这是深层意义上的找路子（artqï esik 走后门）。

这也表明语言是一种社会现象，它要受社会文化背景的制约。一个词可以说得通两种意义，也就是在现实中都是合理的，都可找到可能的现实语境与之对应。而计算语言学认识的只是表层意义，如同形多义问题解决了，那计算机也就能解释语言的深层意义了。

通过这种错综复杂的同形多义结构，我们可以探讨其深层的语法关系，又能深入地解释和研究语言。

任何一个有规则的语言结构体，都可按一定的规则，组成一种结构关系。分析在句子中，一个词能充当什么句子成分，可以了解句子的层次构造，也可以分析句子的句型，句法规则正是通过有限的组合规则来表达无限的意义，这也会导致很多同形多义现象。

六　今后努力的方向

更好地理解语言的机制，更清楚地描述语言是结构语言学的目的。把同形多义问题纳入语言教学，能帮助学生从各方面了解语言单位之间的关系。而且，同形多义问题在语言教学中属于最不好理解和解释的语言现象，对于第二语言教学来说更是如此。

对同形多义问题的深入理解有助于提高计算机处理问题的能力并扩展计算机的应用范围。因此，我们应更加努力解释这种现象，通过描述这种错综复杂的语言现象来解开语言的奥秘。

本文所谈到的同形多义问题不仅出现在我们的日常口语里，在书面语中也无处不在，人们通过这种方式来表达细腻的感情，使语言更加富有感染力。

通过这种错综复杂的同形多义结构，我们既可以探讨深层的语法关系，又可以更清楚地描写语言。现代哈萨克语中普遍存在的同形同音结构是与语言的各个层面相互联系的。

同形多义结构在哈萨克语中大量存在，以往的哈萨克语研究仅仅关注词汇层面上的同音词或多义词，在句法层面上的研究较少。

首先，我们要明确指出同形多义现象和构成它的条件。

同形多义问题包括同音词、多义词、同形多义结构的表现形式等。如果只从词汇层面上分析的话,那么,这些同音词、多义词就只存在于词典中,没有进入人们交际中,只是语言的备用单位。

因此,语言学家要对这些现象做一个系统的定性与定量研究,除了同音词、多义词以外,哈萨克语法规则应该把同音同形现象和词的兼类问题加进去。

其次,在语言教学中我们应该让学生关注类似于这些现象的问题,因为这些现象在我们的语言系统中是普遍存在的,比如,以上谈到的同形结构的复合词和固定搭配等现象,这样能帮助学生从多个层面了解语言。

最后,我们在学习过程中不仅要学习语言的结构形式,还要学习语言的各种变化和矛盾,不仅要学习它的意义,还要学习语言的运用从而克服机械背诵单词等毛病。

结　语

同形多义结构现象在现代哈萨克语中大量存在,对同形多义结构的分析判断、识别选择能力的增强,能提高计算机处理问题的能力,并扩展计算机的应用范围,对词典的编撰,对语言教学和翻译也具有很大的意义。

经过同形多义解析,我们可以解释更多掩盖在同形的表层结构下精细微妙的语法规律,增强计算语言处理的可论证性和解释力。还可以帮助机器优选语义,识别歧义,预见歧义,提高语言表达的正确性,从而提高机器翻译和计算机自动分词的速度和精度。

本文所涉及的研究范围较广,情况比较复杂,其中涉及很多语言学理论问题,本文只谈到了很少一部分,有些观点还有待进一步完善,之所以把它写出来是希望有更多的人加入这方面的研究,本文所做的工作只是一个开始,衷心希望得到各位专家、学者的指教。

《黑龙江舆图》及其图说中满语地名探源

周 赫

(东北师范大学古籍整理研究所)

光绪初年，清政府所治理的边疆地区不断受到西方列强侵割，且因光绪以前所绘制的舆图标注的边疆界线已不能适应当时国家的政治军事需要，给列强与清政府在周旋割让土地上以可乘之机，客观上致使清政府所丧失的领土增多。因而，一部精确、完整的全国舆图成为清政府保全国家领土和巩固疆域的首要任务。1886年（光绪十二年），清政府设"会典馆"始修《大清会典舆图》，而黑龙江作为与沙俄接壤的边疆地区，成为政府重点关注的地区。1889年（光绪十五年）至1899年（光绪二十五年），清会典馆先后更换黑龙江将军依克唐阿和恩泽两人，黑龙江省舆图总纂英寿和屠寄两人，并从他省调派何兆辉、陆汝、崔祥奎、单世俊、张士元、刘恩鸿等才俊协助测绘，测绘人员总数由18人增至36人。其间多次派遣官员，来黑龙江催促省舆图局上交舆图。1899年3月终于完成《黑龙江舆图》及其图说，6月印刷成册，共13册，61幅图。最初属官方私藏石印版仅有三部。

本文对《黑龙江舆图》及其图说中的满语地名进行历史考察并进行语言地理学方面的解析，阐释满语地名命名的特点和意义，揭示其中所含的社会信息和经济信息，为认识清光绪时期的黑龙江历史地理和民族历史提供依据。参考底本是1933年《辽海丛书》影印本。

一 《黑龙江舆图说》的基本情况

《黑龙江舆图》的测绘时间实为1896~1899年，历时3年，而《黑龙江舆图说》撰写时间实为一个月。由于黑龙江地区的自然条件、人力物力、交通运输、科学技术、民风民俗、当时的国内外局势局限性较大等问题，因而英寿并没有完成会典馆交给的任务，直至屠寄上任，"然以会典馆原颁格式太小，山川地名不能一一详载。当道以其缺略可惜，乃属屠寄据原图缩小十分之七"①，才得以呈现如今的《黑龙江舆图》及其图说。

《黑龙江舆图》及其图说是屠寄在实地测量绘测的基础上，参考历代东北文献典籍编纂而成。《黑龙江舆图》的修图方式沿袭了明代《一统志》，并借西学东渐的热潮引进了大量的西方先进的测绘仪器和测绘方法。《黑龙江舆图说》的体例则遵照会典馆的规定，参照《大清一统舆图》，旁征《皇舆全览图》和《乾隆内府舆图》等。在内容上，《黑龙江舆图》中的地名皆为汉语标注，对蒙语、满语、汉语、达斡尔语、女真语、索伦语进行音译。所囊括的清代光绪时期的东北辖区最北至外兴安岭线，西为沿尼布楚岭至达和罗海图一线，南以松花江为界线，东为布连斯奇岭至完达山一线。即为今黑龙江省北部、内蒙古北部，蒙古国西部，俄国远东的阿穆尔州等地，"全境南北纵二千六十里，东西广一千五百七十里"②。

本文所探析的满语地名就在这一片区域内。《黑龙江舆图说》内容分"凡例、总图说、齐齐哈尔城、黑龙江城、墨尔根城、布特哈、呼伦贝尔、呼兰城、呼兰厅、绥化厅、入发库门道、入喜峰口道" 12 部分。其中关键的地名后皆用经纬度加以注释，因此对照古今地名之时，依照《黑龙江舆图》中的计里画方表格，参考现代的 GPS 进行具体的位置定位。经过定位，除已经失传的地名外，在清代前文献中出现的地名及清代文献中所提及的地名凡能与《黑龙江舆图说》中的地名对应上的皆能在地图中进行定位，且所差公里数在 10~36 公里之内。出现误差的原因有以下三点：(1) 清代测量工具较现代卫星定位技术有很大的误差，这种因技术所造成的误差不可避免。(2) 屠寄采用的绘图技术为圆锥外切法，即将整个区域置于圆锥体内进行绘格，这就导致了越往北经线缩减越大，纬线与纬线之间的距离越小，因而缩绘处的舆图在整体上看与当时的省图形状相差无几，但实际上单位经纬度换算的比例尺差距较大。(3) 清政府当时急需一张较前代更为精确甚至能与西方各国比肩的边疆舆图，这使测绘时间不能过长，而《黑龙江舆图》及其图说测绘时间长达 10 年，这与会典馆最初

---

① 《续修四库全书总目提要》（稿本）卷七，齐鲁书社，1996，第 429 页。
② 《续修四库全书总目提要》（稿本）卷五，第 597 页。

规定的一年相差太多，即使屠寄接任总纂后，选用了人才，采用了先进的测绘技术，但在时间上和地域上还是显得仓促了些，这从最后影印的《黑龙江舆图》的 61 幅图中就能看出，在绘制今俄国阿穆尔州和部分哈巴罗夫斯克边疆区上仍有缺漏。但是，即使《黑龙江舆图》及其图说有这样多的误差和缺漏，相较之前的一些全国性和私家测绘的舆图要好得多，"凡境内郡邑城镇村集，与蒙旗聚落之地名记载颇能详悉得宜。亦有沿革可考，即正史所载者，亦均详记其由，其疆界边防险夷之情形，更特别标识，至于图水则别大小而分双单之录；图山则依平视而具，颇具泰西舆图之发，较以康乾两朝内府舆图，亦无逊色也……据其所序，亦可见其用力之勤，而参考工博，故能成此精心之作。固非阿谀之言，实亦晚清官刊地图之佳本也"。① 且能从中统计出满语地名 1326 个，其中包括总图说部分 215 个，齐齐哈尔城部分 55 个，黑龙江城部分 452 个，墨尔根城部分 109 个，布特哈部分 133 个，呼伦贝尔部分 419 个，呼兰城部分 106 个。这些满语地名分别为山名 299 个，岭名 38 个，冈名 3 个，高原名 2 个，河名 828 个，水名 12 个，沟名 4 个，泊名 5 个，池子名 5 个，江名 3 个，湖名 3 个，站名 37 个，城名 21 个，卫名 23 个，台名 15 个，喀伦名 9 个，屯名 7 个，所名 3 个，窝集名 7 个，厅名 1 个，堡子名 1 个。

《黑龙江舆图》及其图说中的满语地名占总地名的 2/3，对于研究清代光绪时期黑龙江地区的满语地名具有重要的历史意义，通过舆图的表现形式，使得在定位满语地名上具有准确性和校释性。

二 满语地名的命名特点

地名能反映一个民族的社会生活、文化特点及特定的自然地域状态。满语地名亦能反映满族的自然和人文地理。满语地名作为满族人的文化标记，从诞生之日起，本身便带有满族的民族特征和文化特征。满语地名的变化，随着满族的兴衰而变更，初期表现与满族的社会经济有关，中期表现为汉蒙民族的融合，现今满语逐渐消亡，反映满族文化现象的地名也具有了不同的特点和意义。

《黑龙江舆图说》中的满语地名体现了民族融合和语言融合的特点。

---

① 《续修四库全书总目提要》（稿本）卷七，第 430 页。

比如有些满语地名是因为通古斯语系的不断演变与融合，匪克图河为今松花江支流，《金史》记为匹古敦水，后有蜚克图河之称，清代亦在河边设驿站。今俄罗斯境内的阿尔吉河，光绪时期称阿尔奇穆河意为"烧酒"，康熙时期的《皇舆全览图》中载此河名为阿儿吉河。今俄罗斯境内的乌纳河，在女真语与满语中皆为此音，甚至阿尔泰语系中的蒙古语族的契丹语亦是此音，乌纳，满语"枸杞"之义。纳丹哈达拉今完达山山脉，金时称为令挞剌山。《黑龙江舆图说》中的一些满语地名为复合词，例如：乌云和尔冬吉山，乌云满语意为数字"九"，和尔冬吉达呼尔语意为"疾速"。安巴哈尔浑河，安巴满语意为"出"，哈尔浑蒙古语意为"热"。这种现象的出现很显然是由民族间相互接纳和相互融合所产生的。

满语地名命名的简单性。满族人命名地名的方式较汉族相对简单，所要表达的自然现象和地域文化的符号也更为直观。比如，乌谟鲁河直译为巨大的湖；扎克丹哈达直译为种满松树的山峰；兴安岭直译为丘陵；额勒和肯河直译为湍急的河流；达巴尔罕穆丹直译为曲折弯曲；龙泉河直译为水泉上涌；乌谟鲁岭直译为湖、水泡子、荒蒿；沃赫山直译为石头山，可见这些地名都是为形容某一地区的地貌和地域特点而直接命名的。比如，珊延阿林直译为白山；苏瓦延山直译为黄；莽监哈连直译为青色的山峰等，只是单纯地以颜色命名地名。比如，尼堪河直译为间隔；乌那浑河直译为凶狠的河流；布雅密河直译为彼岸；图勒里山直译为外面；苏拉锡哈达直译为闲散的地方，是单纯的形容词和名词进行拼凑，且没有重要的历史意义或者纪念意义，单单作为一个地理坐标和符号。形成这样的满语地名的原因有三方面：一是地名的命名与其他事物、事件、文化的命名不同，更改的概率相对较小，或者基本没有，这就使最初命名的地名一直沿用至光绪年间，成为生活习惯的一部分，导致满族人没有更改地名的意识。二是这些地区人迹罕至，因而改变的概率变得微乎其微，甚至呈现一种地名消逝的趋势。三是满族人受自身物质生活和精神生活等因素的制约，加之黑龙江地区距统治中心较远，因而社会发展较慢，在确定地名之时没有更为广阔的视野，因而往往是主观思维的判断决定了简单地名的产生。

一个地区地名的不断变更，体现了该地区主人或管理者的嬗变。满语地名作为本民族的权力象征，有助于民族意识的强化。早期的满语地名表现为同一地区先后被不同民族所占领，体现出不同民族的语言相互融合。

比如黑龙江的名称就比较多,沿河生活的鄂伦春人称其为石勒喀河,俄国人则称其为阿穆尔河,至于萨哈连乌拉或萨哈连乌喇之称则是由满族由蒙古族语音译而来的同音不同义的地名,萨哈连满语译为黑,蒙古语则译为平安。历史上还被不同民族称为完水、室建河、乌桓水、石里罕河、石里很河、撒合儿兀鲁等,至清朝初年,被称为喀尔喀布里亚特。随着满族的不断壮大,满语地名逐渐带有了宣示满族统治地位或民族权益的特点。喀尔喀河满语保护之意,元代为合泐合河、合勒合河、合儿合河,金时被称为哈勒河,明代被称为哈儿哈河,至清代被冠以满语名称。松花江即松嘎里乌喇译为天河,此河蒙古人称为乌剌江、浯剌江,女真人称为宋瓦江,契丹人称为混同江。今俄国境内的结雅河,曾为我国的精奇里江,满语意为黄色的河流,索伦语亦是此音此译。兴安岭则被俄国人称为斯塔诺夫山脉,被索伦人称为达巴库。

满族的社会经济和生活习俗为满语地名添加了个性化的色彩。满语地名的特点由满族的渔猎经济形式所决定,比如,宁尼颜站直译为大雁栖息的泡子;布特哈界直译为渔猎。而与生活习俗有关的满语地名可举例为:庙噶珊站可直译为噶珊意为乡村;海伦河直译为水獭;逊河直译为奶浆;额尼河直译为母亲;绥楞额山直译为绥楞意为马蜂;他斯哈山直译为虎;温德恩山直译为烧柴、板片。这种现象的出现与满族早期的社会生活有关,由于黑龙江地处边陲与中原地区的经济文化交流较晚,因而满族整体的社会经济和生活习俗较为落后,以具有渔猎特点的词语命名地名或以本民族的风俗习惯命名地名,体现了满语地名的独特价值观。

满族作为曾经的统治民族,在其发源地东北命名了很多地区,尽管满族与汉族不断融合,学习汉族的文化,有些满语地名甚至沿用至今,比如,昂邦河今松花江二级支流,历史上曾叫安邦河、安拜河。但更多的随着历史的历程而发生着改变,且未摆脱满语这一语言环境。

三 《黑龙江舆图》中满语地名的历史价值

《黑龙江舆图》及其图说虽然是官修历史地图文献,其中所包括的满语地名虽然很多,但并不是全部。黑龙江地区地域辽阔,自然与生活环境低劣,而屠寄组织队伍进行实地测量的时间只有短短3年,且我国的黑龙江地区在光绪年间不断被俄国蚕食,绘测所经过的俄国意欲蚕食的地区还要接受俄国人的调查和检验，这就使得绘制这样一张精确又庞大的舆图显得尤为困难。有史料记载："惟单世俊一起出测黑龙江城，地面较各城尤为辽阔，江左留驻之五十五旗屯，错在俄界，而馆章又须将咸丰八年以前江左山川、古城一切查绘，不得刁蘸入俄境详细测查。诅该员于二十四年二月行抵滨江俄卡密果罗夫斯克，被俄国查界马队拦阻，见其持有防身火枪及测绘仪器等，形迹可疑，当将车马、行李、图籍搜去，送交布喇郭威臣斯克之廓密萨尔衙门。五月间，奴才等始接该委员享报，当经发电照会廓密萨尔，即将该委员单世俊释放，并将行李等件一并交还。单世俊续行补测，至七月底始竣事回省，曾经咨明户部、会典馆。"① 可见，《黑龙江舆图》及其图说在绘测编撰的过程中，既要符合当时清政府迫切需要精确舆图的形势，也要缩减大量的时间配合当时国内外动荡的局势，因而，舆图的内容必须缩减版面并在内容上有所侧重，这就使得《黑龙江舆图》及其图说在单位方格中将一些不必要的地名排除在外，而选择一些重要的地名进行详细的考察。

将测绘和编纂的注意力放到军事防御和驿站建置上，使《黑龙江舆图说》中所记载的满语地名军事性用途突出是光绪年间修纂舆图的鲜明特点之一。这从会典馆颁布的条例可以看出，规定舆图修纂所分得的"疆域、天度、山镇、水道、乡镇、官职"皆考虑到军事战略。城、营站、官屯、村屯、卡伦、驿站、道路、桥梁、渡口、界址皆在舆图中进行标明，一些具有地标性的地名被准确列出，一些有关民族社会经济的成为辅佐军事策略的词语被提出，而一些具有民族宗教或者纪念意义的词语便被忽略（清代早期绘制的舆图中亦不重视此方面）。如上文所述，黑龙江省设置了台、站、卫、喀伦、堡子等防御工事和运输驿站等。例如呼伦贝尔设置的阿鲁布拉克喀伦、巴图尔和硕喀伦、额布尔布喇克喀伦；黑龙江城设置的毕拉发喀伦、札伊喀伦等。总图说提及的噶尔甘哈达台、和尼必喇昂阿台等。墨尔根城有兀塔里卫、布特哈有牙鲁卫，等等。除地名外，河流山川的名字也带有军事色彩，比如西林穆迪河的意思是能够驻扎精锐之兵的河湾，喀穆尼山有"隘口"的含义等。出现这种现象的原因除了当时的国内外形势所迫，还与满族自身的民族认同感和民族征服意识有关。清政府的统治

---

① 《黑龙江将军恩泽等为报黑龙江舆图测绘告成事奏折》（光绪二十五年四月初五日）；谢小华：《光绪朝各省绘呈〈会典·舆图〉史料》，《历史档案》2003 年第 2 期，第 50~57 页。

与前代不同之处，即为少数民族的政治，它为了本民族的生存要争夺更好的生存空间，使得满族对军事建设极为重视，虽然至光绪年间，满族已经与蒙汉相互认同，民族关系缓和，满族也已将自己视为中华民族的一部分，但一些地名仍旧保持着军事特点。

另外，《黑龙江舆图》对满语地名的标注全面汉化。清朝官修绘测舆图由满文注释逐渐变为满汉文结合到最后完全汉化，这是一个复杂而又长期的过程。而《黑龙江舆图》作为《大清会典舆图》的一部分，全文都用汉文书写，将满语及其他少数民族语言的地名音译或是转音为汉语，已经实现了全面汉化并且摆脱了传统的绘图形势，从积极意义上讲，是满族逐渐与各民族融合的表现，并且在国门被迫打开后接纳了先进的科学技术。但这也说明清末后期中央集权统治已经开始瓦解，尽管进行了全国统一的测绘活动，但对于像黑龙江省这样的具有其鲜明的满族特征甚至是满族发源地的省份，仍采用汉语，表明汉族文化意识已经逐渐取代满族文化意识，或者说黑龙江地区的多民族逐渐融合而汉文化成为当时社会的主流文化，但满族命名的地名仍然存在，只是以另一种方式表现出来。

综上所述，《黑龙江舆图》及其图说中的满语地名受清代光绪年间黑龙江地区边陲防御形势的影响，在编撰满语地名上有自身的特点，而满语地名作为专有名词也有着光绪年间的时代特点。虽然图说中对同一地名也有笔误之处，译音后的地名在其他文献中也有出入，但笔者认为，屠寄经过实际测量、考证后的地名更为准确可信。研究《黑龙江舆图》及其图说中的满语地名的特点对今后研究该地区及其他地区文献中的满语地名都有重要的价值和作用。

满语服饰词语文化语义研究

石文蕴

(黑龙江大学满族语言文化研究中心)

一 满语服饰词语分类

(一) 冠帽类

满族人素爱戴帽,其冠帽式样繁多。满族冠帽类词语主要包括以下三项。

1. mahala 暖帽

mahala 一词意为"冠"①、"暖帽"②,在《御制清文鉴》中的满文解释为:

uju de eture jaka i gebu. seke i jergi furdehe be arafi etumbi.

头　戴　物　的　名　貂　等　毛皮　做　戴

译文:头戴物品之名称,用貂等毛皮制作以戴。

mahala 多在秋冬季佩戴,"八月换戴暖帽,届时由礼部奏请,大约在二十日前后者居多"③。其制作所用材料广泛,依据材质,还可以细分为 seke i mahala(貂帽)、boro dobi i mahala(元狐帽)等。在清代宫廷中,mahala 作为重要的官定服饰,被称作 doroi mahala(朝帽)、jingse mahala(顶帽)。

2. šabtungga mahala 护耳帽

šabtungga mahala 亦称卧兔帽,顾名思义,其作用为保护耳朵。与

---

① 《五体清文鉴》,民族出版社影印本,1957. 第 3239 页。
② 《清文总汇》,光绪二十三年荆州驻防翻译总学刻本,卷八。
③ 《燕京岁时记》,第 60 页。

abtungga mahala 的汉意相近，bucileku mahala 一词亦为卧兔帽之意，而与 abtungga mahala 不同之处在于 bucileku mahala 仅为女子所用。bucileku 本义为女脑包，《御制清文鉴》中释为：

hehesi eture oyo akū šan be dalire mahala be，bucileku sembi.
女子的　戴的　帽胎　无耳　遮蔽　帽　女脑包　叫作

译文：女子所戴无帽胎之护耳帽，女脑包是也。

《清文总汇》将其解释为："妇女戴的脑包，乃没有帽顶面儿，遮耳的帽子。"①

3. boro 凉帽

与 mahala（暖帽）相对应，boro（凉帽）是"夏秋之礼冠也，立夏前数日戴之。无檐，形如覆釜"②。boro（凉帽）最初为普通劳动者在夏季佩戴，主要为了遮挡阳光，帽檐扁而大。而后 boro（凉帽）被清代宫廷服饰采纳，成为官定服饰的一部分。boro（凉帽）依据制作的材料还可细分为 dersu boro（白草胎帽）、sekiyeku boro（凉棕帽）等。dersu 是一种草名，"梗细而白，似茅杆，做凉帽面者"③，宫廷中美其名曰"玉草"。sekiyeku 则是指"藤子草织的大凉帽"④。boro（凉帽）在清代宫廷服饰中主要指男夏朝冠、男夏吉服冠、夏常服冠及夏行冠。与 boro（凉帽）不同，由于清代宫廷中与夏吉服相匹配的并非女吉服冠，而是钿子，且不存在女常服冠与女行冠，故而 erin boro 仅指女夏朝冠。

（二）服饰类

满族服饰的形制与样式最初皆是为了适应生活环境与方便生产活动的，而后经过逐渐发展演变，才具有了美观甚至彰显身份的特点。

1. sijigiyan 袍

sijigiyan（袍）是满族人钟爱的服饰之一。sijigiyan（袍）最初样式简单，主要为圆领、大襟、衣与裳上下一体、马蹄袖、前后襟四面开衩且有纽襻，如此设计是为了骑射活动方便。根据季节的不同，sijigiyan（袍）亦有多种材质，包括 ša sijigiyan（纱袍）、emursu sijigiyan（单袍）、jursu

---

① 《清文总汇》[K]，卷五。
② （清）徐柯：《清稗类抄》服饰类，凉帽。
③ 《清文总汇》[K]，卷七。
④ 《清文总汇》[K]，卷五。

sijigiyan（夹袍）、kubun i sijigiyan 或 hubtu（棉袍）等。在不同时期，sijigiyan（袍）的长短、宽窄、开骑数量等方面亦有所变化。由于 sijigiyan（袍）受到满族男女老少的广泛喜爱，故又被外族人称为旗袍，但由于时代发展，男式旗袍逐渐退出历史的舞台，唯有女性旗袍经过不断演进，保留至今。

2. kurume 褂

kurume 即"外套褂子"①。kurume（褂）的种类很多，其中最受满族人喜爱的莫过于 olbo（马褂），也称无袖男褂。olbo（马褂）的样式为圆领、对襟、有开衩与扣绊、长度及脐、袖长至肘，其最初只是为了便于满族人骑马进行狩猎、征战等活动，后逐渐被民间接受："国初，惟营兵衣之。至康熙末，富家子为此服者，众以为奇，甚有为俚句嘲之者。雍正时，服者渐众。后则无人不服，游行街市，应接宾客，不烦更衣矣。"② olbo（马褂）的种类较多，可细分为对襟马褂、大襟马褂、琵琶襟马褂、卧龙袋等。除上述几种马褂，黄马褂作为另一类特殊的马褂在清代亦颇为流行，"巡行扈从大臣，如御前大臣、内大臣、内廷王大臣、侍卫什长，皆例准穿黄马褂，用明黄色，正黄旗官员、兵丁之马褂，用金黄色"③。同时，皇帝对有功人等赏穿黄马褂，而对犯过错之人所穿的黄马褂予以剥夺。

3. wahan 马蹄袖

wahan 一词本义为"蹄"④，且专指马蹄。wahan 在服饰中指"袖口"⑤、"马蹄袖口"⑥、"袍子上的马蹄袖口"⑦，其样式是在普通平袖前接续一块半圆形袖头，因其形似马蹄，故称马蹄袖，也称箭袖。wahan（马蹄袖）体现了满族服饰鲜明的民族特色，满族人原多以狩猎活动为生，wahan（马蹄袖）的设计可以保护满族人的手背，使满族人赖以生存的骑射活动得以在寒冷的天气中顺利进行。随着满族人生活方式发生改变，骑射活动日渐式微，wahan（马蹄袖）演变为服饰上的一项装饰，是礼节上的一种需要。

---

① 《清文总汇》[K]，卷十一。
② （清）徐珂：《清稗类钞》服饰类，马褂。
③ 《听雨丛谈》卷一，黄马褂。
④ 《五体清文鉴》卷三十一，牲畜部，马匹肢体类，第 4354 页，民族出版社，1957。
⑤ 《五体清文鉴》卷二十四，衣饰部，衣服类，第 3268 页，民族出版社，1957。
⑥ （清）沈启亮辑《大清全书》，卷十四，第 376 页，辽宁人民出版社，2008。
⑦ 《清文总汇》卷十二。

（三） 靴鞋类

1. gūlha 靴

gūlha 即"靴子"①。满族男子素爱穿靴，"文武各官以及士庶均着之"②。满族男子穿用的靴种类很多，包括 šulihun gūlha（尖靴）、sohin gūlha（皂靴）等。其中的 šulihun gūlha（尖靴）多为平民所穿，而 sohin gūlha（皂靴），又称朝靴，则为方头，厚底，因穿其行走端庄安稳，故多为清代君臣上朝及后妃着朝服时穿用，有些官宦贵族人家日常亦穿。

2. sabu 鞋

满族人所穿之鞋种类很多，包括 kūthūri sabu（云鞋）、kubuhe sabu（镶鞋）、orhoi sabu（草鞋）、hūwaitame sabu（绑鞋）等。

在众多鞋中，最具有满族特色的便是女子所穿的鞋，被称为旗鞋。旗鞋的鞋底多为木制，"其法于木底之中部（即足之重心处）凿其两端，为马蹄形，故呼曰马蹄底"③。旗鞋有高底和平底之分，"底之高者达二寸，普通均寸余……着此者以新妇及年少妇女为多"④，而"年老者则仅以平木为之，曰平底"⑤。根据鞋底的形状，除常见的马蹄底，又可细分为花盆底、船底、元宝底、平底等。

（四） 饰用类

1. fadu 荷包

满族的 fadu（荷包）源于满族先世外出行猎时所携带的皮囊，里面装有食物，以便人们在长途跋涉中补充体力。满族入关后，随着生产方式的改变，荷包（fadu）所盛放的物品亦有所变化，主要为烟草、火镰、香料、零食等，有些 fadu（荷包）中甚至不放物品，仅作为装饰使用，其形状多样，有鸡心形、葫芦形等，表面所绣花纹样式繁多，多为祥瑞图案与吉祥话语。满族人无论男女，均喜爱佩戴荷包，男子将其佩戴在腰带上，女子佩戴于旗袍领襟的纽扣上或大襟嘴上。fadu（荷包）不仅具有实用性与装

---

① 《清文总汇》[K]，卷四。
② （清）徐柯：《清稗类抄》服饰类，靴。
③ （清）徐柯：《清稗类抄》旗女之马蹄底鞋平底鞋。
④ （清）徐柯：《清稗类抄》旗女之马蹄底鞋平底鞋。
⑤ （清）徐柯：《清稗类抄》旗女之马蹄底鞋平底鞋。

饰性，它还可以作为男女之间的定情信物。宫廷中，皇帝将荷包系在选中的秀女的衣扣上。另外，荷包也作为一种赏赐，嘉奖有功之臣。

2. šošon i weren 钿子

šošon i weren 意为"钿子、旗下妇人首上戴的铁丝作者"[①]。šošon i weren（钿子）是一种彩冠，其"以铁丝或藤为骨，以皂纱或线网冒之"[②]，前面像凤冠，后面如覆箕，上面多"以珠翠云朵杂花饰之"[③]。šošon i weren（钿子）多是满族女性在吉庆等重要场合配合礼服穿用的。宫廷中，钿子作为女吉服冠，其制作更为奢华精致，花饰由珍珠、珊瑚、碧玺等珠宝组成，所构图案多为仙鹤、灵芝、葫芦、如意、石榴等，寓意吉祥与美好期冀。

二 满语服饰词语分析

（一）满语服饰词语语义结构分析

满语服饰词语的语义结构主要分为单纯词、合成词及派生词。

1. 单纯词

满语服饰词语包括大量的单纯词。如：

mahala 冠	boro 凉帽	mahū 皮马虎
adu 服	dahū 皮端罩	hubtu 棉袍
ergume 朝衣	kurume 褂	kokoli 幔头套

2. 派生词

与满语服饰相关的词语主要为名词与动词，其中许多词语是由其他词语派生而来。

šufa 头巾 ——šufatu 巾

tobgiya 膝盖骨 —— tobgiyakū 护膝

nerembi 披衣服 —— nereku 斗篷

sijin 鹰线 —— sijimbi 细缝、密缝

ulhi 袖—— ulhilembi 放在袖子里；藏在袖子里

---

① （清）徐柯:《清文总汇》[K]，卷六。
② 《听雨丛谈》卷六，钿子。
③ 《听雨丛谈》卷六，钿子。

3. 合成词

合成词即"由两个或两个以上的词素按照一定的规则组合起来构成的名词"①。满语服饰词语中的合成词主要分为偏正形式、联合形式与聚集形式。

（1）偏正形式的合成名词是前面的词语对后面的词语有修饰与限制作用，这一类型的合成名词在满语服饰词语中大量存在。

emursu etuku 单衣　　　　　　jursu etuku 夹衣
šabtungga mahala 护耳帽　　　　tashangga mahala 虎帽
doroi mahala 朝冠　　　　　　 dodori mahala 宽檐大帽

（2）联合形式的合成词是前后两个词素联合起来组成一个新的词语，这两个词素地位平等，在满语服饰词语中多为名词。

tobgiya 膝盖 + dalikū 遮挡物 —— tobgiya dalikū 护膝
monggon 脖项 + hūsikū 围的东西 —— monggon hūsikū 围脖

（3）聚集形式的合成词是由两个或两个以上的词素依据一定的语法形式聚合而成的词。

funiyehe i šošon 发缵　　　　　　fiyen i ijukū 粉扑
sekei baltaha i kurume 貂下嗑皮褂　foholon adasun sijigiyan 缺襟袍
šanggiyan ulhu kurume 银鼠皮褂　　bithei niyalmai šufatu 儒巾
gulhun dubengge suihe 回头穗子

（二）满语服饰词语关系分析

1. 同义词语义辨析

同义词是意思相同或相近的词，它可以帮助人们更加细致地区分事物或更加精确严密地表达思想情感。对同义词在其感情色彩、语义轻重、范围大小等方面加以辨析可以使人们对词语语义理解得更为详细透彻，增加词语运用的准确性。满语服饰词语中亦存在一些同义词，对其加以辨析便于我们对相应词语更为准确恰当地掌握与运用。

对满语服饰词语的同义词进行辨析可以发现，其主要差别在于以下方面。

（1）同义词范围大小有差别，例如：

---

① 赵阿平：《满语研究通论》，第98页。

šabtungga mahala 遮耳帽　　bucileku mahala 遮耳帽
遮耳的　　　帽子　　　　女脑包　　帽子

两个词语的词义均为遮耳帽、卧兔帽，但 šabtungga mahala 意为"卧兔大暖帽"①，即冬天戴的护耳帽的统称概括，词语范围较大，而 bucileku mahala 具体专指"妇女戴的脑包，乃没有帽顶面儿，遮耳的帽子"②，词语范围较小。

（2）词语在形成与使用过程中，由于受到内部发展与外部环境的影响，会不断发生变化，因此在不同时期，对同一事物的一些指称词语也会有所变化，旧词语或是逐渐被弃用以致消亡，或是具有了新的语义，而新词语则会更频繁地使用，因此会出现历时同义词，同义词之间存在时间上的差别，例如：

hūberi 风领　　monggon hūsikū（monggohūsikū）风领；围脖

hūberi 意为"风领，乃貂、鼠等皮做的女人冬季挡耳脸之物"③，monggon hūsikū（monggohūsikū）词义为"围脖子；领子；旧与风领通用，今分定风领曰 hūberi"④，可见两词为历时同义词，词义相同，但所使用的时间阶段相异。

2. 同音词语义分析

同音词即同音异义词，指读音相同而意义不同的词语。与汉语中存在的异形同音词不同，"满语同音词在语音、书写形式上完全相同，而其几个词义之间毫无联系，各自表达不同的意义"⑤。满语服饰词语中亦存在一些同音词语，主要可以分为以下三类。

（1）满族本民族词语形成时出现同一词语指称多类事项，而词语之间的词义毫无联系，甚至有些词的词性还有所分别。

boro 凉帽

boro 除作为名词，为凉帽之意，还可以作为形容词，来形容牲畜或野兽毛皮为青棕色：

boro dobi 青狐皮　　　　boro lefu 棕熊

---

① 《清文总汇》[K]，卷六。
② 《清文总汇》[K]，卷五。
③ 《清文总汇》[K]，卷四。
④ 《清文总汇》[K]，卷九。
⑤ 赵阿平：《满语词汇语义研究》。

（2）在民族接触中，满语中出现了许多借词，有些借词与满族原有词语构成了同音词，有些借词之间构成了同音词。

yentu 窄绦子，缝就小带。

yentu 除上述同音现象外，还与汉语借词 yentu 构成同音词。yentu 为在汉语借词后根据满语的构词方式添加附加成分 tu 构成的词语，意为熨斗。

（3）满语动词因时、态、式而有多种变化形式，有些变化形式与其他词语的语音及书写形式相同，成为同音词。

sabu，鞋。

sabu 作为名词，词义为鞋，此词与动词 sabumbi（看）的命令式 sabu 为同音词。

3. 多义词语义分析

多义词即为具有多种意义的词语，与同义词不同，多义词不同的词义之间具有内在联系，多是"以一个词的基本意义为基础，继而发展出与原义有联系的多种引申义，以表示与原义有关的其它事物"[①]。满语服饰词语中存在许多多义词，有些为多义词的基本语义，有些是由其他基本词义引申而来。

作为多义词基本语义的满语服饰词语主要包括：

①sengken 的基本义为"纽扣"，其引申义多为与"纽扣"形似之物，包括"挂钟之钮孔；绳子或带子打结穿在筐上的提系子耳绊子；印钮即拿手"[②]。

②ulhun 一词的基本义为"领子"，由"领子"引申出"朝衣上的披领；被当头"之意，另有"牛脖子下的软皮；裁城垛墙放的砖石；刀吞口"[③] 等意义。

三 满语服饰词语的文化内涵

（一）满语服饰词语与满族文化

1. 满语服饰词语与自然生态环境

满族自先人肃慎人开始，便世代生活居住在东北地区。东北地区地处

---

① 赵阿平：《满语多义词与同音词的辨别及运用》，《满语研究》1991 年第 2 期。
② 《清文总汇》[K]，卷五。
③ 《清文总汇》[K]，卷二。

温带与寒带，冬季漫长，"土气极寒"①，气候条件恶劣，满语中关于"表述冰冻、冰化及各种雪的形态的词语达 60 余个"②。为了适应在艰难的自然环境中生存，满族先世采取多种方式御寒保暖，如挹娄人"好养豕，食其肉，衣其皮，冬以豕膏涂身，厚数分，以御风寒"③。与先世相似，后代满族人为了抵御严寒，其服饰中多棉绒与皮毛材质，如：hubtu（棉袍）、pampu（厚棉袄）、kubun i etuku（棉衣）等。时至清代，皮毛服饰不仅限于北方人穿着防寒，还逐渐演化为一种身份的象征。据《清稗类抄》记载，在四季如夏的广州，"官界为彰身饰观计，每至冬季，则按时以各种兽皮缘于衣之四围，自珠羔至于貂狐，逐次易之，俨如他省之换季然"④。

满族先世及其世世代代生息繁衍的东北地区虽然冬季气候恶劣，但其"土界广袤数千里，居深山穷谷"⑤，山高林密，河流众多，水草丰美，良好的自然生态环境十分适宜珍禽鸟兽栖息繁衍："东三省诸山多松林，茂条蓊蔼，结实甚大。貂深嗜此，多栖焉。"⑥ 在东北地区生存的动物种类繁多，与动物相关的满语词汇亦十分丰富，单"有关鹿的专有名词达 31 个之多"⑦。如此丰富的动物资源为满族服饰的制作提供了充足的材料。

2. 满语服饰词语与经济生产方式

狩猎是满族的一项重要经济生产活动。优越的自然地理环境为动物的生存及繁衍提供了良好的条件，满族先世猎取动物以满足自身的生活生产需要。狩猎经济形态在满族的服饰中得以反映，例如由于自然环境的影响，满族先世喜爱穿用皮毛制品，而皮毛冠服的制作需要大量猎捕动物，因此狩猎活动在满族先世的生活中不可或缺，早在先秦时期，肃慎人便向中原进献"石砮、楛矢"⑧，勿吉"人皆善射，以射猎为业。角弓长三尺，箭长尺二寸，常以七八月造毒药，傅矢以射禽兽，中者立死"⑨。在狩猎活动中，满族先民积累了丰富的经验，创造出各式实用狩猎工具，如 tusihiya

---

① 《后汉书》卷八五，列传第七十五。
② 赵阿平：《满族语言与历史文化》，第 40 页。
③ 《后汉书》卷八五，列传第七十五。
④ 《清稗类抄》服饰类，衣缘皮。
⑤ 《晋书》卷九十，列传第六七。
⑥ 《清稗类抄》服饰类，貂裘。
⑦ 赵阿平：《满族语言与历史文化》，第 51 页。
⑧ 《后汉书》卷八五，列传第七五。
⑨ 《北史》卷九四，列传第八二。

（鹰网）、garma（兔儿叉箭）等，其中亦包括作为工具的服饰，如 yedun（鹿头套），即"哨鹿戴的假鹿头"①，用以迷惑鹿而猎之。

满族服饰中许多特点与其狩猎经济有关。满族人喜爱穿着的 sijigiyan（袍），采用的制作样式主要是为骑射活动提供便利，例如多数 sijigiyan（袍）都具有 selfen（开骑），"衣前后两岔即开歧子也"②，如此设计便是为骑射活动中上下马匹方便。此外，sijigiyan（袍）袖口的 wahan（马蹄袖）的设计亦是为了满足骑射活动的需要，起到保护手臂的作用，在满族人生产生活方式发生变化后，wahan（马蹄袖）仍作为一种满族服饰上的装饰予以保留。另外，清代的满族人多喜佩戴 fergetun（扳指）。fergetun（扳指）于清代满族男子，不仅是配饰，还是身份的象征，甚至材质珍贵的 fergetun（扳指）还被皇室用于赏赐。

采猎是满族先世另一项重要的经济生产方式。满族先民生活的自然环境中水资源丰富，得天独厚的自然条件为满族先民从事采集与渔猎活动提供了便利条件。在努尔哈赤统一女真各部时，许多贵族派遣奴隶至乌拉地区采捕珍珠、人参等物。满族入关后，其采猎活动所引发的产品需求并未减少，尤以皇室贵族为甚。清代满族宫廷服饰大量运用珍珠作为装饰，镶嵌在冠服饰物上，珍珠中尤以硕大圆润、色泽晶莹的 tana（东珠）为贵。为满足皇室贵族的需求，满族统治者特设立打牲采捕机构，于康熙十六年（1677）将内务府下设原采捕衙门改称为都虞司，管理打牲、采捕事宜。又在吉林乌拉设置打牲乌拉处，其总管为正三品衔，"统辖珠轩头目，及参、蜜、渔、猎诸户，专司采捕诸役"③。

（二）满语服饰词语与满汉文化接触

满族在形成与发展的过程中，不断与其他民族进行接触，各族文化持续相互影响。满族服饰在演进与完善的过程中，与蒙古族等其他民族的服饰文化也能相互借鉴、相互影响。满族的服饰文化亦对锡伯族、达斡尔族甚至南方的京族等民族服饰的样式及制作工艺等产生影响。而在这些民族交往中，满族与汉族之间的相互影响是最为巨大与深远的，这些影响在满族服饰词语及其文化内涵中也有所体现。

---

① 《清文总汇》[K]，卷十。
② 《清文总汇》[K]，卷五。
③ 《清史稿》卷一三〇，志一〇五。

1. 满语服饰词语与其文化内涵对汉文化的影响

随着满族的不断发展,其与汉族接触交流逐渐增多,满、汉两种语言具有转化与翻译的需求。对于满语服饰词语的汉语翻译,多采用意译的方式,但也存在一些直接音译的情况,这些词语便成为汉语中的满语借词。例如,呼呼巴(hūhūba),汉译为"无开骑袍",《黑龙江外纪》载:"官员公服,亦用一口钟……满洲谓之呼呼巴,无开褉之袍也,亦名一裹圆。"① 再如乞杭、斡罕(wahan),汉译为"马蹄袖口"。除此,在汉语中与服饰相关的满语借词还有敖尔布(olbo)、褡忽(dahū)、陶罕(toohan)、马虎(mahū)等。

与服饰相关的满族借词成为汉语词汇的组成部分,其文化内涵亦对汉文化的发展产生了影响。满族在入关前,其服饰采用长袍马褂等适于游猎骑射活动的样式,这与中原地区宽衣大袖的汉族服饰相差甚远。满族在占领的明朝统治地区实行剃发易服政策,强令官兵民众依从满族习俗,此举引起汉族人民的极大反感与抵制,满族统治者不得不做出让步。满族入关后,为了加强对汉族的统治力度,满族统治者又几次提出剃发易服的命令,却由于汉族人各类反抗斗争而没有强制执行,最终满族统治者做出让步:"有生降死不降,老降少不降,男降女不降,妓降优不降之说。故生必从时服,死虽古服无禁;成童以上皆时服,而幼孩古服亦无禁;男子从时服,女子犹袭明服。盖自顺治以至宣统,皆然也。"② 即便如此,满族服饰仍对清代汉族服饰文化带来较大影响。以 olbo(马褂)为例:清初"惟营兵衣之。至康熙末,富家子为此服者,众以为奇,甚有为俚句嘲之者。雍正时,服者渐众。后则无人不服,游行街市,应接宾客,不烦更衣矣"③。

清代的满族人,不论男女,均爱穿 sijigiyan(袍),旗袍便是外族人对满族所穿袍的统称。然而随着时代发展,男子所穿用的旗袍日渐式微,而女子所穿的袍服则不断发展,由于清初满族统治者对剃发易服的命令采取"男从女不从"的政策,清代的汉族女子仍保留汉族服饰样式,而随着满汉文化的不断接触,许多汉族女子接受了满族文化特色鲜明的旗袍,并对其样式进行进一步改进,使其更加合体,凸显女性身体的线条美。

---

① 《黑龙江外纪》。
② 《清稗类抄》服饰类,诏定官民服饰。
③ 《清稗类抄》服饰类,马褂。

2. 汉文化在满语服饰词语及其文化内涵中的反映

满族在发展过程中，与汉族的接触较为频繁密切，受到汉文化较大影响，这些影响也反映在满语词汇中。满语吸收了大量汉语借词，涉及官名、地名、人名等诸多方面。满语服饰类词语中也包含一些汉语借词，例如 caise（鬓钗）、wase（袜子）、fiyen（粉）、g'arša（袈裟）、poose（袍子）、puse（补子）、jingse（顶子），等等。

汉文化在满族服饰方面的反映还体现在服饰种类与样式的选择上。四季都喜爱戴帽子的满族人在冬季多戴 mahala（冠），夏季多戴 boro（凉帽），然而这两类帽子属于礼帽，多在重要场合佩戴，而满族日常佩戴的便帽则为小帽，又称瓜皮帽、西瓜帽，其"色皆黑，六瓣合缝，缀以檐，如筒"①。"春冬所戴者，以缎为之。夏秋所戴者，以实地纱为之。"② 小帽"创于明太祖"③ 之时，明代时期在汉族人中广泛流行。清初满族统治者对汉族严格执行"剃发易服"令，而对小帽却予以保留："国朝因之，虽无明文规定，亦不禁之，旗人且皆戴之。"④ 由于小帽又称为"六合一统帽"，寓意天、地、四方一统归一，符合了满族统治者的心理需求。除此，满族女子的服饰，亦受到汉族文化的影响。满族女子原无裹脚习俗，"八旗妇女皆天足，鞋之底以木为之"⑤。早在崇德三年（1638年），"诏禁有效他国裹足重治其罪之制，嗣又定顺治二年以后所生女子禁裹足"⑥。然而满族统治者在实施易服措施时，没有强制汉族女子依从，因此汉族的裹脚习俗在清代仍然兴盛。随着满汉文化的深入接触，部分满族女子效仿汉族习俗进行裹脚，甚至穿用弓鞋及衣袖宽大的汉族服饰。

汉文化对满族服饰的影响还体现在服饰纹饰上。自努尔哈赤起，满族皇室与贵族的服饰便借鉴汉族服饰纹饰，如 gecuheri sijigiyan（蟒袍），多有各式龙、蟒纹。乾隆时期，规定在皇帝朝服与吉服上"列十二章，日、月、星、辰、山、龙、华、虫、黼黻在衣，宗彝、藻火、粉米在裳"⑦。其作用为象征统治者的权威，以此巩固皇权。清代满族官服 puse kurume（补

---

① 《清稗类钞》服饰类，小帽。
② 《清稗类钞》服饰类，小帽。
③ 《清稗类钞》服饰类，小帽。
④ 《清稗类钞》服饰类，小帽。
⑤ 《清稗类钞》服饰类，旗女之马蹄底鞋平底鞋。
⑥ 《听雨丛谈》七，裹足。
⑦ 《清史稿》卷一〇三，志第七八。

褂）上的纹饰 puse（补子）亦受到前朝较大影响，虽两朝的补子在形状、颜色等方面有所差异，但其纹样图案大同小异，均按文武官职分为九品十八级，且文官绣以禽鸟，武官补作走兽。两朝所用的动物种类几乎相同，因为明代补子图案选用的动物类别均受人喜爱与赞扬，禽鸟多代表高洁坚韧、富贵温和，走兽多寓意果敢威严、忠诚智慧，由此受到满族统治阶层的接纳与采用。可以说，清代满族官服上的纹饰 puse（补子）是在承袭明代纹饰的基础上发展而来的。

四　小结

在满族词语中，与服饰相关的词语为非常重要的一类。对满语服饰词语的基本语义进行解析，可以使我们了解这类词语本身和其相关的服饰文化。而对满语服饰词语的语义结构和词语关系进行研究，了解词语特点，可以加强对该类词语的结构与用法的理解与掌握。分析满语服饰词语的文化内涵可以使我们对词语背后相关的历史文化进行深度挖掘，透过词语表面理解满族的民族文化特征及与各民族关系等诸多方面内容。

Adjectives Denoting Character Traits in Evenki Language

Andreeva T. E.

(Associate Professor, Deputy Director for Science IHRISN SB RAS)

Abstract: It was first seen national specifics of Evenki adjectives denoting character traits, in comparison with Russian equivalents, identifies their general and specific characteristics.

The semantics of Evenki language's adjectives is not sufficiently studied. Most existing studies focused on the grammatical (formal) side of this part of the language.

We do not attempt to provide a complete description of these adjectives. The subject of study in this article is to define the semantics and descriptions of some of adjectives of the Evenki language designating character traits, and a comparison of the identified tokens with their Russian equivalents.

In The Evenki language one lexeme can combine the multiple meanings that in the Russian language are distributed between different units. Evenki adjectives denoting character traits characterize basically only person in rare cases can be characterized animals; when Russian lexemes have a broader semantics, and can be used in conjunction with a large number of nouns. Special features of adjectives denoting character traits in the compared languages are related to cultural differences and ethno-social features.

The main selection criterion is the compatibility of adjectives with the word *ichede "character"*, *maygin*, *maigi (yakut maigu)*. The prevalence of interest lexemes in the literary works of different genres are not the same and is connected, apparently, with individual language of author. Overall, the frequency of consideration of adjectives denoting human traits is low. In works of Evenki writers N. Oegir A. Nemtushkin, G. Keptuke et al. the adjectives most frequency with the semantics of a positive assessment of 19 lexeme: *aya* "*good*" -138 *usage*, *ileme* "*sociable*" -78, *yurun* "*serious*" -62, *dulumnu* "*quiet*" -50, *havalkira* "*hardworking*" -50, *dyalichi* "*wise*" -49, *berke* "*hardy*" -39, *emuy* "*good-natured*" -21, *ireme* "*charming*" -16, *maŋa* "*stable*" -14, *ayavri* "*friendly*" -12, *maŋindyari* "*tough*" -12, *toŋno* "*honest*" -9, *teŋne* "*faithful*" -7, *dulumnuken* "*quiet*" -11, *elivderi* "*diligent*" -6. Among the semantics of negative adjectives assess the most frequent lexemes: *sokun* "*cruel*" -15, *tykulkas* "*evil*" -7, *chirivun* "*stingy*" -5, *eche ilemen bisi* "*unsociable*" -4.

Descry some of these adjectives

Center of lexical – semantic subgroups adjectives that reflect the relationship of man to himself, in the Evenki language is antonymous couple *dulumnukan* "*modest*" -*sokatcheri* "*boastful*". Number of synonymous adjectives with positive semantics with the dominant *dulumnukan* "*modest*" amount to a lexeme *evki sokatcheri* "*nonboastful*", "*nonhaughty*", *esi sokatme bisi* "*nonsupercilious*", "*nonproud*". Synonymous with several adjectives with negative semantic dominant *sokatcheri* "*boastful*" make lexeme *sokatcheri*- "*arrogant*", *sokatme*- "*overproud*", "*bighead*", "*ambitious*", *sokatcheri*- "*conceited*", *sokatcheri*- "*toplofty*", *sokun*- "*proud*".

In the Russian language this semantic subgroup make adjectives as "*humble*", contrasted with the dominant synonymic row "*indelicate*" - "*snooty*", "*haughty*", "*boastful*", "*ambitious*", "*proud*", "*self-confident*", "*arrogant*", "*bighead*", "*conceited*". Number of synonymous adjectives with positive semantics is formed by the negative particles non are added to the negative adjective semantics: "*nonsnooty*", "*nonambitious*", "*nonarrogant*", etc.

Next adjectives subgroup includes lexemes, reflecting strong-willed qualities of the person. This subgroup forms synonymous-antonymous series with dominant *berke*- "*brave*" and synonym row *elededēri* "*tenacious*", "*diligent*", "*hard-bitten", which will focus on the conscious desire to implement something. The rating is not explicitly expressed. It depends on the assessment laid down in the noun.

In Russian, this subgroup was made by four synonymous-antonymous series with dominant of "*strong-willed*" - "*will-less*", "*organized*" - "*unorganized*", "*brave*" - "*cowardly*", "*gnarly*" - "*tractable*". Subgroup adjectives that reflect the relationship of man to the other, in the Evenki form two synonymous-antonymous row with the dominant *aya* "*good*" - *tykulkas* "*evil*", *ileme* "*sociable*" -*simutkan* "*uncommunicative*". Synonymous with dominant *aya* has the following composition: *aya* "*kind*", "*affectionate*", "*gentle*", *medegederi*, *medekes*, *meden* "*sympathetic*", "*empathetic*", *emuy* "*friendly*". Synonymous with a dominant *ileme*, *emuy* "*sociable*" represented by the following lexeme *ileme*, *emuy* "*sociable*", *ireme*, *beeme*, *ileme*, *emuy*, *tuyulen* "*hospitable*", *ayavri* "*friendly*". The antonymic row includes *dulumnukan* "*secretive*", "*closed*" *simulame*, *dulumnukan* "*secretive*" and "*silent*". In contrast to the Evenki language, where there are two synonymous-antonymous series, in the Russian language this group is formed by three synonymous-antonymous series with a dominant of "*good*" - "*evil*", "*caring*" - "*indifferent*", "*sociable*" - "*uncommunicative*".

In the subgroup of adjectives that reflect the attitude of the person to work in the Evenki language is allocated a synonymous-antonymic row with dominant so "*energetic*" -*enelge* "*lazy*" opposed on the meaning of "*presence*" - "*absence of active, activity*": with the so "*energetic*", *nyurari* "*cheerful*", *berke*, *hava*, *Ilga*, *situ* "*agile*", "*smart*", *moltok* "*weak*", *olancha* "*sluggish*", *enelge*, *bani* "*lazy*". In Russian, the group consist of three synonym-antonymous series with dominant "*hardworking*" - "*lazy*", "*responsible*" - "*irresponsible*", "*active*" - "*passive*".

The core of adjectives' subgroup of denoting human moral essence, are formed by adjectives *toŋno*, *tede* "*honest*", *ayarguma* "*noble*", *tede*, *dyabun* "*fair-minded*", *esi karavsidyara* "*shameless*", *esin tede bisi* "*deceitful*", *ulek* "*false*", *eru*, *uha* "*sneaky*", *muduren*, *mude* "*cunning*", *ulekkisinche* "*wily*", *yaнuradyari* "*picky*" *neŋitcheri*, *torgon* "*jealous*". All the words expressed positive or negative assessment of the above features.

In Russian, the core of this group is consists of three synonymous-antonymous series with dominant "*honest*" - "*dishonest*", "*frank*" - "*lack of candor*", "*respectable*" - "*indecent*". In Russian names of negative qualities are presented detaillier.

Thus, the basic structural unit of the lexical-semantic group of adjectives denoting character traits in both compared languages is a synonymous-antonymic row, symmetrical or asymmetrical structure of it is determined by the degree of differentiation and evaluation of detail displayed characteristic. Between the individual personality traits are no sharp boundaries. This explains the fact that each group consists of a set of words with subtle nuances in the values. Many words differ from each other only by the degree of intensity characteristic, emotionally expressive or functional stylistic features.

Comparison of adjectives denoting character traits in the Evenki and Russian languages has revealed national specifics of the structural organization in this group of language lexis. Comparative analysis of the semantic structure of the words in both languages reveals the following: Evenki temperamentally introvertiveness. For them, the more common treatment "within yourself". Evenki are quiet, terseness, restraint. The Evenki ethnic nature are highly valued kindness and hospitality that represent by adjectives: *aya*, *ayama* "kind", *nivche* "sociable", *ireme* "hospitality". Highly regarded as *dulumnukan* "modesty", *havalkira* "diligence", *маңа* "perseverance", *маңichan* "endurance".

Moral norms of Evenki society taught respect both elders and youth. Evenki characterized by simplicity, restraint and ease of in everyday life, the desire to preserve the blood and kinship for many generations.

The distinctive features of the Russian national character are high civil solidarity, readiness to help, sociability, kindness, bravery, courage, simplicity and diligence. From early times Russian people are famous for their friendliness and hospitality.

The changes that have taken place in society over the past century affected to the way of life and moral preferences of people, including the Evenki, but the basic parameters of the Evenki traditional worldview has preserved, but with some transformation.

Literature

Russian Language Dictionaries

1. Dictionary of Russian S. I. Ozhegov / Edited by L. I. Skvortsova. M. , 2011;
2. A new dictionary of the Russian language. Thesaurus, derivation / Edited by T. F. Efremova. M. 2000;
3. Russian associative dictionary / Compiler of Y. N. Karaulov, G. A. Cherkasova, N. V. Ufimtseva, Y. A. Sorokin, E. F. Tarasov. T. I – II. MV, 2002;
4. The system of minimum vocabulary of modern Russian / Edited by V. V. Morkovkina. M. , 2003;
5. Russian dictionary of synonyms / Edited by A. p. Evgenyeva. M. , 2004;
6. New explanatory dictionary of synonyms Russian language / Under the general guidance of Y. D. Apresjan. M. , 2004.

Evenki language

1. Boldyrev B. V. Russian-Evenki dictionary. Novosibirsk, "Nauka". Siberian Publishing House, 1994.
2. Vasilevich G. M. Russian-Evenki dictionary (in two parts) / Edited by A. A. Burykin. Spb. , 2005.
3. Vasilevich G. M. Evenki (Tungus) language grammar essay. Uchpedgiz, 1940.
4. Varlamova G. I. Having their name Dzheltula River. Yakutsk, 1989.
5. Myreeva A. N. Sigunder garpalin. Yakutsk, 1992.
6. Nemtushkin A. Agi-Buga. SPb. , 1992.
7. Evenki Folklore of Yakutia. L. Science, 1971.

A Study on Word Final-*n* in the Manchu Dictionaries Transcript in Chinese and Korean Scripts of the Qing Dynasty

Jin Hui

(Seoul National University, Korea)

1 Preface

The types of Chinese scripts used for indicating the pronunciation of word final-n of Manchu collected in two Chinese-Manchu dictionaries named *Wuming leiji*（物名类集） and *Manju nikan sonjome yongkiyaha*（满汉事类集要）which were published in the early Qing dynasty can be divided into three groups, such as scripts pronounced without nasal in word final positions like "哈［ha］" or "姑［gu］", with alveolar nasal［n］like "孙［sun］" or "韩［han］" and with velar nasal［ŋ］like "杭［haŋ］" or "腾［təŋ］".

In this paper, a Manchu dictionary named *Dongmun yuhae*（同文类解）published in 1748 in which the Manchu words are transcript with Korean scripts will also be discussed simply. Since in the preface of this dictionary it was said to be edit based on dictionaries such as dictionary named *Wuming*（物名类集）which is considered to be *Wuming leiji*（物名类集）（Seong 1988）and also *Daqing quanshu*（大清全书）, *Yuzhi qingwenjian*（御制清文鉴）, *Tongwen guanghui*（同文广汇）.

Through a comparison of the Chinese scripts and Korean scripts used to transcript word final-n of Manchu in these three dictionaries the characters of word final-n spoken in the early Qing Dynasty will be analyzed.

2 Features of the three dictionaries

Wuming leiji is a Chinese-Manchu dictionary with transcriptions written in Chinese representing the pronunciation of the Manchu words. There are about 1,626 items in it and information such as when it had been published or who the writer is is not that clear since there is no preface or other information pages in this book. According to Seong Baek-in (1986), it may be a dictionary published probably during the Shunzhi reign (顺治年间) or at least being published after the 1650s based on the special handwriting type and many other characters. And also, the symbols used to distinguish the consonants "t" and "d" or "g", "k" and "h" drop off a lot in this dictionary which could be checked from the examples listed below. For instance, the Manchu word *šušenwas* transcript as "书山 [ʃuʃan]" since this word appears to be written as *šušan* in many other Manchu dictionaries.

毡氊 *celman*　册尔们 [čəlmən]

凿子 *šušen*　书山 [ʃuʃan]

Manju nikan sonjome yongkiyaha is a Chinese-Machu dictionary published in 1699 with 1,884 items collected. There are also transcriptions written in Chinese

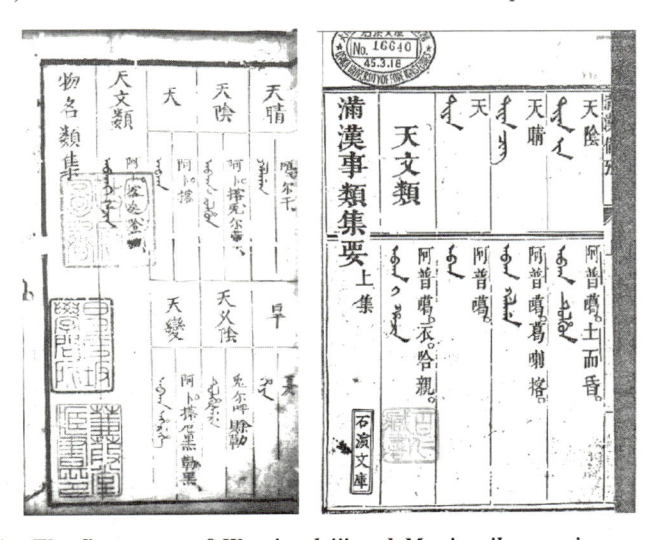

Figure 1　The first pages of *Wuming leiji* and *Manju nikan sonjome yongkiyaha*

that represent the pronunciation of the Manchu words and as is mentioned in the preface of this dictionary Chinese scripts used to transcript Manchu were collected based on a rhyme book named *Zhengzitong*（正字通）and should be pronounced as the northern dialect did. The items collected and the pronunciation of the Chinese scripts used to indicate the Manchu sounds in this dictionary are very special since some of them are different from many other Manchu dictionaries such as the *Han i araha manju gisun i buleku bithe*（御制清文鉴）but being similar to *Wuming leiji*.

In both of these two dictionaries a triangle symbol "△" is added to a Chinese script in order to distinguish the sounds of flap /r/ and lateral approximant /l/ of Manchu since there is no difference between these two sounds in China such like "红沙马 *burulu morin* 布鲁△路　木林". Also, phonological changes which were also mentioned in other study book of Manchu published in the same period or later such like *Manju nikan hergen i cing wen ki meng bithe*（满汉字清文启蒙）published in 1730 or *Duiyin jizi*（对音辑字）published in 1890 can be checked, for instance, the plosive [g] in the word-medial positions should be pronounced as [h] and the consonant [g] following [ŋ] sometimes drops off.

小河 *birgan* 必而韩 [bilhan]
小河 *birgan* 必而△韩 [birhan]

魂 *fayangga* 法羊阿 [fayaŋa]
魂 *fayangga* 法扬阿 [fayaŋa]

As what can be found from the examples listed below, although the Manchu words with the meaning of tobacco appeared differ-

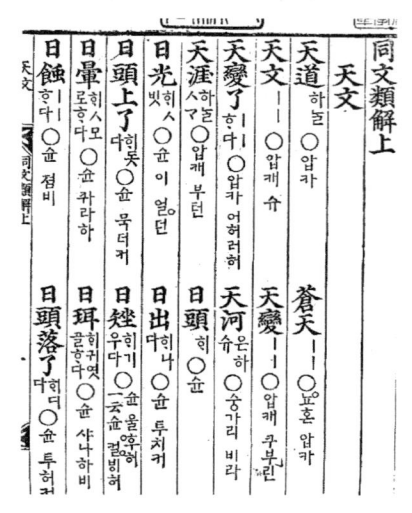

Figure 2　The first page of *Dongmun yuhae*

ently in these two dictionaries the Chinese scripts used to indicate their Manchu pronunciation should be read the same as [danmubugu] while it was written as dambagu in many other Manchu dictionaries in contrast.

烟 *dambugu* 单某布姑 [danməubugu]

烟 *damgu* 单**姆布故** [danmubugu] / 苔姆八固 [damubagu]

Dongmun yuhae （同文类解）is a Chinese-Korean-Machu dictionary published in 1748 with over 5,146 items collected. Most of the Manchu words can be found to be similar with *Yuzhi qingwenjian* （御制清文鉴）（Ko 2013）. Below a Chinese word the Korean meaning is added and then the Manchu pronunciation written with Korean scripts.

Just like *Wuming leiji* and *Manju nikan sonjome yongkiyaha* symbols can also be found in *Dongmun yuhae* used to distinguish some pronunciations in this dictionary such as "○" which is used to indicate consonants such as "ㄱ,ㅋ,ㅎ,ㅈ,ㅊ" appeared in initial or final position of a syllable or /l/ appeared in syllable final position. "ㅿ" is used to distinguish the sounds of flap /r/ and lateral approximant /l/ of Manchu.

被儿　니불　　　　지버○훈 [jibehun]
开襟　옷가슴 헤티다　어러ㅁ 럼비 [elerembi]

3 Word final-*n* in Manchu

The velar nasal [ŋ] of Machu never appears in word-initial position and only appears in word-final position of Chinese loan words. There have been 13 Chinese loan words ended with velar nasal in *Wuming leiji* and 11 words could be found in *Manju nikan sonjome yongkiyaha* such as *wang*（王）and *gung*（宫）. But sometimes Chinese scripts pronounced with a word final-ng such as "杭, 哄"or"哈,呼"pronounced without a nasal can be found while the Manchu words they transcript is "han"or"hun", etc. These examples are listed as the table below.

Although, 15 Chinese loan words ended with velar nasal can be found in *Dongmun yuhae* and their Korean transcription are also pronounced to be ended with velar nasal, the velar nasal-ng cannot be found in any other Korean trancription comparing with the Chinese transcription appeared in *Wuming leiji* and

Manju nikan sonjome yongkiyaha. But, just like other Manchu dictionaries did, the elision of word final-*n* can be found some times in *Dongmun yuhae*, since the examples are not that many examples of *Dongmun yuhae* will not be listed in the table below.

	an	on	en	in	un	ūn
g	-φ(2/1):阿,哈/噶 -n(15/17):杆,干,案,安,罕,韩,嘎,憨/安,干,酣,韩 -ng(0/1):杭	-n(5/1):滚,荤/滚 -ng(1/3):洪/哄,吽	-n(6/5):根/根 -ng(0/2):亨	-n(4/6):斤/因,金,斤	-φ(4/2):姑,扈,乌 -n(0/2):昏,温 -ng(0/1):哄	-ng(0/3):哄,吽
k	-n(6/3):砍,刊,捍,堪/堪	-n(1/0):坤	-n(3/1):肯,艮,掯/肯 -ng(0/3):坑	-n(3/1):琴,馨,钦/琴 -ng(0/2):轻,青	-n(1/0):浑	-n(2/3):滚/坤
h	-φ(5/7):哈/哈 -n(31/17):憨,罕,韩,憨,喊,翰,汉/安,干,酣,韩 -ng(17/1):杭/杭	-n(9/1):荤,浑/滚 -ng(9/3):吽,红/哄,洪	-n(19/1):恨/欣 -ng(1/5):哼/亨	-n(2/1):馨,劾/欣	-φ(0/2):呼 -n(10/10):浑,荤,荤,浑,昏 -ng(0/10):吽,烘	-φ(1/0):呼 -n(1/13):荤,昏,荤 -ng(27/18):哄,吽,洪/洪,哄,吽
t	-n(13/7):单,忒,因,但,滩,弹,贪/坍,滩,贪,探	-n(9/9):吞/吞,象,贪,端	-φ(1/0):忒 -n(2/2):忒因/坍,屯 -ng(5/6):滕,腾/腾,滕	-	-n(2/4):吞,屯/吞,屯 -ng(1/0):通	-
d	-n(9/16):单/单,丹,坍	-φ(0/1):督 -n(2/1):钝/端 -ng(0/1):登	-ng(0/2):登		-n(9/10):敦,吞/敦,吞,顿	-
s	-φ(1/0):萨 -n(6/8):三/山,三	-n(2/3):孙/孙,笋,拴 ng(0/1):松	-n(0/1):参 -ng(0/1):生	-n(17/22):辛,甚,新/辛,新 -ng(0/1):星	-n(14/16):孙/孙,舜	-

续表

	an	on	en	in	un	ūn
š	－n（8/7）：山,煽/山,煽,善 －ng（7/9）：赏/上,商,尚	－ϕ（0/1）：束 －n（1/1）：顺/舜	－n（1/1）：身/身	－n（2/2）：身,山/身,山	－n（7/9）：舜,顺/舜	－
m	－n（5/4）：门,们,蛮,满,幔,蛮,曼	－n（2/1）：们/门	－ϕ（0/1）：末 －n（5/4）：门/门,扪	－n（7/7）：闽,闵/抿,泯,闵	－n（4/14）：门,们/门,扪	－
n	－n（0/1）：男	－ϕ（2/2）：耨/耨 －n（0/1）：暖	－ng（1/1）：能/能	－ng（2/3）：泞,甯/宁,甯		－
l	－ϕ（0/1）：喇 －n（19/15）：兰,阑,蓝,澜,揽/揽,蓝	－n（2/2）：伦/轮,论 －ng（2/6）：垅,弄,笼,弄,隆	－n（4/0）：揽 －ng（0/9）：棱,楞	－n（20/18）：林,隣/林,粦 －ng（0/2）：另,灵	－n（4/0）：论,沧 －ng（0/3）：垅,龙	－
r	－n（6/4）：揽,蓝/兰,揽,阑 －ng（0/2）：郎	－n（2/1）：沧,沧/沧 －ng（2/2）：龙,珑/浪	－ϕ（0/1）：勒 －n（10/1）：沧,揽,吝/览 －ng（0/9）：棱,楞,另,冷	－n（36/43）：林,吝/林 －ng（0/1）：夌	－n（0/1）：伦 －ng（6/4）：垅,弄,珑/弄,珑	－
y	－n（38/32）：眼,烟,焉/颜,焉,眼 －ng（4/1）：仰,羊,央/另		－n（13/12）：阴,因,焉,烟/因,阴 ng（0/2）：另,令	－n（1/0）：引	－ng（5/4）：雍/雍	－n（0/3）：吮/雍
f	－n（5/13）：凡,番/番		－n（1/3）：分/分	－n（1/0）：汾	－n（12/13）：分,粉/分,粉	－
ǰ	－n（14/13）：占,/占,谆/谆	－n（1/1）：谆/谆	－n（5/6）：真,贞/真,贞	－ϕ（1/0）：脊 －n（6/5）：津/俊 －ng（0/3）：精	－n（1/5）：谆/肫,谆,春	－
č	－n（5/7）：搀,搀/铲,槾,揽,占,搀/忏	－n（2/2）：唇,/唇,春	－ϕ（1/0）：册 －n（9/4）：陈,嗔,沉/陈,嗔 －ng（0/6）：成	－n（28/35）：亲/亲,嗔 －ng（0/8）：青	－n（4）：春	－

续表

	an	on	en	in	un	ūn
p	-n(1/1):盘/畔			-ng(2/0):平		-
b	-n(3/4):班/班,潘 -ng(1/1):棒/邦	-n(2/1): 奔/奔	-n(1/1): 奔/奔	-n(2/1): 宾/宾	-n(3/4):奔/ 贲,奔	-

As the table shows, Chinese scripts used for indicating the pronunciation of word final-n of Manchu collected in these two dictionaries can be divided into three groups, such as scripts pronounced without nasal like "哈 [ha]" or "姑 [gu]", with alveolar nasal [n] like "孙 [sun]" or "韩 [han]" and with velar nasal [ŋ] like "杭 [haŋ]" or "腾 [təŋ]". The elision of word final-n and the appearance of velar nasal in the position of-n can both be found in these two dictionaries and the second phenomenon seems to happen much more often in Manju nikan sonjome yongkiyaha and as is showed below there seems to be no rules for it since it happens no matter whether the features of the vowel before it is high or low, front or back and no matter whether the word – initial consonant of the words following it is a velar plosive or not.

皮靴 sarin gūlha　檫林△ 古而哈 [čarin gulha]

整席 sarin dagilambi　撒夋 打计勒米 [saliŋ daǰiləmi]

3.1 The elision of – n

The elision of word final-n could be found easily in these two dictionaries and seemed to happen very randomly which has been also mentioned by many other scholars. In *Wuming leiji* the word final-n in Manchu has appeared for 644 times and 18 words are transcript with Chinese scripts which should be pronounced without [n], for instance, "猛姑 [məŋgu] or "猛乌 [məŋu]" are used to indicate the sound of the Manchu word menggun which means silver, etc.

银 menggun 猛姑 [məŋgu]

银 menggun 猛乌 [məŋu]

汤 šasiha 沙什哈 [ʃaçiha]
汤 šasihan 沙西哈 [ʃaçiha]

From the example listed above we can also notice that although the Manchu word with the meaning of soup appears differently as *šasiha* and *šasihan* in these two dictionaries, the Chinese script used to transcript them is the same "哈 [ha]" which is pronounced without a nasal. There are also many other similar examples which could be taken as a clue to prove that no matter which dictionary had been published first at least they have a very close relationship with each other.

豹 yarha 呀耳△哈 [yarha]
豹 yarhan 牙而△哈 [yarha]

Such phenomenon can also be found in *Dongmun yuhae*, but since the elision of word final-*n* can be found in many other Manchu dictionaries and *Dongmun yuhae* was edited based on these dictionaries, it will not be strange that this phenomenon can be found in *Dongmun yuhae* too.

Although some scholars tried to explain this phenomenon with mentioning that in spoken Manchu of the early 18th century, stress might be put on the first syllable of a word with two syllables which caused the word final-*n* in Manchu to be weakened and finally dropped off (Zhao Jie, 1995). It will not be a good explanation for the elision of-*n* of a word with three syllables since stress is said to be put on the first and the third syllable. According to Kim Juwon (2008), in spoken Manchu used nowadays, stress are supposed to be put on the second syllable of a word with two or three syllables through which the elision of the word final-*n* of a word with two syllables might not be explained. The position of stress might be effective on the elision of word final-*n* of Manchu happened in this two dictionaries and more analyses should be made on this.

3.2 The appearance of [ŋ] in word final positions

3.2.1 Effect from the writers

A Chinese script pronounced with a velar nasal sound [ŋ] indicating the pronunciation of a Manchu word ended with a alveolar nasal [n] could be found in both of the dictionaries very often especially in *Manju nikan sonjome yongkiyaha*. We should pay attention to the fact that one of the two writers of *Manju nikan sonjome yongkiyaha* was a speaker of Wu dialect who might not distinguish [n] and [ŋ] appearing in word final positions exactly. Although, on one hand, in the preface of this dictionary it is mentioned that the Chinese scripts should be pronounced as the northern dialect did, and on the other hand, the sounds [n] and [ŋ] of the Chinese items were distinguished strictly through the pronunciation of Manchu used to transcript them. But still we should not ignore the auditory discrimination of Manchu word final-n made by a speaker whose mother language had no distinction between [n] and [ŋ].

But, in the book *Manju nikan hergen i cing wen ki meng bithe written* by a Manchurian this phenomenon could also be found such like *kacilan* whose sound was represented as "喀吃拉英切 [kʰ ačilaŋ]" in Chinese.

3.2.2 The Chinese loan words

Although in some of the Chinese loan words ended with a velar nasal, the word final nasal changed from-*ng* to-*n* when being written in Manchu, but in spoken Manchu the original sounds of Chinese might be represented as the examples listed below:

水晶 *soijin* 水晶 [ʃuiʝiŋ]
水晶 *suijin* 水精 [ʃuiʝiŋ]

3.2.3 The limitations of Chinese sounds

Some sounds do not exist in Chinese and it could be possible for the Chinese script with a velar nasal to be used instead of an alveolar. But in these two dictionaries it could be found that different sounds of Manchu are indicated with the same Chinese script in order to keep the sound of [n], or even to be more accurate two Chinese scripts are used together to indicate the sound of Manchu word final-*n* such as "忒因 [təin]" for-*ten in Wuming leijie*. The way to transcript such sounds is also mentioned in *Manju nikan hergen i cing wen ki meng bithe*. Although it is mentioned in *Duiyin jizi* that there is no [nən] sound in Chinese "能 [nəŋ]" is used to indicate the Manchu words with the pronunciation [nən] it cannot be said that all the script "能 [nəŋ]" indicate a sound of [nən] in Manchu. For instance, the sound [ten] also does not exist in Chinese, a Chinese script "腾 [təŋ]" is used instead in *Manju nikan sonjome yongkiyaha*, according to the rules supplied above, it should be pronounced as [tən] but actually it is pronounced as [təŋ] since there is a note added as "徒登反" which proved that the word final-*n* was actually pronounced as a velar nasal [ŋ].

3.2.4 Nasalization of spoken Manchu

As is mentioned before, in the book *Manju nikan hergen i cing wen ki meng bithe* written by a Manchurian the sound of word ended with a velar nasal kacilan was represented as "喀吃拉英切 [kʰ ačilaŋ]" in Chinese. To analyze this Ikegami Shirō mentioned in his paper that in the spoken Manchu materials the word final-*n* were sometimes pronounced as a uvular nasal [N].

Examples can also be found in Aihui dialect（爱辉方言）of Manchu spoken in Heihe of Heilongjiang Province in China.

公务　alban / albaŋ
热　　halhūn / halhūŋ
棉花　kubun / kubuŋ

In Nanai which is also a language belonging to the Manchu – Tungus group, the vowel of the final syllables ended with a nasal is said to be pronounced as a long nasalized vowel such as *kusun* which means power（Ko Dongho, 2011）. This could probably occur also in spoken Manchu while the last syllable is weakened and the sequence of word final-n and the vowel before it could be pronounced as a nasalized vowel sometimes. And in the two dictionaries recording the sounds of spoken Manchu, the Chinese scripts with alveolar nasal and velar nasal are both used to indicate this phenomenon.

4　Conclusion

Wuming leiji（物名类集），*Manju nikan sonjome yongkiyaha*（满汉事类集要）*and Dongmun yuhae*（同文类解）are Manchu dictionaries published in early Qing dynasty, and the pronunciation of Manchu are indicated by Chinese scripts or Korean scripts which have similar sounds with them. Since the Korean language also phonogram to represent sounds just like Manchu did, it would not be a problem to represent the pronunciation of Manchu word with Korean scripts in *Dongmun yuhae*. And this dictionary was edited base on other Manchu dictionaries the characters of Manchu word final-n cannot be checked clearly. But with Chinese scripts it will be difficult to indicate a Manchu sound that does not exist in Chinese, or with many other factors, the pronouncing type of Chinese used to indicate the pronunciation of the word final-*n* of Manchu can be divided into three groups, such as the sounds with-n dropping off, [n] and velar nasal [ŋ].

As for the elision of-*n*, it could be found easily in these two dictionaries, the Chinese scripts or Korean scripts indicating the word final nasal [n] of Manchu are pronounced without [n] sometimes and this can be checked since the word final-*n* of the same Manchu word itself drops off randomly in different dictionaries. Since it is not that clear that in what kind of environment does this phenomenon happen.

The reason why a velar nasal [ŋ] appears in the word final positions of Manchu should be considered from many aspects, such as the dialect used by the writers of the dictionaries, the effect of Chinese loan words, the limitations of the sounds of Chinese scripts used to indicate the pronunciation of Manchu and nasalization happening in spoken Manchu.

These three dictionaries could be treated as very precious materials since many sound changes and the characters of the sounds of spoken Manchu of early Qing dynasty could be checked directly in them.

References

성백인 (1975) "滿洲語 音韻史硏究를 위하여 (其二)", 「明大論文集」8, 137 - 161, 明知大學校.

金東昭 (1982), 「同文類解 滿洲文語 語彙 (改訂版)」, 曉星女子大學校出版部.

성백인 (1986), "初期 滿洲語 辭典들에 대하여", 「東方學志」52, 219 - 258, 延世大學校 國學研究院.

성백인 (1988), "同文類解와 漢清文鑑". 「한국학의 과제와 전망」1. 710 - 726. 한국정신문화연구원.

성백인 (1990), "初期 滿洲語 辭典들에 대한 언어학적 연구",「알타이학보」, 27 -69, 한국알타이학회.

고동호 (2013), "同文類解 만주어의 한글 표기",「알타이학보」23, 23-44, 한국알타이학회.

池上二良 (1999), "满汉字清文启蒙に於ける满洲 语音韵の考察",《滿洲語研究》, 汲古書院.

赵杰 (1995),《清初满语京语重音前移及其对京腔汉语的影响》,《满语研究》1, 21-30, 黑龙江省满语研究所.

袁家骅 (2001),《汉语方言概要》, 北京: 语文出版社.

王庆丰 (2005),《满语研究》, 北京: 民族出版社.

春花 (2008),《清代满蒙文辞典研究》, 沈阳: 辽宁民族出版社.

Kim Juwon, Ko Dongho, Chaoke D. O., Han Youfeng, Piao Lianyu, Boldyev B. V. (2008), *Materials of spoken Manchu*, Seoul: Seoul National University Press.

Ko Dongho, Yurn Gyudong (2011), *A description of Najkhin Nanai*, Seoul: Seoul National University Press.

文学文化部分

鄂温克族自治旗伊敏苏木苇子坑嘎查萨满文化论析

汪立珍

（中央民族大学）

从苇子坑嘎查（生产队）到伊敏苏木（乡），要穿过伊敏镇。很早就听说苇子坑噶查有一位叫希达布的老人，他对萨满及萨满文化深谙明理。我们到达伊敏苏木正值雨季，雨水接连下了几天，到苇子坑的路已经被河水淹没，我们此行是否能够见到希达布老人，还是一个疑问。在当地向导的帮助下，我们结识一位叫陶克的鄂温克族大哥，他听说我们从北京那么远的地方来到草原深处，调查鄂温克族萨满文化，非常感动，竭尽全力帮助我们。

一 幸遇向导

2012 年 7 月 25 日，早晨 4 点多钟，草原上日照充足的阳光从窗外射进屋里，尽管窗帘被一层厚重的帆布遮挡着，仍然遮不住早晨强烈的光线射出火热的光亮直勾勾地照在脸上，火辣辣的灼热，虽然睡意绵绵，但是那光亮灼人的晨霞扰得你无法入睡，外面不断传来牛群到河边喝水吃草的叫声，拖拉机、摩托车的声音也从四方奔来。牧区的人起得真早！5 点多，陶克大哥叫了一辆小面的来接我们到伊敏镇他家里吃早餐，我们正和衣躺在床上，大哥那清脆的声音飘进房里，"起来了吗？到我家吃早饭！"随着这一声招呼，我赶快从床上爬起来，到门口大家共用的洗脸盆里洗一把脸，背上早已准备好的双肩包跑到门外等候。没过几分钟，我们几个人纷纷带着大包小裹地集合好，接我们的面包车是白色的，车厢里有六个座位，我们先把东西放好，然后一一落座。汽车驶出伊敏苏木，绕过伊敏煤矿华能发电厂，大概行驶 20 多分钟，我们来到伊敏镇，这里住着大量在伊敏矿工作的煤矿工人,一排排楼房整齐地排着,商店、饭店应有尽有,四川、福建等南方人在这里做买卖的摊位赫然入目,小镇充满了浓厚的商业气息。

我们先到大哥家把东西存放好,顿时感觉浑身利落轻松多了,连日来的疲惫立刻消失,这时真有回到家的感觉。我们简单喝了茶水,与大嫂稍作寒暄,大哥就说"走,我带你们到一家此地有名的早点铺吃早餐",话音刚落,我们就步出房门,拐了几个弯,绕到一个热气腾腾、茶香四溢的小平房。刚进去发现里面足有50多平方米,然而却座无虚席,甚至有的人还站在一旁等候,我心里顿生疑惑,"远在天边的伊敏镇人,很珍惜早晨宝贵时间啊",看来他们为了节省时间在外面吃早餐已经形成当地的一种生活习惯。从人们的装扮来看,就餐人大多为农民、矿工,牧民很少,早餐的品种有奶茶、烧饼、包子、豆腐脑、大米粥、小米粥,还有花生、凉拌黄瓜、海带丝、芹菜、豆腐丝等各种小菜。我们稍等几分钟,发现前面还有十几个人在排队,由于我们早已饿得饥肠辘辘,大家当即决定到另外一家早餐铺就餐。我们走过一条马路,来到街对面的一家早餐铺,显然这里比刚才那家早点铺清静多了,而且服务方式是自助餐,每人5元,鸡蛋、小米粥、大碴子粥、绿豆粥、烧饼、油条、咸菜,应有尽有,大家美美地吃了一顿早餐,8点整返回到大哥家。

二 勇过独木桥

到大哥家之后,我们就准备到伊敏苏木苇子坑嘎查采访当地萨满的各种调查用具。我把摄像机、录音笔、照相机、电池等必备调查用具,一一仔细检查一遍,装进包里,然后又穿上大哥特意给我找来的胶皮水靴。大哥说,前一阵雨水大,从伊敏镇到苇子坑的木桥已经被淹没,没有汽车能开过去,所以他找了两位朋友,骑摩托把我们带过去,怕万一掉在水里,让我们穿上水靴子。我们一行四人,先租了一辆小面包车,把我们送到去苇子坑的河边。路途中在一家超市停下来,我们给被访者按当地习俗买了几瓶罐头、草原白酒、烟、点心以及香瓜、西瓜、桃等水果,面包车行驶了20分钟,顺利到达河边,大哥和他的朋友早已等候在哪里。刚到河边,我就看到伊敏河上悬浮着一座用木头搭成的桥,横跨在伊敏河上,木桥离水面仅有半米,看到此景,我心里七上八下,忐忑不安,心想:骑摩托车从上面过去,岂不是随时都有掉进河里的可能?据说,河的最深处有 2 米多啊!看来,危机四伏,险情丛生啊!正当我犹豫不决、心里惴惴不安的时候,大哥毫无惧色,笑呵呵地高声喊道:"快点,坐在摩托车后面,扶住我。"说时迟那时快,我刚坐到后座上,大哥轻声地说:"把住我!"话音刚落,只看他一踩油门,飞快地从桥上驶过去,还没等我寻思过味,摩托车已经安然停在河对面,回头望过去,只见那木桥左右摇摆,大概 15 分钟后,才停稳,接着另一辆摩托车又风驰电掣地驶过来。就这样,大家都过来后,一辆大拖拉机在岸上等我们,这辆拖拉机是一机多用,秋冬季节运送牛羊、牧草,平时载人到镇上购物或走亲访友,车身高有 2 米,上到车斗里,是一件艰难的事情,开始我自己上,反复上了几次也没上去,后来,有人在下面托、上面有人拽,才连爬带蹬地好不容易上去。上去之后,司机一再强调要紧紧抓住车斗前面的横把,开始我还真没在意司机的话,只是简单地触摸,当拖拉机在平坦的草原上飞驰前行时,我差一点从车斗的前面甩出去,我立即警觉起来,死死地用双手抓住横把,把整个身子也紧紧地贴在车帮上面,我想:草原上的司机开车太过瘾了,路上一个行人都没有,整个草原茫茫一片,可以望到天边,汽车尽情行驶在茫茫草原上,像撒了欢的骏马一往无前地奔驰。只是,由于雨水淤积,草原路坑洼不平,时而颠簸不定。但是,站在拖拉机的车斗里,芬芳的草香扑鼻而来,举目而望辽阔的草原,那种感觉真是无法形容的超级"爽"!至今回忆起来,还有一种特别骄傲、特别畅怀的精神在心里激荡。

三 希达布老人的夏营地

拖拉机大概行驶了 10 多分钟,我就远远看见星星点点的几座红色砖房散落在辽阔的草原上,我想那一座座红砖房就应该是我们要采访的地方了。果真如此,拖拉机停在一座红砖房前,房子的四周用柳树条围着,院落的面积足有 200 多平方米,我们刚打开院子大门,一条黄白相间、身高 1 米多的牧羊犬,身后还跟着两条小牧羊犬,一起大声叫着向我们跑过来,这时从屋里走出一位年龄 50 多岁、头戴花色毛巾的女主人,她用鄂温克语解释说:"这是欢迎你们的到来!"我们走进房间,窗明几净,干净利落,透露出女主人持家有方。环顾四周,除了必备的电视机、梳妆台以外,最令我感兴趣的就是一对浅黄色牛皮箱摆在房间的衣柜上面,上面还盖一块白色的绣花布，装点得整个房间极具特色，据我观察，这些装点与修饰散发着新婚家庭的气息。果真如此，女主人告诉我们这是他小儿子的房间，小儿子刚结婚三年，主要经营家里的100多只羊、30多头牛，现在儿子出去放羊了，儿媳到伊敏镇参加朋友的婚礼去了。说话间主人给我们每人倒了一碗红砖茶，我们简单聊几句后，主人就领我们到她自己的住处，离这里只有300多米远，是一座土房，四周没有院墙，周围种了土豆、豆角、白菜、西红柿、大葱等各种各样的蔬菜。我们径直进到屋里，虽说从外面看来比较简陋，但是一进到里面，充满了温馨，屋里面尽管没有年轻人房间那样的现代化装饰，但是整齐干净，特别引人注意的是，厨房里有一座水井，现喝现压，看到这一切，我不仅从心里暗羡这里田园风光、自给自足的生活。但是，房子的建筑却是传统的土坯房，从外面看去比较矮小，四周长满了茂盛的绿草。房子的男主人希达布老人坐在屋里安详地吸着烟，嘴里有淡淡的酒香，老人平日里闲暇时爱喝点酒，可是家里人为了他的健康，控制他的酒量。由于我们到来，家里人破戒让他稍许喝点。

四 希达布老人记忆中的萨满

老人的记忆力相当好，提起萨满的事情也兴致很高。我们先给他老人家敬酒，老人爽快地提出按照鄂温克族习惯给他敬酒，他告诉我们，鄂温克族的敬酒规则是给老人敬三次酒，用两个酒杯，敬第一杯酒时，老人只是喝一口，然后接着再敬第二杯，老人还是喝一口，并说一些祝福的话语，敬第三杯酒时，老人全部喝掉。

敬完酒后，我们跟老人聊起萨满的事情，提起萨满，老人话匣子打开了。他说："10多年前，苇子坑有一个萨满，小的时候我经常和萨满在一起玩，后来也帮助萨满做一些事情。辉河鄂温克族萨满曾经救过我大儿子的命。"老人家讲到这里，陷入沉思。接着他意味深长地说："我的大儿子刚生下来的时候，没有哭声，浑身是病，吃什么药也不好，看了好多医生也没用，几乎快死了。有人告诉我，辉河苏木有一个叫包银格勒的萨满，医术很高，能治各种各样的疑难病，我和老婆抱着孩子，千里迢迢赶到辉河，找到大萨满的家，向萨满说明孩子的病情。过一阵儿，萨满把自己家里的大铁锅烧得通红，让我把孩子放地上，然后，萨满把烧红的锅扣在孩子身上，半个小时后，萨满把铁锅掀开，抱起孩子，只听孩子哇哇大哭，萨满把孩子放在萨满鼓上，让周围的人看一遍，就把孩子扔给小孩的妈妈，萨满说，回家吧，小孩的病好了。我们半信半疑地带着孩子回家了。真的，从此后，小孩再也没什么病了，像正常孩子一样了。"

从此以后，老人对萨满倍加敬重，刮目相看，自愿当萨满的助手，多次参加萨满祭司活动，看到过无数个萨满。

提起现代萨满，老人低头沉思，言语不多，思考半天之后，老人说："现在的萨满和以前不一样了，以后不会再有萨满了，以前的萨满不糊弄人，干啥就是干啥。"说完这句话，老人又停歇片刻，然后慢慢说道："现在的萨满就是萨满，不能说多了。以前萨满的事情都知道，现在老了，如果年轻还可以给你们展示一下。"老人对此事不想再多谈，他自言自语道"萨满就是萨满"，离开了座位。

五 苇子坑嘎查的敖包

苇子坑四周是一片辽阔的草原，远远望去，仿佛与蓝天白云相连。在苇子坑嘎查的正南方，有一棵柳树傲然屹立在村子南头，是那样的挺拔、奇特。希达布老人告诉我们，那是嘎查的敖包，虽然它孤零零地立在那儿，它却伴随着嘎查走过几十年的风雨历程，见证了嘎查几十年的沧桑巨变。每年的6月，嘎查的人都要聚在一起杀羊，祭祀敖包。平时，谁家里有什么特殊的事情，也带着酒、肉、糖果来到敖包前，给敖包献祭。

关于"敖包"的由来，希达布老人讲道：

传说在一个清凉爽快而寂静的夏夜，有一位披头散发的少女，乘坐一辆两套马篷车，出现在一个鄂温克人的村庄上。不知为什么，马车突然停在村子中心，那位少女哭哭啼啼地跳下车，在村子里大闹起来。不一会儿，又刮起了大风，本来是个星光闪闪的夜空，立时变成黑云滚滚、电闪雷鸣，令人恐怖的夜晚，接着又下起了倾盆大雨。全村人心惶惶，不得安宁。第二天天晴时，风雨中哭喊的那位少女不见了。到了冬天，有个年轻小伙子到河边的冰洞里打水，正当他取水时冰洞内出现了一个披头散发的少女脑袋。他吓得丢下水桶往回跑。不一会儿，晴天又变成了阴天，鹅毛大雪铺天盖地地下了起来。人们一次次把堵塞在门口和压在"仙人柱"上的雪清除掉。他们和风雪苦战了三天三夜,第四天才见到了阳光。后来那少女的头又出现了几次,都给全村带来了大灾难,人们的生活也越来越贫困。

在一个风雨交加的深夜,一位老人对几个年轻力壮的小伙子说:"那年夏天的夜晚,赶着一辆两套马篷车来的少女是妖精。后来她变成了一个女人的头,长年徘徊在这里,我们的一切灾难都是她给带来的。灭了她,我们才会得到安乐的生活。"小伙子们根据老人的吩咐,连夜冒雨出发,从西山脚下抓到了正在作恶的女妖精。第二天他们杀了许多牛羊,到傍晚又点燃了一团大火,请来一个跳神赶鬼的萨满。

萨满告诉大家:"你们村里有一个人死得冤枉,死后变成了妖精,现在又回到自己的村庄,你们必须好好地接待她。然后把她用草包好放进火里,火熄灭后把她的骨灰一点也不丢地捡好,要用一块高大的岩石压放在村子西边的高地上。"人们就按照萨满的话,把女妖用草包好放入熊熊烈火中,接着大家跪在火堆的面前祈祷。天将明时萨满走了,人们从灰堆中收完骨灰压放在村子西边的岩石底下。人们生怕日后女妖再抬起头捉弄百姓,每天都有人去给那块压着女妖骨灰的岩石添一两块石头。外村的人从这经过时,也都放上一块石头。时间久了,堆积的石头变成了一座小山包,山顶上又长了一棵美丽的松树。人们把这小山包称作"敖包"。

我们从老人家出来,专门来到敖包前面,按照老人家讲给我们如何敬敖包的程序,虔诚地围着敖包,按照太阳出来的方向绕走3圈,然后在敖包前面行礼、叩拜,也像老人家讲的那样,默默地许下心愿和祝福,希望敖包能够给我们带来好运和吉祥。

鄂伦春族人类起源神话母题类型与特征分析

王宪昭

(中国社会科学院民族文学研究所)

在中国境内满通古斯语族民族主要包括满族、赫哲族、鄂伦春族、鄂温克族和锡伯族。这些民族在漫长的历史发展中积淀了丰富的神话，其中关于人类起源的神话不仅反映了特定的民族历史记忆，而且还体现出与周边民族之间的密切关系。本文以鄂伦春族人类起源神话为例，通过对其典型母题类型描述的集中梳理与分析，较系统地考察少数民族人类起源神话的若干特点。

一 鄂伦春族人类起源神话中人的产生母题

鄂伦春族是满通古斯语族民族之一，属于我国人口不足万人的人口较少民族。但毋庸置疑的是，在这个人口较少的少数民族的口头神话中却代代传承了优秀的人文思想和丰富的传统文化。鄂伦春族主要生活在大小兴安岭一带，分布在内蒙古东北部的鄂伦春自治旗、扎兰屯市、莫力达瓦旗、阿荣旗以及黑龙江省的塔河、呼玛、逊克、黑河等地。"鄂伦春"作为该民族的自称，有"住在山岭上的人"和"使用驯鹿的人"等意义。当然，无论是作为"个体"的人，还是作为一个历史范畴下的特定群体的民族，要生存和发展，都要思考和解决"我是谁"这样一个关于人类起源、民族起源及人类特征的来源等问题。据目前搜集到的30余篇与之相关的神话文本以及神话叙事片段，大致可以梳理出如下几种母题类型，见表1。

表1 关于人的产生的母题

类型	母题代码	母题表述	母题实例	流传地	出处
造人	W2040	造人的原因	天神从上往下看，觉得地上没人不好，就造了人		孟兴全：《鄂伦春人是怎么来的》，见满都呼主编《中国阿尔泰语系诸民族神话故事》，民族出版社，1997，第319页。
	W2047.8	因天神看到地上有兽无人造人	天神恩都力见地上只有野兽，并无人烟，便用老桦树皮扎成人	黑龙江·黑河	《桦皮造人》，见《中国各民族宗教与神话大词典》，学苑出版社，1990，第131页。
	W2053	天神造人	天上的恩都力看到别处都有了人，唯独兴安岭没有人，就开始造人	内蒙古·鄂伦春自治旗	德兴德讲，巴图宝音采录《族源神话》，见《中国民间故事集成》（内蒙古卷），第23页。
	W2084.2	用动物的肢体造人	神（恩都力）扎鸟毛、鸟肉造人		《鄂伦春族人类起源神话浅探》，载《民族文学研究》1987（3）。
	W2085.1.3	用树皮造人	扎桦树皮造人		《鄂伦春族人类起源神话浅探》，载《民族文学研究》1987（3）。
	W2089.7	用石头造人	上天用石头创造了一黑一红两个石人。红的是魏拉依尔氏族的祖先，黑的是葛瓦依尔氏族的祖先		《鄂伦春族的传说时代》，载吕光天《北方民族原始社会形态研究》，宁夏人民出版社，1981，第82页。
	W2089.8	石头刻人成活	天神恩都力刻石人，逐一抚摸，都能灵活转动	小兴安岭一带	《人类生死的由来》，见《中国各民族宗教与神话大词典》。
	W2092	用2种材料造人	恩都力神把肉和泥拌在一起，做成人形，成为鄂伦春人		孟兴全：《鄂伦春人是怎么来的》，见满都呼主编《中国阿尔泰语系诸民族神话故事》，民族出版社，1997，第319页。
	W2093.1	用飞禽走兽的骨、肉和泥土造人	天神恩都力造人，由于飞禽的骨头和肉不够用，又用泥土来造人		《恩都力造人》，见《中国各民族宗教与神话大词典》，第131页。
			用飞禽走兽的骨、肉和泥土造人	内蒙古、黑龙江	孟古古善讲，谭玉昆翻译，黑龙江少数民族文学艺术调查组搜集，隋军整理《恩都力创造了鄂伦春人》，载《中华民族故事大系》第15卷，第697页。
	W2102.5	仿照自然物的构造造人	天神恩都力仿效日、月、星辰和山、川、草、木的构造，用飞禽的骨头和肉，做成人		《恩都力造人》，见《中国各民族宗教与神话大词典》，第131页。

续表

类型	母题代码	母题表述	母题实例	流传地	出处
造人	W2104.1	刻石造人	天神恩都力玛发用5块巨石，刻成5个石人	小兴安岭一带	(a)《人类生死的由来》，见《中国各民族宗教与神话大词典》，第131页；(b)《鄂伦春族人类起源神话浅探》，载《民族文学研究》1987（3）。
	W2106	用魔法造人	天上的恩都力造女人时，禽骨禽肉不够用，就找来泥土做补充。结果女人浑身没劲，恩都力就用神术给了一点力气	内蒙古·鄂伦春自治旗	德兴德讲，巴图宝音灵录《族源神话》，见《中国民间故事集成》（内蒙古卷），第23页。
育人	W2222	人的卵生人	老太太生的肉蛋生人	黑龙江·呼玛、爱辉、逊克一带	孟古古善讲，谭玉昆等翻译，隋书今整理《吴达内的故事》，见《中华民族故事大系》第15卷，第764页。
	W2276.1.1	吞肉球孕生人	老太太煮肋条肉时从笊篱上蹦出个圆圆的小肉球，跳进老太太嘴里，老太太怀孕生子		(a)李水花讲，孟淑珍整理《召日姑神》，见黑龙江省民族研究所《鄂伦春民间文学》（内部出版）；(b)《召日姑神》，见满都呼主编《中国阿尔泰语系诸民族神话故事》，第329页。
	W2279.4.4	男女分别往石缝小便生娃	7仙女中的七妹太阳姑娘湖中沐浴时，在大石上小解，绽开一道缝隙。莫日根猎手也向缝隙中小解，经49天，育成一个婴儿	大、小兴安岭一带	《太阳姑娘》，见《中国各民族宗教与神话大词典》，第130页。
			七仙女太阳姑娘在石缝中尿了一泡尿，小伙子在目送七仙女后，也在石缝中尿了一泡尿，石缝里发出婴儿哭声	白嘎拉山一带	《小伙子和太阳姑娘》，见赵复兴《鄂伦春族文学简论》，载《内蒙古社会科学》1995（3）。
			男女分别往石缝小便生娃	内蒙古	莫希那讲，王朝阳整理《小伙子与太阳姑娘》，见《中华民族故事大系》第15卷，第719页。
	W2281	祈祷神生子	一对夫妻没儿没女，就天天给老天爷磕头，不久妻子有孕	内蒙古·鄂伦春自治旗·古里乡	莫玉玲讲，王朝阳采录《尼顺萨满》，见《中国民间故事集成》（内蒙古卷），第25页。

续表

类型	母题代码	母题表述	母题实例	流传地	出　处
育人	W2281.4	祈祷神树生子	老太太求神后生女孩召日姑姑罕		(a) 李水花讲,孟淑珍整理《召日姑姑神》,见黑龙江省民族研究所《鄂伦春民间文学》（内部出版）；(b)《召日姑姑神》,见满都呼主编《中国阿尔泰语系诸民族神话故事》,第329页。
化产生人	W2322.1	熊孩变人	一个猎手与一头母熊生小熊,猎手逃跑,母熊把小熊扔给猎手,小熊触到木排,变成人,成为鄂伦春人祖先		《人熊一家》,见高明强编《创世的神话和传说》,上海三联书店,1988,第15页。
化产生人	W2341	蛇变为人	蛇女变成真正的人		孟廷杰讲,莫贵文翻译,白杉整理《蛇王的女儿》,见本社编《鄂伦春民间故事集》,内蒙古人民出版社,1981,第135~139页。
化产生人	W2348.5.2	熊的一半变成人	人与母熊生的幼仔被撕成两片,随母熊的一半化为熊,随父者即成为鄂伦春人的祖先		《熊与猎手》,见《中国各民族宗教与神话大词典》,第131页。
生人	W2416.5	特定的人与神女生人	神猎手鄂尔德穆莫日根与山神之女生人类		赵复兴:《鄂伦春族文学简论》,载《内蒙古社会科学》1995（3）。
生人	W2417	女子与神成婚生人	"无头神"同自己十来个女儿成亲,繁衍人类	小兴安岭东麓那翁河和脑温江流域	《无头神》,见《中国各民族宗教与神话大词典》,第130页。
生人	W2422	相差年龄大的男女成婚生人	全身是毛的动物（人的初形）全是男性,世上只有一个女性老太婆。其中一个男性与老太婆同居,生1男1女		《鄂伦春族的传说时代》,见吕光天《北方民族原始社会形态研究》,宁夏人民出版社,1981,第78页。
生人	W2425	与正常成婚生人有关的其他母题	1个姑娘和1个小伙日久天长成了夫妻,生5子	内蒙古·额尔古纳旗	关吉瑞讲,白文整理《五姓兄弟的传说》,见《鄂伦春族民间故事选》,上海文艺出版社,1988。
生人	W2425	与正常成婚生人有关的其他母题	上天造了一个人起名叫玛尼依尔,让葛瓦依尔氏族的人变成女人与玛尼依尔氏族结婚		《鄂伦春族的传说时代》,见吕光天《北方民族原始社会形态研究》,第82页。

续表

类型	母题代码	母题表述	母题实例	流传地	出处
	W2441	姐弟成婚生人	姐弟两人结婚生5个孩子，繁衍后代		《鄂伦春族五姓的由来》，见《中国各民族宗教与神话大词典》，第131页。
	W2454.2	猎手与母熊成婚生人	猎人与母熊生鄂伦春人		《熊的传说》，见巴图宝音搜集整理《鄂伦春民间故事集》，中国民间文艺，1984。
			猎手莫日根为母熊所获，禁于洞穴中。数年后，生1幼仔		《熊与猎手》，见《中国各民族宗教与神话大词典》，第131页。
			打猎为生的毛尔汗妻子死后，被黑母熊打昏抱回山洞，一起生活并生下一双浑身长毛的儿女		《毛尔汗与黑熊》，见讷河市民间文学三套集成办公室编印《讷河民间文学集成》，1988。
	W2455.1	女子与公猴成婚生人	老妈妈与一只公猴结为夫妇，生下5对男女，后来这5对男女又结为夫妻，繁衍后代		*《猴子育人的传说》，见佟德富《中国少数民族原始意识与哲学宇宙观之萌芽》，载《中央民族大学学报》1995（4）。
			一个老太婆与神仙变的公猴同居，生1男1女，繁衍鄂伦春人		毅松、涂建军等《达斡尔族、鄂温克族、鄂伦春族文化研究》，内蒙古教育出版社，2007，第474页。
			雄性猴子与老妈妈同居繁衍鄂伦春人		孟兴全讲，孟淑珍整理《鄂伦春人是怎么来的》，见黑龙江省民族研究所《鄂伦春民间文学》（内部出版）。
	W2459.4	人与猫成婚生人	几万年前，洪水和火山把人类毁灭，只剩下1个男子和1只猫结婚，生许多孩子		《鄂伦春族的传说时代》，见吕光天《北方民族原始社会形态研究》，第82页。
人类再生	W2556	洪水后其他特定的成婚再生人类	洪水后，幸存的1个大姑娘和1个小伙子成婚生5子，各自成家立业	黑龙江·黑河市爱辉区新生乡	关吉瑞讲《五姓的由来》，见《中国民间故事集成》（黑龙江卷），第43~45页。
	W2568.4	洪水后再生人类	山火与洪水后，剩下的1对男女结婚生人	黑龙江·呼玛县十八站	(a) 孟古古善讲《九姓的来历》，见《中国民间故事集成》（黑龙江卷），第43~45页；(b)《九姓人的来历》，见《鄂伦春族民间故事选》，上海文艺，1988。(c)《九姓人的来历》，见满都呼主编《中国阿尔泰语系诸民族神话故事》，第315页。

除表 1 所列举的母题之外，还有其他一些关于人的特征方面的母题，无论是对男女性别来历的解释，还是对人的四肢、毛发等特征的探源，都毫无例外地印证了马克思在论神话时所明确提出的神话起源于人们对自然界和人类社会的想象与幻想的论断。反映出远古时期人类试图通过幻想方式认识自身的客观史实。如人类早期的"婚姻"兼有婚姻、性爱或其他有关两性活动等多种复杂因素。从上述母题叙事看，"婚"或"成婚"都很难说是真正现代意义上的"婚姻"，但大量关涉婚姻的母题却客观地记录了人类发展历程中的婚姻原型或印迹。特别是早期的两性包括人与动物、动物与动物之间"交媾"，在本意上具有婚姻的性质和功能，其中无论是人与熊、还是人与猴，这里的动物名称代表特定族体的图腾名称，实际上指的是群体的人。这些婚姻或婚配已具有作为婚姻实现的前提和基础，有些母题在探索人类起源和民族产生方面具有不可替代的文化意义和人类学价值。如果把每个神话婚姻母题都看作一个特定时期婚姻的一面镜子，那么这无数个镜子的镜像连缀在一起就会映照出人类婚姻发展的漫长历程。通过梳理可以发现其中隐含了：（1）血缘家庭：兄弟和姊妹群婚；（2）普那路亚家庭：主要以几个兄弟和他们彼此的妻子的群婚或几个姊妹和她们彼此的丈夫的群婚为基础；（3）对偶制家庭，这种家庭形式并没有创造出特殊的亲属制度；（4）父权制家庭，以一男数女的婚姻为基础；（5）专偶制家庭，一男和一女实行独占同居的婚姻等，这与马克思提出的"五种婚姻形态"相吻合。正如马克思在对希腊的历史和现存神话考察之后提出的"特别是一夫一妻制产生后，已经历时久远，而过去的现实又反映在荒诞的神话形式中"[①]。

二　鄂伦春族人类起源神话中人的特征母题

在人类起源神话中关于人的特征描述主要表现在人的性别、体质与行为特征描述等方面。如表 2。

---

① 马克思：《摩尔根〈古代社会〉一书摘要》，人民出版社，1965，第 173 页。

表 2 关于人的特征的母题

类型	母题代码	母题表述	母题实例	流传地	出处
男女性别类母题	W2745.1	先造男后造女	先造男人	内蒙古、黑龙江	孟古古善讲,谭玉昆翻译,隋军整理《恩都力创造了鄂伦春人》,见《中华民族故事大系》第15卷,第697页。
男女性别类母题	W2758.6.1	用动物造男人,用泥土造女人	天神恩都力用鸟兽肉、毛造男人,用泥土造女人	黑龙江·黑河	《人类为什么分男女》,见《中国各民族宗教与神话大词典》,学苑出版社,1990,第131页。
男女性别类母题	W2758.6.1	用动物造男人,用泥土造女人	天神恩都力用野兽的肉和毛扎成10男,用泥做成10女	黑龙江·黑河市新兴乡	莫庆云讲《男人和女人》,见《中国民间故事集成》(黑龙江卷),第23页。
男女性别类母题	W2769.1	男女同时产生	天神恩都力造10个男人和10个女人		(a)《人类为什么分男女》,见《中国各民族宗教与神话大词典》,第131页;(b)莫庆云讲《男人和女人》,见《中国民间故事集成》(黑龙江卷),第23页。
男女性别类母题	W2793	男人为什么比女人力气大	恩都力造人,天神先造男人,后造女人,所以后世的女人都比男人力气小		《恩都力造人》,见《中国各民族宗教与神话大词典》。
男女性别类母题	W2793	男人为什么比女人力气大	天上的恩都力造女人时,用神术给了一点力气,结果变得力大无比,连男人都不是对手	内蒙古·鄂伦春自治旗	德兴德讲,巴图宝音采录《族源神话》,见《中国民间故事集成》(内蒙古卷),第23页。
男女性别类母题	W2797.3.2	男少女多	最早的人都是雄性的,只有一个年龄较大的雌性人		(a)孟兴全讲《鄂伦春人是怎么来的》,见满都呼主编《中国阿尔泰语系诸民族神话故事》,第319页;(b)《鄂伦春族的传说时代》,见吕光天《北方民族原始社会形态研究》,宁夏人民出版社,1981,第78页。
人的体质特征	W2847.2	膝盖的产生	恩都力为了制服他造出的人的飞跑的双腿,赏给他们食盐吃,慢慢生长出膝盖骨	内蒙古·鄂伦春自治旗	德兴德讲,巴图宝音采录《族源神话》,见《中国民间故事集成》(内蒙古卷),第24页。
人的体质特征	W2847.2	膝盖的产生	人有了盐吃以后,才开始长膝盖		《鄂伦春族的传说时代》,见吕光天《北方民族原始社会形态研究》,第76页。
人的体质特征	W2851	人以前全身是毛	洪水与火山爆发的时期,人浑身是毛,与动物没有区别		《鄂伦春族的传说时代》,见吕光天《北方民族原始社会形态研究》,第75页。
人的体质特征	W2851	人以前全身是毛	恩都力(天神)造的十男十女不知穿衣,全身毛茸茸	内蒙古·鄂伦春自治旗	德兴德讲,巴图宝音采录《族源神话》,见《中国民间故事集成》(宁夏卷),第23页。

续表

类型	母题代码	母题表述	母题实例	流传地	出　　处
人的体质特征	W2852.1	神让人长出头发	恩都力（天神）看到造的人没有头发不受看，又用仙术让他们长出了头发	内蒙古·鄂伦春自治旗	德兴德讲，巴图宝音采录《族源神话》，见《中国民间故事集成》（宁夏卷），第24页。
	W2859.5	人吃盐后体毛退掉	毛人吃盐后，毛脱落变成现在样子		《毛人与盐》，见高明强编《创世的神话和传说》，上海三联书店，1988，第13页。
	W2859.7	神用天水将人的绒毛烫掉	恩都力口含滚烫天水将绒毛烫掉，露出白净皮肤		《人身不生毛的缘起》，见《中国各民族宗教与神话大词典》，第131页。
	W2859.9	人身上的毛是被水烫掉的	恩都力（天神）为了使造的人与野兽有所区别，就用开水把他们身上的毛全部给烫掉了，只侥幸剩下了腋窝和嘴边的毛	内蒙古·鄂伦春自治旗	德兴德讲，巴图宝音采录《族源神话》，见《中国民间故事集成》（宁夏卷），第24页。
	W2728.2	生相貌相同的孩子	姐弟两人结婚生5子，相貌皆同		《鄂伦春族五姓的由来》，见《中国各民族宗教与神话大词典》，第131页。
人的行为类母题	W2904	人原来跑得很快	恩都力（天神）造的十男十女两条腿因为没有膝盖，跑得极快	内蒙古·鄂伦春自治旗	德兴德讲，巴图宝音采录《族源神话》，见《中国民间故事集成》（宁夏卷），第23页。
	W2913.2	人为什么会行走	恩都力神开始时用肉和泥拌在一起造的人不会走路，加入骨头后才会行走		孟兴全讲《鄂伦春人是怎么来的》，见满都呼主编《中国阿尔泰语系诸民族神话故事》，民族出版社，1997，第319页。

除上述母题之外，还有其他关于人类的体征类母题，如《鄂伦春人是怎么来的》中说，以前的人像动物。①《熊的传说》中说，人与动物有亲缘关系，祖先与熊是亲属。②

通过对上述母题的比较分析，不难发现，人类起源神话具有社会化与生活化有机结合的普遍创作规律，如果说关于人自身的起源带有更多的社会实践和族源意识的话，那么，神话也并不拒绝对人的自身个体的关心，这种对

① 孟兴全讲《鄂伦春人是怎么来的》，见满都呼主编《中国阿尔泰语系诸民族神话故事》，民族出版社，1997，第319页。
② 内蒙古东北少数民族社会历史调查组搜集，张凤铸等整理《熊的传说》，见中华民族故事大系编委会编《中华民族故事大系》第15卷，上海文艺出版社，1995，第700页。

生活性细节的关注也在很大程度上推进了受众对神话的兴趣与对神话的传承，使神话不仅具有关于民族发展的神圣性，而且也具有了生产、生活百科全书的特点，平时一些解决不了的问题或现象，在神话中得到巧妙的解释。如关于天神恩都力用鸟兽肉和毛造男人，而用泥土造女人的叙事，在反映男女特征差异的同时，也在一定程度上反映出男女地位的差异，这类情况反映出父系社会取代母系社会之后，在神话创作中发生的明显变化。

当然，像"膝盖的产生""人吃盐后体毛退掉""人原来跑得极快""人为什么会行走"等母题，更像是人类早期自然科学的萌芽，虽然在结论方面显得幼稚，但作为人类对自身的探索却充满情趣与智慧，可以看作当时环境中人类生存智慧的积淀与结晶。

三 鄂伦春族人类起源神话中其他一些相关母题

作为一个完整的神话叙事，鄂伦春族神话叙事除了关于人的产生的原因、产生的方式以及人的特征形成的描述性母题之外，还有其他一些与人类有关的辅助性母题。如表3所列关于人产生的数量、性别等叙事母题。

表3 其他一些相关母题

类型	母题代码	母题表述	母题实例	流传地	出处
人产生的数量	W2719.5	产生18人	人类毁灭后，幸存的1对男女结婚生9子9女	黑龙江·呼玛县·十八站	（a）孟古古善讲《九姓的来历》，见《中国民间故事集成》（黑龙江卷），第43~45页；（b）《九姓人的来历》，见满都呼主编《中国阿尔泰语系诸民族神话故事》，第315页。
	W2719.6	产生20人	天神化育10对男女	内蒙古、黑龙江	孟古古善讲，谭玉昆翻译，隋军整理《恩都力创造了鄂伦春人》，见《中华民族故事大系》第15卷，第697页。
			天上的恩都力捡来飞禽的骨和肉，做起十男十女	内蒙古·鄂伦春自治旗	德兴德讲，巴图宝音采录《族源神话》，见《中国民间故事集成》（内蒙古卷），第23卷。
	W2759.9	婚生出1对男女	雄性猴子、老妈妈同居在一起，老妈妈生下1男1女		孟兴全讲，孟淑珍整理《鄂伦春人是怎么来的》，见黑龙江省民族研究所《鄂伦春民间文学》（内部出版）。

续表

类型	母题代码	母题表述	母题实例	流传地	出处
人的生死类母题	W2941	人原来不死	天神恩都力造的石人成活后不会死亡，使地上人满为患，被天神打死	小兴安岭一带	《人类生死的由来》，见《中国各民族宗教与神话大词典》，第131页。
	W2941.4	以前人只有生没有死	天神恩都力造人后，人只有生而无死亡，出现人满之患	小兴安岭一带	《人类生死的由来》，见《中国各民族宗教与神话大词典》，第131页。
	W2962	人的寿命为什么是有限的	天神恩都力造的人不坚硬，到一定年龄时死亡	小兴安岭一带	《人类生死的由来》，见《中国各民族宗教与神话大词典》，第131页。
	W2987	与人的死亡有关的其他母题	老夫妻的两个儿子都是因为跟老猎人学打猎累死	内蒙古·鄂伦春自治旗·古里乡	黄玉玲讲《尼顺萨满》，见《中国民间故事集成》（黑龙江卷），第83页。
	W2987.6	人死后要到阴间	人死后要到阴间	大兴安岭地区	《阴间世界》，见《中国各民族宗教资料集成》（鄂伦春族卷等），第24页。
	W2987.7	人死后要到天上	人死后被招为星辰，成为太阳的侍卫		《崇拜太阳》（二），见《中国各民族宗教资料集成》（鄂伦春族卷等），第15页。

这类母题不仅数量多，而且表述相当驳杂。无论是对人的繁衍数量的描述，还是对生死的探讨，既有一些原生性的对人类自身的思考，也有受原始宗教或外来宗教影响的印记，如神对人的生命的决定性作用，反映出天人合一或命由天定的生存理念，而"人死后要到阴间""人死后要到天上"则与道教或佛教等可能存在一定的联系。正如习近平总书记所说："每个国家、每个民族不分强弱、不分大小，其思想文化都应该得到承认和尊重。"① 深入研究这些母题对进一步认识少数民族特别是鄂伦春族这样的人口较少民族的文化传统，具有重要的学术价值和现实意义。

总之，通过上述表格对鄂伦春族人类起源神话各类型母题的梳理与对比，我们大致可以得出如下几个结论：一是鄂伦春族也包括其他满通古斯语族各民族的人类起源神话非常丰富，主要表现在民间神话数量众多、神

---

① 习近平：《不同国家、民族的思想文化无高低优劣之分》，http://culture.people.com.cn/n/2014/0924/c22219-25726761.html。

话母题丰富、神话叙事存在跨地区、跨民族流传现象；二是同一类母题都存在不同的神话讲述人或不同的神话文本，这也展现出神话流传户的口头性、民间性与群体性；三是通过分析鄂伦春族人类起源涉及的与周边民族的同类母题，也可以发现满通古斯语族各民族人类起源神话的共性，这些共性包括各民族神话叙事中存在的大量相同或相似母题、神话叙事中描述的各民族同源共祖关系以及民族间相关文化习俗的同质性等；四是鄂伦春族神话具有明显的民族个性，神话作为一个民族珍贵的文化遗产，每个民族在传承族源神话的过程中都具有明确的民族自我或自识意识，同时，这些神话文本都带有明显的本民族文化印记。

"一带一路"视域下的文化景观与文化记忆

——基于湖北远安嫘祖传说的考察

毛巧晖

(中国社会科学院民族文学研究所)

"一带一路"的国家战略让丝绸之路再次进入世界视野。美国学者罗伯特·芬雷说过:"人类物质文化首度迈向全球化,是在中国的主导下展开的。在绝大部分的人类历史时光之中,中国的经济都是全世界最先进最发达的。"① 尤其是中国的丝绸与瓷器,它们曾经带动世界不同文化(文明)之间的交流与互动,"促成了许多不同文化间艺术象征、主题、图案的同化与传播"。② 在"一带一路"的研究与讨论中,文学艺术界提出"文学或艺术景观带"概念,强调景观的文学色彩与艺术内涵。

"景观"(landscape)一词16世纪末起源于荷兰,"它意味着人类占有,这实际是一种判断,即将其视为值得描述的迷人事物"。③ 景观从来就是嵌入在民众生活之中的,它不仅仅是撰写民族志或者民俗志的背景性知识,而且还是"作为地方社会的一种书写方式和表达系统"④。景观的这一内涵在民间传说中表现尤为突出,对于其他样式的文学或艺术而言,文学与艺术作品只是增加了一层新的景观内涵与意蕴;而民间传说则是民众对于景观认知的书写与艺术表达。民间传说作为一种特殊的文艺样式与文类(genre),它的文本(text)具有开放性与多元化的特点,与民众的生活融

---

① 方李莉:《"一带一路"上的瓷器贸易与世界文明再生产》,《中国社会科学报》2016年6月24日。
② 方李莉:《"一带一路"上的瓷器贸易与世界文明再生产》,《中国社会科学报》2016年6月24日。
③ 〔英〕西蒙·莎玛:《风景与记忆》,胡淑陈、冯樨译,译林出版社,2013,第5页。
④ 葛荣玲:《景观人类学的概念、范畴与意义》,《国外社会科学》2014年第4期。

为一体。传说的文学性与艺术性，缘起并呈现于民众的日常生活场域；景观则是传说叙事的物质载体，是民众叙事的空间展示，凝结着民众的文化记忆，而记忆的精髓与灵魂则是民间信仰。本文以丝绸起源的嫘祖传说为例，选取湖北远安为调查地，论述在丝绸起源之旅中，留存在丝绸文化中的文化景观与民众有关丝绸所带动的文化交流之记忆。

一 日常生活：嫘祖文化记忆缘起的场域

随着当下非物质文化遗产保护热潮的兴起，以及依托于此兴起的大众文化旅游热，人文景观成为重要的开发资源。湖北远安依托于国家第三批非物质文化遗产名录"嫘祖信俗"展开嫘祖文化艺术的推广。嫘祖文化艺术的核心文化与重要支撑就是嫘祖传说及其艺术呈现的挖掘与建构。

嫘祖，又称"累祖""雷祖"，被纳入中华民族与华夏文化的始祖谱系，她的贡献在于植桑养蚕、缫丝制衣。后世将其视为中华民族的"伟大母亲""中华母亲节形象代表人"等，这些都反映了后世对其"女性始祖"形象的弘扬。文献记载中，目前看到与嫘祖相关的最普遍资料，就是缘起于《世本》所载："黄帝有熊氏，娶于西陵之子，谓之累祖，产青阳及昌意。"[1] 之后嫘祖被列入《史记》之五帝本纪，在正史意义上成为中华文明的开端，"黄帝居轩辕之丘，而娶于西陵之女，是为嫘祖。嫘祖为黄帝正妃……"[2] 这些文字，并未提到嫘祖养蚕或缫丝，但今天世人熟知"伏羲化蚕，西陵氏始蚕"之典故。这其中的史料演化，已有相关学者进行了梳理，北齐、北周"西陵氏始蚕说"开始兴起，《魏书》《北史》已有"祀黄帝轩辕氏为先蚕"及"进奠先蚕西陵氏神礼"的记载。[3] 大致到宋代，嫘祖与养蚕交织在一起的说法勃兴，目前可看到的资料有：《资治通鉴外纪》"嫘祖为黄帝正妃，始教民养蚕，治丝蚕以供衣服，后世祀为先蚕"[4]。《路史》载："黄帝元妃西陵氏曰嫘祖，以其始蚕，故又祀先蚕。"[5]《农桑通诀》记载："盖古者蚕祭皆无主名，至后周坛祭先蚕，以

---

[1] 秦嘉谟等辑《世本八种》，宋衷注，商务印书馆，1957，第3页。
[2] 司马迁：《史记五帝本纪第一》，岳麓书社，1988，第2页。
[3] 周匡明：《中国蚕业史话》，上海科学技术出版社，2009，第4~6页。
[4] 刘恕：《通鉴外纪》卷一上，上海古籍出版社，1987，第8页。
[5] 罗泌：《路史》后纪五，中华书局，1985，第17页。

黄帝元妃西陵氏为始，是为'先蚕'，历代因之。"① 《蚕经》云："黄帝元妃西陵氏始蚕。"②

上述演化历程呈现了嫘祖从"西陵氏之女""黄帝正妃"到"黄帝元妃西陵氏始蚕"，这一方面将西陵氏纳入黄帝谱系，也就是华夏文明系统，另一方面又将某事物的发明权归于某一名人，这是民间传说的一个普遍现象。正如周匡明所述："起初古人把伏羲化蚕养蚕的发明权加到了黄帝身上，这是出于秦汉以来，儒家推崇黄帝为华族的祖先，把一切文明制度的发明权都加到这位传说人物名下的缘故吧。可是养蚕历来是由妇女担当的，蚕神也应该是女的，于是在南北朝时期又有文人把养蚕的发明权移到了黄帝的正妻西陵氏身上，从此史书上出现了'伏羲化蚕，西陵氏始蚕'的典故。"③ 从这一段文字中可以看出，蚕神之所以转移到西陵氏嫘祖身上，与中国社会后来认同的男女分工有一定的关联。这一内容在民间传说中也有类似情节。《关于嫘（雷）祖传说》④ 中讲述阿雷带着小姐妹到山上采摘，发现了桑葚，甜美的果实吸引了她们，接着她们发现了桑树上的蚕茧，她们在嬉戏中从蚕茧里抽出了很长的细丝。这一情节反映了蚕的发现是与远古时期男女分工联系在一起的。清咸丰拔贡陈文藻作《沮江竹枝词》："蚕家辛苦在三眠，缲就新丝换木棉。相劝栽桑栽满圃，明年叶好胜今年。轧轧寒机彻夜鸣，合家共就一灯明，阿婆纺线阿翁织，为课儿书傍短檠。"⑤ 由此即可推想，蚕、蚕神的缘起乃是后世根据日常生活中社会分工进行阐释。嫘祖传说与嫘祖为蚕神的信仰和中国社会长期男耕女织的生产模式息息相关。

还有文献则是从"嫘"字的组成予以阐释。"嫘"由"女""田"和"糸"三部分构成。《说文解字》解释："女"为：（1）"妇人"，与"丈夫"相对；（2）"妇道"。"田"为：（1）"正"，意为整齐；（2）"树"；（3）"阡陌纵横"。"糸"为蚕所吐之"细丝"，通"丝"。⑥ 这种阐释，指

---

① 王祯：《王祯农书》农桑通诀集之一，王毓瑚校，农业出版社，1981，第5页。
② 黄省曾：《蚕经》，中华书局，1985年影印本，第1页。
③ 周匡明：《中国蚕业史话》，第34页。
④ 《嫘祖故事》编辑委员会编《嫘祖故事》（内部资料），远安县东巨印刷厂，2011，第111页。
⑤ 王大珍主编《古人咏远安》（内部资料），远安政协文史委员会印刷，2001，第18页。
⑥ 钱纪芳：《符号学语码分析方法在文化研究中的应用——以关于丝绸起源的传说文"嫘祖"中蕴含的语码解析为例》，《广西师范大学学报》（哲学社会科学版）2015年第1期。

出了女性、桑树、蚕为嫘祖传说或有关文化的三个重要符号,在湖北远安嫘祖镇,这三者都具备,有大批优良的桑树田,从前女性以养蚕为业,每年一度的嫘祖庙会场面盛大,丝织业一度发达,所产"垭丝"为皇室贡品。康熙九年《远安县志》记载:"垭丝"为皇室贡品,历年以"金罗汉"商标出口,畅销不衰……蚕丝各郡皆产,唯以"垭丝"最为著名,西欧人争购之……庙会期间,主祭为头戴白色头巾的女性,祭祀当天蚕农成群结队到蚕神庙祭祀。在当地嫘祖传说中,雷(嫘)祖升天后,首先是西陵和其他"三陵"的女人,从此不论年龄大小,人人头上都顶一条白色头巾,也就是用帛做的头巾,来永远纪念嫘祖。嫘祖的成长与蚕的生长过程类似,嫘祖一生经历了四大劫难,每次劫难都是以"蜕皮"痊愈,这一生长过程与蚕相似。有学者认为,嫘祖,是侗台语的记音,侗台语称"虫"为"嫘",称蚕为"祖",嫘祖就是虫蚕,倒装语,也就是蚕虫。① 笔者无意证明嫘祖是"蚕",但可知嫘祖传说与当地民众的日常生活直接相关。

另外,远安嫘祖传说中有大量涉及西陵与东陵、南陵、北陵(以下简称"三陵")不同部落之间的渊源与交往,在传说中,他们强调西陵的女性始祖嘎嘎将自己的首领位置传给了没有血缘关系的大夔,而将自己的女儿分别迁往其他"三陵",每到西陵重要人物举行葬礼时,都要通知其他"三陵",在葬礼上他们会交流彼此的信息。传说还突出了北陵与北方群落的交流,特别是有关铜、漆等物资的发现,西陵希望用蚕丝、丝织品交换这些物资,而嫘祖镇恰好处于重庆、湖北的交通要道,嫘祖镇的青石街从清末就是垭丝等物资交流要道。从宋代开始,垭丝就走向了京城。明代远安就以桑蚕丝为贡品,清代则开始销往海外。

无论口耳相传的民间传说,还是《世本》《史记》等书面文献,它们的存在都离不开"人"这一主体,只是随着时间的推移,日常生活发生变迁,无论口头传承的嫘祖传说,还是书面相关文献记载,它们的叙事语境都已消失,远安一带由农业社会进入了工业化生产,无论是性别分工还是垭丝本身,都发生了巨大变化。只是与嫘祖相关的信俗在"地方性知识"中有所体现。无论这些文献资料如何坐实或者学者如何阐释,乃至西陵地域之争,对于民众而言,它们都外在于地域文化系统,没有进入民众的文

---

① 新浪博客,http://blog.sina.com.cn/s/blog_7aa87ab201017o89.html,2012 - 07 - 27/2016 - 01 - 08。

化记忆。嫘祖对于民众而言，还是依然留存于远安嫘祖镇（原名"荷花镇"，2014 年 10 月更名嫘祖镇）的蚕神、蚕母娘娘的神奇传闻，还是清代"垭丝"的流通商路，以及每年一度盛大的嫘祖祭祀仪式，简而言之，就是嫘祖传说"物"的依托以及嫘祖信俗。

二　景观：民间传说的物质载体

叙事是人类的一种本能交流表达方式①，有口头叙事与书面叙事两种方式。民间传说则是以口头语言为载体，以口耳相传为传承模式的一种叙事方式。在这一叙事方式中，"物"常常会成为见证或依托，而这一"物"在当下非物质文化遗产语境及旅游文化中，越来越被关注，它甚至超越语言形态，成为"更直观、形象的地域叙事"②。这一"物"，在 20 世纪 60 年代以后，随着视觉艺术与视觉文化发展，逐步转换为地域文化中的"景观"。将景观纳入地域叙事，缘起于 20 世纪初，简·塞特斯怀特（Jan Satterthwaite）（1904）就指出，通过叙事理论方法，景观设计可以提供经历、地方历史以及加深人们对某件事的记忆。同时，景观本身就是一种叙事的风格和对象，它从来没有脱离叙事而独立存在过。这样，景观与叙事相辅相成，正如马修·波提格（Matthew Potteiger）在《景观叙事：讲故事的设计实践》一书中所论述的："我们生活在一个故事的世界，并且用故事来塑造这个世界。"③ 民间传说中的"物"，与景观有着内在的一致性，即"叙事"，但是作为民间传说物质承载，它又与艺术设计中的景观不同，它的叙事不具有独立性；另外，正如景观在民族主义建构中具有一定作用一样，它对于地域文化的建构也有一定意义。④

《尚书·禹贡》是对中国丝绸有最早记载的书籍。《禹贡》已记载了荆州上贡的物品最珍贵的是蚕丝成品。《荀子·赋篇·蚕》记述了战国时已

---

① 张寅德：《叙事学研究》，中国社会科学出版社，1989，第 2 页。
② 余红艳：《走向景观叙事：传说形态与功能的当代演变研究——以法海洞与雷峰塔为中心的考察》，《华东师范大学学报》（哲学社会科学版）2014 年第 2 期。
③ Matthew Potteiger, Jamie Purinton, *Landscape Narrative: Design Practices for Telling Stories*, New York: Ohn Wiley & Sons Inc., 1998, pp. 3 – 13.
④ 李政亮：《风景民族主义》，《读书》2009 年第 2 期。

发展了关于蚕的义理,称为"蚕理"。可见养蚕、丝织缘起很早,嫘祖传说在古荆州尤其是荆山西南即今远安一带至少千余年,到今天这一传说在民众中流传已不像过去,当下社会口头传布的语境发生了极大变化,传承主体以及传播方式都已变革,民众中留存着传说片段,主要是雷(嫘)祖传说中的苟家垭、雷家冲、鹰儿寨、茧沟(今称笕沟)、猫子冲、白布堤(百步梯)、嚎嫁坪(今称郝家坪)等。尽管嫘祖传说在民众记忆中渐趋淡忘,但是这些传说中有关嫘祖保护蚕及动物鹰、猫等,以及嫘祖教授民众纺织、婚嫁知识等相关情节或地名却承载了嫘祖传说,它们成为民众讲述嫘祖传说的物质依托,在远安嫘祖文化的建构与推广中,会成为嫘祖文化区的景观。这些景观可以向外来民众讲述或展示嫘祖传说,地方政府借此"文化展示"的契机,可将其转化为"有利可图的资源"①。在这一转换过程中,景观如果脱离了传说,打造新的景观叙事,正如赫尔曼·鲍辛格所述"运用'阐释'的技巧小心翼翼地创造意义"②,它可能会暂时性存在,但是难以流传,只是旅游文化的消费品,存在于导游的讲述中,没有传播力,更无法进入当地民众的地域叙事。这就是传说所依托之"景观"与景观叙事的本质区别。

传说的流布,正像书面文学作品需要读者一样,它需要传布者,而民众自发讲述与传播则依附于民间信仰。民众讲述的嫘祖传说,没有文献可证,有大量虚构的、非理性思维,但是这种思维观念符合民众的精神需要,是他们对嫘祖文化的自我表达,在思想的意义上它们仍是"事实"。这些言说有着真实的物质载体。首先就是"垭丝"流通与物资交换枢纽——嫘祖古镇。明代弘治九年(1496)《夷陵州志》载:远安的田赋以"缎匹一丈五尺、农桑丝二斤八两五钱二分"上"贡",明确记载了远安以桑蚕丝上贡的史实。清代同治至光绪年间,湖北丝绸由汉口经上海出口,远销英国、法国、印度、巴基斯坦等,其中以"垭丝"最为著名。还有上文提及的康熙九年(1670)《远安县志》所载"垭丝"为皇室贡品,清中期以后荆州一带"金罗汉"商标驰名欧亚。清宣统元年(1909)撰修的《湖北通志·

---

① 贝拉·迪克斯:《被展示的文化:当代"可参观性"的生产》,冯悦译,北京大学出版社,2012,第126页。
② 赫尔曼·鲍辛格等:《在技术世界中的民间文化》,户晓辉译,广西师范大学出版社,2014,第2页。

货类》中也记载，"蚕丝"各郡皆产，唯以"垭丝"为著，西欧人购之……当下的远安，这些已经成为久远的历史，而且作为文献记载、书面叙事，与民众的地方性知识无关，也没有进入他们对于嫘祖的叙述表达体系。民众对于嫘祖的叙述表达离不开远安嫘祖镇"垭丝"等物资交汇流通的古街、蚕桑养殖场域以及各大兴盛发达的商铺，这些是民众讲述嫘祖传说之"物"的依托。这些"物"的依托，在嫘祖文化对外"展示"中，就成为"被参观"的景观。在这些景观中，最突出或影响最大的当数蚕神庙。根据当地嫘祖传说，远安一带最早祭祀嫘祖，只是筑台祭祀。传说嫘祖死后，西陵及其他"三陵"的部众都赶到雷公山祭祀，他们感恩嫘祖教授养蚕、缫丝、织帛、缝缀等技艺，同时祈求嫘祖保护他们的蚕无病害，有好的收成，奉嫘祖为蚕神。他们在雷公山筑了一个土台，作为祭祀的空间。后来随着社会发展，物质技术发达，他们建了庙宇专门祭祀嫘祖，只是庙宇自建成之日起就称为"蚕神庙"，庙里供奉嫘祖。目前远安见到最早的蚕神庙是清代中期修建，只是它被命名为"财神庙"，庙里供奉财神爷与嫘祖，信众与供奉者为女性，这在各地较为少见。无论是"祭台""蚕神庙"，还是"财神庙"，它们都是嫘祖传说所依托之"物"——景观，只是景观所蕴含的叙事不断变迁，叙事变迁呈现了当地民众对于嫘祖文化的阐释，但是作为嫘祖传说的叙述空间之意义与价值未变。反过来说，如果这些空间消失了，嫘祖传说就会失去"物"的载体；而民间传说与书面叙事不同，它没有文字的载体，这样会加速它淡出民众的文化记忆与知识系统的步伐。

总之，嫘祖传说赋予这些空间以文化和历史的意义；同时这些空间也是嫘祖传说叙事或讲述必不可少的依托。民众记忆中"垭丝"的辉煌与嫘祖传说密切交织在一起，传说的讲述离不开嫘祖镇古街、蚕神庙这些景观。景观的改变或消失，会影响到民众的口头叙事，而景观所包孕的叙事则依赖于民众信仰的支撑。

三 民间信仰：景观建构与文化记忆的灵魂

民间信仰更多彰显为日常生活中的信俗。远安，养蚕历史久远，养蚕习俗沿袭上古之风，而祭祀蚕神嫘祖的习俗也是渊源久远。《礼记》《后汉书》均有古者天子诸侯和后妃祭蚕神的记载。《隋书·礼仪志》记载：北周享先蚕,称"行西周故事",皇后"以一太牢亲祭,祭奠先蚕西陵氏神"①。可见到了北周已将祭奠先蚕西陵氏神列入国家大典,并延之后世历朝历代,从而形成了嫘祖祭祀习俗。现在的远安嫘祖镇,曾经处于北周管辖之地,后世曾经留存蚕神庙、嫘祖祭祀碑、嫘祖像,祭祀先蚕神——嫘祖、交流养蚕织缉技艺之风俗更是在远安世代相传。自古以来,远安养蚕人每年三祭蚕神,嫘祖庙会节(大祭蚕神之日)是远安乃至整个荆山沮水间最隆重的民间节日及祭拜仪式。

仪式"能够在最深的层次揭示价值之所在……人们在仪式中所表达出来的,是他们最为之感动的东西"②,但是这一仪式更大意义上而言应是宗教仪式,对于文化节性质的"公共记忆"的建构而言,"仪式的表演性重于信仰"。③

根据远安《关于嫘(雷)祖传说》,阿雷是雷神赐予西陵部落的,帮助西陵部落掌握养蚕、丝织技艺。远安养蚕人都要祭祀蚕神,他们一般每年祭祀三次:第一次是在怀孵蚕卵前举行初祭;第二次则是在春蚕大眠放食之前的大祭,第三次是在收茧缫丝、种蛾产卵之后末祭。相传农历三月十五日是嫘祖生日,当地要举行专门祭拜嫘祖的盛会——嫘祖庙会节(也就是大祭蚕神之日)④。嫘祖庙会上的祭拜仪式极为宏大,程式一般如下:鸣乐、敬香、祭拜;献香果、美酒、桑叶;高诵祈词。祈词如下:

先蚕西陵氏神圣母娘娘嫘祖:
圣毓坤秀于鸿门,兴桑训蚕胜禹功。
冠冕衣裳多纹彩,文明古国运昌隆。
今呈祈文求保佑,柔桑成林绿葱葱。
蚁齐蚕壮光泽美,三眠无恙乐融融。
三盆称丝庆丰收,酬谢娘娘礼仪重。
供三牲,置果酒,唱戏三日又披红。

---

① 魏徵等:《隋书》卷十二,中华书局,1973年影印本。
② 维克多:《仪式过程:结构与反结构》,黄剑波、柳博赟译,中国人民大学出版社,2006,第6页。
③ 司徒安:《身体与笔:18世纪中国作为文本/表演的大祀》,李晋译,北京大学出版社,2014,第61页。
④ 参见魏晓红《对湖北远安传承开发嫘祖文化的考察》(内部资料)。

　　　　子民许愿定还愿，祈望娘娘赐恩宠。①

　　以嫘祖镇为核心的远安、南漳、保康、当阳等邻县之民数以万计，自发聚集到嫘祖镇，祭拜嫘祖，交易物资，交流技艺，观看表演，形成了规模宏大的拜祖盛会。

　　据宋代著名志书家王存撰《元丰九域志》载，峡州西陵山为祭祀嫘祖圣地，祭祀时间为每年三月十五日，同传承至今的嫘祖镇庙会时间完全吻合，远安当时归于峡州，嫘祖镇庙会就是其中一处极负盛名的祭祀中心。据此推测，嫘祖镇庙会延绵已有900余年。民众的口头传说中，没有精准的时间、地理观念，他们也不重视追究嫘祖故里的考证，只是自发参加一年一度盛大的庙会以及嫘祖祭祀仪式，围绕着嫘祖庙遗址进行蚕神嫘祖事迹的传述。嫘祖传说中插入了合乎民间信仰逻辑的"超人间"的叙事情节，赋予了浪漫主义色彩，突显了嫘祖的神性形象。这是来自当时社会的需要和人民大众的愿望，是民众对历史记忆的再加工，是民众的集体记忆。民众口传的历史，虽带有明显的非正统色彩，却能够比较朴素地表现出民众的爱憎好恶之感，表达出民众自己的思想情感。

　　近年来宜昌市政府重视依托"嫘祖信俗"打造嫘祖故里，积极推进远安嫘祖文化的发展与建设，在嫘祖镇结合嫘祖庙会与祭祀仪式，重新建设了新的嫘祖文化广场，这为民众嫘祖文化的地域表达提供了新的场域，但是在新的景观建设中，更应关注民众嫘祖信仰，信仰是灵魂，也是景观、文化记忆的核心驱动力。景观与民间传说相依相附，如果没有民间传说，景观只会存在于当下旅游场域或者导游、政府的解说词中，没有自然传播力而外在于民众的文化认知与历史记忆。反之，景观消失，民间传说失去物质载体，也会渐渐淡出民众记忆。而如果没有信仰支撑，一切都将没有存在的长久力，景观会昙花一现，民间传说亦会成为无源之水、无本之木。

---

① 《嫘祖故事》编辑委员会编《嫘祖故事》（内部资料），远安县东巨印刷厂，2011，第7页。

"一带一路"与全新的世界文学地图

刘大先

(中国社会科学院民族文学研究所)

出于对政治激进化造成的对多样性审美和个性化表述的挤压状况的不满，晚近几十年来中国当代文学呈现集体性的退缩与犬儒态势，甚或沾沾自喜自闭于被自由主义或者各类其他话语所规训了的文学自足的框架之中。这种特定时代产生的文学诉求，在资本和商业利益的驱动下，如今已经日益成为一种"去政治化"意识形态的组成部分。是冲破这一思想的牢笼，敲碎精神的枷锁，反思这套话语的时候了。我们时代的文学有没有可能再次"政治化"？这种"政治化"当然不是重返狭隘意义上的政治工具论，而是说向更广阔的生活发言，进而参与到现实社会实践中去。

2013年9月和10月国家主席习近平提出建设"新丝绸之路经济带"和"21世纪海上丝绸之路"的战略构想，这一涉及国内外多边格局的大政方针很快引起中外媒体关注，形成了关于"一带一路"的各方议论。"一带一路"的理念经常被媒体解读成"战略布局"，但笔者认为，它并不是实体和机制，而是合作发展的理念和倡议，其目的是依靠中国与有关国家既有的双边多边机制，借助既有的行之有效的区域合作平台，借用古代"丝绸之路"的历史符号，主动地发展我国与沿线国家的经济合作伙伴关系，共同打造政治互信、经济融合、文化包容的利益共同体、命运共同体和责任共同体。这种理念表现了一种充满理想愿景的思维转变，是对世界格局的某种重新编码。在这样的大视野中观照文学，一方面会促进对既有的文学遗产和传统产生一个颠覆式的理解与认识，另一方面也启发我们重申"宏大叙事"，主动走出风花雪月、个人主义乃至感性欲望所形成的狭窄场域，与重大问题接榫，向一个更为开放的公共空间迈进。

一　重新理解亚洲和中国

　　现代以来的世界史叙述因为被欧美强势文化所主导，往往充斥"欧洲与没有历史的人民"问题，即把欧洲"中心"之外的"边缘"视为一种自然史的存在，或是一种依附性的存在。这其实有意无意遮蔽了全球范围内政治、社会、经济、文化的结构性不平衡，欧美资本主宰的"世界体系"实际上直接影响了看似偏远的民众，也就是说任何共同体的存在都是关系性的存在。但在从黑格尔、摩尔根到马克思的历史叙述中，亚洲都是一种特殊存在，"亚细亚"是个游离在"世界"之外的孤儿。如今，重新阐发古代交往遗留下来的物质与非物质文化遗产，"一带一路"的构想首先就是重新理解亚洲与中国，这是对从晚清延至 20 世纪 80 年代的"走向世界"的思维方式的突破，它不是要"与世界接轨"，而是要将中国作为世界的有机组成部分，重新建构世界格局中有机与能动的力量。

　　此外，在"一带一路"的理念中，中国的主体性不是在与"西方"的比照中形成的，而是从亚洲与中国自己的视角出发构建的。"21 世纪海上丝绸之路"旨在东亚朝贡体系解体之后重新考量亚洲汉字文化圈和内亚多民族伊斯兰文化圈彼此影响的悠久历史地缘关系，"丝绸之路经济带"更是"路带廊桥"体系的着重点，而"丝绸之路"恰恰是以内亚为核心，贯通亚洲与欧洲。就此而言，南海边疆与"西部"在缅中印孟、中巴、中蒙俄三大走廊，在从连云港到鹿特丹的新亚欧大陆桥、中国－中亚－西亚及澜沧江－大湄公河次区域的一系列规划中就显得尤为重要。

　　这里可以举一个很有意思的例子。笔者数次到新疆调研，发现有个很值得注意的文学传播现象。在新疆传播最广的诺贝尔文学奖得主是土耳其作家帕慕克，甚至在乌鲁木齐的街头地摊上都可以看到《我的名字叫红》《黑书》的维吾尔文译本，那是为数不多的摆在地摊上的严肃文学作品。《我的名字叫红》将奥斯曼的细密画和法兰克的肖像画做了对照式的比较，形成了东西文化之间的象征，最终暗示了波斯细密画的衰败。这是西方启蒙现代性的东扩。而《黑书》中有个很有意思的凤凰传说寓言，帕慕克将伊斯兰教苏非神秘主义的教义引入小说中，波斯著名诗人阿塔尔的长篇叙事诗《百鸟朝凤》（《黑书》中译本译为《群鸟之会》，译者误将阿塔尔注释为土耳其诗人）讲述了一个有关追寻的故事：鸟儿们决定前往环绕世界的卡夫山去朝拜百鸟之王"凤凰"。鸟儿们的卡夫山之旅遭遇了无数的艰险，最后只有 30 只鸟克服重重艰难抵达目的地。但是，这 30 只鸟没有找到什么"凤凰"，这时它们忽然觉悟：我们自己这"30 只鸟"即是"凤凰"——阿塔尔在这个故事中，巧妙运用波斯文中"30 只鸟"（si morgh）与"凤凰"（simorgh）拼写完全相同，而在文字游戏中制造了关于主体性的寓言，即在追寻过程中，追寻者自己最终发现自己就是要追寻的对象。帕慕克在这里是在树立对土耳其主体性的隐喻，其实放到中国来看，"一带一路"也有这样的意味。

二　再构亚非联盟关系，这是亚洲与欧美关系的另一面

18 世纪中期以来，整个亚洲卷入欧美全球现代性的潮流之中，大清帝国、莫卧儿帝国、奥斯曼帝国相继崩解，沦为列强的殖民半殖民地。如何"从帝国废墟中崛起"（Pankaj Mishra 语），亚洲的思想者和行动者都进行了一系列的探索。比如日本有福泽谕吉（1835~1901）的"脱亚论"，冈仓天心（1863~1903）、樽井藤吉（1850~1922）的"兴亚论"；中国在 20 世纪之交有从世界主义到民族主义的各种思路；印度有"三圣"甘地（1869~1948）、泰戈尔（1869~1941）、室利·阿罗频多（1872~1950）从各自民族主义思想出发的实践与精神哲学，还有土耳其凯末尔（1881~1938）和越南胡志明（1890~1969）等人的反殖、反帝与民族主义……这一切都构成了近现代思想史上亚洲的觉醒以及亚洲与世界其他地区的政治关系。

从这个思想脉络来看，"一带一路"的构想是现代化进程中亚洲话语的新发展。将其放到中国近现代历史来看，我不禁想起文学史上的两种遗产。一种是晚清民国的反殖民话语，像晚清时候的"亡国史学"，通过将中国与非洲布尔人、菲律宾、波兰等国家的亡国历史书写联结起来，激起民族危机感。鲁迅等人提倡的对于弱小民族文学的翻译与介绍，同样也是基于类似想法。另一种是毛泽东"第三世界"的构想与万隆会议"南南合作"等政治战略，这些举措强调不结盟与平等合作，最主要的是将亚非拉美的发展中国家联系起来，成为一种有别于欧美强国的主体性存在，从而构成自主性、能动性与结构颠覆性。

从晚清以来的"以夷为师""师夷长技以制夷""以俄为师",到20世纪80年代的改革开放、"走向世界",中国的现代化进程也是一个主体性不断模仿、寻找与确立的过程。经历一百多年以西化为主潮的历程之后,如今随着综合国力的增强,我国开始谋求真正意义上的传统复兴及以本土和区域经验为主的道路。"一带一路"强调的是多种主体的联合,协商合作、多方共赢。亚洲与中国以其自身的多元性成为"平的世界"的共同主体,其旨归在于打破因袭已久的东西方文明等级式结构。回到文学上说,一个世纪以来被西方文学标准所规约了的中国文学,可能在发扬中国、中亚、东南亚诸国的多样性文学遗产和现实样态中,锻造出一种本土的美学范式和生产空间。

三 视角的变化与中心边缘辩证法的突破

从20世纪70年代开始,北美汉学的学术脉络逐渐从"冲击—反应""挑战—应激""帝国主义"等模式中摆脱出来,"从中国发现历史"。从突厥学、蒙古学萌蘖出来的边疆研究、新清史、日本满蒙史学、中国台湾的边缘人类学等成果与后殖民主义一道,也一再构成一种以边缘挑战中心的话语模式。这又构成了观测中国视角的"边缘转向"。这些学术思潮尽管存在着问题意识且出发点不同,在意识形态上也有着不同的着力点,但却为我们重新认识与书写中国文学历史提供了一定的挑战与借鉴,敦促我们重新发明新的"中国文学",即认识中国的文学边疆的"在场的缺席"问题,比如少数民族文学、跨境文学问题。但无论是"在中国发现历史"还是"边缘"与"中心"的辩证法,往往都有意无意地压抑了关系性的存在,如果我们有着全球史的整体性关注,就会发现中国总是与周边地缘环境和国际关系相依相存,不可能孤立存在;而边缘和中心也是结构性的共生,而不是二元式的对立,它们共处在普遍性的时间与实践之中。

"一带一路"的理念是对边缘中心辩证法的突破,是在恢复传统丝绸之路共生关系基础上的认识转型。"丝绸之路"在这个意义上具有方法论的意义,这个传统问题的复活,需要中国文学也在关系性或者说主体间性的理念中重新定位。尤其应重视对于丝绸之路沿线文学、东南沿海至印度洋沿岸文学的发掘与发现,这个文学不同于东部沿海发达地区的文学,它更多来自中亚、西亚、东南亚文化传统的滋养。比如维吾尔文学,即便是在今日，它也依然有着浓厚的阿拉伯文学和波斯文学传统的集体记忆。

四 警惕两种文学刻板

虽然文学有其区别于其他意识形态的独特性，但它也分享了它们的法则。用卡萨诺瓦（Pascale Casanova）的话来说，"文学共和国"也会分出自己的首都和外省，之前的首都可能是希腊，现代以来则是巴黎，这其实就是某种局部的文学观念和美学趣味蔓延为具有霸权性质的通用规范。

一般来说，异文化在相互接触时，先发现代性文化总是容易给后发的文化带有外来者"时间的他者"的意识，这就是常见的所谓"活化石论"的悖谬。比如新疆这块地方本身是个多族群、多语言、多宗教的地方，同时又像海绵一样吸收了来自各方的文化，如儒家、伊斯兰、基督教、佛教文化，早先的探险家、传教士、学者往往习惯于从自我主位出发在这里发现自己文化栩栩如生的"活化石"存在。这种被萨义德批评的"东方主义"，其实是一种误读和权力话语的体现，所谓"同时异代"，即将地区的空间不平衡当作了一种进化论链条上的时间前后次序，隐含的是"文明"与"野蛮"的等级制思维。

而同时，随着文化多元主义乃至相对主义在 20 世纪 80 年代以来全球范围的扩展，一种以市场机制为靠山、以自由主义为根基的思潮，给地方性、族群性主体带来了生长的契机，它的特殊性和差异性存在成为一种象征性资本和符号性价值。当一体化的宏大话语弱化或者消失之后，文化差异性的生产就成为一个值得注意的现象。即，少数弱势族群出于维护自身认同和利益的需要，往往以盲目偏狭的妄自尊大强调自身的特殊性，从而走向另一种狭隘的自我本质化和自我风情化。面对这两种情形，我们在文学尤其是当代文学创作中需要进行两方面反抗：一方面反抗政治虚构，另一方面反抗情感虚构。

五 建构集体性

现代以来，由于"现代性"以强势推进取代神学价值观成为一种新的"普世价值"，我们共享了一个具有全球普遍性的认知前提，比如民主、科学、自由、发展，但是共同的理想却在近几十年来的中国人文思潮中发生了共时性的断裂。一方面思想资源多来自欧美，忽略了其他更为广阔的"没有历史的人民"的精神空间与人文传统；另一方面由于个人主义的盛行，对于共同理想的路径想象各有不同，从而造成了国内不同思想流派的纷争。

  这几年笔者一直在倡议讨论"文学共和"的话题，"一带一路"背后的理念正是提示了一种寻找公约数的可能，即在共有历史和共通的现实经验的基础上，瞩望共享的未来愿景。从文学上来说，在复杂和多元的历史遗产和现实语境中，如何既尊重文化多样性，又塑造一种新型的中国认同、中国人的共同目标，则需要重建中国内部多元一体的集体性。同时，在国际语境和世界文学中充分估量多元的文化资源，和而不同，美美与共，最终的旨归在于从实然的世界想象应然的世界——即我们不再让某种单一思想具有统摄的地位，而是"互联互通"，从集体的智慧中锻造文学的金蔷薇。因而，"一带一路"的理念其实向文学提出了一个挑战：在我们这个复杂多变而又犬儒横行的时代，文学还有没有自信和勇气，重新绘制一幅全新的世界文学地图，构造一个超越性的理想，想象一个更美好的未来。

论移民文学发展变化及朝鲜族民族认同

张春植

(中国社会科学院民族文学研究所)

一

中国朝鲜族是从朝鲜半岛迁移到中国的跨国移民民族①,因此,民族身份认同的变化问题是朝鲜族文学史研究的重要课题,它直接关系到朝鲜族文学,如何从朝鲜文学或者韩国文学中分化出来的问题,而从朝鲜文学或者韩国文学中分化出来也就意味着朝鲜族文学的正式起步。因为这种原因,自朝鲜族文学产生以来,移民的主题或题材一直是朝鲜族文学主要关注的创作领域之一,而移民文学的创作过程本身就是朝鲜族对自己民族性的认识过程,因而从朝鲜族移民文学的发展和变化中梳理出其民族认同的演变转迹,其意义不言而喻。

二

从民族认同的角度看,自移民初期到 1945 年日本投降②,朝鲜族移民文学所主要探索和关注的是朝鲜人从朝鲜移居到中国,并在中国定居后,

---

① 大量朝鲜人移居中国始于 19 世纪 70 年代,1910 年朝鲜被日本吞并之后更多朝鲜人移居中国东北地区,1945 年日本帝国主义无条件投降之前,在中国东北的朝鲜移民已多达 200 多万,日本投降后虽一度出现回国潮,但最终留在中国后来成为中国朝鲜族的人数仍超过 100 万。

② 1945 年日本投降后,多数朝鲜族作家返回朝鲜,取而代之的是共产党领导的抗日队伍里的文艺骨干,因此,朝鲜族文学史一般以 1945 年为现代文学和当代文学的分界线。

从朝鲜人变成中国的朝鲜移民,再变成中国朝鲜族的过程,这一点在很多有代表性的朝鲜族作家作品中都得到体现,而其规模与程度呈现由点到面、由浅到深的趋势。

早期的韩国①流亡文人金泽荣(1850~1927)和申桯(1879~1922)②等作家的作品里已开始出现身份认同的变化,虽并不明显,但却不可否认。比如金泽荣在其诗作《感中国义兵事五首》(1911)中关注中国国内的辛亥革命,对辛亥革命推翻清朝封建王朝表示由衷的高兴和欢欣鼓舞,因封建政权的彻底灭亡而深感欣慰。又如申桯在散文《碧浪湖畔恨人谈》③里,细致入微地记录了自己在流亡生活中结交的中国友人陈其美的革命业绩,并吐露出对其帮助的感激与敬慕之情。虽说此时两位流亡文人的身份认同仍处于异邦人的位置,但能感觉到他们对中国人或者中国朋友亲如一家人,金泽荣甚至加入中国国籍,说明虽在作品中体现得不是特别明显,但显然与中国人已形成某种"自我同一性"。

此后,在朱耀燮(1902~1972)、崔曙海(1901~1932)等作家的作品里,这种身份认同的变化更加明显。朱耀燮于1920年来中国江苏和上海读中学和大学,后来又于1934年至1943年在中国北平辅仁大学教书。他在中国读书期间就已开始文学创作,其早期的代表作《人力车夫》(1924)、《杀人》(1924)等作品的背景和人物都是中国和中国人,而《初恋的代价》(1925)则描写朝鲜留学生与中国女学生的恋爱故事,小说的主人公还计划到东北朝鲜移民聚集地教书,说明作家已把自己的文化认同跟中国以及在中国定居的朝鲜移民关联起来。而在他1937年发表的短篇小说《奉天火车站餐厅》(1936)里,一个朝鲜移民女性的命运变化与日本在东北的殖民统治有着密不可分的关系,其与中国人和中国的朝鲜移民之间文化认同的程度更加深入。崔曙海曾于1918年到1923年在中国东北间岛地区(现为延边)定居过,回朝鲜后开始文学创作,其作品大多取材于他的移民生活。在这些小说里(代表作有1925年发表的短篇小说《出走记》、1927年发表的短篇小说《红焰》等),作家对移民者的身份认同

---

① 1910年被日本帝国主义强行并入日本之前,朝鲜的国名为"大韩帝国",因此,把1910年前后(金泽荣于1905年,申桯于1911年)流亡中国的文人称为韩国人更确切。
② 金泽荣于1905年来中国江苏南通,1912年入中国国籍,1927年在南通去世。申桯,原名申奎植,于1911年来中国,曾参加孙中山领导的武昌起义,1922年在上海病逝。
③ 《20世纪中国朝鲜族文学史料全集(4)汉诗》,延边人民出版社,2009。

感情表现得淋漓尽致，但随着时间的推移，其移民者的身份认同感越来越淡薄，多数情况下他小说的主人公在移民地的定居遭到失败，最后以用暴力摧毁剥削和压迫自己的中国地主告终，而这样一来，小说的人物也把自己在移民地的生存根基破坏殆尽。毋庸置疑，对身份认同的这种认识变化与他回国后生活环境的变化或者所处的身份变化有着直接的关系。但无论如何，在崔曙海的移民小说里体现的情感还是移民者即朝鲜移民的身份认同。

与朱耀燮、崔曙海同一时期在东北朝鲜移民定居地活动的作家和作品也呈现类似的倾向。比如，在移民地报纸《民声报》上发表的南文龙的诗《白色恐怖》[1] 把朝鲜半岛和中国 4 亿人民联系起来，在根坡的《寻找爱人》[2] 里表现的朝鲜移民的苦难与生存的意志也都是移民作家身份认同的变化所致，即一种移民生活固然艰难，但要离开移民地返回朝鲜又没有生活保障的两难境地。

以上分析表明，早期朝鲜移民作家的身份认同并不明显，也不稳定，因此这些作家还算不上完全的移民作家，但其身份认同出现的变化却是实实在在、不可否认的。

三

朝鲜移民作家真正开始认识到或者有意识地思考自己身份认同的变化是在 20 世纪 30 年代之后。随着定居时间越来越长，移民作家自觉不自觉地寻找自我，试图把自己的文学定位于区别于朝鲜文学或者韩国文学的民族共同体文学，而且通过各种方式，有意识、有组织地发展新的共同体文学，称之为"满洲朝鲜人文学"。

这一时期移民文学的创作特别关注朝鲜移民在中国的定居过程，安寿吉的《晨》（1935）、《稻》（1940）等小说就是其中较具代表性的作品。在这些小说里，主人公在移民地的地主和军阀们残酷而无休止的剥削和掠夺面前，虽然历经千辛万苦付出包括生命的昂贵代价，但始终不放弃生存的意志，因为他们已别无选择。定居条件有所宽松时，他们还想方设法实

---

[1] 《民声报》，1928 年 6 月 14 日第 4 版。
[2] 《民声报》，1928 年 6 月 10 日第 4 版。

现永久定居，不仅开渠引水种水稻，还通过办学校兴教育来培养移民的第二代，以求在中国扎根繁衍。在安寿吉的长篇小说《北乡谱》（1944～1945）里，主人公们更是通过经营农场，不仅增产增收，还与当地中国人搞好关系；树立"北乡精神"，立志实现永久定居，做一个地地道道的中国人。

除此之外，包括姜敬爱的《足球战》（1933）、《盐》（1934）等中短篇小说，玄卿骏的短篇小说《写生帖》系列（1935～1941）、中篇小说《流氓》（1939），朴启周的《人间祭物》（1938）、《乡土》（1944）等短篇小说，尹海荣、金朝奎、千青松等人的抒情诗作品等①，多数朝鲜移民作家的作品同样从各自不同的角度关注朝鲜移民的生存与移民身份认同问题。

由于其体裁的特点，文学批评把朝鲜移民乃至移民文学的身份认同问题阐述得更加直接，其中尤其值得关注的是当时朝鲜族文学主要发表园地《满鲜日报》所进行的一次关于"满洲朝鲜文学建设新提议"的讨论。②此次讨论的内容涉及很多方面，比如梳理过去东北地区朝鲜人移民文学的发展路程及其脉络、定位"满洲朝鲜人文学"的性质与特点、提出进一步发展"满洲朝鲜人文学"的具体措施或方案等，但其核心问题却与朝鲜移民的身份认同变化有关。

首先，此次讨论本身意味着讨论的发起人和参与者都将"满洲朝鲜文学"同"朝鲜文学"区分开，从文学的角度寻找自己新的身份。从东北地区朝鲜人作家文学出现的20世纪20年代开始算起到发起此次讨论的1940年，已经经过了20多年的岁月，移民地朝鲜人文学已经进入成熟期，此次讨论也正好反映在这样的环境里或者时间点，朝鲜移民作家探索和寻觅自我的愿望。另外，在讨论中所提出的关于"满洲朝鲜人文学"的性质与特点的定位或定义，更加明确这种判断，其中黄健的"鲜系③文学应以鲜系自身的历史性与满洲这一发展环境"相结合的观点较具代表性④，即他认

---

① 当时在移民地文坛经常发表作品的作家多达3～40人，以上列举的只是其中较具代表性的作家。
② 讨论从1940年1月12日持续到2月20日，连载21期，共刊载了12篇文章。
③ "鲜系"为"鲜系满洲人"的简称，指当时伪满洲国内的朝鲜移民。所谓"五族协和"理念下，将当时伪满洲国内的日本民族、满族、朝鲜人、汉族、蒙古族等五个民族各称为"系"，如"日系""满系""鲜系"等。
④ 黄健：《满洲朝鲜人文学与文人的信念》，《满鲜日报》1940年1月12日。

为，"满洲朝鲜人文学"具有朝鲜性与满洲性的双重性，而最能表现这种双重性的文学就是移民文学。但是，主张移民文学的作家金贵是以"农民文学"或"满洲国民文学"的概念提出这一观点的，他说："我主张最终目的是以各民族协和精神为基础，树立超民族的特殊满洲国民文学。"①"朝鲜的自由垦民或集体垦民大多在农村从事土地开发，因此……要建立积极的农民文学。"② 此外，讨论中所提出的所谓"大陆文学"和"农民文学"等概念，实际上与如今所说的"移民文学"基本相同或者相差无几。

其次，无论是主张大陆文学还是农民文学，讨论中所提出的核心观点就是定位"满洲朝鲜人文学"的根本性质和特点，那就是朝鲜性与满洲性的结合交融，这就把自己的文学跟朝鲜半岛的文学明确区分开。也就是说，这时的朝鲜移民作家把自己的身份跟朝鲜半岛的朝鲜人明确区分开，虽然这时还被称为"在满朝鲜人"或"满洲朝鲜人""鲜系满洲人"等，但实际上就是现在我们所说的朝鲜族。朝鲜族这一称呼是新中国成立后法定的族称。

实际情况也是如此，朝鲜人通过朝鲜人→朝鲜移民→满洲朝鲜人→朝鲜民族的过程最终成为如今的中国朝鲜族，而这种朝鲜族的自我认识虽仍带有与中国其他民族相区分的因素，但更重要的是要与朝鲜半岛的朝鲜人相区分，把自己当作中国各民族之一员，即中华民族的一分子。

四

新中国成立后，移民的主题和题材仍然是朝鲜族文学创作的重要关注点，只是对民族身份认同的关注排到次要位置，取而代之的是意识形态问题。主要关注的是朝鲜族为中国革命和建设做出的贡献和牺牲，以及朝鲜族劳苦大众如何跟随共产党干革命等。金学铁的长篇小说《海兰江，你倾诉衷肠》（1954）和李根全的长篇小说《老虎崖》（1962）等作品再现的就是这样的历史进程。这其中潜在的思想就是朝鲜族作为中国公民的自豪感，而其作为朝鲜族的民族认同却被回避，至少是退到次要位置。这样的

---

① 显然，所谓"超民族的特殊满洲国民文学"深受当时日本殖民当局所提出的所谓"国民文学"的影响，但加"特殊"二字说明作家也试图与纯粹的"国民文学"区分开来。
② 以上引文请参照金贵《走向农民文学的方向》，《满鲜日报》1940年1月20日。

情况一直延续到改革开放之前。

直到"文革"结束,李根全的长篇小说《苦难的年代》(1982)出版,这种情况才开始有所改变。这部长篇小说虽与此前金雪铁和李根权本人的作品区别不大,描写的是朝鲜族从移民中国到与汉族等中国兄弟民族一起为中国的抗战与全国解放而斗争的史实,但至少在这部小说里,对朝鲜族从朝鲜移居到中国,在非常严酷的环境下通过开荒种地、开渠种稻,实现农业定居过程的描写占相当大的比重,说明作家对朝鲜移民的问题进行重新审视,体现了对民族认同问题的再认识过程。尽管如此,这些重新审视仍没有超出移民第一代或者第二代作家寻根索源的层次,尚未上升到个人身份认同和民族认同的高度。

五

改革开放后,尤其是 1992 年中韩建交之后,朝鲜族同韩国人的接触越来越频繁(随着韩国对中国的投资剧增,大量的韩国人到中国来,同时,大量的朝鲜族到韩国打工,韩国人和朝鲜族的接触机会越来越多),朝鲜族对自己的民族性认识开始发生变化,重新思考和探索应该如何定位自己的文化身份。而这种重新认识与定位的思想源于过去对自己民族性认识的误差,即自新中国成立后到改革开放之前,朝鲜族对自己的国家认同跟意识形态的认同高度统一起来,却在民族性上误认为自己与朝鲜人或韩国人相同,至少区别不大,而实际接触到韩国人之后才发现,韩国人的民族认同或文化认同并不与朝鲜族相同,相反,其差异相当明显,以至于有时甚至格格不入而互相抵触。与此同时,随着城市化的发展与深化,朝鲜族的农村人口大量转移到中国的大中城市,这种现象被称为朝鲜族的第二次移民。被称为"都市牧民"的这些朝鲜族涌入大中城市之后,与汉族等其他民族之间发生各种各样的复杂关系,而这是朝鲜族过去未曾遇到过的新情况①,而且,在这种复杂的关系中又出现对朝鲜族来说不易克服的各种障碍或不适应感。

从文学的角度对这种现象或处境做出最敏感反应的是朝鲜族第六代作

---

① 虽然朝鲜族在中国定居时间已长达 100 多年,但多数朝鲜族居住在一些农村聚居区,与汉族等其他民族接触的机会并不多,无论语言还是生活习惯都保持着相对的独立性,随着城市化、市场化的深入,这种情况开始出现明显的变化。

家，因为他们正是朝鲜族进入中国各大中城市的主体人群之一部分。赵龙基的短篇小说《天国的美食》（2009）等作品反映了朝鲜族在大城市里与主体民族相融合过程中的不适应，以及因此承受的心理压力和身份上的混乱。在这篇小说里，当医生的主人公吃着油腻而刺激的"毛血旺"时却忘不掉大酱、泡菜等长期习惯的民族传统饮食，而面对朝鲜族患者时，作为医生的主人公却不愿意承认自己是朝鲜族。这里隐藏的心理障碍实际上就是因为怕被当地人边缘化，这显然是不易克服的文化障碍。而在郑亨燮的短篇小说《侨胞大叔》（2010）里的韩国工头眼里，被他叫作"侨胞大叔"的朝鲜族只不过是一个来自穷国的、会说韩国语的打工者，而在朝鲜族打工者心里，韩国只是一个语言相通、挣钱比国内多的工地而已。这时，无论是在韩国工头心里还是在朝鲜族打工者的心里，朝鲜族和韩国人曾经是同源同族的血缘认同并不重要，以至于被遗忘或有意忘却。朴草兰的短篇小说《飞吧，龙！龙！龙！》（2009）所展现的是朝鲜族现代青年在国家观与民族观的中间地带所经受的彷徨与痛苦。但在这篇小说里，主人公最终寻到的自我及其"根"仍源于"龙井"，即朝鲜族最初移民到中国后立足生根的地方，而此时的"根"则内含着朝鲜族的共同体意识，或者移民者后裔的身份认同。

相比之下，第六代作家的这种彷徨和痛苦的认识变化对曾在20世纪80年代朝鲜族文坛最活跃的第四代、第五代作家来说更显沉稳，也更显自如。他们从第二代、第三代作家的误区中吸取教训，摆脱极左思想的禁锢，真实地再现父辈或祖辈移民者在中国的艰难定居过程，并从中认清自己的文化认同，崔红一的长篇小说《泪洒豆满江》（1992~1994）就是其典型之作，作品以客观冷静的视角再现朝鲜族移民史。而石华的《延边》（2006）、金昌永的《西塔》（2011）等诗集则用朝鲜族第四代、第五代作家的视角对朝鲜族的身份进行重新定位，而且其立场异常坚定，这为那些流露出一些彷徨倾向的第六代作家提供了一个明确的坐标和方向。他们或以"春天，金达莱花/改名天池花/重新/开放的地方"的隐喻来塑造朝鲜族的民族形象（石华：《延边1》）；或以"既不是苹果/又不是梨/但它的确是水果"的"延边苹果梨"来比喻朝鲜族独特的民族性和文化特色（石华：《延边7》）；或以沈阳"西塔"的象征性[①]来凸显朝鲜族移民后裔的特

---

① 沈阳的早期朝鲜移民多居住在"西塔"周围。

殊身份（金昌永：组诗《西塔》），以及现代朝鲜族对自己民族身份的认识。

六

在现代社会，对人的身份认同影响最大的莫过于国家疆域，或者说是国家疆域内的政治与文化，而这种政治与文化主要是以各种话语的方式深入疆域内每一个成员的意识里。同源同族的朝鲜人和韩国人以及中国的朝鲜族，其文化认同存在差异就是因为生活在不同的疆域之内。

从文学的角度看，朝鲜族文学第一次从朝鲜文学或者韩国文学中分离出来是在移民时期，其核心内涵就是朝鲜性和中国性的结合，以及通过相互交融形成的第三种文化形态。朝鲜族文学经历了从朝鲜文学或者韩国文学→朝鲜移民文学→"满洲朝鲜人文学"最终成为朝鲜族文学的过程，而此时，移民文学理所当然地在朝鲜族文学中占主导地位。虽然新中国成立后到改革开放之前，由于受特定历史阶段的限制，民族性的认识在朝鲜族文学创作中有意无意地被回避或模糊化，但改革开放之后，特别是20世纪90年代之后，随着城市化、市场化的迅速发展和持续深入，朝鲜族作家们对自己民族身份的认识逐渐明晰化，而且其立场异常坚定，那就是朝鲜民族传统文化与中国多民族文化环境相融合的中国朝鲜族，这一主题在第四、第五、第六代朝鲜族作家作品当中一一表现出来，成为新世纪朝鲜族文学的重要组成部分。

加强中哈两国文化交流与共同振兴"一带一路"经济带

黄中祥

(中国社会科学院民族文学研究所)

哈萨克斯坦共和国(The Republic of Kazakhstan)位于中亚和东欧接壤部分,国土横跨亚欧两洲,西濒里海,面积为272.49万平方公里,相当于整个西欧国家面积之和。领土横跨亚欧两洲,位于里海之滨的阿特劳市民每天都可以在亚欧两大洲之间穿行。从西部的欧洲伏尔加河下游到东部的阿尔泰山长3000公里,从北部的西西伯利亚平原到南部的天山山脉宽1700公里。通过里海可以到达阿塞拜疆和伊朗,通过伏尔加河和顿河运河可以到达亚速海和黑海。面积排世界第九位,是地处亚欧的一个大国家。西有内陆海里海,东南连接我国新疆,北邻俄罗斯,南与乌兹别克斯坦、土库曼斯坦和吉尔吉斯斯坦接壤。

哈萨克斯坦地形复杂,东南高、西北低,大部分领土为平原和低地,西部和西南部地势最低。里海沿岸低地向南朝里海方向逐渐下降,沿里海地带低于海平面达28米;最低点卡拉基耶盆地低于海平面132米。向南又逐渐升高,形成海拔200~300米的于斯蒂尔特高原和曼格斯拉克半岛上的卡拉套山、阿克套山(海拔约为555米)。东北部有图兰平原,从东北部经中部逐渐向哈萨克丘陵过渡,再向东南部的天山山脉延伸。在北部,哈萨克丘陵与西西伯利亚平原南缘连接在一起。

哈萨克斯坦的东部和东南部是有着崇山峻岭和山间盆地的山地,这里矗立着阿尔泰山、塔尔巴哈台山、准噶尔阿拉套山、外伊犁阿拉套山、天山等。阿尔泰山系在哈萨克斯坦境内分为南阿尔泰山和北阿尔泰山,高度为海拔2300~2600米,其最高峰别卢哈峰海拔4506米。准噶尔阿拉套山脉总长450公里,宽100~350公里,被科克苏河和博拉塔尔河分割成北准噶尔阿拉套山和南准噶尔阿拉套山,其最高峰别斯巴坎峰海拔4464米。天山山系位于其东南端，为中国、哈萨克斯坦、吉尔吉斯斯坦三国界山，其雄奇险峻的山峰长年被积雪和冰川所覆盖，最高峰汗腾格里峰海拔 6995 米，也是哈萨克斯坦境内（处在与我国国界线上）的最高峰。

哈萨克斯坦属大陆性气候，1 月平均气温 $-19℃ \sim -4℃$，7 月平均气温 $19℃ \sim 26℃$。哈萨克斯坦北部的自然条件与俄罗斯中部及英国南部相似，南部的自然条件与外高加索及南欧的地中海沿岸国家相似。这里既有低于海平面几十米的低地，又有巍峨的高山山脉，山顶的积雪和冰川长年不化。降水量，北部 300~500 毫米，荒漠地带 100 毫米左右，山区 1000~2000 毫米。西南部属图兰低地和里海沿岸低地。中、东部属哈萨克丘陵，东缘多山地。温带大陆性气候。平原地区年降水量为 300~500 毫米。

哈萨克斯坦共有大小河流 8.5 万多条，国内湖泊众多，多达 4.8 万多个，拥有冰川 2700 余座，主要的水体包括巴尔喀什湖、斋桑泊等。与乌兹别克斯坦共分咸海，西临里海，多数湖泊为咸水湖。境内的河流多数为内流河，主要有额尔齐斯河、锡尔河、乌拉尔河等。哈萨克斯坦的半荒漠和荒漠大多在西南部，北部自然环境类似俄罗斯，较为湿润，北部和里海地区均可接到来自海洋的水汽。冬天寒冷夏天炎热，但山区高峰亦有终年积雪，年降水量可达 1000 毫米。气候各个地区相差很大，首都阿斯塔纳，冬天最低温度可达 $-40℃$ 以下，常有 4、5 级大风，原首都阿拉木图气温最低达 $-20℃$ 左右，极少有风。铀、铜、铅、锌、铬的储量丰富，还有煤、铁、石油、天然气、铝土矿、磷灰石等。

哈萨克斯坦原为苏联加盟共和国之一，1991 年苏联解体后独立。与俄罗斯、中国、吉尔吉斯斯坦、乌兹别克斯坦、土库曼斯坦等国接壤，并与伊朗、阿塞拜疆隔海相望。哈萨克斯坦是独联体第二大经济体，综合国力仅次于俄罗斯，属于中高收入国家。拥有丰富的自然资源和较雄厚的工业基础，是世界主要粮食出口国之一。哈萨克斯坦已经成为全球发展中的新兴经济体，亦是全球发展最快的国家之一，正逐渐成为区域性强国。人口数量 1700 多万，人口密度 6.3 人/平方公里（2012 年），由 125 个民族组成，其中哈萨克族占 65%，俄罗斯族占 22%，还有乌兹别克、乌克兰、白俄罗斯、德意志、鞑靼、维吾尔和朝鲜等民族。居民大多信奉伊斯兰教（71.2%）、东正教（25.17%）、犹太教（0.03%）等。哈萨克语为国语，俄语在国家机关和地方自治机关与哈萨克语同为正式使用的语言。全国共分为 2 个直辖市和 14 个州。

近十多年来，哈萨克斯坦文化领域建设有了显著发展，文化机构在各地区的网点建设进一步扩大，文化和视觉艺术活动的举办次数稳步提高，文化及休闲场所的基础设施建设发展迅速。截至2008年底，拥有剧院50家、演出机构24家、博物馆164家、图书馆3763个、电影院58个、放映点458个、动物园4所、马戏院2家、历史文化保护区8处、俱乐部2320个、公园28个。

哈萨克斯坦教育基础好，全国基本无文盲，5~24岁人群受教育率近100%。除中小学义务教育外，国立高校采取奖学金制和收费制两种方式。中等教育为11年制，共有中小学8000所，在校学生270万人，教职人员30万人，中小学哈语学习时间1~11年级达到57学时/周，其中33所中小学使用哈、俄、英三语授课。有职业技术学校866所，在校学生61万人，教职人员3.9万人；各类高等教育院校144所，其中国家级大学9所，国立大学32所，国有参股大学14所，私立大学75所。高校在校学生总人数为63.4万人，教职人员3.8万人。

哈萨克斯坦共有7所大学入围QS世界大学排名700强：① L. N. Gumilyov Eurasian National University（欧亚国家级大学，2013QS世界大学排名369）；② Al – Farabi Kazakh National University（阿里·法拉比哈萨克国家级大学，2013QS世界大学排名390）；③ Kazakh – British Technical University（哈萨克 – 不列颠技术大学，2013QS世界大学排名551 – 600）；④ E. A. Buketov Karaganda State University 卡拉干达州立大学（2013QS世界大学排名#601 + ）；⑤ Kazakh National Pedagogical University Abai（哈萨克国立阿拜师范大学，2013QS世界大学排名#601 + ）；⑥ Kazakh National Technical University（哈萨克国立技术大学，2013QS世界大学排名#601 + ），⑦ South Kazakhstan State University（南哈萨克斯坦州立大学，2013QS世界大学排名#601 + ）。

虽然哈萨克斯坦共和国与我国比邻，但由于众所周知的历史原因，与我国的直接来往比较少。20世纪90年代初，哈萨克斯坦共和国独立以后对本民族的传统文化特别重视，全国上下掀起了一股弘扬本民族传统文化的热潮，为苏联时期政治人物立起的人物塑像、地名和街道名称大都换成了本民族的杰出人物，提高了阿拜·库南拜等本民族知名人士的地位，出版了一批宣传本民族传统文化的书籍。哈萨克斯坦共和国与我国已建交20多年，对我国的传统文化很感兴趣，但能接触到的还是很少，因此，很有必要加强以下三方面的工作。

一　深入宣传中华民族的优秀文化

哈萨克斯坦民众喜欢使用中国的器皿，喜欢中国的饮食，熟悉中国的商品，但对中国的文化却知之甚少。对中国的廉价商品很熟悉，但是对中国优秀传统文化了解得不够多。出访时，笔者曾听到有民众深有感触地说，我们经常可以见到中国的商人，却很少见到中国学者的身影。由于文化交流得不够，相互缺少了解，产生了许多偏见，如对我国新疆维吾尔自治区仍称为"东突厥斯坦"或"维吾尔斯坦"。对此只要有机会，笔者就会进行更正或反驳。因此，笔者认为，第一，可以与哈萨克斯坦教育部门合作编写教材，把中国的优秀文化编入他们的大、中、小学教材里，因为他们的外国文学和历史教材里没有反映中国文化的章节；第二，通过翻译出版、发行反映中国优秀文化的书籍、影片等，在哈萨克斯坦放映和发行，便于民众了解中国，走近中国，熟悉中国。

二　建立长期的科研合作项目

哈萨克斯坦共和国的经济在稳步发展，位于中亚五国的前列，对文化教育的投入在逐年提高，科研机构和高等院校的科研经费也得到了相应的提高。加之，他们的教育基础好，具有良好的研究传统。中哈在许多领域可以进行科研合作，尤其是在哈萨克族语言文学和文化方面。他们的合作意愿很强，尤其是很想与我们国家级科研机构进行科研合作。因此，我们可以有选择性地与其科研机构或高校建立长期的科研合作机制，这样既能进行学术交流，又能增进两国人民的友谊。哈萨克斯坦拥有丰富的资源，蕴藏的石油和天然气可供10亿人使用100年，待开垦的土地可以生产出供10亿人消费的粮食。

三　进一步加强中哈两国的文化交流

哈萨克斯坦共和国自独立之日起，就致力于发展本民族文化，努力通过弘扬本民族的传统文化来激发民族的凝聚力。他们十分重视挖掘自己的传统文化，也认识到借鉴别国文化的重要性。尤其是对我国的历史文献十分感兴趣，因为汉文文献记载了反映哈萨克族历史的许多信息，最早可追溯到汉代，甚至更早些，就有记载哈萨克族历史的文字资料。哈萨克斯坦人民对中国的了解，尤其是对汉文化的了解太少了，但十分感兴趣。每次给笔者安排的讲座时间一般在2小时，可几乎都要延长时间。提问特别多，好像中国是个谜，事事感到新鲜，处处感到好奇。所以，应多派学者进行文化交流，让哈萨克斯坦多了解一些中国文化，让中国多了解一些哈萨克斯坦文化，和睦相处，协力振兴"一带一路"经济带，共同繁荣"一带一路"文化圈。

伊玛堪与赫哲族族称的演变

郝庆云

（哈尔滨师范大学研究生院）

民族族称研究是民族学最基础的研究问题，也是最具吸引力的问题之一。族称的形成与演变是民族历史文化发展的记录，反映了一个民族对自己的认知与评价。赫哲族称自康熙二年（1663）见于史册至1957年族称的最终确定，历经约300年，其间约有35个与赫哲族有关称号。这一历史现象反映了赫哲族的形成和族体成分的变迁过程，即明末清初，努尔哈赤、皇太极对黑龙江流域的征伐，取消卫所，实行编户编旗制，造成黑龙江流域民族部落重新组合与迁徙；19世纪中期以后，沙俄入侵，再次造成部落迁徙，族体的分裂，致使赫哲族成为跨界民族，由通古斯雄族变为中俄两国少数民族中的小民族。这些历史巨变均刻印在其心灵中和名称上，即刻印在赫哲族的精神家园伊玛堪和族称的演变中。

一 莫日根时代是赫哲族氏族众多，分散争斗的英雄时代

赫哲族的文学作品伊玛堪中，主人公大多是"莫日根"，伊玛堪篇名一般也以莫日根命名，例如《西尔达鲁莫日根》《木都里莫日根》《木竹林莫日根》《满斗莫日根》《香叟莫日根》。伊玛堪作品以莫日根的事迹行踪为主线，反映赫哲族英雄时代的部族争斗，英雄莫日根不仅具有个人的意义，而且也具有氏族的、部落的甚至整个民族的意义，通过"莫日根"血亲复仇部族减少，族体凝聚。

赫哲人是以氏族为单位组织起来的民族群体。氏族组织称"哈拉穆昆"。"哈拉"为"氏族"之意，"穆昆"为"家族"之意，一个"哈拉穆昆"内，有家族8~10户不等。每个氏族组织都有自己名称和"莫日根"，

因此族称众多,莫日根英雄层出不穷。莫日根进行着氏族之间的掠夺兼并战争,战败一方的酋长和氏族成员皆做奴隶,《安徒莫日根》中就说安徒的"阿玛和额涅是被敌人抓去做阿哈了"。争斗的结果是被征服的部落往往被洗劫一空,顷刻之间变成一片废墟,氏族组织数量减少。《香叟莫日根》中征服者香叟所采取的措施就是这样的。他用100只船,把那里的人口和财物全部运往故乡。莫日根的终极目标是"统领各部,当千家万户的额真"(满斗莫日根)。19世纪末,赫哲族父权制氏族社会结束,代之以一夫一妻制个体家庭,莫日根的英雄时代结束了,以莫日根为核心的伊玛堪口头文学失去了存在的土壤。这就是赫哲族称减少,趋于统一的社会历史根源。

17~18世纪,赫哲亦以呼尔哈部、窝集部、瓦尔喀部、萨哈连部、黑折、黑真、黑津、赫斤、赫金、黑金、七姓、八姓、盖青等自称。清代文献记载,还因其习俗差异,有剃发黑斤,俗呼短毛子(赫哲哈喇),不剃发黑斤,俗呼长毛子(额登哈喇)等别称。又因其以犬作主要畜力,被称为使犬部或使犬国。赫哲人以鱼兽肉为主食,以鱼皮和狍皮为衣,故又有鱼皮部或鱼皮鞑子、狍皮鞑子等他称。居松花江下游地区之部落又自称"奇楞"。俄国人称赫哲为"纳特基人""阿枪人"(Ачаны)或"戈尔德","果尔特"(Гольды)、"那乃"(Нанайцы)、"乌尔奇"(Ульчи)。日本学者称赫哲人为"高尔牒克""高里特人"。19世纪末,常见者为"黑斤""果尔特""赫哲""那乃",20世纪中期以后,最常见的是中国赫哲、俄罗斯的那乃。

二 莫日根西征讨伐仇敌的过程也是以赫哲为族称部众西迁并形成民族统称的过程

《赫哲族简史》写道:"对赫哲名称的由来,只是原居于伯力以下,有一部分赫哲人名为'赫哲喀喇'的自称或他称,转变为民族名。""赫哲"一词始见于康熙二年(1663)"命四姓库尔哈等进贡貂皮,照赫哲等国例,在宁古塔收纳"。在清廷看来,赫哲族是治理黑龙江流域东部地区库尔哈部的榜样,赫哲族称相对稳定,群体构成比较清楚。"宁古塔东七百余里外,沿松花江、大乌拉江直至入海处两岸为赫哲、费雅喀所居。""松花江下游齐集以上，至乌苏里江两岸者，谓之赫哲；齐集以下至东海岛者，谓之费雅喀。"乾隆至道光年间，三姓副都统辖境内赫哲、费雅喀、奇勒尔、库叶、鄂伦春、恰克拉共 56 姓，赫哲占 18 姓，即：葛依克勒、额叶尔古（奴耶勒）、富斯哈喇，主要分布于松花江下游；必勒达奇哩、贺齐克哩、乌扎拉、扎克苏噜、必喇勒、哲勒图哩、图勒都笏噜，主要分布于伯力（今俄罗斯哈巴罗夫斯克）以东黑龙江下游；瑚克定、乌克定、霍勉、揣果尔、卓勒霍勒、图墨里尔、嘎即拉和舒穆鲁，主要分布在乌苏里江及黑龙江下游。《阿尔奇五》伊玛堪中说："吉林境内松阿里（松花江）南岸有一个小城，叫作富廷霍通（今富锦市一带）……城主名叫土秋莫尔根，……在萨哈林（黑龙江）上游北岸有一座城，名叫甲好霍通，城主名叫甲好木汗。"史诗说甲好木汗年轻的时候曾经平定萨哈林两岸，东至滨海。这种经历了从康熙至乾隆年间的百余年的凝聚发展，赫哲族居住区整体西移的状况，乾隆朝刊印的民族志《皇清职贡图》有明确记载"赫哲所居与七姓地方之乌扎拉洪科相接"。七姓居住地即今依兰县顺松花江下行 200 里之处桦川县一带。《民国桦川县志·交通》："苏苏屯距县西五里许，赫哲人居多，以渔猎为生活，男女酷嗜酒。"《皇清职贡图》于乾隆二十六年（1761）编辑而成，其卷三记载，乾隆年间黑龙江中下游、松花江、乌苏里江流域及东滨海地区共分布着七大族群，依次为鄂伦绰、奇楞、库野、费雅喀、恰喀拉、七姓、赫哲，证明乾隆年代黑龙江流域各族凝聚而成，故许多族名不见于史册。清末，我国境内赫哲人主要分布于桦川、富锦、同江、绥滨所属之地。《满都莫日根》是关于满都"向西征讨父母的仇敌，救回生身的父母"的长篇叙事史诗。诗中多次提到"满都站起来，扎上腰带，往西出发了""往西去了十里，在一个岗的南边""骑上马快出发吧，再往西走一百五十里，那里有代勒如的城池"。《阿格弟莫日根》中征服者阿格弟把被征服部落的"牛羊猪肉装了整整一船，又将各种兽肉，像鹿肉、狍子、野猪、黑熊这类山牲口肉干、鱼干、鱼毛装了一船"接着又令三十几位壮汉，登岸纵火焚烧房屋。一切安排停当，立时登船启航，沿着滚滚奔流的松嘎里麻木（松花江），向下游开去"。

赫哲族团先民由于西迁接触种植技术，学习农耕，在乌苏里地区和松花江下游出现了农业。《萨里比五》讲到乌苏里南岸的一个部落，它的大酋长根格苏汗，教人民学习垦殖。《香叟莫日根》就反映了在香叟的家乡有了农业经济。

三　伊玛堪中的地名主要是松花江和乌苏里江中下游地区的名称，是我国境内赫哲族主要居住区，印证了其居地和族称的最终形成

广义的赫哲族包括我国的赫哲族和俄罗斯境内的那乃人、乌尔奇人，清代通称为"赫哲"或"黑斤"。狭义的赫哲族指主要居住在黑龙江省同江、八岔、四排、敖其四地的赫哲人，人口为4640余人。其形成原因是19世纪中期《中俄瑷珲条约》和《中俄北京条约》的签订使黑龙江以北，乌苏里江以东的100万平方公里的土地割让给沙皇俄国，从此，赫哲族族体被一分为二，小半居界内，大半居界外。张嘉宾等学者认为《皇清职贡图》中"七姓"和"奇楞"部族构成了现今我国境内赫哲人的主体。我国赫哲人中流传着一则"七姓人和依兰"的故事，讲述的是在古代一场残酷的东西方部落的战争之后，东方部落只有7个男子劫后余生，他们分别姓苏（舒）、毕、尢、吴、葛、卢，这7个人的后代繁衍成了今天中国的赫哲族核心部分。

赫哲居住在"七姓"的下游，即黑龙江、松花江汇流处以下的黑龙江流域，以渔猎为生。在清代史料中，曾被称为"剃发黑斤"和"不剃发黑斤"以及"黑金"等。杨宾著《柳边纪略》卷三记载："自宁古塔东北千五百里，住松花江、黑龙江两岸者，曰剃发黑斤，喀喇凡六，俗类窝稽，产貂。"《西伯利东偏纪要》载："自伯力以下至阿吉大山曲折约一千二百余里沿江两岸皆剃发黑斤，即赫哲额喇也。……自阿吉大山下至黑勒尔约八百余里沿江两岸居者称不剃发黑斤，亦曰长毛子，即额登喀喇。"这些黑斤部落现主要居住在俄罗斯境内，其中的"剃发黑斤"现被称为"那乃"，而"不剃发黑斤"则被称为"乌尔奇"。《皇清职贡图》中的"赫哲"应是狭义的"赫哲"。

清末居住在中国境内的黑斤部落泛称"赫哲"。《三姓副都统衙门满文档案》载，光绪六年（1880年）十月十三日吉林将军铭安的奏折称："赫哲部落毗连俄境……三姓地处极边，东西二千余里，南北五百余里。东至乌苏哩江，与俄界接壤；北枕松花江，自黑河口以东至乌苏哩江口八百余

里，北岸为黑龙江旧地，今为俄境；南岸即赫哲部落，为俄国轮船出入之所。自中俄分界以来，赫哲半居界内，半居界外。界内各屯之赫哲有七姓，均以渔猎为生，秉性朴诚，骁健耐苦，素习鸟枪并善戈弋。"同治年间谢汝钦的《按属考查日记》写道："富克锦即赫哲地，原协领衙门归三姓副都统属，今为临江州辖境。赫哲全部男女大小七千余丁口，向以渔猎为业，不习树艺。现在山水之产较稀，渐有务农者；亦间有能通汉文、汉语者。……赫哲人极朴野，种类不繁。疾病无医药，惟以跳神、跪祷为禳解。天痘之害甚大，每有传染，人无老幼，均不能免，故疡亡殊多而种亦屡。"正因如此，民国时郭克兴著《黑龙江乡土录》称"自三姓以东土著皆黑斤族，本名黑哲"。民国十九年（1930）凌纯声先生将其对松花江流域民族的考察著作定名为《松花江下游的赫哲族》。按《赫哲族简史》作者刘忠波先生的观点，此处是广义的"赫哲"，它除"赫哲"外，还包括"七姓"和"奇楞"的一部分。此举为后来新中国赫哲族族称的确定提供了理论依据和政策依据。

"伊玛堪"较真实地记述了赫哲人这一重大历史变迁，其中提到许多赫哲族生息和生活的地点，这些地点符合历史事实，如：

松阿里：松花江。

霍通吉林：赫哲语，"霍通"：城，"吉林"：带或一带。合起来即古城之地。今黑龙江富锦市城所在地。

富廷城：即富克锦，在富锦市西部。

鄂里米：在富锦市的江对面。

七星河：在富锦市南，为富锦、同江、宝清三地的分界河。

巴如古苏：在富锦市南七星河的两岸，南北对峙，也称对面城。

拉哈苏苏：黑龙江省同江市境内。

马库力山：黑龙江省桦川县境，松花江右岸。

三姓：黑龙江省依兰市。

萨哈林：赫哲语，黑之意，即黑龙江。

太平沟：黑龙江省萝北县境。

乌苏里：即指乌苏里江。

三江口：松花江与黑龙江汇合之处，汇合后俗称"混同江"，故名为"三江口"。

四 "那乃""赫哲"族称的确定标志着
伊玛堪失去存在的基础

19世纪末至20世纪中期,"赫哲"和"那乃"族体重构完成,族称内涵清晰,这是中苏两国政府民族政策实施的结果。"赫哲"和"那乃"社会形态和生活方式实现了跨越式发展,先后进入社会主义阶段。莫日根的社会与经济基础不复存在,以说唱莫日根为核心内容的伊玛堪口头文学也失去了流传的依托。伊玛堪歌手后继无人,欣赏伊玛堪的观众消失。"莫日根"这一光荣的语汇成为英雄时代的祖先留给后人的文化遗产。

俄国人最初曾称赫哲人为阿枪人,"阿枪"这一名称正是"黑斤"的变音,因为据笔者研究,这两个部族所居住的地域界线相同,而且笔者在任何地方都未得到有关阿枪人的材料。大概雅金甫神父就是根据中国资料把这个黑斤族称为赫哲族的,他认为黑斤族和赫哲族居住在同一地区。1850~1917年,俄国学术界普遍用"果尔特"或"高里特"称呼赫哲人。"在松花江江口的通古斯人称自己为果尔特人。……他们居住在松花江江口和乌苏里江江口之间的阿穆尔河两岸,直至位于阿穆尔河右岸的霍罗喀景区。……在果尔特族那里广泛流行穿鱼皮衣。"日本学者因袭俄国人的称呼,普遍称赫哲人为高尔牒克。那么"果尔特"一词究竟何意,历来众说纷纭。

俄国学者 И. А. 洛帕金在《阿穆尔、乌苏里、松花江流域的果尔特人》一书中曾指出,"果尔特"一称是 Л. И. 什连克在1857年在其文章中首先使用的。他又指出,曾有人将"果尔特"一词译为"黄金族"。苏联学者 О. П. 苏尼克在《乌尔奇语》一书中指出:"果尔特"是乌尔奇人对那乃人的称呼,意为"剃发的人",相对而言,自己便是不剃发的人。张嘉宾先生认为,"果尔特"是乌尔奇语,意为"剃发的人",是不剃发黑斤对剃发黑斤的称呼。……俄罗斯境内的那乃人及我国的赫哲人主要是剃发黑斤的后裔,乌尔奇人主要是不剃发黑斤的后裔。

十月革命后,苏联称果尔特为"那乃"。"那乃"是赫哲族另一个自称。第一个记述赫哲族"那乃"这个自称的是 Л. Я. 斯特忍堡。19世纪90年代,Л. Я. 斯特忍堡发现,黑龙江下游一些属于通古斯—满语族的民族有一个共同自称"那尼"。① 1897 年俄国在人口普查时，又发现居住在阿吉村以下赫哲地区的赫哲人使用"那乃"这个自称（而由此以上黑龙江沿岸和乌苏里江畔的赫哲人则自称"赫真"）。虽然如此，当时仍称这些人为"果尔特"。直到 20 世纪 20 年代末，苏联境内的赫哲族才正式改称"那乃"。"那乃""那尼""那贝"和"那尼傲"都是因方言土语不同而音异义同的赫哲语词，词中的音节"那"表示"地方""土地"，"乃"等音节则表示"人"，连接起来，就是"本地人"和"土人"的意思。

20 世纪中期，中国境内赫哲人历经磨难，重返故地从事多种生产活动。中央政府根据赫哲人的意愿，于 1957 年正式定其族称为"赫哲"。关于"赫哲"的词义，我国学者认为"赫哲"名称是从"赫真"变音而来，"赫真"又是"黑斤""黑哲"等名称的同语异写。"赫真"为"赫哲"语的"下游""东方"之意。赫哲语称"东"为"赫吉勒"；"奇楞"这部分赫哲人又称"赫真"的人为"赫吉斯勒"（赫哲们）。"赫哲们"即居住在"下游""东方"的人们。

---

① Л. Я. 斯特忍堡：《吉立亚克人、奥罗奇人、果尔特人、涅吉达尔人、爱奴人》，哈巴罗夫斯克，1933。

浅论藏族史诗《格萨尔王传》谚语的分类及特点

甲央曲正

(中国社会科学院民族文学研究所)

藏族史诗《格萨尔王传》是世界上篇幅最长的一部史诗,也是迄今为止一部活形态的史诗。《格萨尔王传》体现了藏族古代社会发展历史脉络,就其故事结构而言,它是一部内容丰富、语言优美、故事动听、听众范围广、文学艺术性强的文学巨著。《格萨尔王传》大量运用了人们容易接受的各种谚语,是反映劳动人民生活经验、生产斗争经验的一种生活化的艺术语句,具有哲理性、经验性和讽刺性的特点。谚语的运用,使其故事更加饱满、语言更加生动,提高了故事的艺术感染力,体现了藏民族浓厚的人文情怀,蕴含了藏族人民的精神力量,具有很强的表现力和教育意义,这对刻画人物、升华故事内容、阐明主旨意义具有很高的艺术价值。

一 《格萨尔王传》中的谚语分类

(一) 社交处世方面

谚语是藏族人民语言智慧的结晶,内含着藏民族语言的精华,是藏族口头语言丰富的一种体现,谚语的表达能够向人们传授一种经过验证的生活经验,提升人们对善恶好坏的区分能力,提升人们的基本道德情操。为人处世方面的谚语在《格萨尔王传》中具有很大的比重,旨在引导人们如何进行社会交往,并同时赞颂了为人处世机智的人,贬低了那些自私自利的人。比如"进山查探充满艰难,机警之人会战胜艰难;鲁莽之人若去查探,未见敌人就惊乱不安;山谷巡逻充满艰难,勇敢之人会战胜艰难;暴烈之人若去巡逻，平白无故会弄得人仰马翻"①。谚语赞颂了为人处世机警、勇敢的人，贬低了鲁莽、暴烈的人。

又如，"不要与强梁并枢，不要与恶魔聚赌，不要与盗贼同住"。这种谚语旨在引导人们光明磊落处世，不能同流合污。再比如"众人乘船过大江，和衷共济一条心；众人携手创大业，同心协力共逸劳"②。又如"臣为君主开创大业，君主为臣赐禄封爵，君臣齐心社稷永恒，君臣精诚万里鹏程"③。这体现了对团结合作的重视。"心生后悔是愚人，事前料到是智者"④，谚语体现了对善于处世之人的赞赏。又如"对敌若不回击，是只怯懦的狐狸；对友若不回敬，是个无耻的骗子；问话若不回答，是个呆傻的哑子"⑤。体现了知恩图报，爱憎分明的道理。

（二）伦理道德方面

社会事理谚语旨在引导人们惩恶扬善，团结互助，这些谚语体现的大多是爱憎分明，比如谚语"向朋友要敬茶酒，对敌人要挥棍棒"⑥。例如"权势广遍大头领，若不常常于民赐教训，仅下命令如何心服；大恩父母嫁女儿，若不永远负起娘家的责任，仅仅一点嫁奁吾心何能安"⑦。"位高者宽厚为重，残酷暴烈丧失大权；富有者善良为重，仗势横行荡尽家产"。⑧ 体现了宽厚、善良的理念。又如"无法大臣灭君主，无教和尚毁戒律；女人无法家庭散"⑨。谚语涉及藏族人民生活的各个方面。还有许多亲情、友情、爱情和社会关系与生活经验方面的谚语。如以下几则："父到年老为儿想，母到年老为女想"，充分显示了父母对子女的爱；对儿女不孝顺父母行为的谴责："骏马衰老放逐山林，父母年老赶出大门，人到衰迈即遭嫌弃，村童妇孺皆来欺凌。"⑩ 主要是指父母将儿女养大之后，儿女将父母赶出家门的故事，谚语中表达了对这种行为的抨击。

---

① 《格萨尔王传·霍岭战争》（上），中国民间文艺出版社，1985，第49页。
② 《格萨尔王传·打开阿里金库》，罗润苍译，四川人民出版社，1986，第32页。
③ 《格萨尔王传·取雪山水晶国》，四川民族出版社，1989，第16页。
④ 《格萨尔王传·征服魔国》，西藏人民出版社，1991，第9页。
⑤ 《格萨尔王传·霍岭战争》（上），第121页。
⑥ 《格萨尔王传·松岭之战》，西藏人民出版社，1988，第52页。
⑦ 《格萨尔王传·天界篇》，西藏人民出版社，1986，第118页。
⑧ 《格萨尔王传·霍岭战争》（上），第74页。
⑨ 《格萨尔王传·松岭之战》，第81页。
⑩ 《格萨尔王传·取雪山水晶国》，第89页。

（三）自然科学方面

谚语来自现实生活，来自社会实践，人类社会生活的任何一个方面，几乎从谚语中都可以找到十分精辟的经验总结。青藏高原上的人们，喜欢对常见事物及现象做深入思考并运用谚语来表达。如"在三春不播下籽种，到三秋收不到五谷；在三冬不饲养奶牛，到三春挤不出牛乳；平日里不调教骏马，到交锋时出不了大力"① 等谚语总结和传播了自然科学知识。又如"青苗若结不出果实来，禾秆再高也只能当饲草；碧空中若没有明月作装饰，星星虽多天空也黯然"② 等谚语传播了高原的农耕知识；体现自然现象的有："睡时注定黑暗吞噬夜，深夜注定世人要睡觉，起时注定太阳赐予光亮，白天注定要务农，这便是黑头人的四注定"；③ "碧绿青苗是大地的庄严，心想稻谷能得到丰产，谁知被严霜毁于一旦，这是苍天作下的罪孽；美丽鲜花是玉瓶的庄严，心想花儿会开得娇艳，谁知被冰雹毁于一旦，这是乌云干下的罪孽……"④ 等谚语总结了外部事物的普遍关联及其规律性，故其具有一定的科学依据。

（四）战争描写方面

《格萨尔王传》是一部描写藏族人民英勇斗争的英雄史诗，其中涉及大量的和战争有关的谚语。如："不可挥兵去犯人，敌人侵犯要反击"，这种谚语告诫人们不要轻易去树敌，要与人和睦相处，但如果敌人找上门也不应退缩，要英勇和敌人进行斗争。另外，还有一些谚语是关于作战技术的，比如"火焰小时不扑灭，不久就会蔓延到山谷；河水小时不筑堤，不久就会洋溢出江河"⑤。谚语告诫人们要抓住时机对敌人进行进攻，一鼓作气。又如："大河河面虽宽阔，有了船舶不难过，大树枝梢虽繁多，有了快斧不难刹。"⑥ 谚语告诫，在战争中不仅要做到知己知彼，还要一分重视创造作战的具体条件，落实具体措施，这样才有可能在"战场上兵马众多

---

① 《格萨尔王传·赛马称王》，四川民族出版社，1980，第91页。
② 降边嘉措、吴伟编《格萨尔故事选》，四川民族出版社，1989，第2页。
③ 《格萨尔王传·赛马称王》，第17页。
④ 中国民间文艺研究会青海分会编《格萨尔王传·霍岭大战》（上册），青海人民出版社，第419页。
⑤ 《格萨尔王传·天界篇》，第88页。
⑥ 《格萨尔王传·霍岭战争》（上），第150页。

"的敌人面前夺得胜利。还有描写内奸危害的谚语，如："一名僧奸坏过俗奸百名，一名僧奸就能败坏佛门。一名内奸胜过强敌一百，一名内奸就倾一国朝廷。"① 战争方面的谚语还有很多是用来赞美英雄人物的，比如："与其厚颜老死埋坟场，不如英勇战死赴九泉"，这些谚语都是对藏族人民英勇斗争的一种阐扬和歌颂。

（五）宗教信仰

藏族是个全民信教的民族，千百年来，藏传佛教作为藏族文化的核心，深刻影响了藏族社会生活的方方面面，这就是藏族文化的魅力所在。因而《格萨尔王传》中也有很多和宗教信仰有关的谚语，主要体现如下："大喇嘛需要的是正法，无法只穿红黄衣。与那湖里黄天鹅，飞来飞去有何异！长官需要的是正直，这样才算是大智。丢掉正直行私贿，那和坏人骗子有何异！"② 又如"救度众生大喇嘛，若不常常摄弟子，仅灌顶几次难成佛"③。强调佛学造诣很深的大喇嘛，要看到培养弟子传承的重要性。谚语运用对比的方式指出佛法对现实生活的作用是通过不断的修炼实现的，如果一味地贪图享乐就和一般的狼和野兽没有差别。又如："没有箭哪里能拉弓，没有弓哪里能射箭，两样齐全往哪儿射都行"，强调了理想信念对人们生活的重要意义。又如："无箭良弓也无用，无弓利箭亦枉然，弓箭配合才能如心愿；无人神威无处显，无神人事难周全，人神共济，才能左右逢源。"④ 体现了藏族社会生活与宗教生活密不可分，息息相关的特点。

二 《格萨尔王传》谚语的功能

（一）具有高度表现力

谚语作为藏族民间最为流行的语言艺术，成为藏人每日必说的言语，常言道"茶无盐难饮，言无谚难讲""若言需应喻，二者如褡裢"。由此可

---

① 《格萨尔王传·取雪山水晶国》，第143页。
② 《格萨尔王传·世界公桑之部》，甘肃人民出版社，1983，第88页。
③ 《格萨尔王传·天界篇》，第118页。
④ 《格萨尔王传·打开阿里金库》，第23页。

以看出，谚语在民间的影响和地位。诚如佟锦华先生在《格萨尔王传在藏族文学史上的地位和影响》中所言："可以毫不夸张地说，随便翻开《格萨尔王传》的哪一页，几乎都可以找到谚语，全书所容纳的谚语，数量之多，令人惊叹，真可谓谚语的海洋"。《格萨尔王传》的谚语大量使用拟人、夸张等各种修辞手法，这使《格萨尔王传》谚语在形式上更加生动活泼，更加受到藏族人民的青睐。在《格萨尔王传》谚语中这方面的内容涉及很多，如谚语"犹如蓝色帐篷的天空，繁星的光芒如若没有圆月的点缀，那么繁星便如黑暗的指引者，无论再多也无益"。如"睡着的男子无安乐，有无安乐请看那石头，圆石贪睡积尘埃，树木贪睡根腐烂，当官的睡着其法律便会衰落，青壮男子睡着其敌人便会昂着头，妇女睡着便会失去其地位"等几则谚语，把贪吃贪睡不干活的人形象地比喻成尘埃的石头，腐烂的树木，反映了藏族人民日常观察的经验。如"巍峨雪山如不变，狮子哪会有变动；下方大海如不变，海里的鱼儿哪会变；中部的大树如不变，树上杜鹃鸟儿哪会变"。谚语用一连串比喻形象地说明了格萨尔对朱姆的感情像雪山、大海和大树一样不会变化。[①] 又如："不知上师的学问，敬仰如同油涂石；思想不皈依佛法，诵经如鹦鹉学舌；人若不知己身世，跟那林中猴子有何异；若不识财宝啥价值，如同生人入迷途；若不知骏马啥特征，驽马也会当骐骥。"[②]强调做事要专注，深刻理解内涵非常重要。

（二）具有教育意义

通过谚语影射的意义，反映人们在日常生活、社会关系、生产活动等方面的深刻哲理。谚语都是基于藏族人民的实践，以蕴含哲理的优美的语言，反映和总结藏族人民的智慧和经验以及藏族特有的历史、文化、生产方式、生活方式、地域结构等，同时具有很强的教育意义。如"一个家里弟兄多了，是制伏敌人的锤子；一个家里犏乳牛多了，是乳酪取不尽的海子；一个家里当权人多了，是家里破散的根子；一个家里骡马多了，是事业兴旺的标志"[③]。通过通俗易懂的形象比喻，总结了一个家庭兴旺发达的经验和教训，强调一个家庭团结的重要性。如："石铁摩擦生火花，没有

---

① 《格萨尔王传·征服魔国》，第9页。
② 《格萨尔王传·赛马称王》，第100页。
③ 《格萨尔王传·霍岭战争》（上），第196页。

火绒便不行；紫色土间长庄稼，湿温不适无收成"等谚语，既总结了藏民族的生活经验，又暗含着生产劳动知识，同时具有很强的民族特点。如："空中白云飘动，便是干旱的征兆，阳光阴影形成帐篷形状，便是干旱提前而来的征兆。"① 再如，"慢火熬茶味道好，慢步爬山身体好；沉着对敌战果好"等总结和反映了藏族民间的生活智慧和经验，与雪域高原的自然环境相符。

（三）言简意赅，形象生动

《格萨尔王传》中的谚语不仅体现了生活在雪域高原的藏族人民的生活方式、经济状况、风俗习惯、语言与文字及地理环境，而且还如实地体现出这一民族的生活习俗，而且往往能直白通畅地表达形象生动的哲理，这些哲理浅显易懂，耐人寻味。如："无知女子冬天搅拌酸奶，挤不出酥油却只会冻僵自己的手，无知的男子大冷的冬天赛马，压不了地却只会让自己摔倒。"② 不仅体现了藏民族的生产生活方式的内容，而且生动形象地向人们传授一种经过验证的生活经验，体现了青藏高原的生产生活特点。众所周知，农牧业是雪域高原具有悠久历史的主要产业，也是这些地方的经济支柱，尤其是主要以牧业为主的地区占据农村的 1/3，牧区人民的生产和生活用品几乎都来源于牧业，他们身穿皮子、毡，头戴皮帽，吃的是牛羊肉，喝的是牛奶，烧的是牛粪，居住在牛毛编织的帐篷里，交通工具是牛和马，牧业在藏民族的生活中占据着不可或缺的地位。《格萨尔王传》中的谚语通过生动形象、通俗易懂的表述，让人们认识到社会生活与特殊的自然环境，如"在那纵横的农田里，突然长起的青绿色麦穗，如若没有好果实的点缀，生长面积再大也将无益"③，既浅显易懂，又传播了农耕知识。又如，"恶劣土质满飞扬，那里不长花与草，坏僧满腹贪与欲，他就不具法与戒，坏官满腹狡诈心，他却没有公与道，无知女儿多自大，她便不能明事理。不知喇嘛念什么，无知和尚抢先吼，不知长官要什么，无知大臣训斥前，主人未定食谱前，悭吝女佣把食量，未见四方房屋前，门前女佣茖蔷先"④。这一则谚语，把坏僧人、坏长官、无知女儿、无知大臣、

---

① 中国民间文艺研究会青海分会编《格萨尔王传·霍岭大战》（下册），青海人民出版社。
② 《格萨尔王传·赛马称王》，第 34 页。
③ 《格萨尔王传·赛马称王》，第 10 页。
④ 《格萨尔王传·赛马称王》，第 162 页。

吝啬佣人等形象地比喻成恶劣的土质，充分体现了藏民族特有的生活特点。

综上所述，藏族史诗《格萨尔王传》涉及的谚语种类繁多，谚语波及的范围广，具有其他文学作品不具备的特点与价值。诚如降边嘉措先生在《格萨尔初探》中评价的那样："如果将生动丰富的格萨尔比喻成艺术的宫殿，那么谚语便是这艺术宫殿中璀璨的珍珠。"一方面，谚语是对藏族人民原有生活经验和交往经验以及作战经验的总结，另一方面谚语能够鼓舞人们的斗志，培养人们的道德情操，引导人们分清善恶是非。这些谚语，无论是谈伦理道德、自然科学、宗教信仰，还是谈生产经验、人生哲理，都表现了藏族人民的深刻分析能力、概括力和运用语言的才能，都表现出了丰富的思想内容和高超的语言艺术，给人以思想和艺术美的享受。因此，不断加强对《格萨尔》谚语的研究和总结，不仅有助于我们从中学到精练的语言，增强我们驾驭语言的能力，而且还可以学习到前人的处世经验，成功的诀窍，失败的教训，帮助我们认识为人处世的哲理。

"一带一路"视野下对骆越海上文化的重新认识

李斯颖

(中国社会科学院民族文学研究所)

  骆越族群是我国以壮族先民为主体的岭南地方族群,早在秦始皇统一岭南前,他们就已经开发南海。秦以后,他们在中央政权支持下持续开辟已有的海上航路,曾到达东南亚、太平洋乃至南美洲,并与当地土著有过文化交流与经济往来。在当前我国"一带一路"战略视野下,重新探索骆越海上丝绸之路的文化内容,有助于找到契合时代发展精神、加强国内外文化交往与经济往来的增长点。

  中国海上丝绸之路比中国西北至中亚的陆上"丝绸之路"出现时间还早,它的开发与壮族先民——骆越族群的贡献密不可分。这条丝绸之路使中原的丝绸、瓷器等经湘江运入灵渠、桂江到达北流江,再被转运到一山之隔的南流江,经南流江到达合浦,再入海。因越南部分道路不通,货物从合浦运到徐闻,从徐闻再经南海运往海外。往海外的东支航线从广西合浦进入南海,沿南太平洋的大洋洲,经过从西到东一系列的岛屿,循皮特克岛、渔西岛、复活节岛等到达南美。然后,沿南美西海岸一路往北就可到达美国洛杉矶。如果走密克罗西亚的话,就可以到达萨摩亚群岛。这条丝绸之路东支的存在,不但有史料记载,且有强有力的考古证据支持。对于海上丝绸之路东支路线的重新认识,有助于在"一带一路"战略视野下增强骆越后裔——壮、布依、侗、水、毛南等民族的自信心,找到这些民族地区与周边国家文化上彼此沟通的基础,带动这些民族地区的经济与对外商贸发展。

一　骆越开发南海

骆越族群以壮族先民为主，兼有布依、黎、侗、傣、水、仫佬、毛南等壮侗语族先民。骆越在先秦时期已建立地方政权，被记录在《逸周书·卷七·王会解》中。公元前 111 年（汉元鼎六年），骆越方国随南越国灭亡，存在时间长达 1000 多年。

据史料考证，骆越族群的活动区域北到红水河、右江流域，南抵越南中北部，东至珠三角一带，西达百色西部，面积约为 35 万平方公里。在鼎盛的方国时期，骆越北部与西瓯接壤，东面挨着南越国，西面紧邻句町国，三面受制，只能往南发展，寻求更有利于生存的各类资源。南面朝南海，这也使骆越之民更注重对南海的探索与开发，成为受益于海洋丰富资源的族群。西沙群岛甘泉岛上出土的红色夹砂粗陶的陶片，为新石器时代晚期的器物，陶片中还有成套的瓮棺残部①，与桂林甑皮岩遗址中 9000 年前的瓮棺相似，均为二次葬的葬具。二次葬风俗及这种瓮棺至今仍在壮族地区传承。南海岛屿上早期的文物带有鲜明的骆越族群文化特征，是他们曾开发南海的有力明证。

早在先秦时期，骆越与中原王朝就有了密切往来。《逸周书·王会解》载，骆越部族（路人）曾向商朝进贡。当时，开国君主成汤认为"诸侯来献，或无马牛之所在，而献远方之物，视实相反盈利。今吾欲因其地势，所有献之，必易得而不贵，其为四方献令"。伊尹代表成汤诏令四方，让"正南瓯、邓、桂国、损子、产里、百濮、九菌，请令以珠玑、玳瑁、象齿、文犀、翠羽、菌鹤、短狗为献"。"禽人菅，路人大竹，长沙鳖。其西鱼复鼓钟牛，蛮扬之翟，仓吾翡翠。翡翠者所以取羽，其余皆可知。自古之政，南人至众皆北向。"文中所提及的这些地方政权，都是被商朝所认可的诸侯之国，因此让其进贡。可见，骆越在商时就已被视为中央政权的属国。

汉文典籍也曾记录了尧、舜、禹涉及南海事务的管理，中原王朝与边疆的骆越族群并肩作战，开发、探索南海丰富宝藏。骆越之地有长达 4000

---

① 王恒杰遗稿《南沙研究古发现和南海历史研究》，1991 年油印稿，转引自《中央民族学院学报》1992 年第 5 期。

余米的海岸线,从今广东西部一直沿着海岸往西南延伸,直至越南中北部,海南岛也是他们掌管的属地。海南岛是骆越族群深入南海、寻求生活资源与宝藏的重要之地。这在汉文典籍中都有记载。《左传·襄公十三年》中说楚共王"抚有蛮夷,奄征南海"。《诗经·大雅·荡之什》之《江汉》中记载:"江汉之浒,王命召虎:'式僻四方,彻为疆土。匪疚匪棘,王国来极。于疆于理,至于南海。'"此处的王为周宣王(前827~前782),他让身在相位的召虎管理和开发南海,也只能是通过骆越这一地方政权来实现。当时向商周臣服的南部地域包括今日广西、广东、海南、香港、澳门直到整个南海和越南中部。《汉书·地理志》载:"今之苍梧、郁林、合浦……处近海,多犀、象、玳瑁……中国往商贾者多取富焉。"郁林、合浦为骆越族群的聚居之地,地名均来源于骆越古语,至今仍可以用壮语解释。

骆越人取南海资源与中原互通有无,开展商贸,使中央王朝对南海愈加重视。汉武帝也曾派遣舰队从广东徐闻出发,渡南海历经数国,并到达今日印度东南部的康那弗伦和斯里兰卡等地。《旧唐书·韦坚传》里则提及"南海郡船,即玳瑁、珍珠、象牙、沉香"。宋代范成大曾记录骆越后裔渔猎南海物产10种,并惊叹"其类庸可既哉"①。明朝顾炎武在《天下郡国利病书》一文中说:"今邕州与思明府凭祥县接界,入交趾海,皆骆越地也。"他对于骆越与交趾海的关系很清楚,交趾海也即骆越海,主要指今北部湾,是南海的重要组成部分。有史以来,骆越就一直在开发北部湾和南海。海南省博物馆曾展出一本手抄《顺风东西沙岛更路簿》,其基础是历代海南渔民使用的、主要标示西沙和南沙海域航线、岛礁地貌和海况,并记载海浪、潮汐、风向、风暴等水文和气象信息的航海针经书。这本经书的背后,是骆越后裔世世代代对于南海进行探索、开发与经验累积的有力证明。书中对于南海诸岛的命名,具有悠久的历史渊源。

至今,南海诸岛依然是中国神圣不可分割的领土。最早开发南海海域的中国骆越族群,功不可没,其政权海疆直抵今日南海最南端的南沙群岛。

---

① 齐志平:《桂海虞衡志校补》,广西民族出版社,1984,第20页。

二　海上丝绸之路东支航线的开辟

骆越在开发南海、掌握丰富的航海技术等条件下，与早期汉人共同开辟了海上丝绸之路。中原的丝绸、瓷器等经湘江、灵渠、桂江、北流江、南流江运达合浦，再入海。因越南部分道路不通，货物从合浦运到徐闻，从徐闻再经南海运往海外。从这条海上丝绸之路进口的主要是各种香料，供帝王及官宦人家使用。日本人藤田丰八曾在《中国南海古代交通丛考》一书中详细论证过这条海路的路径，惊叹其开辟时间之早，活动之频繁，在三国吴黄武五年（公元226）已颇具规模。[①]《汉书·地理志》也曾记载这条海上丝绸之路："自日南障塞，徐闻、合浦船行可五月，有都元国；又船行可四月，有邑卢没国；又船行二十余日，有谌离国；步行可十余日，有夫甘都卢国；自夫甘都卢国船行可二月余，黄支国，民俗略与珠崖相类，其州广大，户口多，多异物，自武帝以来多来献。"黄支国在印度东海岸康契普腊姆，地处马德拉斯西南。后来这一海上航线延长到阿拉伯湾和非洲东海岸。其实，除了经南海往西而去的海上航路，还有一条以骆越人为主体开辟的海上丝绸之路东支航线，途经大洋洲从西到东的一系列岛屿，然后经皮特克岛、渔西岛、复活节岛等到达南美。再沿海岸往北就可到美国洛杉矶。如果走密克罗西亚的话，就可以到达萨摩亚群岛。虽然缺乏史料记载，但在语言、考古、民俗、神话等多方面证据支持下，这一线路逐步浮出水面，为学术界日渐熟知。正如著名越史专家、《太平洋》编委会副主任石钟健教授指出的："第一，中国古代东南沿海越人船队，由于种种原因，早在公元之前的一、二千年间，已经来到了南北美洲。第二，他们分别从太平洋北岸航路和太平洋中路诸岛间，从西到东，甸出了太平洋上的两条古路。"[②]这个观点，有着考古、民俗、语言、神话等诸多证据支持，在此进行介绍。

1. 中国海上丝绸之路东支路线的考古证据

（1）有段石锛

石锛是磨制石器的一种，一般为长方形，单面刃，装上木柄可伐木、

[①] 藤田丰八：《中国南海古代交通丛考·译者序》，何健民译，商务印书馆，1935。
[②] 石钟健：《古代中国船只到达美洲的文物证据——石锚和有段石锛》，《思想战线》1983年第1期；收入《石钟健民族研究文集》，民族出版社，1996。

刨土，是新石器和青铜器时代的主要生产工具。有的石锛上部有"段"（即磨去一块），被称为"有段石锛"。有段石锛是古越人尤其是骆越人的重要劳动工具，具有浓厚的地域特征。它的弓背中间有120°左右的折角，形成一个脊棱，整个石锛被分成两段呈"丨"形。有段石锛不但可以作农具使用，也可作为修船的重要工具，船有漏洞、破损，均可以使用这个灵巧的器物。有段石锛沿太平洋中部岛屿一路都有发现，直至南美等地。这为骆越人沿岛而下提供了证据。他们所到之处，留下与传播了他们所熟悉的、使用方便的劳作工具。

（2）石锚

1975年在洛杉矶附近的海域，潜水员梅尔斯特里发现了9块沉重的"怪石"，经鉴定才知道它们是5块石锚、2个石枕和1个石码（起锚工具）。到1976年，被找到的此类石块逾30块。美国圣迭哥考古学家詹姆斯·莫里亚蒂曾如此描述："新发现的石锚有两起，一起是两件'圆柱体'和一件'正三角形'的人工石制品。那是三年前在加利福尼亚、帕拉斯维德半岛的'浅海'里发现的。""另一起是'一块中间有孔大而圆的石头'，石头上集聚了一层薄薄的锰矿外衣，它是在加利福尼亚的小麦德西诺小岬附近……打捞出来的。"[①] 他指出这类石料为沙岩（灰岩），不存在于美洲太平洋沿岸。同时，美国加利福尼亚大学印第安文化权威克莱门特·米恩认为："这种石块无疑的不是印第安人制造的。"经研究，中国华南沿海是这种石料的唯一产地。中国2000多年前的文献已记录下船只在航海中使用这类石锚的情况，其形状与洛杉矶海域发现的石锚属同类。《新唐书·孔戣传》有载："戣为岭南节度使，蕃舶泊步，有下碇税，戣禁绝之。"碇，垂舟石，即石锚，岭南船舶素有使用石锚的传统。广西贵港出土的骆越铜鼓上有精美的船纹，船的头尾均有坠于绳上的石锚，是渡海时对抗风浪的重要之物。后经测定，在洛杉矶海域找到的石锚成形已有3000年的历史，结合岭南的史料与民俗分析，应为中国沿海居民——骆越人当时到达美洲留下的。

石锚和石锛的发现使"哥伦布发现美洲"的说法遭到了挑战，在1982年10月22日《华盛顿邮报》上刊有《别了，哥伦布》这样一篇文章，指出"在加利福尼亚海域的一些发现表明，在哥伦布之前，中国航海家早已

---

① 房中甫：《中国人最先到达美洲的新物证》，《人民日报》1979年8月19日。

到达美洲!"这是骆越先民对中华民族历史发展及对外交往的巨大贡献。

2. 民俗遗存

百越先民传统的丧葬、干栏民居、凿齿等习俗,在海上丝绸之路东支路线上的岛屿与族群中多有发现,或为渡海行舟越人的遗迹,或为其文化的遗存与影响。

百越先民素有二次葬(瓮棺葬)与悬棺葬习俗。至今在壮族地区仍盛行历史悠久的二次葬。壮族在老人去世后,用棺材土葬三年左右,然后择吉日开坟,将遗骸捡出擦干净,并对应人体部位放入竖长的陶罐之中。在海上丝绸之路东支航线的岛屿上,也曾发现不少二次葬陶罐,经考古测定已有3000多年的历史,或为早期海员的遗骸。① 且古百越亦有悬棺葬的习俗,悬棺葬多有船形葬具,来自日常使用的独木舟。这也和他们的宗教有着密切的关系。在骆越人航行的海路上,亦常发现悬棺葬。如菲律宾巴团甘(Patungan)洞中的木棺,就是具有百越文化特征的两船相覆式的船棺。此外,在婆罗洲、西里伯等地区均发现船形葬具。②

在历史上,关于越人"僚""蛮"等族群的汉文记载多提及"凿齿"之俗。《太平寰宇记》载:"(贵州)有俚人,皆为乌髻……女既嫁,便缺去前齿""(宜州)悉是雕题凿齿,画面人身""(钦州)又有僚子,巢居海曲,每岁一移,椎髻凿齿""蛮僚之类凿齿、穿耳"。元代李京《云南志略》载:"土(都)僚蛮,叙州南、乌蒙北皆是,男子十四五则左右击去两齿,然后婚娶。"《博物志》云:"僚妇生子既长。皆拔去上齿各一,以为身饰。"这当然属于成年拔牙。《炎徼纪闻》云:"父母死,则子、妇各折其二齿投棺中,以赠永诀。"这无疑是服丧拔牙了。③ 直到现在,壮族、布依族、傣族等越人后裔都或多或少保留了染齿、饰金齿等习俗。正如李锦芳指出:"侗台先民曾流行凿齿(断牙)之俗,可能是一种'成年礼俗',后演变为'饰齿',如包金箔,咀嚼槟榔使牙发紫变黑等。"④ 这一习俗在越人文化中的重要性也被著名美国人类学家克娄伯(A. I. Kroeber)、中国民族学家凌纯声等屡屡提及。此外,越人传统的干栏房屋与南方潮

---

① 梁庭望:《文明的远足——海上丝绸之路》,《广西日报》2011年11月1日。
② 石钟健:《石钟健民族研究文集》,民族出版社,1996,第303页。
③ 转引自黄现璠、黄增庆、张一民编著《壮族通史》,广西民族出版社,1988,第21~22页。
④ 李锦芳:《侗台语言与文化》,民族出版社,2002,第17页。

湿、闷热、多虫蛇的环境相适应，可以有效通风、防潮、管理牲畜等。凿齿之风与建造干栏的工艺，在沿太平洋、从中国至大洋洲一路的岛屿上均有遗留，这与越人的迁徙、航海活动有着内在的联系。

3. 语言证据

根据大量的语言学材料，越人后裔所使用的侗台语不但与汉语关系密切，且与南岛语共享一定的同源词，如属于南岛语族的印度尼西亚语与侗台语族壮傣、侗水、黎等语支的语言存在不少同源词。印度尼西亚语与我国壮侗语族三个语支是同源词的有：月亮、水、火、田、村、孩子、眼睛、舌头、肩膀、骨头、腿等，且多为早期的核心词汇。[①]

侗台语研究专家李锦芳也指出，越人早期语言为黏着语，与新西兰毛利人语言也保留了一些共同的基本词汇；毛利人自己的研究认为自己来自台湾，而台湾早期也属于越人活动的地域。[②] 在南美玛雅人的语言中称脚为"卡"，骆越后裔亦称脚为"卡/嘎"，美洲印第安人语言中也能找到相似的词。[③] 故从语言学的角度来看，越人的语言与海上丝绸之路东支路线上不少当地语言都有深层的关系。由此亦可推测，越人沿海而下，穿越太平洋，在当地留下了自己的语言与文化。

4. 神话信仰

石钟健先生曾指出，"越人为什么自西而东横渡太平洋？不论从太平洋北岸航路说，或者从菲律宾经马尼拉横渡太平洋的中部航路说，都是自西向东，'朝东方去'的，这显然是由于他们受到原始宗教信仰支配的结果"。[④]

流传在壮族民间的《祭太阳歌》《妈勒访天边》等反映了骆越先民对太阳的崇拜，这或许是他们开辟海上丝绸之路东支并持之以恒的信仰基础。《祭太阳歌》歌词的内容为：远古，天上有 12 个太阳，轮流挂在天上，大地被烤得一片焦黄。由于不分白天黑夜，人们一睡就是几十年，等醒来，地板藤爬满了全身。那时昼夜不分，人们认为是太阳在作怪，去求教大神布洛陀，布洛陀召集人们射太阳。众人推举郎星去射太阳，射落了 11 个，众人叫郎星留下了一个做白天。11 个太阳被射落了，剩下的那个

[①] 倪大白：《侗台语概论》，中央民族学院出版社，1990，第 317~320 页。
[②] 与李锦芳先生当面交流所得信息。
[③] 梁庭望：《文明的远足——海上丝绸之路》，《广西日报》2011 年 11 月 1 日。
[④] 石钟健：《石钟健民族研究文集》，第 294 页。

太阳躲着不出来，天地一片漆黑。没有白天不能生活，妇女们聚众商量，推举身强力壮的一位妇女去找回躲着不出来的那个太阳。身怀六甲的乜星主动承担了去找太阳的任务，并说："我现在怀有身孕，如果我找不到、追不上太阳，但我生下的孩子会按我们的意图继续去找太阳。"众人同意乜星去找回太阳。乜星顺着鸡叫的方向（西方）去寻找太阳，翻山越岭，一路靠吃野果来充饥，并在途中生下一个女孩，她又带着女儿寻找了20年，终于找到了躲着的那个太阳。她们请求太阳返回天上照亮大地，太阳对母女说："我是一个女人，没有衣服，光着身子怎么能出现在人们的眼前？"在母女的百般央求下，太阳被请回到村头的树林中，还是不愿上天。乜星又去求教布洛陀，布洛陀说："你们叫太阳带上金针、银针上天，谁看她就用针戳他的眼睛。"按照布洛陀的办法，太阳带着针同意上天了，从此有了白天和黑夜。人们想偷看太阳女神那美丽的胴体，她就会用针戳眼睛。① 流传在桂西地区的《妈勒访天边》，讲述的是由于大家好奇天的边在哪里，就打算派人去寻找天边，看看它到底是个什么样子。一个孕妇主动请缨说，自己就算找不到天边，生下的孩子还可以继续找。大家觉得她说得有道理，就同意她去找天边。她一直向着太阳升起的东边走去。后来，她生下了一个男孩，男孩子长大了之后，继承妈妈的愿望，还继续走下去找天边。② 这个神话中所提及的天边，是对太阳升起方向、太阳的一种崇拜转变。

　　壮族民间的信仰形象，在东支航线也多有发现。如壮族有雷公信仰，其形象人身、鸟喙、禽足、鸟翅。有意思的是，印第安人的雷公形象也与之类似，在印第安语中雷公被称为"引起雷雨的巨鸟"。对其他口头传说的关系则有待进一步考察。

三 海上丝绸之路的当下意义

　　2015年3月28日，国家发改委、外交部、商务部联合发布了《推动共建丝绸之路经济带和21世纪海上丝绸之路的愿景与行动》，拉开了"一带一路"战略落地实施的序幕。如今，在"一带一路"战略部署下，我国

---

① 王明富：《那文化探源——云南壮族稻作文化田野调查》，云南民族出版社，2008，第86~88页。

② 农冠品编注《壮族神话集成》，广西民族出版社，2007，第205~208页。

的对外经贸和文化交流发展迅速，效果良好。我国的海上丝绸之路不但有西支航路的传统支撑，在东支航路上也有新的开辟，如我国与澳大利亚的经贸往来与经济互动发展迅速。

  作为骆越中心区域的广西，拥有1595公里海岸线和1100多公里陆地边境线，沿海的北海、防城港、钦州具有悠久的通航、通商历史。在"一带一路"政策下，重视骆越海上丝绸之路东支的历史，重新探索其早期的海上交流，具有特别重要的意义。"留在北美'浅海'中的石锚，和散布在太平洋群岛以至南美等地的有段石锛，就是古代越人打通太平洋航路的实物见证……越人船队虽不能说是世界上从海路最先来到美洲的人，但至少比哥伦布到西印度群岛，早几千年……亚、美两大洲的海上交通，至晚在公元之前的一、二千年间，已经开始了。"[①] 这也是我们推进当下"一带一路"发展，寻求更多文化交流、商贸发展机会的历史基础。重新认识与阐扬骆越海上航线的意义，也有助于充分发挥骆越地区的独特优势，构筑沿海沿江沿边全方位对外开放平台，进一步推动"边海经济带"建设，努力走出一条新形势下具有地方特色的发展之路。

[①] 石钟健：《古代中国船只到达美洲的文物证据——石锚和有段石锛》，《思想战线》1983年第1期；收入《石钟健民族研究文集》，民族出版社，1996。

"追魂—弃魂"与《尼山萨满》传说的形成

吴 刚

(中国社会科学院民族文学研究所)

《尼山萨满》是流传在我国东北满、达斡尔、鄂温克、鄂伦春、赫哲等民族中的萨满传说,讲述的是富人之子外出打猎病亡,富人求助尼山萨满,尼山萨满赴阴间为其子寻魂求寿的故事。

自1908年,俄国学者A. B. 戈列宾尼西科夫在我国齐齐哈尔附近发现《尼山萨满》满文手抄本之后,又陆续发现5种手抄本。这些文本先后译成汉文、俄文、德文、英文、日文、意文、韩文等文字。自1934年,我国著名学者凌纯声发现赫哲族口传《一新萨满》之后,在上述这些民族中又发现14种口头传说。随即各国学者展开了深入研究,由最初翻译介绍进入满文手抄本及其萨满文化的探讨。

20世纪末,俄国学者К. С. 雅洪托夫提出:"有关尼山萨满的故事不仅存在于满族中,而且达斡尔、鄂温克、鄂伦春等民族中也有非常相似的故事。大概不能不注意到这一点,特别是如果将'尼山学'作为阿尔泰学的一部分。""我们认为,'尼山学'现在应该进入一个新的阶段——综合研究现存的所有变体。"① 要进行综合研究,就需要关注这些民族的《尼山萨满》传说之间的关系。我国学者赵志忠认为,"东北达斡尔族、赫哲族的《尼山萨满》是在满族《尼山萨满》影响下形成的;鄂温克族、鄂伦春族《尼山萨满》或者受满族《尼山萨满》影响,或者与满族《尼山萨满》

---

① 〔俄〕К. С. 雅洪托夫:《〈尼山萨满〉研究》,圣彼得堡东方学中心和"瓦达列依"商业出版公司,1992年俄文版,转引自赵志忠译注《〈尼山萨满〉全译》,民族出版社,2014,第223、224页。

有同源关系"。① 色音认为，"经过基本情节母题比较分析可以断定满族、达斡尔族、赫哲族、鄂伦春族、鄂温克族中流传的《尼山萨满》传说的各种变体之间具有某种直接影响的亲缘关系"。② 那么，上述这些民族的《尼山萨满》传说之间究竟是影响关系，还是同源关系（或者是亲缘关系）呢？这需要进一步探讨。

一

对于同源关系而产生传说的雷同性的观点，是以格林兄弟、马克斯·缪勒为代表的神话学派的观点，他们认为这种雷同性是由民族文化或文化的同源性所决定的。马克斯·缪勒在《比较神话学》中更直接指出，在各民族语言形成之前，语系没有分化时神话产生，因此民间传说和故事彼此非常相似。③ 如果说这些民族《尼山萨满》传说的雷同性是在阿尔泰语系没有分化之前产生，那么在其他民族中，也该有《尼山萨满》传说流传，但是目前没有发现。如果说从语族角度论，达斡尔族属于蒙古语族，与满通古斯民族不应具有同源性。相反，突厥语民族裕固族有《贡尔尖和央珂萨》故事，讲述裕固族最初的萨满是一位老奶奶。一天，她正在打酥油，腾格里天神附魂于她身上，她就跳起神来，于是众人向她叩头礼拜，她成为裕固族第一位萨满。鄂温克族另一种萨满教起源神话讲述的是：神鹰在人间选定了一个具备当萨满条件的孩子，把他的灵魂吃掉，朝着太阳升起的东南方向飞去，最后落到树上并筑巢，在巢里产卵。从鹰卵里孵化出来的孩子由野兽抚育成人，这个鹰的后代便成为人间第一个萨满。④ 这就说明，《尼山萨满》传说是在各民族语言形成之后产生的，从同源性角度不能很好地解释《尼山萨满》传说的雷同性。

对于影响关系而产生传说的雷同性观点，是以本菲等人为代表的流传

---

① 赵志忠：《东北少数民族中流传的〈尼山萨满〉传说比较研究》，《黑龙江民族丛刊》1991年第4期。
② 色音：《比较文学视野中的北方民族萨满传说类型》，载陈岗龙、额尔敦哈达主编《奶茶与咖啡——东西方文化对话语境下的蒙古文学与比较文学》，民族出版社，2005，第264页。
③ 转引自刘魁立《欧洲民间文学研究中的神话学派》，《刘魁立民俗学论集》，上海文艺出版社，1998，第252页。
④ 两篇萨满故事转引自色音《比较文学视野中的北方民族萨满传说类型》，第258页。

学派的观点，他们认为这种雷同性是各民族各地域间文化影响的结果。他们强调民间文学的最初发源地。① 如果按照这种观点，因为有了《尼山萨满》满文手抄本，所以该传说是源于满族，大部分学者是持这种观点的。不过，笔者研究发现，《尼山萨满》满文抄本与达斡尔族关系比较密切。

满文抄本有 6 种，根据赵志忠等学者的分类，主要有戈列宾尼西科夫第一次发现的"齐齐哈尔本"，戈列宾尼西科夫第二次发现的"瑷珲一本"，戈列宾尼西科夫第二次发现的"瑷珲二本"，戈列宾尼西科夫第三次发现的"海参崴本"，雅洪托夫新发表的"新本"，收藏于中国社会科学院民族研究所的"民族本"。② 关于"新本"，俄国学者 K.C. 雅洪托夫说："由手稿部与《尼山萨满》抄本一起购进的另一本中夹有一张纸条，上面写着收集地名叫麦海尔台村。该村 20 世纪上半叶居住着达斡尔人。夹有纸条的这个抄本内容是记录了一些满语—达斡尔语词汇。可以假定，斯塔里科夫所收藏的《尼山萨满》手抄本也是来源于此地。与现在附近地区达斡尔人记录的口头故事题材相同性在某种程度上也有利于证明这一假定。"③ 麦海尔台村位于中国东部铁路海拉尔东南察拉姆台站 15 公里。赵志忠说："笔者在翻译'新本'过程中，曾发现两个达斡尔语词，一个是 omie（敖麦神），为管生育的神，又称作'敖米娘娘'；一个是 dagina（仙女）。这两个词在其他手抄本中是没有的，也许是证明'新本'搜集地在达斡尔地区的旁证。"④ 关于"民族本"，有学者称"（二十世纪）五十年代，曾有人在达斡尔地区搜集到《尼山萨满》的满文稿本。现在，这一稿本保存在中国社会科学院民族研究所"⑤。关于"齐齐哈尔本"，1908 年，A.B. 戈列宾尼西科夫从世代居住在墨色尔村（位于齐齐哈尔市东北部）的满族人嫩德山·京凯里那里得到了《尼山萨满的传说》的第一种手抄本。也就是说"新本""民族本""齐齐哈尔本"都与达斡尔族有关。

抄本的"霍格牙格"曲调与达斡尔民歌关系紧密。在 6 种抄本中，除了"民族本"之外，其他 5 种均有"霍格牙格"曲调。"霍格牙格"曲调

---

① 转引自刘魁立《欧洲民间文学研究中的流传学派》，《刘魁立民俗学论集》，上海文艺出版社，1998，第 276 页。
② 赵志忠译注《〈尼山萨满〉全译》，民族出版社，2014。
③ 〔俄〕K.C. 雅洪托夫：《〈尼山萨满〉研究》，转引自赵志忠译注《〈尼山萨满〉全译》，第 223 页。
④ 赵志忠：《〈尼山萨满〉全译·前言》，第 11 页。
⑤ 赵展译《尼山萨满传》，辽宁人民出版社，1988，第 6 页。

在抄本中，是出现较多的曲调。"瑷珲一本"出现了4次之多。笔者在达斡尔地区采录，达斡尔族民间艺人鄂彩凤、金翠英等都会唱"霍格牙格"民间歌曲。笔者访谈达斡尔族音乐专家杨士清先生，他认为"霍格牙格"是达斡尔族哈肯麦勒曲调，在东北诸民族当中，只有达斡尔族才有这种曲调。①

满族学者富育光说："瑷珲当地就出过几位达斡尔族学者，在我童年记忆里非常深刻。清末，有位著名的德巴克什，姓德苏勒哈拉，'巴克什'汉意即'先生'，他就是达斡尔人；还有一位索先生，姓索多尔哈拉，也是达斡尔人。他们满汉皆通，用流畅的满文为本族和满族诸姓书写萨满神谕、谱牒和满文说部《尼姜萨满》，逢年遇节，车马迎送，备受尊敬。"②也就是说，不排除"瑷珲一本""瑷珲二本"是出自这两位达斡尔人之手。

由此可见，把《尼山萨满》满文手抄本等同于满族传说是不确切的。不过，我们可以说，齐齐哈尔、爱辉等地是《尼山萨满》传说的核心区，因为这两个地方是达斡尔族人、满族人世居地，也由此这两个地方出现比较多的满文抄本。其他原因，下文还将提及。

二

应该说，《尼山萨满》是满族、达斡尔等民族共同参与完成的。戈列宾尼西科夫第三次发现的"海参崴本"内容最为丰富，笔者以此本为基础，来探讨各民族《尼山萨满》传说之间的关系。

"海参崴本"情节可划分为六部分：

① 富人之子上山打猎而死；
② 神人指点请尼山萨满起死回生；
③ 尼山萨满追魂；
④ 尼山萨满遇亡夫纠缠，弃其灵魂；
⑤ 尼山萨满见到子孙娘娘；
⑥ 婆婆状告尼山萨满，皇帝将其拴在井里。

满文抄本"新本""民族本""瑷珲一本"情节①至⑤相同，缺情节

---

① 2015年9月29日电话访谈。
② 吕萍、邱时遇：《达斡尔族萨满文化传承：斯琴掛和她的弟子们》，富育光"序"，辽宁民族出版社，2009。

⑥。"新本""民族本"多了一个情节即"富人之子娶妻",为有别于前面情节,称之为情节⑦。"齐齐哈尔本"不全,只有情节①②,故事发展到"富人去请尼山萨满"就结束了。"瑷珲二本"是个特殊的本子,情节①②不同,"富人无子,东岳大帝帮助其得子,尼山萨满帮助增寿"。情节③④⑥相同,但缺情节⑤。综观6种满文抄本,可以看出,最为稳定的是情节③即"尼山萨满追魂",其次是情节④"尼山萨满遇亡夫纠缠,弃其灵魂"。

满族口述本《音姜萨满》《尼姜萨满》《阴阳萨满》情节①至④相同,《音姜萨满》缺情节⑤,《阴阳萨满》缺情节⑤⑥。《尼姜萨满》情节⑥不同,"皇帝身边的喇嘛领婆婆向皇帝告状,皇帝处死尼姜萨满,将其法器投入枯井"。《宁三萨玛》①只有情节①②,是未抄完整的残本。《女丹萨满的故事》②情节①②不同,不是富人之子,也无神仙老人指点,而是"皇帝之子即太子得病,请喇嘛医治无效死去。于是请女丹萨满追魂"。情节③④相同,缺情节⑤,情节⑥不同,喇嘛挑唆皇帝把女丹萨满扔进井里害死,皇宫三天不见太阳,知道女丹萨满冤死,让其永随佛满洲祭祀时受祭。综观满族5种口述本,可见情节③④最稳定,情节⑥有变化,出现喇嘛挑唆致尼山萨满而死的情节。

达斡尔族口述本《尼桑萨满》③情节①至⑤相同,情节⑥有变化,尼桑萨满亡夫向伊热木汗(阴间帝王)告状,伊热木汗和皇帝商量,皇帝下至,请尼桑萨满给其母治病,尼桑萨满没有治好,皇帝将其扔进九泉,尼桑萨满下沉时,抓住自己头发往上拽,地上有多少根头发,达斡尔人就有多少萨满。《雅僧萨玛》④缺情节①②⑤,情节③④相同,情节⑥略有变

---

① 《音姜萨满》(何世环讲述,2005)、《尼姜萨满》(富希陆整理,1959)、《阴阳萨满》(祁学俊整理,1984)、《宁三萨玛》(傅英仁讲述,蒋蕾整理,1985),此四篇参见荆文礼、谷长春汇编《尼山萨满传》(上),吉林人民出版社,2007,第1~29页。

② 金启孮整理,以计德焕讲述为主,陶金寿、计海生讲述补正,采录时间不详,载金启孮《满族的历史与生活》,黑龙江人民出版社,1981。

③ 达斡尔族口述本《尼桑萨满》由萨音塔娜整理,她在整理附记中说:"我在整理过程中,以巴达荣嘎同志提供的满文资料为主,糅进了奇克热、金贵德两位老人口述故事。"载萨音塔娜整理《达斡尔族民间故事选》,内蒙古人民出版社,1987。

④ 《雅僧萨玛》由齐齐哈尔地区沃凤久、杨文生、鄂文海、多铁宝四位萨满讲述,吴维荣整理,采录时间是1985年12月。载吴维荣《达斡尔族的萨满教》,《吴维荣文集》,齐齐哈尔市达斡尔族学会、黑龙江省达斡尔族研究会印制,2007,第423~425页。

化。婆婆向官府状告雅僧萨玛，官府将雅僧萨玛抓到大铁柜子里，扔进枯井，神鸟从铁柜子里飞出，向人间萨满传授医术。综观达斡尔族两种口述本，情节③④稳定，情节⑥有变化。

鄂温克族口述本《尼桑萨满》① 情节①不同，"富人无子女，长生天送子"。情节②③④相同，缺情节⑤。情节⑥有变化，婆婆上天状告尼桑萨满，长生天用铁链将尼桑萨满捆绑，扔进深渊，尼桑萨满的唾沫变成无数的萨满。《尼桑女》② 情节大不同，富人之子被恶魔看中，送进魔洞，尼桑女降魔救子。玉帝知道，抓住尼桑女。天女救下尼桑女，尼桑女成为牧民先人。与"海参崴本"比较，"尼桑女降魔救子"和情节③基本相同，属于"尼山萨满追魂"。情节⑥有变化，皇帝变成玉帝。其余情节都不同。综观鄂温克族两种口述本，情节③比较稳定，情节⑥有变化。

鄂伦春族口述本《尼顺萨满》③ 情节①②③相同，缺情节④⑤⑥。《泥灿萨满》④《尼海萨满》⑤ 情节①至⑤相同，情节⑥有变化。《泥灿萨满》情节⑥是：额真设计把泥灿萨满推到坑里，用石头压上，泥灿萨满的神衣布条飞到谁家，谁家就可以当萨满。被救孩子的父亲为报恩，把额真杀死。《尼海萨满》情节⑥是：尼海萨满救活很多人，皇上不高兴，人口多解决不了吃穿，于是抓住尼海萨满，埋进土坑里，神铃和铜镜飞向天空，鄂伦春人有了萨满。综观鄂伦春族这3种口述本，情节①②③稳定，情节⑥有变化。

赫哲族口述本《一新萨满》⑥ 情节①不同，"富人之子双胞胎打猎而亡"。情节②③④基本相同，"一新萨满救活其中一子"，缺情节⑤⑥。可见，赫哲族口述本情节②③④稳定。

---

① 龙列讲述，敖嫩整理，莫日根布、胡·图力吉尔翻译，荆文礼、谷长春汇编《尼山萨满传》（上），吉林人民出版社，2007，第 95~99 页。
② 尤烈口述，道尔吉翻译，马名超整理，载《黑龙江民间文学》1983 年第 6 期。
③ 黄玉玲讲述，王朝阳整理，1987 年 4 月采录，载《鄂伦春族民间故事选》，上海文艺出版社，1988。
④ 孟玉兰讲述，叶磊整理，1986 年 9 月采录于呼玛县白银那鄂伦春民族乡，载《中国民间故事集成·黑龙江卷》，中国 ISBN 中心，2005。
⑤ 孟古古善、关玉清讲述，孟秀春、关金芳翻译整理，荆文礼、谷长春汇编《尼山萨满传》（上），第 80~94 页。
⑥ 见凌纯声《松花江下游的赫哲族》，国立中央研究院历史语言研究所单刊甲种之十四，1934。

总结满文抄本及满、达斡尔、鄂温克、鄂伦春、赫哲五个民族口述本基本情节，可以得出结论：情节③④稳定，情节⑥有变化。也就是说情节③"尼山萨满追魂"、情节④"尼山萨满遇亡夫纠缠，弃其灵魂"是绝大部分《尼山萨满》传说的共有情节；情节⑥"婆婆状告尼山萨满，皇帝将其拴在井里"有变化，惩罚尼山萨满的或是皇帝、或是长生天、或是玉帝、或是喇嘛挑唆皇帝。情节③④⑥逻辑紧密相连，尼山萨满因追魂而遇亡夫纠缠，无奈弃其灵魂。最后导致婆婆为其子状告尼山萨满，皇帝将其拴在井里。可以说，《尼山萨满》传说的基本矛盾体现在情节③④上。基本情节③的核心母题为"追魂"，基本情节④的核心母题为"弃魂"，由此可归纳出《尼山萨满》核心母题为"追魂—弃魂"。

三

　　"追魂"与"弃魂"是一对矛盾概念，一个是积极救人，一个是放弃救人，这需要我们认真解读《尼山萨满》。

　　"追魂"仪式是萨满文化的核心，也是世界古老的母题。英国人类学家J.G.弗雷泽在所著《金枝》中，列举了各个族群的"追魂"母题。① 同样，我国满、达斡尔、鄂温克、鄂伦春、赫哲等各民族中也大量存在"追魂"故事。在达斡尔族萨满信仰中，就有着丰富的追魂仪式。据达斡尔族萨满杨文生、敖仁讲述："'伊尔木汉'是达斡尔人对阴间世界的称呼。认为那里是阎王和死人的灵魂所居之地。如果有人因横祸早亡，神通广大的萨满还能到阴间世界把他的灵魂领回来，还原其躯体，称为'苏木苏勒其贝'，可直译为取魂或追魂。小孩闹病，以为是其灵魂离开肉体到处游荡，便举行招魂仪式。""萨满遇到昏迷不醒的重病人，认为是他的灵魂已离开肉体去了阴间世界，便举行追回其灵魂的仪式。达斡尔语称为'苏木苏勒其贝'。事先在炕壁上凿一至三个孔眼，作为萨满的神灵由此钻入地下阴间世界的出入口。仪式开始，萨满跳神至昏迷状态，由助手扶助使其头对着炕壁的孔眼俯卧在地，处于睡眠状态。过若干时间后，萨满神衣上的某一个铜铃发出响声，预示萨满的神灵已经从阴间世界回来。随之萨满惊醒过来，端坐在凳子上唱词，述说他追魂途中的经历、见闻和他所

---

① 参见〔英〕J.G.弗雷泽《金枝》，汪培基等译，商务印书馆，2013，第301~328页。

带回的患者灵魂的形貌特征。"① 萨满跳神是治疗的核心，达斡尔语称"雅德根何克贝"，二神跟着唱称"伊若达格贝"。木腾根据幼年的亲身经历回忆当萨满的母亲过阴追魂的情景，其中一段讲述道："把母亲轻轻地放在褥子上，头向西北角，给她左手拿三个纸糊的金元宝，右手拿三团大酱，再放白剪纸的公鸡巴狗。"② 达斡尔族英雄故事《德莫日根和齐尼花哈托》③ 中，萨满齐尼花哈托把真身留在人间，领着哈巴狗和公鸡，拿着大酱块，到伊热木汉的阴曹地府去寻找德莫日根的灵魂，走了整整一天一夜，齐尼花哈托与暗害德莫日根的梅花哈托决斗。这都与《尼桑萨满》核心母题"追魂"一致。

"弃魂"是由于尼山萨满亡夫尸骨腐烂，不能解救而不得不放弃。这种观念在达斡尔族英雄史诗《阿勒坦嘎乐布尔特》④ 中也有体现，阿勒坦嘎乐布尔特死后，金黄骏看守主人的尸体，为防止尸体腐烂，把自己身体变为墙，遮挡太阳的热量，用尾巴当作扇子，甩动使他凉快。这是为后面苍天施法术救活阿勒坦嘎乐布尔特做准备。也就是说，只要尸体不腐烂，萨满施法术就能够让死者重返人间，这就是"灵魂不灭"的观念。总之，关于"死而复生"，萨满教观念是尸体不能腐烂。在东北各民族中虽有这种观念，但关于"弃魂"的故事，除了东北诸民族流传的《尼桑萨满》传说之外，还很少见到。也就是说，"追魂"是古老的萨满文化母题，而"弃魂"是新生的母题。

通过分析《尼山萨满》核心母题"追魂—弃魂"，可进一步理解这是两个故事内容环绕在一起：尼山萨满在"追魂"过程中，发生了"弃魂"事件，在"追魂"结束之后，"弃魂"后果形成，尼山萨满被惩罚。前文提到惩罚尼山萨满的或是皇帝，或是长生天，或是玉帝，或是喇嘛挑唆皇帝，由此可见，尼山萨满是被最高统治阶层或者说被皇权所压迫。

从《尼桑萨满》传说结局来看，该传说向世人讲述的核心不是"追魂"，而是"弃魂"，以及由"弃魂"引发的尼桑萨满的灾难。尼桑萨满

---

① 1991年8月，满都尔图在齐齐哈尔市郊区全和太、哈拉屯采录整理，见满都尔图《达斡尔、鄂温克、蒙古（陈巴尔虎）、鄂伦春族萨满教调查》，中国社会科学院民族研究所民族学研究室印制，1992，第9、10、16、17页。
② 何文钧、杨优臣主编《嫩水达斡尔文集》，黑龙江省达斡尔族研究会、齐齐哈尔市达斡尔族学会印制，2004，第178页。
③ 载呼思乐、雪鹰编《达斡尔族民间故事集》，内蒙古人民出版社，1981。
④ 载吴刚、孟志东、那音太搜集整理译注《达斡尔族英雄叙事》，民族出版社，2013。

为何有此灾难？这需要透过传说回到社会历史当中来看萨满文化的发展。萨满文化在中国阿尔泰语系诸民族中延续多年后，遇到来自外地的藏传佛教（喇嘛教）和伊斯兰教的挑战，经过长期的相互对抗，维吾尔族等突厥语民族以及东乡族、保安族改信伊斯兰教，蒙古族大部分以及土族、裕固族改信藏传佛教。① 达斡尔族以及满通古斯语族各民族一直有萨满信仰。到了清初，政府多次禁止萨满公开活动，皇太极下令："满洲、蒙古、汉人端公道士，永不许与人家跳神拿邪，妄言祸福、蛊惑人心，若不尊者杀之，用端公、道士之家，出人赔偿。"② 清政府还规范了祭神、祭天仪式，乾隆十二年（1747）印《钦定满洲祭神祭天典礼》，道光八年（1829）刊刻《满洲跳神还愿典礼》，光绪二十四年（1898）《恭祭神杆礼节之册》。清政府主张百姓信仰佛教。所以，笔者认为《尼桑萨满》讲述的核心是萨满被皇权所迫害。而故事"追魂"与"弃魂"部分，无非是个引子。故事背景应该发生在清朝（进一步说，是清末时期）。那种以传说内容出现在金国、明朝因而认为产生在那个时代是靠不住的。按照历史学家顾颉刚"层累地造成的中国古史"的观点："时代愈后，传说中的古史期愈长""时代愈后，传说中的中心人物愈放愈大"③。由此说来，《尼桑萨满》传说中出现在金国、明朝的时间并不可靠，所反映的社会现实也并不是那个时代。

由此可进一步论证上文所述，齐齐哈尔、爱辉是《尼桑萨满》传说核心区。因为，清朝黑龙江将军府先后设在瑷珲、齐齐哈尔，是东北政治、经济、军事的核心。在东北，清政府文件必先到达瑷珲、齐齐哈尔，这些地方必先有所回应。因此，这个地方的萨满反抗也最为激烈。随后，《尼桑萨满》传说逐渐在东北地域笃信萨满的各民族中流传开来。所以，笔者认为探讨《尼桑萨满》传说形成要从传说形成的核心区域出发，在这个核心区域生活的诸民族萨满都对《尼桑萨满》传说的形成有过贡献。从目前材料来看，满族、达斡尔族在《尼桑萨满》传说形成过程中贡献较多，满族、达斡尔族、鄂温克族、鄂伦春族、赫哲族等民族则在《尼桑萨满》传说的传播中做出贡献。

---

① 参见满都尔图《中国阿尔泰语系诸民族的萨满教》，《满都尔图民族学文集》，民族出版社，2006，第 292~296 页。
② 《清太宗实录稿本》，辽宁大学历史系印本，1978，第 13 页。
③ 顾颉刚：《古史辨》第一册，上海古籍出版社，1982。

文化自觉意识及艺术节文化主体的认同

刘 晓

（中国社会科学院民族文学研究所）

  人类创造出的大多数传统节日活动，都与文化艺术存在着紧密的联系。节日中的艺术以被人们进行集体性的实践和感知的方式，作为一种文化载体，长时间为发挥节日的社会功能起到了关键性的作用。现如今，在全球范围内，主要产生于 20 世纪 40 年代的艺术节作为艺术与节日最为"直白"的整合方式，已频繁地出现在了公众的视野中，例如爱丁堡国际艺术节、南非国家艺术节、布拉格之春音乐节、上海国际艺术节、中国艺术节、南宁国际民歌艺术节等等，都以丰富的文化艺术组织展演方式在开展，被视为是当下人类在推进城市化进程所采取的措施中不可或缺的组成部分。人们通过一届又一届艺术节的举办，可以实现发展区域经济、推动公共文化设施建设、积累群体文化认识、塑造地方文化形象、书写区域文化历史等目标，事实可见，艺术节具有重要的现实建构意义。但在世界各类艺术节如火如荼地举办的当下，更应该注意到，在人们通过文化艺术实践以发挥艺术节的社会功能的同时，使公众群体在艺术节中通过对区域文化产生主体性认同进而塑造出时代所需要的文化自觉意识，是艺术节的一项重要现实任务。

  对于"文化自觉"概念的解释，费孝通先生曾在 1997 年北京大学社会学人类学研究所开办的第二届社会文化人类学高级研讨班上提出："文化自觉是一个艰巨的过程，只有在认识自己的文化、理解所接触到的多种文化的基础上，才有条件在这个正在形成中的多元文化的世界里确立自己的位置，然后经过自主的适应，和其他文化一起，取长补短，共同建立一个有共同认可的基本秩序和一套各种文化都能和平共处、各抒所长、联手发展的共处守则。"① 此处对"文化自觉"的解读进一步明确了群体文化自觉意识得以形成的必要过程，人们需要认识自己生存的环境、承认文化多样性与文化特殊性的辩证关系、认清自己的文化历史之于现实的意义，才能在其中发现并产生稳定的区域文化自觉意识甚至文化自信。而艺术节为使群体产生文化自觉意识提供了有效而便捷的途径，即通过公众共同对地域文化艺术的主体性实践与认同来实现。

艺术节作为一种特殊而又相对独立的社会组织方式，用现代节日和集体性艺术活动相结合的理念，相对打破了由文化艺术领域划分、知识结构与教育水平层次区别、区域间隔所形成的社会组织形式，在一定程度上打破了近代城市化进程在创造出私人领域空间之后而形成的人与人、群体与群体之间的隔离，同时也创造了人们聚集在一起的"共同时间"（Common Time），共同的文化艺术创造、庆祝与交流的时间和空间，从而使得各种资本以文化艺术创作与互惠的名义聚集在了一起，人群中能够有更多的机会产生建立在文化认同基础上的亲密关系，在社会多样关系中形成了具有固定组织结构的社会活动单位。它作为一种集体性的文化艺术活动，不能够只是抽象的社会性的文化艺术类代名词，而应是具有真实社会属性的组织单位。所以，艺术节建构的是由群体共同承担和生产的文化艺术生存、生产模式。在这种模式里，客观与抽象空间维度中的隔离更少，由文化认同促成的文化自觉意识更丰满、更真实。

进一步而言，艺术节具有使主体精神逻辑被实践的必然性和必要性。法国当代著名的社会学家布迪厄曾指出，实践是使得社会结构和社会主体行为之间产生互通的途径。艺术节是人们在社会结构中追求审美最大化的实践途径。这一点可以在诸多研究者对艺术节的定义中得以感知。例如"'艺术节'是指在某一特定时间举办的文化艺术活动的统称，是在全国范围内具有普遍群众基础的重要国家文化艺术节日"②；"艺术节是在特定时间段内，组织的大量各种文化艺术活动的统称。"③ 如此将艺术节定义成是文化艺术活动集合的方式至少在一定程度上强调了艺术节必须应具有大范围的公众基础，并且必须是大量文化艺术活动的集合，由此圈定了艺术节

---

① 《费孝通论文化与文化自觉》，群言出版社，2005，第233页。
② 梁娅青：《京沪国际艺术节对城市文化促进作用研究》，天津音乐学院，硕士学位论文，2014。
③ 叶智勇：《美国艺术节运行机制研究》，西安美术学院，博士学位论文，2012。

不可能仅是一两个人或组织能承担的活动。原上海国际艺术节中心总裁陈圣来先生在《艺术节与城市文化》一书中从两个方面定义了艺术节，其一，"艺术节是在特定时间特定地点以一种节事和聚众方式举行的艺术活动、艺术聚集或艺术狂欢"。① 此定义强调了艺术节应具有必要的节日属性，体现了艺术节具有聚集与狂欢的特点。其二，"艺术节是具有清晰而明确的主题、制度和形式，在相对固定的时间、地点或空间（一般是城市空间）定期举办的，以视觉艺术和表演艺术为核心内容，由专业性机构按照一定的理念、宗旨或原则来运作的一种具有计划性、规模性的年度节事活动"。② 该定义从文化交流、社会文化功能、文化市场与经济三个角度框定了艺术节的现实意义，而这三个角度都意味着艺术节的实际功能不仅是对文化艺术的集中式表达，它更是一个面向公众的，以节日为总体形象的，能够起到复杂的社会功能并且具有多重社会意义的集体性文化事件。在这个事件里，人们必须通过创造性的交流形式参与其中，交流与互动的实践过程构成了艺术节的存在价值和发展动力。所以，艺术节通过创造、交流与互动的实践过程，能够使得人们的主体精神逻辑在特定的公共空间中得以实践，在实践中使得社会文化结构和社会主体行为、观念之间产生互通，进而在群体间促进形成区域特殊的文化认同模式。

当然，艺术节能够构成的特殊的文化认同模式是在实践过程中不断被丰富的，具有一定的内部特征。为了理解文化在认同建构与解构过程中所扮演的角色，美国著名人类学家乔纳森·弗里德曼在《文化认同与全球性过程》一书中，对文化进行了三种方式的初步区分，以便为将文化纳入更大体系中展开讨论铺平了道路。他将文化分为文化Ⅰ、Ⅱ、Ⅲ。文化Ⅰ被表述成科学的、局外人的特权位置，它指的是作为一种文化样式的他者对这种文化形成的描述性的概念性认同，这种文化认同更多地体现在对他者文化的客观描写上。文化Ⅱ是在人群的自我识别中产生的。它指的是人群对自己的识别，而不是对他者的识别，文化Ⅱ就是通常被当作族群认同的文化。文化Ⅲ是指作为总体的生活过程，包括进行物质再生产的组织者的文化。"它（文化Ⅲ）在同更大的体系的对立中界定了自身，因此，它不但包含了文化Ⅱ的文化认同本质要素，还包含了只能在现在的体系的外

---

① 陈圣来：《艺术节与城市文化》，上海社会科学院出版社，2013，第3页。
② 陈圣来：《艺术节与城市文化》，第102页。

部存在的'前'社会的不同模型。文化Ⅲ不是为了体系内的好处组织起来的，而是为了在体系外生存。作为政治性的意识形态，它将文化认同与文化上所界定的对'文明'的抵制结合起来。"① 结合此种对文化的层次划分，从艺术节中能够产生的主要文化认同方式可以概括为自我认同（文化Ⅱ）、羞耻感与反思性规划（文化Ⅰ+文化Ⅱ）、文化整体认同（文化Ⅱ）以及差异认同（文化Ⅲ）。

1. 自我认同

自我认同是一个确立自己的位置、不断反思与改变的过程。艺术节交流互动的结构特点之一是，促使人们及时地形成自我认同。在现代竞争秩序中，在新型媒体所传递的社会文化经验背景下，自我认同成为一种会被社会现实引导、组织起来的自主性活动。通过艺术节而产生的自我认同源自于参与者在对文化艺术作品的判断能力、与其他参与者的交流与互动效果、与艺术节氛围的融合程度等方面进行调试的过程和结果中。评价与被评价、接受与被接受的交流过程即是不断修正的过程，最终自我认同会在不同的层面上形成新的平衡点。人们可以借助艺术节的平台，发现自身与艺术节所传达出的具有浓厚地方性特点的文化内涵之间的相通之处，发现自己与所身处的时间与空间里的"现实"的关系，从而形成更为清晰可见的自我定位。

2. 羞耻感与反思性规划

涂尔干曾在他的著作《宗教生活的基本形式》中指出："只要个体从属于社会，他的思考和行动也就超越了自身。"② 艺术节创造的对区域文化的主体性认同，体现在人们在集体性文化艺术活动中进行的自我调试，更体现在产生于调试之后的羞耻感和采取的反思新规划。

"'重新发现自己'的过程是现代性的社会情状强加在我们所有人身上的。它是一个主动干预和转型的过程。"③ "重新发现自己"的动机则源自于对个人现状的不满以及随之产生的羞耻感。艺术节氛围中的"羞耻感"

---

① 〔美〕乔纳森·弗里德曼：《文化认同与全球性过程》，郭建如译，商务印书馆，2003，第89页。
② 〔法〕爱弥尔·涂尔干：《宗教生活的基本形式》，渠东、汲喆译，上海人民出版社，2010，第13页。
③ 〔英〕安东尼·吉登斯：《现代性与自我认同》，赵旭东、方文译，三联书店，1998，第13页。

首先发起于在交流过程中发现的对个人现状的不满，这其中包括行动者对于艺术节内消费力度、参与程度、信息量等方面的攀比而形成的羞耻感。自我的反思性投射，发生于经过抽象系统的过滤而形成的多元选择的过程中。但艺术节内形成的"羞耻感"并不仅局限于外在的攀比中，它还产生于人们对自我文化艺术观念的修正行为过程中。例如，在艺术节中有些文化艺术生产者会表现为，对更为广泛扩散的行为和消费形式的刻意拒绝，我行我素的后现代意识强调了对日常行为与观念的疏离，等等。在多样文化冲突明显的艺术节氛围里，传统的自我控制意识和方式愈流失，个体也就愈会被迫在多样性的选择中对生活方式的选择进行斟酌，这种斟酌即是使自身与外界达到动态平衡和协调统一的过程。

反思性规划是人们对羞耻感的能动性反应，它是一种在关注个体和集体水平的基础上，人类进行自我实现的生活方式，是人们开展阶段性修正的途径，是在物质条件束缚下的决策和行动进程。一方面，文化艺术创作者可以通过不同的文化艺术表现方式，对要表达的内容和情感进行合理的反思性规划，例如，艺术作品以"怀旧"的方式在艺术节中，可以促成人们对区域文化的主体性认同。怀旧的艺术作品，可以使得观者在"个人记忆"、"集体记忆"和"历史记忆"之间产生关联性思考，其中强烈的主体性反思意识和对话精神，可以把凝固的历史在公众面前激活成鲜活的视听影像世界。另一方面，人们可以通过集体性的文化艺术互动交流，反思性地规划自己的思维、观念的延展方向，进而影响自身的行为习惯，这也是文化艺术美育作用的部分内在逻辑。参与者在艺术节中所产生的反思性规划是建立在各自的文化判断能力和文化自觉意识基础之上的，同样的又会反过来影响二者。

3. 文化整体认同

艺术节可以及时地促成人们对文化生活环境的整体性思考。例如 2010 年台北华山艺术生活节，继承往年举办经验，为持续思考艺术与生活的关系，策划出了众多有趣而有影响力的项目。其中一个特色活动"虚拟交易所"的核心概念是以商品提案的方式开展具有群众参与性的关于艺术生活或行为的提案，最终选出的最获得民众青睐的提案包括"13 岁以前参与表演艺术对你的未来有什么影响"、"给你一双翅膀吧（体验五官不同感受方式的提案）"及"和表演艺术工作者一起喝台啤"等。活动策划队伍的赵智汉和陈柏洁表示："我们觉得概念性的交流会比和商品的链接来得深。

我们从获奖提案中观察到民众的两个倾向，一是对脱离日常、摆脱我现在的样子、投射进入另一种形态的期待，还有观众对表演艺术幕后工作的好奇。"① 类似这样的参与性和交流程度比较高的艺术节活动，是形成地域文化自觉意识的必经之路，它可以激发公众对于区域文化整体的思考，在付出脑力劳动参与城市规划的同时，形成对区域文化整体的主体性认同。

4. 差异认同

差异认同在艺术节语境中主要表现为对文化多样性所采取的态度和行动。文化差异构成了文化继承者认识自己的文化和他者的文化的对比结构，文化相对论针对的是文化差异性的客观存在，有差异就有形成对比的可能。人们总是会习惯于将"自己"的与"外来"的文化艺术进行对比，在比较中发现可联结的地方，但发现彼此间的差异，以寻求自身之于他者而存在的合法性，更能使人们产生对文化的差异认同。而之所以有差异的存在，人们才能更加地明确自己的文化艺术形态的特殊性和存在意义，使得对自己的文化产生更加明确的认同态度，从而形成清晰的文化自觉意识。同时，差异认同也是人们可以建立交流、互通有无的前提条件。

所以，自我认同、羞耻感与反思性规划可以促使人们产生对个体的文化自觉意识，单独的个体可以将自身投射在艺术节的外部环境中进行反思与自我修正，在情感与观念的交流中调整自身与外界的关系，从而可以一次又一次地得到运动中的内部平衡。而文化整体认同和差异认同的产生则可以使得群体清晰地发现文化多样性的现实境遇，在确立自身文化整体样态的基础上，通过差异化的对比更加确立自身文化整体的情状，从而使得自身文化整体得到不断的论证和再确立。以上列举的这些不是艺术节所能够产生的区域文化主体性认同的全部存在方式，区域文化主体性认同的存在方式和内涵，是可以随着艺术节的实践过程被更进一步地发现和补充的。使艺术节能够不断地产生群体对文化的主体性认同的新方式，是培养区域文化自觉意识路径的直接表征。

总之，艺术节是能够在社会中相对打破由文化水平、知识水平、历史背景、地理位置、社会环境等差异造成的局限性，用具有丰富能动性的方式促成群体中文化主体性认同生成的有效途径。艺术节中能够产生的对区

---

① 摘自陈俏均《捕捉艺术与生活交会的过程 2013超亲密小戏节与华山艺术生活节》，http://mag.chinayes.com/Content/20130924/1bd6a39c7da54dc8b8e5dcaa62aff9bb.shtml，访问时间：2013年9月24日。

域文化的主体性认同，是公众形成文化自觉意识的基础和集中式表达方式。文化自觉意识是构建区域群体文化自信的源泉，是讲好地方"故事"的根基。以举办艺术节的方式形成对地方文化主体性认同的建构模式，将有助于区域文化自觉意识的产生。

试论满通古斯诸民族神话的
道德观念及功能

卜晶磊

（中央民族大学少数民族语言文学系）

神话是原始时代的精神文化主体，是原始社会的百科全书。在现代人眼中，神话主要是原始先民的幻想之作，缺乏实在的现实基础，但在原始人的心里，神话是神圣而真实的。在漫长的历史发展过程中，随着在特定的地域和族群中流布传承，神话对人们的世界观、价值观和道德观产生了巨大的影响。尤其是一些蕴藏着优秀道德观念的神话，更为一些民族种下了最初的文化因子，在世代传承中不断塑造着民族或族群的性格和精神。

一 道德观念及神话的道德教化功能

道德观念是人们对自身、他人和世界所处关系的系统认识和看法，属于社会伦理的范畴。"道德"一词是指以善恶评价为标准，依靠社会舆论、传统习俗和人的内心信念的力量来调整人与人之间相互关系的行为规范的总和；"观念"一词则是指人的思想意识，或客观事物在人脑中留下的概括的反映。从古到今，每一个民族都有自己的道德观念和道德标准，并且在不同的历史时期有不同的内容和表现。这些代表着特定民族、特定地域、特定历史时期的道德观念清楚地体现在人们的精神文化产物中，作为人类文明发展源头的神话也不例外。

"神话"一词起源于希腊语 Mythos，意思是"关于神祇与英雄的故事和传说"。美国民俗学家阿兰·邓迪斯认为，"神话是关于世界和人怎样产生并成为今天这个样子的神圣的叙事性解释"。① 作为人类史前时期最早的文化载体和艺术形式，神话是原始先民在社会实践中创造出来的精神产物，它的内容涉及人们的自然环境和社会生活的各个方面，蕴含着一个民族的哲学、艺术、宗教以及整个价值体系的起源，其中也自然包含着许多优秀的道德观念。

就道德观念本身而言，它与人们的日常生活密切联系，并对人们的道德行为起指导作用，它通过确立一定的善恶标准和行为准则，来约束人们的个人行为，调节社会关系，并与法律一起对社会生活的正常秩序起保障作用。而在神话中的道德观念因神话自身的神圣性，与宗教仪式或祭祀活动密不可分，从而显现出特有的功能和作用。神话学功能学派学者马林诺夫斯基认为，神话是"对依然存在于现代生活中的远古现实的描述，作为先例为我们提供了远古时代的道德价值、社会秩序与巫术信仰等方面曾有的模式"，它"将信仰表现出来，提高了而加以制定；给道德以保障而加以执行；证明仪式的功效而有实用的规律以指导人群"。② 其中，道德教化作为神话的一项重要功能，被马林诺夫斯基提出，并且在世界范围内各个民族的神话中突显出来。由此可见，道德观念通过神话这一神圣的叙事性解释对人们的生活具有一定的教化功能。

二　满通古斯诸民族神话中的道德观念

从语言谱系方面来说，满通古斯诸民族是指使用阿尔泰语系满通古斯语族语言的民族，在中国包括满族、鄂温克族、鄂伦春族、赫哲族和锡伯族，他们大部分世居于我国东北地区的黑龙江、松花江、乌苏里江流域，长白山、大小兴安岭以及天山山脉之间。满通古斯诸民族虽然在族源、历史发展情况等方面有差异，但由于自然地理环境和经济生活上的相似性，他们的精神生活，特别是道德观念具有明显的一致性。正如荣格所说："神话不仅代表着而且就是原始部落的精神生活。"具体来说，满通古斯诸民族神话中的道德观念主要表现在以下几个方面。

---

① 〔英〕马林诺夫斯基：《巫术科学宗教与神话》，李安宅译．中国民间文艺出版社，1986。
② 〔美〕阿兰·邓迪斯编《西方神话学论文选》上海文艺出版社，1994。

（一）好善鄙恶、爱憎分明的价值观

作为特定社会群体最基本的价值观念体系，原始先民的道德规范和行为准则往往是通过神话形象传达出来的。许多民族中都存在着善神和恶神斗争的神话，例如我国古代的皇帝与蚩尤神话，古希腊奥林匹斯神系和提坦巨人族交战神话。这类神话旨在传达给氏族成员以明确的道德认知，从而确立集体的价值观念。

以雄浑壮丽的满族创世神话为例，其中最有代表性的是阿布卡恩都里与耶路里的斗争。在《天神创世》中，天神阿布卡恩都里是生命、光明、秩序的创造者，他派心地善良的大弟子恩都里增图去保护地上国的人类，派力大无穷的小弟子多隆贝子杀死邪恶的耶路里，派最忠厚、最诚实的弟子纳丹威虎里去拯救受瘟疫折磨的人类。他们都是正义和善良的化身，与耶路里的恶行形成鲜明对比。

> 阿布卡恩都里的二弟子叫耶路里，他见恩都里增图作了人类的保护神，很不服气，心想：我比师兄的能耐大，该派我去才是，为什么派他去呢？这家伙便私自跑下天来，在地上国造了一群恶魔兴风作怪，专门残害人类，暗中同恩都里增图作对。……
>
> 耶路里被刺死后，他的灵魂无处可去，就造了一个地狱——八层地下国。他恨地上国的人，看到他们在太阳底下过活是那么安宁自在，就想出了一条毒计，在地上国播撒了天花、斑疹伤寒等多种瘟疫。……
>
> 耶路里一看纳丹威虎里拯救了人类，非常恼怒。他又想出了一条毒计，偷偷在地上国播种下七种毒草。①

可见，这则神话中善恶形象的对立十分明显。除此之外，在满通古斯诸民族的其他神话中也存在着关于善恶势力的斗争和对立。如在鄂伦春族神话"鄂伦春民族起源的传说"中，化作白胡子老头模样的天神恩都力帮助莫日根爷爷与霸占兴安岭的魔鬼们搏斗，最终拯救了全部落的人们。②

---

① 满都呼编《中国阿尔泰语系诸民族神话故事》，民族出版社，1996，第248页。
② 中国民间文艺研究会黑龙江分会：《黑龙江民间文学（第11集）》，黑龙江大学印刷厂，1984，第1页。

其中，善良的莫日根爷爷和凶狠的魔鬼们就形成了鲜明的善恶对比。由此可以看出，在满通古斯诸民族的众多神话中，人们往往歌颂善者，表现出对生活与生命的积极追求与不懈的奋斗精神；对恶者则以鲜明的贬斥态度，诉说他们的顽劣行为以及给人类造成的灾难，从而表现出人们好善鄙恶、爱憎分明的价值观。

（二）勤劳勇敢、坚韧不拔的高尚情操

以汉语形式讲述和记录的神话，诸如大禹治水、女娲补天、后羿射日、精卫填海、夸父追日等都蕴含着主人公勤劳勇敢、坚韧不拔的高尚情操，具有典型的道德教化功能。这些影响深远的神话经过在少数民族中的流传和变化，逐渐成为少数民族神话的一部分。以射日神话为例，在鄂温克族神话《豪英峰的传说》、鄂伦春族神话《太阳的传说》和《达公射太阳》、赫哲族神话《射太阳》几则神话中，都出现了英雄为了拯救人类，跋山涉水去追日、射日的情节。例如，在赫哲族的射日神话中，父亲见儿子莫日根长大后力气很大，便让他苦练射箭功夫，计划射掉天上的三个太阳。

> 莫日根遵循父亲的话，天天练习弓箭。一晃过去了一年，莫日根拉断了九十九支弓，射了九万九千支箭，练出了射箭的硬功夫。弓弦一拉，大风呼呼，箭头碰处，无坚不摧。……
>
> 莫日根大步朝东方走去。他爬过了九十九座高山，迈过了九十九条河，穿过了九十九个峡谷，来到了东海边。他登上了一座大山，山脚下就是茫茫的大海。
>
> 莫日根在山顶上等着。当三个日头刚刚在海边露头的时候，莫日根左右开弓，射出了两只神箭，顿时射落了两个日头。……

在这则神话中，莫日根凭借他的勤劳练就了高超的箭术和一身好本领，后又以他的坚韧不拔寻找到了在山顶上的三个太阳，并勇敢地射下其中的两个太阳，解救了每日受炎热和饥渴折磨的人类。神话中多处"九十九"的描写，正是主人公莫日根勤劳勇敢、坚韧不拔的高尚情操的体现。

除射日神话外，树立具有高尚情操的主人公形象的神话在满通古斯诸民族中大量存在。例如，在满族神话《海伦格格补天》中，一个十四五岁、身材瘦小的小姑娘为了补上常落下石头的天，决定去西天找如来佛祖

请求帮忙；她"逢山翻岭，遇水过河。一天、两天，也不知走了多少天，多少个日月"，终于走到了西天，并历尽艰辛地将佛祖请到了人间；如来佛祖帮助小姑娘炼出五彩神石，成功补天，而小姑娘也留在了天上当了神仙。在锡伯族神话《千手千眼的传说》中，皇上的小女儿三皇姑见百姓被灾害、疾病所折磨，就经常为百姓切脉按摩、炮制草药；皇上认为三皇姑的行为丢尽了皇家的颜面，就派人招她回宫；三皇姑不惜牺牲了一只手和一只眼也要留在人间继续为百姓治病，最终在如来佛祖的帮助下成为千手千眼的神。由此可见，勤劳勇敢、坚韧不拔的高尚情操是满通古斯诸民族神话中常出现的道德观念。

（三）善于助人的优良传统

在满通古斯诸民族的神话中，天神保护人类并帮助人类抵抗天灾和疾病的情节比比皆是，塑造出一大批善良的天神形象。如，满族神话《白云格格》中的白云格格，为了解救遭遇洪水的地上生灵，不惜偷走天上的宝物——两个万宝匣，用匣子中的黄金和油沙土创造了地上的大地、山川和河流；鄂温克族神话《太阳姑娘》中，太阳女神希温·乌娜吉与东天门的守门神宝勘老人和西天门的守门神玛克依格添斗智斗勇，每日早出晚归，给人类送达光明和温暖。

除了天神帮助人类的情节之外，满通古斯诸民族中还流传着人类舍己为人，帮助部落克服天灾困难，最终升天为神的神话。以锡伯族神话《达尔洪爷爷的传说》为例：

> 一年，家家户户喂养的牲畜不幸遭到瘟疫之害，病的病，死的死。为此，锡伯人四处奔波，求神保佑，烧香磕头，也无济于事。……
>
> 达尔洪眼看着乡亲们的牲畜遭瘟疫相继死去，心里就像刀割似的难受，他不忍心叫乡亲们的牲畜遭受天灾之祸。他带着干粮，辞别了众乡亲，赶着乡亲们的牲畜，逐水草而牧，伴畜群而住。日夜放牧，精心照料。转眼到了深秋季节，达尔洪爷爷放牧的牲畜个个体壮膘肥，色泽光亮，还繁殖了不少的小牲畜哩！……
>
> 从那时起，锡伯人代代纪念达尔洪爷爷。后来又给他起了个很好听的名字叫海尔堪。久而久之，世代相传，变成了锡伯人供奉的保佑牲畜繁衍的男神灵了，即海尔堪爷爷。

除此之外，满族神话《北极星》中，乌苏里汗老人搭救了一条可怜的蚯蚓，后来蚯蚓变成小伙子并告诉老人在洪水中逃生的方法；善良的乌苏里汗老人不愿自己逃走，宁愿自己变成一股青烟也要帮助全部落的人们逃离灾难；最终，老人变成青烟冲上天空，变成了亮晶晶的北极星。可见，这类神话通过塑造优秀的主人公形象，歌颂了帮助他人、舍己为人的高尚品德。

（四）诚实谦虚的个人修养

自古以来，诚实谦虚就被人们认作优秀的个人修养，这一点在满通古斯诸民族中也不例外。在满通古斯诸民族的神话中，无论是至高无上的山神，还是普通的人类，自以为是终究会受到惩罚，而只有踏实肯干、诚实谦虚才会收获成功。以鄂伦春族神话《猎神》为例：

> 从前有过一个猎手，箭法特别准，也特别好说大话。
> 一天，他在山里遇见一位白发老人。
> 白发老人问："听说你箭法好？"
> 猎手答："比我再好的也没见过！"
> 白发老人问："听说你打野兽打得最多？"
> 猎手答："打不着的时候没有过！"
> 白发老人说："好，我们比赛吧！九天内你能打着一个野兽，就算你胜了！"
> 猎手说："好吧！我跟任何人比赛都没输过！"
> 那位白发老人也不和猎手争辩，笑一笑，转身走了。……

然而，自以为是的猎手到了第九天也没有打到一只野兽。到了第十天，山林中突然跑来一只山狍子，正当猎手大口大口地吃肉之时，忽然听到白发老人"哈哈"的大笑声。

> 白发老人说："你的箭法可真准啊！"
> 猎手的脸，羞得像落山的日头，一句话也不说了。
> 白发老人说："做个猎人，本事要大，话不要大！大话也会害死人！我看你饿得可怜，才让你打中一个小狍子……"白发老人说完，一眨眼就不见了。
> 猎手把白发老人的影像刻在大树上，从此拜他为猎神。

在这则神话中，骄傲自大、自以为是的猎手最终输掉了比赛。与此同时，鄂温克族中也流传着这类神话，不同的是，在鄂温克族神话《谁是山林的主人》中，最终在打猎比赛中失败的是自以为是、想要刁难老猎人的山神爷。他虽然是掌管山林所有动物的神，但因骄傲自大遭受到惩罚，而谦虚诚实的老猎人却凭借着他精湛的狩猎技术赢得了比赛。可见，诚实谦虚的个人修养也是满通古斯诸民族神话中所体现出的优秀道德品质。

综上所述，满通古斯诸民族许多描写神祇、始祖或文化英雄的艰苦乃至于悲壮故事的神话，都表达出对好善鄙恶、爱憎分明的价值观和勤劳勇敢、坚韧不拔的高尚情操的肯定，以及对善于助人的优良传统、诚实谦虚的个人修养的颂扬。

三　神话中道德观念的功能

满通古斯诸民族长期生活在我国北方地区，经过漫长的历史发展，积累了许多优秀的道德观念，而这些道德观念与神话有着千丝万缕的联系。一方面，原始先民在极其寒冷的大兴安岭地区生活，严酷的自然环境告诉他们，必须积极与自然做斗争，这就培养了他们战胜种种困难保全自己、发展民族的强烈责任感和使命感，从而培养出先民的善恶分明、勤劳勇敢、艰苦奋斗、自强不息的道德观念。这些优秀的道德观念通过神话特有的思维、情感和结构方式，把忠奸、善恶、美丑点化于接受者，教导人们应该如何相互团结，增强本民族或族群的力量，如何适应环境变化，在自然条件恶劣的大自然中生存。

另一方面，这些优秀的道德观念不仅影响原始社会先民们的行为，在当今社会也很有价值。美国神话学学者约瑟夫·坎贝尔认为，"如果社会不再拥有震慑力的神话，会变成什么样呢？就像我们今天所见的情况，包括年轻人的破坏举动和暴力行为，因为他们不知道如何在一个文明社会中举止合宜"。[①] 他还认为，神话作为"关于生命智慧的故事"，其作用之一就是建立行为上古已有之的道德榜样，而神话中的道德观念是年轻人在学校里学不到的东西。

现代都市的崛起改变了传统的生存模式，确立了新的时间观念和空间

---

① 〔美〕约瑟夫·坎贝尔：《神话的力量》，万卷出版公司，2011。

观念，再加上现代社会竞争激烈，每个人都在极力追求自己的利益和目标，当价值与现实相冲突时，古来有之的传统道德观念就遭遇到前所未有的巨大挑战。同时，善恶分明、坚韧不拔、善于助人、诚实谦虚等优秀的道德观念，正是在现代社会解构的大环境下最需要人们建构的优秀品质。在这一过程中，神话就发挥着重要的道德教化功能。在讲述氏族先祖的具体经历和事件，描绘自然神灵的神奇怪异的过程中，人们通过鲜活、具有感染力的神或英雄的形象，就潜移默化地接受了氏族社会或部落集体的道德观念。人们从对道德形象的崇拜和无意识模仿，变成自觉遵守传统的道德规范，神话的道德教化功能会得到充分的发挥。

综上所述，产生于满通古斯诸民族远古时期的神话，或者通过庄严的宗教仪式，或者通过氏族长者的训导被世世代代传诵，其中存在的好善鄙恶、爱憎分明的价值观，勤劳勇敢、坚韧不拔的高尚情操，善于助人的优良传统，诚实谦虚的个人修养等优秀的道德观念，规范着氏族成员的道德行为，起到了一定的道德教化功能。在现代社会，虽然神话神圣的存在方式已经消失，随之产生的道德教化方式也已改变，但满通古斯诸民族神话优秀的道德观念作为民族的传统文化，仍应继续传承和发扬下去。

论鄂温克神话的环保意识

伊兰琪

（中央民族大学少数民族语言文学系）

在中国东北地区和俄罗斯西伯利亚地区的鄂温克族世代生活在这片自然环境多样、动植物资源丰富的广袤大地上，他们根据自然环境的不同从事着农业、畜牧业、林业、狩猎业等生产劳动。神奇的自然给予他们丰富的馈赠，鄂温克人也因此感恩自然、崇拜自然，成为森林和草原的守护者。这种和自然密不可分的关系决定了鄂温克人具有万物有灵的原始信仰。

鄂温克人对自然有着深刻而复杂的感情。自然是生养万物的母亲，给了鄂温克人生命和家园，然而，当自然"发怒"时，她又成了不可控制的能够摧毁一切的神秘力量，在大自然面前，人是那么渺小无力。正是这种又崇拜又敬畏的心理，使得鄂温克人创造出了许多与自然有关的神话和传说。这些神秘的神话最初是鄂温克先民在祭祀仪式上给自然界的诸神讲述的，祈求诸神保佑鄂温克人获得食物、平安健康。在流传的过程中，这些神话又潜移默化地影响、教育着一代又一代鄂温克人要珍惜自然、爱护自然，不要过度索取，体现出了鄂温克人古老而朴实的环保观念，这种简单又虔诚的环保意识在当今环境问题日益严重的现实社会值得所有人细细体会并学习。

鄂温克人有着万物有灵的原始信仰，他们认为，世间万物都是有灵魂的，而灵魂又是永恒不灭的，所有灵魂都由各自的神灵保护。这种自然崇拜的信仰从远古时代一直延续至今，是鄂温克族信仰体系中最古老、内容最广泛、持续时间最长的信仰。自然界中出现的一切自然现象、天体、动植物、一切自然物的灵魂和保佑这些灵魂的神灵共同组成了自然崇拜的信仰体系。人们面对自然万物和人们的神灵，必须用虔诚的内心和神圣的仪式感恩自然、礼遇自然、崇拜自然，感谢自然寄予他们的一切，与自然和谐相处。鄂温克人认为，是天神创造了大地、创造了人类，给了鄂温克人生命，是自然界中的神灵在无时无刻保佑着自己，让人们获得食物和生活所需的一切，因此人们在力所能及的情况下，要爱惜自然界的一切生命，不能对自然和自然界神灵不敬，不能过度捕杀，否则就会遭到神灵对人们的惩罚。

一 山神神话中的环保观

古时候，鄂温克人主要以狩猎为基本的生产方式，猎人们每日在大兴安岭中穿梭寻找适合的猎物，他们认为，是一位"白胡子老头"在山中保佑着猎人获得充足的猎物，也保护着鄂温克人和整个山林的安全，而这位白胡子老头就是他们所信奉的山神——白那查。

关于山神白那查的神话传说有很多，《谁是山林的主人》这一神话尤其表现出了鄂温克人对自然和神灵的崇敬以及适度狩猎、维持生态平衡的朴实的环保观。

> 每年阴历五月初五，山神爷要把山林中的所有动物召集到一起，查点数目。这时山神爷听到的是叫苦连天的哭喊声："山神爷给我们做主吧，为我们报仇吧，有一个猎人一天抓住我们二三十个，这样下去，我们要断子绝孙。"山神爷听后，非常愤怒。第二年，阴历五月初六，山神爷躲在大树下察看动静，发现一位鬓发斑白的老猎人，便截住那位猎人，山神说："你们每天打的猎物太多了，以后不允许猎人一天猎获10只动物。"猎人对山神不屑一顾。第二天，猎人扛起枪进山打猎，结果，走遍山林，也没找到一只野兽。①

这篇神话讲述了人、自然和神灵三者的共处关系：人类向自然索取的时候一定要适度，不能过分猎取自然资源，否则就会遭到神灵的惩罚和报复。山神不仅保佑着鄂温克猎人获得所需的猎物，而且时刻监督着他们，提醒人们不能藐视自然生命，更不能藐视神灵。鄂温克人认为山林中的一切飞禽走兽都是由山神管理的，是山神的财产，谁都不能过度捕杀掠取，得到了猎物也要感谢山神把自己的财产赐予鄂温克人。猎人们在狩猎前都

---

① 王世媛等编《鄂温克族民间故事选》，上海文艺出版社，1989，第32页。

要选定一棵粗壮的大树,把朝阳那面的离地面约一米的树皮削下来,露出光滑的表面,在上面雕刻或是画出山神的头像,然后大家一起向山神头像敬烟敬酒,并向它祭献食物,感谢山神对鄂温克人的保佑,并祈求山神赐予人们足够的猎物。猎人们认为,险峻的高山、参天的大树和神秘的岩洞等奇险处都是山神生活的地方,每当路过这些神秘又危险的地方,猎人们一定会特别小心,会从马或鹿背上下来牵着马或鹿走过,不能吵闹打扰到山神,更不能对着这里放枪,否则就会激怒山神,这样不仅得不到猎物还会被山神惩罚,遇到危险和灾难。

鄂温克人一直以来都把山林当作自己的家园,在长期的狩猎生活中,他们对山林中的树木、动物等一切自然物了如指掌,对山林有着深厚的感情,山林里的一切都被鄂温克人赋予了真挚的情感和精神内涵。直到今天,敖鲁古雅的使鹿鄂温克人依然生活在大兴安岭山林里,他们血脉中对山林的崇敬和依赖是无法改变的。可是即便鄂温克人世代生活在这片山林中,熟悉山里的一草一木,还是会遇到许多艰难险阻和危险的情况,湍急的河流、凶猛的野兽、严酷的气候都随时威胁着人们的生命安全。鄂温克人自知在神秘莫测的自然面前自己的力量和智慧是多么微不足道,只能寻求神灵们的帮助,只有按照山神等神灵的意志做事,懂得崇敬和感恩才会得到神灵的庇佑,过上幸福美满的生活。古老的山神神话在一代又一代的鄂温克人中流传,不仅教育着人们要崇敬自然、崇敬山神,更随时提醒着山林里的猎人捕猎时要适度,不能滥捕乱杀,这些最简单质朴的环保观念随着山神神话的流传在每个鄂温克人心中留下了不灭的印记,山神不仅保佑鄂温克人得到猎物,更教给他们和自然和谐相处的自然哲学法则。

二 牲畜神话中的环保观

鄂温克族是一个古老的民族,在漫长的历史演变中,鄂温克人的劳动生产分为畜牧、农耕和养鹿三种不同的类型,不同的生产结构决定了他们所信奉的保佑其生产的神灵不同。在呼伦贝尔草原上畜牧的鄂温克人信奉保佑牧民家畜繁荣兴旺的吉雅奇神。吉雅奇神是家畜的保护神。鄂温克人认为他们的家畜都是吉雅奇神给的,因此在每年正月十五或六月牲畜膘肥的时候举行祭祀吉雅奇神的仪式。《雪羊和吉雅奇》这篇神话,不仅讲述了鄂温克人是如何来到呼伦贝尔草原进行畜牧生产,而且还体现了自古以来鄂温克人对牲畜、对自然环境的爱护之情。

这篇神话的主要内容是这样的：

> 住在贝加尔湖的鄂温克人的祖先舍卧克神有十个儿子，他们各个能骑善射，其中九个儿子都想娶答背女神的女儿——美丽的鄂吉娜吉为妻，答背女神说："谁能擒住十只雪羊，赶着雪羊来见我，我就把女儿嫁给谁。"于是舍卧克神的九个儿子都钻进山里去抓雪羊，但是没有一个人成功。舍卧克神最小的儿子叫吉雅奇，他听了哥哥们的讲述，也去寻找雪羊。他找到雪羊后并没有把它们赶到答背女神那里去，而是留下来细心照顾雪羊，和雪羊成为好朋友。终于他带着雪羊来见答背女神，答背女神很高兴，要把女儿嫁给吉雅奇。可是吉雅奇不求美丽的鄂吉娜吉嫁给他，只想要一片美丽的草原和雪羊们生活在一起，于是答背女神答应了吉雅奇的请求，让吉雅奇带着鄂吉娜吉和雪羊们来到了呼伦贝尔大草原，开始了游牧的生活。从此，呼伦贝尔草原上就有了鄂温克人的身影，吉雅奇也成为鄂温克人的牲畜神。

从这篇神话中我们可以看出，鄂温克人从山林中的狩猎生活过渡到在呼伦贝尔草原上进行游牧生产，中间的过程充满艰辛，正是吉雅奇这种对自然的热爱与对世间万物的怜悯才使答背女神答应把美丽的女儿嫁给他，并答应吉雅奇的请求，赐予他们牲畜，让他们在呼伦贝尔草原进行游牧生产。索伦鄂温克人自1732年以来从黑龙江沿岸迁到呼伦贝尔地区戍边并从事游牧活动，从那时起，他们就告别了以狩猎为主的生活方式，开始学习游牧。

每年的农历五月二十二日是"米阔鲁"节，这是生活在草原上的鄂温克人一年中最重要的节日。在"米阔鲁"节上，人们庆祝一年的丰收，并祭祀吉雅奇神，请求吉雅奇神保佑牧民们的牲畜平安、肥壮，并感谢过去的一年里吉雅奇神赐予自己的恩典。在庆典活动期间，人们都要起得很早，进行烙马印、剪羊耳记、剪鬃毛等生产活动，还要准备丰盛的食物来庆祝节日的到来。吉雅奇神的神偶为一块方形毡子上用不同氏族的种马的鬃尾绣成的一男一女两个人形，中间缝有一个口袋来盛祭品，神偶下面供奉着奶、肉和被称为"阿木苏"的稷子米或大米奶粥。鄂温克人认为，吉雅奇神知道天气的变化，控制牲畜的繁荣，所以在"米阔鲁"节这一天一定要把吉雅奇神请回来接受大家的感恩和大家一起享受丰收的喜悦。

除此之外，从事牧业生产的鄂温克人还有许多保护草原的生活习惯和约定俗成的禁忌。例如，不能在一片草场过度放牧，以免草根遭到破坏。羊群多的人家，在一片草场放牧十天半个月就要搬迁到下一片草场。在离开时，他们会带走所有物品，清理好留下来的生活垃圾，连烧剩的灰渣也会埋到土里遮盖起来，搬走以后完全看不出这里曾有人居住过。在禁忌方面，不能拿着尖刃的刀子走进牲畜圈，严禁用带刃的生产工具或者用火吓唬牲畜，不能宰杀或卖掉还未停奶的母畜，禁止孩子在牧场玩火以免失火，牲畜再怎么不听话也不能对它们破口大骂或使用棍棒使劲打。

这些都是鄂温克人在长期和自然相处的游牧生活中用心感受、总结出来的和自然万物和谐相处之道。这些简单朴素的哲学在每一个鄂温克人心中牢牢扎下了根，时刻督促他们热爱自然、热爱世间万物，感恩上天赐予他们的一切，在这种信仰的引导下从事游牧生产的鄂温克人与草原相伴走过了无数个春夏秋冬，他们全身心地融入神秘又神圣的自然中，接受自然的馈赠，也肩负起保护自然的重任。

三 萨满神话中的环保观

《尼山萨满》是东北诸民族中内容丰富、流传较广的一则萨满神话，在不同民族中有很多译文，笔者在呼伦贝尔市海拉尔区乌云琪琪格老人家收集整理到的鄂温克族《尼山萨满》神话，翔实地交代了赛尔古代·费扬古的死因。

> 传说一位叫巴拉都·巴彦的有钱人一直无子，于是老夫妻俩每日拜神祈求得到孩子。终于他们感动了上天，得到一子，并由一位神秘的老头取名为赛尔古代·费扬古。赛尔古代·费扬古长得飞快，没过多久就成了一个健壮的小伙子，他整日上山围猎毫无节制，终于打光了山上所有的动物，使得森林里血流成河，这些血顺着流到了地府里，激怒了阎王，阎王为了惩罚他，派手下带走了赛尔古代·费扬古的灵魂……

赛尔古代·费扬古因为滥杀动物而被阎王判死、带走灵魂，实际上是天神对猎人滥捕乱杀行为的警示和惩罚。这篇神话不仅歌颂了尼山萨满聪慧善良的品质和勇敢救人的非凡本领，也教育警示着一代代鄂温克人对自然要取之有度，不能过度捕杀猎物，否则就会遭到天神的审判和惩罚。

四　结论

　　鄂温克族朴素环保观的形成依赖于他们赖以生存的自然环境，也与他们世代把持的万物有灵的原始信仰有关。鄂温克人世代生活在山岭和草原，自然给予他们食物和一切生活所需，是鄂温克人生命的摇篮，反过来，获得自然恩赐的鄂温克人也心存感激，并肩负起了保卫自然、保护环境、维持生态平衡的重任。这些讲述人与自然关系的神话具有突出的教育功能，在没有书籍和文字的古老社会中，教育、督导人们不能破坏环境，要和自然和谐相处，神灵保佑着鄂温克人，鄂温克人也是大自然的守护者。时至今日，这些古老的神话传说依然在鄂温克人中流传，尽管很多人已经搬出了深山和草原，但是，对自然的感恩和热爱由于这些不灭的传说会永远印记在鄂温克人的内心深处。

论满族说部的平民英雄叙事模式

明 阳

（吉林省社会科学院）

满族说部是满族在漫长的历史长河中积淀和孕育出来的古朴而悠久的民间长篇说唱形式，内容丰富，包罗万象。作为北方少数民族，受地域性和萨满教的影响，满族是一个崇拜英雄的民族，因此在满族说部中，英雄颂歌成为不可或缺的重要组成部分。满族说部由于其传承方式的特殊性，决定了叙事模式不同于一般的文学作品，而是以平民英雄为主角的说部作品，又由于其在传讲过程中逐渐脱离了原氏族的范围，已成为该地域甚至外族群众所熟知的故事，因此，满族说部的平民英雄叙事模式更显特殊。

一 具有中国思维模式的演述时间

叙事时间或表述时间方式是文本构成的重要方法，中国人对于时间拥有独特的表述方法，不同于西方"日—月—年"的表述，在有关几部说部文本中，开篇首先交代的便是时间、地点。在时间上，采用的均是"年—月—日"的表述方式。如《飞啸三巧传奇》开篇第一章交代："正逢大清国嘉庆二十五年秋，是个微寒之夜"；①《雪妃娘娘和包鲁嘎汗》则开篇介绍了科尔沁草原的位置和地理环境，接着便交代了时间，"癸卯年，从大明王朝算，是万历皇帝朱翊钧坐殿三十一年"。② 这是中国特有的时间表述法，杨义指出"在中国人的时间标示顺序中，总体先于部分，体现了他们对时间整体性的重视，他们以时间整体性呼应着天地之道，并以天地之道赋予部分以意义"③。而在说部中开篇就介绍故事发生的地点，也是按由整

---

① 富育光讲述，荆文礼记录整理《飞啸三巧传奇》，吉林人民出版社，2007，第2页。
② 富育光讲述，王慧新记录整理《雪妃娘娘和包鲁嘎汗》，吉林人民出版社，2007，第4页。
③ 杨义：《中国叙事学》，人民出版社，2009，第86页。

体到局部，由宏观到微观，由远及近的顺序进行的。如《比剑联姻》讲述，"黑龙江省宁安县镜泊湖，早在一千二百年前叫忽汗湖。湖边住的靺鞨部的游牧民族，是满洲民族的祖先，在这水草丰茂、土地肥沃的地方辛勤劳动、繁衍生息。地广人稀的忽汗湖，东岸瀑布高悬，沿湖边住着三户人家"。在《雪妃娘娘和包鲁嘎汗》中，这种叙述方式更为明显，首先从黑龙江说起，接着跟随黑龙江的支流来到了东辽河和西辽河，引出了故事的发生地——科尔沁草原。地点的介绍和时间一样，也蕴含了中国思维的整体观，这种整体观思想，深刻影响了满族说部的开篇。满族说部虽与普通文学作品有区别，但在叙事时间方式上却带有深刻的中国思维特点，这大致体现出当时的传承人的思维方式。

这种带有中国思维特征的表述时间方式不仅体现在细节上，而且也贯穿于说部文本始终。在叙述过程中，文本基本以时间顺叙进行叙述。《雪妃娘娘和包鲁嘎汗》开篇，主人公宝音其其格是个13岁的小姑娘，整部说部从年幼的宝音其其格讲到她与皇太极相亲相爱再到寿终，是按照时间的自然顺序进行叙述。《红罗女三打契丹》中，开篇讲述红罗女之父战死，红罗女作为遗孤得圣母授艺，到下山行侠仗义，为父报仇后自尽，也是按照时间上红罗女的人生轨迹进行叙述，只是在叙事时间速度上做了处理，使之详略得当。这不仅是中国思维模式的体现，而且也能说明满族说部是在历史的长河中由满族先民创造出来的，并未见文人叙事的笔法，更原汁原味。

二　全知全能的叙事角度

叙事角度是文本看世界的独特角度，"也是读者进入这个语言叙事世界，打开作者心灵窗扉的钥匙"。① 满族说部由于其特殊的传承性，使它不具有具体的作者，也不能单纯地将其看作一部文学作品，但通过对说部叙事角度的研究，使我们能够更好地理解说部的内容，使我们也能更接近传承人的内心世界和说部产生时的文化背景。

叙事视角分为全知叙事、限知叙事和纯客观叙事，在以"平民英雄"为主题内容的满族说部中，即使是不同的讲述人，也无一例外地都使用了

---

① 杨义：《中国叙事学》，第134页。

全知叙事。全知叙事即"叙述者无处不在，无所不知，有权利知道并说出书中任何一人物都不可能知道的秘密"①。

在《雪妃娘娘和包鲁嘎汗》中，陪伴宝音姑娘的乌云格格"像慈母一般关心她、照顾她。同时，乌云格格的善良、聪慧，对宝音其其栲幼小的心灵有着很深的影响"②。在《红罗女三打契丹》中，讲唱人对红罗女的身世、内心活动以及战争等，都从叙述者的角度对听众进行讲唱，并且对书中出现的其他人物的身世、心理活动也加以分析和叙述。在《飞啸三巧传奇》第三章"三巧施威北冰山"中，有这么一段：

> 还有两个人，我得介绍一下。八宝禅师过来时，怎么没听到过娄宝和齐宝，他们不在一起吗？这要跟各位说一下。娄宝和齐宝在洞里听到三巧来了，他们胆胆突突，等仇彦他们出去，娄宝和齐宝就趴在洞里，吓得都尿裤子了。③

这两段叙事都是典型的全知叙事方式。在《飞啸三巧传奇》中，讲唱人以"说书人"的身份经常出现在作品中，例如，"这里说书人，还要向各位阿哥说几句，因为书的事太多，我说书人有些事没详细向你们交代"。④"说书人我得向阿哥说几句话，还得详细解释一下，请不要觉得啰嗦，我必须说清楚"。⑤ 这样的情况在书中经常出现，我们不难在《飞啸三巧传奇》这部说部中看到"话本"的影子，《飞啸三巧传奇》讲述的故事发生在清朝嘉庆和道光年间，那么此说部形成的时期一定是在嘉庆和道光年间或更晚，以平民英雄为主题的说部故事的传讲范围又不局限于本族，变得非常广泛，因此，《飞啸三巧传奇》说部的传承人在传承过程中受到"话本"的影响而自觉不自觉地对说部进行渲染也并不是没有可能的。由此我们可以看出嘉庆到道光年间的满洲先民受到了汉文化——至少是"话本"的影响。

满族说部文本多采用章回格式，这虽与我国古代的章回体小说有很大区别，但同样"结构宏大、情节曲折、线索纷纭，是不宜采取限知视角

---

① 陈平原：《中国小说叙事模式的转变》，北京大学出版社，2003，第62页。
② 富育光讲述，王慧新记录整理《雪妃娘娘和包鲁嘎汗》，吉林人民出版社，第14页。
③ 富育光讲述，荆文礼记录整理《飞啸三巧传奇》，第276页。
④ 富育光讲述，荆文礼记录整理《飞啸三巧传奇》，第298页。
⑤ 富育光讲述，荆文礼记录整理《飞啸三巧传奇》，第303页。

的，但这并不排除它在局部上的限知"①。部分说部作品在局部描写上，偶尔也采用限知叙事。在《飞啸三巧传奇》中，第三章"三巧施威北冰山"中有一段姐妹三人遇见了一位白头发、白眉毛、白胡须的瘦老头，这位老者在吃过三姐妹给的肉后就离开了，老者离开后，三姐妹在地上发现了一块皮子，上面写着向她们传报的消息。文中并没有直接说明这张皮子是老者留下来的，而是从三姐妹的视角来猜测，而对于这位老者的来历和去向，传承人也没有讲述，对于地上的皮子到底是不是老者留下来的也并没有明确说明。但说部不是普通的文学作品，它是可讲唱的，讲唱人在讲唱过程中"进入"说部中，与角色融为一体，以角色的视角看，更能带动听众情绪，虽是限知视角，但随着角色转变，视角也随之改变，因此也由限知视角变为全知视角了。

以平民英雄为主题的满族说部作品经历了由全知视角到全知视角与限知视角互补的叙事视角的转变，这也许是在说部作品诞生之时便是如此，也许是在传承过程中，传承人自觉或不自觉地对文本做出更改，不管是哪种情况，全知与限知结合的叙事角度，使满族说部的叙事手法更趋于精致。

三 以情节为中心的叙事结构

叙事结构是文本的最大隐义所在，满族说部的叙事结构不仅是构成文本的重要因素，而且更是蕴含着创作者、传承人包括满族先民对于世界、人生以及文化艺术的理解。

在以平民英雄为主题的满族说部中，隐含着"从贫苦卑微的小人物到行侠仗义的英雄"的人物模式，例如，红罗女和三巧姐妹的父亲都是被奸人所害，家破人亡无家可归的主人公因机缘巧合被世外高人收入门下传授技能。而她们遇到的"师傅"均是半人半仙，身怀异能，在主人公遭遇困难的时候也会有神仙前来帮助摆脱。两部书都是以"复仇"情节贯穿始终，为复仇而学艺，在复仇过程中行侠仗义、护国为民。而雪妃娘娘虽然不同于红罗女和三巧姐妹有世外高人的师傅，但这个无家可归的草原孤女

---

① 杨义：《中国叙事学》，第 152 页。

被王爷收为"沙里甘居"①，得以认识皇太极，从此开启了人生的新篇章。这些平民英雄都是从贫苦卑微的小人物成长为大英雄的，叙事结构隐藏着文本创作者的人生经验和哲学，由此也可窥见传承人乃至满族先民的人生哲学，他们崇拜的英雄并非生而为英雄，而是历经磨难才成为为国为民的英雄。

清代桐城派姚鼐认为文章之道在于兼备阴阳刚柔而变化多端，这在以平民英雄为主题的说部文本中得到了体现。《红罗女三打契丹》和《飞啸三巧传奇》这两部书的主人公红罗女和三巧姐妹，有诸多相似之处，最重要的一点在于她们都是战斗英雄，文本中利用了大量的篇幅叙述了她们参加的各类战争，我们可以将这看作"刚"；而文本并没有忘记为这几位战斗女英雄安排爱情，在遇到爱情之时，她们卸下铠甲，变得温柔似水，深情款款，这就是"柔"。在《雪妃娘娘和包鲁嘎汗》中，聪明美丽的雪妃娘娘的人生是主线，她和皇太极的爱情故事及与包鲁嘎汗的母子情深为"柔"，而在其人生中连年的征战和大明王朝错综复杂的权力斗争是为"刚"。如此"刚柔相济"是姚鼐认为的只有圣人才能达到的境界，竟在口传文学满族说部中默默存在着，不得不说，说部在叙事结构上未经雕琢却浑然天成。

我国古典小说基本上是以情节为叙事结构的中心来进行创作的。我们知道，满族说部并非文人创作，因此在它身上并不存在所谓的创作程式，但却又偏偏与我国古典小说"以情节为中心"的叙事结构不谋而合，这与满族说部的形成和传承包括讲唱是分不开的。满族说部的形成是"满族及其先民凭借自己对善恶美丑的感受和对社会现象的审视，把一桩桩、一件件值得传颂、讴歌的人和事，详细地记载在各个氏族世代传袭的口碑之中"②。满族说部所记录的就是氏族英雄们的事迹，因此一定是"以情节为中心"来进行叙事的。而满族说部的特殊传承形式——口头讲唱，也为"以情节为中心"的叙事结构提供了必要条件。在传承过程中，传承人要记下洋洋洒洒几十万字的说部本子，实在不是易事，因此，"以情节为中心"来进行叙事，有利于为传承人在记忆中提供线索；在讲唱过程中，为了吸引听众，达到引人入胜的目的，一定是一个故事接着一个故事，一个高潮连着一个高潮。我认为，这些都是满族说部以"以情节为中心"的叙

---

① 沙里甘居：满语意为姑娘。
② 谷长春：《满族口头遗产——传统说部丛书·总序》，《社会科学战线》2006 年第 6 期。

事结构出现的原因。

四 具有民族特色的意象

对于叙事文本而言，意象蕴含着丰富的文化密码，具有表象和意义的双构性。

满族说部中并不缺乏意象的存在，并且不同于我国古代其他文学作品中的意象，满族说部中的意象具有独特的民族性。

在《红罗女三打契丹》中，小红罗女在父亲去世一周年为父扫墓之际，被大鹰抓走飞向远方，最终被带到长白圣母身边学习武艺。若在一般的文学作品中，鹰这种猛禽多数时候是以不吉的形象存在的，按照汉族传统思维来理解，被鹰抓走是凶险的。但在满族说部中却变了，我们知道，满族人对鹰有着特殊的喜爱之情，他们驯鹰、养鹰，在满族人信奉的萨满的神帽上，就装饰着鹰。由此可见，红罗女被鹰抓走不但不是凶兆，且还是好事。鹰这一意象与我们在汉族文本中看到的不太一样，具有鲜明的满族特色。

在《雪妃娘娘和包鲁嘎汗》中，雪妃娘娘与皇太极初识时，皇太极看见了宝音姑娘脖子上的挂串兽牙，那是居住在黑龙江两岸的女真人记岁的办法；后来，皇太极不能跟雪妃娘娘在一起时，就送给她一个自己脖子上戴的祖父留给他的金项圈——"百岁大项圈"，作为定情信物。我认为，这两个意象的前后出现大有深意，当皇太极看到挂串兽牙时说，要让大哥打一头野猪，送给宝音姑娘最好看的野猪牙，还要让阿玛亲手给她戴上。前文交代，挂串兽牙是用来记岁的，那么兽牙，我们可以看作时间，皇太极要送给宝音格格兽牙，这其实暗暗埋下未来两人交织的生命旅程。而后文中皇太极又将"百岁大项圈"送给雪妃娘娘，也意味着将自己的人生交付于她。

五 结语

满族说部展现了浓郁的民族风格，文本以具有中国思维特征的演述时间，全知为主、限知为辅的叙事角度，配合以情节为中心的叙事结构，虽无文人刻意雕琢，却显示出了强烈的文学性和叙事模式的特殊性，以此可窥见满族先人在不同时期文化心理的变化。

论满族说部传承危机及其重建

邵丽坤

（吉林省社会科学院民族所）

满族说部2006年被列入国家级非物质文化遗产保护名录，2009年被国家非物质文化遗产专家委员会评为优秀保护项目。作为东北地区有着较为久远传承历史的满族说部，它是民族文化的遗产，也是中华文化的宝贵财富。要使其得到持续性的保护，必须探索多种方式的传承。除了萨满传承、家族传承等传统口传传承方式的延续以及满语传承的部分恢复，还有当代的汉文文本传承，并且还应进行教育传承和其他新型社会传承方式的探索。此外，利用互联网、动漫、旅游解说等新的传播方式进行开发性传承，也是一种新的传承方式的创新和尝试。

目前，满族说部传统模式发生了危机，亟须为其在当代的保护与传承做出探索性的建构与尝试。

首先，在语言传承上，满族说部最初用满语讲述，这可以从现已出版的两批满族说部丛书的相关介绍中，得到较为详细的印证。《尼山萨满》较早时期就是用纯满语讲述的。据富育光先生回忆，"我少年时代在家乡，听过满族吴扎拉氏八十多岁高龄的托呼保太爷爷，讲唱满语《尼姜萨满》……《尼姜萨满》就是民间启蒙教科书。早年，爱辉和大五家子满族人都有老习惯，逢年遇节、婚嫁、祭礼等喜庆吉日，大小车辆接迎南北四屯的亲朋，欢聚一炕听唱说部故事。满族说部故事，长短段子名目繁多，老少随意点换，说唱人击鼓开篇，但常常都少不掉《尼姜萨满》"。[①] 又据《爱辉十里长江俗记》载"满洲人家祭祖奉先，必动鼓板之乐，敬颂萨将

---

① 荆文礼、富育光汇编《尼山萨满传（上）》，吉林人民出版社，2007，第8页。

军、母子坟、三啸剑、救儿魂,以消长夜。……其中救儿魂即指《尼山萨满》故事而言"。

满语言的逐渐式微与本民族的历史境遇紧密相联。清中叶后期,使用汉语的满人逐渐增多而且运用得比较熟练,满族逐渐掌握了汉语,而且涌现出一些具有很高水平的用汉语写作的作家,曹雪芹、文康等更是一代大家。但这不是说满族在使用与运用汉语的过程中完全失去了本民族的个性特征,究其实质,是满汉文化结合的优秀典范。满族说部也一样,虽然来自民间,但极具本民族的特色与个性。但是到了辛亥革命以后,"严格禁止用满语教学。从此以后,满语只局限在家庭生活中继续使用,并且一点一点地让位给汉语"。"在吉林省和盛京,汉语的影响一直很大。在20世纪前半叶,满语的运用已经明显衰微,而在宁古塔地区这一满族人本来的范围内,人们几乎完全不再使用满语。"①

新中国成立后,满语也没有像其他少数民族语言那样,被列入国家保护的范畴,因此,满语日益成为逝去的语言,逐渐被人们所遗忘。

例如,满族说部有大量的满语言存在,即使是汉文本,大量的音译满文随处可见,有人名地名还有一些习惯用语等。在出版的文本中,几乎所有说部的引子,都含有大量的满语词汇,如哈哈济(满语儿子)、沙里甘居(满语姑娘)、妈妈(满语奶奶)、玛法(满语爷爷)、阿沙(满语嫂子)、朱伯西(满语讲故事的人)、翁姑玛法(满语远世祖)等。也有一些地名,松阿里乌拉(松花江、天河)、呼兰哈达(烟筒山)等。

可见,满族常用的民族语言是满族说部的基础。可是,在历史的演变过程中,满语文本都已经遗失。"在人类生存的历史上,满语的失传是人类的一个悲剧,这样一个重要的民族,这样一个丰富的语种,突然失传了,这是我们人类生存史上的悲哀,当然有它自身的原因,是种复杂的结果,因此今天能使用满语来讲述说部将具有极其珍贵的价值。"② 保留的仅是少量的满语文本,比如《尼山萨满》,还有满族说部的部分满语提纲,整个清代至清朝末年,保存满语提纲现象较为普遍。

---

① 〔俄〕史禄国:《满族的社会组织——满族氏族组织引言》,商务印书馆,1997,第12页。
② 《乌丙安教授对说部的指导意见》,引自周伟杰主编《抢救满族说部纪实》,吉林人民出版社,2009,第68页。

一　建设性的意见和思考

1. 传承语言的多样性选择

无论从目前及未来的研究意义上看，还是从满族说部的保护与传承上看，恢复满族说部的满语讲述都是个迫切的问题。除了已经保存的少量满文文本及提纲，尽快利用现有的材料对汉字记音本进行复原也是一个可以尝试的路径，而且已有人士尝试先行。从事满语教学多年的王硕曾在"2013 年满族文化与满族说部学术研讨会"上发言指出，选拔满族说部传承人，其中主要一条就是"要抓紧满语不放松，牢牢树立满语是满族说部的根这一思想，对传人进行满语文教育，可以采取集训的方式进行培养，在具有了初步的语言功底的基础上，结合满族说部的文本进行专题讲授，围绕满族讲唱说部进行教学，让满语文教学为满族说部服务"。

在传承人的选择上，由于满族说部的传统传承方式已经发生了较大的改变，在本家族内遴选变得不太可能，所以，可以根据实际需要，在社会上选拔一些满族说部及满族文化的爱好者，作为今后的培养对象。近几年来，有一批执着的奔走在满语教学与满族文化研究方面的热情人士，他们多是满族的年轻人，通过各种渠道传承本民族的语言，在满族自治县或者大学讲堂，或在民间免费、义务开办满语学习班，并已经取得了很大的成效。如今，已经有越来越多的人爱好和喜爱满语。满语得到良好的传承，对于传承满族说部来说，是个有益的事情。在掌握满语言的基础上，人们用满语传讲说部，变为可能。据吉林省社会科学院民族所所长朱立春介绍：满族说部重要传承人富育光先生打算把自己家传的说部本子，传给如今能用满语较为自如地表达满语言的研究者、爱好者王硕。这也是传承说部的一个确实可行的举措。

以被广泛传讲的《尼山萨满》为例，可以恢复纯满语的讲述，能突出鲜明的民族特色。吉林省文化厅近年来，在组织人员翻译满文记述的说部同时，还录制了满族老人用流利的满语讲述《尼山萨满》的录音和录像。在满语几乎绝迹的今天，这些音像资料非常宝贵，价值很高。在恢复满语讲唱部分说部的同时，这些满语的资料可作为重要的参考。

2. 除纯满语的讲述，满汉合璧的方式，也是一种选择

用纯满语讲述说部，是对早期传统说部的复原，但是毕竟目前懂满语

的人数很少，因此受众面和影响力极为有限。考虑到今天的现实状况，在力争保证说部相对原汁原味的情况下，此种方式也是必然。主要用汉语讲述夹带满语的词汇，受众面和传播面会较为广泛。如今出版的说部丛书文本，就是以汉语讲述为主，但其中大量的满语词汇随处可见，因为有讲述者和整理者的标注，并不影响文本的阅读和理解，相反，这还是保证满族说部民族特色的一个标志。因此，讲述说部，满汉合璧也是一个合理的选择。

二 开拓满族说部新的传播空间

1. 恢复满族说部的传播、展演空间

满族说部艺术的形成与播演，历史久远，它源自满族讲古的习俗与沃土。据《金史》卷月 66 记载："女真既未有文字，亦未尝有记录，固祖宗事皆不载，宗翰好访问女真老人，多得祖宗遗事。……天会六年（1128），诏书求访祖宗遗事，以备国史。命与耶律迪越掌之，等采摭遗言旧事，自始祖以下十帝，综为三卷。"可见，自古女真就有讲古的习俗。此外，讲唱满族说部并不是娱乐和消遣，而是被全族视为家规祖训，带有神圣的宗教色彩，这与满族崇拜的萨满教观念息息相关。对氏族英雄和神祇的歌颂，就是源于萨满教英雄崇拜的主题，满族说部就是对萨满教祖先崇拜的弘扬与发展。所以，人们每次在讲唱说部的时候，就常常选在比较隆重的场合，尤其是在祭礼、庆功、寿诞、氏族会盟等家庭比较重要的节日中，氏族成员长辈按辈分围坐，聆听说部。

现如今，随着时代的发展，讲唱说部早已失去了当初的环境，在重要的节日讲唱说部已经变得不再可能。可是，作为非物质文化遗产保护与传承的一个事项，说部传承人在现如今的重要节日，针对家族中有意要着重培养的传承人，讲述满族说部，把它提升到民族文化的传承高度，也是一个传承说部的必要举措。

2. 动态保护的多种形式

博物馆的展演模式

当代的传承方式应是静态保护与动态传承的协调发展。动态保护就是满族说部的动态展演形式。就目前已经取得的初步成效来看，吉林市满族博物馆对满族说部的动态展演比较成功，而且，此博物馆还力争做到表演

的常态化，这也完成了满族说部从家族传承到社会传承的转变。

　　传承满族说部，基本上是以血缘关系为主的传承，可以是家族中的一支或者是家庭内部直系传承，因此，保留了说部传承的单一性和承继性。因为，家族中的直系成员或者有血缘关系的成员，比较了解本家族内发生过的重大历史事件和人物，而且又生活在传讲本家族或者氏族说部的环境中，耳濡目染，形成几代的传承人。随着时代的发展，传统的以家族范围为主的说部传承形式，渐渐转为社会传承，师传也是社会传承的一种。

　　以著名萨满学研究专家、说部重要传承人富育光先生为例。他本人一共掌握了十几部说部内容，有的是家传的，如《萨大人传》《飞啸三巧传奇》等，有的来源于其父富希陆记录整理、他人说唱传给富育光的，如《东海沉冤录》《雪妃娘娘和包鲁嘎汗》《天宫大战》等，还有富育光先生本人后来搜集的满族说部，自己搜集的说部有《乌布西奔妈妈》《鳌拜巴图鲁》《松水凤楼传》《两世罕王传》《苏木妈妈》等。从富育光先生掌握说部的情况，可以看出，满族说部的传承既有家族内的也有家族外的，而且，《飞啸三巧传奇》《萨大人传》等说部也在本家族外传讲，可见影响的广泛，可以说，说部的传承之处向社会传承转换的过程中。

　　现如今的说部，基本都以丛书的形式保留，形成了固态的、纸质的保护形式，比较稳定，随时供人了解、研究及查阅。可是，满族说部在当代社会要让更多的人了解和熟识，必须发挥动态的传承。说部最初就是采用讲唱结合的形式，动态的传承与静态的保护要结合一体，也要把曾经属于家族、氏族的说部提升到属于中华文化的高度来进行传承与传播，让受众面更大、更为广泛，影响也更为深远。这也是动态传承的一个重要作用。

　　吉林市满族博物馆，为了达到这个目的，还一度对满族说部的讲解员进行培训，让满族说部融入博物馆的展览内容中。吉林市满族博物馆实物较多，从各式的生产生活用具到各个时期的武器及器具，一一呈现，展现了满族先民的渔猎生产生活及征战的各个侧面。而且，还有造型精美的艺术品及复原的生活场景，使人容易进入满族的情境中。更为重要的是，作为满族说部的动态展演空间，它的院落就是满汉融合的古建筑风格，即原来的王百川大院，一个封闭式的四合院，原来是二进院落，1932年修建，坐北朝南，很多布局的细节都显示着满族的特色。在"吉林满族陈列室"内，有一组雕塑人物是一家老少三代人，从环境到家具等细节都是满族的文化要素。在这样的氛围中，讲唱说部比较容易得到认同，还会有一种身临其境的现场感。据吉林市满族博物馆副馆长何新生介绍，吉林市满族博物馆加挂两块牌子，一个是"吉林市满族非物质文化遗产保护传承基地"，一个是"吉林市国家级非物质文化遗产保护传承基地"。因此，吉林市满族博物馆除了以举办展览为主，还对满族说部、满族舞蹈等进行了动态的保护传承活动。

"从演讲的形式上看，现有白话式的《布库里雍顺》《白花公主》《狼母鹰师》，有评书风格的《皇权之争》《踏查长白山》，有满族传统曲艺单弦、岔曲《合欢路》，有用满语讲述的《尼山萨满》，有家族传承的满语窝车库给孙乌勒本，还有展厅现场演唱的小歌舞定场歌《雪妃娘娘和包鲁嘎汗》。"①

用满语讲唱说部，是最有特色的表演形式。吉林市满族博物馆还专门请来打牲乌拉满族锡克特里哈拉萨满传承人石文尧，请他根据《五辈太爷掌劈狐狸精》的故事，编撰了给孙乌勒本《五辈太爷掌劈狐狸精》。由于石氏家族的萨满文化传承历史久远，有世界萨满文化研究的"活化石"之誉，石文尧作为其家族的萨满和萨满文化的研究学者，亲自演出，就具有了重要的意义。而且这个故事是典型的窝车库乌勒本，在石氏家族流传几百年，主要表现五辈太爷智斗狐狸精的故事，采取给孙乌勒本的表演形式进行表演，把讲唱歌舞合为一体，让观众体验到更为原始的说部表演，印象深刻。

除此之外，借鉴评书的形式展演满族说部，突出表演的技巧性和观赏性，也容易吸引观众。

这些新的表演形式，把观众引入到一个新的、陌生的情景中，在浓郁的满族文化氛围里，了解和感受到传统说部的魅力，形象感极大增强。

静态的保护已经初见成效

满族说部静态的保护，很大一部分就是把口耳相传的内容形成文字，付诸印刷，即变为固定文本。口传文化有自身的独特性，其中一个重要特点就是口语化比较明显，而且在讲唱到高潮的时候可以根据气氛和现场的

---

① 何新生、王明辉：《论满族说部常态化展演与满族博物馆的软实力提升——从吉林市满族博物馆谈起》，见邵汉明主编《满族古老记忆的当代解读——满族传统说部论集（第一辑）》，长春出版社，2012，第314页。

需要即兴发挥。书面文字毕竟与口语不同，尽管一再提倡尽量保持原汁原味的记录，但是不能否认，整理也是对其进行二度创作的过程，形成文字后的满族说部更易于学者保存、研究。为此吉林省文化厅还于 2003 年 7 月成立了专门的满族说部档案室，有专门的人士负责管理。档案室的说部载体比较丰富，包括纸质、录音带、录像带、光盘、照片等实体物件，其中不乏有一些满族姓氏的家族世代传承下来的满文手稿原件，及传承人用满语流利讲述满族说部的录像，及整理者搜集记录的手稿等。当然，陆续出版的满族说部系列书系也在其中。档案室也可以看作是一个小型的收藏馆，有助于满族说部静态的保护。

满族说部的传承采取静态保护和动态传承共同促进

自从 2002 年吉林省中国满族传统艺术集成委员会成立以来，吉林省文化厅组织人力对传承人的说部进行整理、记录，同时还对传承人的讲述进行录音和摄像，还收集到传承人的手稿和讲述提纲等大量的文字资料。对于这些珍贵的文化遗产，文化厅专门设立资料室，由专人归档立卷，进行保护。而且，文化厅计划在未来的几年内筹备满族传统说部陈列馆，陈列馆的内容大致包括与满族说部相关的历代文献资料及文学艺术作品，包括与满族说部相关的神话、传说、历史故事等，还包括与说部相关的影音资料。陈列馆的展出，既可以宣传满族说部的历史，也可以提高人们对满族说部的认识，有利于满族说部作为非遗的保护和传承。除了官方的努力与运作，民间文化的传承人也在孜孜以求，不断努力，为传承与传播满族说部做着自己的贡献。满族著名剪纸艺术家关云德用自己灵巧的双手，亲自剪出一幅"天宫大战"，上百位女神的群像，栩栩如生，让人过目不忘。在 2013 年 4 月 17 日于北京召开的"多元文化视野下的满族说部"研讨会间隙，展出了剪纸长卷，与会学者连连赞叹，关云德先生说，他的小孙女也在家里课余时间向他学习剪纸，包括剪出各种说部中人物的画像，这也是对满族说部的传承与推广的一种方式。

满族说部在当代的传承，重要的是传承人的作用，所以传承人的保护和培养至关重要。没有传承人就没有今天的满族说部。对传承人的保护与培养，是继承与发展满族说部的主要问题，就目前的资料统计来看，满族说部的传承人都是 65 岁以上的老人。这与老年人的经历和地位有关，他们拥有自然而然的话语权威，人们很自然地将老人看作历史的见证人，"愈是久远的历史则愈具有权威和权力。但这种权威与权力的基础，则来自其文化上对于祖先、起源、老人等概念所赋予的价值"。① 因此，对特定年龄的传承人的保护就要有具体的针对性措施，主要是解决老人们的后顾之忧，例如基本的生活和医疗费用问题。对未来的传承人培养，则应在满族或者满族姓氏家族内，选择一些具有这方面特质且对本民族文化热爱的传承人，通过举办学习班等方式，把说部传承给下一代。

三 满族说部的传承与学校教育相结合

满族说部进校园

满族说部 2006 年 5 月被国务院批准为第一批国家级非物质文化遗产项目。满族说部走进校园，是非遗传承与学校教育结合的手段，可使其得到更好的、可持续的保护与传承。吉林市电子信息职业技术学院近几年来陆续开展了非物质文化遗产进校园的活动，为此，还成立了专门的教研室和成果展览间，还出版了"非物质文化遗产进校园活动集锦"，其中非遗的种类主要集中在满族的非物质文化遗产方面，比如剪纸、珍珠球、满族的猎鹰文化、单鼓传承、满族说部的传承等方面。2012 年 5 月 25 日，吉林省满族说部学会的部分成员参加了吉林电子信息职业技术学院"满族说部与非遗传承教学基地"揭牌仪式，还观摩了"满族说部进校园"的成果演出。传承满族说部也是非遗教研室的重要教学内容之一。吉林电子信息职业技术学院把满族说部的传承引入校园，在传承方式上做了有益尝试。

这一尝试还包括把满族说部与高职高专的教学课程相结合，把旅游系的两门课程《吉林导游》《东北三省实用导游词精选》作为实验课程。学院主编的《东北三省实用导游词精选》，将《萨大人传》《雪妃娘娘和包鲁嘎汗》《尼山萨满》《红罗女》等满族说部的经典内容融入其中，既丰富了学生的导游内容，也将说部传讲给学生游客。

此外，满族说部与高职高专的实习、实训相结合。旅游系的领导从 2006 年起，一直和东三省的各大景区合作，同时也建立了实习、实训基地。学生在牡丹江市的镜泊湖及长白山等景区实习的时候，面向游客讲述满族说部中的《红罗女》《奉旨拓乌拉》《萨大人传》内容，使说部通过

---

① 黄应贵：《时间、历史与记忆》，《广西民族学院学报》2002 年第 3 期。

讲解员又迈出了对外传播的重要一步。

满族说部通过学校教育的动态传承，除了在职业院校进行实践外，还在乌拉街的满族小学和伊通满族自治县小学，向学生讲述精彩的说部片段，让学校的满族孩子了解祖先的历史，热爱本民族的文化，并已取得了良好的成效。

四 传播媒介的多样化选择

满族说部无论是家族式的传承还是社会的传承都凸显了人类口头非物质文化遗产的本质特征。因此，满族说部的当代传承体系研究就包含了传统的、现代的两大方面，文学（文本）和表演两大属性，以及静与动两大传承保护方式方法。而当代体系的建构，说到底是在传承基础上的传播，又是在传播中的传承，既有家族式的传统传承，也有当代的传播方式。多样化与多元化的传承与传播方式构建了满族说部当代的传承体系。由于社会历史、文化、科技的发展，其传承方式和手段也产生了一些变化和提升，从家族扩展为社会，从口传心授转变到现代科技的运用。

媒介的多样化选择可以扩大传播面和受众面。在现代社会，大众媒介的作用越来越显著，从报纸、媒体、电视、网络到一切现代的信息平台，无孔不入地渗透到我们的社会生活里。我们要充分利用媒介在非遗传播中的有效作用，因势利导，对此，已有研究者做出了总结："1.大众传播媒介凭借先进的传媒手段和传播技术，能够跨越时间和空间的限制，对于扩大非物质文化的传承范围、延长非物质文化的传承时间、丰富非物质文化的传承内涵，所起的作用是人际传播所望尘莫及的；2.一种文化要获得发展，必须是将文化的传承和积累相结合。通过大众传播媒介，非物质文化遗产在内容上得到了传承，在工艺上有创新，在观念上受到了重视，在文化的积累上，也获得了扬弃和吸收；3.大众传媒通过宣传、报道、评论、舆论监督的方式，引发了社会公众和政府职能部门对非物质文化遗产的关注和重视。"[①] 比如，满族说部的发现、搜集、整理与研讨会的召开和媒体的宣传密切相关。然而，"在大众传媒话语权的笼罩下，非物质文化遗产

---

① 刘诗迪：《从昆曲的成功传播看中国精神文化遗产的传承——非物质文化遗产传承中的媒介的力量》，《消费导刊》2008 年第 10 期。

呈现出简单、空洞和变异的趋势。无疑，这样的结果并非保护者的初衷，也越出了媒体本身的预期，更不是公众所希望获得的信息"。① 所以，在实际的操作中，要根据实际，立体地、多侧面、全方位地对非物质文化遗产进行展演，满族说部也不例外。

比如，可以选择满族说部中有代表性的故事，让有表现力的传承人借鉴评书的方式在电视中播讲；或将有影响的满族说部改编成电影、电视剧，以扩大影响力。为了推进满族说部的保护、传承和传播，贯彻落实《中华人民共和国非物质文化遗产法》，吉林省文化厅与吉林动漫集团开展了编辑出版系列动漫图书《满族说部经典文化故事》工作，将从现有满族说部系列丛书当中精选具有代表性的优秀民间故事，用定格动画的方式制作动漫图书，面向全国公开发行，作为吉林省非遗保护工作宣传和展示的重要载体。而且，吉林省满族说部学会还准备与相关部门合作，把满族说部的精彩作品用动漫的形式演示出来。除此之外，互联网、博客、录像、微信等现代网络平台，也是迅捷、便利的传播途径。吉林满族与满族文化网两个网站以传播满族文化为主，同时也关注满族说部的研究与相关情况。如果，能持续长期地通过网络传播说部及展演的内容，不失为一个大面积扩充影响力的渠道。

当然，满族说部向更高层次的推进与传播，让更多的人了解，学者的作用功不可没。他们在专业化视角的基础上，深入浅出，可以相对自如地对说部提出一些建设性的思想和意见，有的已经取得了显著成效。随着满族说部文本第一批、第二批的陆续出版，学术研究的队伍不断壮大，而且，连续几年获得国家社科基金立项，也有专门的研究满族说部的著作问世。在 2011 年 8 月 9 日，吉林省社会科学院成立了满族说部学会，成立大会盛况空前，全国乃至海外人士应邀参加，大家从多元、广阔的视角，纷纷阐释对满族说部的看法。此次交流获得了圆满的成功，大会编选、出版了论文集《满族古老记忆的当代解读——满族传统说部论集》，目前最具影响力的本领域研究力作及新近成果都收录其中，影响很大。学会还定期出版《满族学部学会通讯》，虽然是以内刊的形式出版，但是其报道的内容在本领域相对迅捷、全面，大体上包括学会工作、学术活动、学术研究、学术信息等几类，其中，第三批即将出版的部分满族说部采录情况，

---

① 刘壮、谭宏：《传媒在非物质文化保护中的作用》，《新闻爱好者》2007 年第 12 期。

初次在会刊中刊发，可以让学者最先较全面地掌握本领域的研究动态。

另外，由吉林省社会科学院、长春图书馆主办的"关东文化讲坛"连续几次把满族说部作为主讲的内容。学者的努力、宣传是传承说部的重要途径与方式。

不仅如此，在学术研讨阶段，吉林省社会科学院还邀请专业的表演人员展演满族说部，其中有吉林市安子波表演的"萨布素"、吉林市群众艺术馆孙霞飞表演的"雪妃娘娘和包鲁嘎汗"、吉林市文化局孙忠志表演的"奉旨拓乌拉"，以及满族歌手宋熙东用满语讲述的"萨大人传"中的片段。而且，学者还于会后到伊通满族自治县考察，欣赏满族特色的歌曲表演，还有根据满族说部内容排练出来的节目。此艺术团还到全国的大城市演出，都曾引起不小的轰动。

文化是一种创造，也是一种选择，对优秀文化的保护与传承，就是要留住历史与文化的根脉。满族说部传统的传承与展演空间发生了改变，在当代的保护与传承中，这个传承体系说到底，是传统传承基础上的传播，是传播中的传承，既有家族式的传统传承方式，又有现代传播式的传承。传播使传承手段多样化、方式多元化，多元化的传承与传播构成了满族说部当代的传承路径。

史诗《乌布西奔妈妈》与《阿黑西尼摩》文化意蕴比较

吉差小明

（中央民族大学）

一 两部史诗的内容体系和传承特征

《乌布西奔妈妈》是满族先世女真时期，女真人集体创作与传承下来的民族史诗，系属于北方满族的英雄史诗。深入分析史诗《乌布西奔妈妈》内容和表达形式，其中蕴含着丰富的创世神话母题、英雄征战母题等。该史诗内容充满神奇的神话传说，反映出满族先民的思维特征和满族萨满文化。《阿黑西尼摩》是流传于滇南哀牢山彝族地区的一部民族史诗，其内容涉及广泛，如开天辟地、人类起源、人类社会的形成与发展、民风民俗、毕摩文化及伦理道德等内容。其具体产生时间不详，依据史诗内容及其相关文献，史诗《阿黑西尼摩》可能产生于彝族母系社会时期，其中成为反映出来的母系文化意识，应是彝族母系文化的继承或遗留，阿黑西尼摩成为史诗中集中表现的彝族母体崇拜意识的始祖。

（一）《乌布西奔妈妈》的内容体系和传承特征

《乌布西奔妈妈》也称《妈妈坟的传说》或《白姑姑》，是满族一部古老的英雄史诗。史诗《乌布西奔妈妈》由"引曲头歌""创世歌""哑女歌""古德玛歌""乌布逊歌""海魔战舞""太阳神歌""海祭葬歌""不息鼓声"和"尾歌"十部分组成。其中每部分内容既可以构成独立的故事情节，也与其他内容互相紧密联系。其中"头歌"部分是满族女真古歌特有的表达结构形式，主要以满语长滑腔唱吟，内容主要是对乌布西奔妈妈的歌颂；"创世歌"部分讲述的是天神阿布卡赫赫派神鹰、神燕创世造海的神话故事，其中也记载东海诸部连年争战不休的渊源，主要赞扬天母阿布卡赫赫；"哑女歌"部分主要叙述乌布西奔奇异的诞生和苦难的童年生活经历；"古德玛歌"部分主要记载乌布逊逐渐衰落，叙述了氏族部落时期的战争情景；"乌布逊歌"部分主要讲述乌布西奔长大成人重返乌布逊，被推为大萨满的过程，这是乌布西奔妈妈身份大转变，此时不仅是位神女英雄，也是原始宗教萨满活动主持者——大萨满；"海魔战舞"部分主要叙述乌布西奔妈妈率领乌布逊部落民众渡海远征女窟三岛的过程；"太阳神歌"部分主要讲述乌布西奔先后多次派族众探海和乌布西奔寻求太阳神的艰难历程；"海祭葬歌"描写女真后世族人对乌布西奔的虔诚祭拜；"尾歌"即短暂的颂歌，与"头歌"遥相呼应。

史诗《乌布西奔妈妈》以波澜壮阔的气势记述了满族先世东海女真首领乌布西奔富有传奇色彩的人生，歌颂她一生为本氏族部落做出的贡献。从史诗《乌布西奔妈妈》内容看，其产生年代可能为母系氏族社会时期或母系氏族社会向父系氏族社会的过渡时期。史诗最早的传承形式是雕刻在原始洞穴的岩画符号、图画母体，后来由东海女真人氏族部落的萨满继承和传播。史诗《乌布西奔妈妈》主要是口传形式，长期以口耳相传的形式传承于满族现实生活中。在满族社会历史发展过程中，史诗内容不断得到丰富。随着社会发展，史诗由原来的氏族部落内部传承，逐渐转变为向其他部落或部落之间传承。目前史诗《乌布西奔妈妈》不仅在满族内部传承，而且也向外民族甚至跨国传承与传播。过去史诗《乌布西奔妈妈》以萨满传承为主，现在形成萨满传承与民间传承并行的局面。清代刘锡褐、关正海和贺连坤等人对满族史诗的传承与传播起到重要的作用。20世纪70年代初，满族萨满学专家富育光先生在黑龙江省东宁地区开始史诗采录，后由满族萨满传承人贺连坤提供抄本并演唱，富育光用满文、汉文记录整理出版，流传广泛。

（二）《阿黑西尼摩》的内容体系和传承特征

《阿黑西尼摩》是一部宏伟的彝族英雄创世史诗。"阿黑西尼摩"系彝语音译，"阿黑"一词指氏族的称谓，"西尼"是人名，摩是母的意思。在彝族人民眼里神话女性英雄"阿黑西尼摩"指的是创造万物的女性始祖，简称为西尼或西尼摩，故也译为"万物之母阿黑西尼摩"或"万物的起源"。史诗内容分为序歌和正文两部分。序歌讲述了阿黑西尼摩的奇异诞生，她是由一种类似球形的物体西白勒孕育而生的，是万物起源的追溯之源。因为西尼是万物之母，正如"天地人世间，物种万万千，追寻祖宗源，源出西尼摩"。彝族眼里阿黑西尼摩是代表大自然的历史产物观念，具有古老原始朴素的唯物主义思想理念。正文部分内容则分西尼摩生万物、分天分地、人类的起源、定历法、洪水泛滥、婚嫁的起源和演变、长寿和死亡、祭奠的兴起等十个组成部分。《阿黑西尼摩》为彝族毕摩手抄本，全本共53章19000余行，为五言诗句，富含排比、对仗、押韵的古体诗歌风格及彝族谚语和尔比克智的民族特色。

史诗《阿黑西尼摩》传承有口传和手抄本形式，主要以口传为主，为毕摩（布摩）在各种彝族宗教活动中讲唱。史诗手抄本用古彝文书写，主要是毕摩手抄本。史诗的口语演唱属于彝语西部方言体系，主要是毕摩演唱。毕摩演述场域主要有节庆、婚丧、祭祀和其他重要活动场所，演唱伴有彝族歌舞表演和文体娱乐选美活动等。最有民族特色的是毕摩讲唱传承的史诗内容，主要是家族内部传承，一般不外传，并且传男不传女。史诗《阿黑西尼摩》传承与《乌布西奔妈妈》传承形式惊人相似，神职人员毕摩传承与民间传承两种形式传承；不仅在民族内部传承，也不断向其他民族传承与传播，即传播形式多样化。

二 乌布西奔和阿黑西尼的生平成长和英雄事迹

史诗记载乌布西奔富有传奇色彩的一生，歌颂了她为自己氏族部落与各种磨难抗争，统一东海诸部，开拓东海海域等各种贡献。阿黑西尼摩则是彝族神话里万物的始祖，出生奇异，另类成长，是富有神话意蕴及传奇色彩的彝族圣母。在彝族人民眼里她是万物之母，不仅创造万物，还创造了掌管世界万物的神灵，史诗详细记载了她创造万物的过程及渊源。

（一）乌布西奔的生平成长和英雄事迹

乌布西奔是个半人半神的女真人传奇女英雄，其降生奇特，童年生活十分苦难，人生历程艰辛传奇，功勋卓著。关于乌布西奔的奇特降生，史诗记载："万里晴空，万籁传音，两只豹眼大金雕，护卫一只长尾黄莺，翩翩飞临。此刻，古德玛发嬉卧草坪，搂着众妃玩赏着会摇头的七彩蛹，被'毛尼雅'惊呼声吵醒，瞧见黄莺啄来一个明亮的小皮蛋，小嘴轻张，皮蛋恰从头顶投下,不偏不离,落在古德罕的怀襟。金雕和黄莺各展双羽,盘旋三圈儿,鸣叫三声,霎时钻入云空,无影无踪。……小皮蛋像千根金针发亮……把魔蛋远抛布鲁沙尔河。皮蛋重千斤,像粘在地心,阿哈们捧都捧不动。古德罕忙命阿哈们,引来饿狗吞食,狗群望见四散惊遁。古德罕急命阿哈们,抱来干柴焚烧,雷雨交加,篝火不燃。……黄土堆突然惊雷巨响,尘土崩飞,一群绒貉露现土中,有个穿狸鼠皮小黄兜兜女婴儿,正酣睡在貉窝里。数貉长绒拥裹着睡婴,安详甜蜜,脸露笑容。"由于女婴是一位哑女,只能发音不会说话,又被古德罕王抛弃。但她一生下来不仅能自食自饮,而且她天资聪明,具有预知自然灾害的能力。史诗记载:"她是东海太阳女神的娇女,举奉她为阿格济女萨满,三岁的乌布西奔,便如吉星叱咤风云。"她聪慧过人,得到黄璋部所赏识,并将其收留,从此黄璋部迅速强盛起来。

当乌布西奔长大后,她又重返乌布逊部落,并自称为东海女神之女。天资聪明的她以超凡的神技,身领东海七百噶珊萨满神位,得到了乌布逊族众的信服和钦佩,并被奉为乌布西奔萨满。乌布西奔以神授萨满的身份、威望而荣登罕王之位,并将部落建设成为幸福和平的乐园。为部落的巩固与发展,乌布西奔身先士卒,日夜操劳。史诗记载:"终日朝朝,勉于政事,长夜不寐,思虑操劳,苦度三十个柳绿冰消,鬓生白发,两眼角老纹横垂。"乌布西奔统一东海女真人的部落战争,具有以德降敌、以智克敌和宗教征服的鲜明特点,这与其他历史英雄人物的大规模征伐、战争有着显著区别。正如《孙子兵法》所云:"百战百胜非善之善则也,不战而屈人之兵善之善则也。"这深刻反映了乌布西奔妈妈的聪慧天资和非凡能力。

贯穿史诗始终的神女乌布西奔具有仁德之心和宽厚之性,在征战过程中,她使许多部落主动归降,加入乌布逊联盟。乌布西奔的仁德之举感动了彻沐肯族众,也赢得了彻沐肯大玛发的信任,两部落从此结为联盟。乌布逊部的西路从此打通。乌布西奔用善行和仁德使周边部落臣服,因此也赢得了东海诸部的崇敬和信赖,最终成为东海诸部的宗教首领、部落联盟酋长和精神领袖。

乌布西奔统一部落的战争,多以智慧取胜,其中以舞制舞,降服莲花岛女魔,是以智取胜的典型战役。史诗讲述,有个充满风俗奇特的女儿国——女窟三岛,那里的族人都是由罕王浴湖而生。最有意思的是生女的就做仆人，生男孩抛弃于野外。过去，女儿国经常偷袭乌布逊部落，当乌布西奔执掌部落大权后，执意率师远征，并迅速攻占莲花三岛。但女窟罕王有能歌善舞的 30 个侍女，以跳舞来迷惑敌人。女窟三岛舞女以裸体诱敌，赤脚、裸肌、长发披腰，并且身上涂有九彩岛泥。每当遇敌时，舞女齐出起舞，如史诗记载："忽似独枝摇曳，忽似海葵吐蕊，忽似海鲜染地，忽似海岛花莲。纷彩斑驳，其姿陆离。忽伸忽缩，忽晃忽移。外敌情痴动色，头晕目眩。酥迷成房，心悦就擒。"面对奇特的敌人，乌布西奔总以智慧取胜。乌布西奔妈妈不采取武力征伐，而是以仁爱之心，并以情惠魔，以舞制舞，最终以天资聪慧的智慧和奇特优美的舞姿、舞技降服了魔岛女王和族众，谱写了有关战争诗史的独树一帜的光辉篇章。乌布西奔还使用特殊方法训练鹰兽动物，使之成为部落战争的武器，对阵作战使用鹰兽部队，冲入敌阵，利嘴尖爪常使敌人遍体鳞伤，溃不成军。在乌布西奔的盛名和恩威并施的感召下，附近一些无名的岛屿纷纷归顺，乌布逊的海疆进一步向内海拓展。

部落战争常与宗教斗争和宗教征服相伴随，乌布西奔以萨满教征服其他部落，主要有以下两种形式：(1) 让战败部落奉战胜部落的萨满为自己部落的萨满，这样致使战败部落丧失独立的神权和宗教祭祀主持权。比如在莲花岛女魔受降仪式上，波其吉和波其西两女魁拜乌布西奔为自己的萨满，并说："情愿永做您的仆随，诚恳遵从您的吩咐，我们身随的萨玛色夫，都做您的仆奴。若能允许我们恳求，让她们到陆上重学神术，如愚钝不才，甘听发落。"(2) 战胜部落派本部萨满对战败部落进行教化。乌布西奔战胜敌方后，派本部萨满对战败方的族众进行教化，目的在于从宗教信仰和精神心理等方面对被征服部落的族众施加影响，以便更好地统一。乌布西奔在统一东海诸部后，被奉为大萨满，拥有神圣的神权和文化话语权。

乌布西奔人生历程艰辛传奇，她一生多次恋爱，三次寡居。她也不仅是一位优秀的部落罕王、军事首领、大萨满，而且是古代著名的航海家和探险女英雄。相关内容在"太阳神歌"中有记载，为了寻找太阳升起的地方，乌布西奔派部族五次渡海远征，在最后一次航海远征中不幸逝世。

乌布西奔妈妈功勋卓著，对满族人民现实生活具有深刻的影响。至今满族人民都没有忘记乌布西奔妈妈，为了纪念她每年春秋都要举行萨满献牲例祭，来祭奠乌布西奔妈妈，要给妈妈叩头，祭海神，祭祀妈妈神，祭祀祖先神，这也是一种体现满族祖先崇拜文化意蕴的活动。后人以各种各样的方式赞扬乌布西奔妈妈，有文字记载的文献如《珲春县志》有诗云："群山南向似朝宗，通肯分支第一峰。绝顶云浮疑笠戴，悬崖石印认仙踪。芒鞋遍踏临危岫，絮帽遥披隐亦松。想望丹霄天日迥，古今不改大罗容。"这首诗，正是反映了讴歌东海女领袖乌布西奔妈妈的情怀。可见《乌布西奔妈妈》对后世具有深刻的影响。每逢举行乌布西奔祭典，众萨满便都用满语唱述史诗，族众焚香静听，其中富含祈祷祝福等文化意蕴。

（二）阿黑西尼摩的生平成长和历史贡献

彝族创世女性始祖阿黑西尼摩出生奇异，另类成长。史诗是这样记载的："头似狮子头，身体像座山，大腿黑漆漆，背上长龙鳞，鳞片花斑斑。身子两侧面，花纹数不尽，纹似镰刀样，腹部也是纹，斑纹像江河。她的肚皮上，显出名和姓：阿黑西尼摩。阿黑西尼摩，嘴皮红彤彤，舌头灰又灰，耳有十四只，眼睛有六双。昂首一声吼，地动天也摇。身重九千九，尾长八十八，双腿粗又长，骨节有十二，筋骨九十九，奶筋十四条，每条奶筋上，长着两只奶，上下各一只，全身长满奶，共有二十八。西尼肚中胃，胃皮一层层，数了九千层，还多八十二。西尼肚中肠，一层绕一层，共有九千层。世间所有物，绿红黄黑白，所有空心的，所有藤状的，凡是有眼的，凡是喝水的，还有冬眠的，样样装肚中。肚中储存物，件件分公母。公象与母象，公龙与母龙，全部在肚中。"作为万物之母和彝族圣母，阿黑西尼摩拥有各种特殊能量、特异功能和特殊本领。阿黑西尼摩的英雄事迹和突出贡献在于生育万物和众神，养育万物，造就人类和制定彝族社会的各种章法等。

史诗记载，在无顶苍穹里和西白勒海里，阿黑西尼摩脚当席子铺，耳当被子盖，睡在此海中，生育天地的万物和众神。"西尼万物母，肚中的万物，绿红黄黑白，各色各种物，全部生下来。苍天和大地，日月和星星，白云和浓雾，还有那彩霞，还有风和光，所有这些物，样样生下来。"阿黑西尼摩生育的众神有奢俄木、奢则黑、斯俄木、彻埂兹、黑得坊、额阿麻、额阿妣和东神尼木则、南神讷木发、西神尼木革、北神吐木铁，及雷神、电神、月神、云神、风神……彻希、铁旨等众多天神地神。这些天神、地神各有分工，职责分明。铁旨是专门管文人的一个神，"生下铁旨后，开始有彝书，开始有汉文，彝书先出世，汉文后产生。开始有八卦，有了十二卦"。在生育了天地的万物和众神之后，阿黑西尼摩继续生育地球的万物。"海洋和水妖，龙象豹子虎，牛羊马鹿熊，鹰鸭蛇蛙虫，还有鸟和蜂，全部生下来。这些众生灵，都分公和母。"

水是生命之源，万物生长靠太阳，没有吃的，万物都会死亡。阿黑西尼摩生下了万物后，又用自己的乳汁喂奶养育万物成长。"奶育天和地，奶育日月星，又喂风云雾，彩霞和光泽，者尼和者讷，还有众天神；奶育龙和象，又喂虎和豹，鹿麂熊和獐，牦牛和鹰猴，蜂和蛙虫鸟。苍穹到大地，凡是世间物，都吮她乳汁。"西尼生育众多，喂奶只好分4班，早上喂一班，中午喂一班，黄昏喂一班，半夜喂一班。由于阿黑西尼摩只有28只奶，每次只能喂28个，所以28个为一班。在彝族人眼中万物都需要母亲哺乳长大，认为"奶"对万物的生命具有重要的意义，这表明各民族传说中母乳喂养的思想一致。有关喂奶内容史诗中这样记载："西尼喂奶时，奶水滴滴掉，一滴变成山，一滴变大地，一滴变树木，一滴变竹子，一滴变果树，一滴变藤子，一滴变道路，一滴变白艾，一滴变南瓜。苦奶掉一滴，变成苦艾草，变成了苦荞，变成苦良药。西尼的乳汁，掉到山头上，山头长青草；掉到箐沟里，箐沟出溪水；掉到道路上，即刻成泥土。天地千万物，样样都吃奶。没有哪一样，不吃西尼奶。"

万物吃饱母奶后，阿黑西尼摩又用胃中的千层肚，把万物盖起来，好让万物睡觉休眠，茁壮成长。如"天地日月星，彩霞光云雾，各样盖一层。一层盖者尼，一层盖者讷，还有众神灵，又有众禽兽，每个盖一层。阿黑西尼摩，样样盖起来，养育千万物"。万物在阿黑西尼摩的精心喂养和护理下，逐渐长大。"苍天慢慢长，长得高又大；大地渐渐长，长得厚又宽，长出悬崖来，长出清泉来；太阳慢慢长，长得圆又圆。""天空到大地，凡是世间物，样样都长大。"阿黑西尼摩是万物形成和发展的根源，对万物的培养和守护具有独特的文化意蕴。

阿黑西尼摩给世间带来了万物，也给人间带来了幸福。"一年种三季，庄稼收成好，一日织三匹，不愁无布穿，餐餐有米粮，天天有酒喝，日日有肉食，年年有衣穿。米粮和白酒，还有布衣裳。富贵又荣华，金银满坛罐，粮食堆满仓，绸缎装满柜。"她功德无量，被誉为彝族圣母，受到彝族人民的顶礼膜拜和真诚颂扬。史诗记载：西尼的故事和事迹，"就像天上星，永远数不尽；就像小石子，无法数得清""就像天宫鹰，羽毛层层叠，无人数得尽"。史诗在结尾强调指出："天地和万物，是西尼摩生，天地和万物，是西尼摩所养，人说天最大，这个话不对，人说地最大，这话也不对，没有西尼摩，天地无从生，没有西尼摩，天地无处长，忘了西尼摩，就忘了古根，忘了西尼摩，就忘了先祖。"彝族后人为纪念阿黑西尼摩的丰功伟绩，建有阿黑西尼摩神庙宇寺，在彝族家庭立有神位，家庭祭祀和重大的节庆活动都举行隆重的祭祀活动和演唱仪式。活动仪式由彝族大毕摩主持，热烈庄重，口语演述史诗，伴有歌舞乐器表演，娱神娱人，颇具民族特色。

三 两部史诗的独特文化意蕴

两部史诗完美地再现了满族和彝族远古时代的传统文化风俗，史诗大致形成时间是母系氏族时期。通过解读史诗文本内容，可以发现两部史诗都含有深刻的民族文化底蕴。《乌布西奔妈妈》犹如一幅风俗画卷，反映了东海女真人的风土人情和生活习俗。史诗突出表现鲜明的地域特征和独特的民族文化，包括游牧文化、原始宗教、萨满文化、崇拜母性文化和祖先崇拜文化意蕴。内容包括女真人的祭礼、信仰、观念、古俗和东海岛屿植物、猛禽、百兽、鱼类、奇花、灵药等，是满族人民的百科全书和文化瑰宝。该史诗具有多学科价值和独特的文化意蕴。史诗主要人物乌布西奔是氏族首领与萨满教巫师两重身份合为一体的典型范例，与阿尔泰语系诸民族英雄史诗相比，《乌布西奔妈妈》保留了最原始的萨满文化特征。史诗传承具有特殊的符号图字价值，比如在东海锡粗特山脉古洞中镌刻的乌布西奔业绩，所刻符号图大小不一样，刻痕深浅也不一样。关于纪念乌布西奔妈妈而刻画的符号图形状各异，"长长圆圆，方方正正，似字非字，似物非物"，既有图画文字，也有单一的符号。这些符号图画文字，只有满族萨满能够解读其深刻文化含义，也是萨满传讲史诗的主要依据和提纲。符号当属、原始记事、表意法之类，具有文字雏形的性质。这些符号对研究满族文字起源、原始宗教、萨满文化、岩画的起源及其满族先民原始逻辑思维和思想观念具有重要的历史意义和现实意义。

《乌布西奔妈妈》记载有数十种独具民族特色的古代女真人原始舞蹈，包括身舞、肩舞、足舞、连击舞、纹身舞、鱼舞、鸟舞、鹰舞、百兽舞等，其中女魔三岛的艳舞、裸体舞尤其引人注目。这些舞蹈既有人舞，又有神舞，也有动物舞。这些舞蹈在一定程度上不仅反映女真人的日常生产劳动生活，又反映部落的冲突战争；既有反映北方游牧文化——狩猎文化的壮观场面，又有反映渔民出海的艰辛历程等。值得注意的是，在不同的民俗场合的表演，需要不同的舞蹈表演，每种舞蹈在特定民俗场合中表演都具有独特的意蕴。这些舞蹈每一种都有固有的名称、乐歌、乐器、步伐、舞者的姿势和服装等，都具有独特的历史文化价值。

《阿黑西尼摩》的独特文化价值表现在多个方面，其中史诗提出人类是由猿猴演变来的，这种提法与达尔文的进化论及马克思主义关于劳动在猿演变为人的过程中具有决定性作用观点一致，而与西方文化关于上帝造就人类的观点有着根本性的区别。史诗记载："猴子渐演变，变成了人样。猴子指依若，先把人来变，变成独眼人。""独眼人，独手又独脚。只长一只眼，无法认道路；只有一只脚，没法把路走；只有一只手，无法把活做。猴子指依若，变人未变成，不久便夭折。""猴子又演变，变成竖眼人，双眼直直竖，双脚一样长，双手一样粗，变化七十二，才把人变成。"人类是由猿演变过来的，先变成独眼人，后变成竖眼人，人类就是这样产生的。

我国史诗分为南北两大体系，它们之间存在较大区别，相互之间的比较研究较少，《乌布西奔妈妈》和《阿黑西尼摩》的比较研究正好弥补了南北两大史诗体系比较研究的空白。彝族是西南内陆的土著民族，处于亚热带，多山地，以农业为主，《阿黑西尼摩》体现的是南方农耕文化和山地梯田文化。而女真人是北方的陆海民族，主要从事牧业、农业和狩猎、渔业等，《乌布西奔妈妈》体现的是北方游牧文化和江海文化。阿尔泰语系民族史诗代表的是草原文化，女真人古代史诗不仅包括草原文化，而且具有丰富的江海文化内容，这是《乌布西奔妈妈》史诗与阿尔泰语系其他民族史诗的重要区别。《阿黑西尼摩》的传承影响主要限于国内云南彝族元阳地区。《乌布西奔妈妈》的传承影响不仅在北方的满族，而且在乌苏里江北面及库页岛的俄罗斯等地域也有传承发展，其影响跨越了国界，范围更大。

西南彝族历史文化传说深厚久远，具有深远的社会影响。古彝文和甲骨文都是中国最早的自源性文字。据史诗记载，铁旨是专门管文人的一个神，史诗是这样记载的："生下铁旨后，开始有彝文，开始有汉文，彝书在先出世，汉书在后产生。"这说明古彝文产生的历史很早，彝族史诗产生的时间也很早，而且在没有文字以前，其史诗就已用口传形式传承文化。虽然两部史诗都产生于母系社会时期，但从时间和史诗的内容看，《阿黑西尼摩》比《乌布西奔妈妈》产生的时间应当更早些。两部史诗都富含深厚的历史文化，史诗中各种神话故事情节单元都具有特定的民族文化意蕴。

两部史诗都以叙事体说唱形式传承，其中语言表达都具有独特的表达形式结构，是满族和彝族最具代表性的史诗。史诗的演唱风格多以长调、长滑腔、高亢的音律开头，具有一定的音律节奏，富有音乐性，使受众振奋精神，将自己的思绪融入史诗感人的神话故事情节之中，展现了满族和彝族古老原始长歌的优美旋律。两部史诗语言精练，词汇丰富，想象奇丽，质朴情深，堪称两个民族文学的典范。两部史诗内容含有大量的民族谚语、排比、比喻、夸张等修辞句式。如史诗《乌布西奔妈妈》记载："选择了第二年六月初夏，正是海中大蟹肥的时节，正是海中大马哈要回游的时节，正是海中群鲸寻偶的时节，正是海中神龟怀卵的时节，正是山中紫貂交配的时节，正是山中熊罴爱恋的时节，正是山中梅鹿茸熟的时节，正是花木快进入成熟丰满好时节。"两部史诗以其丰富的内容，展现了史诗雄浑的气势、传奇的色彩、感人的情节和优美的语言，阐释着人类或民族的悠久历史文化。史诗不仅曾经影响其流传地区满族和彝族先民的精神世界，而且至今仍显示其流传区域民族历史文化具有永恒的艺术魅力。

四　结语

综上所述，乌布西奔和阿黑西尼都是满族和彝族的女性先祖，都是对本民族的社会发展做出了特殊历史贡献的女英雄，体现的都是民族的原始文化信仰。但是她们各自的出身背景和社会作用不尽相同，阿黑西尼是彝族的创世始祖，她出身之前世界一片混沌，是她创造了宇宙万物和世界人类。阿黑西尼摩英雄事迹和历史贡献是生育了天地万物，并抚养长大，给天地带来生机与活力，是万物的始祖。而乌布西奔出身于原始部落的分散冲突时代，其英雄事迹和历史贡献主要在于统一东海女真人部落，促进古代女真人社会经济文化向前发展。二者历史背景、英雄事迹和社会作用不完全一样。史诗《乌布西奔妈妈》展示了东海女真乌布逊部落兴衰的历史和社会生活的画面，体现出独具特色的萨满教文化和女真人古老的自然崇拜观念。

　　我们知道，世界各国或各民族的英雄史诗多以男性英雄为主，而关于女性的英雄史诗却很少，在西方古典史诗中几乎都是清一色的男性英雄史诗。在我国56个民族当中，也是以男性英雄史诗为主，目前发现的民族女性英雄史诗很少。满族史诗有数十部，而作为女性英雄史诗的只有《乌布西奔妈妈》和《尼山萨满传》等。彝族史诗有40余部，创世史诗有几十部，其中《阿黑西尼摩》是彝族唯一的女性英雄史诗。因此，比较《乌布西奔妈妈》和《阿黑西尼摩》的文化意蕴具有十分重要的社会意义和现实意义。

鄂温克族狩猎叙事的复言
——记忆与遗忘

娜 敏 白 鹭

(中国社会科学院民族所在站博士后)

我们发现在倾听民间故事的口头讲述时,通常会遇到这样的情形,讲述人会有意无意地重复某一情节或某些句子,这也是我们在田野调查中倾听讲述者讲述鄂温克族狩猎故事(beixiren wenqileren)[①]时遇到的情形。重复是民间故事的叙事规律之一。钟敬文认为民间故事情节上的重叠反复,不代表烦冗或累赘,它恰恰代表了口头艺术的特色。西方民俗学者阿克塞尔·奥尔里克认为民间故事这种重叠反复的现象是口头叙事文学有效的强调方法。瓦尔特·翁对这一现象的研究较前人更为深入,他认为口头的思维和表达的特征之一,就是冗赘或"复言"(copia)。把同一件事情或同一个意思重复几遍,是为了适应口头思维的延续性而在口头表述上呈现的古老传统。[②]"由于口头说出的东西转瞬即逝,心智之外再没有什么可供回顾,因此心智就必须把步伐放慢,紧紧盯住业经处理的大部分注意焦点。冗赘和重复刚刚说过的事,恰恰能使讲话人和听话人都跟着思路

[①] 鄂温克语意为同狩猎有关的故事,故事内容同猎人、猎物和狩猎信仰息息相关。笔者在此将鄂温克族狩猎故事界定为反映鄂温克族古老狩猎生产生活的民间散文体叙事,其主要内容是关于狩猎对象——各类飞禽走兽、狩猎者——莫日根及同狩猎生产息息相关的信仰、禁忌的民间幻想故事。鄂温克族狩猎故事根植于鄂温克族独特的生态环境以及悠久的狩猎生产生活,反映了鄂温克族民众悠久的民俗文化、别具一格的审美情趣及丰富的精神文化世界。

[②] 参见祝秀丽《重释民间故事的重复律》,《民俗研究》2005年第2期。

走。"① 瓦尔特·翁对复言的认识可谓精准到位。

我们在进行鄂温克族狩猎故事的田野调查过程中，发现故事讲述人面对故事倾听者时，对情节以及句子的重复，是为了确认刚刚讲述过的情节、内容，同时也是为了激发和记起故事的后续部分，这部分内容因时间久远（太久没有讲述或很久以前听说过）而变得模糊不清乃至陌生。

《顶针姑娘》又名《顶针》《宝娆崆的神话故事》，可以说是使鹿鄂温克人最具幻想色彩的一篇口头狩猎叙事故事，分别收录于《鄂温克族民间故事选》（1989）、《黑龙江民间文学（第六集）》（1983）、《鄂温克族研究文集（第三辑）》（2006），并有异文流传于鄂温克族自治旗等地。笔者于2010年暑期，随同呼伦贝尔学院北方少数民族历史文化研究所研究员龚宇、中央民族大学少数民族语言学院语言学专业硕士研究生伊丽娜、陕西师范大学西北民族研究中心硕士研究生杜坚栋，赴敖鲁古雅使鹿鄂温克部进行鄂温克族民间故事的现状调研，现场采录了该则故事。这一行人均为鄂温克族，伊丽娜、杜坚栋与笔者是索伦鄂温克，龚宇为土生土长的使鹿鄂温克人。因为龚宇的便利条件，我们得以采访她的母亲阿莱克以及姑姑安塔。她们两人合作为我们讲述了《顶针姑娘》。

故事主要讲述人阿莱克·布利托天的基本情况为：女，鄂温克族，1958年生人。1982年任内蒙古自治区第六届人大代表；1990年任根河市政协委员；1996年任呼伦贝尔盟政协委员；1998年在根河市敖鲁古雅鄂温克民族乡工会工作，2002年退休。配合讲述人为安塔·布利托天，为阿莱克的姑姑，其基本情况为：女，鄂温克族，1944年生人。她擅长讲述鄂温克民间故事、制作手工艺品和民族服饰。

讲述场景：笔者一行人随同阿莱克来到安塔家，大家聊天唠嗑，在笔者的引导下聊到讲故事，先说到 mangni（蟒猊），后聊到《顶针姑娘》。阿莱克主动请缨说："我讲吧，（对着安塔说）我讲得不对，你就告诉我。"由于索伦鄂温克语同使鹿鄂温克语存在方言差别，为了便于大家听懂，阿莱克用汉语讲述。她在讲述过程中不断用使鹿鄂温克语同安塔交流，安塔的提示除个别单词使用汉语外，其余均使用使鹿鄂温克语。

---

① 瓦尔特·翁：《基于口传的思维和表述的特点》，张海洋译，《民族文学研究》2000年增刊。

敖尼娅布通的故事①

阿莱克：有一个，有一个，以前传说哈，有那个———鄂温克的猎民点。好多好多人家，那个一个地方。撮罗子可多了，小河边上，一个猎民点都在那儿。有一户人家的姑娘呢，{……}那个，长大了。

阿莱克问安塔：oniebuton bixie?②

安塔：oniebuton。

阿莱克：长得很大了，{……}

安塔：———小声提示，内容从略。

阿莱克：漂漂亮亮的，又好看，又咋地的，女大十八变长得亭亭玉立的大姑娘，漂亮的。完了给她说媒的很多———很多———的，说媒的或者是，哎，提亲的，很多。这咱们得挑一挑啊！那个，姑娘的妈妈说了："啊呀，我的姑娘。" = 父母都说了："我的姑娘，谁能猜中我姑娘的名字，我就把这个姑娘嫁给谁。"

（对安塔说了一句，安塔表示肯定，并提示）

阿莱克继续：完了，来的人就更多啦，来了一拨又一拨的那样。谁也猜不出来。这是个大户人家 = 这个猎户人家是大户人家，挺趁的，挺富有的，特别富有。鹿多，那个金钱财富过得相当好了。他家还雇人干活儿，这个他雇的人儿，这个女的给他家做饭干零活儿的人，拿着这个水桶啊、水壶啊，上河边去打水去了。完了，她就说的："哎呀，一天一天地招待这么多人哪，一拨又一拨的，我都要累死了，说的。**这帮人咋这么笨哪，这姑娘叫啥他都想不起来！**哎，这么多人猜不着？把我都累死了，我的手指头给他们干活干得都要磨掉了、磨破了，说的。"一天那就可想而知了，她招待呀，接待呀一拨又一拨的，累坏了，手指头都要磨掉了，都要磨没了，说的。"**这个女孩叫 oniebuton，他也不知道？**"她就这么，哎呀———边洗拿过来

---

① 为了体现口头讲述的情景特点，此处借鉴民族志诗学（ethnopoetics）的方法，采用一些符号帮助表述：**粗体**表示讲述人的强调；（　）表示讲述人或听众的表情与动作等；———表示打断、插话；= 表示讲述人对讲述的修正；{……}表示犹豫、不连贯；———表示拖长音。

② 使鹿鄂温克语，意思为"是叫'敖尼娅布通'吧？"

的锅呀、碗呀,就搁那儿洗完了又拎回去,这样一天到晚干活累得不行,她就这么挺有怨言的搁那块儿说呀说呀。完了,就从那个小河沟不是么,从那里头噗噜、噗噜一下子,出来一个{……}

(向安塔询问,两人争论是否是蟒猊)

阿莱克:起着泡出来,说:"你们家———"

安塔突然:———tuhahain!

阿莱克:tuhahain,不是蟒猊,tuhahain 兔子精那样的。那个 tuha-hain,这个鬼怪的名字,可不好看了说的,长得不好看。

(安塔提示)

完了这个人听着了,他就开始打听她家的详细情况了。[咳嗽]几口人哪,反正她家的事情他都挺感兴趣的,他就问这个佣人哪。也就告诉他一部分呗,啥都跟他说么,唠唠嗑就回去了。回去以后,他就{……}

(问安塔,安塔表示肯定)

阿莱克:回去以后他就变成漂漂亮亮的,这个鬼怪本来就是长得很丑的人,他就漂漂亮亮地,变一个小伙子,上她家提亲去了。他已经知道了这个女孩的名字,他就搁那块儿说:"哎呀———,你家的{……}"

(问安塔)

阿莱克:完了说的猜三遍呗。他就到那块儿以后挺客客气气的。

(家里来人送东西,打断几秒钟)

阿莱克继续:完了———,在这儿———,他就跟那个———女方的老人家搁那儿唠嗑。问这儿问那儿,就是套近乎呗,说说话呀啥的。你家的姑娘叫什么名字,我猜一猜啊。拿着这个针线包,看看东西。

(和安塔两个人交流一下)

阿莱克:你家的姑娘叫什么?也许是叫个———

安塔:———keti①!

阿莱克:也许叫个剪子———,剪刀———,那么猜。[安塔笑]他一会儿猜个布头———

---

① 使鹿鄂温克语,剪刀之意。

(安塔说话)

完了他就先那么说一个两个,完了第三个说:"那个顶针— ——?"oniebuton 就是个顶针— —— 的谐音,姑娘的名字叫 oniebuton,他就一下、两下就猜出来了。猜出来人家有承诺呀,{……},姑娘就嫁给谁。

完了就把姑娘嫁给他了。

(安塔提示)

嫁给他的时候呢,这家人呢,这个猎户人家 = oniebuton 家可趁了呢,驯鹿多— ——,有马,啥都有。妈妈就 {……}

(问了一下安塔)

她爸爸就去那个— —— 马圈,给她套,寻思给姑娘鹿呀、马呀都得给呀,陪嫁呢!完了就拿那个套— —— 套马杆,一套,我们的套马杆也是那么一甩。一甩过去,就掉到那个 borogon(安塔重复 borogon),白的— ——黑的— —— 那种**马**。(安塔插话)马是那样的,**白的黑的叫 borogon**,不是特别白也不是特别黑的那样的。

安塔、阿莱克同时:灰色的。

阿莱克:就像白龙马那样的,[呵呵]。完了,一甩就套着它,再甩— ——

安塔:— ——还是它。

阿莱克:也还是到它那儿,**甩了好几把还是它那儿**,那就没招了,就这个吧。把这个马就给她了,给姑娘了。**这个名字 borogon**,马的名字是 borogon。把这 borogon 就给姑娘了,给它安上鞍子了什么的,都给它整好了之后,姑娘骑上白龙马。(安塔插话)那个男的,变得— —— 漂亮的鬼怪就牵着马 = 牵着姑娘,就往它自己的家走了。{……}

(安塔提示)

哎呀— —— 走了走了,老长— —— 老长— —— 时间了。这个鬼怪,就(跟安塔交流)**tuhahain**,就去方便去了。这个白龙马就跟她说话了 {……}

(跟安塔交流)

啊,"你先走着,我去方便方便去"!

(两个人继续交流)

完了，这个白龙马就跟这个 oniebuton 说了："你到他家以后，他家是鬼怪— ——，他的孩子啥的都是半拉半拉的怪物，人都是一半一半的，说的，他家人都是这样的，（安塔插话）他的孩子也是这样的，说的。完了，他的家— —— 在那个大石砬子那样的大山上，山洞里头呢，孩子出来了你别吓着。提前给她打个预防针告诉她呢，别害怕了，到他家以后他家人都是那样的，家是啥样的，孩子是啥样的，别害怕了，说的。

（安塔插话）

他到家以后你让他点大大— —— 的篝火，篝火点了之后呢你坐到那块儿。

（安塔提示）

你别下马，你就在那儿坐着，骑着我了吧，说的。

（安塔说）

完了从它那个身上，马尾巴不是长长的｛……｝（跟安塔确认）拽下来三根马尾巴，完了搁这个笼头上。

安塔：— — —接！

阿莱克：马的笼头上接上三根马尾巴，说的。

（问安塔，安塔讲一段）

到了那个地方以后，oniebuton 就这么照办了呗。她就让他们又点篝火，又拽了几根尾巴都给它接上了。完了，这时候他那个孩子就从山洞里出来了，哎呀，高兴得够呛了。

（安塔插话）

完了，这孩子们啊— —— 呼哇乱叫地说道："我要这个手指头""我要那个手指头""我吃这个""我吃那个"！［安塔笑，我们大家都笑］"这个手指头我要当小人，要吃它""我要吃那个"……孩子一大帮全出来了！［大家笑］搁那块儿说呢，吃这个吃那个。

（跟安塔交流）

"这个给我当玩具"，"她的这个手当玩具当小人"，"这边我吃"，"那边我吃"。

他孩子全都抢— —— 呢，搁那块儿，把这个 oniebuton 抢得够呛！

（安塔讲一段）

完了，这个时候他们已经点篝火要吃人———了。这个 oniebuton 就没下马，这个———borogon 就要起飞了，开始要飞了。完了，这个———tuhahain 就着急够呛，他要抓呀啥的，上马要抓这个姑娘呢，这个 borogon 就**一脚**把他踢到火里头，把 tuhahain 踢到火堆里头去了，这个鬼怪就被烧死了。

（安塔笑着讲了一段）

他（指 tuhahain）说的："等着，等着，你就给我等着，我到了天边我也能追上你，说的。"

（跟安塔交流）

他就那么跟 oniebuton 喊哪："oniebuton———，你到天边我也能抓着你，能追上你。"把他忙乎够呛结果啥也没得着。

（安塔讲）

完了，这个 borogon 飞的时候它已经说了："我已经不行了，耗尽体力了，我要死了，说的。你到了那边以后，你把我的脑袋说是你的房子，你摆到那儿。我死了以后你把我卸八块，卸完了，说我脑袋是房子，你就那么说就那么摆就行，我的骨头啊、筋啊，你就说这是我的〔……〕"

安塔：———kure 酷热。

阿莱克：酷热，杖子。

（安塔提示）马的蹄子啥的，说这是人，这是男的，这是女的，你就照着你的心愿搁那儿摆。（安塔提示）

完了你就休息啦，说的。（安塔讲）

完了，这个 oniebuton 累得够呛———，把她的马都这么摆上了，忙乎忙乎够呛了，完了就睡觉。第二天醒来一看，哇———！家里头啥都有了，这房子宫殿一样。（安塔插话）

一出去，满院子都是马呀，杖子里头全是马，也有 borogon 的马，**又重生了**！特别漂亮，宫殿一样，是贵族，什么大富人家。〔安塔笑〕完了，佣人哪，孩子呀。（安塔讲）

啊———，她也有自己的白马王子，理想的白马王子。孩子、大人、佣人。

要啥有啥啦，啥都有了。（安塔说）

啊，完事了。[大伙笑，鼓掌]①

通过采录的文本，我们能够看出在整个故事的叙述过程中，故事讲述人阿莱克有很多处重复和停顿，说明她对这则故事的某些情节和细节已经开始淡忘，所以不断地需要同安塔确认和讨论。到了故事的结尾部分，阿莱克基本上是在安塔的提示下完成讲述的。可见，没有两个人的合作这则故事很难讲述完整。从两人的阅历来看，安塔除本身就擅长讲述鄂温克民间故事外，她的生活轨迹较之侄女阿莱克来说更为传统和保守，以饲养驯鹿、制作民族手工艺品和服饰为生。而阿莱克则早早就从事社会工作，还曾担任过内蒙古自治区人大代表，她的人生经历使她对使鹿鄂温克的传统产生了一定的距离。因此，在故事讲述过程中反倒是岁数较大的安塔思路更为清晰、记忆更为深刻，阿莱克必须借助她的提示才能完成故事讲述。

安塔对于故事的记忆主要基于故事的原貌。她在阿莱克的讲述过程中除去对各个情节环节的提醒外，更重要的是对故事中主要角色的称谓"oniebuton""tuhahain"的提示，并且帮助解释故事中另一重要角色宝马"borogon"的含义。安塔在整个故事讲述过程中的提示至关重要，如果没有她从旁协助，故事的讲述会因过多的遗忘而难以进行。作为文化传统保持者，安塔通过自身记忆的惯性将过去同现在很好地连接在一起，在故事的讲述过程中使传统得以传承和延续。阿莱克则不同，她的叙述不拘泥于传统，她以当下生活中习得的知识以及耳濡目染的形象对传统故事进行了一些新的阐释和建构。阿莱克在介绍故事中重要角色宝马"borogon"时，解释完其鄂温克语原意后，又发挥主观想象将其同如今已搬上电视屏幕的汉族经典小说《西游记》中的白龙马形象联系到一起，并有三处直接用白龙马的称谓置换了"borogon"。在故事结尾处，阿莱克又借用外国童话故事中被尊为理想情人的"白马王子"来指代主人公"oniebuton"今后的伴侣。这两处中外形象的类比与置换，体现了讲述人阿莱克丰富的想象力及其多元的知识结构。阿莱克的想象是基于现在来想象过去，体现了其对故事的重新建构。

从故事的整体情节结构来看，二人的故事叙事有开头的铺垫，中间的高潮及皆大欢喜的结尾，整则故事情节合理，结构完整。但将其同笔者搜

---

① 采录时间：2010年8月2日，整理：娜敏。

集到的几则《顶针姑娘》的版本比较,本次讲述还是欠完整的。如使鹿鄂温克玛尼在当地搜集的,收录于《鄂温克族研究文集(第三辑)》中的《宝娆崆的神话故事》。当故事情节进展到宝马宝娆崆将顶针姑娘从鬼怪图哈伊那处救走后并没有马上进入尾声,顶针姑娘在逃跑之后,同一个猎人成亲并生下一儿一女,鬼怪趁猎人和宝马出门打猎之机来抓母子三人。顶针姑娘抛出一把宝木梳,宝木梳变成了八根高大的金柱子支架,母子躲到上面的小屋里。鬼怪图哈伊那从嘴里吐出斧子,用斧子砍金柱子的支架,眼看着快把一根支架砍断了,顶针姑娘赶紧向千里之外的宝马求救,宝马无力马上赶回只好求助老虎、狐狸和黑熊帮忙。"第一个赶到的是狐狸,它看到魔怪已经把第一根金柱子支架砍断了,正要砍第二根金柱子时,狐狸凑到魔怪身边,边笑边说:'大王,你太累了,我来帮你砍吧!'魔怪很高兴地把斧子交给了狐狸,然后就倒在旁边睡着了。等魔怪睡醒后一看,哪里还有什么狐狸啊!斧子也被狐狸拿走了。这时魔怪从嘴里又吐出一把斧子,继续砍第二根金柱子……"之后是黑熊和老虎,反复三次偷走魔怪的斧子,拖延时间。最终宝马和猎人赶到,杀死了魔怪,顶针姑娘和山里的猎人们终于可以享受太平的日子了。①

由此可见,即使安塔秉承着传统文化与记忆,然而对于传统的一些遗忘还是在所难免。不过即使缺少后面这些情节,阿莱克和安塔的讲述在我们一群听众听来仍旧是完整且充满趣味性和幻想性质的。而本次讲述中顶针姑娘逃跑时,鬼怪 tuhahain 最后的喊话"oniebuton———,你到天边我也能抓着你,能追上你"也预示了本次故事讲述的未完待续。笔者在后来的回访中,问到阿莱克后续的故事情节时,她慢慢回忆起点滴情节,但无法拼凑完整,她表示需要好几个人在一块大家互相提醒着能想起来。而玛尼搜集的上述版本正是多人讲述的,讲述人有尼格来、阿力克山德、安娜、娜佳等老人。由此可见,某些古老的狩猎故事仅存于老年人的记忆中,而他们的记忆是零星的、片段的,只有将这些零散的片段集中到一起才能复原完整的故事情节。民间故事的生命活力在于民众不断地重复讲述,而当它缺失了这种讲述语境时,就会慢慢地被遗忘掉。阿莱克回忆过去:"原先男人们都去打猎去,晚上没啥事了,女人领着孩子,好几家子

---

① 黑龙江省鄂温克族研究会编《鄂温克族研究文集(第三辑)》,内部资料,2006,第386~389页。

串串门啥的。聚到哪家，愿意讲故事的妇女们就开始讲，讲这个、讲那个，鬼怪呀，啥民间故事都有。晚上女人就撮那个筋线哪，女的们到一起了，就开始讲故事呀啥的，边撮线，喝点茶。平常哪有时间哪，都打猎呢，都干活呢，女人的活儿比男人的还要多。没有时间那么闲下来。男人们打猎走了，一出去就好长时间，十天半拉月的，这女人们在家就白天干很多活儿，晚上没事儿就唠嗑。男人就讲男人的故事，打猎啦，哪个地方怎么打猎来的，打着什么样的动物啦，我经过什么路线啦。是用猎犬打的，或者是哪个地段东西多呀，什么什么的。"而今这样的场景已经不复存在。

需要说明的是，故事叙述过程中的重复并非都是讲述人的遗忘造成的。表演理论关注讲述人、听众和参与者之间的互动交流。故事讲述人会根据具体讲述语境的不同和听众的不同需要而适时地创造、调整他的故事。讲述人的讲述往往会带动听众及参与者的情绪，而听众及参与人员的积极互动又能激发讲述人的叙述热情。如阿莱克叙述主人公 oniebuton 来到鬼怪 tuhahain 家被他的半身孩子们争抢的情节时，她将这一本应恐怖吓人的景象，发挥成了儿童争抢玩具的玩闹嬉戏场面。她的这一发挥，将讲述人之一安塔及在场的所有听众都逗乐了，故事的讲述同时也进入了高潮阶段。于是她在同安塔交流完后面的情节之后，又将此情节重复了一遍，其目的是为了保持和加深她在讲述过程中给听众带来的欢乐情绪，营造一种轻松幽默的气氛。

鄂温克族狩猎故事传承人在叙述故事过程中出现的复言现象，首先是民间故事的叙事规律之一，同时它也是口头思维的重要特征，与讲述者的记忆密切相关，不同讲述者各自社会背景及资历的差异会对狩猎故事的记忆与遗忘产生较大影响。作为传统文化持有者的老一辈鄂温克人，通过其自身记忆的惯性在故事的讲述过程中传承和延续着故事中的传统因子，而接受现代教育、深受当下语境影响的中青年人，则以当下现实生活为依据对传统故事进行新的阐释和建构。生产方式的转变、生活方式的变迁使得狩猎故事的叙述失去了以往的讲述语境，某些古老的狩猎故事仅存于一些老年人的记忆中，而这种记忆也呈片段式、碎片化，唯有集体的合作才能拼凑出完整的故事情节。在社会迅速转型时期，以科学的方法及时抢救而记录、保存这些珍贵的民族记忆是民族民间文学研究者义不容辞的责任和义务。

中国通古斯诸语族的文化保护与文艺创作

李 震

(北京民族文化艺术创作中心)

一 中国通古斯诸民族与其他各民族共同缔造了中华文化

现在世界上几乎找不到一个单一民族居住的国家。中国也是一个多民族、多宗教和多元文化的国家。中国56个民族凝汇、创造了中华文化。中国各民族从产生到现在，已经过几千年的发展与变迁，从遥远的古代起，中华各族人民的祖先就劳动、生息、繁衍在这片土地上。当汉族先民华夏族开发黄河流域的时候，各少数民族先民也同时开发了周围广大地区。各民族文化丰富多彩各具特色，都为中华文化的形成发展和世界文明进步做出了重要贡献，也共同缔造了丰富多彩的中华民族文化，为中华五千多年文明史和建立统一多民族国家而贡献了自己的才智。

中国通古斯诸民族自古以来就是东北地区的古老民族，也是中华民族大家庭的重要组成部分。从远古时代起通古斯诸民族中的满族、锡伯族、赫哲族、鄂伦春族和鄂温克族等民族的祖先就生活在这里，共同熔铸了灿烂的通古斯民族文化，成为中华民族中的文化之瑰宝、民族之骄傲。虽然，在历史上有部分通古斯民族进行过多次大的迁移，但这丝毫不妨碍他们为中华文明和建立统一多民族国家贡献自己的智慧。这期间，各民族经历了长期的历史沿革，在漫长的生活经历中创造和积淀了各民族独具特色的传统文化。另外，在民族语言上，通古斯语族属于阿尔泰语系的语族之一，在中国境内分布和使用的主要有满语、锡伯语、赫哲语、鄂温克语和鄂伦春语等民族语系；在文化上，由于通古斯诸民族各地自然条件和社会发展程度存在差异，其各地区的文化与其他民族一样具有鲜明的地域性和多元性的文化特点；通古斯诸民族之间的文化既有他们相同的共性，又不失各自的特性。这些民族之间的文化相互交融和促进，形成了丰富多彩的通古斯语族文化。通古斯语族文化的形成，也使该语族的所有族系对共同拥有的文化体系有了强烈认同感和归属感，产生了强大的民族凝聚力。同时，通古斯诸民族文化的相互交融，也适应了文化发展多样性的客观要求，使其能在文化交流中吸收和借鉴其他民族文化成分博采众长。因此，通古斯诸民族文化的不断创新与发展，既有利于各民族文化在和睦的关系中交流，也便于各民族增强对自身文化认同和对其他民族文化的理解。

中国通古斯诸民族文化作为中华民族文化的重要组成部分，它的内容博大而精深，包含着丰富的历史智慧和时代精神，积淀着中华民族最基础的精神基因和独特追求，其文化的异彩纷呈各具特色，都为中华文化和世界文明做出了重要贡献。审视通古斯诸民族传统文化，我们应当探究其民族社会变迁的社会历史基础和价值所在，并大力保护与弘扬这一独具特色的民族传统文化。唯有如此，中国各民族团结奋进的强大纽带才会顺应社会的发展得以传承和维系，各民族智慧创造的源泉才会永不枯竭。

二 关于中国当代各民族传统文化的保护

中国各民族传统文化保护是国家民族文化政策的重要内容。多年来，在国家、政府和社会各界的不断努力下，各民族传统文化保护取得了很多成就，但是，我们也要认识到还有很多做得不足之处。

中国之所以把全民分成 56 个民族，是因为每个民族都有不同的历史文化和不同祖先。如今，这种不同民族的文化差异也开始逐渐缩小，在民族地区，特别是发展落后的边疆少数民族集聚区，现代化进程已经覆盖到了那里。人们在衣、食、住、行等方面的条件或消费水平也日益同城市同步。这种生活上的改变直接影响和改变的就是文化属性，随之而来的是少数民族的部分传统文化快速消逝，这种现象挡也挡不住了。特别是那些对城市文明如饥似渴向往的年轻人，更是早已放弃了原有的文化传统走出了家乡到各地大城市闯荡。这使民族地区原有的民族传统文化逐渐淡化，有的已被抛弃或成了当地民众吸引游客的摆设。我每到一处少数民族地区都有一种感受，就是一定要赶紧记录或画下这些景致以后再来很可能就不在了或改变了。对于世界或一个国家来说文化的多元性才是促进文化发展、增强文化活力的最好支撑。如今，全世界的城市化发展模式基本是一样的，特别是中国大中小城市的发展相互模仿，各地城市面貌和人们的生活面貌基本相同，差异性很小，其弊端就是会造成文化上的逐渐单一化。

同样，通古斯诸民族传统文化和其他各民族文化一样都面临着传统文化保护与发展的问题与困境。对于中国当代各民族传统文化，要团结社会各界力量通过多种方式加以保护，让民族地区群众从发展中受益，从发展中留住民族文化之根。

三 关于中国通古斯诸民族文化的保护

1. 研究民族历史激活民族文化基因保护传统文化

激活通古斯诸民族传统文化基因。民族文化是一个民族共同的灵魂，每一个民族都会以自身独特的文化区别于另一个民族。这种文化特征，既受相邻社会环境和文化环境的影响，受历史上各民族关系的影响，也受本民族内部政治发展和阶级结构的影响。各民族的传统文化均有不同的表现形式和特点。通古斯诸民族的历史典籍，是直接系统阐释和建构通古斯诸民族文化基础的原始记载典籍，是前人留给我们研究的宝贵资源和鲜活具体的历史记录。一种文明的诸多元素在今天同样可以成为民族精神的重要内核，成为构建民族文化传承的核心价值体系的重要支撑。梳理通古斯诸民族的历史典籍回归原典，应遵循研究问题、输入学理、收集整理、再造文明的理路，推动传统文化的现代转型。我们理应薪火相传，代代守护，同时也需要与时俱进，不断创新。为此，应系统梳理传统文化资源，汲取传统文化跨越时代的精髓，阐发民族历史沉积已久的丰富内涵，激活民族历史古籍文化基因，以此呼应中华文化伟大复兴的时代诉求。当下，随着重构传统文化成为时代潮流，民族复兴成为国民梦想，文献整理工作不仅应发扬科学理性精神，更应努力建立一种顺应时代潮流的文献整理模式。遗憾的是，通古斯诸民族目前的文献文化因子尚处于休眠状态，只有加以研究利用，方能激活文献中的文化基因。在文献整理过程中，应坚持文献整理与文献研究同步进行，相互促进，把文献学、语言学、考古学、民族学、社会学、人类学诸学科的研究成果与方法融合起来。应以古代文献为基础，结合当代学术研究成果与理念，实现传统学术的当代突破。民族历史学文献集成与研究,要最大限度实现跨界学术合作,努力揭示蕴藏其中的传统文化的原始文化基因。

保护民族文化遗产让历史告诉未来。现今世界文化变迁的深度、广度、速度和强度都超过了以往的历史,剧烈的变迁容易引起文化失调,进而给人们的生活带来困扰,产生文化波动或休止。这样的现象,在通古斯诸民族中比较常见,通古斯诸民族文化生态环境随着现代社会经济文化的转型以及经济全球化而急剧改变。城市化进程的加快和人们生产生活方式的改变,使通古斯诸民族文化及其赖以生存的环境发生根本性变化。一些民族民间文化后继乏人,面临失传的危险,一批传统技艺濒临灭绝。文化多样性和差异性的普遍存在是人类有史以来形成的,已经成为全人类的共同财富。通古斯诸民族的历史财富让我们看清了各民族的过去,也告诉了通古斯诸民族的未来。所以,通古斯诸民族传统文化是新文化产生的重要源泉,而新文化如没有文化上的继承和创新和发展就成了无源之水,保护各民族传统文化,使其在现代文化市场中占据一席之地,就变得尤为重要。

2. 继承传统民族文化增强认知与责任感防止文化断层

现代化进程中民族传统文化传承的认知与责任。传统是在过去或历史上形成的流传至今或仍存在于现今的事物,也就是说,传统是指过去在现今的存在和显现。传统不是一成不变的,而是在实践中不断形成和发展的。古已有之的东西,未必皆成为传统;古未有过的东西,也未必不能进入当下。对我们来说,在生活中已经死去的、在历史上湮灭了的东西,并不属于传统;只有在现实中仍然活着并起着作用的既往存在,才是真正的有生命力的传统。认识传统必须以现在为坐标。如果单纯用过去来解释传统,弘扬传统就会同复古和保守联系在一起。另外,传统文化不等于古代文献典籍。只有把我们中华民族历来所想的、说的和做的一体化地加以思考,才能知道什么是我们真正的传统,什么是传统里面好的和坏的东西。传统既不等于优秀,也不等于保守和落后。任何民族文化的传统,都是在历史中形成的一个有机整体,是作为一个整体而在历史与现实中发挥作用的。我们今天强调传统,意味着应该正确对待自己民族的历史、现状和未来。尊重历史,要有反思和自我超越的意识,要有担当精神,要敢于肯定和弘扬自己传统中一切优秀与美好的东西,又要对自己的未来负责,敢于否定和抛弃自己传统中一切落后与丑恶的东西。只有面对当代和未来的世界，认清自己的位置和使命，同时清醒地了解自己身上的长处和短处、优势和劣势，并在今后的发展中自强不息，扬长避短，扬长补短，不断前进，才能真正地弘扬和批判地继承传统，才能充分体现传统文化的现代性。民族文化对社会发展具有调适、整合功能，是重建和谐、稳定的现代社会的精神要素。人类文化的发展是一个不断积累的历史过程，而民族文化的传承则是人类文化连续不间断发展的内在要求。人的社会属性使每一个人生来就处在某个社会群体中，成为该社会的一员，并浸润在一定的文化氛围中，毫无选择余地地承袭这种文化，并又把这种文化传给后代，形成一种基因复制式的社会传承机制。文化传承是各种文化构成要素的传递方式，可相应地分为语言传承、行为传承、器物传承、心理传承等，最稳定最持久的是心理传承。在一个民族共同体中心理传承往往表现为民族意识的深层次积累，构成民族认同感的核心部分。由于文化传承具有稳定和模式化的特点和要求，文化传承形成文化传统为社会所接受。文化传承机制中蕴含着文化的选择机制，使文化具有阶段性、变化性的特质和时代特征。随着现代化的进展，各民族都要在现代化与传统文化之间寻找平衡，都要协调处理好现代化与民族传统文化的关系。因现代化是繁荣昌盛的必由之路，各民族都不应当拒绝现代化。各民族的文化必须随社会的发展做出选择判断才会具有时代特征，才具有生命力，具有几千年历史的中国传统文化必然向现代化迈进，必然要超越传统。而每一民族文化的发展又受其内在机制制约，具有文化基因和模式化稳定发展的要求，所以我们的现代化又要以传统文化为依据，在传统文化的基础上超越与发展。

防止民族文化传承的断层。随着社会经济的加速发展，通古斯诸民族地区的民族传统文化已经受到了很大的外来冲击，部分通古斯民族的文化形式已经到了断层和面临灭绝的边缘。过去，通古斯诸民族民间文化的传承基本上是沿袭口传身授的古老方式，受过教育的传承人并不多，随着时间推移，一些资深、颇有造诣的传承人相继离世或逐步退出舞台。由此，他们身上承载的非物质文化遗产就会消亡，那些绝技、绝艺也就人亡技绝，造成技术或艺术传承的断层，造成传统文化宝贵资源的巨大损失。例如，鄂温克族使鹿部居住的撮罗子和桦树皮文化、鄂伦春族的狩猎文化、赫哲族的鱼皮衣物制作工艺、满族的萨满文化等已经基本消失。据了解，中国很多少数民族地区的艺术文化都程度不同地出现后继乏人的局面，这些古老的少数民族文化形式发展到现在，基本已很少有人再坚守阵地。谁来继承的问题让人无奈。此外，受市场经济大潮的驱动，当地许多青年纷纷外出打工谋生，离开了学习和继承传统民族文化的环境，而且，大部分青年由于接受了新的价值观念和生活观念，难以形成传承民族文化的自觉意识，对传统民族文化兴趣愈来愈淡漠，导致了现在的局面。个别地区为了吸引游客发展旅游经济把民族文化做成了虚假的摆设，更是严重玷污了传统文化的精髓。此外，在防止民族文化传承的断层方面，还应该重视减少外族对通古斯诸民族传统文化的误解。近年来，在通古斯诸民族居住地区引发旅游热，由于影视、文学等作品以及一些导游的夸张和不实介绍，不少游客带着猎奇的心理前往民族地区旅游。由于语言、文化价值观、民俗、禁忌等不同，人们有时会产生很多误解，严重的甚至给民族文化蒙上厚厚的尘埃。对民族文化的曲解或不了解，一个重要原因就是教育和经济的滞后，使民族地区的人才屈指可数。再加上很多通古斯民族自古以来就没有本民族文字只有民族语言，使得关于本民族文化记录很少，难以传承和传播。这也造成有个别民族的文化长久以来缺少话语权，只能任由别人去说或由外族学者和文艺家代言，自己发出声音的空间非常有限。民族文化的传承是一个动态的历史过程，其自身具备一定传递和延续生命的手段，有一整套自己的传承机制。过去民族文化的纵向传承是在自然经济的背景下进行，而现在却面临现代化的冲击。当今我们的现代化建设正经历着一个全面发展的新时期，精神文明建设与物质文明建设还不够协调与同步，这也集中表现在优秀的民族文化遗产和现代先进的思想意识还没有有机地融为一体，整个民族文化的发展有出现断层的趋势。我们要积极地加以面对和预防。目前，文化保护困境主要是来自盲目的现代化、城市化，过度商业化，还有过度的行政化，缺少系统、深层次的研究。这些都是当前亟待解决的问题。

3. 关注当代民族文化认清传承保护的意义与紧迫性

民族文化保护是国家民族文化政策的重要内容。我国民族文化的保护应是多方面与全方位的，法律、政策、技术、产业的保护都不可缺少，政府、专家、企业、普通群众都是保护的主体。首先，要提高保护民族文化的自觉性和主动性，让各民族自己探索决定文化保护、传承和发展的途径。同时，要树立信心，有选择性和吸纳性地保护。其次，各级政府对民族文化资源保护应起主导作用和负主要责任，尤其在法律法规、政策导向、宏观控制、资金投入、人才培养等方面是其他力量不可替代的。最后，对民族保护予以立法保护等。

民族文化的传承保护意义和紧迫性。文化是民族凝聚力和创造力的重要源泉，是综合国力竞争的重要因素，是经济社会发展的重要支撑。国家富强、民族振兴、人民生活幸福安康需要强大的经济力量，也需要强大的文化力量。中国是一个统一的多民族国家，各民族的文化都是中华文化宝库的有机组成部分，是中华民族文化斑斓色彩的载体。尊重、保护、传承和发展各民族的文化，就是繁荣中华民族的共同文化。传承和保护民族文化，有利于民族统一，有利于现代化建设，有利于为经济建设提供思想动力。

城市化进程中的民族文化意识与文化保护。城市是社会文明进步的集中表现，城市化是社会变迁与发展的直接动力和必然途径。少数民族城市化主要体现在民族地区的城市化和民族人口的城市化。随着市场经济的发展和通古斯诸民族地区开发进一步深化，越来越多的民族地区和民族人口卷入城市化进程之中。城市化过程本身就是城市多民族化、文化多元化的过程。各民族的风俗习惯、宗教信仰不同，随着市场经济体制的建立，城市各民族群众经济交往活动日益增多，产生摩擦和矛盾的可能性也随之增多，城市民族团结、社会稳定已成为需要长期重视并着力解决的问题。城市化使各民族的生产生活具有前所未有的一致性与关联性，城市化也使得民族意识发生的外部环境随之改变，民族意识的表现形式呈现消减的趋势。在城市化生活中，民族认同和民族分界的标准不再是文化，而是作为民族识别结果的民族身份划分。民族意识的弱化导致民族凝聚力的下降，也会导致民族意识对本民族发展的推动力和协调力的丧失，从而给民族的生存和发展带来不良影响。同时，缺乏民族文化基础的民族意识还容易向狭隘和偏激方向发展。从现实情况来看，城市化的进程从多个方面改变了民族意识发生的外部环境，从而必然对民族意识的发生发展及其特征产生深远的影响。实践表明，在城市化进程中，那些具有民族宗教信仰、人口较多、独立语言文字和独特生活习俗较强的少数民族的民族意识更易于得到保存和强化，而人口较少、缺乏独立语言文化或宗教等传统文化或因素作为支撑的民族意识则容易在城市化的熔炉中弱化和消失。城市化不断扩大是当前我国经济发展的趋势，民族文化环境也将随之改变。回顾城市化发展历史可以看出，城市的聚集效应对经济产生拉动，从而会带来物质产品的极大丰富，如交通通信、医疗卫生、教育和物流的发达，改善人们的生活质量，提高人口的整体素质。但一个地区的民族文化，是在其漫长的发展历程中与当地的自然生态环境和社会环境相适应的智慧结晶，是经过千百年检验的可持续发展的文化遗产。在城市化过程中传承发展民族文化，是发展文化产业、扩大国家实力的必要途径，同时也有利于保护人类文化的多样性，为未来城市的发展提供文化智力资源。

民族文化保护要与民族地区个人生活结合起来。在实现通古斯诸民族文化保护与发展进程中，要将其与每位民族同胞个人生活结合起来，把通古斯诸民族文化保护与发展植根于个人的生活，进一步推进和加强社会建设。从历代民族发展历史看，建设民族发展体系、关注民族个人生活往往构成民族文化发展的主要内容。民族文化，反映一个民族发展的主导理想和价值追求，构成了民族崛起的精神动力。一个民族在实现文化发展的过程中，不仅要推进经济建设，而且要重视社会建设。关注民生，要将民族文化的实现与个人的日常生活衔接起来。在经济发展的同时，防止克服公共服务缺失、社会保障缺失等社会问题。政府在社会管理的过程中，要通过建立合理的社会流动机制，给每一个公民均等的机会，使其只要努力奋斗，就可以实现自己的幸福生活。加强社会建设，关注个人生活，是发展民族文化的现实进程所提出的要求。一方面，民族文化发展的实质内涵是民族富强、民族复兴、族人幸福和社会和谐。另一方面，民族文化的保护与发展也体现为个人社会保障和个人发展，与个人生活密切相关。同时，这其中不少内容与社会建设相关联。社会建设包括教育事业、劳动就业、收入分配、社会保障、医疗住房、社会管理等方面的内容，涉及每个公民最直接和最现实的利益问题。改善民生推进社会建设，既要关注社会主要群体的生活状况，也要关注处于社会边缘的困难群体的生活状况。民族文化保护与发展必须紧紧依靠人民来实现，必须以不断为人民造福为核心价值。民族文化的承载主体是人，要加强社会建设，就必须解决好群众最关心最直接最现实的利益问题，在学有所教、劳有所得、病有所医、老有所养、住有所居上持续取得新进展。要坚持走共同富裕道路的原则，着力解决收入分配差距较大问题，重视推进基本公共服务均等化，构建覆盖城乡、可持续的基本公共服务体系，使发展成果更多更公平地惠及全体人民。民族文化既有共同的一面，又有个性的一面，我们要通过社会建设将二者紧密结合起来，以便更好地促进民族文化的保护。

4. 放眼未来在保护与发展中留住民族文化之根

平衡保护与发展的关系。民族地区经济虽然比较落后，但文化资源丰富，这些文化资源是民族文化的优势资源。充分利用这些优势资源，并使之发展，极可能形成新的经济增长点，甚至成为支柱产业。如内蒙古呼伦贝尔，通过以草原文化为基础，大力推进第三产业，尤其是旅游业的发展，取得了很好的成效。可见，民族文化的发展变化是与新的经济制度的确立紧密联系在一起的，新的经济体制和经济制度的建立必然引起原有文化形态的改变和发展。在市场经济条件下，文化上的交流也越来越活跃，这种区域间、族际间宽领域的深入文化交流与融合促进民族间在文化上取长补短，从而更好地丰富和发展传统文化。在全国城镇化加快发展的进程中，它对各民族文化的影响也是很大的。随着全面建成小康社会进程中农业结构、就业结构、分配结构调整力度的加大及城市化进程的加快，城镇化进程也将逐步展开并加快速度，从而引起农、牧业人口逐步向城镇迁移。在这种新形势下，我们不仅要提高物质文明水平，还要提高精神文明和政治文明水平；不仅要弘扬优良的传统文化，而且还要把民族精神与时代精神紧密结合起来，努力提高各族人民的精神生活水平、科学文化素质和思想道德素质。近年来一些地区在追求经济发展的冲动下，拆掉了许多原有的珍贵的民族风貌建筑，其后又仿造了大批似是而非的民族景观，使当地的民族文化遭受了极大的破坏。因此，应该把通古斯各民族的保护放在第一位，只有解决了保护问题，才能考虑发展问题。

让民族地区群众从发展中受益。当今，通古斯诸民族地区的发展也存在着一些严重的问题，突出表现在老百姓作为当地经济发展的利益主体之一，从发展中受益有限。民族地区经济发展主要涉及各级政府、项目开发商和当地老百姓这三个利益主体，由于民族地区社会经济发展滞后，百姓自身文化水平有限，导致他们的市场竞争意识较弱，经营管理能力较低，他们很少有机会参与规划开发和经营管理决策，在经济利益分配中处于被动地位。因此，建议更新发展理念。首先，政府应引导百姓参与转变经营方式，并引进中高级管理人才，组织当地百姓不断学习提升发展能力和自身经营技能。应树立包容性增长理念，建立民族地区包容性的经济增长长效机制；其次，要充分发挥产业关联带动作用和融合效应，增加老百姓的有效就业并推动扶贫。促进参与机会均等，重视弱势群体参与能力的提升，追求地区经济利益在相关利益主体之间的公平分配；再次，民族地区各级政府应构建发展平台，切实注重经济规划实施中的指导与监督工作，保证规划方案发挥指导和协调作用。对外招商引资要适度、适量、适时，要考虑当地脆弱的市场基础和生态基础，避免投资过热造成不良影响；最后，对当地百姓采取优惠性的金融扶持政策。要堵住市场规则漏洞，避免出现投机行为。政府、开发商和投资商应充分考虑当地老百姓的切身利益，提高企业所缴纳的税收中用于改善当地老百姓福利的比例。

在现代化进程中留住民族文化之根。民族文化学者是民族历史最为亲近的群体。然而，现代化进程侵袭带来的文化流失和环境变迁，几乎使所有少数民族面临共同困境。为此，中国少数民族专家学者近年来都不约而同地表现出文化自觉。朝克先生便是非常有代表性的一位。作为一位从事哲学社会科学研究的专家学者，朝克先生非常注重田野调查实践和理论研究，为此，他几乎踏遍了满通古斯诸民族生活过的山山水水。朝克先生多年来，出版了大量的学术专著和论文，很多都成为中国满通古斯诸民族语言历史文化的珍贵记录。朝克先生说，"这些资料不属于我个人，而是属于社科院和我的祖国，属于全人类"。在中国满通古斯语族语言走向濒危的今天，我们需要更多的像朝克先生这样的有民族危机责任感的担当者。语言是一个民族文化的重要载体，如果失去了本民族的语言，这个民族文化的生命力就会被削弱。由于生活方式的变化和外界的影响等原因，满通古斯语族语言遇到空前危机，许多古老的词语因不适应现代生活的需要而不断消失，许多珍贵的民族记忆也随之消失。"如果我们不能保护好自己的民族语言，那我们的历史将如何传承？国家利益又将如何保护？"朝克先生的这份疑虑不无道理。现在严重濒危的满通古斯语族的一些语言，除极个别的少数老人或个别专家还会说以外，已经无人能说了，几乎成为"绝学"。但是，在这个特殊的历史时代，朝克先生和社会各界专家学者通过身体力行，为世人留下了一些满通古斯语族语言文化遗产，留下了一份人类文明进程中的历史记忆，这在现代化进程中弥足珍贵。

四　关于中国民族文艺创作的思考

1. 我国各民族文艺创作现状分析

自新中国成立以来，在国家大力支持下，各民族艺术创作队伍不断壮大，创作成果令人瞩目。但是，各民族艺术创作队伍在发展中也显现出很多问题，主要是艺术创作队伍人才数量较少，有影响的精品力作不多。从我国艺术家创作题材上看，专门以我国少数民族为主要创作题材的艺术家较少。以研究和保护少数民族文化为主要创作意愿的艺术家更少。虽然，我国很多艺术家对我国少数民族题材创作都有涉猎，但是大部分创作都停留在形式上，很少挖掘深层次的民族文化内涵。就美术创作而言，很多画家都是以表达美术技巧、民族服饰色彩美感和民俗特色等为目的，并没有以挖掘少数民族悠久历史文化和保护少数民族文化为目的去创作，而且绝大部分艺术家所创作的少数民族作品在其整个创作中占的比重也很小。所以，我国的少数民族文化艺术创作现状并不太令人满意。

从民族文化高度看我国的民族艺术创作，对民族事业的发展具有重要作用。我国现在正处于有史以来发展最好的时代，民族文化艺术事业更是迎来了一个新的发展机遇和广阔的发展空间。作为艺术工作者应该克服浮躁，正视当前艺术领域的新常态，绝不能在市场经济大潮中迷失方向，应坚持以民族文化为中心的创作导向，推动我国民族艺术事业繁荣昌盛。

2. 中国通古斯语族的文艺创作与发展

（1）深入生活扎根基层做熟悉通古斯诸民族的专业文艺家

向通古斯诸民族学习以他们为文艺创作导向。通古斯诸民族文艺要扎根人民，满足人民的精神需求，向人民学习，弘扬中国精神、凝聚中国力量，鼓舞各族人民迈向未来。向通古斯诸民族学习就是向身边该民族的每一个人学习，学习他们的经验与智慧，真正深入到人民的生活中，了解他们的情感和愿望，知道他们喜欢什么，而不是做他们的导师。另外，从文化修养与知识水平来说，不同人的水平、趣味有所不同，所以如何向人民学习、如何创作出各个层次老百姓都能喜欢的文艺作品，是值得每一个文艺工作者深入研究的。同时，文艺作品一定要有质量、有品位，要坚守文学性和艺术性。实践证明，真正有思想性、艺术性和观赏性的好作品，再加上恰当的市场营销策略，就一定会赢得市场，从而更好地服务于人民。

做通古斯诸民族的好文艺家。在民族文艺创作中，应牢记创作是自己的中心任务，明确自己在创作什么、怎么创作和为谁创作的根本问题。文艺作品是表达人们内心情感的符号，我们要贴近实际、贴近生活。了解群众心里的各种感受和社会上发生的各种变化，扎根人民生活，遵循艺术规律，这是各种文艺创作成功的保障。我们不能脱离群众，要与人民患难与共，想人民所想，树立全心全意为人民服务的思想，把自己的一切献给这神圣的文艺事业，才能成为名副其实的人民艺术家！

（2）抓住民族文化基因与特质精益求精推出佳作

关于艺术创作中的民族文化基因特质与共性。凡是艺术，都应该具有美的品格和美的精魂。人类的发展史表明人类是通过劳动创造世界也创造了自身，在这种创造活动中，人也按照美的规律来创造。作为艺术家，更应以发现美和创造美为使命。民族文化艺术作品的生产与创造，是艺术家基于对民族文化精神的体验和按照美的规律来实现的。中国56个民族历经漫长历史演变，形成了丰富多彩各具特色的民族文化。民族艺术创作以其含纳和表现的不同民族特质，而区别于其他艺术创作。少数民族艺术创作的发展过程，是艺术家由表及里、由浅及深地认识艺术应以何种方式含纳和表现民族特质的过程。艺术家要热爱自己的民族，只有熟悉自己的民族，理解自己的民族，并脚踏实地不断深入民族生活才能全面驾驭民族创作题材。要重视民族特质和民族共性的表现，少数民族艺术创作的民族特质，应是一种发自内心情感的自然流淌，而不是一种不被本民族读者认可或人为炫耀的独白。民族特质在作品中的体现，不仅在于作品表现了什么，而且更重要的是怎样表现。任何民族都有自己长期形成的固有文化圈，不同民族的文化形态各有优势，如文学、艺术、伦理、宗教和哲学等。在这种文化惯性发展轨道上，文化聚拢了只属于一个民族特有的审美。民族特质是在不断变化中得以保持和发展的。如今，各民族相互关系日益密切，在生产方式、生活内容和思想感情上相通因素日益增多，特别是在追求民族共同进步，共同繁荣和向往全人类文明前景方面，各族人民形成了诸多共识。当民族生活的客观现实发生一系列变化后，创作主体的认识需要发生同步变化，并反映到自己的作品中。越是民族的，越须把握其发展变化，才能真正保持面向世界的生命力。另外，艺术的最高境界就是让人动心，让人们的灵魂受到洗礼，让人们在追求真善美的同时发现自然的美、生活的美和心灵的美，并通过艺术作品传递优秀的民族文化，引导人们增强民族荣誉感，向往和追求美好的生活。所以，文艺工作者也要不断提高学养、提高鉴别力和免疫力，牢记反映时代与记录历史的使命担当，始终秉持对社会负责、对历史负责、对读者与观众负责和对自身负责的创作态度，努力攀登艺术高峰，实现人品与艺品的统一。民族文化艺创作精品承载着民族的情感和梦想，体现着一个民族的思想深度、文化厚度和精神高度。要抓住民族文化特质与共性，立足民族文化的深厚根基，把民族优秀传统文化血脉融注到艺术创作中。坚守艺术的审美理想、彰显艺术的独特价值。尊重艺术规律孜孜以求，精益求精去锤炼作品。要抓住民族文化基因，抓住文艺创作与历史的契合，书写生动的中国民族精神。鼓舞各民族朝气蓬勃地向着中华民族伟大复兴的目标迈进，铸造民族文化艺术新丰碑。

文艺创作与历史的契合。生活真实是当下生活中发生的事情，历史真实是过去曾经发生的事情，艺术真实是文艺作品虚构的但反映现实或可能发生的事情。生活真实并非完全的客观存在，相反离不开人们的主观经验。当客观存在向人们所能把握的生活真实转化时，语言或同类文化符号无疑起着根本性作用。历史虽然是不以人的主观意志为转移的客观存在，但人们所能了解与把握的历史真实，却是作为主观经验与曾经的生活真实经过文本化过程流传下来的记录。至于艺术真实，更是文艺作品达到的一种似真非真或以假乱真的艺术效果，能使受众获得像真的一样的主体经验。可见，离开了人们的主观经验谈论生活真实和历史真实都是毫无意义的。历史共识不仅包括一个民族代代相传、约定俗成的基本历史记忆，而且还包括社会成员普遍认可的对重大历史问题的基本认知与态度。正是那些基本的历史记忆、历史认知与历史观念，在数千年的历史积累中逐渐融会到该民族的文化传统和社会习俗之中，成为民族文化不可分割的组成部分，有的甚至已上升为不可随意挑衅的道德规范与历史禁忌。历史真实不同于历史共识，并不以纯粹客观性或真理性相标榜，而是强调人们对历史的主观认知与态度。如果没有了历史真实的束缚，文艺家的历史题材创作是否就可以随心所欲了，当然不是。事实上，在任何时代与社会，文艺创作者都应该尊重整个社会对历史的共识和某种契合。

（3）静心研究勇求创新展现民族精神

用文艺创新践行通古斯诸民族的发展。文艺创新是打造通古斯诸民族文化形象的需要，也是民族文艺自身发展的需要。在人类历史发展进程中，文艺始终走在时代创新的前列，体现着人们创新的历史要求。文艺家要有社会责任感和历史使命感，把通古斯诸民族的发展化为自己的自觉追求和行动，以弘扬民族文化为己任，让民族文艺为通古斯诸民族发展插上腾飞的翅膀，并不断推出精品。

民族精神与文艺美学。文化最根本的层面就在精神,文艺创作与传承民族美学精神,就是要按照本土固有美学精神来进行具有民族特色与地方色彩美的创造。文艺作品无疑要描写和表现人类社会各种各样的生活方式,表现人的情怀和情调。正是民族感情和民族生活情调决定着人们对艺术的喜厌与弃取,代代相传就形成了艺术的民族保守性。民族美学精神不是一种既定静止的存在,而是一种动态的不断发展的精神。民族美学精神蕴含在中华哲学精神之中,体现为一个运动着的历史过程。每个时代都有每个时代的精神,它是民族集体性的审美意识的精髓和灵魂,同时含有信仰之美、崇高之美、道德之美、自然之美等多种精神成分。民族美学精神的传承和弘扬,主要集中在精神层面,那就是坚持以人民为中心的创作导向,树立和坚持正确的历史观、民族观、价值观、文化观等。传承和弘扬民族美学精神,要结合新的时代条件以创造性转化和创新性发展来传承弘扬民族优秀传统文化。

(4)俯下身躯敢于担当文艺创作的社会责任

从历代文艺的发展来看,真正的文艺都不是孤立的,不是为了文艺而文艺,而是紧紧围绕时代来发展的。当代艺术创作应当突出社会责任意识与时代功能。文艺应该保持本民族的独特个性。文艺世界的缤纷多彩由不同民族、不同文艺个性的艺术家组成,世界文艺的繁荣也要求必须保持各民族文艺的个性。保持民族性不能无视其他民族文艺的精华,吸收其他民族文艺精华也不是将民族个性消解。文艺的国际性不以某一国和某一地区的文艺样式为标本,而是随着各民族文艺的发展而发展。文艺的国际性同样处于发展之中,不是一成不变的。中西融合是为了吸收其他民族文化艺术之营养,这种吸收与借鉴,绝不是外表的模仿、复制和克隆,而是为我所用,用以滋养和发展我们的民族文艺。文艺的民族性只有在与其他民族的交往中,不断展现和改变自己才真正具有魅力。一个中国人当他和世界各国的人们发生直接或间接的关系时,他的文化就是他的祖国。越是全球化,越是走向世界,就越需要坚持民族文化的根性和本位,越需要一个民族在文化上的自觉和自信,越需要精神上的强健和团结。古往今来,中华民族之所以在世界上有地位、有影响,就是靠中华文化的强大感召力和吸引力。通古斯诸民族的文化和文艺不仅要为中华民族提供丰厚滋养,而且要为世界文明贡献华彩篇章,推动人类社会的进步和人类文明的发展。

五　关于笔者的民族文化艺术创作简介

1. 对各民族传统文化的艺术创作

中国56个民族汇聚了中华文化。然而，民族文化是不断发展和变化的，不同历史时期有不同的文化内涵。认为有一种永远保持不变的文化是不科学、不客观的，所以要正确面对新旧文化合理成分。对于民族文化所覆盖的精华部分，要把它通过合理方式及时保存下来供后人去研究。我国民族文化保护的艺术创作工作是用多种艺术形式，去反映各少数民族生活现状和传统历史文化，这对于传承、保护和发展各少数民族传统文化具有积极的意义。

作为一名民族艺术创作工作者，笔者的艺术创作也一直定位非常明确，就是努力对中国56个民族传统文化做历史研究与实地考察，以创作反映每个民族几千年的文化变迁的作品为创作宗旨，以达到和唤起人们对中国各少数民族文化的保护和重视。笔者认为，各少数民族传统文化的艺术创作，应本着实事求是的精神反映民族生活现状和传统历史文化，尊重各民族的传统文化差异，包容多样性，保持民族性；坚持贴近历史，贴近实际，贴近生活，贴近群众，把反映传统民族文化放在首位，使艺术形式服务于民族文化主体，创作各族群众认可的文化艺术作品；并在平等、团结、互助、和谐的民族关系中，促进全国各民族传统文化共同繁荣，努力推进各少数民族文化对外交流和提升国际影响力。

自1995年启动56个民族传统文化保护艺术创作工程以来，笔者已实地考察和画了很多个少数民族。如在1995~1998年，根据艺术创作需要，笔者实地考察了中国东北地区的鄂温克族、蒙古族、达斡尔族、鄂伦春族、赫哲族、锡伯族、朝鲜族和满族等少数民族的历史和生活状况，同时进行油画艺术创作。在1999~2005年，实地考察和研究了河北省、山东省、山西省、陕西省、河南省等地的少数民族民俗文化状况，并进行民族油画艺术创作。另外，笔者也实地考察和研究了新疆、青海、宁夏、甘肃和陕西等地区的维吾尔族、哈萨克族、塔吉克族、俄罗斯族、乌孜别克族、塔塔尔族、柯尔克孜族、回族、藏族、锡伯族、东乡族、保安族、裕固族、撒拉族和土族等少数民族的历史和生活状况，并进行民族油画艺术创作。在2006~2012年，笔者又实地考察和研究了云南地区白族、彝族、哈尼族、傣族、布朗族、景颇族、拉祜族、佤族、独龙族、基诺族、德昂族、怒族、阿昌族、普米族、纳西族和傈僳族等少数民族历史和生活状况，同时进行了民族油画艺术创作。另外，也实地考察和研究了安徽省、江苏省、浙江省、湖北省等地的少数民族历史和民俗文化状况，并进行民族油画艺术创作。在 2013~2014 年，再次实地考察了各自治区、各自治州和自治县旗的少数民族历史和民俗文化状况，并进行民族油画艺术创作。同时，笔者用了半年多时间单独完成了"环中国边疆行"民族调研和实地绘画写生工作。

2. 对中国通古斯语族的文化艺术创作

中国通古斯语族的文化艺术创作是中国 56 个民族传统文化艺术创作工程的重要组成部分，记得 1995~1998 年，笔者实地考察了中国东北地区鄂温克族、鄂伦春族等少数民族的历史和生活状况，同时进行民族油画艺术创作。

回顾笔者的通古斯语族文化艺术创作历程，首先还要从鄂温克族说起。鄂温克族是一个比较小的民族，长期以来受社会关注较少，能参与到鄂温克族文化整理和保护工作中来的人更少，到过那里整理他们的文化和画他们的画家更是极少。作为以民族文化为创作核心的民族油画工作者，笔者被鄂温克族种种文化特征所吸引。另外，鄂温克族传统文化不断地消逝也非常令笔者担忧。所以，笔者第一部民族油画创作就落在了鄂温克族身上，成为笔者民族油画创作的起点。回想起 20 多年前，与鄂温克族猎民们穿梭在大兴安岭深山密林中放鹿和狩猎体验生活，真是感触万分终生难忘。经过 5 年多对鄂温克族历史文化的研究考察和艺术创作，笔者最终完成了反映鄂温克族从原始社会到社会主义社会历史文化变迁的油画创作 100 余幅，并于 2002 年 6 月为鄂温克族在北京国家博物馆专门举办了鄂温克族传统文化保护油画作品与历史实物展。这也是鄂温克族有史以来在北京的第一次大型民族文化展。到 2003 年国家为了改善鄂温克族最后使鹿部人民生活，特为他们建了新的定居点，结束了以往居无定所的游猎生活。鄂温克族最后使鹿部整体走出森林，这意味着使鹿部原有文化将成为永远的记忆，笔者能在他们没有搬迁之前用自己的方式为他们留下一份民族文化记忆而感到庆幸。

作为民族文化艺术工作者，笔者很想让民族文化放慢它逝去的步伐，但社会要向前发展这已是无法阻挡的历史潮流，笔者只能尽自己最大的努力去更快、更多、更好地表现它曾经的美好和未来……

六　向世界呈现通古斯诸民族文化和文艺创作

　　文化的全球化是要突出不同国家不同民族的文明属性，世界上每个国家或民族的历史传统、文化积淀、基本国情不同，其发展道路必然有自己特色。

　　中华民族优秀的传统文化是中华民族的突出优势，但中国文化产业起步晚规模小，与发达国家比在质与量上都处于弱势。要积极开发民族文化产业，传递更多的中国文化内涵。然而，中国通古斯诸民族文化要想在国内外发挥重大影响，也不能单纯依靠诸如鱼皮工艺、桦树皮器皿、萨满法式和各种民俗表演等表层的载体来吸引别人。要善于挖掘通古斯诸民族文化宝藏中的珍贵资源。另外，在中国民族文化发展和走出去的同时，要注意维护各民族文化的安全性，而想要维护各民族文化安全，就必须民族团结！只有在各民族团结的前提下才能维护民族文化！通古斯诸民族是中华民族重要组成部分，其文化的安全性也同样重要。所以，通古斯诸民族要坚守本民族传统文化阵地，在保护和发展的同时不忘防范和抵制不良文化的影响，维护本民族文化安全。目前通古斯诸民族文化如何通过国际文化交流为我们的建设创造更好的国际环境，在交流中审视通古斯诸民族既有文化格局与文化秩序，建构更有利于文化艺术评价体系等问题都显得至关重要。只有这样，才能在确保文化安全基础上，更好地实现文化的"走出去"。而民族文化影响力的提升，并非是一朝一夕能够完成的，这需要我们不断扩大对外文化交流和文化传播，努力推动民族文化走出去，扩大中国文化的影响力，提高国家的文化实力。

　　随着中国快速发展，艺术创作通过多种方式来向世界呈现通古斯诸民族文化及中华文化，可以促使世界更全面、客观、理性地看待和认识中华民族。相信未来中华民族文化必将在全球文化舞台上绽放出更加绚丽的光彩！

论鄂伦春族、鄂温克族、达斡尔族神话产业发展途径

杨金戈

(内蒙古民族大学文学院,中央民族大学少数民族语言文学系)

现代社会,区域竞争激烈,区域产业专业化水平不断提高,文化产业作为区域产业的一个重要组成部分也在区域经济竞争中日益发展和壮大。鄂伦春族、鄂温克族和达斡尔族由于历史原因、人文环境、地理条件等因素制约,区域经济发展较慢,区域文化产业发展滞后。在现代市场经济竞争急剧升温的年代,为摆脱这种被动局面,缩短与其他地区的发展差距,三个少数民族正在做着不懈努力。近年来,三个少数民族地区文化产业结构优化升级速度明显加快,文化产业结构也渐趋合理,但特色文化产业化水平还很低,还没有形成一定规模,还未转化为真正的优势产业,与充分发挥文化产业发展的后发优势、实现跨越式发展的期望还有很大差距。选择和发展特色文化产业,发挥区位差异优势,提升区域经济竞争力,是摆在三个少数民族面前的现实问题。神话是传统文化资源中的宝贵遗产,也是由大众参与创作的集体无意识的文化产物,鄂伦春族、鄂温克族和达斡尔族在源远流长的历史发展进程中,各自积淀了大量的神话故事,这些神话故事已经成为三个民族特有的民族因素和文化符号,在公众内心中已经得到广泛而一致的认同,是三个民族自身不可多得的潜在的文化产业资源。以以上三个少数民族本身的神话故事为文化产业创意核心元素,发掘其民族传统文化资源,拓展神话产业发展新途径,打造本民族特色文化产业,构建民族文化产业发展新链条,在"引进来,走出去"的强区利民发展战略中将神话文化有机地转化为神话产业,实现"文学产业化",发挥神话在现代文化创意产业中应有的作用是本文探讨的主要内容。

一 神话在文化产业中的价值

神话是人类传统历史文化与智慧的集体历史记忆,它承载着古时先民原始的世界观、历史观、哲学观、宗教观,体现着远古社会在认识、生产、文学艺术、社会伦理等方方面面的发展状况,记述着先民对世界与自我的认知,揭示着自然、宇宙以及人与自然万物的关系。可以说,世界上任何一个民族都有自己的神话,尽管到目前为止国内外学者对神话的定义有多种,尽管它在漫长的历史发展长河中被一代一代人不断演绎、扩充和改编,尽管在科学高度发展的现代社会,人们不再会像古时先民那样笃信神话的超级真实性,但是,我们也应该看到,生活在现代社会的人们同样有着现实社会带来的特有的精神困惑和压力,人们也需要情绪释放与精神慰藉。神话中所包含的远古的天与地、神奇的大千世界、灵异鬼怪、超凡英雄、涅槃重生以及相关联的宗教、艺术、传说、民俗传统等,对于身处物化信仰极度缺失的现代社会的人来说,有时反而会引起极其激烈的数不尽的好奇、疑问和幻想。从这一点上说,远古神话更加带有一种深远的情结,它虽然走过万载千秋,历经沧桑,反复沉淀演化,但始终传递着一种跨越时空的人类属性中共通与永恒的东西。集体无意识说为我们分析神话提供了心理学上的依据。现代高度发达的商业化社会利用神话的这一特性来满足和响应人们群体的心理与精神需求,于是人们有了娱乐产业、文化产业和创意产业。

从以上论述中,我们不难看出神话在文化产业中的价值:一是通过产业创意以文艺形式加以整合演绎的神话内容,以纯娱乐的形式为大众所享用,例如一些动漫、游戏等;二是神话故事承载着一些高尚的人性精神品格和生存智慧,传递出无限的正能量,对人们具有启迪和教育作用。如汉族神话愚公移山、大禹治水、精卫填海;如鄂伦春族神话桦皮造人、大水的故事;如鄂温克族神话天神保鲁根巴格西造万物、宝马斗魔鬼;达斡尔族天神捏人、杀莽盖等,无不显示出人们的英勇、顽强和智慧;三是无论是用神话演绎的纯娱乐还是具有启迪和智慧的神话展示,都是推动现代市场经济繁荣与发展的强大力量。

利用神话的这些特点,人们用现代技术手段将神话予以改编,让我们欣赏、感受、参与着不一样的"现代神话",这就是古代文明与现代文明相结合而绽放出的艺术奇葩，这就是神话凭借其神奇的艺术魅力为我们提供的品味独特的精神盛宴，这也是神话的文化产业创意价值之所在。

二　鄂伦春族、鄂温克族和达斡尔族神话研究概况

鄂伦春族、鄂温克族和达斡尔族神话题材很多，内容也非常丰富。但学界对这三个少数民族神话的研究大多是把神话作为纯文学的角度进行的。

对鄂伦春族神话进行研究，主要有孟慧英、高荷红、王丙珍、黄任远、关小云等对诸如鄂伦春萨满神话、人类起源神话的研究。汪立珍教授对鄂温克族神话进行过系统的研究，在《鄂温克族神话研究》一书中，她按照鄂温克族分布的自然区域将其神话分为4种：鄂温克族自治旗牧业鄂温克族神话，陈巴尔虎旗牧业鄂温克族神话，大兴安岭东南麓嫩江上游、雅鲁河、阿伦河流域半农半猎业鄂温克族神话和敖鲁古雅狩猎鄂温克族神话。四种类型中包含了鄂温克族起源神话研究、鄂温克族自然神话研究、鄂温克族图腾神话研究、鄂温克族萨满神话研究和鄂温克族英雄神话研究。在此书的最后一章，汪教授还系统论述了鄂温克族神话的应用价值。对达斡尔族神话的研究可谓少之又少，据笔者查找，只有为数较少的几位学者涉猎其中，包括卡罗琳、汉弗蕾、朝戈金《一则关于熊和男孩变为男人的达斡尔神话》；巴图宝音《论达斡尔族神话和传说》；李晓玲《北方三少民族神话与古希腊神话的比较》；赵菁华《达斡尔族萨满歌曲"雅德根伊若"研究》；崔亚虹、李福《达斡尔族的萨满教信仰与神话传说》；毅松《达斡尔族民间神话故事的哲学思想》；乌云格日勒《达斡尔神话传说中的萨满教思想》；萨敏娜《试论达斡尔族萨满教的神灵世界》；孟盛彬《达斡尔族娘娘神的复合形态》等。王宪昭研究员从神话的母题学、类型学角度，对我国北方少数民族感生神话、动物图腾神话、人兽母题等神话进行了大量研究，特别是《中国神话母题W编目》一书，会更加系统地将我国众多少数民族神话呈现给我们。

当然，学界对鄂伦春族、鄂温克族和达斡尔族神话进行的不同角度、不同方向、不同方式方法等多方面考察远不止这些，笔者在此就不一一指出了。但有一点值得一提，就是目前学界还很少把神话的文化性、文学性和神话的产业性结合起来考察，对三个少数民族神话作为文化产业资源在

区域经济社会发展中作用的探讨几乎还是空白的。所以，笔者在即将作鄂伦春族神话研究博士论文之际，提出这一论题。

三 在动漫、游戏、旅游等文化产业中开拓和发展鄂伦春等民族的神话元素

本文第一部分谈到，神话的文化产业价值之一便是将神话元素注入动漫、游戏、影视等产业创作中。现对这一观点进行简要阐述。

（一）神话在动漫产业中的运用与呈现

近年来，中国神话文化被我国乃至世界各国广泛用于动漫作品的创作，融入神话元素的动漫及其产业作为文化产业中的新生力量，发展迅猛，极具潜力，有着宽广的发展空间，受到了全世界的关注与好评。动漫始终都与文化有着密不可分的关系，而具有民族元素和文化符号的动漫，必将具有独特的艺术生命力。鄂伦春族、鄂温克族和达斡尔族神话中的故事、体现的精神、描绘的各样人物等要素蕴含着动漫产业创作元素，这无疑是我们在未来民族动漫产业创作中不可多得的宝贵资源，也将为中国动漫产业的发展增添唯美的中国风韵。首先，三个少数民族神话故事中蕴含动漫剧本创作的元素。无论其中包含的创世神话、英雄神话、洪水神话、天体神话，还是文化起源以及人与自然的斗争，运用到动漫中，每个神话故事都有一段梦幻般的场景和匪夷所思的视觉奇观，这将不仅为我们提供原始元素，也会让我们收到别样的效果。这样由神话融合而形成的动漫不仅可以体现出三个少数民族的民族特征，也可以从中折射出中华民族自古以来所拥有的民族品性，从而引发观众的认同感和归属感。其次，三个少数民族神话精神蕴含着动漫主题创作元素。动漫所呈现的劳动创造世界、勇敢智慧事半功倍、天人合一超凡物外、团结互助取得进步、尊老爱幼受人敬仰等，都应该不仅是一种民族精神元素的存在，而且更是一种民族世界观、人生观、价值观的完美体现，而它的感染力和影响力不言而喻。最后，三个少数民族神话蕴含着动漫人物角色等其他元素。神话中各色传奇人物与动漫角色形象创意的基本要求不谋而合，人物的鲜明个性更容易得到受众的认可。动漫的创作元素，除了体现在剧本、主题和角色上，还体

现在音乐、服饰、场景等外型的美感修饰上。

(二) 神话在游戏产业中的运用与呈现

目前，我国游戏产业快速发展。以神话为主题的中国游戏产品在中国乃至世界游戏市场的份额比重日益增大。为此，我们要充分利用中国神话众多的宝贵资源来维护和发展中国游戏市场。鄂伦春族、鄂温克族和达斡尔族神话有着自己独有的特征，可以走出一条由开发民族地方神话游戏市场到完善中国游戏产业的繁荣之路。主要基于两点原因：一是三个少数民族神话题材众多。创世神话、自然神话、图腾神话、文化起源神话、历史传说神话、神仙神话等数不胜数。这些神话传说在中华民族的大家庭中不断与其他民族神话交流融合，延续发展，形成了众多既归属中华文化大系又带有浓郁地域和民族特色的神话故事和神话形象。二是少数民族神话对中国乃至世界来说具有新鲜感。中国神话分布较散，学界对各民族神话之间的差异还没有理顺，对各少数民族的神话研究起步较晚，目前还没有形成一定规模，缺乏系统性。利用少数民族神话游戏来了解少数民族文化，进而了解中国文化，会成为中国乃至世界的共识。因为在一定程度上，少数民族的神话或者魔幻游戏能成为中国文化的又一代表，也能凸显中国元素，并且更具有新鲜感和吸引力。

(三) 神话在旅游开发中的运用与呈现

三个少数民族神话题材众多，神话中包含的人物故事、动物故事以及神灵故事等都是其先民远古时期宇宙文化、人类繁衍文化、农业生产文化、宗教信仰文化及其所蕴含的人类精神的体现，将这些元素不同程度不同方式地移入旅游产业设计创意中，如移入旅游公园主题的创意设计、城市建筑的创意设计，移入旅游景点的创意设计中。这种创意设计可以是形形色色的神话传奇实体人、动物、建筑等，也可以是诸如唱本、诗经、教义、祭祀等鲜活多样的亲身体验活动，通过一系列有声的、无声的、看到的、亲身感受的过程，既可以丰富神话主题的表现形式，展现远古神话的魅力，也可以使游客在旅游过程中，通过视觉的体验体会到少数民族文化的深层内涵，从而拓展少数民族特色文化的传播途径，促进少数民族政治、经济、科技、文化的一体化发展。

（四）神话在工艺制作等生产生活中的运用与呈现

三个少数民族地理位置独特，从事手工业制作有着天然的条件，尤其是制革、皮制品、骨制品、木制品、桦皮制品更有着悠久的历史。很多人在制作过程中将一些简单的花纹、图案等运用绘画、编织、刺绣技术融入其中，极大地增加了工艺品的审美情趣。利用这一点，我们同样可以将古老的神话元素融入其中，例如在各种玩具、马具、猎具、家具，甚至在衣、袜、裤、鞋、被、褥、手套、背包、桦皮篓、仙人柱以及装修设计、城市建设等方方面面都可以将各种神话故事以不同的方式表现出来，真正形成一个只属于本地区独有的特色文化产业，从而打造并形成民族文化品牌效应。

其实，从产业关联上看，动漫、游戏、旅游、工艺制作等产业是协同发展的。比如，可以将动漫作品创作这个核心，扩散到动漫形象授权产品（玩具、文具、服装等）、其他版权产业（游戏、影视、音乐等）、动漫文化服务（主题店铺、主题乐园、旅游景点）等产业。

总之，正如现代区域经济学认为的那样，区域比较优势只是一种潜在的优势，要使这种潜在的优势真正转化为现实的经济优势，关键是要培育、创造并维持区域的竞争优势，以充分保证区域产业发展在未来的市场竞争中能够获得较大的控制或优势地位。要从本地资源中遴选特色；融合人文资源，创造特色；利用区位、机遇，构建特色。鄂伦春、鄂温克、达斡尔三个少数民族地处中国西部和东北部，受惠于民族区域自治政策、西部大开发、东北振兴计划等良好政策扶持；有着经济全球化、中国与世界各国经济深度融合的良好外部环境；有着中国经济结构转型，党和国家实施扩大内需和对"三农"问题的高度重视以及借助目前"一带一路"的"东风"，民族地区优势特色产业发展空间更为广阔；从文化传统上看，三个少数民族在文化产业资源方面有着数目众多的远古神话，这为发展民族区域文化产业提供了最根本的前提。万事俱备，我们期待着三个少数民族地区的神话产业开出更多更美的繁荣之花。

浅析印第安创世神话中恶作剧者的形象

黄晓坚

(中央民族大学)

印第安人是北美大地上古老又兼具神秘色彩的民族。在哥伦布发现新大陆之前,印第安人一直以种田狩猎为生,他们相信万物有灵,崇尚自然,对自然界的草木山石都有着敬畏的态度。在最初与大自然长期且艰苦的斗争中,印第安人累积了多方面的经验,在这些丰富经验的基础上创造了属于自己的独特的口头传统文化,这些文化集中体现了印第安人原始的生态和谐思想,即生态意识。[①] 印第安每个氏族部落都源于某种动物或植物或自然现象,他们对自然万物存在着一种如对神灵的崇拜,因此,有不少生态学家认为印第安人可能是最早的生态主义者。生态文学研究者王诺教授在其作品中曾指出:"生态思想的核心是生态系统观、整体观和联系观,生态思想以生态系统的平衡、稳定和整体利益为出发点和终极标准。"[②] 他认为,具有生态意识的作品应该是反映、探讨和揭示人与自然关系的作品,印第安创世神话中恶作剧者的形象正是体现印第安传统文化观和世界观的典型。

从传统字面意义上看,人们会认为恶作剧者只是一种以狡诈手段捉弄他人的角色,但在印第安的神话中,恶作剧者却是一个多层面的复杂形象,狡猾、贪婪、好色、粗俗、自以为是,常常为了一己私欲用恶作剧的手段捉弄和欺骗别人,却又会因自己的恶作剧行为而受到惩罚。尽管如此,它却是北美各印第安部族创世神话的主角之一,也是印第安传说中最先存在的生灵之一。这些恶作剧者上通天,下入地,可随意转变于人和动

[①] 邹惠玲:《印第安传统文化初探》,《徐州师范大学学报》2005 年第 6 期。
[②] 王诺:《欧美生态文学》,北京大学出版社,2003 年。

物之间，与天地万物相通，没有任何局限。在很多关于人类起源和发展的神话中，恶作剧者都充当了大地以及自然万物的创造者这一重要角色，换句话说，恶作剧者形象地塑造反映了印第安人最初的生态意识。本文从两个不同层面对人格化的恶作剧者形象进行基本的分析。

第一层面：创世者

恶作剧者（Trickster）是印第安文学中一个十分显著且奇特的文学形象，它普遍存在于北美洲各印第安部族的创世神话中。在不同部族的创世神话中恶作剧者的名称都有所不同，在北美洲西北海岸的特林基特（Tlingit）、夸扣特尔（Kwakiutl）等部族的口头传说中，恶作剧者常常以大乌鸦（Raven）的形象出现；在亚北极地区的阿沙帕斯卡（Athapaska）部族的传说中，恶作剧者以灰噪鸦（Canada Jay）或貂熊（Wolverine）的形象出现；而在北美洲西南地区、大盆地、高原地区、加州和大平原的各印第安部族口头文学中，最广泛出现的恶作剧者形象却是郊狼（Coyote）。就恶作剧者形象的本质而言，即使它们大部分都以某种动物形象出现或被命名，但其思维和行为方式完全被人格化了，这就表明在印第安人的意识中，人与自然是一体的。

在很多印第安部落的创世神话中，恶作剧者先于人类而存在，它是自然界的第一个生灵，以自己独特的方式创造出印第安人和后来他们赖以生存的世界。例如，在克劳族的创世神话中，最初的世界只有无人知道来自何方的"老人郊狼"和茫茫无际的大水。"老人郊狼"在孤独中到处游荡，终于遇到两只野鸭，他请求野鸭从水底衔出一块泥团，他把这块泥团化作陆地，又将野鸭从水底带上来的根茎种在这块泥团做成的陆地上，后来他用泥团捏制出印第安人和各种动物，创造出自然界。而在另外一些口头故事中，恶作剧者借助自己的狡诈为印第安部族创造了最基本的生存条件，并教会印第安人求生的本领，也被印第安人认为是引进文化的英雄。例如，在卡拉普亚族的传说中，蛙人独占着整个世界的水源，郊狼用鹿的一根肋骨冒充大贝壳送给蛙人，换得他们同意自己把头伸到水中去饮水。在饮水的同时，郊狼偷偷用嘴拱塌了蛙人拦截水源的堤坝，洪水倾泻而出，世界从此有了溪流、河海和瀑布，卡拉普亚人也因此获得了可以延续生命的水源。

从上述两则神话中可以明确地看出，在印第安创世神话中，恶作剧者被塑造成人类与自然界的连接者，他充当了大地以及自然万物的创造者这一重要角色，也推动了早期人类文明的形成和发展。对恶作剧者形象的塑造反映出，印第安人既对自然界保持着敬畏和好奇心，把自然万物视为神灵，充满敬畏和崇拜；又渴望能在某种程度上了解自然而不断地探索，从而希望与自然万物和睦相处，互不伤害，互不侵犯。

第二层面：社会道德规范的逾越者

恶作剧者自私、贪婪、懒惰、好色、狡诈的形象是对印第安传统与道德规范的挑战和否定。比如，恶作剧者骗取火鸡的玉米、偷窃村民的南瓜，为了自己寻开心而把一位父亲托付给他的孩子弄死，骗鸭子闭上眼睛跳舞、趁机把它们一只只吃掉，为了在冬季有个栖身之所伪装成漂亮女人嫁给酋长的儿子等。另外一些神话作品也会以恶作剧者彼此捉弄的行为作为主要内容。例如，郊狼和蜘蛛人艾克托姆这一对恶作剧者经常同时出现在故事中，"他们说谎、偷窃、贪婪，总是追逐女人……他们是朋友，又总是相互捉弄对方"。[①] 另外一对经常出现在印第安神话作品中相互捉弄的恶作剧者是老人郊狼和郊狼。为了自己的一顿饭，老人郊狼先是骗一群驼鹿，而后又骗一群驯鹿跳下悬崖摔死，而郊狼装成瘸腿前来讨要鹿肉，老人郊狼不愿意和他分享，便设计捉弄他，提出以赛跑决定谁可以占有鹿肉。老人郊狼自以为肯定跑得过一个瘸子，没想到郊狼先于他跑到终点，夺走了鹿肉。这个作品将恶作剧者的自私、残忍、贪婪、狡诈和愚蠢等形象特征体现得淋漓尽致，恶作剧者逾越社会道德规范的行为代表着可能破坏和谐、平衡、统一的不稳定因素，但是，也从反面表达并肯定了印第安民族对和谐、平衡、统一的理想境界的追求。

从上述两个层面，我们可以看出，恶作剧者是一个看似相互矛盾但能奇特地结合在一起的完整形象。印第安传统文化的关注点不在于善恶本身，而在于"好的和坏的、正面的和反面的"等对立因素如何保持平衡、和谐并存在于一个统一体内。印第安人的生活方式是消失在景观之中，而

[①] Erdoes, Richard and Alfonso Ortiz, *American Indian Myth & Legends*, New York: Random House, Inc., 1984.

不是从中凸显出来……这就好像恢宏的乡村在沉睡，他们希望把自己的生活进行下去而不去吵醒它；或者说好像大地、空气和水的精灵是不应该遭遇敌对，不应该受到惊扰的……他们在打猎时也同样谨慎小心；印第安人打猎从来不是屠杀动物。他们既不破坏河流，也不破坏森林，如果他们要灌溉，他们就使用尽量少的水来满足自己的需求。他们小心周到地对待土地和土地上的一切食物；既不会尝试去改善它，也从来不去亵渎它。①

印第安人把宇宙间的一切视为一个伟大而神秘的和谐体，他们认为，在这个和谐体中每一个生灵都有好的和坏的方面，正反两面互为补充，同属一体。在传统文化中，印第安人认为人类的发源与大地，与自然万物息息相关，不能分割；没有土地，就没有自然万物，也不会有人类，更没有人类的发展。这便是印第安人最原始最朴素的传统自然意识。

印第安民族创造了丰富的传统自然生态观和多彩的印第安文学，人类社会经过几个世纪的飞速发展，无论是物质生活还是精神生活，都发生了翻天覆地的变化，但在印第安文学作品中，传统的印第安文化观已成为一种族群精神的象征，它象征着人类失去了但还没有忘记的人与自然的和谐，象征着源于对生命和大自然的敬畏的生态智慧。印第安恶作剧者的形象是印第安传统文化的必然产物，在其不同层面的形象中既蕴含着印第安部族的信仰、世界观与思维方式，保证了部族文化传统的世代延续，同时，也体现了印第安人对传统社会道德行为准则的接受和认可。

---

① 孙宏：《薇拉·凯瑟作品中的生物共同体意识》，《外国文学研究》2009 年第 2 期。

鄂温克语地名文化探析

乌日乌特

（中央民族大学中国少数民族语言文学院）

鄂温克族是我国 22 个人口总数不到 10 万的较少民族之一，根据 2000 年人口普查统计人口总数为 30505 人，主要分布在内蒙古自治区、黑龙江省，少量分布于新疆维吾尔自治区的塔城地区。鄂温克族是跨国民族，俄罗斯称其为埃文基或埃文克，主要分布在俄罗斯西伯利亚地区。鄂温克族有语言无文字，语言属阿尔泰语系满通古斯语族通古斯语支，历史上曾使用满文、日文，目前通用汉文和蒙古文。

鄂温克族是一个狩猎民族，自古生活在大森林中，过着游猎生活，历史上由于各种原因有一部分人迁居到草原成为牧民，所以从大小兴安岭到呼伦贝尔草原，北溯俄罗斯的远东地区，很多地名都是鄂温克语地名，时至今日仍在沿用。本文以《鄂温克地名考》及《鄂温克族社会历史调查》及实际的田野调研为依据，探究鄂温克居住区域地名的用词特点及其所包含的文化内涵。

一　鄂温克语地名文化类型

地名记载着历史变迁和民族经历，是历史和社会经济发展的写照，鄂温克语地名具有很强的狩猎文化印记，里面包含对自然的恐惧与敬畏，在地名中可以看到鄂温克的狩猎文化、民族历史信仰、社会形态、生产生活方式等各个方面，地名反映着鄂温克族独特的思维活动、认知过程和审美特性。不同的地名蕴含着不同的文化内涵。每一个民族都生活在特定的自然生态环境中，有其特定的生产生活方式，他们通过身边熟悉的事物，利用个性化具体化的特指性语言去命名，鄂温克族就是这样把命名固定下来从而形成了具有狩猎游牧民族特点的地名。在文中所涉及的村屯都是鄂温克人活动过的地域，山林、河流、曾经居住过和现居的村屯地名，以内蒙古呼伦贝尔市鄂温克语为主。

（一）以氏族命名居住地

地名学研究中"地名是各个地理实体的指称""地名是人类为便利自己的生产和生活命定的地物或地域名称"①。自清前期皇太极北征黑龙江索伦部落告毕，作为臣民的鄂温克族与鄂伦春族、达斡尔族一同南迁内移至大小兴安岭及嫩江两岸。按照异姓不混居的习俗，每个哈拉（满语：姓氏）居住一地。哈拉莫坤制度是早期鄂温克族最基本的社会组织。故鄂温克的地名的第一个特点是地名多以本哈拉命名居住地。如：扎兰屯市萨玛街鄂温克民族乡，就是鄂温克族萨玛吉尔氏族居住的地方。莫力达瓦达斡尔族自治旗的杜拉尔鄂温克民族乡，就是鄂温克族杜拉尔氏居住并命名建屯的地方。阿荣旗那克塔镇就是因该地鄂温克族那克塔氏族最早居住该地而得名的。从地名上我们可以看出之前鄂温克人居住的格局和内部社会组织结构，都具有氏族社会的遗俗。

（二）以居住地的动植物命名

鄂温克族是狩猎民族，终年驰骋在森林草原中，对于自然界的认识及反应是最直观的，对给予自己衣食住行的生存环境再熟悉不过了，哪里的山高林密，哪里水深滩险，每一条山沟每一条小溪可以说都掌握在每个猎民的心里，并将信息反馈传递给其他的族人和外来的人。如阿荣旗查巴奇鄂温克民族乡的查巴奇村鄂温克语为萨勒巴奇汉译白桦树多的地方，音河达斡尔鄂温克民族乡维古奇猎民村，鄂温克语为维勒古奇汉译柳树丛之意。根河市敖鲁古雅鄂温克民族乡，敖鲁古雅鄂温克语是杨树多的地方。鄂温克自治旗巴彦查岗镇的扎格德木丹嘎查（嘎查：蒙古语，汉译为村），鄂温克语是樟子松多的地方。

地方特产是游牧渔猎民族命名地名的依据之一。这类地名不仅形象生动地反映了游牧渔猎民族的风俗习惯和经济生活，同时也表现了一个地方

---

① 尹钧科、孙冬虎：《北京地名研究》，北京燕山出版社，2009。

的动植物分布情况。伊图里河，鄂温克语为图里黑，汉语为野猪的意思，伊图里河即为野猪多的地方。位于大兴安岭济沁河流域的伊气罕林场，鄂温克语音译为音吉罕，小狍子的意思，过去是鄂温克族和绰尔河流域鄂伦春族的猎场，因为过去猎民在此捕获一个小狍子崽，所以将该地起名为伊气罕，通过上述两个地名可以直观地看到在任何一个民族的语言地名系统中，都有一些最基本的地名，客观再现该民族所处自然环境和动植物分布以及生产生活方式。

（三）以地形地貌命名

地名是人类认知自然的产物。人类祖先在从事原始狩猎和采集生产劳动时，必须了解熟知生存的自然环境，知晓水源在何处，哪里有野兽、哪里有野菜等。在外出采集狩猎时，要确定地理方位、辨别方向，以确保能够返回驻地。正是出于生产与生活的需要，赋予大自然的符号——地名自然而然就产生了。鄂温克族虽为狩猎民族，但很早便有人定居狩猎，在选择居住场所时也是很有规律，必须选择靠近水源的地方，背靠山坡阳面，这样既可以解决饮水问题，冬天还可以因山势而背风，这样也方便狩猎。这种人类适应自然的生存观对于鄂温克族来说尤为明显，很多鄂温克村屯命名都是按居住地势而得名的，如：伦图赫，位于阿荣旗阿伦河流域的地名，伦图赫鄂温克语汉译为秃山或陡峭的山。位于扎兰屯阿荣旗交接的音河流域，有一地名叫西瓦日阿勒，鄂温克语烂泥塘沟之意，是往返于该地的雅鲁千鄂温克猎人和鄂伦春猎人的猎场，因为该地处于沼泽地带经常陷马陷车，故因此得名。

（四）以宗教观念及萨满为地名

鄂温克族主要信仰萨满教，萨满教是人类早期的原始宗教，萨满：鄂温克语汉译智者或通晓一切的人。过去鄂温克人在狩猎生产生活中，或是遇到不能解答的问题的时候，萨满就会通过占卜等活动来解决问题，所以萨满在鄂温克族的社会生活中地位是很高的，影响着鄂温克族的精神世界与生活的价值观，可以说萨满教对于鄂温克族的习惯法的形成与贯彻起着推动作用。鄂温克人对于萨满的信仰与尊重也反映在地理命名上，如位于鄂温克旗巴彦查岗苏木的一个地方叫"能切布仙丹"，汉译为能切布萨满之墓！人类的多样性文化就是在一定时期内，一些民族一些族群在一个固定的生态区域生活和繁衍而产生出来的①，以当地敖包命名的地名也有很多，并且敖包的名字可以显现出多元文化的交融。位于鄂温克旗巴彦查岗镇的梅音敖包嘎查，鄂温克语军队敖包之意，因此地为清代索伦八旗军营所供奉的敖包。位于呼伦贝尔市博克图镇附近的雅兰敖包的地名，鄂温克语三个敖包的意思，该地名是布特哈地区的鄂温克猎民骑马赶车去海拉尔甘珠尔庙参加庙会贸易的重要歇脚点，也是呼伦贝尔草原和大兴安岭的分界点。时至今日虽然汽车火车现代交通已经取代了过去的出行方式，但这一地名仍然沿用至今。

（五）与政治或驿站有关的地名

扎兰屯，鄂温克语为占聂日，清时期为布特哈八旗，镶红旗扎兰（官名）所在地，该地名一直沿用至今。鄂温克旗辉苏木的原有的大利敖包，这个地名就是根据清时期索伦八旗中索伦右翼正黄旗三佐鄂温克人与大利商号汉人交易地点而得名的，位于内蒙古扎兰屯市西南有罗特艾勒，"罗特艾勒"是鄂温克语，汉译为俄罗斯人居住的村屯，该地是民国时期为逃避十月革命而来的俄罗斯移民的定居点。牙克石，鄂温克语为雅克萨，翻译为高大的河岸沟壑，传说是索伦鄂温克人清时期从俄罗斯雅克萨迁居兴安岭后因怀念故土而命名的地名。为了抵御沙俄的东扩和喀尔喀蒙古对呼伦贝尔地区的蚕食，1732年清政府在原有布特哈八旗的基础上，挑选鄂温克、鄂伦春、达斡尔族和陈巴尔虎士兵，前往呼伦贝尔草原，建卡戍边，随之建立了索伦八旗，后陆续建立都统衙门，为了便于传递政令军机，1736年黑龙江将军府在齐齐哈尔至海拉尔间建立了等距离驿站10处。阿荣旗音河达斡尔鄂温克民族乡所在九三站，鄂温克语为蒙古勒乌克查奇，民国初期改称旧三站，因为位于10个驿站中的第三站而得名。所以通过上述的地名我们不仅可以简单直观透视一个地区一个民族的纵向与横向的历史，而且对该地名的深入探究更有助于我们对呼伦贝尔地区的交换史和民族关系史的研究。

二 研究鄂温克语地名的启示

鄂温克族既是森林狩猎民族也是游牧民族，因为历史原因及聚居区域

---

① 麻国庆著《走进他者的时间》，学苑出版社，2012。

生产生活方式的不同，产生了独特的地名文化，同时与各民族的交错杂居和长期的互相交往使得鄂温克语地名又具有显著的多元文化融合的印记，所以对鄂温克语地名的研究有助于我们对呼伦贝尔地区历史的挖掘与整理。

当然历史地理学者在今后对呼伦贝尔地区历史及地名的考证研究中应该重视语言学的影响，不仅要重视上文所提到的鄂温克语言，还要考虑当地其他少数民族的语言地名，这是之前研究中存在的不足之处，当地政府在实施地名普查工作中，应该以尊重历史照顾现实的方针为原则。

所以说我们研究鄂温克语地名时"也不仅仅停留在地名层面，而应扩展到口语乃至语言学的深层领域。语言不仅是社会交际和交流思想的工具，也是民族文化的深层透镜，是反映一个地方风土人情和地理特征的晴雨表，甚至一个极小的地名口音都能保留某一历史时期特定事件的记忆。历史语言学告诉我们，叠置在一个时间轴上的现代语言反映了不同历史时期语言的历时演变和发展。同样，一个地区的地理变迁信息，也会在这一地区人们世代相袭的语言中得到体现。因此，古代遗存的语言成分，不管是语音、词汇还是固定词组或成语，都能比较令人信服地为人文历史甚至是生态地理研究提供宝贵的佐证"①。

总之，鄂温克族生活的呼伦贝尔是多民族聚居地区，是我国北方民族文化的摇篮，通过鄂温克语对地名的研究可知，当今民族杂居地区少数民族语言对地名形成有深刻意义，而这种意义应在今后的民族地区地名文化研究中得到进一步的重视。

---

① 赵寰熹：《试论民族语言对历史文化和地名研究的影响》，《北方民族大学学报》2011年第1期。

驯鹿鄂温克、鄂伦春、赫哲族剪纸传承现状分析

王 纪

(通化师范学院长白山非物质文化遗产
传承协同创新中心)

驯鹿鄂温克、鄂伦春、赫哲族这三个民族分布在我国东北领土的国境线上，由东至西，笔者调查了赫哲族（八岔、四排、街津口、敖其）几乎全部集聚区，原因是赫哲族抗日战争结束后只剩 300 人，发展到今天有 4000 余人，所以只有通过排查的方式才能尽可能多地记录仅存的传统文化。对鄂伦春族笔者调查了十八站和白银纳，这两个地区如今分别归塔河和呼玛县管辖，定居前他们均属于库马尔路，如今居住地近，亲属关系交织密切，是鄂伦春族剪纸最发达的地区。驯鹿鄂温克族集中居住在海拉尔市根河近郊，人口集中，他们饲养驯鹿的猎民点在根河以北 300 里外的阿龙山。由于历史原因，这三个民族均属于跨境民族，以渔猎生活为主要生

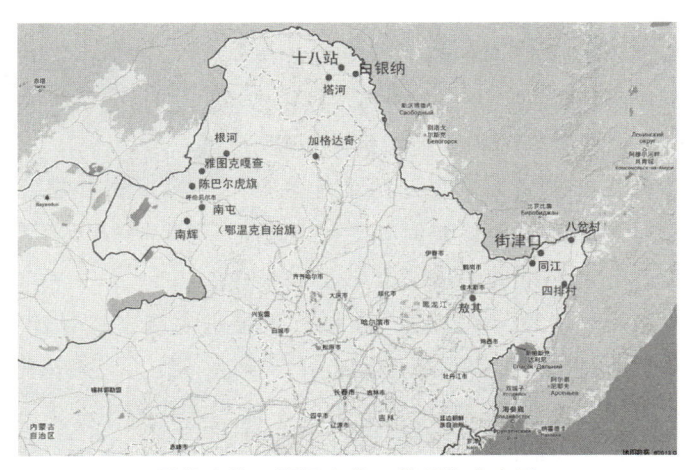

鄂伦春族、鄂温克族、赫哲族分布图

存方式。赫哲族始终沿江而居，以捕鱼为生，20世纪90年代后鱼产量下降，开始向农副业转产；鄂伦春族从事以狩猎为主捕鱼为辅的生活，1953年下山定居，1996年上交枪支后彻底禁猎，开始向农副业转产；驯鹿鄂温克族一直以狩猎和放养驯鹿为生，2005年定居地点迁到根河市郊，这次搬迁彻底放弃了狩猎的生产方式，出售驯鹿茸和发展旅游业成为主要的生产方式。从这些情况看，生产方式改变最晚的是驯鹿鄂温克人，其次是鄂伦春人，接受汉文化最多的是赫哲族人。从田野调查情况看，保存剪纸文化最原始的是驯鹿鄂温克，剪纸最发达的是鄂伦春族，而曾经最发达的赫哲族剪纸留存到今天已所剩无几。

1. 传承人分布状况

传承人的寻找是调查的关键环节，为了使这些少小民族在文化转型期能够尽可能多地记录传统文化，笔者采用排查的方法，即每到一个地区，首先到乡政府调取计划生育调查表，调查表中记录着村民家庭所有人的自然情况，我们从中统计出不同年龄段的人数和名单，并绘制村社居住分布图，对70岁以上者，逐户拜望了解其掌握的传统技艺情况。采用这种方法的原因是很多村民和乡村干部并不了解我们所说的技艺。采用这种方法发现了年龄不等的优秀传承人，例如鄂伦春族82岁的关长贤，她来自外村，独自一人生活，很少与人接触，年龄大，没有外界记者等的关注，经多次寻访老人才展露出她熟练的剪技，她剪的纹样也是鄂伦春族最古朴的，不幸的是老人在笔者调查两年后去世。鄂温克族74岁老人格列斯科居住在养老院中，因白内障失明。笔者按照年龄找到了老人，老人在双目失明的情况下，为笔者剪了他年轻时熟悉的玩具剪纸，并告诉笔者剪纸的很多文化核心。传

鄂伦春族剪皮技艺传承人

承人的寻找并不都这样一帆风顺，在赫哲族最难的就是找寻优秀传承人。当第四站来到八岔村，了解到褚秀英老人掌握这一技艺，兴奋得一路赶到她家，遗憾的是老人十天前患脑出血已经不能醒来，我坐在老人身边，看着老人种植满园绿油油的青菜，听着她女儿为我讲述母亲曾经在墙上、窗上、衣服上剪缝的各种剪纸。我带来了长白山最有仙气的人参却也唤不醒

老人，泪水夺眶而出说不出心中的酸楚。对这些少小民族来说，最紧迫的是与时间赛跑。经调查了解到鄂伦春族真正掌握传统技艺的 70 岁以上老人有 7 人，鄂温克族 6 人，赫哲族只有 1 人。

2. 生活习俗中的剪纸调查

这些少数民族的生活状况总体上来说是处于贫困状态，最困难的是鄂伦春族，他们完全放弃了传统的狩猎生活，男人没有实现自己价值的途径，以酗酒度日，他们喝酒要喝连酒，每日起来难受就再喝，通常半月不醒酒，直喝到胃承受不了为止，再睡上个把月不出门。他们喝的酒是塑料大桶装的白酒，过去还有去卫生所偷酒精喝的。在内蒙古你喝醉主人才高兴，在我们这里你喝得太多主人会心疼。酒后动刀、冻死的现象比比皆是，这也造成鄂伦春族男性数量少，仅有的几个几乎都找不到媳妇。女人喜欢嫁给汉族，原因是汉族人有生活能力，就在这种情况下，笔者赶上了鄂伦春 30 多岁的女性因为喝酒过量患紫靛去世。鄂温克和赫哲族也同样存在这一现象，每到夜晚，通过各家各户的窗户能看到推杯换盏的情景。这些民族过去也是如此吗？老人们告诉我，过去不这样喝酒，男人要外出打猎，酒只起到御寒的作用，女人不喝酒，只在岁数大时才喝一点。笔者在村中见到很多老年妇女滴酒不沾，通常是那些生活比较苦难，因为丧子、丧夫的老人才会聚在一起借酒消愁。

驯鹿鄂温克人还在山上饲养驯鹿，每年可以靠卖鹿茸维持生活，这种传统生活方式也在逐步改变。中年人生活在矛盾之中，他们从小在森林中长大，又接受了汉族教育，他们既热爱自己的传统文化，又希望自己的下一代和其他城里孩子一样接受现代生活，他们在山林和村社之间不停地转换思维、变换生活方式，孩子在假期偶尔去山里看看驯鹿，他们往往更喜欢待在家里上网，只有这样他们才会和同学有共同语言。赫哲人一直沿江而居，最好的网滩和渔场依然是他们的活动场所，随着人口的增加，渔业资源变得

鄂伦春族剪皮技艺传承人

枯竭，如今或者有钱能买大船出海打大鱼，或者沿用小船过渔民低保的生活。这里的土地是肥沃的，最有钱的人是拓荒拥有土地的人。生活富裕者

的家庭多是与汉族人结合的,一个能打鱼的赫哲人找到一个能干的汉族媳妇,会操持家务,也能很快适应渔业生产。一个赫哲族女人找到一个能干的汉族丈夫,意味着汉族人拥有了赫哲人最好的渔场再加上汉族人的智慧,他们的生活会很快富起来。为了更好地了解他们的生活,笔者来到驯鹿鄂温克人放养驯鹿的阿龙山,走进鄂伦春最后一个坚持生活在山林中以狩猎为生的老猎人幺站山林中的家。从这些亲身体验可以感受到,这些猎人们为什么如此迷恋深山,为什么会信仰萨满教,为什么会如此写实地表现山林中的动物,为什么会出现抽象的森林图画文字——路标,为什么深夜猎人们还围坐在篝火旁讲述一天狩猎生活的惊险而迟迟不肯入睡。只有到那里才会听到心跳,感受到生命本源的意义。

3. 以复原法为主的剪纸技艺调查

剪纸技艺在这几个民族中可以统称为剪皮,这些民族共同的特点是有语言没有文字,与外界交往少,纸张传入很晚,剪刻镂空的技艺使用桦皮、皮革、柳树皮、樟松皮等材料,材料的局限性形成了这些民族剪皮艺术的风格特征。这些技艺沿袭到今天主要是桦皮盒的制作工艺,对存在的技艺可以直接记录,对于留存在老人记忆中不适用的技艺采取挖掘、复原的方式进行。对东北这三小民族的调查主要采取复原的方式,笔者调查前去山里采来桦树皮、樟松皮,买来当地比较昂贵的鱼皮。在鄂温克族即便是会剪花的年轻人,给他一块桦树皮和一张纸,他会选择桦树皮,你请他

鄂伦春族村民山林中狩猎

画一头驯鹿,给他笔和纸,他将笔拿在手中犹豫良久,最后说,我还是用刀吧,于是他拿来木板很快用刀就刻出了正在行走的驯鹿。鄂伦春族老人教会我如何扒桦树皮,怎样使用樟松皮,80 岁的老人拿着厚厚的樟松皮刻童年的记忆中各种动物人物玩具,不用起稿,十分娴熟,老人从不割手。

鄂伦春族村民山林中狩猎

  这三个民族中鄂伦春族老人是掌握技艺种类最多又最娴熟的人,这些技艺主要包括剪花的技艺、剪玩具的技艺、制作樟松皮玩具和神一的技艺、制作桦树皮盒的技艺、剪缝皮革服饰的技艺。年轻人有对传统文化感兴趣者,他们会主动向老人学习传统制作兽皮服饰技艺,多数年轻人喜欢学习制作桦皮盒,原因是桦皮盒有销路,可以补充家庭收入。剪花技艺的主流是描摹传统花样,所谓创新只是将老花样适当地做一些删减和增加。真正掌握传统剪花技艺并能创新的老人只有两位。

  鄂温克族掌握剪花技艺较好的有两位老人,但两位老人掌握的种类很少,也不太了解文化内涵,年轻人不掌握这一技艺。掌握玩具剪皮技艺较好者主要为男性,年龄不等,但最优秀者已经故去。

  赫哲族掌握剪花技艺的只有一位老人,中年女性了解的只有 S 形花纹等很少的几种,相比凌纯声先生调查时,该民族的剪花技艺几乎丢失。玩具剪皮技艺笔者只找到一位中年男性继承者,而他又因喝酒于一年后冻死在街边。该民族留存下来并得到发展的是牛尔罕,即墙画剪贴。如今发展为鱼皮画,这一技艺的参与者多为年轻人,纹样来源于网络下载,所以参

笔者和助手复制樟松皮玩具

与众多的传统技艺却与传统的传承无直接关联。

4. 剪花纹样内涵调查

从这三个少数民族的调查情况看，掌握剪花纹样内涵的人主要是手巧者和了解民族文化信息较多的人。鄂伦春族关扣尼萨满是该民族掌握传统文化信息最多的人，她能用本民族的语言清晰地说出各种纹样的名称，但她不是一个酷爱剪花的人，所以并不掌握所有的花样，也不能说清很多纹样的内涵。通过多方调查发现，那些已故手巧者的子女往往保留有丰富的纹样种类，并能够回忆起母亲曾经讲述的文化内涵。这一现象在鄂温克和赫哲族中都有比较普遍的表现。

鄂伦春族老人在示范桦树皮玩具游戏规则

在对这三个民族剪花纹样内涵的调查中，笔者发现，看似抽象的纹样，人们理解起来却十分具象和直观。驯鹿鄂温克纹样以鹿角花为主，鄂伦春族纹样以大兴安岭的花和鹿角纹样为主，赫哲族纹样以云和水纹为主，相比之下，鄂伦春族的纹样种类、文化内涵最丰富，这种丰富性可能来源于其生存方式的多样性，狩猎会产生对动物的崇拜，采集会产生对植物的崇拜，捕鱼会产生对水生动物的崇拜。驯鹿鄂温克放养驯鹿和狩猎是主要生产方式，赫哲族以捕鱼、狩猎为主要生产方式，鄂温克族人如今会带着汉族人到山里，告诉他们那里有什么，但他们自己并不采集，他们的名字中从没有花草。

今天鄂伦春族、鄂温克族、赫哲族正处于从狩猎、捕鱼、放牧的生产方式向农耕、养殖业、旅游业为主的生活方式转变，这个转变过程是迅速而彻底的，相比之下，一个民族的艺术如何能在适应新的环境中得到传承和发展则成为严重问题。在生存环境和生产方式改变时，要一个民族的艺术仍然保留它的民俗功能是不实际的。调查结果显示，将传统文化作为家庭收入来源得到自发传承和通过全民教育实现全面传承是这些民族的传统文化和艺术得到发展的有效途径。

传承满族语言文字与弘扬中华民族文化

谢文香

(辽宁省本溪满族自治县教师进修学校
满族语言文化教育研究中心)

辽宁本溪是满族重要的发祥地,在40多万年前,东北第一人从庙后山走向了欧洲大陆;马城子文化开启了东北青铜时代的交响。14世纪末,明代置草河千户所,本溪逐渐成为满族的聚居之地。1989年国务院批准成立了本溪满族自治县。全县30万人口,满族人口19.5万人,占总人口的65%。世事沧桑,时代更迁,作为满族文化重要组成部分的满语却濒临灭绝,县内无人会说满语,无人认得满文。2009年满语被联合国教科文组织列为极度濒临灭绝的语言。

历史是民族的根,文化是民族的魂,一个民族的语言如果消亡了,那么这个民族的文化也会随之消亡。作为满族自治县,作为满族的后代,我们抢救与传承满族语言就成为义不容辞的责任。

2010年7月,本溪满族自治县党委、政府经过充分调研,决定抢救和传承满族语言文字,开设满语课程,弘扬满族文化,走文化兴县、文化强县之路。

一 政府决策 教育先行

县政府召开专门会议部署抢救满族语言文化工作。县人大对《本溪满族自治县自治条例》进行修订:"自治县有计划地发展民族小学和民族中学,增加办学经费,开设满族历史和满族语言文化课,让学生了解本民族的历史和文化,学习本民族的语言。在自治县内推广使用常用的满族用语,形成自治县的满族文化氛围。"县政府制定了《本溪满族自治县满族文化传承发展规划》,教育部门率先行动,民族宗教事务局、文化局密切配合，拉开了抢救满族语言的序幕。

二　培训师资　开设课程

2010 年 9 月，县教育局从全县各小学抽调 22 名优秀教师组成满语师资班，责成县教师进修学校具体实施培训满语师资和编写满语教材的工作。

我们聘请东北师范大学的满语专家、博士生导师刘厚生教授为本溪县培训师资。刘厚生教授 1966 年毕业于中央民族学院满文班，是新中国第一代满文工作者，资深教授，东北师范大学历史文化学院博士生导师，东北师范大学东北民族与疆域研究中心主任，吉林省非物质文化遗产满语文传承人。他编纂有《汉满词典》和《满语文教程》等著作。

2010 年 9 月 12 日，在县教师进修学校举行了隆重的满语师资班开学典礼。刘厚生教授不遗余力言传身教，各位学员认真好学，经过 5 个月的系统学习、考核，学员们基本掌握了满语文的语音、语法、查阅满汉字典、满文打字、满文美术字书写等知识，已经达到中级班水平，能承担小学满语文的教学工作。

2011 年 2 月 25 日，我们组织召开了满语师资班毕业典礼，学员们用满族歌舞、满族剪纸、满文书法、满语诵读、合唱、小品等丰富多彩的形式展示满语班的学习成果。

为了使满语教学工作有效实施，教师进修学校组织编写了《满族历史文化与语言文字》教材，聘请刘厚生教授任编写顾问，政府出资出版印刷，学生免费使用。

我们将满语确定为"地方特色校本课程"，使满语的传承走向了常态化、规范化。我们确定了满语的教学原则为：初步了解，基本掌握；当堂训练，不留作业；规范教学，期末考核。

2011 年 3 月 1 日，全县小学春季开学第一天，7 所试点学校的满语教师身着满族服装，为孩子们上了第一节满语课，满文第一次出现在本溪满族自治县的小学课堂上。从孩子们新奇的眼神中，从孩子们稚嫩的童音里，我们看到了"满语"这一中华民族的宝贵文化财富能够传承下来的希望。

从 2011 年 9 月起，全县所有小学五、六年级全面开设满族历史文化与语言文字课程，每周两节。通过学习，学生们了解了满族的历史文化、风俗习惯，会说常用的满语，能识、会写简单常用的满文。现在全县已经有11000多名小学生学习了满语。

2011年8月，本溪县成立了满语文教育研究中心，专门负责传承保护和发展满族语言文化的各项工作。2011年11月，成立了满族小学，满族小学在四、五、六年级开设满语课程，积极打造有满族特色的校园文化，建立了满族展室，把满族剪纸、书法、舞蹈、歌曲以及满族体育项目引入课堂。现在，满族小学已经成为本溪县满语教学示范校，成为对外展示的一扇窗口。

2012年和2014年，满语教研中心两次对教材作了修订，使全县小学满语教学提高到一个新的水平。2014年1月16日，该教材被省教育厅评为辽宁省首届中小学优秀校本教材二等奖。

三 选好载体 整体推进

从2011年起，县电台开启了"走遍满乡"空中课堂，每天教市民说一句满语。县报社开辟满族文化专栏，电视台制作视点节目，宣传满语教学工作。2011年3月23日《本溪日报》整版报道具体做法，标题是"本溪满族自治县重视发展民族教育事业——满族语言文化走进小学课堂"。2012年5月，县委宣传部在美德少年颁奖典礼上，设计了经典诗文满语诵读表演，孩子们在政府礼堂用满汉双语诵读《弟子规》《明月几时有》《陋室铭》等篇章，演唱《摇篮曲》《祖国颂》等满语歌曲，表演了满族舞蹈等节目。在县德育现场会、市少数民族运动会开幕式上，师生的满族歌舞展现了浓郁的满乡风情。

近几年的颁金节，我们都开展庆祝活动。满语课评优、表彰优秀满语教师、满文书法展、满族剪纸绘画展、满族文化知识竞赛及珍珠球满族体育项目比赛等组成了本溪县独特的颁金节庆祝画面。

2013年8月，教育局、民族宗教事务局、旅游局联合举办县内景区导游员的满族文化培训活动。经过认真培训，导游员能用简单的满语问候，能使用简短的满语导游词，会行满族礼仪，能唱满族歌曲。她们身着满服，为游客导游，使原本风光秀丽的本溪满族自治县又增加了一道迷人、靓丽的色彩。满族特色正在逐渐成为本溪县的旅游品牌，助推经济发展。

2013 年 9 月 7 日，是本溪满族自治县成立 24 周年纪念日，我们在县政府广场举办宣传庆祝活动。孩子们现场书写满文，老师们讲满族故事，演唱满族歌曲，引来大量市民驻足观看。

四　交流学习　合作共赢

为了拓宽满语教师的视野，增长知识，提高教学能力，县政府派全体满语教师到吉林市满族博物馆、伊通满族民俗博物馆、黑龙江省三家子村、新宾满族自治县满族小学实地考察学习。

2012 年寒暑假，本溪县满语教师到吉林为长春师范大学实习生培训满语。我们的《满族历史文化与语言文字》课本，确定为吉林本科生学习满语的培训教材。

2012 年 9 月，该县满语教师演唱的满语歌曲"酒歌"，代表本溪市参加了辽宁省少数民族文艺节目调演，获银奖。

中国台湾、日本、澳大利亚的满语专家来本溪县考察满语教学工作。

长春师范大学将本溪县确定为满语教学实践基地，已经有三届本科生来本溪县实习满语教学。中央民族大学为我们的师生举办满文书法展览。

2013 年 5 月，本溪县六名满语教师受邀到台湾学习交流。在台北故宫博物院和台北、台中小学等地交流少数民族文化教育等内容。

2014 年，本溪满族自治县满语教学代表团应双语学会之邀赴云南参加双语学会第二十届学术交流会，我们的满语教研中心主任周普博在会议上做了主题发言，引起与会专家的高度重视，代表团在会议期间也做了深入交流。

五　领导重视　专家扶持

辽宁省民族宗教问题研究中心非常关心支持我们的满语教学工作，将本溪县确定为"民族理论政策研究共建基地"。

文化部所属国家图书馆组织"我们的文字"摄制组来本溪县录制满语教学工作，计划年底在国家图书馆展出。

国家民委领导带领加拿大研究协会代表团来到本溪县，与我们交流抢救濒临灭绝语言及双语教学的意义。

辽宁省人大常委会副主任佟志武、政协民侨外委主任包玉梅、副省长潘利国、省民委主任王德波等分别到本溪县专程调研满语文教学情况，并给予高度评价。各级领导、专家的鼓励、指导和帮助，增强了我们传承和保护满语的工作信心。

2014年和2015年，省民委举办了辽宁省第一届、第二届满语培训班，本溪县共选派7名优秀的满语教师接受为期3个月的脱产培训。7位学员不负众望，取得优异成绩，被评为学习班总冠军和优秀学员载誉而归。

辽宁省民委和省教育厅2014年5月联合下发了［2014］13号文件《关于满族自治县中小学开展满语文教学工作的指导意见》；省民委下发［2014］17号文件《关于学习借鉴本溪满族自治县经验，切实做好抢救保护满语文工作的通知》。2014年教师进修学校副校长、满语教研中心副主任谢文湘被评为全国民族团结进步先进个人。

吉林师大满族研究所许淑杰所长到本溪县考察满语工作时说：现在，研究满语的人和机构很多，而你们却实实在在、默默无闻地在大山深处做着传承的工作。我向你们所表达深深的敬意——因为，满语如果只有研究而没有传承，这种研究终将失去它的意义。

2013年9月，在宁夏召开的全国双语教育学术交流会上，刘厚生教授做了专题报告《我对满语文的抢救、弘扬及应用的回顾与思考——兼谈"本溪模式"的几点启示》。他总结本溪县抢救满语的四点经验：

一是政府部门的高度重视和有力支持；

二是有长远的科学的切实可行的规划；

三是有一个好的领导集体和核心；

四是打造一支乐于奉献、勤于钻研的教师队伍。

本溪县满语教研中心副主任谢文湘应邀参加了这次会议，介绍了我们的工作，受到专家的高度重视。

2014年6月，双语学会荣誉会长丁文楼教授和副会长赵杰教授亲临本溪县考察满语文教学工作。丁教授说："本溪县政府为响应党中央文化大发展、大繁荣的号召，克服了种种困难，在小学开设了满语课程，办起了满族学校，从娃娃抓起，抢救文化遗产，在全国独树一帜，成绩斐然。"

赵杰教授说："从本溪模式来看，任何的艰难之事可以从零开始走向辉煌；任何创举可以从民间开始，终究会得到政府的支持；任何一种语言可以从濒危恢复到复活。"他还为本溪县的发展建言，指明要走"旅游大县，文化强县，满语亮县"的发展路子。

2015年3月，中国社科院民族语言学会黄行会长来本溪县调研，对我们的满语教学工作给予高度评价。

六　满语传承　任重道远

中华文化博大精深、多元共存，满族语言文化的拯救与传承任重道远。2013年，本溪县新一届领导班子重视文化强县工作，下发了《本溪满族自治县满族文化传承保护发展规划（2013—2017年）》，规划明确了坚持"政府主导，各行各业齐头并进，全体市民积极参与，中小学校共同教育的原则，统筹规划，分步实施"。

今后，我们还将做好如下工作：

（1）加强教研和培训，提高满语教师水平；

（2）扎实推进满语教学和研究工作，申请课题，谋求合作；

（3）规范县内牌匾，体现满汉两种文字，彰显满族文化特色；

（4）每年开展颁金节活动，为民族团结、共同繁荣贡献力量；

（5）成立满族中学，与大学联合，打造"小学—中学—大学"一条龙式的培养模式。

传承满族语言文字，弘扬中华民族文化，任务艰巨，使命光荣。我们会勤奋耕耘、默默传承、坚定守护这一中华民族的宝贵文化财富。为弘扬满族智慧、勇敢和包容的精神，为传承满族的语言、文字和文化的根脉，为中华文化的丰富多彩贡献我们的力量。

萨满信仰与生态环保

希德夫

（内蒙古广播电视台驻呼伦贝尔市记者站）

萨满信仰是西伯利亚和中亚各民族自古以来的信仰体系。"万物有灵、灵魂不灭"是萨满信仰的核心，它包括自然崇拜、图腾崇拜、氏族祖先崇拜等，而这个体系的主体萨满是沟通人世和他们所信奉的神明和精灵两个"别的"世界的使者。萨满认为宇宙分为三界：一是天界或上界；二是人间或人类界；三是下界或阴间地狱。超国界统一专用名词"萨满"，这一称谓源于满通古斯语，其意为"先知者""神通者""通晓者"，即是通晓神意的人，是神灵的化身、人类的使者、人神的媒介。"萨满"一词，通过俄罗斯语民族学语汇而得到广泛运用。在有关远古壁画、出土文物、文献史料、民族志和学者们的实地考察与研究中，有的学者提出萨满信仰在数万年以前就已产生的设想，大约是旧石器时代之末至中石器时代，只有氏族的萌芽，距今5万～1万年之间。在旧石器时代人类所具有的特征就是狩猎文化所特有的万物有灵论信仰。按照学者的推测，萨满信仰几乎是伴随着人类幼年、童年时代萌生、形成并逐步发展起来的，是最古老的自然崇拜。

中国北方曾为萨满信仰的摇篮，古代北方诸多民族或部族，如东胡、鲜卑、室韦、契丹、肃慎、挹娄、匈奴、勿吉、女真、柔然、突厥等都曾信奉萨满教。换言之，在中国北方自古以来的阿尔泰语系诸民族或其他民族中，都有过信仰萨满教的历史时代，如在通古斯语系诸民族中的满、鄂温克、鄂伦春、锡伯、赫哲等民族；蒙古语系民族中的蒙古、达斡尔、裕固等民族；突厥语系诸民族中的维吾尔、哈萨克、柯尔克孜、塔塔尔等民族，历史上都有过信奉萨满教时代。近20年来，国内外不少专家学者深入民族地区进行田野调查，抢救挖掘相当数量的珍贵的萨满信仰第一手资料。特别是近十年来，研究人员充分运用电脑、摄像、相机、录音机等科技水平较高的当代先进设备，拍摄和记录在内蒙古边缘少数民族地区鄂温克、鄂伦春、达斡尔等民族有关萨满传承人一些祭典仪式的视频画面和图片以及神歌祭词，譬如，与自然生态有关的"山水祭"，与精神心理疗法有关的"洗礼祭"，与传统的信仰民俗有关的"祖先祭"，与牲畜繁殖有关的"吉雅其祭"，与游牧文化有关的"巴勒古岱祭"（即施恩节），与古老民俗有关的"火祭"，等等。这些具有很高的历史与文化研究价值的鲜活资料，对于深入探究中国北方少数民族萨满信仰及其所蕴含的物质文明和精神文化，将会起到举足轻重的推动和促进作用。目前，古老的萨满祭祀在长期沉默和遭受冷遇后在内蒙古呼伦贝尔市鄂温克族自治旗、陈巴尔虎旗、莫力达瓦达斡尔族自治旗等地重新复活或再现。新萨满开始在当地部分民众当中以各种传统的萨满仪礼，传递萨满文化信息，并且备受人们的崇敬。

一 以"万物有灵"观念为思想基础的鄂温克、鄂伦春民族的萨满信仰

鄂温克、鄂伦春民族的萨满信仰，作为社会意识形态的文化传承形式，有其自身形成、发展、演变的历史过程。萨满信仰几乎是从远古祖先那里承袭了全部信仰的思维意识与各种形态方式。

鄂温克、鄂伦春民族历来笃信萨满信仰。其中，"萨满"作为氏族的头人或首长，不仅主持一切宗教活动，解释一切生、老、病、死、神、鬼，而且还领导、组织氏族的生产生活。

"萨满"虽然既无圣经，又无任何宗教殿堂，但具有奇特的仪式、服饰、法器和特殊地位。过去，无论是祈福免灾、驱邪治病，还是解除痛苦、排忧解难，人们都要敬请"萨满"主持祭祀仪式，把家族的命运、疾病、死亡、马匹的多寡、猎物的丰凶等重大的事情都寄托于萨满。应该说，萨满是鄂温克、鄂伦春人祖先神的代表，是人与神之间的联络使者，是一个神通广大、能力非凡、力大无比、助人为乐、求得安定的象征；萨满又是诸神的代言人，可以向人们传达神的意志，也代表人向神表示敬畏、愿望和祈求；神是通过萨满的嘴来和人说话，萨满的灵魂可以从体内飞出，在神的世界中遨游，有时与神会晤谈话，有时同其搏击抗衡。因

此，萨满享有崇高的社会地位，受到人们的普遍尊敬和爱戴。

相传鄂伦春人最早的萨满是女性，叫尼产。她体健敏捷，箭法神妙，威力无比；她集狩猎、采集、熟皮和缝纫等多种超人的劳动技能于一身；对人宽厚仁慈，不辞劳苦，呕心沥血，为族人排忧解难，经常为他人看病，甚至到地狱将死去的人救回。然而尼产的善行惹怒了天神，"死去的人怎么能让再复生！"天神开始惩罚尼产，把她扔进河水中淹死。尼产萨满虽被杀死，却给后世留下了萨满教。这位具有上天入地、起死回生本领的女萨满，成为人们心中的女神英雄形象，并世代流传下来。

一般来说，鄂温克、鄂伦春人的萨满有男有女，分为氏族萨满和家族萨满两种，多为世袭制。老萨满亡后第三年产生替任新萨满，新萨满多由老萨满的同胞弟妹或儿女接替，如家族内无人接替时可由本氏族内遴选。新萨满一旦选中，便请其他氏族的老萨满为其传授萨满术，学期为三年。期满之后，在老萨满的主持下，新萨满穿戴好自己承袭的神衣神帽，手持神鼓、神槌，当众举行一次隆重的请神仪式。从此，新萨满便可独立活动。萨满的祭祀活动主要体现在为人治病祛灾、主持丧葬、祈求年丰等方面。

自古以来，鄂温克、鄂伦春族信仰主要就是以大自然崇拜、动植物崇拜、氏族祖先崇拜和诸神崇拜为特征的萨满教。在其信仰体系中，万物有灵之观念占据相当重要的位置。他们认为，世上万物均有主宰，"灵"是支配一切的，万物皆有灵，如日月星辰、风云雨雪、虹、山岳、古木、奇草、动物、河流、岩石，等等，都有灵性，都应加以崇拜，进而相信这些自然物种不但赋有超自然性能和无穷的神秘力量，而且它们才是人类生命所依、生存所系的依赖对象。因此，他们把种种自然现象和人的生老病死，都看成是某种超人的力量和神灵在起作用，如刮风是地球边上有个老太太用簸箕扇的结果，打雷是天上有个老头敲鼓传来的声音，下雨是天上的龙晃动身子而洒下的水。就拿鄂温克、鄂伦春猎人最为崇拜的山神"白那查"来说，它是深山之主，主宰山岭一切飞禽走兽。山神"白那查"的形象是在粗树上绘制的长须老人。在狩猎途中，猎人遇到高山、岩洞、卧牛石或怪石，都认为是"白那查"所在的地方，如想狩猎顺利，就必须对其顶礼膜拜；打猎如有所获，向山神敬奉供品；平时吃饭饮酒也得先供养它。只有这样，"白那查"才会在狩猎时予以恩赐，让猎人获得更多的野兽。

传说,很早以前有个部落酋长领着全部落人围猎,当把一座大山围住后,他让众人估计究竟围住了多少野兽。但是谁也估计不出来,这时一位老人站出来,把围住的鹿、獐、狍、狼等具体数字说了出来。第二天围猎结束时,获得猎物的数目果然和老人说的一个样。酋长觉得奇怪,又把老人请来问:"你怎么知道围住了多少野兽呢?"这时,老人正坐在一棵大树下,酋长说完话再仔细看时,老人却不见了。他更加奇怪,派人去找遍了附近的山川也没找到他。酋长和大家都认为老人不是平凡的人,而是山神,是一切野兽的主人,故在那棵大树上绘刻了一个老人的像,并将获得的野兽肉拿出来献祭了那棵树。从此以后,猎人们相信山上有个"白那查"神。

　　从表面看,"白那查"只是一个在一棵大树上绘制的普通人的"形态",但人们所崇拜的并非是在树上刻画的表层人像,而是主宰与制驭整个山林的那个"神灵"。那么,从寓意的内涵来讲,"白那查"是鄂温克、鄂伦春人对未来美好生活寄予希望与理想的精神支柱。而从生态角度说,"白那查"又是个热爱和保护大自然的象征物。换句话说,"白那查"乃是人类早期崇拜大山的独特表现形式。古代人认为高大插天的山不仅是通向天上的路,而且是神灵所栖居的地方,因而充满神秘性和恐惧感。再则,试以游牧鄂温克人中至今还在信奉的"敖包祭"为例,它如同"白那查",是萨满信仰中"万物皆有灵"的另一种特殊表现形态。"敖包"一词的原意是指山脉延伸中凸现呈圆形的山峰,现泛指为祭祀而用人工堆砌的塔形石堆。从"敖包祭"的内容和形式特征来看,则不啻是对山的信仰,它涵盖了对自然万物所产生的崇拜心理以及行为。"敖包"与萨满信仰有着千丝万缕的渊源关系。过去,祭"敖包"均由萨满主持。鄂温克人认为"敖包"是神灵栖居或降临的圣地。因此,对"敖包"特别敬仰和崇奉。游牧鄂温克人一般在每年6月份选择吉日对之进行祭祀活动,祈求神灵保佑家人消除灾祸、平安健康。

　　千百年来,鄂温克、鄂伦春民族正因为崇奉像"白那查""敖包"一类众多的神灵,并时时以敬畏的心理意识行为,处处精心呵护和崇尚自然界的一草一木、一山一水,才使得往日的森林、草原、山川、河流、湖泊等,均未遭到破坏或污染,生态系统长久保持了完好无损的平衡状态。

　　显然,在鄂温克、鄂伦春民族的萨满信仰体系中,"白那查""敖包"等无不反映"万物有灵"的原始思维意识,而且折射出人类早期的生态观。如果说，远古的鄂温克、鄂伦春人的祖先在崇拜自然中潜意识地为他们的子孙留下了伊甸园般的乐园，那么，作为他们的后裔自然会以无比的虔诚和信仰，矢志不渝地守护和保卫人类和自然万物共同的美好家园，为地球留存一片生命与生存的绿洲。

下面围绕萨满信仰体系中的自然崇拜、动物崇拜的内涵和形态，对鄂温克、鄂伦春民族的早期生态意识进行粗略探究。

二 鄂温克、鄂伦春人的大自然信仰

远古时期，在鄂温克、鄂伦春民族的萨满信仰中所包容的崇拜对象极为广泛，几乎对大自然的全部事物和现象都表现了崇敬和膜拜，充分展现了古老的"万物有灵"观及早期的生态意识观。具体而言，在大自然信仰中，包括对日、月、星、风、雨、雷、电、云、雾、虹、山、石、水、火等；对动植物信仰有熊、虎、狼、鹰、天鹅、喜鹊、鹿、马、蛇等，还有花草、树木、土地之类的崇拜和祭祀，而且每个神和信仰物都有其特定的偶像及其象征意义。从宏观上说，鄂温克、鄂伦春人对大自然、动植物的崇拜，由于他们的先民在很长一个历史时期里对客观物质世界及人类本身缺乏知识，因此在大自然的威力下表现出渺小和软弱无力，在经验中逐渐构成了对大自然及周围事物的信仰，并用特定形式去表示这种崇拜。从微观上说，这种对大自然最有威力的、最惠于人类的、具体的自然力和自然物产生敬畏心理而树立的潜意识生态观，为守护人类的自然生存环境，无疑做出了巨大贡献。

鄂温克、鄂伦春人认为，这些天象、动植物都有灵性，而且具有神秘的力量，人类不可伤害或冒渎任何有灵性的生命，如果你伤害或冒犯了任何有灵性的生命，就会得到报应甚至受到惩罚。上天父亲和大地母亲在创造人类之时，同样也创造了自然万物。所以，人类和自然万物都是上天和大地的孩子，他们在上天和大地面前都是平等的，谁也不可伤害谁，应该和睦相处。在他们看来，无论是人类，还是动植物，各有自己的崇拜神，而这些神往往来自某一灵性的世界，它担负着保护和管理某一灵性世界所有生命的重任。山神是山里所有灵性物的代表，也是它们的保护神；水神是水中所有灵性物的代表和保护者；萨满则是所有灵性物种的代表和保护者。比如说，太阳每日的远行给人间以最大的恩惠，因此人们对太阳倍加崇拜。在鄂温克、鄂伦春人看来，太阳能给人以温暖和光明，没有了太阳人类将无法生存。过去，老人们每天清晨要举行迎日、拜日的礼仪，黄昏时还要进行送日仪式；禁忌小孩随意用手指画太阳，更不能在大、小便时朝向太阳等。

在鄂温克传说中太阳是一位勤劳的姑娘，名字叫"希温·乌娜吉"，意为太阳姑娘。她是天宫玉皇大帝的小女儿，有一颗善良纯朴的心灵。她想为宇宙和人间做一番事业，央求玉皇大帝给她一个差使做，玉皇大帝起初不同意，后来答应了小女儿的请求。她非常高兴，每天早早就起来，按时给宇宙人类和万物送去光明和温暖。她走过高高的大山，跨过无边的大海，穿过茂密的森林，越过丰饶的大地，每天都很辛劳。由此人类和世上万物非常感激和爱戴"希温·乌娜吉"，把她崇拜为太阳神。鄂温克人认为人类曾居住在黑暗和寒冷的深山老林里，是"希温·乌娜吉"拯救了他们，所以对之加以崇拜。老人们常说，在很早很早以前在氏族部落里曾有过"希温节"，即"太阳节"。当在每年6月26日至28日日照最长的日子里举行"希温节"时，男女老少都穿戴各种兽皮帽衣，脸上涂上由颜色各异的植物制成的颜料狂欢3天3夜，以此表示对太阳的崇拜。

一则鄂伦春人的故事里讲：在很久以前，有一次男人们上山打猎，妇女上山采集去了，孩子们正在小溪里游泳、玩耍。忽然，太阳不知怎么一下子不见了，只有黑洞洞的天空，几颗星星不安地眨着眼睛。这时，男人、女人都慌作一团，不知该往何处去。女人们想到自己的孩子，一边喊叫一边敲着桦皮篓。孩子们也不知如何是好，有的坐在海滩上哭，有的没来得及上岸仍旧泡在水中喊叫……过了很久，天空才出现了一丝光芒，渐渐地太阳就露出了头，人们欢呼雀跃，感慨地说："没有太阳，天地、人间多么可怕！"

从前，鄂伦春人普遍认为日食是天狗在吞吃太阳，所以用敲盆驱赶天狗来解救太阳；如两人发生争吵，或遇到委屈难处时，也会对着太阳发誓或向太阳祷告，以求得到公正、公平的待遇。在鄂温克、鄂伦春人的"篝火舞"中，人们手拉手围着篝火顺着太阳运行的方向舞蹈，这也象征着对太阳的崇拜。

鄂温克、鄂伦春人对月亮的信仰也十分虔诚。他们认为月亮是黑夜照明的值班神，负责注视地面百兽活动的情况，因此夜里捕猎都要向月亮磕头，以祈求月亮神赐予猎物。相传，月亮是位慈祥、漂亮的女神。她整日忙个不停，一手端着锅、一手拿着饭勺，双眼环视着大地，哪里有饥饿，她就给哪里的人以食物。因而，人们特别尊敬和爱戴她，每到正月十五或八月十五，人们都要供奉月亮，叩拜月亮神；同时把每年的 5 月 15～16 日定为拜月、赏月的日子，人们有什么心愿和要求，都可以对月亮倾诉。

在狩猎中，如果数日打不着野兽也要向月亮叩头，以求月亮神赐予猎物。对于猎人来说，月亮是个黑暗中的灯塔。夜间行路时，它能使人辨明方位；捕射野兽时，它有助于视力对猎物的判断或识别。故此，猎人在长期与野兽打交道中对月亮有了特殊的情感，认为月亮是有灵性的自然物，它能够给人带来好运和吉祥。

鄂温克、鄂伦春人不仅崇拜宇宙中的太阳、月亮，而且对天体中的星辰，如北斗星、启明星等都加以崇拜。星星在远古时代或被视为由人类所变，又被视为能决定人一生的命运，当一个人出生时天上如有某星升起，他将来的命运便为这星所影响。

鄂伦春人认为北斗星是指明方向的神，猎人在夜间所以能辨明方位而不迷路，就是北斗星指引的缘故；鄂温克人称北斗星为长寿星，每年除夕夜晚全家人都要祭祀它，祈求北斗星赐予人们美好的光景和安康的身体。有的人还在一块黄布上面画上北斗星的图像供奉起来。传说，古时候，有一对夫妇，男的打猎，女的做家务，可是男的除了打猎以外什么活儿都不干，而女的晒肉干、熟皮、缝衣服、做饭、采野菜、放马、抓马等，什么活儿都干，而且还受男人气。有一次媳妇挨了打，一怒之下骑上马领着猎犬逃走了。路过"奥伦"（指高脚仓库），想上去拿点吃、穿、用的，可她刚爬上"奥伦"，她的丈夫便追上来了。媳妇想，与其被丈夫抓住打死，还不如跳下"奥伦"摔死，于是闭上眼睛跳下去，可是她不但没有摔死，反而随"奥伦"飘了起来，马和猎犬也随之飘上了天。这时，她的丈夫气急了，就朝飞上天的"奥伦"用力射了一箭，但没有射中他的媳妇，而射中了"奥伦"的一根柱子。"奥伦"的四根柱子就是北斗星的四个角，其中有一条腿歪了就是让她丈夫给射的。另外三颗星是"奥伦"的梯子，这就是北斗星的来历。所以，鄂伦春人又叫北斗星为"奥伦"，称住在北斗星上的媳妇为"奥伦博日坎"，即保护人间仓库的女神。从此每到年除夕、正月初一或中秋节的晚上，家家都要拜祭北斗星。后来，这一祭祀活动，渐渐地发展成为鄂温克、鄂伦春民族的重要信仰习俗之一。

从鄂温克、鄂伦春人对太阳、月亮、星辰等的崇拜来看，起初无论人类以什么心理对这些天体产生什么样的情感，无论他们对其怀有什么样的祈盼和愿望，也无论对其采取什么样的行为措施，但结论只有一个，那就是他们对宇宙天体充满神秘感和神圣感。这种神秘感和神圣感，使他们对为人类的生存空间带来光明、热能、希望、收获的那些天象都赋予了神的属性，而这种属性便成为他们对现实与未来寄予厚望的精神食粮，这种食粮又支撑着他们从远古逐步走到了今天。从另一个视角而言，鄂温克、鄂伦春人的宇宙观对于动植物的繁衍生息以及对于维护自然环境的幽美与净化，应该说是起到了核心作用。

对水、火的信仰是在大自然崇拜中较为普遍的两种古老形式。对水的祭祀，包括江河、湖泊、山泉、雨雪等。人类对水的依赖性超过任何其他自然物，但是水不仅给人类带来恩惠，而且还给人类造成灾难。远古的鄂温克、鄂伦春人的先民看见河流的冲决奔腾以及漩涡的吞噬生物，便以为是水的精灵在作祟，认为每条河流都有一个水神管理，司理水流的平静与涌动。因此，鄂温克、鄂伦春人对水的信仰是十分虔诚的，他们把水看成是生命之源，是生物所不可缺少的东西。

从前，每逢遇到干旱的季节，萨满或德高望重的老人都要主持祭水神仪式，祈求水神降临祥雨，保佑一方风调雨顺、万象回春。祭水神时，人们在家门口或在水边，拿一小根叫老山芹的野生植物秆，一头插在水碗里，另一头含在嘴里吮吸着碗里的水，同时说些祈求的祷语。之后，把碗里的水均匀地洒在地上，意思是水神要降雨了。后来，这种习俗就演化成祭河神的风俗。

鄂伦春人敬奉河神，一方面是因为河水造福于人类，人们不仅饮用河里的水，而且还捕捞河里的鱼类，河水给人类带来很多裨益；另一方面河水涨到一定程度，会给人类带来灾难和不幸。因此，人们经常供奉祈祷河神，以求得行船平安、捕鱼丰足、水草丰美、家畜兴旺。往日，鄂伦春人每当春暖花开之时，便举行祭祀河神仪式。届时，猎民们都要划上桦皮船到河中心，向河里撒下酒肉，请萨满向河神祈祷，以示对河神的敬仰与愿望。如遇洪水泛滥时，在河岸上由萨满或老人默祷，并向水中献上供品来祭祀河神，旨在祈求河神不要再涨水，让飞禽走兽安静下来，让人们过上幸福安定的日子。

对于火的崇拜，也是鄂温克、鄂伦春人普遍的古老信仰之一。火并不像天、地或水那样，是长久或永恒的东西。原初，不管它是来自闪电，来自钻木，还是来自燧石激出的火花，它一经点燃，人们就不得不守护着它，虽然它会带来破坏，但与此同时，它却使人类有可能度过寒冷，它在夜间可以提供保护，同样，它也是人类进行防御和进攻的武器；火使人类完成了从茹毛饮血向烹熟生肉的转变。

对鄂温克、鄂伦春人来说，火是一种不可思议的力量，无论是取火或保存火种都很不容易，因此，对它既亲近又敬畏。火和水一样，既施恩惠于人类，又降灾害于人类，它的奇异的形象和性能，对远古鄂温克、鄂伦春人来说自然形成了崇拜观念。过去，每户的火主就是他们的祖先，火主死了，这户就要绝根，故火是极须尊重的。

很早以前有一个人，白天打了一天猎，什么也没有打到，晚上回家烧火时，火崩烈出声（忌火崩和出声，认为不吉祥，打不着野兽），这人很生气，拿出刀，刺灭了火，第二天要生火时，就生不着，结果这人就冻死了，这是因为火主已生气走了，所以不可能生着火。

传说，鄂温克、鄂伦春人最早的火神是女性。她慈祥可爱、温柔善良，有一副为人类谋福利的母亲形象。因妇女每天都要与火接触，所以在信奉的诸神中，唯有火神须由妇女供奉。

鄂温克、鄂伦春人视火神为永不熄灭的神灵。认为火种不灭，意味着子孙繁衍；火种断了，象征着断子绝孙。他们不论在什么情况下，都非常仔细地保护火种，保证火种的长明不熄。在他们看来火是神圣而不可侵犯的：不许用带尖的铁器捅火，不许用水泼火，不许向火中扔脏东西，不许从火上跨越，不许小孩玩火和用火去吓唬狗等。每年的6月18日鄂伦春人都要举行盛大的"篝火节"，以示对火神的信仰；每年腊月二十三日傍晚，各家都要祭拜火神，以求生活富裕、全家太平；除夕夜，每家门口都点起一堆篝火，看谁家的火堆旺；守岁至子夜正时，家中主妇拿着全家的新鞋靴在火堆上过火，洁净后发给大家，家人穿新鞋踏地欢呼祈求来年安康。在鄂温克人看来圣洁的火是人们用来荡涤尘垢、驱赶邪魂恶灵的。所以，人人都非常尊重火：新媳妇初到婆家，要先拜火主；举行结婚仪式时，也要拜火主；平日，吃饭、饮酒也要先向火献上供品。早先，出猎前都要用圣火举行净化洗礼仪式，以求火神除掉一切污秽肮脏之物。

另外，鄂温克、鄂伦春人在生产生活当中对火的使用极为谨慎。在防火季节，他们会自觉停止进入林子打猎；遇到大风天气，要停止烧火做饭，要靠吃那些事先预备好的干粮或野生食物度日；那些有烟瘾的人，也绝对不吸烟，如实在难忍时，嘴里含一种用晒干的烟叶和木灰混合制成的"口烟"来提神；平时，如在山里或野外吸烟或点燃篝火的话，离开时都要把烟头、火柴头、灰烬小心翼翼地处理掉；取暖或做饭时，要选好安全的地方点火；火种只能由家庭主妇或其他成年人点燃，不许小孩接触火苗，以防火灾的发生。

多年来，在鄂温克、鄂伦春民族的狩猎活动中从未发生过一起人为的火灾。过去，鄂伦春族猎民护林员在巡逻森林时禁止人人都带火柴，而是指定专人负责携带，而且只在无风的天气方能引火烧饭。一旦发现火情，他们在组织扑打的同时，还及时派专人向当地防火指挥部报告，并为扑火队伍当向导或参谋。他们一贯注意火源，更可贵的是当雷击等原因造成森林火灾时，都会全力以赴，甚至不顾生命危险去扑救火灾。

上述列举的有关鄂温克、鄂伦春人对于水与火的态度是十分明朗和严肃的。从对水与火崇拜的种种迹象来看，人类对水与火的信仰都融入了人性和神性的血液，而且这种血液自始至终循环于鄂温克、鄂伦春民族的信仰的各个重要环节之中。因此可以说，对水与火的崇拜，一方面反映了人类早期对大自然的某种自然力产生惊奇、恐惧、畏怖以及尊敬、爱戴等敬畏感，另一方面体现了从远古至今鄂温克、鄂伦春民族崇尚自然、热爱自然、守护自然的生态意识观。而"万物有灵"作为萨满信仰体系中的灵魂，在自然崇拜中始终驾驭或支配着鄂温克、鄂伦春民族的精神世界，并潜移默化地渗透到他们的生产生活之中，从而为形成和发展古老的狩猎游牧文化奠定了思想基础。

三 鄂温克、鄂伦春人的动物信仰

在鄂温克、鄂伦春人信仰的动物类中曾有熊、虎、狼、鹿、马、蛇、鹰、天鹅，等等，其中，熊崇拜占有举足轻重的地位。

动物崇拜是鄂温克、鄂伦春民族较古老的信仰之一。在早期的鄂温克、鄂伦春民族看来，动物都有同人类相似的感情和意志。每每捕杀野兽常对之谢罪，诉说他们是迫于无奈或不幸的需要，请其原谅。另外担心被杀的动物之魂回来报仇，便对它供奉祭献。这便是由于视动物为精灵的缘故。鄂温克、鄂伦春猎人经常与各种野生动物打交道，对熊、虎、狼等猛兽逐渐萌生了一种敬畏心理，并通过对某些动物的长期观察，发现其外貌及动作等与人相近。比如熊，吃东西时，用前掌拿食物送入口中；看远处时，用前掌遮光张望；走路时，用后肢直立行走等。这些同人近似的举动，使鄂温克、鄂伦春人以为熊跟自己似乎有着一种血缘亲近关系。久而久之，熊成为人们崇奉的圣物。早先鄂温克、鄂伦春人对熊、虎、狼不能直呼，而用代称，现在这种禁忌在人们的意识中渐趋淡漠，除了熊以外，虎、狼都可以直呼，可见熊的神秘性仍未消散，现在仍不能直呼熊。

当初，在鄂温克、鄂伦春民族的动物崇拜之中最为常见者莫如熊的崇拜。传说中熊原来是人，因犯了错误，上天让他用四条腿走路而变成了兽，但它仍通人性。据说熊的灵魂是人的灵魂，熊在天上都有星位。因此，人们祭熊和祭老人一样。传说，从前有一位右手带着红手镯的中年妇女到深山密林里去采野菜野果，回家时因天黑而迷失方向，便独自一人生活在山里，后来她变成了熊。过了很多年，她丈夫来这里打猎，看到一只正在吃都柿的熊，就开弓射箭把熊打死了。当猎人抽刀剥皮时，在其右前肢发现了一只红手镯，仔细一看正是他妻子的，才知道熊是他妻子变的，从此就不准再打熊了。

由于鄂温克、鄂伦春人把熊奉为自己的亲族、祖先，所以对熊的态度十分谦卑和虔敬。如，称公熊为"雅亚"（祖父）、"阿玛哈"（舅舅、伯父）或"额替堪"（老头），称母熊为"太恼"（祖母）或"额聂赫"（伯母）。鄂温克、鄂伦春人在很早以前是不猎熊的，而且想方设法保护它，在遇到熊的脚印或熊吃过东西的地方，要跪下叩头，以示崇敬。有时为了保存生命，不得不自卫时才将熊打死。后来，随着对熊崇拜观念的淡化和野兽数量的减少，人们方开始猎熊。但对于熊有许多禁忌，如打死了熊，也不能说"死了"，而要说"睡着了"；打死熊的枪不准叫枪，只能说是"吹物"，意思是打不死任何动物的工具；猎到熊之后举行一系列仪式，将熊头割下来后要用草包裹起来安放在搭好的木架上，用风葬的方式安葬熊，猎人要跪下磕头，说"不是我们有意打你的，而是误杀了你，请你原谅，不要降祸于我们"。吃熊肉时长者带着大家说"不是我们吃你的肉，而是乌鸦在吃"。吃剩的熊骨不能随意扔掉，要全部收集起来，为熊举行送葬仪式，这时人们要装哭，还要敬烟、叩头祷告等。自古至今，熊在鄂温克、鄂伦春猎人的日常生活和精神世界中，都占有神秘而特殊的位置。

虎崇拜较之熊崇拜显得有些简单，但这并不表明鄂伦春人对虎不尊重。就从称呼上可以看出他们对虎的态度。如，把虎称之为"乌塔其博日坎"或"长尾巴"。"乌塔其",即太爷的意思,"博日坎"是神之意。鄂伦春人对自己的祖先和在世的长辈,也是不许直呼其名的,甚至有与老人同名的事物,在言谈中必须提到时,也要改呼另一名称。另外,打猎时听到老虎的叫声要立即磕头祈求,并避而远之,以示敬畏。

一则鄂伦春传说中讲,古时候有几个猎人一起去打猎,其中有个小猎手什么也没打着。夜间露宿林中时,有一只老虎常在他们周围走动,猎人们认为他们当中一定有个命运不好的人,或得罪了老虎。于是大家商定,每人都把自己的帽子扔到离宿营地不远的地方,如果老虎叼走谁的帽子,谁就留下来。第二天,唯独这个小猎手的帽子被老虎叼走了,大家便逼着小猎手留下来,然后各自离去。小猎手心里害怕,就爬到一棵大树上。后来他实在饿得不行,想爬下来回家,可刚从树上跳下地就撞上了那只嘴里叼着帽子的老虎,然而它并没有伤害他,却把一只前掌伸出来,小猎手一看便明白了,原来老虎的前掌有根刺扎得很深,需要马上拔掉它。此时,他顾不上害怕,急忙把老虎的刺给拔出来,并给它包扎好伤口。那只老虎感激地摇摇尾巴走了,过了一会儿,老虎衔来了驼鹿、狍子等猎物扔给小猎手。小猎手搬不动,老虎就让小猎手骑在自己背上,又驮上抓来的猎物,一直把他送回家。从那时起,猎人们便把老虎尊称为"乌塔其"。

在上述传说中小猎人与老虎的故事里包含着这样一个哲理:人类只要善待每一只动物,无论它是凶猛的还是温顺的,那么,动物界同样也会善待人类的。

过去,对于狩猎、游牧民族来讲,马是他们生命和力量的组成部分,马的作用往往超过其他任何动物。它的存在曾能决定一个家族的命运和财富。在鄂温克、鄂伦春人看来,马是通人性的,不是普通的动物。在生产生活当中,马不仅是人们的主要交通工具,而且还是人类的忠实朋友。马可以为主人赴汤蹈火、勇往直前,也可以为主人挺身而出、献出生命。为此,鄂温克、鄂伦春人爱马如命,而且对马的感情超越了对一般动物的感情,以至于把它奉为神灵而加以崇拜。对于马的人格化、神圣化的赞美,在鄂温克、鄂伦春民间故事中表现得十分突出。据称,在一些鄂温克、鄂伦春聚居地区,还残留着供养神马的习俗。

在使鹿鄂温克人的狼崇拜中,人们认为狼是神灵的大儿子,上界派它到地界是执行保护驯鹿的任务。然而,驯鹿最怕被狼吃掉,因此,为了使驯鹿不遭受伤害,把狼供奉为神来予以崇拜。至于鄂伦春人为何打狼,

《养狼的猎人》的故事讲到：一个好心的猎人不听朋友的劝告，养了一只狼崽。猎人精心饲养，把仅有的动物肉都喂给它。一天又一天，狼渐渐地长大了。可是长大以后，它不但不报答养育之恩，反而恩将仇报，几次都险些吃掉主人，多亏猎人有条狗相助，猎人才脱险。从此以后，鄂伦春人立下了"见狼就打"的规矩。

鄂温克人动物信仰中对于蛇非常崇拜。蛇是两栖类动物，人一旦被它咬伤，就会中毒，甚至会造成生命危险。因此，人们把它当作主宰人类疾病之神，并认为患病是触犯蛇神所致。所以，鄂温克人对蛇的崇拜程度不亚于对其他动物的崇拜。

飞禽崇拜在动物信仰中占有很大的比例。鄂温克、鄂伦春人认为鹰、布谷鸟、天鹅等候鸟会给大自然带来无限生机和希望。其中，鹰在猎人的心目中具有一定的分量。鹰是鄂温克、鄂伦春人早期狩猎生产中不可替代的得力助手。它不仅有高超而敏捷的飞翔本领，又有从空中迅速、准确地袭击小动物的扑猎技能，这种本领和技能使鹰成为人们极为崇拜的圣物神鸟。在鄂温克、鄂伦春人的萨满信仰中，鹰被当作神和人之间的使者，兼有神性和人性。它可以飞天入地，能与天神、人间沟通，是神的化身和使者，在鸟类之中凌驾于众鸟之上，神奇无比。据说鹰神是保护神，它的双翅可以保护主人，它的双眼能识破妖魔鬼怪，它的利爪能捉鬼神。在一则雅库特鄂温克人传说里称，萨满是神鹰的后裔。由此可见，鄂温克、鄂伦春人对鹰是多么敬仰和崇拜。

从鄂温克、鄂伦春民族对动物崇拜的层面来分析，人类对于不同崇拜物的态度，一般是由人的情感心理决定的。鄂温克、鄂伦春族先民为了生存长期与自然界打交道，同各种动物发生关系，甚至产生生死关系。他们对那些不可抵御或无法控制的飞禽猛兽和神奇非凡的动物自然怀抱神秘感和敬畏感，进而将其视为神圣而不可侵犯，以至于产生崇拜心理。他们认为，熊、虎、狼、蛇、鹰、鹿、马、犬等动物同自然界的万物一样均有灵性，都具有超然的神秘力量，故对之供奉会得到恩赐，而亵渎则会遭到惩罚。

鄂温克、鄂伦春人早期信仰的动物不少，但真正体现这一民族心理意识的代表性崇物，尤其是像熊之类的动物，尚未多见。可以说，熊是鄂温克、鄂伦春民族的动物信仰中最具典型特色的，而且是兼具人性与兽性的崇拜物。它既是人类与动物融为一体、相互包容的象征物，又是继承祖先的思维观念即"万物有灵"论的特殊载体。换言之，鄂温克、鄂伦春民族的动物崇拜从另一个侧面反映了人类在漫长的岁月里对自然界的各类动物所产生的神秘感和崇拜心理，而出自这种复杂情感心理，他们或许以自觉或不自觉的行为，保护了野生动物的繁殖与兴旺，从而维护了动物圈的生态平衡。

四 鄂温克、鄂伦春人的生态观对自然环境的影响和作用

古往今来，鄂温克、鄂伦春民族的萨满信仰不仅对自然环境的影响颇深，而且对人类早期生态意识的形成与发展，也发挥了极其重要的作用。特别是萨满信仰中的自然崇拜、动物崇拜对于生物及环境的保护与平衡，具有巨大的历史性影响。在鄂温克、鄂伦春人的精神世界里以"敬畏"而形成的传统生态意识及有关对生产生活的约束与限制习俗，对于今天面临森林、草原生态危机的人类来说，实为一笔值得认真借鉴与承继的宝贵财富。

鄂温克、鄂伦春人在同大自然万物的亲密接触和交往中懂得，大自然是人类赖以生息的物质基础，只有保护自然、爱护自然，人类才能长久地生存和发展。如果毁坏自然，那么，迟早会导致人类自身的毁灭。过去，由于鄂温克、鄂伦春人祖祖辈辈与大自然打交道，吃的、穿的、用的、住的，一切衣食住行都依附于森林和大自然，所以他们从不随意砍伐，像爱护自己的眼睛一样爱护花草树木。他们从不因个人的某一欲望去破坏自然环境和生态平衡，也从不到处乱扔垃圾废物。比如，他们在搭建或拆迁"撮罗子"和"游牧包"时，首先想到的是不破坏自然环境，一般在一个宿营地只待十天半个月，最长也不超过一个月，便搬到另一新的住地。如果在一个地方待的时间过长，自然会影响该处的环境。这是因为人们生活所需物质太多，抛弃的废物垃圾也增多。再则，畜群持续不断地踩踏和觅食植物，也会给周边的植被造成很大的压力。他们每次从此地迁到彼地时，便把积存的所有灰烬和生活垃圾以及旧营盘里外的土坑洞穴统统填好，并将周围清理打扫干净。这样他们离开后不久，这块土地上会重新长出鲜嫩的花草，一切又恢复原来的样子。在野外生火做饭时，他们从不砍伐活树，而是到河边去捡些枯死的树枝或"漂流木"烧火；搭建"撮罗

子"所用的木材选材适中，过大过小的都不会任意砍伐；在搬迁时"撮罗子"架和储存架是从不拆除的，因为下次搬来时还可以再用，避免不必要的资源浪费。采集野果野菜时，从不乱拔乱砍植物和树木的根茎，以免生物的死亡；猎获鹿茸的季节，夜间"蹲碱场"（指猎人埋伏守候在驼鹿、鹿、狍等野生动物舔吃盐碱的出入地）时，必先看清是否有鹿角（角系辨认公母的特征），如果没有，绝不射杀，因为此季节正是母鹿产崽的时候，猎杀了母鹿，鹿崽也就不能成活。狩猎时，不能猎打正在交配中的兽类，不准打正在繁殖期或哺乳期动物，遇到被野兽遗弃的小崽，捡回家精心饲养，一个母兽带着的幼兽不可以全部猎取，不打飞禽走兽的幼崽。住地要远离河流，保持水的洁净，钓鱼时不准往河里撒尿或吐唾沫，禁止在河流、湖泊、溪水、泉眼、井水里乱扔乱泼脏东西；不许打鸿雁、鸳鸯，因为鸿雁、鸳鸯总是雌雄成双成对地生活在一起，如打死一只，另一只会孤独死去。一般来说，鄂温克猎人忌讳扑杀黑色、白色狐狸和黄鼠狼、猫头鹰，禁止宰杀产奶或怀胎的母牛；鄂伦春人特别喜欢对人类有益的小动物，从不伤害它们。其中，对小青蛙情有独钟，他们知道，这个小动物除了保护庄稼之外，还时常当"气象员"。当水灾来临时，它总要出现在人们的面前，告诫人们及时做好各种预防准备，防止水灾带来的祸患。

　　鄂温克、鄂伦春民族这种从远古传承下来的对大自然、对动物的情与爱，当初或许是盲目而模糊的，然而，随着岁月的流逝和经验的不断积累以及对事物认识和理解的深化，人们的情与爱发生了根本性变化，并且对客观事物的态度由感性认识向理性认识转变，对生态保护由无意识行为向有目的自觉行为转化，进而给人类打开了由朦胧的生态意识向文明的生态意识自然过渡的绿色通道。

　　综观鄂温克、鄂伦春民族萨满信仰的内涵和形式，无不为这两个民族的先人为我们留下的珍贵精神财富与物质财富而感到骄傲和自豪。特别是对生态而言，不论是鄂温克、鄂伦春民族的萨满信仰体系中的自然、动植物崇拜，还是图腾、始祖崇拜，"万物有灵"这一灵魂思想自始至终贯穿或活跃于其中，并且对维护生物的多样性、丰富性、完整性和纯洁性，无疑起到了极其重要的作用。应该说，萨满信仰是以崇尚自然、敬奉自然、信仰自然为宗旨的古老宗教信仰体系。倘若没有萨满信仰的作用与影响，我们的森林草原、野生动物、河流湖泊，我们赖以生存的自然环境，被遭受的破坏或污染的程度也许较之现在更为严重、更为糟糕。

鄂温克、鄂伦春人在漫长而艰苦的岁月里，正因为内心与灵魂深处有个萨满以及萨满信仰，才使得对大自然万物那样亲密、那样爱惜、那样崇敬，以至于用心灵去崇拜与祭祀。也正因为如此，他们才有了真善美的情感，才拥有了无穷的精神力量和高尚的行为道德准则，才有了与大自然同呼吸、共命运的情怀和胸襟。从而，他们懂得了做人的道理，懂得了如何与自然、动物和睦相处与心灵沟通，懂得了如何顺应和遵循大自然的生物内在变化规律以及怎样热爱、保护大自然这个伟大的母亲。

当代鄂伦春族"摩苏昆"研究

张文静

(北京市东城区劳动人事争议仲裁院)

鄂伦春族是我国 28 个人口较少民族之一，创作了丰富的民间文学作品，其中说唱文学"摩苏昆"包括英雄史诗和民间叙事诗两部分。其英雄史诗的研究，同我国三大史诗研究一样，具有同等重要的意义，有利于补充完善整个"东北亚史诗带"的史诗研究，并在区域性史诗带研究的基础上构建对中华民族史诗的整体认识框架，更为国际史诗界提供鲜活的研究个案。对"摩苏昆"中民间叙事诗的研究也有助于加深对鄂伦春族民族历史、文化的了解和认识。

一 研究论著

目前学术界对鄂伦春族民间文学，特别是"摩苏昆"的研究还显薄弱。据笔者现有资料，目前暂且没有研究专著对"摩苏昆"进行系统、深入的分析和探讨。

有些著作是将"摩苏昆"作为鄂伦春族民间文学的一部分而专章列出论述。如，隋书今的《东北俗文化史》总结了"摩苏昆"的概念、形式特征及主要内容；潜明兹的《中国少数民族英雄史诗》主要论述了"摩苏昆"中的英雄复仇故事《英雄格帕欠》；彭放主编的《黑龙江文学通史》论述了"摩苏昆"的篇目、艺术形象和艺术特色；满都呼的《中国阿尔泰语系民族民间文学概论》将"摩苏昆"分为英雄故事、神话传说故事和社会生活故事三种类型。徐昌翰、隋书今、庞玉田的《鄂伦春族文学》把"摩苏昆"列为鄂伦春族说唱故事，不仅介绍了"摩苏昆"的发现、篇目、内容、分类、形态特征及演唱与采集整理，还详细分析了"摩苏昆"中的母题、人物形象以及与萨满文化的关系和语言艺术特点，涉及"摩苏昆"

的方方面面。汪立珍的《满-通古斯诸民族民间文学研究》将"摩苏昆"置于满-通古斯诸民族民间文学中，从挖掘与整理、宏观内容到微观母题，再具体到类型、风格、演唱等方面总结出"摩苏昆"的独特性，具有一定的开创性和比较文学视野。

此外，有多篇将"摩苏昆"作为民族音乐论述的论文，如古宗智、杨方刚主编的《中国民族音乐研究》收录叶磊的《鄂伦春族民俗音乐研究》与可心的《试论鄂伦春族的"摩苏昆"》，提出鄂伦春族的"库雅若调"等专用曲调起源于"摩苏昆"英雄故事和神话传说故事，并分析了"摩苏昆"的音乐结构。

二　学术论文

1. 综合探究。马名超的《中国北方民族民间文学的新发现——论鄂伦春史诗"摩苏昆"》，分析了"摩苏昆"英雄史诗形体溯源以及英雄和玛猊冲突的本质。韩有峰的《试论鄂伦春族民间文学瑰宝"摩苏昆"》对"摩苏昆"的含义和语源以及其产生、表演形式、艺术特点做了全面分析。赵华、宋德胤的《"摩苏昆"初探》探究了"摩苏昆"的语义、语源、血亲复仇母题以及是否可称其为史诗等问题。李英的《当代语境下的鄂伦春族"摩苏昆"》介绍了鄂伦春族文化和作为非物质文化遗产的"摩苏昆"，并分析了"摩苏昆"的艺术特点及保护传承问题。

2. 有关"摩苏昆"语义、语源研究的论文，主要有：孟淑珍的《鄂伦春语"摩苏昆"探解》，从音乐和内容角度对"摩苏昆"的内涵和外延做了较为全面总结。孟淑珍的《鄂伦春民间文学艺术主要形体名称及其语源、语义》，探讨了"摩苏昆"词源的三种观点，源于"莫日根""莫昆"；源于鄂伦春语"摩尔布任"或"摩如布任"；源于满语"莽斯昆比"。

3. 多元文化视野下的比较研究论文，主要有：郭崇林的《中国东北地区赫哲、鄂伦春族与蒙古族民间英雄讲唱的比较研究——北亚民族民间英雄叙事文学比较研究之四》，总结了三者叙事语言和叙事结构的相似性，并从叙事背景的地域性、叙事形象的民族性、信仰观念的独特性三方面比较了三者的不同。汪立珍的《日本阿伊努人的说唱叙事文学—尤卡拉浅析—兼论与鄂伦春族"摩苏昆"之内在联系》，从故事内容、讲述方式等方面进行比较，阐明了东北亚诸民族在文学艺术方面存在的共同特征，促使"摩苏昆"这一文学形式与国际接轨，拓宽了"摩苏昆"研究的范围。黄任远、闫沙庆的《伊玛堪与摩苏昆——赫哲族与鄂伦春族说唱文学之比较》，从说唱文学的结构形式、情节内容、英雄形象、表现手法等方面进行比较研究，全方位地剖析了两个民族说唱文学所具有的相同特征及原因。齐海英、齐晨的《比较视阈中的满族说部与鄂伦春、赫哲、达斡尔族说唱艺术》对四个民族说唱文学艺术方面存在的异同及相互交融现象进行对比研究。高荷红的《东北亚的五种长篇叙事传统比较研究》从叙事传统本身进行解读。杨蕊的学位论文《赫哲族史诗〈满都莫日根〉与鄂伦春族史诗〈英雄格帕欠〉的文本比较研究》，将两个民族的英雄史诗代表作进行比较研究，在相同点中发现具有民族特色的差异。

4. "摩苏昆"的社会功能研究论文，主要有：刘翠兰、张林刚的《从鄂伦春族民间文学看其信仰习俗》，分析了"摩苏昆"中所体现的鄂伦春族传统的自然崇拜。王丙珍的《全球化语境中少数民族文学的跨文化认同——以鄂伦春族史诗"摩苏昆"为例》，从文化认同功能角度阐述文化承担者的普遍认同才是非物质文化遗产传承的基础。王丙珍、关小云、战庆学的《鄂伦春族史诗"摩苏昆"的生态审美文化研究》，从生态审美范式、生态审美理想与生态哲学观三个层面论述"摩苏昆"所具有的丰富生态审美文化意蕴，指出鄂伦春族把保护生态的观念以各种形式融入口头文学中，以通俗易懂的方式口口相传。

5. 音乐角度的表演研究的论文，主要有：孟淑珍的《"摩苏昆"的韵律》，从唱段、乐调、节奏分析"摩苏昆"的韵律。张一凡的《北方渔猎民族说唱音乐论》从曲调分类、形态表现、风格色彩等方面，对乌钦、摩苏昆、伊玛堪进行比较分析，把专业的音乐知识与当地的自然地理、历史社会环境联系起来。王潇苑的《鄂伦春族传统音乐生活的历史变迁》论述了"摩苏昆"调。吴迪的《鄂伦春族说唱音乐"摩苏昆"的考察与研究》以民族音乐学的基本理论为基础，归纳总结出"摩苏昆"的曲式结构、曲调分类、调式、调性、旋律形态、节奏节拍、表演等方面的特征，进一步肯定了"摩苏昆"的音乐性是其重要的艺术构成要素，从音乐角度对"摩苏昆"进行了比较全面、系统的分析。

6. "摩苏昆"传承研究的论文，主要有：娜敏、杜坚栋的《"摩苏昆"传承状况研究》，描述了"摩苏昆"的传承状况、问题，并就其合理保护以促进良性传承提出对策、建议。海日、方征的《鄂伦春族非物质文化遗产的保护与传承——以"摩苏昆"为例》从"摩苏昆"的艺术特征及价值出发，对其保护提出五点建议。海日、方征、冯正国的《狩猎文化视野下鄂伦春族"摩苏昆"的现状与保护》在上文的基础上又增加了通过文化重构使鄂伦春族精神得以延续的建议。

总的来看，迄今为止，"摩苏昆"只是作为鄂伦春族民间文学或者民族音乐的一部分被提及，还没有关于"摩苏昆"的专著对其进行系统、深入的分析和探讨。

结　语

"摩苏昆"是鄂伦春人集体创作、世代传承，用以书写民族记忆与文化的口头文学作品，具有文学、历史、宗教、艺术等多重研究价值。然而，目前"摩苏昆"研究，还主要集中在表层文本研究，多为简单描述文本，还缺乏系统的归纳、整理和升华。本文主要是对有关研究成果进行梳理，从历时和共时的角度对"摩苏昆"的产生、发展脉络进行分析，进而认识"摩苏昆"传承与社会变迁之间的互动关系。笔者认为，运用母题学、主题学等理论探究"摩苏昆"中的母题、多元形象，分析其所保留的萨满文化遗存，可进一步证实"摩苏昆"对于民族文化传承的重要性，增强民族心理认同感，这对在经济全球化趋势下，实现鄂伦春族传统文化的顺利变革与转换、丰富中华文化、构建多元文化世界有着积极作用。

有关伊玛堪研究

周伟伟

（北京市延庆区永宁镇左所屯村大学生村干部）

赫哲族在三江平原一带繁衍生息，用自己的勤劳和智慧养育了一代代的儿女，在创造物质财富的同时，也发展了自己独特的文化艺术。伊玛堪作为赫哲族的说唱艺术，不仅生动表现了自己的民族情感，而且成为反映赫哲族古老历史文化的"活化石"，具有文学、音乐、民俗等多种研究价值。对伊玛堪展开多角度的研究有利于我们对赫哲族这一古老民族进行立体多维的透视，加强我们对文化多样性的了解，促进民族文学的进一步发展。

针对伊玛堪的研究自20世纪30年代开始兴盛。对伊玛堪文本的采录、整理与研究为我们了解赫哲族古老文化的独特审美特性，认识民族文化发展的共性提供了参考价值，并且为赫哲族文化的保存与发展做出了卓越贡献。本文试图通过对20世纪以来关于伊玛堪的采录、整理与研究进行多维角度的梳理，构建一个清晰的文献研究框架，为日后进一步分析研究伊玛堪奠定基础。

一 伊玛堪的搜救与整理工作

赫哲族拥有自己的语言，但是无文字，因此伊玛堪作为说唱文学，一直是口头传承，并无文字记载的资料传世。进入现代社会后，快节奏的生活方式冲击了赫哲族古老的生活习惯，受各种因素的影响，伊玛堪的传承者越来越少，伊玛堪处于濒临消亡的状态，由此伊玛堪的搜救与整理工作成为民间文学界的一个重要课题。

到目前为止，关于伊玛堪的采录与整理工作一共可分三个阶段。第一次系统的整理始于20世纪30年代，当时凌纯声与商章孙先生一同赶赴东北调查赫哲族，深入到赫哲族中考察民族生活状况与社会情况。根据调查内容，凌纯声先生著成《松花江下游的赫哲族》一书，该书采录了大量的伊玛堪，是一份十分珍贵的史料，对伊玛堪进行了真实的记录，正如作者所述"我们只本着有闻必录的精神，无论其为荒唐的神话，或可信的史料，一概记录"。在这本书中，伊玛堪被定义为说唱故事而分成四类：英雄故事、宗教故事、狐仙故事和普通故事，而作者更为重视的是故事的梗概，没有保存伊玛堪独特的韵文诗体，伊玛堪原始的讲唱形式被忽略，这成为日后科研工作的一大憾事。

在20世纪50年代末，以刘忠波先生为代表的民族研究工作者深入到三江平原赫哲人聚居的村屯，采录伊玛堪。这带来了伊玛堪搜集的第二次兴盛。在这一阶段涌现出吴进才、葛德胜等优秀的伊玛堪歌手。吴进才所传承的《安徒莫日根》和葛德胜讲唱的《满格木莫日根》被保存下来，被分别刊行在《赫哲族社会历史调查》和《赫哲人》（刘忠波编写）中。此次考察的结果除了收获三十余篇伊玛堪名目，六部伊玛堪片段外，还首次将伊玛堪定义为"赫哲族以口头相传的说唱文学"。随后黑龙江省民间文艺研究会也参与到伊玛堪的搜集与整理中来，这一阶段的调查持续到"文化大革命"前期，对伊玛堪片段与歌手的挖掘起到了促进作用。

从20世纪80年代开始，伊玛堪的采集进入第三阶段的兴盛期。各界民族研究工作者组成文学联合调查组采用录音的形式对伊玛堪展开新一轮的搜救工作。这一阶段的伊玛堪记录较前两次有了科学性的进步，用录音机进行录制的方式最完整地保留了伊玛堪的原始面貌，成为珍贵的资料。这一阶段的搜集成果以韵散结合的记录形式发表在黑龙江民间文艺家协会内部研究资料《黑龙江民间文学》第2、12、20、21集中。

1992年黑龙江民族研究所出版了赫哲族学者尤志贤编译的《赫哲族伊玛堪选》，为保存伊玛堪作品做出了贡献。1997年黑龙江民间文艺家协会将以往发表的伊玛堪作品重新整理成《伊玛堪》作品集刊行，中国著名文艺理论家刘锡诚在为《伊玛堪》写的序言中指出："它的问世，不仅对赫哲族的文化建设来说是一件大事，而且在中华民族的文化史上，也有着重要的意义。"值得一提的是，21世纪初，黄任远等人撰写了《关于伊玛堪采录、翻译、整理、编辑出版的思考》的论文，这篇论文立足当前，回顾过去，对伊玛堪的采录、翻译、整理与编辑出版提出了宝贵的意见，对我国历次伊玛堪的采录情况也作了整体性思考与评价。尤为可贵的是，作者在这篇论文中对现存的伊玛堪文本 A——E 本的状况作了分析，这对日后的文本研究具有重要借鉴意义。

近年来对赫哲族伊玛堪文化的搜救与保护工作获得了长足的发展。20世纪80年代的乌日贡大会被定型为全民族的节日盛会，肩负起赫哲族传统渔猎文化的抢救与保护工作重任。2006年，赫哲族史诗"伊玛堪"被列入第一批国家非物质文化遗产名录，这肯定了伊玛堪的卓越地位，也进一步指明了保护伊玛堪文化的方向。2010年刘雪英发表《赫哲族"伊玛堪"的生存现状》，从传承人的角度出发，指出伊玛堪正处于濒临消亡的险境，呼吁相关部门给予高度重视。2012年6月第一届伊玛堪学术研讨会在黑龙江省社会科学院举行，会议以"传承与合作"为主题，交流民族文化研究成果，探讨文化内涵，围绕如何建立有效的非物质文化遗产保护机制，构建相应的支撑体系进行了深入的探讨。我们在加强伊玛堪原始资料保护的基础上，还应该继续深入对伊玛堪本体的研究，将其作为文化载体进行深入研究，这不仅能够加强人们对伊玛堪的认识，而且可以促进文化保护工作的进一步发展。

二 伊玛堪作为文化载体的研究

伊玛堪的文本资料出现后，吸引大批学者进行关注和讨论，促进了伊玛堪研究的发展。针对伊玛堪的研究，涉及各个方面，代表性的问题有：伊玛堪语义、语源的研究、伊玛堪文学体裁的辨识、伊玛堪与萨满文化的渊源、伊玛堪与各族同类作品的比较研究、伊玛堪的音乐美学、民俗价值研究、对传承者的研究等。

1. 伊玛堪语义、语源研究

"伊玛堪"一词究竟是什么意思，承载了怎样的文化内涵，这一问题成为学术界讨论的焦点。20世纪50年代出版的《赫哲族社会历史调查》一书，首次提出了"伊玛堪"概念，并将伊玛堪定义为"赫哲族以口头相传的说唱文学"，具有一定的首创性。1981年发表的马名超执笔的《赫哲族伊玛堪调查报告》一文提出，伊玛堪是以歌颂原始部落英雄为主要内容的有讲有唱而又以唱为主的传统的民间口头文学样式，而伊玛堪究竟代表什么意思，"尚难作出语源上的解释"。这一问题在1987年黑龙江民间文学研讨会上也引起讨论，汪玢玲发表的《伊玛堪与萨满教》一文引起人们的广泛关注。该文认为伊玛堪源于赫哲语中的"lmulhan"（阎罗王）一词，与萨满教的阴世观念有着密切关系，并从伊玛堪内容的四个方面论证了其与萨满教的渊源。随后黄任远针对这一观点提出了反驳，认为 imakan 一词可能来源于赫哲语 imaha，利用语源学与图腾崇拜以及赫哲族的渔猎文明作了论证。而何日莫奇则发表《谈谈"伊玛堪"——与黄任远、尤志贤同志商榷》一文，对黄任远的观点提出质疑，并从语音学角度进行了论证分析，认为伊玛堪是从 imaka 的普通名词演变而成的专用名词，但是并未做出全面分析，提出更为有力的观点。傅朗云的《赫哲"伊玛堪"探源》一文认为伊玛堪是以萨满教走阴用语"阴姆堪"为祖语衍生出来的，表达对汪玢玲观点的支持。汪玢玲又发表《再论萨满教与伊玛堪》，从多个角度论证伊玛堪与萨满教的密切关系，有理有据，观点清晰。此外徐昌翰在《关于"伊玛堪"一词的语义、来源及其他》一文中，综述上述观点，通过对比论证认为"伊玛堪"是源于萨满教的跳神活动。

伊玛堪语义、语源的研究论题涉及赫哲族的宗教信仰、渔猎生存方式以及社会历史变迁等各个方面的文化因素，值得我们进行深入的探讨。我认为对伊玛堪语义、语源的研究不仅应该将关注点集中在赫哲族内部，也应该注重考察周围民族对赫哲族伊玛堪的反应，寻求曲线路径，进一步探寻伊玛堪的真正含义。

2. 伊玛堪史诗体裁论证

20 世纪 30 年代发表的《松花江下游的赫哲族》一书，将采集到的伊玛堪定性为民间故事，20 世纪 50 年代出版的《赫哲族社会历史调查》将伊玛堪定义为"赫哲族以口头相传的说唱文学"，1981 年马名超的《赫哲族伊玛堪调查报告》一文提出，伊玛堪是传统的民间口头文学样式。20 世纪 80 年代刊登在《黑龙江民间文学》第 12 集上的相关论文围绕伊玛堪的史诗体裁做出了表述，认为伊玛堪"有史诗性质"，是"史诗体的灵间巨著"，是"原始性英雄史诗"。在徐昌翰《从萨满文化视角看〈伊玛堪〉》中，伊玛堪被视为"一种赞颂民族祖先的英雄史诗"。1994 年赵秀明在《论伊玛堪与英雄史诗》中提出，"伊玛堪和英雄史诗都是文学体裁的名称，伊玛堪的外延比史诗大，与史诗的概念的关系是交叉的"，并提出为了更科学和方便地进行学术研究，"我们在学术研究中便可以明确而直接地指称狭义的伊玛堪为英雄史诗，称广义的伊玛堪为史诗体民间巨著，使两种指称协调起来"。马名超在《终结期北亚民族史诗诸类型及其文化联系》一文中论证伊玛堪作为赫哲族长篇英雄叙事文学,是正格史诗。1999年张嘉宾在《赫哲人的说唱文学——伊玛堪》一文中指出伊玛堪作品并不都是莫日根的传说,因此不能直接将伊玛堪整体上称作史诗。

2006年,汪立珍所著《满—通古斯诸民族民间文学研究》也提出应从广义和狭义的角度区分伊玛堪的体裁,认为狭义上的伊玛堪是"指赫哲族民间流传的经典口承作品英雄史诗",并从"程式化的情节结构""典型化的人物形象""讲唱结合、散韵一体的叙述风格"以及伊玛堪"独特的语言特色"四个方面论述了赫哲族史诗的特征。史诗是反映民族生活和历史的重要载体,赫哲族史诗"伊玛堪"以其独特的形式,反映了赫哲族古老的社会状况与民族文化。

3. 从伊玛堪的刻画来还原赫哲族先民的社会生活与宗教信仰

伊玛堪作为赫哲族的英雄史诗,重点塑造了莫日根这一人物形象。赵振才的《"莫日根"浅析》一文围绕"莫日根"这一形象,通过其行为、性格、事业以及与周围人的关系,追溯出英雄时代的经济和社会结构,并从"古典文献中的莫日根"和"考古学中的莫日根"两个方面为自己的论断提供依据。周清和《漫谈赫哲族文学长篇〈伊玛堪〉中的英雄》一文认为伊玛堪英雄是由原始社会进入阶级社会过渡时期的反侵略、反征服的象征,代表了对氏族勇武品质的尊崇。作者认为伊玛堪的莫日根是时代精神、民族气质与个体自我意识的集中体现。但是这篇文章并未对莫日根人物自身的性格缺陷,如好色等消极性格作出分析。阔力是伊玛堪中一位重要的女性,赵振才的《赫哲伊玛堪中的阔力》,透过对阔力形象的解析,揭示了原始初民的宗教信仰。也有人将女性形象所透视的现象重点锁定在社会结构的变革上,认为伊玛堪中智勇坚定、勤劳勇敢、美丽贤惠的阔力忠实于莫日根,是母系氏族社会让位于父系氏族社会的结果,是当时社会结构的反映。史诗中程式化的情节结构,"像一幅鲜活的风俗画展现了赫哲族史诗时代的生活全景"。李熏风的《比武择配见英雄——赫哲"伊玛堪"中的古婚俗》一文,认为比武择配的故事情节是对赫哲族初民古老婚俗的反映。在许昌翰、黄任远的《赫哲族伊玛堪"莫日根—阔力型"作品的情节模式探析》一文,提出伊玛堪是由7个情节板块构成的,不同的伊玛堪是这7个情节板块的重组。在这篇文章中,作者否定了伊玛堪中一夫多妻现象是原始赫哲族群婚制的观点,认为这种婚配方式反映的是建立在氏族婚姻习俗基础上的萨满与保护神、助手神之间的"神圣关系"。这篇文章将每个故事情节、人物形象都看作是萨满教的映射，具有一定的借鉴意义。但是萨满教作为原始宗教，它有自己最初的宗教形式，并随着社会的发展而不断得到补充，伊玛堪所反映的赫哲族先民的生活方式是否是在萨满教的影响下产生的，或者，现在意义上的萨满教仪式是否就是随着伊玛堪所反映的时代的生活方式而演变的，我们还不能十分确定。过分地将伊玛堪中所有的人物形象、情节结构等都归结于萨满神教的影响容易带来反面效用。

伊玛堪中的独特叙述方式也吸引了学者们的目光。黄任远、冯丽杰的《赫哲族伊玛堪叙事结构探析》解构了伊玛堪具有的英雄史诗一般的以主人公和事件为中心的叙事结构，以及那种独特的征战＋婚姻的串联复合型的情节解构等。李秀华的《析伊玛堪叙事策略》一文运用叙事学理论，从叙事手段、叙事方式、叙事语言、修辞手法等方面，对伊玛堪的叙事策略进行剖析，展现伊玛堪高超的叙事艺术，对口头诗学的研究起到了促进作用。

2011年韩成艳《伊玛堪中的神奇婚姻母题及其文化意蕴》一文对上文提出的6种婚配方式做出了扩展性解说，该文侧重强调婚姻母题中对古老民族的社会结构、群婚习俗、社会生活、宗教信仰、多文化影响等观点进行解析。这是对前人研究成果的一次总结，具有代表意义，为日后进一步研究工作奠定了基础，但是作者并未进一步阐述自己的观点。

此外，《赫哲族的口头文学——伊玛堪》《赫哲族口头流传的百科全书——伊玛堪》《论赫哲族的民俗美》《浅谈伊玛堪反映的时代》《试论伊玛堪的民族学价值》《试论赫哲族伊玛堪的文化内涵》《赫哲族的文学艺术》《伊玛堪——赫哲民族古代文化的瑰宝》等论文都将伊玛堪作为研究赫哲族古老社会、北方民族的渔猎型原始文化以及原始宗教的有力资料，针对原始宗教与伊玛堪的密切关系，很多文章进行了论证。

黄任远在萨满教与伊玛堪的密切关系方面有很深入的研究，并且归纳出了7个程式化的情节板块揭示伊玛堪与萨满教的渊源。但是他在早期的文章《伊玛堪与萨满教文化》中提出"赫哲族原始的萨满宗教影响到赫哲人渔猎生活、生产的各个方面，渗透到赫哲人的传统习惯和道德观念，由此而产生了赫哲族的渔猎文化，即萨满教文化"。这种观点带有局限性，1988年刘金明写了《赫哲文化非萨满教文化》一文对黄先生的观点提出了质疑，认为伊玛堪是赫哲族文化的一部分，而并不是萨满教文化的一部分，二者有重合交叉性，但是伊玛堪与萨满教文化是两个相互影响的个体，并不具备完整的从属关系。这一观点论点充分，很好地诠释了伊玛堪与萨满教文化的关系。关于伊玛堪与萨满教关系的论文还有许昌翰的《从萨满文化视角看伊玛堪》等。在20世纪90年代，许昌翰与黄任远编著的《赫哲族文学》一书，用了近三分之一的篇幅来研究伊玛堪。作者从人物形象、情节模式、伊玛堪的体裁等各个方面对其进行解析，侧重点仍然是伊玛堪与萨满教的密切关系。这本书对伊玛堪的研究透彻深入，是一部难得的著作。但是，它侧重的仍是"故事"角度的叙述，没有从整体上对伊玛堪的艺术形式进行探究。孟慧英先生的《萨满英雄之歌——伊玛堪研究》一书可以说是伊玛堪研究的集大成者。该书对赫哲族的伊玛堪进行了系统的梳理，全面介绍了伊玛堪的演唱者、文本、史诗特征、艺术表现形式、萨满文化等。孟先生系统地阐释了伊玛堪的深层语义和符号特征，对伊玛堪与萨满文化的关系提出了独到的见解。

尤为值得一提的文章是20世纪90年代傅朗云先生的《赫哲族"伊玛堪"史地考》。这篇文章从历史的角度出发，认为伊玛堪是对古老社会结构与风俗的反映，具有很高的文学价值。另有一些学者从具体的伊玛堪作品展开分析，试图通过个案来剖析伊玛堪整体的史诗特点。如马名超的《从〈满都莫日根〉记录看赫哲族伊玛堪的诗体特征》、李熏风的《赫哲族英雄叙事诗〈满都莫日根〉》、黄任远的《伊玛堪〈香叟莫日根〉探析》以及《萨满文化对〈香叟莫日根〉的渗透》等文章都从个案角度对伊玛堪进行了解读。

4. 伊玛堪演唱者

伊玛堪演唱者被称为"伊玛堪乞玛发"或"伊玛卡乞尼傲""伊玛卡乞奈伊"。伊玛堪作为口头性文学，演唱者的作用及其研究十分重要。李熏风在《史诗绝唱——记赫哲族史诗演唱家葛德胜》一文中，从葛德胜的身世、葛德胜如何成为演唱歌手、葛德胜的性格等多个方面进行了研究，为我们研究口头文学的传承者提供了借鉴。1997年出版的《伊玛堪》作品集附录了《葛德胜自传》，增加了我们对伊玛堪的感性认识，为后来的口头文学研究奠定了基础。孟慧英的《萨满英雄之歌》详细论述了伊玛堪演唱者的资料，但并未结合伊玛堪的口头史诗特性展开论述。2005年，高荷红的《赫哲族伊玛堪歌手研究》更为详细地描述了赫哲族伊玛堪演唱者的状况，进一步从中发现了歌手之间的特点和共性。作者从歌手的角度切入，对伊玛堪体现的史诗特性进行了分析，具有很强的启示性。回顾伊玛堪的研究史，我们发现对伊玛堪歌手的研究较少。伊玛堪作为口头性史诗，演唱者起着举足轻重的作用，加强有关伊玛堪歌手的研究是一个重要的问题。

5. 多元视角下的对比研究

近年来，对伊玛堪的研究已经深入到与相邻民族类似史诗的比较研究层面，走出了仅限于赫哲族民族内部研究的狭小空间，拓展了"伊玛堪"的研究领域。黄任远先生的《伊玛堪多元文化结构探析》一文，将伊玛堪置于多元文化的视域之中进行研究，走出了从赫哲族文化与萨满文化这一单一视角对伊玛堪的解读，具有很大的积极意义。张嘉宾在《埃文基人的"尼姆嘎堪"与赫哲人的"伊玛堪"》一文中对两种文学作品做出了简要的对比，认为二者共性是作品主人公的话都要唱出来，情节的交代要讲出来。在接下来比较的四个不同点中，作者异中求同，追寻两者深刻的渊源关系，但遗憾的是对于所提出的结论并未进行深入分析。此外，还有文章将中国东北地区的渔捕、狩猎、游牧三个典型民族的同类史诗作品进行了艺术形式与文化内涵的对比研究。黄任远先生在《伊玛堪与摩苏昆——赫哲族与鄂伦春族说唱文学之比较》《伊玛堪与优卡拉——中国赫哲族与日本阿伊努的民间文化比较》两文中对不同民族说唱文学的情节故事、说唱形式等方面进行了比较研究，拓展了伊玛堪研究的范围，为我们提供了一个新的研究视角。2001年，吴桂华的《满—通古斯语族民间文学的奇花异葩》将赫哲族的伊玛堪与鄂温克族的民间传说进行了比较研究，从萨满文化、英雄形象和反映的原始社会民俗等方面做了比较，提出两个民族拥有共同的思想情感和社会心理等观点。

另外，伊玛堪的研究还涉及音乐等领域的研究，这里就不再做详细介绍了。回顾伊玛堪文本的搜救与整理及其研究，老一代学者为我们深入了解伊玛堪做出了卓越贡献。文本的搜救工作，为我们认识伊玛堪的原始面貌提供了条件；对伊玛堪语义、语源的探析，以及从史诗角度解析伊玛堪，对我们认识赫哲族的历史和文化起到了积极的推动作用。尤其在赫哲族伊玛堪与萨满神教的关系方面，我国学者为我们提供了很好的研究平台。毫无疑问，加强对现存流传的伊玛堪遗产的搜救与保护是刻不容缓的，各界人士都应该积极投入这一文化保存工作中来。目前，对伊玛堪的研究还是较多地停留在文本的"叙事"解析上，应该将伊玛堪作为一个口头史诗加以深入研究，注重其口头传承性。这就要求我们加强对赫哲族伊玛堪传承人的进一步研究，揭示伊玛堪传承者之间的异同，以及伊玛堪传承者与其他民族的口头史诗传承人之间的异同，从中发现新的文化内涵。通过对赫哲族周围不同民族史诗的文化内涵与赫哲族伊玛堪的文化内涵及其影响做比较研究，从侧面加强对赫哲族伊玛堪的了解，寻求曲径研究的方式对我们进一步了解伊玛堪具有重要意义。

社会历史部分

社会经济转型与鄂伦春族的生存发展

刘晓春

(中国社会科学院民族学与人类学研究所)

一 鄂伦春族概述

鄂伦春族是中国 56 个民族之一,20 世纪 50 年代经政府识别而确定。森林孕育了鄂伦春族,狩猎是鄂伦春族最重要的生产活动。1949 年中华人民共和国成立时,整个鄂伦春族仍生活在大、小兴安岭的密林深处,以狩猎为生。自 1951 年开始,政府在鄂伦春族地区逐步推行建立自治旗和猎民乡镇,定居、转产、禁猎,直至目前的以农为主和多种经营,到 20 世纪末,整个民族全部"禁猎转产"(黑龙江省个别民族乡除外)。在这 60 年的时间里,鄂伦春族发生了巨大的变化,其生存的自然环境和人文环境日渐变迁。定居、转产、禁猎、务农使鄂伦春族游猎生活的基础不复存在,也中断了游猎文化的自然演进过程。鄂伦春族定居 60 年,是发展的 60 年,同时也是充满挑战的 60 年。

新中国成立前,鄂伦春族主要分布在大、小兴安岭一带,从事单一的狩猎生产。新中国成立以后,鄂伦春族人口有了明显增长,据 1990 年人口普查统计,全国鄂伦春族有 6965 人,2000 年统计有 8196 人,2010 年统计有 8659 人。鄂伦春族主要分布在内蒙古自治区呼伦贝尔市鄂伦春自治旗、扎兰屯市、莫力达瓦达斡尔族自治旗和黑龙江省黑河市、逊克县、呼玛县、嘉荫县等地。鄂伦春族的主要聚居区是鄂伦春自治旗,面积为 5.9 万平方公里。

鄂伦春族只有语言,没有文字。语言属阿尔泰语系满通古斯语支,一般通用汉语。由于没有本民族文字以及汉语的普及,很多鄂伦春族青少年已经不会讲本民族语言。

鄂伦春族是典型的狩猎民族，世世代代游猎于大、小兴安岭一带，新中国成立初期，鄂伦春自治旗境内野生动植物资源十分丰富，过去几乎所有的鄂伦春人都从事狩猎、采集和捕鱼生产，形成了他们具有鲜明色彩的狩猎文化。

1951年内蒙古鄂伦春自治旗正式成立，鄂伦春人逐渐摆脱了传统单一的狩猎生活，开始从事农业生产和林业生产。改革开放以后，鄂伦春人走上了"以农为主，多种经营"的发展道路。但是，由于生态环境的破坏，野生动物越来越少，鄂伦春人不得不放下了猎枪，1996年鄂伦春自治旗做出了禁猎决定，鄂伦春人彻底告别了狩猎业。

二 鄂伦春族非物质文化遗产正处于消亡的边缘

鄂伦春族在长期的狩猎生产和社会实践中，创造了丰富多彩的精神文化。桦树皮制作技艺、鄂伦春族古伦木沓节、鄂伦春族摩苏昆、鄂伦春族民歌、鄂伦春族狍皮制作技艺等分别入选国家级文化遗产名录，5人成为国家级非遗文化传承人。

2014年7月，笔者对黑龙江省黑河市新生鄂伦春乡进行了考察，看到民间文化面临严峻挑战。鄂伦春族是一个能歌善舞的民族。而现在，50岁以下的鄂伦春人会唱民歌的已凤毛麟角，只有吴瑞兰、葛长云等为数不多的人会唱。口弦琴是鄂伦春人的传统乐器，过去青年男女恋爱时，多演奏口弦琴，以此表达自己的感情。现在，这种古老的乐器在新生鄂伦春族乡仅剩下一个了，会演奏的人也不多了。由于常年不用，琴音微弱。如果再这样下去的话，若干年后恐怕就找不到口弦琴了，也找不到会演奏的人了。用桦树皮制作生活用品是北方狩猎民族特有的一种地域文化，被称为"桦树皮文化"。在新生乡展览馆藏有许多早年鄂伦春人使用的桦树皮器皿，如桦皮盒、桦皮碗、桦皮篓、桦皮桶等。这些桦树皮器皿做工精致，造型美观。虽然这些物品是有形的，其制作技术却是无形的，所以产品和技术都应该加以保护。遗憾的是会做桦树皮制品的人如今也越来越少了。

鄂伦春族只有自己的语言，没有自己的文字，所以，鄂伦春语言的保留和继承非常困难。目前，鄂伦春族的年青一代已基本不会讲鄂伦春语。如果不采取措施，鄂伦春语及鄂伦春族说唱艺术会随着时间的推移而灭绝。实际上，即使开鄂伦春语言课，也没有好的语言环境，汉语的普及和影响无法挽回濒危语言的消亡。

在鄂伦春族地区，具有重要价值的萨满文化传人断代问题越来越突出。在新生鄂伦春族乡已经没有萨满，在其他地区萨满也寥若晨星，但由于各种原因，到目前为止还没有培养出一个真正意义上的萨满传人。目前，整个鄂伦春族能咏诵萨满长调并能主持萨满仪式的老人只剩下关扣尼一个人了。关扣尼是目前我国唯一的鄂伦春族萨满，1935 年出生，2007 年被中国文学艺术界联合会、中国民间艺术家协会确定为中国民间艺术杰出传承人。但这个传承人只是名义上的，没有固定收入。她目前的主要经济来源是五保户补助，一年 1800 元。2012 年，呼玛县政府给关扣尼分了一栋 80 平方米的住房，一个人居住。关扣尼眼睛有毛病，目前什么也干不了。2012 年主持了一次祈福祭祀活动，政府媒体录制了全部过程。就目前来看，新的传承人暂时还没有意向，如果再不采取紧急措施传承萨满文化，10 年之后，在鄂伦春族地区就可能找不到萨满了。

三 鄂伦春族的生存与生态环境日趋严峻

一是国家开发大兴安岭以来，只注重经济的发展速度，对生态资源的保护没有引起人们的普遍重视。大、小兴安岭山清水秀、风光迷人，是鄂伦春人世代繁衍生息的地方。从古到今，鄂伦春族以朴素的生态观维护着这片天空的纯净，使这里的生态环境保持着自然的原始风貌。但是，由于近几十年来森林超量采伐以及毁林开荒等不利因素的影响，大、小兴安岭的生态环境日趋恶化。生态环境的破坏不仅制约了当地经济的发展，也制约了狩猎文化的延续与发展，而且对周边地区和周边国家的发展都带来了不利的影响。

大、小兴安岭地区是我国唯一的寒温带地区，大兴安岭森林是世界范围的寒温带森林的一部分，是我国四大重点林区之一。它在气候、土壤等很多方面与我国其他林区相比有许多独特之处，是松嫩平原和呼伦贝尔草原的天然屏障，在维护本地区以及全球的生态平衡中发挥着重要的作用。大兴安岭自然生态环境破坏比较严重，森林覆盖率下降，优势树种兴安落叶松大量减少。据考察，大兴安岭南次生林区边缘后退了 50 公里。仅以鄂伦春自治旗境内的 6 个国有林业局为例，1959～1999 年 40 年来，累计销售成品木材 7000 多万立方米，消耗森林蓄积约 1.19 亿立方米。而 40 年来，6 个林业局累计造林面积只有 602.6 万亩，而且大部分郁闭度低于 0.3。① 原生森林的消失，大大减弱了大兴安岭森林涵养水分和调节径流的功能，因此引发了多次洪水。1998 年嫩江流域特大洪水，就是大兴安岭生态破坏的结果。呼伦贝尔草原和大兴安岭是不可分割的生态系统，互相依存，森林减少了，草原沙化现象也会由此加剧。除水灾和草原沙化外，大风次数由 20 世纪 60 年代每年 1 次增到现在的每年 4 次，春、秋两季持续大风由 6 天上升到 15 天以上。② 2000 年，鄂伦春自治旗境内发生了史上罕见的特大旱灾和冰雹，受灾面积约 150 万亩。从水域水质现状来看，鄂伦春自治旗境内的甘河和阿里河略有污染，其他河流基本上未被污染。

二是人口发展较快，对环境的压力与日俱增。以鄂伦春自治旗为例，全旗总面积 59880 平方公里，2010 年总人口为 30 万人，鄂伦春族 2050 人，仅占总人口的 0.6%。据史料记载，建旗之初，全旗人口只有 778 人，775 人为鄂伦春族。③

三是产业结构不合理，以消耗自然资源为主的第一产业比重过大。例如，在鄂伦春自治旗，林区居民大多以木材作为生活和取暖燃料，据初步估计，每户居民每年的取暖用烧材平均达 3 平方米，从全自治旗范围来看，这一项的木材消耗量是惊人的。

20 世纪 50 年代以来，大、小兴安岭的开发，不仅极大地促进了鄂伦春族地区的经济发展，而且为国家提供了大量木材，有力地支援了国家的经济建设。但与之相伴产生的森林资源锐减、工业污染加重、生态环境与资源被破坏等问题一直制约着地方经济的发展。

原生森林消失的直接后果，就是使依赖原始森林生存的珍稀物种大量减少乃至濒临灭绝。仅以野生动物为例，大兴安岭原始森林中曾栖息着国家一、二类保护动物，驼鹿、熊、马鹿和狍子曾成群结队。如今，就连繁殖能力极强的狍子也已经很少见到了。1996 年，世代以狩猎为生的鄂伦春人不得不放下了猎枪，目的之一就是要保护濒临灭绝的野生动物。当然，鄂伦春人以生存为目的进行的狩猎不是野生动物数量锐减的原因，问题的

---

① 孟玉宏：《浅析如何正确处理好鄂伦春旗经济发展与环境保护的关系》，《鄂伦春研究》2002 年第 2 期。
② 孟松林：《对保护大兴安岭生态环境的几点认识》，《鄂伦春研究》2001 年第 1 期。
③ 刘晓春：《鄂伦春乡村笔记》，中国社会出版社，2007，第 12 页。

根本就在于野生动物失去了生存的环境。大兴安岭丰富的植物、禽类、昆虫等珍稀物种资源也遭遇同样的厄运。

四 鄂伦春族自治地方与国有森工企业之间的土地纠纷问题

从生存权利与发展权利来看，鄂伦春族猎民的生存发展现状令人担忧。曾经的兴安岭王者，如今已无用武之地。鄂伦春族是典型的狩猎或森林民族，但是，令人尴尬的是他们没有林权。绝大部分鄂伦春族村民主要靠种地和出租土地以及低保为生。鄂伦春人在资源开发中的权益得不到充分保障。鄂伦春族乡村与国有森工企业之间的土地纠纷也比较突出，如鄂伦春自治旗拥有5.9万平方公里土地，但国有林业局林权证管辖下的施业区占92.8%的地域面积，大兴安岭农场局管辖5%的地域面积，自治旗只有2.2%的管辖权，长期存在的林地之争、林草之争制约着自治旗的农牧业发展。鄂伦春族与国有森工企业之间的土地纠纷、林权纠纷已经成为影响当地和谐关系的突出问题。

再如1984年随着新的林业政策的实施，黑龙江省沾河林业局与逊克县政府进行林业施业区划界，将逊克县新鄂鄂伦春族乡的绝大多数林地划归沾河林业局所有。这导致新鄂鄂伦春族乡发展空间及农牧业生产资源面积越来越少。目前新鄂鄂伦春族乡行政区面积为7561.2平方公里，实际有权管理的辖面积不足100平方公里，只占行政区划面积的1.5%，不仅没有任何可开垦的农业资源，而且连一块可放牧的草原也没有。①

鄂伦春族实际上没有真正属于自己的财产。在市场经济发展的进程中，在各种开发的名目下，森林被大面积地瓜分，可耕土地急剧减少，森林覆盖率急剧下降，很多森林承包者靠卖木材为生，不考虑生态问题，这样下去后患无穷。从整个国家的发展考虑，为了保证林业有一种健康的发展，为了社会的公正，为了民族的平等，都需要解决好土地的所有权和森林的使用权问题。

---

① 刘晓春：《鄂伦春人文经济》，知识产权出版社，2010，第16页。

五　禁猎以后的十年间鄂伦春发生的变化

一是猎民村的猎民基本靠禁猎补贴和低保维持生活。大多数村民目前的境遇非常尴尬。从严格的意义上说，没有耕地、不从事农耕，不能称之为"农民"；不允许打猎，也不能称之为"猎民"。所谓"猎民村"只是为已消失的鄂伦春族传统文化而保留的名不副实的符号，也像是对过去身份的回忆，时刻提醒人们"我们曾经是猎人"。这种身份的困惑，使大多数居民陷入一种迷惘、苦闷的状态，很多人无事可干，既不愿意外出打工也不想在本地打工，酗酒或游手好闲。30~40岁的男人很多是单身，娶媳妇非常困难。鄂伦春自治旗木奎村的猎民非常怀念过去老木奎村的狩猎生活，"那时鄂伦春猎民家的狍子肉、驼鹿肉、野猪肉多得吃不完，冰柜都放不下，鱼也很多。1996年收缴猎枪后，什么都没了。现在的生活水平下降了很多，一年难得吃一回肉，还是猪肉"。他们想打猎，但没有猎枪，他们想种地，但没有土地，他们想发展林业，但没有林权，连桦树皮都不能随便剥，他们对当地资源的使用权、支配权非常有限。

二是猎民收入增长的后劲不足，最关键的就是没有产业。鄂伦春族定居已60年，放下猎枪已17年，不少猎民仍没有找到可以依存的产业，收入的主要来源还是那么点补贴。国家、自治区多年以来给了那么多钱，鄂伦春猎民的生活问题还是解决得不够好。2008年鄂伦春自治旗木奎、希日特奇两个猎民村有80多户猎民，有地的仅有11户，70多户无地，也没有牛羊，只有一座政府给盖的房子。乌鲁布铁猎民村稍微好一点，有地的占20%。农业上最成熟的是古里乡，有地的猎民户占60%，人均200~300亩，其他38户人均耕地30亩。大部分猎民没有地，没事做，有地的也因为不善耕种，大都将耕地租出去。鄂伦春民族是勤劳、勇敢的民族，但我们没有给他们找到发展出路，没有找到适宜他们发展的产业，所以直到现在大多数猎民还没有什么生产活动和收入。

三是解决问题的思路和推进工作的措施还不完全符合实际。比如前些年，鄂伦春自治旗乌鲁布铁搞猎民新村，投资800万元建了一栋楼，要解决100户猎民住房问题，投资170万元养500只狍子，作为猎民村的重要产业。虽然出发点是好的，想给猎民办点好事，但这种做法值得推敲。首先，没有典型意义，不可能所有的猎民村都以这个模式来建；其次，不符合猎民的生产生活习惯，住上楼房后相互隔绝，影响大家的沟通；再次，超出了村民的承受能力，水费、电费、取暖费，猎民承受不起；最后，缺少产业的支撑，养殖500只狍子只能安排17人就业，要9年才能收回投资，支撑不了猎民村的发展。木奎的猎民村选址也不好，房屋建设质量低劣，刚刚建了10年就出现裂缝。有的猎民村想发展养殖业，通过招商的方式请来了一个养殖户，土地承包15年，养畜分红，结果养了几年红利没分上，地租也大打折扣，猎民仍然没有事情做。还有的村想搞木耳种植，但是技术指导不力，极大地挫伤了猎民发展特色种植业的积极性。所以，选择猎民村的发展路子，一定要实事求是，一定要从实际出发，一定要从猎民能做的事情出发来考虑问题，一定要接近传统文化来选择产业。①

四是出租土地、转让土地已成为普遍现象，60%的鄂伦春族农户靠出租土地为生。黑龙江省黑河市爱辉区新生鄂伦春族乡、逊克县新兴、新鄂鄂伦春族乡村民生活水平相对较高，但这三个鄂伦春族乡大部分农户由于无力购买大型农机具以及受劳动力不足等因素的影响，出租土地、转让土地已成为普遍现象，土地越来越集中在少数大农户手中，鄂伦春族乡村经济正发生一场潜在的危机。如黑河市爱辉区新生鄂伦春族乡新生村孟桂秀家，总共有7垧地，全租给别人种了，2012年租金是每垧地1500元。

五是大多数猎民无所事事，这一现状会对其心理产生严重的负面影响。鄂伦春族村民从本质上可归结为两类，即有地户和无地户。对有地户来说，无论村民是否有能力或是否愿意耕种土地，耕种或出租土地都是其收入的重要来源。因此，对于人均耕地较多的新生、新兴村的鄂伦春家庭而言，土地起到了生活保障的重要作用，在此基础上如果再从事畜牧业（如养羊）、打猎或采集，有劳动能力和没有重大负担的家庭即可获得像样的收入。无地户主要是希日特奇村和木奎村的猎民家庭，两村的猎民虽然在名义上拥有集体土地和集体农场，但他们与农场的关系基本上属于出租土地的关系，只是农忙季节猎民可以到农场打工，以打工者的身份获得收入。由于猎民村居民从农场获得的收入和打工收入很少，居民主要依靠政府的各种补贴维持生活，而依靠政府补贴所能维持的生活肯定是低标准生活，大多数猎民无所事事，会对其心理产生严重负面影响。

---

① 曹征海、宋照明、杜学军同志在鄂伦春自治旗调研时的讲话要点，《呼党办通报》2007年10月18日。

六 鄂伦春族村民的健康问题不容忽视

近年来，鄂伦春族一些乡村发生了很大的改变，各项事业得到了积极发展，群众健康水平得到了很大的提高，但整体状况令人担忧。

鄂伦春族村民在 40~49 岁年龄段死亡人数最多，29~30 岁年龄段死亡人数其次，其他年龄段死亡人数较少，说明村民中青年时期是引起死亡的高发期。心脑血管疾病和肺病是引起死亡的主要原因。村民中男子死亡年龄明显低于女子，说明男子平均寿命要短于女子。鄂伦春族村民平均死亡年龄较低，内蒙古地区鄂伦春村民的平均寿命要短于黑龙江省鄂伦春族村民。

从平均死亡年龄来看，2008 年统计的乌鲁布铁、讷尔克气、多布库尔 3 个村鄂伦春族猎民平均死亡年龄为 39.7 岁；2011 年统计的内蒙古地区的托扎敏乡鄂伦春族村民平均死亡年龄为 43.15 岁，2011 年统计的十八站和白银纳鄂伦春族村民平均死亡年龄为 51.19 岁。2008 年的相关材料表明，"内蒙古呼伦贝尔地区全人群平均死亡年龄为 64.39 岁，汉族平均死亡年龄为 65.08 岁，蒙古族平均死亡年龄为 59.62 岁，达斡尔族平均死亡年龄为 54.72 岁，鄂温克族平均死亡年龄为 52.12 岁，鄂伦春族平均死亡年龄为 50.47 岁"。通过比较我们可以看出，内蒙古地区鄂伦春族村民的健康存在着严重的问题。相关资料显示，"2008 年全国人口平均死亡年龄是 63 岁，平均预期寿命是 73 岁"。通过比较也可以看出鄂伦春族村民健康与全国水平的差异。①

七 保护和传承鄂伦春族狩猎文化的意义

狩猎文化是鄂伦春族得天独厚的资源。多少年来，狩猎文化作为中华民族灿烂文化和多元文化的一部分，一直吸引着世界的目光。社会的发展是文化的积累过程，文化是一个民族一个地域存在和发展的支柱。狩猎文化不仅是如何打猎，如何吃肉，如何跳民族舞的问题，它体现的是鄂伦春人千百年来的创造，体现的是鄂伦春人的生存能力，它是人类认识世界的

---

① 方征：《鄂伦春族村民人口结构与死亡情况调查》，研究报告，2013 年 1 月。

一把钥匙，是一条脆弱而又不可替代的历史线索。但在现代文明的冲击下，鄂伦春族传统文化消失得越来越快，一些正在消失的文化恰恰是我们还没有很好地解读的文化。生态的破坏则更加剧了其现有文化的消失。所以，对鄂伦春族狩猎文化的理解和认识不能停留在表面层次上，必须挖掘其精髓，从人文资源、人文价值、人道情感上去解读这个民族的历史文化。

1996年政府有关部门做出了禁猎决定，鄂伦春人彻底告别了狩猎业。以禁猎为标志，狩猎基本上从鄂伦春族经济生活中隐退。这不仅是鄂伦春族狩猎文化的损失，也是中华民族文化的损失，鄂伦春狩猎文化已经到了非保护不可的地步了。狩猎文化源于森林，游牧文化源于草原，如果森林没有了，如果草原沙化了，狩猎文化和游牧文化还会存在吗？因此，保护生态环境，维持生态平衡，不仅为发展生产所必需，而且为保护传统文化艺术所必需。林区的儿童是狩猎生活与环境的重要组成部分，在林区用母语受教育的孩子会了解狩猎文化，懂得如何爱护自然，但如果他们都过早地离开林区环境，森林生态与狩猎文化将失去一个重要元素。

鄂伦春族在中国是一个人口较少的民族，但在亚北极，鄂伦春族则分布在多个国家，鄂伦春族使北极文化延伸到中国。鄂伦春人具有人类最原始、最朴素、最珍贵的生态环境意识，也正是这种生态意识与价值观才保护了大兴安岭的生态环境。鄂伦春族对自然界的态度、认知和行为从一个侧面反映了狩猎文化的文明程度、存在意义和当代价值。

狩猎民族对自然的认知理念告诉我们：万物皆有灵，地球有经络，没有信仰的民族是没有希望的，遵从自然、敬畏自然人类才会自律，人类自律，山河才会秀美。鄂伦春族对自然的保护是整体的，是没有任何功利和欲望的，鄂伦春族狩猎文化始终渗透着对大自然的深情和感恩。文化是多样的，文明是人类追求的永恒主题。人类的文明不是强势文化的整合，而应是多元文化的并存和共生。鄂伦春族是一个很有个性、很有特色的森林民族，他们的狩猎文化具有重要的研究价值和存在价值。大、小兴安岭的植被不仅仅是树木和花草，实质上，鄂伦春人才是最重要的植被，土著知识才是森林地理生态理论之根本。人口较少民族的文化消失不是由于他们落后，而是由于生态环境和外部环境发生了变化。原住民作为一个整体存在，一个价值存在，他们应是国家最重要的文化财富。同时，他们有权利保持自己的传统，也有权利发展自己的文化，也应享有当地资源开发的参与权和决策权。

八 几点建议

1. 建立鄂伦春族文化生态保护区。在保护区内，对目前尚存的原始森林和天然次生林实行全面禁伐，加大天然保护工程的实施力度，实施生态移民工程，把散居在山上林间的林场、村落全部移民下山，在保护区内现有城镇的基础上，进行统一规划。对15度以上的坡耕地全部退耕还林还草。最大限度地减少人类生活、生产活动的范围，还大兴安岭森林生态一个自我调节、自我恢复、休养生息的环境和条件。据专家分析，在目前尚未破坏的生态结构的基础上，加上大兴安岭森林具有的极强的自我调节功能，如果没有人为因素的干扰，在十几年或几十年内，大兴安岭将会重现勃勃生机，恢复生态平衡的最佳状态。

2. 制定限制开发政策。在黑河市爱辉区新生鄂伦春族乡辖区内的西北处，与大兴安岭交界处的无村落地带规划出600平方公里的区域，作为天然鄂伦春狩猎文化保护区，实行自治管理使用，其中包括野生动物保护、森林防火、监督、禁止盗伐林木与非法采金等破坏森林事件，有计划地开展狩猎活动。

3. 发挥鄂伦春猎民优势，赋予其护林和防范偷猎者的职责。鄂伦春族传统文化的核心就是狩猎，当鄂伦春族完全适应了农耕，在某种程度上就意味着其传统文化的消失，成为与汉族或其他民族一样的农耕民族，如此，鄂伦春族也将逐渐消失，也只能在博物馆寻找其本源的文化价值。事实上，就现代社会普遍认同的价值准则而言，保护文化的多样性非常重要。既然如此，合理的选择应该是在两者之间寻找平衡，合理的狩猎规则与保护生物多样性可并行不悖。关键是要制定科学的狩猎规则，以及对狩猎活动的有效监管。实际上，对大、小兴安岭野生动物危害最大的是那些有经济实力和背景的偷猎者，而不是鄂伦春猎人。这些偷猎者，动辄在野生动物出没的森林设下数百上千个套，由于下套的材料细而坚韧，连人都难以发觉，故在伤害动物的同时也经常伤人，而被套后腐烂的动物要比鄂伦春猎民打的猎物多得多。因此，如果赋予鄂伦春人护林和防范偷猎者的职责，是有可能获得保护鄂伦春传统文化和保护生物多样性双赢的。鄂伦春人的中国梦是什么？那就是在享受现代文明的同时，也能享受传统文化的快乐。经济发展了，不能把文化丢掉。

4. 加强民族地区立法工作，尽快制定民族自治地方生态补偿法。出台一部专门针对民族地区的综合性政策法规和补偿机制法规，尽快制定民族自治地方生态补偿法，完善生态法律体系。从制度上法规上保障少数民族群体在解决环境保护相关问题全过程中的参与权、知情权、监督权，真正体现人民的主体地位，恢复和提升环境水平，保障少数民族群体的生存需要和民族地区文化的可持续发展。应尽快制定《民族自治地方环境保护法》，对生态、经济和社会的协调发展做出全局性的战略部署，对民族地区的生态环境建设做出科学、系统的安排。当前最突出的问题，是如何保障民族自治地方依据宪法和自治法实现关于"国家在民族自治地方开发资源、建设企业的时候，应当照顾民族自治地方的利益"的原则：一是赋予资源所在地及其居民对自然资源的优先开发和优先受益权；二是要求各级政府在资源开发中采取适当措施照顾民族自治地方和少数民族的权益；三是对民族自治地方和少数民族进行合理和有效的补偿。对守土固边的边民和义务护林的村民，应采取更加有效的生活保障措施和生态保护措施。例如，鄂伦春族护林员义务守护国家森林60余载，但补助标准非常低。鄂伦春族义务护林员补贴是鄂伦春族下山定居时国家确定的，每个护林员补助标准每人每年750元，1997年提高到1000元，这一标准一直延续到现在。1997~2015年，物价指数持续提高，1000元的补助已经满足不了护林员生活的需求。建议国家和当地政府将护林员补助标准提高到每人每年5000元或1万元。

5. 建议由中央、省（区）、市和县（旗）财政分担经费，为人口较少民族修建博物馆或非物质文化遗产博物馆、传习所等基础设施。合理地利用非物质文化遗产的文化内涵，培育和壮大民族文化产业，打造具有核心竞争力的人口较少民族文化产品和文化品牌，使之成为重要的增收渠道。大力开展群众性的民族传统体育活动，发掘整理和研究推广民族传统体育项目，加强民族传统体育基地建设，培养人口较少民族的传统体育人才。建议创建人口较少民族历史语言文化学院，建议有关部门从抢救非物质文化遗产的高度，打破行政级别限制，通过挂靠省级大学，在自治地方所在地创建人口较少民族历史语言文化学院，使那些致力于民族文化发展的专家学者和非遗传承人有一个讲学、研究、传承的稳定平台，使青少年有一个学习、传承和弘扬民族文化的校园。

综上所述，发展应基于文化的发展，文化发展与文化平等的意义应超越狭隘的经济开发。从一个民族到一个国家，文化他杀是可悲的，文化自杀更是可悲的。文化自觉是希望，文化自信是根本，文化强国才是光明大道。一个国家或一个民族，如果丧失自己的文化，即使解决了其他问题，也没有再大的发展前途。

清代伊犁索伦营简述

涂格敦·柳华

(内蒙古自治区鄂温克族研究会)

200 多年前我的祖辈们奉清朝之命,组成索伦营远涉西北边陲戍边来到新疆,为维护祖国领土完整付出了巨大的牺牲,为边疆的稳定作出了不可磨灭的贡献。今年是索伦营迁徙新疆 252 周年(1763~2015 年),我作为新疆伊犁索伦营鄂温克人的后裔,怀着一种敬佩、怀念的心情,以此文来缅怀祖辈们艰苦的迁徙历程和他们的丰功伟绩。

一

17 世纪中叶,清统治者统一东北地区时,开始征服已归附清政权的索伦部,同时沙皇俄国也向西伯利亚地区扩张,所派遣的远征军从 1643 年(崇德八年)下半年起从雅库次克出发入侵黑龙江流域地区。由于战争,达斡尔人和一部分索伦鄂温克人,在清朝政府的同意下,从 1653 年(清顺治十年)起背井离乡,陆续迁移到大兴安岭、嫩江流域中上游各支流居住。

清朝把由黑龙江上游南迁过来的索伦(鄂温克)、达斡尔、鄂伦春人,统称为"布特哈打牲部",从 1649 年(康熙六年)开始,为适应统治布特哈打牲部的需要,把他们纳入"八旗制"轨道,实行"佐领制",平时猎貂纳贡,战时出征打仗。

1732 年(雍正十年),为了加强中俄呼伦贝尔段的防务,清政府从布特哈地区挑选索伦部 3000 兵丁驻防呼伦贝尔,编成"索伦左右两翼八旗"。

二

清政府把布特哈、呼伦贝尔两地纳入"八旗"制轨道后,将其作为靖边、戍边的兵源基地，在频繁的战争中，特别是在康熙、雍正、乾隆年间，频繁征调索伦（鄂温克）、达斡尔兵丁出征，踏上西征南战的征途，参加许多次反击外国入侵和平息民族分裂活动的战争。

在清代数次战争中，索伦劲旅在保卫国家领土主权和维护国家统一的战争中哪里有硬仗就被派往哪里，成为八旗军中的中坚力量，他们远涉西北、西南边疆地区及东南沿海直至台湾，转战22省，涌现了很多战功赫赫的英雄人物。

据不完全统计，因战功而担任骁骑校、佐领、副总管以上的鄂温克官员达106人，其中担任总管以上的官员36人，总管16人，副都统16人，因战功卓著而职务较高的都统、将军、大臣4人，他们是：清代内大臣博尔本察、清代名将海兰察、清代福州将军穆图善、清代黑龙江将军塔尔岱。

三

清军在新疆天山南北两路经过几年的征战，平息分裂势力之后，清政府为了加强对新疆的行政管理和军事防守，乾隆二十七年（1762年）在伊犁慧远城设置将军衙门，称"伊犁将军"，统辖新疆南北两路，下设四个领队大臣分管，并调整了新疆的军事部署。一方面对于参加靖边之索伦、达斡尔、蒙古、满洲兵丁换班、换防，重点设防；另一方面调兵在新疆伊犁屯田戍边，作为马甲，守卫边疆，调兵两万人进驻新疆伊犁地区。其中，索伦部，分两批进驻新疆。

第一批：索伦（鄂温克）500人，在总管努门察（车）及佐领、骁骑校11名官员的带领下，携带家眷1421人，在乾隆二十八年（1763年）四月初十，从东北嫩江流域地区起程，经过漠北蒙古车臣汗部、土谢图汗部地方，8月中旬抵达赛音诺颜部乌里雅苏台地方（今蒙古国境内），修整后继续西行，经博罗塔拉地方，于乾隆二十九年（1764年）正月十九日抵达新疆伊犁。

第二批：达斡尔兵500人，在副总管色尔默勒图及佐领、骁骑校等11名官员的带领下，携家眷1417人，于乾隆二十八年（1763年）五月初三，从东北嫩江流域地区起程，第二年春天，乾隆二十九年（1764年）七月二十六日，顺利抵达新疆伊犁。

伊犁将军明瑞，把迁徙来的索伦（鄂温克）安置在霍尔果斯河以西的莎玛尔、齐齐罕、土尔根、撒橘等地，把达斡尔兵丁及其眷属安置在霍尔果斯以东克阿里木图、霍尔果斯、福斯克等地驻防，并以"索伦"之称组成索伦营（包括索伦、达斡尔人），分左右两翼八旗，其中右翼四旗为索伦（鄂温克）人，左翼四旗为达斡尔人。

索伦兵民远涉西北，主要任务是守卫边疆，与锡伯、厄鲁特、察哈尔营一样，承担了维持内部安定和守卫边境的任务，主要守卫伊犁河北边界，巡查布鲁特等游牧区边界。

伊犁河北边界，地域辽阔，边境线长，大小卡伦有70余座，每卡驻守10~30人，各卡间相距数十里至百余里，各营每月由总管、副总管、佐领带领30名兵丁巡查，在各营交界处会哨。

索伦、锡伯两个营，除守卫本防区卡伦之外，还承担了换防喀什噶尔（今喀什市）和塔尔巴哈台（今塔城市）的任务，索伦、锡伯往喀什噶尔各派96人换防，乾隆五十一年（1786年），从索伦营增派索伦兵200人作为换防兵丁，嘉庆三年（1798年）增加到300人，索伦、锡伯各出一半人更换。

索伦（鄂温克）兵民移居伊犁后的30多年中，虽然兵役负担沉重，生活艰苦，但人口有所发展，在嘉庆元年（1796年）流行瘟疫（天花），人口锐减，出现了兵员不足的情况。因此，在嘉庆三年从锡伯营给索伦营补充160户，658口人。算上1833年（道光十三年）又从锡伯营挑选100户621人，总共两次补充索伦营，从此，在索伦营增加了锡伯人口，出现了"锡伯索伦"的名称。

19世纪中叶，八国联军入侵北京，沙俄以"调停""说合"有功为由提出割占领土要求，于咸丰十年（1860年）十一月十四日逼迫清政府签订了《中俄北京条约》。根据条约的第二款规定，中俄双方会商勘分西部边界，在谈判中，沙俄一方面出动军队对塔尔巴哈台、科布多、伊犁所属各卡伦，不断进行武装挑衅；另一方面在谈判中公开胁迫清政府接受俄方所提的划界方案，否则俄国"即行带兵强占"。于是在同治三年（1864年）十月七日签订了《中俄勘分西北界约记》，致使沙俄割占了中国西部巴尔喀什湖以东、以南44万多平方公里的领土。

伊犁河北霍尔果斯河以西索伦营牧耕之地绝大部分被割占，沙俄军队要求索伦营兵民"归顺"俄国，具有高度爱国精神的索伦（鄂温克）兵民不畏强暴，不但未"归顺"俄国，相反要求沙俄归还牧耕之地。

沙俄答应过伊犁将军另行安置，但直到同治五年（1866年）初还未兑现，沙俄又步步紧逼，在这样艰苦的情况下，索伦、锡伯、察哈尔蒙古人决意回东北故乡。同治五年（1866年）四月三十日和五月六日出走3400余人，通过阿勒坦额摩岭，行至库库乌苏附近，被沙俄军官引诱到库库乌苏、喀拉塔拉、喀帕尔三处安插。当年七月又有370多人出走，又被沙俄军官引至阿拉木图。接着在八月，副总管傅清阿带领230人前往俄营附近驻扎。三批共出走4000人。他们强烈要求回归祖国，但都遭到沙俄当局拒绝。经过多次交涉，于同治七年（1868年）七月下旬才回到了祖国怀抱。后陆续迁入塔尔巴哈台地区，清政府暂将他们安置在塔尔巴哈台以西20公里的苇塘。

同治十年（1871年）七月，沙俄以"代收"为名出兵侵占伊犁。光绪元年（1875年），索伦营兵自苇塘移住塔尔巴哈台城。清政府为了加强塔尔巴哈台地区的防务，将锡伯营和索伦营官兵组建为索伦部尖锐营，他们一方面耕种土地，另一方面担负巡查边界、监督游牧等工作。

光绪七年（1881年）二月，中俄签订《伊犁条约》，中国收复了伊犁，索伦营官兵本应返回伊犁河以北地区，但因塔城紧靠俄边界，兵力单薄以及发生兵变等原因，光绪十四年（1888年）决定"留索伦营官兵驻防塔城，以资训练而固边防"，还准闲散兵丁也留塔城。

光绪二十一年（1895年）六月十八日，清政府将塔尔巴哈台索伦部尖锐营官兵改编为新满营，把索伦、达斡尔、锡伯官兵编为左右两翼八旗。此时，在新满营中达斡尔人居多数，其次锡伯人，索伦（鄂温克）人为少数。左翼四旗为达斡尔族，右翼四旗为锡伯、索伦族，共同担负驻防台站、防守卡伦、监督游牧，还远到阿尔泰、乌鲁木河、禾斯勒托海、布林、乌伦古尔、额尔齐斯河、巴拉巴善等卡伦和驿站担负换防军务。

1911年辛亥革命后，塔尔巴哈台仍沿袭清朝的八旗制，新满营八旗还保持原来的建制，除军事外，其他事务仍由原来的总管、协领、佐领等官员管理，一直延续到塔城县建制。塔城县政府将八旗改为乡，由农官署管理八旗农业生产。

新满营弃甲归农后，左翼四旗达斡尔居住在新疆塔城阿西尔、阿布都拉、也门勒乡等地，右翼四旗锡伯、索伦（鄂温克）居住在塔城的哈拉哈巴克乡，鄂温克人在阿西尔乡也有几户人。

1985 年，索伦营的后裔新疆塔城市的鄂温克族布克图老人万里迢迢来到内蒙古鄂温克族自治旗，到莫旗、阿荣旗等地，看望了故乡的鄂温克族同胞。1988 年 8 月，布克图老人和塔城市阿西尔达斡尔民族乡上曼致巴克村的鄂温克族老人亚西克及女儿柳华（笔者）应邀来到鄂温克旗参加了"鄂温克族自治旗成立 30 周年"庆祝大会，并探望了故乡的鄂温克族同胞。1990 年，父亲亚西克老人将女儿柳华（笔者）送回故乡鄂温克族自治旗，现在内蒙古自治区鄂温克族研究会工作，至今已有 25 年，是第一个回到故土生活和工作的戍边新疆索伦营鄂温克人的后裔。

结　语

在索伦营兵民驻防西北边疆 252 周年的今天，索伦营的后裔们永远不会忘记先辈们远涉新疆，建设西北边疆的伟大业绩，伊犁河、霍尔果斯河、塔尔巴哈台山脉见证了索伦营兵民当年为保卫和建设边疆付出的心血和代价，见证了他们守卫祖国大西北的一片赤胆忠心。那滚滚流淌的河水和静默的山峰，似乎在诉说着索伦营兵民热爱祖国、赤心报国的一个个数不清的英雄壮举。作为索伦营兵民的后裔，为先辈们当年艰难辛苦的经历而伤感，更为他们的爱国主义精神感到自豪和骄傲！先辈的业绩激励我们发扬他们崇高的奉献精神，为祖国的建设事业、民族的繁荣昌盛贡献力量！

铁器在古代赫哲族社会的应用

杨 光

（哈尔滨商业大学商业经济研究院）

早在汉代铁就和盐一样受到统治者的重视，为此还举办了声势浩大的"盐铁会议"。中原早已广泛使用铁器，并能够熟练地进行冶铁加工锻造，那么，处在偏远地区、社会生产力落后的赫哲族古代社会的铁器发展又是怎样的呢？通过梳理文献和文物考察资料，不难看出铁器在古代赫哲族社会应用的大致过程。

一 辽金之前赫哲族社会的无铁时代

古代赫哲族社会很长一段时间是和铁器绝缘的，铁器在赫哲社会输入的时间较晚，辽金时代之前赫哲社会一直是以木质（这里指硬木质）为主要生产和生活用具的材质。由于赫哲族所在地区崇山峻岭，林木葱郁，因地制宜，木材的获取十分便利。据有关研究资料记载："古代赫哲人加工制作的木制品可谓式样多、花样新、品种全，几乎囊括了生产、生活、宗教祭祀以及文化娱乐的方方面面。"[1] 木制品具有很多优点，尤其是桦木制品，如桦木碗"盛液体，而不致透漏"[2]，漫山遍野的优质桦木随处可得，因此桦木受到赫哲人的普遍欢迎，并进而开发出多种用途的桦木制品。

虽然木制品应用广泛，但无可否认与铁制器皿相比还是有很多不足之处。铁制品具有许多其他材质无可替代的性能优点，如生活用品中应用最

---

[1] 林雪丽：《略述古代赫哲族木制品的类型、特点及成因》，《黑龙江民族丛刊》2005年第4期。
[2] 凌纯声：《松花江下游的赫哲族》（上册），中国科学图书仪器公司承印，1990，第35页。

为广泛的铁锅,用来煮食是最方便不过了,这一点木锅是无法比拟的。

当赫哲族社会掌握了取火和存火技术,意识到熟食对于食物的口感和人体消化系统的重要意义的时候,赫哲族囿于条件,依然采用木锅煮肉的方法。至于这是不是赫哲族最先发明的还无从定论,但是不可否认很多东北少数民族在铁器缺乏的情况下都采用过这种木锅煮肉的方法。如鄂伦春族也同赫哲族一样,在每次木锅煮肉之前,都要在木锅的锅底浇水,使其湿润,以至肉煮熟,锅底未烧坏;另外还有一种方法,即将清水倒入木锅淹没食物,用烧红滚烫的石块放置于锅内数次,这种方法也能达到前一种效果,但是这两种方法比起铁锅煮肉显然都十分不便。

从古代赫哲族渔猎生产中最常见的工具——鱼钩来看,最早的鱼钩也是用随处可见的木材制作的,木制鱼钩有很多弊端,沾水易变潮腐烂且材质较脆,易折断,远没有铁质鱼钩坚硬而不易腐朽。

狩猎工具上,"用楛矢做箭杆,用尖利的石块做箭头,故历史上有'楛矢石砮'之称。后来输入了铁,才有铁打的箭镞"[1]。这种代替铁镞的木化石在赫哲族历史上使用十分悠久,早在先秦时代就曾经作为边镇贡品献于王室,"石砮黑龙江口出,名木化石,坚利入铁,可锉矢镞,土人将取之,必先祈神"[2]。直到明代,赫哲族所在的生女真部落仍使用"楛矢石砮"。

"楛矢石砮"照比铁镞和铁矢,硬度显然不如后者,且获得十分不易,需要几千年一遇的地壳运动石化作用,因此传播范围十分有限。虽然社会发展如此需要铁器,但铁器在赫哲族社会的相当长的一段历史时期内仍未见其出现,其中是何原因?铁器的获得无外乎有两种途径:一是自己生产,二是外来输入。首先,依靠自己的力量去锻造加工铁器是否可行?锻造铁器,需要一定的技术手段,这对于生产力落后,为生计终日奔波的赫哲族来说显然是勉为其难的。其次,铁器的生产需要一定的物质基础。原料上需要铁矿石,但赫哲族世代所居的广大三江平原为典型的湿地地貌,并非铁矿的富源地。冶铁需要燃料、温度、动力、设备、技术等,赫哲族无法保证这些辅助生产的配套。最后,赫哲族传统的民族心理所致。该民

---

[1] 黄任远:《赫哲族风俗志》,中央民族学院出版社,1992,第52页。
[2] 干志耿、孙秀仁:《黑龙江古代民族史纲》,黑龙江人民出版社,1986,第477页。

族具有较强的民族意识和坚强的生命力，能够忍受艰难困苦，较易满足现状，在主观上限制了铁器的发展。

历史上赫哲族是一个多灾多难的民族，由于处于祖国的东极，地域僻远，社会生产力落后，连年战乱，自然灾害和外来侵略者纷扰，即使在历史上遭受到外来侵略者灭绝性的殖民统治，但是这个民族依然挺过来了，在历史的舞台上从未消失。究其原因，就是该民族具有较强的生命力，坚强的民族意识，能够忍受饥饿和寒冷，在物质匮乏的条件下寻找适合自己民族特点的方式来顽强生存。早年赫哲族社会生活很艰苦，既然缺粮，人们就少食米，既然缺布，那么就少穿衣，既然缺铁器，那么就少用或不用铁器，寻找其他东西来代替，鱼皮衣裤、狍皮靰鞡（乌拉）应运而生。因此从民族心理上来说，他们宁愿选择忍受铁器缺乏所带来的种种困难，也不愿去寻找开启铁器发展之路径。再者，古代赫哲族居住方式流动性非常强，赫哲族成年男子常年在外捕鱼狩猎，春季鱼汛期和秋季鱼汛期都是赫哲族最繁忙的时节，抓住这一捕鱼黄金期，就等于抓住了全家一年的口粮，为此赫哲族劳动力就在江边搭个临时的窝棚作为暂时居住处，便于日夜捕鱼作业。窝棚构建简单，内屋只有简单的生活日用品，平时无人，只有在深夜赫哲族渔民才拖着疲惫的身子回到窝棚内酣睡。

铁器偶尔由外人带入，在赫哲族社会就显得十分稀有而珍贵，常常被认为是私人的贵重财产，随便放置于平日内无人看管的"窝棚"内并不适合，放置于潮湿的桦皮船船板上也易于生锈，但若随身携带又显得过于笨重，尤其是漫长冬季赫哲族惯用"拖日气"（狗拉雪橇）或"恰踢气"（滑雪板），这些交通工具都需要身体轻巧如飞燕；何况出猎时讲究寂静的氛围，不惊动猎物，以速度取胜，而随身携带着沉重的铁器，追逐猎物时又不断撞击烟盒小物什发出碰撞的响声，这一切对狩猎都是不利的。

闭塞偏远而又拥有丰厚自然资源的地缘因素，照比运用铁制农具来辛苦耕种，苦苦等待农作物的生根发芽和结果，不如有效利用"棒打狍子瓢舀鱼，野鸡飞到饭锅里"的优势物质资源更为直接而省力，这就造成了赫哲族在传统心理上坚韧而又易于满足现状的特点。

综上所述，既没有掌握冶铁技术，又没有足够的资本来进行交换，偏远封闭的地理环境，落后的社会生产力，传统民族心理低水平物质生活的坚强承受力，这一切都造成辽金时代赫哲族社会与铁器的万千阻隔。

二 辽金时期赫哲族社会输入铁器阶段

随着社会的进步，生产力的进一步发展，在黑龙江大地上出现了铁器普遍使用的迹象，尤其"金代由于冶铁业的发展，在黑龙江地区广泛使用了铁"①。黑土地上金代窖藏都存有大量的铁器并出现铁制吊锅，吊锅是赫哲族早年捕鱼生产和外出狩猎时最便捷的日用炊具，赫哲语称呼为"哈楚昆"。吊锅的方便在于它的收纳，"不用时，将锅放在用皮带结成的口袋中。吊锅是用熟铁制成，轻便耐用"②。有了吊锅，赫哲族饮食上有了很大改进，能够更好地对鱼肉、兽肉进行蒸煮，对五谷杂粮进行加工烹饪，赫哲族为此发明了鱼糜粥等，增强了民族体质。

铁的使用可以说广泛出现于赫哲族世居地区的三江平原，"南起松花江，北到黑龙江，西起大兴安岭东麓金东北路界壕边堡，东到三江平原，都发现了金代的铁器"③。但由于赫哲族社会生产力仍落后，无法掌握冶铁技术，因此铁器只能依赖外部社会的输入。此时中原的汉民族早已进入铁器农耕时代，金代的黑龙江部分先进生产地区也曾一度有过冶铁加工生产，但随着金朝的灭亡，渤海国的覆灭，黑龙江冶铁业也随之衰落。因此赫哲族社会的冶铁加工业没有出现，铁器获得依然依赖于外部的少量零星输入。就连黑龙江地区发展最为快速的建州女真，直到15世纪还无法自己进行冶铁生产。

三 明朝时期赫哲族社会输入铁器阶段

由于社会生产力的进一步发展，尤其是种植业的兴起，明朝时期建州女真社会无论是在农具、兵器还是生活用品上都强烈需要铁作为原料。在这种情况下，建州女真依赖从我国中原地区以及朝鲜半岛输入铁器来进行二次加工锻造，以满足自己各方面的需求。明代的赫哲族归属于野人女真

---

① 孙进己：《东北古代民族使用铁器的历史及对"铁器时代"之管见》，《黑龙江民族丛刊》1990年第3期。
② 黄任远：《赫哲族风俗志》，第21页。
③ 景爱、孙秀仁、杨志军：《从出土文物看黑龙江地区的金代社会》，《文物》1977年第4期。

部，相较建州女真社会发展更为落后，交通偏远、气候寒冷，文明开化程度较低，社会生产需要仰赖建州女真的辅佐。既然建州女真社会的铁器都仰赖外部社会提供，而野人女真又仰赖建州女真社会的铁器的提供，因此，真正辗转间接流通到赫哲族社会的铁器自然少之又少，且质量糙之又糙。

另外，由于铁器在社会生产和生活中的重要作用，尤其是用于军事上的杀伤力，因此明朝政府对于输入控制东北女真地区的铁器是严格封锁的，为此女真人曾抱怨"（明）禁止我买卖，使男无铧铁，女无针剪"①。赫哲族社会铁器的输入受到很大的限制，这影响到赫哲族社会生产力的进一步发展，社会进步也受到相应的制约。

工具是经济发展程度的显著标志，同其他渔猎民族一样，赫哲族的渔猎工具经历了棍棒—石器—弓箭—铁器—火器的发展历程。劳动工具是体现劳动生产率的重要因素，由于长期依赖十分有限的输入铁器，因此铁器未能在赫哲族社会生产上大放光彩。赫哲族社会很长一段时间的劳动工具是骨木结合。"早年赫哲族没有铁，所使用的激达或用木棒削成或用兽骨磨成"。②

作为典型的渔猎民族赫哲族以鱼为生，其最主要的劳动工具——鱼钩的制作，首先是选用随处可得的木质材料，然后则利用兽骨的坚硬耐磨而制作兽骨鱼钩，而这些兽骨制品，"经过人工精心雕琢的细小鱼具，作为细石器文化的重要组成部分，在赫哲族中间长期存在着"。③ 这个时期比较常见的鱼钩大多是由压制或者磨制的兽骨制成的。由此可见即使明朝时期赫哲族社会已经输入铁器，但从输入范围上看，其流通有限，不足以促成社会生产工具的根本变革。但应该看到此时生产工具已经逐渐采用铁器，虽然仅仅是生产工具的一小部分。"赫哲人撒开千张网，船儿满江鱼满舱"，作为赫哲族另一重要生产工具的渔网也是普遍使用的，早期用植物纤维作织网，后期用麻绳等，在网坠上早期是用石头或者兽骨，当铁器传入后，才逐渐采用铁坠作为网坠，从中可见赫哲族生产用具铁器化的发展趋势。

此时赫哲族铁器由于输入量少，显得弥足珍贵，应用范围也受到限

---

① 《明实录》，宪宗成化十三年十一月己丑条。
② 于学斌：《赫哲族渔猎生活》，黑龙江人民出版社，2007，第25页。
③ 都永浩、姜洪波：《黑龙江赫哲族文化》，黑龙江教育出版社，2007，第41页。

制，主要应用在民族信仰——萨满教的神器上，如"初级神帽，赫哲语称'奥刻坡替'，是用一个铁圈，外面包有皮或布。铁圈的前后有一个小铁神……此外神帽的鹿角中间有铜或铁做的一只鸠神"①。可见萨满神具仅部分使用铁器，大多数供神器皿仍是用木制的。

四　清朝时期赫哲族输入铁器阶段

进入清朝，赫哲族社会得到了突飞猛进的发展。清朝统治者大力推行赫哲族的农业种植业，给予种子、铁农具等农用物资，使赫哲族固定在农地上，以便更好地对其进行统治。有了铁质的农用生产用具，铁锹、铁铧、铁镰等，赫哲族农业得到相当程度的发展，更为重要的是这时期赫哲族社会才真正近距离地广泛接触铁器。

另外，清朝实行一项非常有利于铁器获得的政策，即"贡貂赏乌林"。自从18世纪20年代始，清朝统治者把大部分赫哲族安置在三姓城（今依兰县），使贡貂贸易在三姓城兴旺起来。

"当地各族群众用渔猎产品和土特产，换取自己所需的酒、烟、布匹、铁制日用杂品等。这些日用品，多是由满、汉族商人和基层官吏贩入的。"② 尤其是这些满、汉族商人特别喜好东北土著民族的猎物，因此狩猎在当时不仅是为保证冬季衣食无忧，更为重要的是为换回全家老少之需，因此鹿茸、貂皮、麋鹿等猎物发展成为猎产品。"猎产品也是赫哲族同外界交换的商品，赫哲族经常把自己的猎产品拿到宁古塔、三姓等地进行交换，从那里获得铁器、粮食、布匹等生活必需品。"③ 由此可见，此时赫哲族能够通过"贡貂赏乌林"政策，得到一定量的铁制品。

这项政策可以说促进了赫哲族商业贸易的发展，同时带给赫哲族社会前所未有地获得各种用品的机会，但是物物交换中的铁器，价值昂贵。清朝前期流入赫哲族市场的铁锅价值昂贵到数量上装满一口铁锅的上等貂皮才能换回该铁锅。而一年辛苦到头的赫哲族猎取的貂皮往往由于三姓收官的种种责难，即使貂皮数量足够、成色上乘也依然始终换不回铁锅，因此赫哲族常年对"铁"兴叹。

---

① 黄任远：《赫哲那乃阿伊努原始宗教研究》，黑龙江人民出版社，2003，第211页。
② 刘忠波：《赫哲族》，民族出版社，2004，第49页。
③ 于学斌：《赫哲族渔猎生活》，第25页。

但是应该看到此时铁器或铁制品的获得较之以往相对容易一些。在满、汉族眼里微不足道的小小的铁针，通过赏乌林而流传到赫哲族社会，每次数量不在少数，如"针七万二千三百六十"①。铁针照比鱼骨针对于鱼皮衣的缝制显然锋利灵巧得多，类似铁剪、铁刀、铁斧流传到赫哲族社会也大受欢迎。这些铁制品通过包括赫哲族在内的黑龙江下游和乌苏里江以及库页岛在内的各族人民带回当地，对当地的社会生产和生活产生了积极而重要的影响。另外，这些当地民族群众又把这些包括铁器在内的生产、生活日用品与虾夷人交换，使之流通至桦太、北海道至日本九州，即著名的"山丹贸易"。

值得注意的是，用貂皮等土特产品换取铁器越来越容易，换取一定量的铁器，所需要相应量的土特产品的价格越来越低。据资料记载，"康熙初年要换一口铁锅，必须按锅的大小，往里盛满了貂皮，才可换上。光绪初年，用一张貂皮可换得两口锅"②。之所以出现这种情况，主要是两个方面原因。一方面，由于中原冶铁技术的不断改进，焦炭作为良好的冶铁燃料，活塞式风箱的有效使用，大大增加了铁器生产。因此铁器在中原大地早已不是稀罕之物，变得更为普遍，价格上自然有所降低。另一方面，由于关内流出人口不断开发边疆，原始林木山泽遭破坏，火枪的射杀使野生动物资源急剧减少，获得珍贵的貂皮越来越难。

贡貂赏乌林政策能够提供一些铁器，但是获得更多的铁器是通过买卖来实现的。光绪年间在赫哲族社会已经形成固定的坐商，专门从事猎产品和铁器、农产品的交换，这加大了赫哲族铁器的流通渠道。"农具是在光绪年代末期从三姓购买，主要有犁铧及其它小农具，如镰刀、锄头、锹镐、三齿、二齿钩搂耙子等。"③ 西伯利亚大铁路修筑之后，黑龙江下游和乌苏里江的赫哲族可从俄国人手里更直接购买到铁器。

另外清政府还实行联姻制度。"清朝政府对于黑龙江流域，包括库页岛及沿海各部落的头人还实行一种联姻制度，鼓励他们娶清朝宗室女儿，以巩固当地民族头人与朝廷的密切关系"④，宗室女儿或者如民间所传的宫

---

① 辽宁省档案馆：《三姓副都统衙门汇编》，辽宁古籍出版社，1996，第50页。
② 尤金良：《赫哲族拾珍》，黑龙江省佳木斯市文学艺术界联合会，1990，第82页。
③ 吕光天、古清尧：《贝加尔湖地区和黑龙江流域各族与中原关系史》，黑龙江教育出版社，1991，第255页。
④ 刘忠波：《赫哲族》，第49页。

女下嫁赫哲族头人，必定带去相当数量的嫁妆聘礼，这其中当然也包括铁器在内的日用品，因此这在一定程度上成为赫哲族获得铁器的间接渠道。

铁质农具出现在赫哲族社会，对该民族的种植业产生重大影响，由于渔猎业的萧条，部分赫哲族转产至农业、种植业，而铁锅等铁制品应用到赫哲族生活和生产之中带来翻天覆地的变化。生产用具上，由于铁器的逐渐增多使渔具的种类和质量都开始出现增多、提高的趋势。相关考古资料显示："在苏联的阿穆尔边疆区和我国黑龙江省境，在靺鞨文化遗存中，就发现有大量的铁制品如：刀、矛、剑、镞、铠甲等，赫哲人最早用鳇鱼钩（铁制）捕捞鳇鱼，钩身粗大，设有倒须，一杆钩栓20到30把，后来又被传入的快钩所代替。"[1]

在饮食上，实用的铁锅普遍代替了吊锅，告别了没有铁锅的时代。以往没有铁锅，煮熟食物是一个难解的问题。赫哲族也发明了各种食鱼方法，如"把生鱼切成薄薄的片，叫'拉布搭哈'，加一些食盐、姜葱等调料即可。在严寒的冬天，把冻鱼去皮，切成薄片，叫'苏拉卡'，加上食盐，可随地就餐。这与远古人类吃生肉的方法相似，只是加了食盐和调料"[2]。当铁锅流入到赫哲族普通人家时，受到广泛欢迎，铁锅成为赫哲族每家每户必备的生活用具。著名的赫哲族铁锅炖鱼就是在江边支起铁锅，下面燃烧熊熊的篝火，取来江水，炖上新捕的江鱼，别有一番美味。

当赫哲族社会广泛使用铁锅时，闻名遐迩的民族风味餐——全鱼宴也随之发明，很快风靡清整个东北民族的餐桌上并影响到满族的饮食文化。铁锅不仅使鱼、兽肉的加工烹饪得到改进，口味更佳，更重要的是有效地预防了生食不洁鱼肉而带来的民族顽疾——血吸虫病的发病，民族体质明显改善。

由于社会生产力的不断发展以及社会的进步，赫哲族社会的铁器从无到有，从少到多。当进入清朝后期，该民族中已较为常见铁器，渔猎用具则由原先的无铁质，发展至部分铁质最终发展为全部铁质，"柄铁尖的鱼钩全部改用铁器"[3]，赫哲族劳动力此时能够参照成型的铁制品采用输入进来的铁原料或者是废弃不用的铁制品，经过简单的加工锻造，来造出符合

---

[1] 舒景祥：《中国赫哲族》，黑龙江人民出版社，1999年。
[2] 何学娟：《濒危的赫哲语》，黑龙江教育出版社，2005，第155页。
[3] 〔日〕大间知笃三等：《北方民族与萨满文化——中国东北民族的人类学调查》，辻雄二、色音编译，中央民族出版社，1995，第34页。

自己需求的铁器制品。

应该看到，古代的赫哲族社会木制品加工业并没有形成专门的制造业，而对原料和技术要求更高的制铁业更是没有形成，在赫哲族社会始终没有形成专门的铁器加工业，也无流动作业的铁匠师傅，可以说古代的赫哲族社会分工是不显著的。因此，古代赫哲族平时使用的铁器范围十分有限，主要用于生产用具的尖头部分，如制作鱼叉的叉子尖头、狩猎激达的枪头，这充分利用了铁制品硬质不易腐烂的特性。后来赫哲族把铁器加工业应用到鱼钩以及狩猎工具上，"夏天用铁炮、冬天用被称作激达的一种矛来捕猎这些动物"①。制作过程稍显复杂，"做小刀时，将旧锯条、钢锉或杉刀背等切断，放在木炭中烧炼，再经过捶打，待薄厚程度适宜时，用钢锉锉成刀形，再用火烧后，放入水中淬火，也称沾钢，再锉成锐刀即可。制鱼叉也同样用这个方法，制鱼钩则用铁丝作原料，但加工方法要更为复杂"②。但是值得注意的是，铁器却始终没有用于农具生产。

铁器应用到狩猎业上，可以增强对猎物的射杀力，这些铁制利器对动物的捕捉十分有效，因此大大提高了赫哲族狩猎业的生产效率。他们在获得更多猎物的同时，可以以物易物，交换到更多的铁器，其中自然包括改良后的狩猎和渔猎利器，这自然就形成了一个生产和交换的循环。生产效率的提高使这个循环随之带来的是猎物的必然减少，当然其中也包含诸如生态资源的减少、气候的改变、猎物进一步产品化、生物自然减产、赫哲族商品意识的逐渐增强等多种原因在内，但是应看到，铁器的应用大大增强了渔猎业的生产效率，利用先进的铁器渔猎工具盲目开采自然资源是造成猎物迅速减少的重要原因。

综上所述：在古代赫哲族社会，由于种种客观及主观因素，铁器的使用、发展是较为曲折的，甚至在历史上曾经有相当一段时间是无铁器的。随着生产力的不断发展和社会的进步，赫哲族社会与外界社会相互交往也逐渐扩大，加之边陲羁縻政策的实施，商品经济流通的加强，使铁器在赫哲族社会逐渐发展起来。从铁器的出现到广泛使用是一个长期的历史过程，其发展对赫哲族社会的生产、生活产生了重要而深远的影响。

---

① 刘忠波：《赫哲族》，第16页。
② 马丹：《赫哲族经济变迁研究》，中央民族大学，硕士学位论文，2011，第15页。

辛亥革命时期内蒙古革命斗争浅析

赵图雅　斯琴高娃

(内蒙古师范大学)

辛亥革命是指自1911年10月10日夜武昌起义爆发，至1912年元旦孙文就职中华民国临时大总统前后这一段时间在中国发生的革命事件。辛亥革命时期的革命斗争是指自19世纪末至辛亥年，国内一系列以推翻清朝统治为目标的革命运动。辛亥革命推翻清朝专制帝制，建立了中华民国，使民主思想深入人心，它在全国各地、各个民族中，都引起了剧烈的动荡和反响。内蒙古各族人民热烈响应革命，在辛亥革命历史上写下了光辉的一页。

一　辛亥革命前内蒙古民主革命思想的传播及辛亥革命的爆发

(一) 社会矛盾的尖锐和内蒙古各族人民反帝反封建斗争

列强入侵，使帝国主义与中华民族、封建主义与各族人民大众的矛盾进一步激化，民族危机日益严重。特别是庚子赔款后，为了赔偿巨额赔款和支付庞大的军费，清政府加重捐税，以"变法图强"实行"新政"的名义大肆搜刮，在蒙古地区实行"移民实边"政策，允许汉民入蒙地开垦种植，鼓励蒙古王公开荒拓垦。清政府在"移民实边"的幌子下，开始了对内蒙古地区的经济掠夺。开垦蒙地所得押荒银（又称地价）和垦熟后所征地租银，由清政府和王公分成，分成比例因地区而不同。开垦蒙地导致土地滥垦和牧场破坏，使错综复杂的阶级矛盾和民族矛盾日益激化，各族人民发动了一次又一次武装起义，包括1891年反洋教为主的反帝斗争，1905年伊克昭盟"独贵龙"抗垦运动等。总之，内蒙古各族人民在辛亥革命前所进行的反清反王公的斗争，为后来各族人民响应辛亥革命积极参加革命奠定了坚实的基础。

（二）辛亥革命爆发前，同盟会宣传民主革命思想

1905年8月，中国同盟会在日本东京建立，这是孙中山领导的旧民主主义革命发展过程中的一个重要里程碑，它标志着资产阶级领导的民主革命开始进入高潮，对于推动全国各地各族人民革命起了重要的促进作用。辛亥革命前夕，同盟会在内蒙古地区的活动，主要是通过山西同盟会分会直接领导的。因当时内蒙古西部除伊、乌两盟十三旗外，在行政上隶属于山西归绥兵备道管辖。山西革命党人在内蒙古西部从事革命活动，除吸收汉族青年知识分子参加同盟会外，还注意吸收蒙古族青年知识分子加入同盟会。蒙古族青年云亨最先加入了同盟会，不久，经过他的介绍经权等蒙古族青年也加入了同盟会。从此，他们积极开展革命宣传活动。之后，还有安祥、巴文峒等蒙古族进步知识青年，也加入了同盟会。在当时提倡的"新学"潮流中，内蒙古地区的一些城市和盟旗也先后办起了一批具有资本主义色彩的新式学堂，派出了一批留学生。20世纪初，内蒙古东部青年学生到外省和留日学习的人数逐渐多起来，仅在沈阳蒙文学堂里学习的就有120余人。海内外读书的内蒙古青年首先接触到民主革命思想，在同盟会和国内革命形势日益发展的影响下，在资产阶级民主革命思想的熏陶下，他们也逐渐倾向革命走上民族觉醒的道路，在客观上为资产阶级民主主义思想的传播提供了有利条件，促进了革命的发展和民族的觉醒。

（三）辛亥革命爆发后，驻京蒙古王公纷纷倒向北京政府

清朝时期，内蒙古六盟四十九旗的封建王公最受清廷恩宠和优待。因此，当辛亥革命爆发后，他们面对清朝覆亡、共和将兴的局势，十分紧张和恐慌。在革命派要求"民主""共和"之际，他们站在清王朝一边，一面誓死效忠清廷，一面极力反对"民主"和"共和"。1911年12月24日，驻京蒙古王公以那彦图、贡桑诺尔布、博迪苏为首成立了"蒙古王公联合会"，该会于成立后的第三天就以"蒙古全体代表"的名义向清朝内阁总理大臣袁世凯递交信函，以表示对清朝皇帝的效忠。在1912年1月17～23日召开的御前会议上，蒙古王公那彦图和贡桑诺尔布等大臣强烈反对清帝退位。但由于南北议和时，袁世凯在提出优待清室条件的同时，也提出优待满蒙回藏

各族的条件，蒙古王公最终表示支持袁世凯。蒙古王公即便同意了民主共和制，也仍然频频发表通电，向南方的民国政府施压。在清帝退位前夕，他们致电孙中山和伍廷芳，强调新的民国政府必须考虑蒙古王公的既有特殊利益。最后，1912年袁世凯政府颁布《蒙古待遇条例》几乎保留了王公上层的全部封建特权。在袁世凯的拉拢和军事威逼之下，多数驻京蒙古王公纷纷倒向北京政府，为该政府筹划的对蒙古政策积极努力。

二 辛亥革命的爆发引燃了内蒙古各族人民的反清斗争

同盟会在内蒙古地区开展的革命活动，传播了民主革命思想，提高了蒙汉等各族人民的思想觉悟，直接推动了内蒙古地区的反清起义。辛亥革命的爆发，给长期以来被奴役、压迫的内蒙古各族人民以巨大的鼓舞，人们认为推翻清朝建立中华民国"是令人振奋的一件大事"。由于清朝统治力量的相对强大，内蒙古各地的反清起义，没有形成统一的指挥和统一的力量，先后遭到失败。但是这些起义在推动北方革命形势的发展和最后推翻清王朝，以及对促进民族民主革命思想在内蒙古地区的进一步传播等方面，起了积极作用，具有重要历史意义。

绥远反清起义

绥、包一带的清军巡防队中有一部分官兵受革命思想影响，酝酿反清起义，他们首先拟在归绥起兵，以占据清朝在内蒙古西部的统治中心。杨云阶致函策动了驻归绥口外八旗巡防队部分官兵起义哗变，云亨（蒙古族）、王定圻、杨云阶等革命党人，及时赶往包头，与经权（蒙古族）、郭鸿霖等会合，在包头、萨拉齐等地策动起义，并与张琳、曹富章等取得联系，准备进驻包头。五原厅同知樊恩庆和包头清军管带佯称赞成革命，1911年12月下旬，起义首领张琳、曹富章、郭鸿霖等遇害，云亨得朋友暗示，迅速脱险，幸免于难。

陶林反清起义

1911年11月，陶林的乡村会党武装和陶林厅的百余名巡警在赵喜泰的率领下发动起义，占领了陶林城。此后，起义军与清军交战失利，撤出陶林向南转移到宁远一带。宁远厅官员闻风而逃，起义军一举占据了宁远城。不久，在察哈尔右翼各旗马队的进攻下，陶林起义军再度受挫。余部加入了丰镇军民武装行列，坚持斗争，撤离归绥的巡防队统领周维藩，在各地革命形势的影响下，率领余部，在兴和一带宣布起义。

丰镇反清起义

丰镇地区在山西革命党人的直接影响和推动下也发动了革命起义。1911年12月初，晋北各地反清义军在弓富魁等人率领下进入大同。在弓富魁的带动下，张占魁、武万义（蒙古族）、马有才（回族）等率领农民军，以"推翻满清，建立民国"为口号，在丰镇东北的隆盛庄附近宣布起义。12月16日，革命军攻入丰镇城，建立革命政权，宣布革命政策。12月23日，大批清军反攻丰镇，经一天的激战，丰镇被清军攻占，起义武装被迫撤出。

包头反清起义

在山西太原发动起义的山西革命军，于1911年12月初撤出太原，在阎锡山的指挥下，北上到达伊克昭盟，李德懋、王定圻、云亨、经权等革命党人，当即与山西革命军取得联系，并重振人马与之配合。1912年1月，山西革命军进入包头，建立了包东州临时革命政权，控制了包头、后套和伊克昭盟等地，云亨、经权分别被任命为绥远城将军和归化城副都统。1月15日，山西革命军出师东征归绥，17日，击溃由原绥远八旗兵组成的清军第一营，攻占了萨拉齐镇。26日，革命军东进归绥途中，在萨拉齐以东刀什尔村遇归绥清军巡防队和满、蒙新军、土默特骑兵的阻击，激战一整天，革命军严重受挫。

三 辛亥革命时期内蒙古地区革命斗争的影响

辛亥革命是中国近代史上资产阶级革命派领导的一次伟大的民主革命。内蒙古地区所发生的革命斗争，是这个革命的一个重要组成部分，它影响了整个内蒙古地区各民族革命斗争的后期发展。

第一，直接打击了帝国主义妄图分裂中国的阴谋，维护了中华民族的团结和统一。

在沙俄策动和支持下，1911年12月1日库伦活佛哲布尊丹巴发动政变，宣布脱离中国政府而"独立"。外蒙古独立以后，向内蒙古六盟和呼伦贝尔、归化城土默特、察哈尔等蒙旗发出通报，号召、要求呼应"独立"，归顺、加入新成立的蒙古"独立"国家。呼伦贝尔"独立"和乌泰叛乱，都是沙俄利用新成立的哲布尊丹巴政权，策动内蒙古部分王公分裂中国的产物。辛亥革命爆发后，沙俄和日本帝国主义支持部分封建王公，在内蒙古地区策划一条"独立""自治"背叛祖国、分裂各民族团结的反动道路。内蒙古各民族纷纷痛斥沙俄侵略者和哲布尊丹巴集团的罪行，强烈要求取消外蒙"独立"，废除"俄蒙协定"，并进行了英勇的武装抗俄斗争，挫败了沙俄妄图分裂中国的阴谋，保卫了祖国的边疆，维护了国家的主权和领土完整。

第二，动摇了清朝对内蒙古的封建统治，推翻了清朝在内蒙古地区的反动政权。

辛亥革命时期内蒙古产生了资产阶级、小资产阶级的知识分子，他们领导各族人民配合全国人民共同推翻清朝统治的斗争，沉重打击了清王朝对内蒙古统治，尤其是对蒙古民族压迫近三百年的牢笼政策，唤起了蒙古民族的觉醒，直接推动了内蒙古各族人民继续反抗北洋军阀、蒙古封建统治以及后来国民党反动统治的斗争。

第三，增强了内蒙古人民谋求自身解放的意识，为后期蒙古族人民寻求解放开辟了一条新的道路。

辛亥革命时期，革命团体的建立、革命活动的展开、蒙古族先进知识分子的宣传，使民主革命思想在内蒙古地区广泛传播。西方资产阶级革命时期的政治理论、社会变革思潮、哲学、文学等，通过书刊等得到广泛传播，国家要独立，民族要解放，人民要民主的思想逐步深入到各族人民的心中。这对长期遭受封建主义和宗教思想禁锢的内蒙古各族人民来说，是一次巨大的思想解放，加速了内蒙古人民的觉醒。当时蒙古民族中的先进分子云亨、经权、安祥等人直接参加了同盟会，并积极投身于辛亥革命，他们虽然人数不多，却引领内蒙古各民族共同开辟了反帝反封建的革命道路。

第四，内蒙古各民族并肩作战，继承和发扬各族人民团结战斗的优良传统。

蒙古族人民响应辛亥革命的斗争，说明自身与其他各族人民的根本利益是一致的。蒙古族人民要想推翻帝国主义和封建主义在内蒙古地区的统治，必须和区内外各族人民团结一致，共同奋斗。内蒙古是个多民族杂居的地区，自鸦片战争以后，反帝反封建的共同目标已把内蒙古各族人民的命运紧紧地连在一起。内蒙古辛亥革命时期各民族有汉族、蒙古族、回族等，多民族团结一致并肩战斗，推动了内蒙古地区革命运动的发展，也继承和发扬了内蒙古各族人民团结战斗的优良传统。

鄂温克族传统文化与旅游经济简论

塔 林

(内蒙古民族大学经济系)

伴随我国经济体制的改革,以及更加广泛、科学、有效、求真务实的全方位深度改革开放,我国社会不断走向繁荣和富强,经济社会的发展越来越呈现成熟、稳步、可持续发展的良好态势。所有这些,给我国的旅游产业以及与旅游相关的经济社会发展带来很有利的机遇与环境。由此,我国民族地区那些十分丰富的人文环境、文化资源、传统文化,包括精神文化和物质文化获得从未有过的生命力、活力、影响力和经济利益。所有这些自然成为人们慕名而来、闻名而至的旅游资源和条件。从世界各地慕名而来的游客们,在感受我国改革开放后带来的经济社会发展成果的同时,也感受到我国各民族丰富多彩、源远流长的传统文化与文明。内蒙古呼伦贝尔草原同样如此,这里茂盛的草原、森林以及美丽富饶的自然景观,这里由巴尔虎蒙古族、沃鲁特蒙古族、布里亚特蒙古族、达斡尔族、鄂温克族、鄂伦春族等民族创造的传统而独特的文化与文明,已经成为旅游文化、旅游产业、旅游经济不可多得的丰厚资源,成为人们纷至沓来的重要原因。其中,鄂温克族作为呼伦贝尔草原的原住民,作为具有鲜明民族特点和独特文化资源的民族,在这特殊的时代,在这经济社会快速崛起的特殊岁月,他们用生命、用生活、用信仰创造与传承的古老又传统、独到又鲜明的民族文化得到强盛的生命力和发展前景,并为鄂温克族地区经济社会的发展,特别是旅游产业的繁荣发挥出极其重要而不可忽视的作用。下面,仅就鄂温克族传统文化与旅游经济问题,谈谈自己一点粗浅的认识。

首先,鄂温克族用他们的智慧和实践摸索出一条旅游经济发展的途径。其中,包括适度开发得天独厚的自然资源,构建红花尔基樟子松旅游景区、兴安岭旅游景区、敖鲁古雅森林景区、鄂温克草原旅游景点、莫日格勒河旅游景点、辉河湿地旅游景观，以及鄂温克族牧民旅游点、自然牧养驯鹿旅游点、莫日格勒草原旅游点、巴音托海旅游点等，这些旅游景点都从各自的特点、各自的角度、各自的层面，展示着鄂温克族及其生活的草原、森林所特有的旅游经济风景线和风情旅游画面。特别是，那些星罗棋布的旅游景点或旅游点，向五湖四海的宾朋和旅游者全方位地奉献着独特的建筑文化、服饰文化、车马文化、游牧文化、牧场文化、游戏文化、节日文化、饮食文化、信仰文化等。以这些传统文化衬托出来的家庭旅游经济，不仅给经营旅游产业的鄂温克族牧民带来丰厚的经济收入，同时也让远道而来的旅客零距离地与鄂温克族牧民接触，品赏原汁原味的纯天然牛羊肉、烧烤驯鹿肉、烤牛排、草原面包、各种奶制品，喝着奶茶和奶酒，在美丽的草原森林尽情享受这独特的鄂温克族传统文化与文明。在他们的草原森林旅游点，春夏有骑马、骑驯鹿、骑骆驼、坐马车、坐牛车，冬天还有滑雪、乘坐马拉雪橇、牛拉雪橇、驯鹿拉雪橇、骆驼拉雪橇、狗拉雪橇等娱乐活动，还可以享受鄂温克族歌舞表演、篝火晚会、敖包祭祀、萨满祭祀、草原那达慕以及各种节日活动。所有这些，使鄂温克族地区旅游产业得到迅速发展和壮大。

其次，鄂温克族是一个勤劳智慧、心灵手巧、勇于思考和创新的民族。他们从老人到小孩都会用自己的双手制作各种生活用品、艺术品、玩具甚至会制作他们信仰的各种神像。从这个角度来讲，他们个个都是能工巧匠。而且，这一切在旅游经济快速发展的今天，正得到大力发扬，进而成为鄂温克族地区旅游经济开发的基础条件和重要因素。比如，他们手工制作的桦树皮生活用品、木雕生活用品、骨雕生活用品、皮毛生活用品，以及桦树皮艺术品、木雕艺术品、骨雕艺术品、皮毛艺术品、游牧文化艺术品、狩猎文化艺术品、森林文化艺术品、驯鹿文化艺术品、萨满信仰文化艺术品等琳琅满目的富有民族地方文化特色的生活用品和艺术品自然成为旅游市场的抢手货，成为游客喜欢、认可、青睐、醉心购买的主要旅游商品和旅游纪念品，也自然成为鄂温克族地区旅游经济繁荣发展的主要内容、主要依靠和主要前景。毫无疑问，这些旅游商品在不断满足旅游者的消费需求的同时，也给当地的鄂温克族带来了十分理想的经济收入。再反过来讲，这也为鄂温克族传统文化的抢救、挖掘、保存和弘扬，为个体手工艺术品产业的发展，提高人们的经济收入，改善人们的生活条件，特别是对于强化本民族传统文化遗产的认同和保护起到十分重要的作用。另外，他们还与时俱进地给这些传统用具和艺术品注入了许多现代生活的内容，注入了新的市场化、商业化、现代化的因素，这使他们的传统手工产业及其制作队伍获得从未有过的活力和生命力。

最后，鄂温克族不仅以个体为单位经营或承办旅游业或经营民族艺术品产业，同时地方政府也出面举办各种民族特色的旅游文化活动。比如说，每年春暖花开的 6 月举办鄂温克族瑟宾节。瑟宾节是鄂温克族最盛大的民族传统节日，也是整体展示鄂温克族传统文化的美好日子。在瑟宾节上有很多颇具民族特色的比赛项目，如赛马、摔跤、赛骆驼、射箭、抢枢等民族文化特色极强的体育活动，还有民族服饰展示、民族饮食文化盛宴等。瑟宾节不仅加强了本民族同胞的凝聚力，强化了民族认同感，那些慕名而来的游客可以更全面、更系统地领略少数民族的传统文化。鄂温克族地区来旅游的人越来越多，鄂温克族地区的旅游文化发展越来越好。瑟宾节也成为带动相关附属性旅游产业发展的一种有效经济手段，进而对于鄂温克族地区旅游产业链进一步扩大和成熟起到推动作用。与此相关的地方性的文化活动还有夏季那达慕、夏季文化节、冬季那达慕、骆驼文化节、祭祀敖包节等。所有这些，都成为开发和发展地方旅游经济的主要内容和主要举措。

总而言之，旅游业已经成为鄂温克族发展经济繁荣社会的重要途径之一，而在旅游经济的发展中鄂温克族传统文化发挥着极其重要的作用，进而成为不可多得的宝贵财富。旅游业及旅游经济的发展，不仅给鄂温克族带来不菲的经济收入，同时也有效带动了他们的传统文化产业的发展。从某种意义上讲，鄂温克族地区旅游经济的发展和快速崛起，以及人均生产总值的提高，集中展示了民族文化的丰厚底蕴同自然旅游资源的深度融合。而且，这也使鄂温克族以保护环境、信仰大自然、热爱绿色生命和蓝天白云为核心的传统文化及其文化商品得到更好的传承与发扬，得到更广泛的共识和认同。在这一过程中，他们的传统文化与当今旅游经济和谐、美好地结合，成为可持续发展的重要因素，进而走出一条经济效益与生态效益相统一的可持续发展道路。

达斡尔人的祖先神"霍卓尔·巴日肯"的结构类型探析

孟盛彬

（云南民族大学人文学院）

氏族的人民被认为具有同一的血缘关系，氏族的神也具有相同的血统，因为他被看作创建该氏族的生物学意义上的父亲。从社会学角度来说，神就是被理想化和神圣化了的氏族本身。[①] 灵魂不灭观念是祖先崇拜的基础。人们依托偶像或观念中的祖先神将子孙后代整合为统一的共同体，血缘群体为了保持自身的集团性和同一性，往往会把氏族的起源追溯到某一个原点，即遥远的祖先那里。祖先崇拜仪式的戏剧化反复再现具有强大的感染力，同时也在告诫后人，作为血缘链条中的一分子应当承担社会责任和义务。肉体可以消失，但敬拜祖先的行为方式、精神世界会被留存延续下来，注入神灵系统之中，作为氏族精神传承的重要因子，而被后人祭祀供奉，因而社会得以不断延续发展。每一次集体敬拜的行为都会唤起人们对祖先的深刻记忆，这些回忆组织为一个个独立的单位系统，互相制约、互相支撑。这些"单位系统"能够化解群体危机，协调和抵消各种社会矛盾和分裂力量的滋生。神圣的祖先是增强氏族凝聚力和认同感的重要文化符号，人们通过各种宗教仪式、禁忌，促进人们共同体意识的不断强化。

一 对待祖先神的态度

一个人的存在是由于他的祖先，而祖先的存在是由于他的子孙。祖先造就了子孙，子孙为此也确立了祖先的崇高地位。日本学者大间知笃三 20

[①] 〔英〕埃文斯－普里查德：《原始宗教理论》，孙尚扬译，商务印书馆，2001，第61页。

世纪 30 年代在达斡尔族地区的萨满教调查研究中提出："达斡尔族神系中的最高神是腾格里（天）。但在他们信仰生活中起着现实的最强有力作用的是霍卓尔。莫昆信仰的中心对象是霍卓尔，依据该霍卓尔的意志，为满足本莫昆宗教性的要求而被排遣到人间的人是莫昆萨满。所以莫昆萨满信仰的中心对象也是霍卓尔。"① 笔者 2012 年 11 月在呼伦贝尔市巴彦塔拉乡采访了达斡尔族萨满鄂老二，据他介绍，萨满跳神时首先要求自己的霍卓尔（祖先神），先找霍卓尔，然后再召集其他诸多的神灵，里面的、外面的一个一个地找。根据上述文献、调查记录可以看出祖先神在达斡尔族社会生活中所具有的突出位置。

在古代的达斡尔族社会，氏族血缘的家族力量强大无比。清代时期，充任地方官吏的达斡尔人触犯了家族的习惯法，也要按照族规予以处罚，朝廷一般不加干涉，而是任其自行处置，对族规和独特处理方式予以默许和认可。距今 120 多年前，德都勒莫昆成员世袭佐领岱××，因未执行莫昆会议通过的要在田亩与牧场间筑一柳条篱笆幛子以保护庄稼的决议，便在莫昆会议上受到了鞭打惩处。他虽身为清王朝册封的世袭佐领，但却无门可告。②

人作为群体性的生物，在社会提供的各种参照系中都能够找到生存的价值和意义。尤其在严酷生存环境中作为个体的人倍感压力，对集体的依赖性更强，家庭生活乃至生产劳动的相互协作都离不开氏族力量的庇护。因此，被氏族组织（莫昆）驱逐被视为最为严厉的惩罚形式。在传统氏族社会，被莫昆驱逐实际上等于在法律上被判了重刑，因为被开除出氏族之人，不会再被接纳进入其他的群体之中，仅靠一己之力很难在恶劣的环境中生存，获生的途径唯有远走他乡抑或在孤立无援的境况中慢慢消失。

共同的祖先神，作为族群的象征和认同的重要标志之一，受到人们的一致推崇。达斡尔族祖先的神位被摆放在西屋西墙最显要的位置上，供放祖先神位置的下面一般禁止人坐卧，认为这种行为会亵渎祖先的神灵。祖先的神位被放置在屋内最高处，通常要高于常人坐卧活动的所在，神像或神偶要郑重其事地用布包裹好，满怀虔诚之心，毕恭毕敬地放置在接近顶

---

① 〔日〕大间知笃三等：《北方民族与萨满文化——中国东北民族的人类学调查》，辻雄二、色音编译，中央民族大学出版社，1995，第 58 页。
② 莫日根迪：《达斡尔族的习惯法》，载《民族学研究》（第六辑），民族出版社，1985。

棚与墙壁接合处，每次移动祖先神位都要心怀虔诚，小心翼翼，仿佛是做一件至关重要的事情。清代西清在《黑龙江外记》中对达斡尔族供奉祖先神的情况进行了简略的描绘："达呼尔家父子兄弟若干人，其西壁草人亦若干，微具眉目，囊其半身。死，去之；生，增之。岁时祭祀，所谓祖宗也。"1953年国家民委组织的达斡尔社会调查结果显示，达斡尔族祖神供于西屋的西窗墙下，只是一个用布做的小人，过年过节时烧一炷香，平时不摆设供品，腊月三十晚上有时供一盅酒。① 根据时间、地点的不同，达斡尔族祖先神灵的供祭形式和内容也在发生着变迁。

历史上的达斡尔族每个莫昆都有自己的"霍卓尔"（祖根），霍卓尔神多以莫昆为单位，但同一个哈拉的几个莫昆，都有同一个祖先神。两个不同的哈拉，祭同一个霍卓尔的较少，也有一个莫昆同时祭两个祖神的；也有的祖神同时由两个莫昆供祭。

达斡尔人相信霍卓尔·巴日肯的威力能够辐射到生活的各个角落，因此每逢节日或遇到重大事情都要举行祭祀仪式，祈求霍卓尔·巴日肯庇护和保佑自己的家族兴旺发达。这些祖先神都有各自的来历和传说，经过世代流传，已经深入人心，对人们生活的方方面面都产生了深远的影响，并引申出与之相关的各种礼仪活动，形成了以"敬老尊老"为基本内核的人伦道德体系。

二 祖先神的来历

每个"莫昆"都有自己的"霍卓尔·巴日肯"，"霍卓尔"即祖先。据说霍卓尔·巴日肯大多数都是由意外死亡的人的精魂变成的，或者是因为这样或那样的原因不得不离开这个世界的人的灵魂变成了冤鬼，如果一个人生前受到不公正的待遇，死后灵魂变成恶鬼也会伤害众多生灵。那些非正常死亡者的怨魂变成了厉鬼为害人间，该家族所有的人都要崇拜他，立他为祖先神，不停地祈求和祭祀，才能平息过世灵魂的怨气和不满，不再作祟人间并保佑世人的平安。

有研究者认为，从各民族的霍卓尔神灵来看，最早可能是动物神灵，

---

① 林耀华、王辅仁、阿勇绰克图：《达呼尔族氏族、亲属和风俗习惯的调查报告》，《中国民族问题研究集刊》（第一辑），中央民族学院研究部编，1955。

这些动物被认作氏族的祖先,后来氏族祖先神才发展为主要由非正常死亡的人的灵魂所构成。① 依照学理层面的这种推理完全符合事物的发展规律。但是,达斡尔族氏族祖先信仰的真正来历,很早以前就已被人们所遗忘,其原初形态早已不复存在,现在仅可从"民间传说""神话传说"等叙事记忆中找到些许残存的踪影。流传于达斡尔族中关于祖先神的各种版本的传说也许能让我们对神灵的起源、来历做一般性的判断和了解。

按照构成达斡尔族祖先神非正常死亡者的具体形态可以将其划分为以下几种类型。

1. 雷击而死者

据说达斡尔族的祖先神多为被雷击而致死的冤魂,但并不是每个被雷击死者都能被供为本莫昆的祖神,只有在冬季被雷击死者的灵魂才能当本莫昆的祖神。被雷击死的莫昆祖神的肉体,变成三种不同名称的神:尸体的上部变成"亨格尔·达列勒·博尔绰库尔",中部变为"霍卓尔·克亦登",下部变成"霍卓尔·多勒布尔"。② 这三部分都是祖神的组成部分。

在数百年前,鄂嫩哈拉的一男子被雷电击死,这位男子的灵魂附身于该哈拉的一男子,从而变成了鄂嫩哈拉最初的萨满。那个被雷电击死者被称作多额沁·库勒的鄂嫩哈拉的霍卓尔。在布特哈地区的鄂嫩莫昆中也流传有关这个霍卓尔神的传说。

2. 溺水而亡者

这是莫尔丁哈拉舍倭尔托尔苏莫昆的"霍卓尔"神。传说过去,舍倭尔托尔苏莫昆成员的婢女出嫁以后,神经错乱,她婆家的人为了给她驱邪,把她的小拇指砍断。因此,她往娘家跑去,路过嫩江江叉时,淹死在沙滩近旁的深潭中,淹死后,她的魂灵变成了神。

3. 受虐致死者

很早以前,莫尔丁哈拉尼尔基莫昆某人,曾在关里当兵多年,回家乡的时候,由北京带来一个汉族婢女。来布特哈以后,婢女因受到虐待最后神经错乱,疯疯癫癫,在莫尔丁哈拉七个莫昆里边乱闯乱闹。于是,该哈拉七个莫昆的人开会,把她扔进嫩江淹死。当时,把她带到布特哈的人,

---

① 孟慧英:《尘封的偶像:萨满教观念研究》,北京出版社,2000,第143页。
② "亨格尔",意为人和动物胸腔部分,"达列勒",意为雷击,被雷击而亡者的上半身;"博尔绰库尔",形容兽类皮毛的花色,多指狐狸等皮毛兽。"克亦登",指祖先神的副神,布上绘制人和龙形为其偶像。"多勒布尔",祖神的组成部分,祭时必须在夜间进行。

正在北京城，经她冤魂作祟，得病而亡。此后，莫尔丁哈拉七个莫昆的人，把她的魂灵供奉为神，叫作莫尔丁·额特姑。

传说她的神灵在北京时，曾经和"霍列尔"神约定，二者不能在同一家内接受供奉，换句话说，供莫尔丁祖母者，就不供霍列尔；供霍列尔者，就不供莫尔丁祖母。祭祀时用小猪，或是狍子肉和荞麦粥。

笔者2013年5月采访了莫力达瓦旗尼尔基镇的沃菊芬萨满，据她介绍，她的母亲是莫尔丁氏族的人，供奉着莫尔丁·额特姑。按照沃菊芬的解释，这个祖先神也跟着姑娘走。据笔者所见，沃菊芬供奉的莫尔丁·额特姑的形象是在纸框中放着制成的"哈妮卡"① 神偶形象。这个神灵的形制，传统上是选一个二分树杈，在根部挂一个兽皮缝成的人形，在头部用墨点上几个点和圆，表示五官，下面还有四肢，可以清晰地看出人的形状。在两个分开的树杈上，女家中生一个男孩子就挂两个人形的皮制人偶，代表男孩和他的媳妇，家中生女孩一般不上神位。随着家庭成员的增多，树杈上悬挂的皮制人偶的数量也会不断增加。

男孩娶亲分家之后，要另外迎请供立祖先神，先找一根小树杈，根部挂莫尔丁·额特姑，以后待生男孩之后再挂皮偶，人偶数目会陆续增加，家庭中如果男孩中途夭折或者意外丧生也不会拿下其象征性的人偶。直至家长父母离世，代表家庭的这些神偶也会随葬，有些祖先神灵在代之而起的后继家庭中还将得到延续和传承。

神偶一般是郑重地放在纸盒子里，供放在西墙的西北角的高处。家里男孩越多所挂的人偶越多，祭祀时家长把神偶从墙上请下来，从纸盒里取出来，在红红的火炭上撒下优质烟叶，烟雾缭绕中手持挂满神偶的树枝呈圆圈虚空划动，将供品轻轻地涂抹在神偶的嘴上，口中念诵祷词，请神灵品尝并给祈祷者代为祈求的人消灾解难、逢凶化吉，赐予好运。

4. 萨满成神者

每个"莫昆"都有自己的"霍卓尔·巴日肯"。"霍卓尔"即祖先，据说霍卓尔·巴日肯大都是冤死者之灵魂不散，显灵作祟被供祭为祖神的。有的霍卓尔同时有两个莫昆供祭。如杜尔塔拉莫昆的霍卓尔·巴日肯，同时也是敖拉莫昆的霍卓尔·巴日肯。传说在很早以前，敖拉哈拉莫

---

① "哈妮卡"是一种达斡尔族女孩儿的玩具纸偶，一般做成人形，各色纸制作衣服进行装饰扮相。

昆某人有一个女儿，小的时候许给杜尔塔拉莫昆某男子为妻。这女孩从小常闹病，16岁时萨满看了后，认为她要当萨满，祈祷之后病果然好了。但她的父亲不同意女儿当萨满，后来她便乘父亲去甘珠尔庙拉脚不在家的机会，请一萨满为师，请神附体学萨满。不久父亲回来，一气之下将神线割断，女儿也随之死去。三日后老父也相继死去。接着，杜尔塔拉莫昆的人大量死亡，人们无奈，便供该女孩为霍卓尔·巴日肯。不久她的灵魂又在婆家显灵，成为敖拉、杜尔塔拉两个哈拉的"霍卓尔·巴日肯"。

霍卓尔·巴日肯没有画像，只用布或皮做成"哈音"（人形），挂在屋里，每逢年余时杀猪上供，特意杀猪宰羊上供的很少。

古代由于各种原因会在短期内出现非正常死亡增多的现象，那些无法解释的诡异现象，社会衰败征兆，都会使氏族成员陷入长久的恐慌和焦虑状态，变得极度脆弱，丧失基本的安全感，继而开始盲目崇拜各种灵异现象，希望通过冥冥之中的神力来帮助自己摆脱困境。萨满会巧妙地利用人们的恐慌心理，完成对疾病和灾祸的解释性工作，缓解由此产生的恐慌，使混乱局面归于秩序之中，恢复社区自信。比如把在短期内出现的各种灾难的矛头导向某些屈死的冤魂，通过对非正常死亡的解释，树立各种神灵，培养人们的敬畏之心，使失序的社会归于正常。遇到无法解释的灾害，或各种意外发生，都会归结到某种含有怨恨的恶灵身上，通过自然现象、社会行为在人们内心所唤起的感觉入手，来建构神性的观念。

三 霍卓尔·巴日肯的类型系统

以莫昆为单位的信仰对象的神灵，即是氏族共同神，根据其系统的差异，可分成如下三种系统。

第一系统：血统上的氏族祖先神。

第二系统：巫统上的氏族祖先神，即霍卓尔。

第三系统：不归属上述任何一方的氏族共同神。[①]

按照三种类别框架，人们就可以把处于复杂关系之中的各类祖先神纳入一个既定的图式之中，就可以更好地、更清晰地反映出各类祖先神的来历和职能。

[①] 〔日〕大间知笃三等：《北方民族与萨满文化——中国东北民族的人类学调查》，第58页。

祖先祭奠主要通过三方面活动进行。一是奠：在祭祀中，萨满通过昏迷术，使灵魂出窍，到祖灵所居之地祭祖，迎请祖先亡魂降临。二是献：向祖灵献祭牲果，行烧饭礼。三是代：用偶像、绘像代替祖先神，朝夕奉祀于舍内。偶像崇拜为萨满教祖先崇拜的重要特征。① 人们之所以崇拜祖先，如前所述，是因为社会结构需要它。它是人们用宗教形式将社会秩序神圣化的产物，并被赋予了超越世俗利益的价值……祖先崇拜是在宗教意义上对父母与子女关系的替换；而这正是笔者所说的孝悌关系仪式化的意义所在。② 为了强化和固定成长起来的子女对父母的孝顺和依赖，通过祖先崇拜的仪式使亲情关系进一步合法化，子女对父母的尊敬与父母对祖先的祭拜供奉互为表里，具有某种内在的同一性。

俄国学者史禄国曾经对满族"彪棍窝车库"（氏族神灵）的来源做过这样的判断：（1）通过记忆传承下来的神灵，从一代传到下一代；（2）近来从相邻族群中引进的神灵；（3）一些被萨满偶然征服的神灵；（4）祖先神灵以及由动物和人变成的神灵，它们的灵魂还在这个世界。其中第四组神灵是由已故祖先，尤其是萨满的灵魂构成。③ 按照神灵属性我们可以把达斡尔族供奉的神灵分为固有之神和外来神两种，其中，祖先神（霍卓尔·巴日肯）应属于固有的神灵，即通过文化记忆传承下来的神灵。但是，有些达斡尔人供奉的祖先神并不是真正意义上的血缘祖先。达斡尔人召开缮修家谱的宗族会议，祭拜血统上的氏族祖先时，不会同时祭拜巫统的祖先，神灵系统中二者也是并行、并存的关系，互不冲犯。近几百年来，许多达斡尔族巫统祖先神的原型也不都是达斡尔人，其中，还有蒙古人、汉人、鄂伦春人死后成为达斡尔族氏族祖先神的情况，他们有的是靠德行，有的则是因为死亡方式的怪异或者冤屈致死，怀有嗔恚之念的人死后开始显灵作祟。为了避免来自这些游魂的伤害，人们就将这些外面的冤魂或横死之人纳入祖先系统进行供奉，利用血统祖先的威力管制巫统祖先的力量，因此，进入祖先系列的巫统祖先也就具备了传承的稳定性和合法性。巫统祖先只能与供奉者保持互惠的关系，而对于普通民众而言，神祇不论其出身如何，同样具有某种程度上的权威性，只要能提供帮助，回应

---

① 郭淑云：《多维学术视野中的萨满文化》，吉林大学出版社，2005，第72页。
② ［美］J. M. 英格：《宗教的科学研究》，金泽等译，中国社会科学出版社，2009，第129页。
③ 转引自孟慧英《试论满族的两个祖先系统》，《辽宁大学学报》2013年第5期。

祈求，人们就会通过祈求和祭奠的方式安抚这些神灵。在这样的神灵系统中，某个人、某个家庭或家族自然会发现他们成功地祈求这些祖先神祇，并得到了相应的回馈，人与神祇之间自然形成稳定的互惠保护关系。

每个人物、每个历史事件在进入这个记忆时都已然被转变成了道理、概念、象征；它由此获得意义，成为社会思想体系的一部分。① 自古以来，达斡尔族祖先神灵系统中的巫统和血统祖先并行不悖的结果，造成了族群关系在血缘和宗教信仰两方面的双重认同，无论是族群的血缘认同还是宗教信仰上的认同都在达斡尔族文化传统形成发展中发挥过重要作用。

---

① 〔德〕扬·阿斯曼：《文化记忆：早期高级文化中的文字、回忆和政治身份》，金寿福、黄晓晨译，北京大学出版社，2015，第30页。

关于白英和曹香滨鄂伦春题材
艺术作品的几点思考

李 杰

（中央民族大学在读博士，内江师范学院就职）

"高高的兴安岭，一片大森林，森林里住着勇敢的鄂伦春，一呀一匹猎马一呀一杆枪，上山打猎放牧呀护呀护山林……"悠扬的歌声唱出了勤劳勇敢的鄂伦春人的生活方式，他们世世代代生活并守护在这片森林之中，这里山峦叠翠，万顷林海一片碧波；江河湖泊，水光掩映，静谧清新，自然风光纯朴。纯净的自然孕育了鄂伦春人的纯洁质朴，鄂伦春的含义为住在山岭上的人们或追逐麋鹿的人们。正如现在提到鄂伦春人时，大家脑海中出现的第一映象依然是茂密的森林、成群的麋鹿以及与自然和谐相处的牧人。森林和麋鹿已然成为鄂伦春人生活的象征。

随着时代的发展和进步，鄂伦春人的生活发生了前所未有的变化，很多鄂伦春人走出森林走进了新的大千世界，也有很多其他民族走进了森林，走进了鄂伦春人的生活。鄂伦春族画家白英和汉族画家曹香滨用两种不一样的声音告诉了我们两位画家眼中、心中鄂伦春族的生活。

一 诗人一样的白英，用油彩和笔触为
我们抒写了一首首"二维"的诗

鄂伦春族画家白英，是走出森林走进大城市的鄂伦春人。白英1981年离开他深爱的家乡来到北京求学，在中央民族大学学习深造，毕业后留在中国民族博物馆从事民族艺术研究工作。如今，博物馆的日常工作和油画创作是白英的工作重点。不论工作有多繁忙，每年白英都会回到家乡，一方面是为创作寻找素材和灵感，另一方面是看看家乡的发展和变化。白英

的作品就像是秋天的森林，冷静、平逸，带有淡淡忧伤，像一位诗人那样平静但又不失力量地在你耳边把他的心事娓娓道来。

白英的作品题材多变又万变不离其宗，描绘鄂伦春人和鄂伦春人的生活是白英作品的主要载体，也是他和观者产生共鸣的重要桥梁。所谓题材多变，白英不仅刻画鄂伦春人，不论男女老少，而且刻画风景静物，不论山水草木。他的作品刻画的可能是从小就在森林里跟随父亲狩猎成长为神枪手的猎人，如今依旧背着猎枪，枪口却再没有对准森林里的动物，而成为守山护林的老猎人；可能是静静坐在栅栏下和夕阳一起默默老去的奶奶，可能是森林里春天雪山融水的蒸蒸水雾，可能是森林夏日树叶间隙散落的阳光，可能是秋季森林里掉落在红褐色草丛里的野果，也可能是严冬里静静等候在皑皑白雪里的老树残枝。所谓万变不离其宗，白英不论刻画人物还是景物或者静物，我们总能从白英的作品里闻到浓浓的森林的味道，这是鄂伦春人的味道，是流淌在鄂伦春画家血液里挥之不去的家乡的韵味。

作品《老猎人肖像》用一位老猎人的侧面充满画面，稳定，饱满，平静。老猎人戴着蓬松的兽皮做的帽子，外套的衣领也是松软的兽皮，在帽子和衣领间猎人的面庞更加凸显。老人的眼睛眯成一条缝，不知道是阳光太刺眼还是时间的洗礼使老人的眼皮松懈挤得眼睛不再圆睁。老人的颧骨突起，略显红润，是太阳的颜色。嘴角微微闭着，唇中稍稍分开，是有话要说还是话音刚落，白英抓住了这一刻的生动。老人的法令纹很深，和颈部的皱纹会聚，一起消失在毛茸茸的衣领里。老人微微有点低头，微微的程度简直可以忽略，似乎用科学测量不出这微微的角度，这微微只是一种感觉或者说是一种态度。这种感觉，就像是我们也有的生活经验，我们正视远方，远远的看不清楚，会情不自禁地稍稍收一点下巴，可能眉毛还会皱一下，眉毛和眼睛间的距离变短，眼睛保持正视但似乎更炯炯有神。可能这个动作并不能让我们把远方看得更清楚，但人生就是这样，不是每个动作都会有百分之百的意义和功能。那么老猎人这微微的低头是不是也能把远方看得更清楚呢，可能只有他自己知道，或许连他自己也不知道。老猎人努力要看到的远方是昨天来时的路抑或是明天该去的地方，是对儿时记忆的追思抑或是对未来生活的向往，是在对自己一生的回顾抑或是对儿女子孙的期许？

《消失的阳光》是一幅静物和景物结合的作品。画面被水平的中轴线一分为二，上半部分是天空和远山，画面的下半部分是近处的草原，草原上有一具驯鹿的尸骨。画面是淡淡的冷色调，远山是墨绿色，最远的那片山几乎成了冷冷的黑色。天空在远山的尽头猛地亮起来，白得耀眼，天空越高颜色越深，最终到达画面边界成了灰蓝色，明度上和中景的远山几乎一致。中景的远山和近景的草原相连，从冷冷的墨绿慢慢泛了些褐色，是深秋草原的颜色。这褐色一直延伸到画面的下边界。草丛里静静躺着驯鹿尸骨，头骨还很完整，肋骨也还基本存在，其余的骨骼已经散落在周围，一片一片，一堆一堆，看不出属于哪里。驯鹿的鹿角，像远处的远山，黑黝黝的，只有鹿角的尖是淡淡的浅黄色，像已经枯萎的麦秸的颜色，干燥却发出悠悠的光。这光是驯鹿对自己生命尽头最后挣扎的光彩。还是远山那头即将蹦出的朝阳给驯鹿的一点希望？这光或许是远山那头即将落下的夕阳给驯鹿的最后一丝温暖？无论怎样，驯鹿就这样静静地躺在那里，静得很美，美到有点恐怖。这就是白英为我们营造的一个凄美的大自然。这可能是白英亲眼所见也可能是亲耳所闻再或者是他想象出的大自然中的一幕。不管驯鹿是自然老死还是病死，不管驯鹿是遇见狼群袭击致死，还是被猎人射杀而死，这个场景在鄂伦春人的生活中或者是历史中肯定并不罕见。

　　白英的作品就是这样，不论画的是人还是物，都有一种淡淡的忧伤，这忧伤就像风一样，轻轻拂过，温度正好，比我们的体温就低一点点，不经意可能会感受不到他的经过，唯一可能留下痕迹的只是风里幽幽的味道。这味道不是风带来的，带来味道的正是观者我们自己。我们只是被这风唤醒了嗅觉的记忆，想起了我们闻过的森林的味道，森林里厚厚的松软的落叶的味道，溪边昆虫分食狼吃剩的野兔残肢的味道，清晨驯鹿鼻尖湿湿的蒸气的味道，河水中鱼儿翻溅的浪花打在岸边泥土上激起的泥土的味道，鸟儿在树梢整理被雨水打湿的羽毛在阳光里挥发出来的温热味道……鄂伦春人家袅袅炊烟的味道。可能这味道会存在一阵儿，也可能风还没停味道就没了。这也正是白英的忧虑。鄂伦春人的生活随着时代的发展而变化，更便捷更迅速的生活方式和节奏慢慢影响着森林的儿女们。如今鄂伦春族里越来越多的年轻人喜爱上城市的生活，用手机听着MP4玩着QQ，离狩猎的生活越来越远，远到已找不到祖辈一步一步踩出来的路。可能新的生活确实不用走老路，新路有新路的风景。只是老路的风景已经没有几个人见过，也很少有人去打听老路上有什么样的景致，即使有人打听也更少有人真的去走，因为老路走的人少了，路也看不清了。人类正是这样勇敢地在荒原开拓出一条条路，有的路越走越宽越走越平坦，有的路则越走越窄，越走人越少直至没有人走了，路又成了荒原。白英可能有一种担忧，就像很多人担忧的一样。我们不能保证所有的路都能保留到最后，的确会有些路又变成荒原，我们不能也不会去阻止历史的车轮前进。但是我们也许能够或者说必须给我们曾经走过的路绘制出一张地图，即使现在的路消失了，但是地图上记录着曾经的辉煌，正如古丝绸之路一样。只有这样，人类的图谱才会完整，才能更立体、更真实、更多彩。不然，如果到地球真的要毁灭的时候，那时的人类回头看，地球上已然没有他们走过的路，岂不悲哉？

二 歌者一样的曹香滨，用水墨和线条为我们吟唱出一曲曲"平面"的歌

画家曹香滨画了三十多年北方少数民族题材作品，常常有人问曹香滨是不是少数民族，为何对鄂伦春族题材有特别的感情。对此，曹香滨笑言，作为哈尔滨人，她对北方人有一种情缘，创作北方少数民族题材的作品，就像画身边的人和家里人一样，心里很暖和，也很踏实。

"我和少数民族结缘是很偶然的，读大二的时候，我们去内蒙古采风写生，在蒙古包里住了30多天，在那里看草原的日出日落，和那里的牧民和姑娘们相处，看他们放牧、挤奶、套马等等。就是从那时候起，我对少数民族文化产生了浓厚的兴趣。"曹香滨回忆道。起初，曹香滨只是对少数民族感兴趣，收集了大量民族文化简报。在众多少数民族中，北方的鄂伦春族和鄂温克族渐渐吸引了她的目光，她逐渐对这两个民族产生兴趣，并走进大山里，去感受他们的民族风情和历史文化。她用女性独特的视角和敏锐的情感表达，用毛笔和宣纸把她心中的鄂伦春人描绘得多姿多彩。

作品《鄂伦春人从大山林走来》用工笔重彩的形式描绘了鄂伦春人的生活，画面构图饱满、色彩明丽。曹香滨大胆借用了装饰画和壁画的表现技法，与工笔画的线条勾勒相结合，使画面厚重又不失灵动、活泼又不失章法。画面中人物的聚散关系和动态组合形成一个流畅的"S"形，从右向左依次出现了奏乐、游牧、团聚、篝火、舞蹈等情节。背景是黑色打底，用浓烈的蓝色和些许绿色泼彩积聚而成。蓝色的浓淡无规律地在黑色

上游走，最终停留干涸，形成不规则的深浅变化，像云像雾像水像沙。蓝色淡的地方透出黑色的底，反衬得蓝色更蓝，蓝色的蓝又把黑色显现得更悠远，画面笼罩在浓浓的蓝色中，统一而和谐，甚至有种神秘的味道。人物是用工笔线条先勾勒，再填色。线条的疏密组合准确地表达了人体结构，更清晰地让我们感受到人物服饰的质地，或松软或坚韧，或柔和或硬朗。曹香滨通过线条勾勒和肌理皴擦在宣纸上为我们营造出一个可触可听可视可闻的鄂伦春人的世界。画面从右向左依次颜色变浅，从黑色为主变为蓝色为主，迎合了画面左下角的篝火设置，仿佛那团篝火点亮了画面。靠近篝火的人物服饰和脸颊的颜色都有些暖色，离火焰越近，暖色使用越多。这不仅符合现实，更增加了画面的纵深感和节奏感。一幅成功的作品不仅需要画家对于构图和色彩的斟酌设计和精心营造，更主要的是这些设计和营造的根基，那就是真实的生活。

三 真实的生活感受是艺术创作的源泉，不论最终作品是直接再现生活还是经过艺术夸张和处理而表现生活，都应该以生活为根基

当前，一些画家很注重技法、技巧，但不论是油画还是国画，或是版画、雕塑等艺术门类和技法都只能是表现生活的不同方法，艺术家不应该舍本逐末一味追求技法的研究和创新，应该回头看看我们学习艺术的初衷。对于技法和材料的过度痴迷和追求可能在某些时候给我们带来惊喜；一些偶然的绘画肌理或者效果经过反复的实验可以被艺术家操控，使偶然变成必然，可能创作出的作品视觉冲击力很强，让观者和其他艺术家惊艳。可能这些艺术家还会沾沾自喜于大家对自己作品制作技法的好奇，这会给他鼓励，使其更努力地去追求技法创新。可悲的是，艺术和科学虽然有一定的联系，但差别依旧明显。如果艺术家整天在画室里研究如何创制出新的材料以便实现新的视觉效果，那么这种技术性大于艺术创造性的工种能否叫作艺术，值得商榷。不可否认的是，在艺术创作中恰当的艺术技巧表现会使作品锦上添花，但前提是有"锦"。一个没有意义的纯粹技术，可能也只能是技术而已。技术只能在艺术创作中才能体现出更大的价值，而艺术创作的根基应该是生活。

白英和曹香滨两位画家的作品虽然材料和技法不同，但是都有着鲜活的艺术魅力，主要原因是他们都表现了生活，表现了他们所熟知的生活。白英是以鄂伦春人的身份观察和自省生活而有感而发地创作出他的作品，曹香滨则体现了其他民族对鄂伦春人生活的描述和感受。两位画家的立场不同，视角各异：有对生活的追思和怀念，有对生活的赞美和讴歌，有对生活细节的刻画，也有对生活大场景的抽象表达。正如上文所述，白英像诗人，忧虑感伤；曹香滨像歌者，积极热情。同样是对鄂伦春人的艺术创作，每个人都有自己的理解和表达。白英就像水，曹香滨就像火。但二者又都做到了水火相兼。艺术和生活就应该是这样，各种因素相互包容相互作用相互平衡，最终做到水火相济。

　　艺术来源于生活，艺术离开了生活就像生物离开了呼吸。我们可以变换生活的方式，可以变换艺术创作的方式，就像我们可以变换呼吸的方式一样，用口腔呼吸，用鼻腔呼吸，顺腹式呼吸，逆腹式呼吸。但最终我们离不开呼吸。这也像森林之于鄂伦春人，他们的父辈可以在森林里游牧狩猎，如今的他们依旧守护着森林，离不开森林。不论居住在森林还是城市，鄂伦春儿女不会忘记森林，心灵也不会离开森林。心中有那片森林，即使在高楼林立的都市，只要闭上眼睛，身未动，心已远，远至那片熟悉又亲近的森林，感受森林的温度，倾听森林的心跳，体悟森林的脉搏，和森林一起呼吸。

关于使鹿鄂温克人的称呼问题

龚 宇

(呼伦贝尔学院)

关于对使鹿鄂温克人的称呼，无论是过去的文献记载还是现在的学术研究，无论是从前民族部落之间的往来，还是现在的政府公务，对他们时常都会出现各种各样不同的叫法或称呼。这不禁使使鹿鄂温克人自身很诧异，也使得鄂温克族内部出现争论，并导致许多不知情的外人的混淆和误称。

一 背景说明

1952 年之前，我国境内的鄂温克族并没有统一规范的称谓，而形成的他称，在不同历史时期的称谓更是多种多样，有的把鄂温克族混淆于大的族称或邻近民族来表述，如"蒙古人""雅库特"；有的根据其生存的自然环境来表述，如"林中百姓""栖林"；有的还是含有侮辱性的贬义表述，如"北山野人""树中人"。对于这些称呼，鄂温克人从来都没有认同过，这只是不同民族、群体以及官方、学界中的一些表述。

因为长期的分散居住，游牧迁徙以及战争导致的迁移，致使鄂温克人生产生活方式发生改变，彼此失去沟通交流，文化中的弱势使其多数人对自身的记忆逐渐模糊起来。笔者在调研中看到，各部分的鄂温克人一直以来都非常明确自己是"鄂温克人"，这是一个毋庸置疑的称谓，不管外界怎样称呼他们，他们都没有忘记这个称谓，并曾多次对外界各异的他称进行辩解，甚至争执。

国家开始大规模进行民族识别时，使鹿鄂温克人的领袖人物坤德依万和尼格来曾前往海拉尔，说明本民族名称问题。因过去曾把使鹿鄂温克人误称为"雅库特"，因使鹿鄂温克人饲养驯鹿、居住方式及森林的生活环境等社会特征与鄂伦春族相似，因此也有一些人对其使用"鄂伦春"名称来称谓。1954年5月，中共呼伦贝尔盟统战部专门组织活动，让使鹿鄂温克代表二十多人与"索伦""通古斯"两部分鄂温克人接触交流。1953年，又多次组织召开了各部分鄂温克人代表座谈会，学习宣传《中国人民政治协商会议共同纲领》（1949年9月29日通过）中民族部分论述，并派干部深入聚居地了解其历史文化。

1955年7月，中共呼伦贝尔盟委召集有关地区、有关方面的代表人物讨论"索伦""通古斯""雅库特"的族称问题，并大致取得了一致意见。1956年，有关部门又再次深入鄂温克聚居地听取广大群众的意见和想法。

1957年3月8日，中共内蒙古自治区党委专门做出决定，指出："索伦、雅库特、通古斯民族统一称鄂温克民族问题，是这个民族内部的事，无须政府批准。只要这几个民族绝大多数人民及领袖人物同意，不致因统一名称而引起民族间不团结，可由这几个民族的代表人物的座谈会讨论决定。报呼伦贝尔盟人民委员会转内蒙古自治区人民委员会备案即可。"① 同年5月22日，呼伦贝尔盟委发布《关于在索伦、通古斯、雅库特等族人民群众中进一步酝酿统一改称鄂温克民族名称的通知》，随后再次进行大规模的广泛讨论，征求意见。很多老人都记得这个时期，有人问他们"你们是鄂温克人还是雅库特人？"等相关问题时，老人们回答"我们是鄂温克人，不是雅库特人""我们和雅库特人说的话都不一样"。

由于不同部分的鄂温克人虽然同为鄂温克族，按照斯大林的"四个特征"的民族识别理论②，却存在较大差异，因此，为了慎重起见才反复多次进行调查研究。

1957年7月召开了最后一次座谈会，18名代表，其中"索伦"9人，"通古斯"2人、"雅库特"3人、"鄂伦春"4人。座谈会由当时盟委统战部部长乌如喜勒图主持，使鹿鄂温克人代表分别为坤德依万、尼格来、吉米德，他们明确说明了"自己是鄂温克人"。

---

① 中共内蒙古自治区党委：《关于索伦、通古斯、雅库特民族统一名称和推行区域自治问题的决定》，呼伦贝尔档案馆档案全宗，第55页。

② "四个特征"：共同语言、共同地域、共同经济生活、共同心理素质。1913年，斯大林在《马克思主义和民族问题》一文中提出的"民族"定义是"民族是人们在历史上形成的一个有共同语言、共同地域、共同经济生活以及表现于共同文化上的共同心理素质的稳定的共同体"。

1958年，正式恢复统一使用"鄂温克族"称谓。

1957年9月6日，中共呼伦贝尔盟统战部向内蒙古自治区党委统战部上报了《索伦、通古斯、雅库特等族人民群众酝酿统一改称鄂温克民族名称的报告》。12月26日，呼伦贝尔盟人民委员会向内蒙古自治区人民委员会上报《关于"索伦"、"通古斯"、"雅库特"之名称统一改称鄂温克族的报告》，指出："今后凡一应文字宣传、口头称谓、公文布告等一律使用鄂温克族名称，除通令盟所属各旗县市人民委员会和盟直机关、学校、报社、企业、事业、人民团体等遵照执行外，谨将决定统一鄂温克民族名称问题，呈报上级人民委员会备案。"

1958年3月5日，内蒙古自治区人民委员会向全区发出《关于我区"索伦"、"通古斯"、"雅库特"统一改称鄂温克族的通知》，通知指明："本会同意呼伦贝尔盟将'索伦'、'通古斯'、'雅库特'等称呼统一改称鄂温克族的决定，今后凡口头称呼、文字宣传、公文、布告等一律使用'鄂温克'名称，特此通知。"至此，三部分鄂温克人正式统一名称，并沿用至今。

二 使鹿鄂温克称呼

近现代学术界，对使鹿鄂温克人主要有三种不同的称呼：敖鲁古雅鄂温克人、雅库特鄂温克人、驯鹿鄂温克人，不同的学者在不同的时期会从不同角度看待这一群体。

敖鲁古雅鄂温克人是学术界出现较早，使用较广泛的称呼，是对其定居之地"敖鲁古雅"地名强调的称呼，"敖鲁古雅"是在1965年从定居点中俄边境的奇乾鄂温克民族乡全部搬迁距离满归镇17公里处之后才出现的地名。1957年成立了敖鲁古雅鄂温克民族乡，当时隶属于黑龙江省所辖额尔古纳左旗，现在的根河市。

"雅库特"是历史上由于其他民族对使鹿鄂温克人的不了解而导致的误称。使鹿鄂温克人居住在俄罗斯勒拿河流域时，约在公元8世纪或10世纪，雅库特人（自称萨哈人）从蒙古高原逐渐迁移至鄂温克人居住地，当时雅库特人数较多，生产生活水平较高，受到雅库特人统治的鄂温克人不可避免受到影响。此时，鄂温克人向雅库特人学会了打铁，雅库特人也从鄂温克人那里学会饲养驯鹿，因此俄罗斯人等周边民族误认鄂温克人就是"雅库特"人，并不断地误传。可以说，使鹿鄂温克人对被误称为"雅库特"人非常不悦，尤其是老年人甚至反感。历史上"雅库特"让他们失去了土地，流离失所，受尽欺辱和压迫，过去曾发生过节。1945年，苏联红军曾派3名军官进入使鹿鄂温克人居住地，一名雅库特军官用雅库特语与使鹿鄂温克人无法沟通，而两名鄂温克人说鄂温克语却能与使鹿鄂温克人正常通话。鄂温克语和雅库特语分属不同语族，其语言完全不同。新中国成立后，在民族识别时，民族首领坤德伊万等曾多次在各种会议或其他公开场合宣布，"我们是鄂温克人，不是雅库特人"。

"驯鹿鄂温克人"是近些年来产生的另一种称呼，由于饲养驯鹿是他们与其他两支生活在中国境内的鄂温克人的最大区别，也由于他们一直以来保持着鄂温克人最为传统的文化符号——驯鹿，因此部分学者称他们为"驯鹿鄂温克人"。驯鹿作为一个动物名词，放在一个民族称呼前作为前缀加以修饰，严格意义上说，笔者认为不是太妥当，也不是很科学的称呼。

除此之外，在民间还有"奇乾鄂温克人"的说法，奇乾是使鹿鄂温克人刚刚定居时的地点，故一些老人习惯于这种称呼。

本文使用"使鹿鄂温克人"这一称谓，出于以下考虑：

第一，"使鹿部"古已有之，在我国的文献中可查，如《新唐书》《文献通考·四裔传》《东三省政略》《吉林通志》等。

第二，当地的鄂温克人首先认同自己是鄂温克族，进而认同自己是使鹿鄂温克人，当有人问道"你们与其他鄂温克人有什么区别"时，他们会立刻回答："我们是使用驯鹿的鄂温克人"或"我们是饲养驯鹿的鄂温克人"。另外，老一辈的使鹿鄂温克人在谈话间还经常说"我们是奥罗奇人"，这里的"奥罗奇"就是指"驯鹿的"，至今在俄罗斯有一部分人自称"奥罗奇人"，其文化、地域等特征与鄂温克族一致，可见这一称呼由来已久，是鄂温克人对自身的一种古老而传统的称呼。

第三，使鹿鄂温克人的称谓在学术上也是比较被赞同的一种说法，从早期的民族学家到现在的人类学者都经常和普遍使用使鹿鄂温克人的称呼。

由以上几点考虑，尤其是第二条自我认同和承认，笔者比较赞同"使鹿鄂温克人"这一称呼。

论清代喀尔喀地区书吏培养制度

锡　莉

（内蒙古大学蒙古学研究中心）

在 17 世纪，有着悠久历史的中国公文书体系传入清朝统治下的蒙古，对蒙古地区盟旗制度的巩固起到了至关重要的作用。在蒙古地区，支撑这个井然有序的公文书体系的是各级官署的书吏。在清代蒙古地区，书吏不仅承担着文书工作中最为基础并最为重要的环节，而且还能够熟练精确地互译满、蒙文的公文、书函。这样训练有素的书吏均在当地受到过严格的培训与精心的培养。

清代蒙古人受教育的基本途径有以下三种：（1）官府教育；（2）贵族私塾教育；（3）寺院教育。毋庸置疑，在这三种教育形成中能够承担官吏教育与培养的机构是官府教育机构。当时，清政府设立了不少官府学校，其中八旗蒙古子弟可求学的官学就有国子监官学、景山官学、圆明园翻译官学、咸安宫蒙古官学等。但是，对于生活在游牧社会里的非世袭罔替贵族的普通蒙古子弟来说，进入中央政府直属官学求学是可望而不可即的。在清代游牧社会里向普通蒙古人开设、主办官府教育机构的是各级官署衙门。譬如，当时外蒙古的喀尔喀地区各盟各旗的衙门都设立了培养书吏的教习所，甚至在清末，库伦办事大臣衙门也创办了官府学校。这些官署衙门起初主要以培养书吏为目的设立教习所，后来这些教习所渐渐地发展为学堂。在当时官府设立的这些书吏教习所以其独特的教育体系不仅培养出大批书吏，而且还培养了不少候补官吏。这个教育体系的存在，不但培养了大批优秀的书吏人才和官吏候补者，确保了文书工作井然有序地进行，而且在当时作为当地的唯一公办教育机构，为外蒙古地区的文字普及、识字率的提高以及蒙古文化的兴盛做出了巨大贡献。

本研究基于蒙古国国立中央档案馆所藏清代满、蒙、汉三种文字公文书以及书吏的回忆录等第一手资料,以外蒙古东部二盟即土谢图汗部与车臣汗部为例,概括论述存在于上述地区的书吏培养制度以及各类书吏教习所的整体情况,进而揭示上述书吏培养制度给蒙古社会带来的影响。

一 旗官署的书吏教习所

清代外蒙古的土谢图汗部所属各旗的书吏培养制度始于乾隆四十一年(1776)。当时该盟盟长车登多尔吉下令各旗,在全旗范围内招收学童,培养书吏。应此命令,各旗开始召集学童,在官署衙门内教授蒙文,进行书吏培养,并将学童们的学习状况,定期向盟长汇报。从这些汇报文书中可以了解到学童以及教习所的一些基本情况。例如,学童年龄普遍在 7~15 岁之间,主要以学龄阶段为主,也有超出学龄阶段的个别情况。募集人数均在 2~4 人之间,个别也有一次性招收 8~10 人的旗官署。这些学童中既有贵族子弟也有平民子弟。据笔者统计,乾隆四十五年(1780),土谢图汗部的 14 个旗的书吏学童共计 48 人,其中贵族 16 人,平民 32 人,平民占了总人数的 2/3。由此可知,当时的书吏培养制度虽然对学童的年龄和人数有着严格的限制,但对学童的出身并没有限制。可见当时,贵族与平民在接受书吏教育方面有着平等的权利。这一公平的书吏培养制度,没有把平民拒之门外,同样赋予他们接受书吏教育乃至日后供职于地方官署衙门的机会。

当时旗官署对学童采取了寄宿的培养制度。学童们寄宿在官署,由官署提供饮食和住所。一个学童的学期为三个月,这与当时旗官署的当班制的期限相一致。旗官署在对学童的教学方面采取了一对一的教学手法,即,一名现役书吏负责教授一个学童蒙古文。当学童能够书写文字之后,以每日抄写大量的文书档案来进行书吏的训练。通过三个月的训练之后,经过考核,成绩优秀者有以下两种选择:一是,作为正式书吏被旗官署录用;二是,去盟官署或库伦办事大臣衙门学习满语文,继续接受高级别的翻译书吏的培训。土谢图汗部各旗的书吏教习所一直延续到清朝瓦解。有文献显示,这些书吏教习所在清朝之后,在博克多汗政权时期继而发展成为当地的初级学堂,为外蒙古地区的近代教育的发展奠定了基础。

二 盟官署的书吏教习所

清代蒙古地区的官署衙门根据需要使用蒙文和满文书写公文书。一般旗与旗之间或旗与盟之间的公文书用蒙文，而盟与盟之间或盟与盟以上的官署公文书则用满文。由此看来，旗官署需要至少会蒙文的书吏，盟官署则需要不仅会蒙文，而且还必须会满文的书吏。由此，当时的盟官署承担着培养兼通满、蒙文的书吏的重要任务。至今为止，笔者发现的有关土谢图汗部盟官署培养书吏信息的最早的公文书是乾隆四十六年（1781）的文书。该文书是乾隆四十六年二月，土谢图汗部盟长下令各旗，向盟官署派学童来学习满文的命令文。应此命令，各旗向盟官署派送学童。这些学童都是有一定蒙文素养的，都是17岁以下的学童。他们被称为"学习书吏"，主要学习满语文，学期为三个月。结束学习的学员可被分配到下属旗官署做正式书吏，也可被派往库伦的学校继续深造学习。学习成绩劣差者则被辞退。在盟官署学习的学童们从所属旗携带三个月的生活用品来到盟官署所在地。生活用品中主要包括蒙古包、马匹、食物和茶叶①等。这些生活用品均由学童们的所属旗提供。由此可以了解到当时的旗和盟官署都是用公费来运营书吏教习所的。正因为公费运营，所以无须限制学童的出身，这一制度使得更多的平民能够接受文字教育，对当时平民阶层文化素养的提高起到了重要作用。

三 满汉文学校

光绪二十四年（1898），由于库伦办事大臣衙门紧缺书吏，因此当时的库伦办事大臣兴廉向理藩院请愿，在库伦设立满汉文学校。不久他的请愿获得批准，当年十一月初一在大臣衙门设立了"满汉文学校"。该校的学生主要由土谢图汗部、车臣汗部以及沙弥处②的学生各4~5人组成。他们的年龄在17~24岁之间，并且均拥有一定的满文和蒙文素养。他们在满

---

① 这里说的茶叶主要指砖茶。当时的砖茶有以下两种作用：一、饮用；二、作为货币流通。例如在光绪和宣统年间的归化城一带，一块砖茶顶银0.3两。
② 沙弥指隶属于藏传佛教活佛的宗教隶属民。本文中的沙弥处是指管理宗教隶属民的行政机关，该行政机关位于库伦，称为额尔德尼商绰都巴衙门。

汉文学校主要学习满文和汉文。学习成绩优秀者有的会被库伦办事大臣衙门录用，也有的会被派往所属盟官署做正式书吏，成绩劣差者则会被辞退。有文献显示从该校毕业的学生中有回到所属旗供职的，也有被派往所属盟供职的，甚至还有留在库伦办事大臣衙门做正式书吏，进而由书吏补官缺的。由此可了解当时的书吏晋升制度，归纳出来有以下两种晋升制度：一，由学员晋升为学习书吏（见习书吏），由学习书吏晋升为助理书吏，再由助理书吏晋升为正式书吏；二，由正式书吏晋升为有品级的官员。此外，该校的运营费用由两盟和沙弥处提供，每年从上述三处征收600两银（每处200两）。学生的生活用品及生活费由其所属盟提供，盟里则把这笔费用均摊给各旗，而不会强加于学员的所属旗。

四 教养学校

光绪三十四年（1908），库伦办事大臣延祉请愿清政府，在库伦设立教养学校。同年八月，库伦满汉文学校扩大规模，改名为"教养学校"。该学校主要教授蒙文、满文和汉文。教养学校的运营费用仍然由两盟及沙弥处提供。除此之外，还有一些贵族以及宗教人士捐助。有文书记载八世哲布尊丹巴活佛就为教养学校的成立捐助了一万两银。该学校学生的日常生活费依然由所属盟来承担。当时的教养学校共有40名学生，均来自土谢图汗部、车臣汗部和沙弥处。不同以往的书吏教习所，教养学校制定了一系列严格的规定和明确的教育目的。例如，对招收人数、学生年龄都有严格规定。还对师生的出勤、学生的学习等方面都做了严格规定。其中最值得一提的是，该校明确地编制了教科书。这些教科书中有《四体清文鉴》和 aɣan toluoɣai, oyun tülhigür 等书籍。教育目的为"除了培养优秀的书吏以外还要培养出有文化有知识的人"[①]。教养学校没有制定学期，通过一段时间的学习，成绩优秀者可直接补库伦办事大臣衙门书吏的主缺，也可被派往所属盟或旗官署做正式书吏。有资料显示，毕业于该教养学校的学生有被派往各扎萨克旗做官的，也有留在库伦办事大臣衙门补官缺的。教养学校虽然在清朝设立，但它并没有随着清朝的瓦解消失，而是在博克多汗政权时期被内务省接收，成为内务省设立的官吏培养学校的前身，继续发

---

① 蒙古国国立中央档案馆所藏档案 Φ. M－9，T. 3，X. H. 8553，1909。

挥了作用。

五　结论

　　清代喀尔喀地区的书吏培养体系可追溯到乾隆四十一年（1776）或更早，一直延续到清朝瓦解，以其独特的教育方式培养出众多书吏，服务于当时的社会。从制度上看，它是个没有身份限制，而且是以公共费用运营的教育机构，可定性为官府教育机构。这一制度或机构的存在，使更多生活在草原上的蒙古平民子弟有机会进入官府教育体制，甚至供职于官府的各级行政机构。这在贵族世袭罔替，而且不实施科举制度的蒙古社会，成为平民少有的仕途之一，在当时的社会起到了积极作用。众所周知，以游牧文化为基础的蒙古地区，外蒙古的大部分官署衙门都随季节迁徙。这个书吏培养体系在不断迁移的官署中得以形成，并且发展，甚至延续了近一个半世纪，它的时间上的、空间上的延伸与扩展，正是游牧社会教育的特征之一，也是游牧文化的精髓所在。

达斡尔、鄂温克、鄂伦春"三少民族"文献数据库建设实践探讨*

莫 德

(呼伦贝尔学院图书馆)

中国北方少数民族,达斡尔、鄂温克、鄂伦春主要聚居在内蒙古的呼伦贝尔市,黑龙江省的齐齐哈尔市、大兴安岭地区、新疆的塔城等地。其中在内蒙古自治区呼伦贝尔市的三个少数民族在区域、地理、人口分布上相对集中,是我国最早建立民族区域自治的少数民族。达斡尔、鄂温克、鄂伦春三个少数民族在其生存发展过程中,孕育了独特的历史文化,以其不同的生活环境与特有的生产、生活方式创造了丰富多彩的历史文化。

长期以来,由于本地区社会经济、文化教育发展相对落后,人们对"三少民族"历史文化的重要价值认识不够,缺乏深入、系统的专业性研究,有很多历史遗迹、文物、史料由于管理不当或认识不够而遭到破坏。近年来随着社会经济的快速发展,民族融合及生产方式、生活方式的改变,他们独有的民族文化、民族生活方式也在发生巨变。

因此保护和传承"达斡尔、鄂温克、鄂伦春"三少民族的自然人文历史,整理、挖掘、研究其独特的历史文化遗产,已成为当前的重要任务。"三少民族文献数据库"建设开发这一科研项目,就是要通过对"三少民族"文献的收集、整理、挖掘,来保护和传承这一笔宝贵的民族文化。

---

* 本文系内蒙古自治区教育厅立项科研项目《三少民族文献整序研究》(项目编号:NJSY14317)的阶段性研究成果。

一 建设"三少民族"文献数据库的意义和现状

民族文献是指历史上积累和现代形成的有关民族政治、经济、文化等方面的文献资料,具有民族性、区域性等显著特征。民族文献是中华民族宝贵的历史文化资源,它传承了各民族丰富的社会历史文化遗产,是中华文化悠久文化信息载体之一,也是重要的学术研究资料。

近年来,国家和地方不断加强对民族文化的保护工作,全国各民族地区的高校也以不同的方式从事民族文献的保护、挖掘、传承和利用工作。其中依托各地的民族文献探索,积极尝试民族文献的数字化,建设地方文献、民族文献数据库,为本地区及高校的教学和科研提供文献保障,取得了初步成效。建设"三少民族"文献数据库是少数民族地区高校肩负促进该地区文化传承、经济繁荣、社会发展重任的体现之一,其意义主要表现在三个方面。

(1)建设"三少民族"数据库,首先为民族学专业学科提供可靠的文献保障;其次也满足教师、科研人员以及热爱民族文化的不同领域人士的文献需求。

(2)建设"三少民族"文献数据库使民族文献数字化,可使民族文献再生性保护成为现实,并有利于文献的开发和利用。

(3)"三少民族"文献数据库的建设,包含书目数据库和论文全文数据库两部分,所有的文献都经过加工整序,配有文献提要,文献提要对文献的信息和学术价值进行深度提示。同时,提供便捷的检索形式,如提供索书号、全文、题名、版本、作者等检索项方便使用者检索,同时本数据库中,文献收藏单位的标识,也将为实现呼伦贝尔地区馆际互借和资源共享奠定基础。

建设"三少民族"数据库的现状:(1)呼伦贝尔学院位于呼伦贝尔市,市内辖三个民族自治旗,有着浓厚的民族文化氛围。可以通过实地考察调研,多渠道地收集有关"三少民族"的第一手原始珍贵资料,一方面加强本馆的特色收藏,另一方面也为学院的教学科研提供有价值的科研资料。(2)现今互联网的发展,使各种文献载体呈现在网络上,也使各地区及高校图书馆的书目及文献数据不断上传至网络,因此也为文献的搜集、整理创造了十分便利的条件,人们可以通过网络获取自身所需书目信息和文献信息。(3) 目前国内已有多所高校建立了地方民族的特色数据库。我院图书馆于 2006 年起着手"达斡尔、鄂温克、鄂伦春三少民族文献数据库"建设项目，该项目已在自治区立项并阶段性结题。但此项工作还在继续充实之中，为不断完善数据库建设，笔者就数据库建设过程以及建设过程中出现的问题进行简要介绍和探讨。

二 "三少民族"文献数据库的建设与实践

1. "三少民族"文献数据库建设理念

该文献数据库建设主要是针对达斡尔、鄂温克、鄂伦春三个少数民族的政治、经济、文化、历史、人文等文献资料，包括对与地域文化相关的"三少民族"研究成果等资料进行搜集整理；建成"三少民族"文献数据库的形式包括：以文字形式为内容的书目数据库、期刊论文全文数据库（含部分灰色文献）；以图片、录音、录像为内容的音像视频数据库，主要揭示草原风光、"三少民族"音乐舞蹈艺术和民族发展历史。此数据库的建设理念是将民族地区民族文献信息资源进行充分挖掘整序并予以展示，形成具有地区特色、民族特色、能与因特网用户进行互访的专题数据库。目前已经结题的部分是以文字形式为内容的书目数据库和期刊论文全文数据库，我们仅就此部分进行介绍和探讨。

2. "三少民族"文献的收集

为收集工作的顺利开展，本馆在设备方面，配备了计算机、数码照相机、数码摄像机、扫描仪和笔记本电脑、录音笔等相应设备；在文献资料收集方面，主要从现有馆藏资源和实地调研采访以及网络资源收集等方面入手进行。

（1）立足现有馆藏信息资源，进行整理收集。在本馆现有馆藏资源中收集"三少民族"文献资料，其文献形态主要包括印刷型文献、机读型文献和声像型文献。主要方法是将现有的馆藏文献中涉及"三少民族"的文献进行收集、整理，以《中图法》为文献分类标准，以《中图分类主题词表法》为标引准则，开发现有文献资源的潜在价值，对其进行数字化建设。同时对本馆已采取的文献数据库中所涉及的"三少民族"的学术论文、博士、硕士学位论文进行收集整理，纳入"三少民族"文献数据库中。

（2）深入民族地区进行调研走访，实地收集相关资料。在对本馆现有馆藏文献资料收集的基础上，图书馆为收集到更多更好的第一手文献资料，先后多次派研究人员深入民族地区进行调研走访，获取"三少民族"文献的第一手资料，其中有些资料是非常珍贵的。

调研人员深入调研的地区主要有鄂温克族自治旗、鄂伦春族自治旗、莫力达瓦达斡尔族自治旗、齐齐哈尔及黑龙江一些地方的档案局、图书馆、历史博物馆、电视台等，从中收集到一些相关的信息和资料；另外还走访了一些牧民、老艺人，收集散落在民间的文字资料及音像资料，并对一些老艺人进行访问，收集到用民族语言演唱的民族歌曲等。

（3）针对网络信息资源，进行筛选收集。网络的高速发展，使多样纷繁的文献资料快速地在网络上展现出来，形成一个巨大的繁杂的资料库。通过网络获取信息，深化网络信息处理，也是我们获取文献的途径之一。如从一些免费网站搜集符合"三少民族"内容的文献信息及全文资料；通过各大学图书馆及各地公共图书馆的网站获取相关书目信息；同时我们还从各门户网站、知名博客上搜集相关文献资料。通过对网上特定领域的信息进行系统的挖掘、筛选、收集，并进行有序的加工、整理，使之成为数据库有用的信息资源。

3. "三少民族"文献的数据加工整理方式

在数据加工整理过程中，我们根据所收集的文献资料，把有关文献资料分为书目资料与全文资料两部分。

（1）书目资料主要是针对关于达斡尔、鄂温克、鄂伦春三个少数民族的历史、文学艺术、地方史志、综述、哲学社会科学、自然科学等正式出版物及部分非正式出版文献，所进行的书目汇总。

书目资料的整序所标明的外部特征主要包括：书名、著者、出版社－出版地－出版年、ISBN 号、图书价格、载体形态、主题词、中图分类号、馆藏单位、图书内容提要。

（2）全文资料主要是已经发表的关于达斡尔、鄂温克、鄂伦春三个少数民族文化历史、民族概况、地域发展的相关论文、内部交流资料以及由"三少民族"作者创作的诗歌、散文等。

全文资料的整序所标明的外部特征主要包括：PDF 号（利用 PDF 号与全文进行链接）、文章篇名、作者、发表刊物的名称、出版地－出版年－期－页－字数、关键词、摘要、中图分类号、文献标识码（A、B、C、D、E）、收藏机构。

其中文献标识码的具体含义为：

A：理论与应用研究学术论文（包括综述报告）；

B：实用性技术成果报告（科技）、理论学习与社会实践总结；

C：业务指导与技术管理性文章（包括领导讲话、特约评论等）；

D：一般动态性信息（通讯、报道、会议活动、专题访问）；

E：文件、资料（包括历史资料、统计资料、机构、人物、书刊、知识介绍等）。

（3）PDF 格式转换

本数据库和其他很多数据库一样，采用了 PDF 阅读器读取，因此所有的书目资料和全文资料全部转换为 PDF 浏览格式，方便读者使用。在转换过程中遇到了很多问题，针对有些泛黄、有污渍的资料，技术人员用 Photoshop 对其底色进行了修复处理；PDF 格式的资料是以图片格式存储的，占用空间较大，为了节约存储空间，同时在不影响阅读的前提下，我们将其进行批量压缩，这样可节约出一半以上的空间。

4. 数据库平台的搭建

数据库平台是由图书馆技术人员着手开发、搭建的，用 JSP 编制 Web 平台的数据库检索系统。系统采用结构 JSP 编制，通过 Web 网页来发布信息。设置后台管理页面，便于数据库维护人员随时更新信息。

数据库设置若干检索点，如题名检索、著者检索、关键词检索、主题词检索、摘要检索等。

5. 信息发布成果

数据采集、加工及数据库平台搭建完成后，由技术人员按照相关技术标准，统一建库。目前我们已将所有收集到的"三少民族"文献资料整理完毕，并全部挂在我院图书馆网页上，这是继我馆自建的馆藏书目数据库后又一个自建的"三少民族"文献特色数据库。

完成数据情况：达斡尔族书目数据 264 条；达斡尔族论文数据 655 条；鄂温克族书目数据 108 条；鄂温克族论文数据 271 条；鄂伦春族书目数据 39 条；鄂伦春族论文数据 334 条。

这些文献记录了"三少民族"的人文历史、风土人情、迁徙繁衍、制度变革、生产生活、民族地方的发展变化；还有一些是"三少民族"作者创作的抒发情感、描绘生活的文艺作品。数据库的建成为今后有兴趣研究、了解"三少民族"的科研人员以及广大读者提供了大量翔实的资料，且资料获取途径简单、快捷、方便。其中系统收录达斡尔、鄂温克、鄂伦春民族研究会历年成果的会刊，集中反映了这些年来有关三个少数民族文化历史的研究情况和研究成果，实为宝贵。

三　存在的问题及今后努力的方向

数据库在建设实践中存在的主要问题有四个。

（1）资金问题。在数据库建设过程中，文献资料的收集整理需要大量资金支持，没有经费的支持要获得大量有质量的文献资料会有很大难度。文献收集的渠道主要有三种：互联网上获取、单位及个人捐赠和资金购买，前两种渠道获取资料有限，因此应加大资金投入，从而获取大量的高质量的文献。

（2）数据库持续建设问题。文献资料的持续搜集与充实，是一个数据库逐渐发展壮大的基本保证。目前很多自建的特色数据库经常是建成后，由于没有对文献资料进行充实，数据库数据停滞不前，因此应设专人来做此项工作，将此项工作作为一项长期的工作。

（3）数据库平台的优化问题。数据库的软件平台建设十分重要，有一个成熟稳定的平台是一个数据库建成的基本保证。当初我馆数据平台是由自己的技术人员设计完成的，简单明了，基本能完成数据平台的技术指标。但随着资料数量的增多，现有平台已不能满足要求。因此应采用符合标准规定的成熟的软件平台，以确保用户能够准确、完整、迅速地检索所需信息资源。

（4）人员培训问题。应加强数据库建设人员的业务培训，不断提高数据库建设的水平。民族特色数据库的建设首先为学院的重点专业的科研教学提供文献资料，因此应强调学术信息服务。另外还应创造条件发挥图书馆的教育职能，为师生及广大读者提供民族传统文化教育的重要素材。因此要不断对业务人员进行培训：包括对设备器材的使用、参加学术研讨会、学习数据库建设中的文献收集整理的新方式和新方法，以提高业务人员自身的知识含量和工作能力。

我们呼吁加大国家、地方政府对少数民族文化保护上的投入，建立健全保护民族文献的法规政策，加大保护民族文化宣传力度，促使民族文献的保护与传承有序地开展下去。

关于巴尔虎蒙古族草牧场
产权观念的分析

塔米尔

(中国社会科学院研究生院)

回顾蒙古族的发展史，土地（草牧场）是归最高领导者所有的，最高领导者将草牧场的使用权分配给其亲属、官员、将领等，随着草牧场的分封，这片草牧场上的牧民也分给他们。这些牧户隶属于所在草牧场的使用权所有者，使用权所有者让隶属于自己的牧户替自己放牧牲畜。牧民会采用游牧的方式，游牧时只要不超过所有者草牧场的边界即可，他们可以在这片草牧场上自由地选择地点放牧。牧民替草牧场所有者放牧通常只能得到很低的酬劳。草牧场，对使用权所有者来说意味着这是可供自己合法使用的资源或生产资料，但是对牧民而言并没有"我的草牧场"一说，他们只有"我的牛羊"的概念，也就是说他们只有对物权却没有对所谓"自家"草牧场的地权概念。

从20世纪80年代起，内蒙古草原地区开始实行牲畜和草牧场承包责任制。这个在草原地区广泛实施的土地制度，又被牧民和当地的官员称为"双权一制"。

一 "双权一制"的实施

"双权一制"，即落实草牧场的所有权、使用权，实施草牧场有偿使用的家庭联产承包责任制。1995年至今，在中央政府和省级政府的指导下，草场开始承包到户。1996年开始，旗政府和苏木政府根据《内蒙古自治区进一步落实完善草原"双权一制"的规定》将草牧场承包到户。

草牧场又分为基本草牧场和机动草场。基本草牧场是分配给牧民用的草场，机动草场是由嘎查、苏木或者旗政府灵活分配的草场，其中有夏营地和供政府灵活使用的草场。基本草牧场通常是按照人6畜4的比例进行分配，"人"以当时嘎查的人口为标准，"畜"是指每户牲畜的数量。人6畜4的标准，以10亩草场为例，其中6亩是分给人的，4亩则是分给牲畜的。人，顾名思义就是家中的人口；畜，包括家中所有种类的牲畜，畜是以羊为单位来计算的。1个羊单位等于1/5头牛和1/5匹马，以公式来表达就是1头牛=1匹马=5只羊，以羊为单位是根据当地的基本草牧场、嘎查人口以及总牲畜量进行测定与划分的。

在这一制度实施后，作为主要使用草牧场的牧民被卷入草牧场产权的变迁巨流中。

二 牧区发生的变化

（一） 固定化

1. 搭建围栏

在分配草牧场初期，嘎查的基本草牧场是以一些模糊的地理坐标为边界划分给各户的，放眼望去整片嘎查的草场还是连成一片、不分你我，例如山、水、自然隆起的地方和凹陷的地方、自然路等。所以每个牧户都只是大致地知道自己承包的草牧场边界。牧户也会自发地在自己草牧场的边界内放牧，也不会擅自在其他牧户的草牧场放牧，是井水不犯河水的状态。但随着牧民畜群数量差距加大，极少数拥有大量牲畜的大户开始围起围栏，其中有些人开始将自己的牲畜放在没有围栏的牧户草牧场上。井水不犯河水的状态被打破了，牧户之间纠纷加剧。出于保护自己利益的目的，其他牧户也开始围栏。

为了解决这些问题，嘎查领导在GPS技术的支持下开始进一步精确地划分，以经纬度为标准划分的边界也代替了以模糊的自然标志物划分的边界。除此之外，为了帮助贫困的牧户围栏，政府在政策的指导下开始免费为牧户搭围栏。经过几年的围栏工程，嘎查里所有的牧户都有了围栏，这就造就了今天处处可见围栏的景象。

2. 固定棚圈

在双权一制实施后，呼伦贝尔市的畜牧业管理人员分析总结了以往牲畜因自然灾害导致大批损失的教训，也参考了其他盟市的经验，开始实施牧区棚圈化的建设计划方案，采取国家、集体、个人三方投资，以承包畜群的牧户为单位签订合同，建设永久性棚圈和活动棚圈。从那时起到现在，棚圈的数量一直在增加。

不同于以往简易的羊圈和质量比较差、利用率不高的简易棚圈，如今的棚圈主要是以塑料棚及砖墙、石头墙为主要材料，因此这种棚圈采光好、保暖效果强，适用于接产冬羔和早春羔。棚圈除了防御严寒、风雪、冷雨、冷风和防止狼害、避免丢失外，还是储存草饲料、检疫、防治畜病等畜牧业生产不可缺少的场所。

3. 打机井

20世纪90年代前，内蒙古牧区已经在政府的资助下打下了许多机井。那个时候草牧场还没有承包到个人头上，牧民们仍可以在草牧场上游动放牧。单户并不十分需要机井，因为秋季、冬季和春季都可以从旗里的公用机井中饮牲畜，夏季可以去有流动河水的地方放牧。

但是因为"双权一制"的实施，每户分得的草牧场并不能都靠当时打的公用机井。所以为了开发利用缺水草场饮牲畜，充分地利用地下水资源，呼伦贝尔牧区牧民对机井的需求量大大增加。

4. 固定房屋

很多牧民在自己的草牧场里盖起了红色的砖房。这些牧民盖起砖房后冬天住在砖房里，夏天的时候还是住在蒙古包里。

（二）牧民收入的增加

1. 政策性收入的增加

牧民所得的政策性收入主要包括禁牧补贴和草畜平衡补贴，各牧户只可从中选择一项。每年年初政府会把70%的补贴费以"一卡通"的形式发放到牧民手里，年末经检查牧户确实履行了禁牧或草畜平衡后再发放剩余的补贴。牧民把草牧场使用权租给其他人后，仍可以拿到补贴款。

（1）禁牧补贴

为了缓解草场退化，牧区政府通常会号召并鼓励牧民在自己的"草牧场"中划出一部分草场来实行"退牧还草"的政策。"退牧还草"也称禁牧，是指长期禁止利用草场放牧。禁牧是为了解决因放牧对草场造成的压力，促使草场恢复，通过这样的方式来使草场休养生息。鼓励牧民"退牧还草"的方法就是发放禁牧补贴，禁牧补贴是从 2011 年开始落实的。因为各盟市的草原生产力不同，每个盟市发放的补贴款都有所区别。在呼伦贝尔市，禁牧补贴是每亩 9.54 元。

（2）草畜平衡

草畜平衡是指在核算草原的产草量后，以产草量估算出每亩的合理载畜量。这是为了防止牧民过度放牧（不合理地增加牲畜数量）。过度放牧会增加草场的负担，牲畜多了吃的草自然会多，就会对草场以后的产草量造成影响，不利于草场的可持续利用。与鼓励牧民"退牧还草"一样，鼓励牧民维持草畜平衡的办法也是发放补贴。同样，各盟市的草畜平衡补贴也是根据草原生产力来定的，在呼伦贝尔市草畜平衡补贴是每亩 2.385 元。

2. 草牧场流转

随着"双权一制"的实施，草牧场使用权流转的现象愈来愈常见，陈巴尔虎旗自然不例外，且租金在近十年中一直处于上升趋势。初期，嘎查领导会在牧民租赁草场时发挥一定的管束作用，牧民欣然接受。但是随着市场发挥作用的比重越来越大，牧民也开始并逐步挣脱了这种管束。

出租草场的牧户（出租人）通常是没有牲畜或者有极少量牲畜的贫困户，在这样的情况下生产成本过高、收入却很低，就导致了入不敷出的收入状况。出于这一层考虑，加之租金又足以维持其生活，这些牧户就选择将自己的草场租赁给有需要的人，然后进镇或者城市里生活，或者给大户做牛倌、羊倌等。租用草场的牧户（承租人）往往是拥有很多牲畜的大户。为了迎合市场对呼伦贝尔牛羊肉的需求，资产充足的大户会不断增加自己的牲畜量。但是由于草场的载畜量是有限的，为了实现对草场的持续使用，他们就要通过承租其他牧民的草牧场来扩大自己的生产规模。

租金通常是一次性交齐，一般以 5 年为一个租期。出租草场的牧民可以一次性得到如此大额的收入，加上可以拿到的补贴，收入还是很可观的；但是对于承租草场的牧民而言这是一项极大的负担，大部分承租草场的牧民都需要去银行贷款。

3. 牧草买卖

在传统的蒙古族社会，蒙古人通过游牧解决了牲畜的食草问题，牲畜在不同的季节去不同的地方吃各种草就可以满足自身的需要，即使在冬季，因为频繁移动、雪质松软，牛羊也可以轻松吃到雪下的草，所以彼时的蒙古牧人并没有打草的需求。进入集体生产时代后合作社和人民公社的领导为了保护幼弱牲畜、提高其生存率，开始要求社员打草来专门喂养它们。伴随着这一需求和打草技术的介入，蒙古牧人开始了打草。

每年8月之前，经历了一年雪水和雨水的浇灌呼伦贝尔草原上的草已经有了足够的营养、可以供牲畜吃了。牧民在大致计算了牲畜所需的储草量后就可以打草，通常在没有雪灾或旱灾的年份，牧民准备的储草足够支撑牧户冬季的需要，但如果是有灾的年份，常规的打草量可能就不够了，就需要购买储草。

在无灾的年份，冬季里牧民并不需要大量的牧草，牧草的价格也较为稳定，但如果进入灾年这一需求就会大大增加，甚至会出现本地的牧草供不应求、需要从邻近盟市买草的情况，价格也会飙升。一些牧户在一开始就发现了这一商机，其他牧户发现可以通过卖储草提高收入也开始纷纷卖草。但是因为每年的天气不同，市场需求量并不稳定，每年的收入也不稳定。一些租用了草牧场的牧户为了赚回自己支付的高额租金就会充分使用租用的草牧场，其中一项就包括打草然后卖牧草。

（三）牧业生产成本的提高

1. 雇用劳动力

劳动力雇用分为平时劳动力雇用和牧忙时期劳动力雇用。

因为家中人口本就不多，再加上近年来外出求学、工作的人员增多，回家从事牧业劳动的人口愈来愈少。加之草牧场的分配，牧民之间很少再互相无偿帮忙，牧区的劳动力愈来愈少。但是牧业生产本就需要充足的劳动力，加之现在在打草时和接羔时需要额外的劳动力，呼伦贝尔牧区开始了对雇用劳动力的需求。

除以上原因外，那些拥有一定规模牲畜的牧户迫切需求平日里帮忙看管牲畜的羊倌、牛倌及马倌。因此当地的劳动力市场上就出现了大量的羊倌、牛倌和马倌。

这些羊倌、牛倌和马倌分为外地户和本地户，其中的本地户通常是那些有极少量牲畜或没有牲畜的牧户。当地的牧户在雇用羊倌、牛倌、马倌时更倾向于那些本地户，因为他们相比外地户更熟悉当地的牧业生产也更加诚实可信。这些劳动力的薪酬有两套计算方法：一些羊倌、牛倌和马倌会带着自己的牲畜来雇主的草牧场，他们在替雇主照顾牲畜的时候也顺带着照顾自己的牲畜，这些人就会自动减薪。但如果不把自己牲畜放进来，就要发全职的工资。

2. 忙时雇用劳动力

除了平时需要雇用劳动力外，在夏季打草和春季接羔的忙季也需雇用大量的劳动力。

打草季

如前文所述，牧户在 7、8 月会进行为期 10～20 天的打草，具体的天数会受到天气的影响。一般情况下，一片草牧场打草需要 3～4 个拖拉机和一个捆草机（当地人也称搂草机）。打草时节牧民们或者联户打草或者单户打草，因为购入打草设备和雇用劳动力的成本过高，大多数牧民更倾向于联户打草。联户打草就是两三家牧户联合起来购买一套打草设备、商定好每户打草的顺序、每户提供劳动力一起打草。尽管是采用联户打草的方式，联合起来的劳动力也不一定够，所以需要雇用额外的打草工。

打草工分为两类，一类是熟练工，他们打草的经验十分丰富、熟悉各类打草设备，既能使用设备打草、还能修理设备；另一类是新手，即什么经验都没有的人。通常情况下，熟练工要求的工资比较高，而新手的工资相对来说比较低，所以更多的人倾向于请新手，因为打上几天就会了。打草工既有单干的，也有组成团队打草的。每个打草工都能在一定程度上使用一种打草设备，团队通常是由掌握不同设备的打草工组成的。有些牧民喜欢招单干的打草工，他们的薪水是以天为单位计算的。当地的劳动力市场上为大众普遍接受的是两类发薪方式，一类是他们不分雨天和晴天都收取一样的工钱，但是相对来说较低，另一类是他们在晴天收取的工资是雨天工资的两倍。

打草团队也有两类收取报酬的方式，一类是打完草收取一定金额，另一类是牧草分成，通常是拉走一半的牧草，再留下一半的牧草给牧户，双方没有金钱交易。

接羔季

接羔季在春季，一般是从 3 月到 5 月。但如果有牧民的介入，如让牲畜在一段时间内集中交配，可能接羔日期也会比较集中。

在将草牧场承包给牧户之前，牧民会在其他牧户接羔的时候去帮忙，且不收取薪酬。但如今情况发生了变化，亲戚之间可能还能够互相帮忙，但是大多数的牧民都不再那样无偿地帮助他人了。所以接羔时也需要雇用一些劳动力来帮忙接羔。

（四）生产理念的引入

1. 新生产技术的引入

随着牧业生产技术的进步，牧区的牧业生产也在疫苗播种、疾病诊疗、卫生条件的改善过程中变得更为安全，牲畜存活率也大大增加。

2. 生产理念的调整

除生产技术的引入外，为了应对市场的需求，牧民在牧业生产的过程中不断调整畜群结构。这一结构不同于传统牧业生产过程中为减少灾难对牧业生产的影响而采用的安全型结构。

（五）社会关系、血缘关系的淡漠

"双权一制"实施后牧民纷纷搭起了围栏，随着围栏将草牧场分成"你的奥特尔，我的奥特尔"，牧民之间仿佛也建起了围栏。

在没有围起围栏之前，相邻的牧户往往会骑马或者摩托车去串包，我去你家的蒙古包里坐坐，你来我家的蒙古包里坐坐。牧民都是通过这样的方式维系彼此之间的关系、了解周围的人都发生了什么，如果谁家有了困难其他人家会去帮忙，有了喜事别人也会去庆贺，牧忙的时节牧民也会无偿帮助对方或换工。但是现在情况发生了改变，牧民闲着的时候就在自己的包里听广播、有电视的看看电视，很少去串包。牧民也不再想了解邻居家里发生了什么事情，也很少会提供无偿的帮助了，他们通常会抱着"各扫门前雪"的心态看待邻居家发生的事情，除非是亲兄弟或者朋友还亲近、关心一些。

三 "重走合作化"以及合作化与传统生产方式的比较

意识到"双权一制"可能带来的问题后，牧民和相关公务人员开始重新认识传统游牧生产以及合作化生产的优势。他们相信如果整合使用草牧场、生产设备以及作为集体进入市场，那么牧业生产中产生的问题就会在一定程度上得到缓解。

自 2007 年、2008 年起，因为意识到这一制度实施带来的一些问题，内蒙古自治区政府开始倡导"重走合作化"。针对生产成本的提高、收入不高、草牧场退化等问题，合作化可能会在一定程度上解决这些问题。但因为成功例子少，加之牧民担心合作化有可能带来利益分配不均等问题，大多数牧民持迟疑和观望态度。

（一）合作化与传统生产方式的比较

1. 传统生产方式的优点

蒙古族有着游牧的传统，游牧可以说是蒙古族在长期发展过程中摸索出来的一套适宜草原生态的方法。草原地带的生态较为脆弱，为了不过度放牧，牧民们往往不会在一个地方停留过长时间。在当地牧民看来，游牧要讲科学，如草原有不同的地势，草原上有山、有水，也有小盆地；在当地牧民的观念中牛和羊夏天要抓水膘、秋天要抓油膘、冬天则要保膘。在不同的季节，牧民会按不同的目标将牲畜赶至相应的地带、长着不同植物的草牧场放牧。除了日常牧业生产外，通过不断游动，游牧的传统生产方式也可以在一定程度上避免自然灾害对牧业生产的影响，降低牲畜的死亡率。

2. 合作化生产的优点

（1）生产支出的减少

结成合作关系的牧户通过互相无偿帮助牧业生产以及共享一套设备，可以在很大程度上减少牧民在平时和牧忙时期雇用劳动力和购买生产设备过程中的生产支出。

在鄂温克族自治旗现在就有一个机械合作社，这个机械合作社主要是联合多个牧户使用共同购买的设备来打草，除了可以省掉单户购买机械的费用外，每个牧户出几个劳动力就可以满足这些家庭在打草时需要的劳动力了，又因为是彼此帮忙，所以一般牧民是不索要费用的。

（2）提高收入

就收入而言，散户的经济收入主要由卖牛羊构成，有些牧户还有卖奶制品的收入。这些产品在流通的过程中，中间商通过压低购入价格、提高卖出价格的办法赚大钱。但如果合作经营，几户人家就可以将大家的牲畜集合起来直接卖给大公司和冷库。这样，牧民在卖羊等牲畜时有了更多选择，就可以增加自己的收入。

四　结论

在调查的过程中，我们常常可以听到牧民怀念传统牧业生产方式的话语以及对传统蒙古族社会中亲密社会关系的回忆，但同时他们又享受着现代牧业生产以及市场化带来的一定的自由，他们也会抱怨当前牧业生产中的问题。在这一过程中，可以感受到牧民态度的摇摆：他们既想要享受现代牧业生产的便利与安全，又想要回到过去和谐的人际关系以及人地关系。处在两难境地中牧民的摇摆态度也体现在牧民在面临重走合作化这一趋向时的态度上，他们既希望合作化生产能够解决他们如今面临的问题，但又希望可以保证他们的利益，加之鲜有成功范例且有些许失败例子出现，牧民表现出犹豫的态度。

随着牧民对自己草牧场牧业生产的投入以及在市场化影响下逐渐增多的收入、固定设施的普及等，牧民对自己的草牧场形成了一定的产权观念。上文提到的犹豫态度，一部分原因是出于对有可能出现的收入分配不均、生产不自由等状况的担心，这也在一定程度上反映出其草牧场产权观念的变化。牧民在这个市场化主导的社会中，在生产的过程中形成了这一观念并逐渐将其内化，这一切也都是为了他们所向往的"更好的生活"。

国内产业转移对区域经济的影响

孙涧桥

（抚顺市社会科学院）

随着市场经济日新月异的发展，国内大多数城市和地区都在经济领域进行着不同程度的改革和探索，而产业转移是不同经济水平区域之间的一类典型经济发展现象，受到各界的关注和重视。[①] 要想充分了解产业转移的优劣势，让产业转移更好地为经济发展服务，为企业和地区的战略决策服务，首先要了解产业转移对区域经济的影响机理。

一 产业转移的内涵及特点

（一）产业转移的内涵

在市场经济体制下，发达地区的产业会由于竞争优势的此消彼长而进行一些跨区域投资，将部分产业的生产转移至相对落后的地区，这种空间层面上的产业移动被称为产业转移。[②] 按照产业转移所涉及的地域空间层次，可将其分为国际产业转移和国内产业转移两大类。顾名思义，国内产业转移就是发生在一国内部的产业转移，这种现象是由国家不同地区经济发展水平的差异所加强的，并且在大国中表现得尤为明显。在我国，由于资源供给和产品需求环境的改变，部分产业开始从原来的地区迁出，逐渐转移至其他地区，以谋求新的发展空间，比如从东部发达地区向中西部落

---

① 郑涛、左健、韩楠：《产业转移背景下"一带一路"战略对中西部地区经济发展的影响》，《工业技术经济》2015 年第 9 期。
② 田静：《二元经济结构下我国劳动力产业转移的影响因素及其政策启示》，《理论探讨》2015 年第 3 期。

后地区的产业转移便在近年来频频上演。①

(二) 产业转移的特点

产业转移具有综合性、阶段性、梯度性等特点。综合性是指产业转移涉及资本、劳动力、技术等各方面生产要素的整体流动，而非单一生产要素的流动。阶段性是指产业转移具有分层渐进的特点，从国内外产业转移的实践经验来看，产业转移往往与产业结构的演变同时上演，而产业结构通常沿着资源、劳动、资本、技术密集的路线发展，因此产业转移的主体也从初期的劳动密集型产业、资源加工产业，逐渐发展到后来的资本密集型产业、技术密集型产业。梯度性是指产业转移具有从高梯度指向低梯度的特性，也就是从经济梯度高的发达地区转移至经济梯度低的落后地区。②

二 国内产业转移对区域经济的影响

(一) 对发达地区

1. 积极方面

(1) 产业升级

对发达地区而言，发生转移的通常是一些劳动密集型的制造业，这类产业在当地基本上处于即将淘汰的状态，已不具备比较优势，并且大多具有一定的环境危害性，如果不能适时地将这些产业转移出去，就会挤占产业创新的空间，造成产业拥挤和发展停滞。而通过产业转移，发达地区可以集中优势资源来发展当前热门的信息产业及新兴服务业，从而促进产业结构的优化升级，实现地区经济的可持续发展。③ 同时，对于落后地区来说，这些输入产业正是经济发展所迫切需要的，可谓一举双赢。

---

① 王成军、刘芳、王德应：《产业转移与区域创新的乘积效应对经济增长影响的实证研究——以"合芜蚌新区"为例》，《经济体制改革》2014 年第 6 期。
② 关爱萍、陈超：《区际产业转移对承接地行业内技术溢出效应的联动研究——以甘肃省为例》，《软科学》2015 年第 1 期。
③ 陈景岭、徐康宁：《利益相关视角下的产业承接地经济风险分析》，《财经科学》2015 年第 9 期。

（2）保证资本收益率

随着经济的不断发展，发达地区产生了大量的资本积累，而随着资本有机构成的增加，资本的收益率逐渐出现下滑。此时，通过产业转移能够将资本要素转移到资本比较匮乏的地区，为发达地区的过剩资本寻求新的出路，发现新的利润增长点，进而解决发达地区资本过剩的矛盾，使其资本收益率维持在较高水平。

（3）缓解资源矛盾

资源稀缺是造成一些发达地区经济增长停滞的重要因素，特别是在劳动力成本攀升、交易成本高企、利润大幅下滑等不利因素的综合作用下，以往高度依赖进口的资源获取方式并不足以支撑地区经济的高速增长。而通过产业转移的实施，缓解了区域资源矛盾，确保了原材料的正常供给，为区域经济赢得了再增长空间。

（4）延长技术生命周期

随着科技日新月异的发展，技术的生命周期呈现缩短趋势，一些工艺技术从出现、成熟到淘汰只有短短几年的时间，获利期限极为短暂。而通过产业转移，可以将一些发达地区的成熟技术输入技术相对落后的地区，使这些技术能够更长久地发挥作用，为发达地区的投资者创造更多的经济价值，而投资者也有更充足的资金去支持产业技术的进一步升级改造，或者进行其他新兴产业的投资，进而带动发达地区的经济发展。此外，产业转移还可以使发达地区获得技术更新的空间，促进产业结构的优化调整，保证工艺技术的稳步更新和进步。

2. 消极方面

（1）影响就业

随着产业转移的实施，必然有一部分专业技术人员要迁至产业移入地工作，导致发达地区人才流失，而随着移出产业的本土化发展，有部分跟随产业迁出的技术人员会被本土人才所取代。此外，发生产业转移的大多是一些劳动密集型产业，而作为替代者的新兴产业大多是资本、技术、知识密集型产业，能够提供的就业岗位有限，导致发达地区的就业难度和失业风险加大。

（2）产业空洞化

随着科技的不断发展和进步，企业特别是制造型企业出于成本比较优势的考虑，会在国内重新物色生产资源的配置地，从而导致产业空洞化的现象。该过程主要分两个阶段：在第一个阶段，第一、二产业占比逐渐减少，第三产业占比增加，地区经济呈现"软性化"趋势；进入第二个阶段后，资本的趋利性日益显现，产业尤其是制造业大量迁出，当其积累到一定程度，就造成了产业空洞化，使得当地的经济结构失衡，制造力下降，甚至出现产业衰退，阻碍整个区域经济的增长。

（3）制约技术提高

发达地区为了保持技术上的领先性，通常只将一些技术层次较低的产业进行转移，使得产业承接地始终与发达地区保持一定的技术差距，在这样的背景影响下，发达地区的企业容易安于现状，不再专注于大规模的技术研发，导致高精尖技术发展停滞，无法很好地适应世界经济信息化的浪潮。

（二）对落后地区

1. 积极方面

（1）要素注入

经济欠发达地区有一个普遍的特点，即自然资源、劳动力等低层次要素丰富，而资本、技术等高层次要素短缺。随着产业转移的实施，大量的资本、技术以及其他一些无形的要素被注入经济落后地区，使得这些地区在短时间内集聚了经济发展所需的稀缺要素，从而为区域经济的腾飞奠定了坚实基础。

（2）关联带动

产业关联带动包括前向关联、后向关联、旁侧关联三个方面。其中，前向关联是指移入产业可以通过削减下游产业的投入成本来刺激下游产业的发展。后向关联是指移入产业会给经济不发达地区带来一定的要素投入需求，促进有关投入品产业的发展。旁侧关联是指移入产业会给周围的一些产业带来变化，推动建筑业、服务业等其他产业的发展。由此可见，产业关联带动对推动区域经济的整体发展具有重要意义。

（3）优势升级

经济落后地区在产业结构上有一个显著特点，即资源、劳动密集的低技术含量的产业占比较高，而高技术含量的产业占比较低。在比较优势方面，经济落后地区大多以传统要素为支撑，在区际分工中处于劣势地位，而产业转移的实施，有效促进了区域比较优势的升级。这是由于随着先进产业的移入，区域的资本、技术等在短时间内获得了快速的积累，使得区域要素禀赋向着有利于经济发展的方向转化，推动地方新型主导产业的发展。在这个过程中，经济落后地区实现了产业比较优势的升级，在区际分工中的地位也获得了显著的提升。

（4）结构优化

产业转移很大程度上是由于地区或企业产业升级而发生的，因此会影响到该地区产业结构的调整。首先，一些先进产业的移入会直接使当地产业结构中采用先进技术的部门比重增加，致使产业转移后的产业结构出现高级化的发展趋势。其次，产业移入必然会为承接地导入更先进的生产函数，随之而来的新型生产组织方式将在当地发挥"扩散源"的作用，引领区域较低层次的产业掀起"转型"运动，最终使区域产业结构向着技术集约化的高层次迈进。

（5）观念更新

产业结构升级在落后地区面临的最大问题不是技术方面的问题，而是思想观念问题。在国内各地区的经济发展过程中都伴随着传统观念的升级和改造，而落后地区的传统观念随着长期以来的生活和生产方式早已根深蒂固，像以小农经济、小富则安、因循守旧等为主的传统观念是导致落后地区自我发展和完善能力缺乏的根本原因。而随着该地区产业结构的升级，会有更多的来自发达地区的先进经验进入落后地区，许多新的生活和生产方式也会对该地区的发展产生巨大影响。产业升级所带来的不仅是新技术、新品牌、资金等物质资源，还有随着生产技术一同流入当地的新思想、新观念、新的管理意识等思想资源。物质资源的注入能给落后地区带来直接的经济发展，但无形的思想资源则是推动产业升级长久进行下去的巨大动力。

（6）竞争效应

高新技术产业的移入会对落后地区的传统产业造成极大冲击，因为高新产业往往会带来更新的生产技术、更高层次的人才、更先进的营销理念以及更宽广的市场，而这些巨大的优势会使当地产业在以往竞争之中的垄断局面被打破，从而使得当地市场结构不得不做出改变和调整以适应新的且更具发展前景的产业。同时随着新技术产业的移入，更强的竞争对手也迫使当地产业不得不谋求新的发展，那些因循守旧、不做改变的产业必将被取代，而迫使自身不断进步和改造的产业则会焕发出新的生机。

（7）技术溢出

技术溢出是指在经济产业转移过程中由于当地产业吸收移入产业的新技术和新理念而产生的技术发展，以及这种发展对产业输入方带来的经济效益。技术溢出一方面是落后地区产业对移入产业的技术学习和吸收，是当地产业的技术发展和进步；另一方面也是移入产业在移入区域的发展过程中对当地产业产生的技术推动作用。不管是哪一方面的作用，都会对整个落后地区的产业技术水平的进步产生促进作用，并对区域经济发展产生直接的推动作用。

2. 消极方面

（1）环境污染

随着社会经济的发展和进步，产业发展过程中的资源破坏、能源危机等环境问题越来越受到社会的关注。以美国为首的发达国家在工业产业升级改造期间，对控制污染方面投入的费用在生产成本中的比重已经很可观。但随着污染控制费用的逐渐升高，更多的发达国家开始采用产业转移的方式转嫁污染，降低生产成本。据统计，日本已将六成以上的高污染产业转移到拉美和东南亚等地区的欠发达国家，美国也已转移四成以上。这种污染的转嫁不仅发生在国与国之间，在国内产业转移中也时有发生。一方面，一些贫困地区为了更快地进行经济建设而常常忽视对环境资源的保护，会主动地引进一些纳税高的重污染产业；另一方面，经济发达地区为了降低高污染产业的生产成本，以及减少对本地的环境污染，也乐于将这些产业转移到生产成本更低的经济落后地区。这样一来，产业移入地区的生态环境就会遭到不可避免的破坏。

（2）自主性弱

虽然产业转移可以为承接地带来一些相对先进的生产技术和理念，但绝大部分移入产业的附加值比较低，其主要看重的是承接地廉价的劳动力与资源要素。如果落后地区只关注一时的经济效益，一味地接受这些低附加值产业的转移，而忽视自主创新，就会造成产业结构的低附加值状态。尤其是随着产业转移的不断延续，会在承接地形成一定的产业刚性结构，导致产业转型升级的代价更高，这样反而会妨碍区域产业的升级。

（3）经济依附

产业转移的进行使移入地与外界的联系更加深入和紧密，同时也更容易受到外界经济动荡的影响。随着产业转移规模的扩大，各地区经济对外的依赖程度普遍增高，甚至被外来投资集团所控制，这会使移入地经济的发展受到严重制约。

三 引导国内产业转移的宏观建议

产业转移中政府的作用一般分为直接干预和间接干预，其中，直接干预包括直接投资和行政干预，间接干预包括政策引导和法律规制。

（一）行政干预

政府在产业转移过程中通过审批手续、分配额度、颁发许可证等手段可以直接对产业转移进行控制。① 一方面，要通过行政手段对当地的相关产业进行一定程度的保护，使当地某些产业在产业升级的改革中保持生命力。比如，对于本身不具有引进高新技术产业所需条件的地区，要通过人才、技术的交流和合作，吸引外地资产进行组合发展，促进本地区产业的技术改造，增加传统产业的技术含量；另一方面，要注意行政干预的尺度和方式，避免因行政干预而限制当地的产业结构升级，甚至限制一些企业的发展和进步。

（二）直接投资

直接投资是指政府通过对相关产业领域的投资，对产业转移产生影响的一种手段。② 政府的直接投资方式主要是创办国有企业，如创办并控制矿产企业、钢铁企业、公共设施等国民经济支柱产业，这种政府直接投资的方式能对相关地区经济增长起到很强的推动作用。政府在非经营性领域的投资也会对产业转移起到积极作用，能有效改善承接地的经济环境，帮助移入企业更好更快地发展。

（三）法律规制

政府可以通过制定和完善相关的法律法规来规范企业行为、产业升级

---

① 王鹏：《基于地区间经济梯度发展视角的产业转移必要性研究》，《商业经济研究》2015年第36期。
② 张彩云、郭艳青：《污染产业转移能够实现经济和环境双赢吗？——基于环境规制视角的研究》，《财经研究》2015年第10期。

措施等，对产业转移承接直接施加影响。同时在法律法规的施行过程中，相关法律法规将作为政府行政干预和政策引导的基础依据。目前，我国许多落后地区的产业转移环境还很差，在产业转移过程中不断出现企业水土不服的现象，严重制约了产业转移的现实推进。同时，相关法律法规的不完善，还使企业在进入承接地的过程中出现产权纠纷、利益分配不均等问题。因此，在产业转移中必须不断加强法律法规的建设，使相关产业在发展和建设中有法可依，能依法维护自身利益，还要以法律法规来强制约束产业的行为，以维护市场经济的稳定。

（四）政策引导

政策引导是指政府在遵守市场经济发展规律的基础上，通过帮助企业制定发展规划以及提供政策指导、政策优惠、税收减免等方式，引导企业在保证自身经济效益的同时自行按照政府的发展战略进行产业转移，这也是各地政府吸引外资的一种重要方式。此外，政府要积极出台政策，简化并规范对移入产业的审批程序，提高对移入产业的管理和服务水平，提高政府办事效率，并大力整顿市场经济秩序，提高对环境治理的重视程度，以创造良好的产业转移环境。

结　语

综上所述，产业转移对区域经济的发展有利也有弊，为了保证产业转移的顺利进行，使移入产业和承接地都能从中受益，还需要政府、企业等各方面共同努力。同时，也要注意在产业转移中可能出现的环境污染、经济依赖等问题，尽可能通过政府引导和法律规制等手段来予以规避，使国内产业转移向着对国家经济发展有利的一面发展。

A Study on the Cooperation for the Integration of the Land Transport and Logistics among East Asian Countries

Eom, Woon Yong

(Hankuk University of Foreign Studies)

In 2013, Xi Jinping, the president of China, announced a plan of 'One Belt, One Road' (一带一路). It is a plan for New Silk Road throughout Eurasia by both land and sea. One of them to be called 'One Belt' is a crosswise land Road passing through from Chong Qing, China to German, and other is 'One Road' which is a lengthwise sea route passing through from Shanghai to Italy via the Indian Ocean.

Many economists and the countries concerned understand that China would use its geopolitical advantage as stepping stone to initiatively, exploit new Eurasian Economic Zone with other countries in this region. [1] There is a significant meaning of this project because this would bring a shift of global economic environment in favor of China as well as a change of transport and logistics mode throughout Eurasia on a scale never before experienced, bringing with it many opportunities economically in this region.

Just considering the transport in the world, it would results in new transport and logistics mode globally to be superseded by land centric transport and logistics using a land bridge between Asia and Europe, instead of sea centric one through the ocean traditionally. Moreover, if it comes true successfully, it would provide many opportunities in this region not only economically but also political-

---

[1] China would further strengthen its ties with the Shanghai Cooperation Organization members and ASEAN Countries by the New Silk Road project both politically and economically.

ly. Especially it would be a possibility of Power shift from United States to China in this region.

How can China propose this boldly? Firstly we can raise a political stability in this region. China had settled up the long conflicts of its frontlines with Russia in the north and India in the west peacefully. This stability of the border area surrounding China in center of Asia geographically has caused people in this area to visit one another and communicate more freely through the land.

Secondly the powers in this region such as China, India and Russia implicitly have a consensus to intend to keep their interests and extend their influences in this region exclusive of the United States, the sole superpower in the world.① For this, they need to develop new transport routes by both land and sea to the minimization of an involvement of the United States.

Thirdly, it is a change of world economy and business paradigm. Since China had begun the open policy in 1980s, it has become an economic power in Asia. In 1990s, European Union emerged as another strong economic power in Europe. Now both combined economic powers have grown up to be equal to that of the United States. And these new rising powers in this region need to cooperate for the international issues not only politics but also economy together against the power of the United States. Another factor of business has been the advent of a multinational enterprise era. This has strongly driven the trade and business environment in the world to further globalize in many fields. Accordingly, the changes of transport and logistics as well as trade and finance are inevitable in many ways.

To realize this, however, there lie in many challenges. First of all, China needs to make an agreement with the regional countries ranging from Asian countries to European countries in the far distance. In particular, the land route to be called 'One Belt' is more difficult to coordinate with all countries involved than sea route to be called 'One Road'. To set up a route in land, it is the most important issue in this area. How can they coordinate it with satisfaction and gain

---

① The New Silk Road project would be political economically understood as EBA (Everyone But America) strategy of China in response to EBC (Everyone But China) which is Asia – pacific strategy of the United states. Han Woo Duk "The Political Economic Approach to 'One Belt, One Road' strategy,"〖Chindia Plus〗Vol. 28.

the cooperation of the members voluntarily? This is vital problem to be solved. And China also needs to have the support of the United States outside politically and financially. It still has many influences on the small and middle countries in this region. So I think that the success of this project depends on how to adjust various interests of countries concerned and then set up trans-continental routes effectively without conflict.

As known well, All over the countries in this region have already proceed with, either small or big, many projects for their infrastructures for themselves or with regional economies like ASEAN in support of the United Nations or other international or regional financial institutions such as ADB, World Bank etc. since 1950s. [①] So before proceeding with it, China, in advance, has to consult with them about the route of this project so that it could avoid some conflicts or overlapping investments with their projects in this region. In this point of view, the study seeks to review various infrastructure projects for the land transportation to be progressed in this region and furthermore, find out how to cooperate for the integration of land transport and logistics effectively in this region.

As a result of the study, it is suggested that, for the sake of strategic priority, East Asian countries, especially China, would better make an effort to set up a free trade zone or at least a limited container yard jointly operated with countries involved, at a place to be interfaced to a continental link bridge as now existed, for instance, at a border area between TSR and TCR or TCR and TKR, and then proceed with the new routes needed to connect each major border trade zone in such a way as point to point link throughout in this area, under an agreement to be reached by multilateral or bilateral negotiation. [②] I think that this way

---

① Many cross-border road infrastructures in Asia are now or will be under construction in support of International or regional financial institution; The Asian Highway Project since 1958, Asian Land Transport Infrastructure Development Project (ALTID) since 1992, the Trans-Asian Railway (TAR) since 1960 etc.

② First of all, China would better open its market to its surrounding countries like free trade zone at their border areas to build mutual trust and mutual benefit with them. It is more important than a construction of physical infrastructure. "一带一路"目的是跟睦邻国家一起互联互通先要"心通"。为了实现这样,"一带一路"政策要坚持对睦邻国家开放性,包容性的合作框架。罗雨泽:《"一带一路"互联互通先要"心通"》,《人民日报》2015年1月26日。

would be some opportunistic tendency rather than stakes in economy or politics. So it is easier to reach agreement each other.

It is noted that this study focus on East Asian countries finitely because geographically the projects in the wide range of Pan-Eurasia are too broad to proceed with together. Strictly speaking, the concept of Pan-Eurasia just puts both continents together technically.

References

Sue Kyung Zheng. 2015. "Political Economic Approach to China Diplomacy of Xi Jinping Government: for 'One Belt, One Road' strategy," *The Korea Journal of International Relations*, Vol. 55, No. 2.

Lee Zhi Yong. 2015. " The Political Economic Implication of China 'One Belt, One Road' strategy," *The Analysis of International Issue*, Vol. 524.

Han Woo Duk. 2015. "The Entangled Political Economics on 'One Belt, One Road'," *Chindia Plus*, Vol. 28.

Zheng Il Ho. 2008. "New Silk Road: The Connection with Continental Land Transport Roads," *KRIHS Policy Brief*, Vol. 197.

Park Chang Hee. 2006. "The Geopolitical Shift in Eurasia and the Relationship of China and Russia: The Origin, Development and Influence on the Northeast Asia," *State Strategy*, Vol, 12 No. 3.

王金波:《构建"一带一路"区域新合作》,《中国社会科学报》2015年7月1日。

王义桅:《论"一带一路"的历史超越与传承》,《人民论坛·学术前沿》2015年第9期。

张蕴岭:《聚焦"一带一路"大战略》,中国社会科学网,访问时间:2014年7月31日。

罗雨泽:《"一带一路"互联互通先要"心通"》,《人民日报》2015年1月26日。

Summer Tourism in Aoluguya: Reindeer Evenkis' Mobile and Economic Strategies

Aurore Dumont

(Postdoctoral Fellow, Centre for China Studies,
The Chinese University of Hong Kong)

Abstract: Also known as "Aoluguya Evenki," the Evenki reindeer herders live in the north-eastern part of Inner Mongolia. If "ethnic tourism" was still in its nascent phase in the beginning of the 2000s, it is now a component of herder's daily practices during the summer period. While the Evenki have become the representatives of the "reindeer culture," they are also developing different strategies to benefit from the tourism industry. Those are characterized by the mobility of herders, who modify their nomadic trajectory for touristic purposes. These "mobile strategies" highlight at the same time the way tourism has introduced new kinds of economic encounters in the area, both in the village and on nomadic camps. Based on fieldwork conducted between 2008 and 2014 among the Reindeer Evenki, this paper explores herders' strategies generated by touristic practices.

In the study of *ethnic tourism*, anthropologists have shown great interest in exploring the dynamics of contact between tourists and locals, the processes of cultural reinvention and ethnic heritage, and so on. Dedicated to a Tungus nomadic group of North-Eastern Inner Mongolia, the present paper will not deal with ethnicity issues, neither with cultural creation or recreation, even though they are important encounters in nowadays touristic practices. The Evenki fieldwork site offers a complementary perspective in the study of ethnic tourism: based on seasonal migrations, reindeer herding (or what is commonly called the

Evenki "nomadic way of life") is not only an ethnic tool; it also encompasses a set of mobile practices and strategies adjustable to touristic practices. The newly developed tourism industry has led the herders to modify and adapt their nomadic trajectory in order to create extra source of income. Having a significant impact on herding management, these "mobile strategies" highlight at the same time the way tourism has introduced new kinds of economic encounters in the area, both in the village and in nomadic camps.

An Ethnographic Case Study: the Evenki Reindeer Herders

Belonging, by their language, to the Tungus-Manchu branch of the Altaic family, the "Reindeer Evenki" (*Xunlu ewenke*, 驯鹿鄂温克) of China form a small community of approximately 250 people. They live in Hulunbuir, in the northeastern part of Inner Mongolia autonomous region. Also known as "Aoluguya Evenki" (*Aoluguya ewenke*, 敖鲁古雅鄂温克), which comes from their eponymous ethnic village, they are part of the officially recognized "Evenki ethnic minority."[①] Throughout the year, depending on the needs of herding and, more recently, tourism, they move back and forth from Aoluguya village to their nomadic camps. Over the last few decades, the different economic and environmental policies have led to the alteration of their traditional domestic economy, which is now characterized by a more systematic use of fixed dwellings and the reduction of nomadic areas. Common to many nomadic groups throughout the world, these transformations are the result of diverse historical encounters and political processes.

When British anthropologist Ethel J. Lindgren conducted fieldwork in the Evenki area in the late 1920s, she reported what would today be considered as a "traditional" nomadic domestic economy. Organized in nuclear families, the Evenki were nomadizing on a large territory, covering 7 000 km² annually

---

① The Evenki ethnic minority is composed of three sub groups: the Reindeer Evenki (also known as Yakut), the Khamnigan (also known as Tungus) and the Solon.

(Lindgren, 1938: 609). Reindeer-herding depends on ecological knowledge of marked seasonality and mobility to maintain a regular supply of food for the herd. Like other reindeer herders of northern Eurasia, the Evenki used to keep small herds of domesticated reindeer and used them for milking, riding, and carrying loads. Hunting and reindeer herding constituted two complementary activities of subsistence, both requiring a great mobility, particularly through the use of mobile dwelling. The Evenki were also engaged in barter trade with Russian émigrés who provided them with flour, tobacco, tea, etc. in exchange of hunting products (*Neimenggu zizhiqu bianjizu*, 内蒙古自治区编辑组, 1986: 533). From the 1950s, the Chinese government implemented different economic measures and sedentarization policies. In 1957, the first Evenki ethnic village was created in Qiqian (奇乾) next to the Russian border, followed in 1965 by the creation of the Aoluguya Evenki Ethnic village (*Aoluguya minzu xiang*, 敖鲁古雅民族乡) near Mangui (满归). In terms of economic reorganization, the government initiated measures in the 1960s to turn the formerly small-scale reindeer herding into a more intensive reindeer-breeding business. Recognizing reindeer antlers' economic potential as raw material for Chinese medicine, the antlers were sold to the government for work points every year (Dumont, 2015: 80). In the beginning of the 2000s, the "Open Up the West" (*Xibu dakaifa*, 西部大开发) policy was initiated to promote the economic development and environmental protection of the Western provinces of China. Following this process via the "Ecological Migration" (*shengtai yimin*, 生态移民), the Evenki were resettled in 2003 in the current Aoluguya village near Genhe city, and hunting was banned. At the resettlement site however, many reindeers died from a lack of lichen, their main food source.① Since then, the herders have to move between the village and their camps, local authorities having to deal with what they call "settling without living" (*ding er bu ju*, 定而不居).

The current Aoluguya village does not only provide the herders with sedentary and "modern houses," it also becomes the window of the only "reindeer culture" (*xunlu wenhua*, 驯鹿文化) in China, for tourists in search of an "exot-

---

① For a detailed analysis of the "Ecological migration", see Xie (2005).

ic" landscape. The issue of tourism may be considered as the last stage of this ongoing change process.

Summer Tourism, and the Recreation of "Evenki Culture"

For more than a decade, the development of tourism has been largely promoted by the authorities in Hulunbuir, especially in the southern Mongolian steppe areas. In Aoluguya, if tourism was still in its nascent phase at the beginning of the 2000s, it is a major issue for the herders. Nowadays, the touristic season is restricted to the summer time; indeed, the extreme cold in the area may be one of the reasons explaining the absence of tourists during winter. The story of this village devoted to tourism began in 2007, when local authorities undertook a large tourism project in Aoluguya. The village was transformed and set up according to eco-cultural tourism orientations, mixing contemporary architecture with reproduction of traditional nomadic dwellings. During the first years, tourism was limited to the village's few attractions such as the Evenki museum, and the Ethnic Park, with a specific focus on the reindeer. The reindeer has not only become an Evenki "ethnic value" but also the symbol of Genhe city (situated four kilometres away from Aoluguya village), which is called "The hometown of reindeer herding culture" (*xunlu wenhua zhi shi*, 驯鹿文化之市). The animal evokes everything which can be attractive for urban tourists: a rare animal in China, the nomadic way of life, a special link with nature. As Ingold has pointed out (1986: 5): "In popular imagination, the reindeer remains an exotic, even mythical creature, pursued by a handful of equally exotic folk, leading a completely exceptional kind of life on the margins of the inhabited world."

Since 2012, the summer season is a crucial period for the herders, but also for all the people living in the village, since the tourists come on a daily basis to experience "the last reindeer herders of China." Who are the tourists who come to Aoluguya to see the Evenki and their reindeer? They come mostly from big cities all around China and a great number of them are confined to tourism-related activities mainly in Inner Mongolia. With the success of tourism and the increase of tourists in the village, local authorities have encouraged the herders to open their nomadic camps to tourists and to start economic activities. The process of contradictory effects of tourism on communities has been analysed (especially in southern China) from different angles, in order to understand if such an activity revives or destroys traditional values, how ethnic stereotypes are manipulated, and how the population is integrated into the tourism market (Stronza, 2001: 270). As tourism can weaken traditions or folklorize them, it can also help to restore ancient monuments or tradition and reinvigorate artistic skills. If domestic tourism is supposed to be concerned with sustainable development and local communities, it is also considered as having the potential to provide employment opportunities for local people. For herder people, working in the tourism industry would suppose becoming guides while people who live in the village would work in touristic infrastructures such as hotels, restaurants or shops. Tourism is not without impact on the Evenki's daily life. Thus, to what extent can local people gain benefits from such activities? The Evenki are not passive subjects of tourism development in their village and their camps. On the contrary, they actively take part in summer touristic activities and develop various strategies to get benefits from the tourism industry. The following section will focus on mobile and economic strategies developed by the Evenki. They concern the herders' mobility between nomadic and sedentary spaces (the camps and the village), the fabrication of souvenirs, the maintenance of relational networks with family members, tourists and their guides.

Moving the Nomadic Camps around the Village to Attract Tourists

Spatial mobility is essential for nomadic societies, as numerous studies on the importance of flexibility in herd management and social organization have shown. [1] Nomadism involves mobile arrangements adapted to the mobility of the group and its herds over recognized routes in annual cycles. Before the "ecologi-

---

[1] See for example Humphrey and Sneath (eds) (1999).

cal migration" of 2003, the Evenki used to nomadize weekly, on average, while nowadays they move four times a year, following the annual seasons. In addition to these seasonal movings, the herders annually cover great distances between the village and their camps for different purposes: for food supply, to take care of the new born reindeer or to help relatives. However, the development of tourism has accentuated the mobilities of the herders between the village and the nomadic camps. In order to underline the herders' movements, we will categorize on the one hand the *sedentary space* which refers to Aoluguya village, and on the other, the *nomadic space* which covers the nomadic camps (*liemin dian*, 猎民点) in the forest. According to personal data collected during our fieldwork in July 2014, there were nine nomadic camps situated between twenty and two hundred kilometers from Aoluguya village.① Most of the time, a camp consists of a grouping of several persons or families, according to their affinity and good relationships. A road links each camp to a township or a forest station at a distance of 15 to 80 kilometers. A few years ago, when tourism was still marginal, the tourists limited their stay to the compounds of the village. Besides, at that time, reaching a nomadic camp implied knowing the exact position of the camp, having a car and most of the time staying at the camp for at least a couple of days. Since 2012, the success of tourism and the authorities' willingness to offer a variety of activities to promote the "the reindeer culture" have led tourists to extend their trip as far as the nomadic camps. With the help of local authorities, some Evenki families have opened their camp to tourists during the summer period. Visiting a nomadic camp is now an obligation since it is supposed to be the real place of "nomadic life." What does it mean for a herder to adapt his camp for the tourists? It includes different kinds of actions such as constructing specific dwellings, changing the nomadic trajectory, but also becoming more mobile.

To be reachable by tourists, the nomadic camps must be located very close to Aoluguya village. This obligation has led herders to adjust their mobility by moving the nomadic camps around the village in order to attract tourists. This

---

① According to one of my informants, there are now (December 2015) fifteen camps.

strategy requires a specific organization in herd management, but also with family members to fulfill both herds and tourists needs. Before the summer season comes, the Evenki families hosting the tourists have to choose a proper place for both their reindeer and the tourists. A proper location must combine easy access from the village and suitable vegetation for the reindeer. Outside the summer touristic season, ideally, the Evenki prefer areas which are far away from urban centers and main roads (the forest is delimited by big roads and lanes) , in order to protect reindeer from external dangers such as passing vehicles or poachers, and to provide them with an appropriate source of food. However, when the touristic season comes, these two spatial parameters are reversed. Thus the summer camp must be located less than 20 kilometers from Aoluguya village and near one of the forest's main roads. In addition, the lanes used to access the camp must allow the passage of buses or mini buses. In July 2014, out of a total of nine camps, four were located at the four cardinal points around the village, less than twenty kilometers away around the village.

Besides the spatial arrangement of the summer camp, the regular flow of tourists has led the Evenki herders to move more frequently between the sedentary and nomadic spaces. These journeys are mainly done between one camp and the village and between the village and Genhe city. They are carried out several times a week, depending on the needs of tourists and herders. For example, they may need to pick up specific products or souvenir in the village, buy food, or ask for a relative's help. Furthermore, the herders move according to the means of available transportation. If the things to be carried are not too heavy, it can be by motorcycle, a taxi, or someone else's car. When tourism was not developed in the area, the herders used to stay during almost the whole duration of the summer in their camps, leaving them for the village at the end of the summer. Today, with the development of tourism, Aoluguya village has become the economic and decisional center for herders. Indeed, the village is not only an administrative entity, it is also a central place for daily interactions in between the herders and between the herders and outsiders. Furthermore, since the village became a touristic gathering place during the summer time, it is unavoidable for those of the herders who are engaged in tourism.

The different kinds of mobility outlined above (camp's spatial organization and herders' movings) raise several questions regarding herding viability and economic strategy. This "touristic mobility" does not go without causing some damage to the well-being of reindeers. To choose a summer camp close to the village and thus close to the city tends to weaken the herds. According to the four families of herders engaged in tourism, the poor quality of the vegetation, the pollution and the flow of people coming every day to the camp cause irreversible damage to the reindeer. The herders engaged in tourism explain their choice by the prospect of financial income. For the time being, this management concerns only the summer period, since tourism lasts only two months. If moving the nomadic camps around the village is supposed to attract tourists, what kind of economic encounters do these strategies encompass?

Economic Encounters

While tourism may be a potential additional source of income for local populations engaged in such an industry, it may also cause unfavorable effects such as the marginalization of local communities. The development of small-scale tourism in Aoluguya has led to the creation of various boutiques, ethnic souvenirs and naturally, new sources of direct revenue. These new economic encounters raise the following questions: how do the touristic benefits come to complete and diversify the existing income of the Evenki? Who takes part in the touristic industry both in the sedentary and economic spaces? How is touristic income shared (or not) between the local government and the locals? What kind of objects are sold and by whom are they made? What differences in economic strategies may be underlined in the village and on the camps?

Until recently, antlers were the major annual source of income for herders. [1] Every year around May, antlers were cut on nomadic camps and sold to the local government. Each household got a fixed price per kilo of antlers. Be-

---

[1] Our case study is devoted to the people engaged in reindeer herding. A small percentage of the Evenki population works in the tertiary industry, in the local government, and so on.

sides, the governmental ethnic minority policies provided the herders with some material benefits such as free housing in the village. In 2012, the selling of antlers became more flexible since the herders became free to sell them or not to the government. ① In other words, the Evenki may choose to create their own small business with the antlers. We suspect that the easing of the selling rules must be, among other circumstances, related to the diversification of the herders' income due to the development of tourism.

In such a small place as Aoluguya village, when the touristic season begins in June, everyone in the community is somehow engaged in the tourism industry. The potential income depends on the tourists and the way they spend their money according to the places they visit. The first stop on the tourists' trajectory is the village of Aoluguya,② followed by one of the reindeer nomadic camps. After having paid the main entrance fee, tourists can reach the village, which consists of modern houses, built in a straight line along the road, brightened up with a few huts. The village is oriented around three different micro places③ devoted to the tourists: the museum, the ethnic park and the souvenirs shops. The museum uses a thematic approach focusing on various aspects of Evenki society to promote its "traditional nomadic way of life:" reindeer, birch bark, shamanism, fur clothes, and so on. Books and small souvenirs are also sold at the exit of the museum. The second step is the ethnic camp, located 200 meters outside the village. Financed by the local authorities but run by an Evenki man, this "open-air museum" provides everything the tourist can see in the museum but in "real," with the primary environmental features that outsiders associate with Evenki people. Tourists may pay to do different kinds of activities. For example, in the ritual area, they can get a glimpse of Evenki ritual life for 10 yuan. After having washed his/her hands, the tourist takes some lichen, turns three times around

---

① The status of the reindeer is quite complex. The herders have a right of usage on the animal but do not have right of property on it.
② Despite the large touristic development, there is no public transportation connecting the city to the village. Thus, taxi drivers and/or guides have become reliable intermediaries not only for tourists but also for herders.
③ The village itself may be considered as a place but here we wish so stress micro places in the village.

the "ritual tree" (*shen shu*, 神树) and bows down to receive good fortune. For those who wish, a special Evenki lunch or dinner is offered at an expensive price. But most of the time, the tourists prefer to taste native fast food, which consists of braised reindeer meat kebab and a piece of *klieba* (from Russian *xlieb*, the Evenki borrowed the bread receipt from the Russian *émigrés* they used to trade with in the past). The ethnic park was the first "touristic attraction" to open in the village and the first to hire local people for the summer season. According to our data, the local government shares a percentage of the income with the director of the ethnic park. The last step of the tourists' visit in the village and the third micro place is the "shopping area." Since 2012, the Evenki traditional artefacts have become famous, as everybody wants to leave with a "traditional evenki souvenir." Since the local authorities started to get involved in the promotion of tourism, a broader range of ethnic products dedicated to the reindeer culture have become available and many shops opened in the village. The souvenirs may be sold in shops next to the museums or directly in the herders' houses. Until recently, the choice of objects was restricted to birch bark boxes, reindeer antlers or fur clothes made by the herders themselves. Now the palette of souvenirs is extremely diversified and includes items such as fur key rings (which are actually a product made in the first place by the Evenki of Russia), carpets, stones, birch bark boxes. Products that are supposed to be traditional Evenki artifacts are now mixed with any kinds of souvenir for tourists. If some items are still made by the herders (with fur and birch bark), others are instead produced in factories located in other provinces of China or even abroad. This is the case for reindeer skin carpets imported from Finland or decorative pendants made by the Evenki of Russia. This situation also generates competition between the locals and other people have now engaged in the business of ethnic products. In the shops, the income is shared between the sellers, the makers (it can be the same person for certain products) and other intermediaries. In the village, the financial income is somehow "shared" both by the local community and the government.

On the nomadic camps that tourists visit after the village, the situation is quite different. The tourists reach the camps by bus and are always accompanied by their guide. The entrance of the camp is 50 yuan. If the proposed activities are much less diversified than in the village, the tourists can enjoy a sight of the herds of reindeer. Indeed, the herders who are engaged in touristic activities have transformed some areas of their nomadic camps. This concerns primarily the nomadic dwellings. In order to suit the tourists' expectations, the government provides free conical tents which have been recreated. It has obviously become significant to preserve the distinctiveness of reindeer herders: ethnic specificity is precisely part of urban tourist's desires, who wish to see culturally different "Others." On the camps, they can take pictures with the Evenki and most importantly, with the reindeer herds. The specificity of the nomadic camp is that it is exclusively ruled by the herders. They are free to receive as many tourists as they wish, to fix their own prices and to keep the full percentage of the income. The most expensive activity for the tourists (and the most profitable for the herders) is taking pictures. Even though some souvenirs are sold, the most reliable sources of income are the pictures and the camp entrance fee. All the people who chose to engage in tourism and then move the summer camps next to the village benefit quite unequally from the tourism industry. In July 2014, among the four families who opened their nomadic camps to tourists, one was more successful than the others. How may we consider this success? It must be calculated according to the number of tourists, and the money they are able to spend. The successful family is one of the first to have opened the camp to tourists. Their range of activities is large and they have a wide network of relationships. According to one of my informants in Aoluguya, there are now more than fifteen nomadic camps in Aoluguya. When I asked her why so many camps appeared, she replied: "people from previous camps have separated themselves in order to set up their own nomadic camps; everybody wants to be engaged in tourism now!"

The Evenki have been facing many changes in their nomadic way of life, such as environmental degradation, politics of modernization, a sedentarization process and recently, the development of tourism. In Aoluguya, the growth of tourism has led to substantial social and economic annual changes taking place during the summer. In the touristic context, the sedentary and nomadic areas fit together in a complementary way for herders and tourists as well. We have highlighted how the Evenki have developed different kinds of strategies to benefit from tourism opportunities. The first one concerns the spatial modification of summer camps, while the second is related to the herders' moves between the nomadic and sedentary spaces for touristic purposes. The financial income generated by tourism seems to be a positive outcome for the herders since they engage in tourism mainly during the summer. For the past two years, the success of tourism has led the authorities to open more touristic formulas, without limiting them to the summer period. Ice Tourism, already more or less evident in the steppe areas of Hulunbuir, could quickly emerge in Aoluguya and produce new socio-economical dynamics.

References

Dumont, Aurore (2015) "The Many Faces of Nomadism among the Reindeer Ewenki of Inner Mongolia: Uses of Land, Mobility and Exchange Networks," in Kolås, Ashild, Xie, Yuanyuan (eds.), *The Ewenki of Aoluguya: Reclaiming the Forest*, Oxford, Berghahn Books, pp. 77 – 97.

Humphrey, Caroline, Sneath, David (eds.) (1999) *The End of Nomadism? Society, State and the Environment in Inner Asia*, Durham, Duke University Press, p. 355.

Ingold, Tom (1986) "Reindeer Economies and the Origins of Pastoralism," *Anthropology Today*, 2 (4), pp. 5 – 10.

Lindgren, Ethel John (1938) "An Example of Culture Contact without Conflict: Reindeer Tungus and Cossacks of North – Western Manchuria," *American Anthropologist*, New Series, 40 (4), pp. 605 – 621.

Neimennggu zizhiqu bianjizu (内蒙古自治区编辑组) (1986) *Ewenke zu shehui lishi diaocha* (《鄂温克族社会历史调查》), Huhehaote (呼和浩特), Neimenggu renmin chubanshe (内蒙古人民出版社), p. 561.

Stronza, Amanda (2001) "Anthropology of Tourism: Forging New Ground for Ecotourism and Other Alternatives," *Annual Review of Anthropology*, 30, pp. 261 – 283.

Xie Yuanyuan (谢元媛) (2010) *Shengtai yimin zhengce yu difang zhengfu shijian: yi Aoluguya Ewenke shengtai yimin weili* (《生态移民政策与地方政府实践：以敖鲁古雅鄂温克生态移民为例》), Beijing (北京), Beijing daxue chubanshe (北京大学出版社), p. 223.

第三届满通古斯语言文化国际研讨会暨满通古斯"一带一路"学术讨论会综述

朝 克

(中国社会科学院民族文学研究所党委书记,研究员)

我们经过两天(2015年8月10~11日)的大会发言和分会交流,圆满完成了本次国际学术研讨会的各项议程。出席这次学术研讨会的187位专家学者中,有来自美国、法国、俄罗斯、日本、韩国、爱沙尼亚、蒙古国等国家的专家学者。在此次研讨会上,有15位国内外专家学者作了大会发言。另外,在分组讨论中有136位专家学者先后发言。在大会发言和分组交流中,宣读的论文主要涉及满通古斯语族诸民族,以及与满通古斯语族诸民族密切相关的蒙古语族诸民族、突厥语族诸民族语言文字、文学艺术、历史地理、宗教信仰、社会经济、文化教育、民俗习惯等方面的学术问题,并围绕这些问题展开了广泛而深入的学术交流。特别是,从历史文化及经济社会的角度,大家将通古斯诸民族及其相关民族早期在白令海峡、萨哈林地区同沿海各国间进行的丝绸、陶器文化交流等内容与我国正在实施的"一带一路"国际交流和经济带建设相联系,展开了有重要学术意义、现实意义及长远发展意义的学术交流,从而很大程度上提升了我国和国外学者通古斯学研究的学术价值和意义。尤其是,以"一带一路"战略背景下跨境民族的非物质文化遗产保护,以及在实施"一带一路"战略中建立"中俄蒙文化大通道"等重大问题的学术论文,更显示出独到的思路和战略意义。

在此次学术研讨会的学术交流中,有关语言学的话题与讨论占比重较大。比如说,语音学方面讨论的话题有通古斯语言语音对应规律,鄂温克族短元音声学空间中的分布特征，东乡语语音演变规律探索，卡尔梅克语土尔扈特土语辅音组合律研究，鄂温克语音节研究，《初学指南》与《三合语录》的用满文表记的蒙古语长音节特征研究，论满语和蒙古语形容词音变规律，鄂温克语及蒙古语语音结构异同比较；词汇学方面涉及通古斯语各民族工具名称及其分布比较分析，满语渔猎词汇特点，鄂伦春族氏族名称中的"依尔"一词，鄂伦春语静词的结构特征，俄罗斯远东地区的鄂温克语形容词，《黑龙江舆图》及其图说中的满语地名探源，斯瓦迪士核心词在达斡尔语中的保留及使用，与满语对比解释《蒙古秘史》中个别单词，满语服饰词语语义研究；语法学方面有满语静词格范畴，锡伯语复数词缀，锡伯语词缀的情态意义，人称词缀的内在意义，敖鲁古雅鄂温克语格形态变化现象，赫哲语动词的曲折形式，杜拉尔鄂温克语级形态变化现象；语言起源研究方面有通古斯语言语源研究，方言研究有鄂温克语及其三个方言；语言使用方面有达斡尔语使用关系，朝鲜语空间范畴；全面概述某一语言的论文有通古斯鄂温克族的母语，鄂温克语言研究概述，俄罗斯学者关于埃文基语的研究；比较语言学与对比语言学角度的研究则涉及满通古斯比较研究的相关问题，清代满文和现代满语的关系，锡伯语口语和书面语的关系，蒙古语与满通古斯语亲属名词，蒙古语族语言与满通古斯语族语言"e-""te-"词源学比较研究，蒙英互译时蒙古语句子结构对英语句型表达的迁移研究，满语词典中清朝汉文和朝鲜文词尾"-n"的对比研究；濒危语言方面，有保护濒危民族语言，濒危民族文字抢救保护的重要性，满语使用与现状调查研究，中国满通古斯语族语言使用研究及其发展，满语赫哲语锡伯族语言文化现状及其研究状况；语言教学方面，有新疆锡伯语文教学情况调研报告；研究成果的分析研究方面则涉及"满通古斯语族语言研究"三部书的学术价值，满语教科书《tanggū meyen（一百条）》的版本及文献价值；文献数据库方面，有编码空间的多文种跨平台字库研究，达斡尔鄂温克鄂伦春"三少民族"文献数据库建设实践探讨等一大批具有一定学术价值的论文。

　　文学方面的讨论也涉及不少话题，这方面有：论述满通古斯语族各民族族源神话及其研究价值，满通古斯诸民族神话的道德观念及其功能，鄂伦春族鄂温克族达斡尔族神话产业发展的途径，鄂温克族神话中的环保意识，满族神话与萨满文化等的论文，也有讨论满通古斯语族史诗等的论文，如文化生态视域下达斡尔族英雄史诗母题探析，满族说部中的平民英雄叙事模式，满族史诗《乌布西奔妈妈》与《阿黑西尼摩》文化意蕴，满族民间文学结构特征，满族史诗作品中的颜色词特点，满族史诗中的风俗及其思想艺术功用，锡伯族长篇故事，鄂温克族名将海兰察及其传说，伊玛堪与赫哲族族称的演变，《玛纳斯》史诗中的外来词汇，蒙古族史诗文学特点。还有，19 世纪末蒙古语民间文学研究，朝鲜族小说研究，达斡尔文学特色，达斡尔族文学与文化。也有从艺术学理论讨论通古斯语族诸民族文化保护与艺术创作，还有关于画家的鄂伦春题材作品的比较与思考，关于锡伯族民间舞蹈艺术研究，鄂伦春鄂温克赫哲族满族剪纸艺术研究等论文。

历史考古方面有，古突厥碑文《腾格里》解读和译注，从历史地理学角度对早期喀尔喀与巴尔虎边界问题的论述，满文托忒文对照字母表手抄本研究，关于蒙古国查坦的历史与语言文化，《北虏译语》考，《五族谱》中成吉思汗家族先民研究，陈巴尔虎旗岗嘎墓地考古新收获，辛亥革命时期内蒙古地区革命斗争浅析，蒙古人早期国家政权的"罕"和"可汗"，探讨蒙古族与呼伦贝尔人口较少民族族源关系等论文。

有关民族文化方面的论文有：关于影视人类学视野下的满通古斯学，辽宁省满族文化的繁荣发展，敖鲁古雅鄂温克族传统文化，通古斯传统文化，民族学视野的鄂温克族节日文化与鄂温克族际婚姻，鄂温克语地名与多元文化，驯鹿鄂温克人和图瓦人驯鹿文化词语，鄂温克民族索伦部落服饰，生态人类学视野中的狩猎采集民的生存智慧，关于民族语地名的文化内涵，赫哲族传统民族文化，草原文化与经济发展关系，固伦淑慧公主祭祀在珠腊沁村的 300 年传承，蒙古国喀木尼堪人的语言文化概述，布里亚特地区的鄂温克民族，通古斯鄂温克族独特历史文化，鄂温克族传统文化的发展前景，北京民族博物馆的满族文化，赫哲族研究会及其成果，濒危文化保护中通古斯诸民族的文化保护与文艺创作。有的论文还从非遗工作及民族传统文化保护角度讨论了非遗工作及民族传统优秀文化的抢救保护，濒危状态下人口较少民族语言文学抢救保护的重要性，新疆锡伯语文教学情况调研报告，濒危文化保护与复兴中几个尺度的把握，满语现状调查研究，兴旺鄂温克族乡鄂温克族妇女发展状况及文化保护调研探析，以敖鲁古雅使鹿鄂温克民族为例讨论了生态移民的文化困境，赫哲族传统文化的保护与非遗工作，中国满通古斯语族语言研究及其发展，满族赫哲族锡伯族语言文化濒危现状及其研究，等等。

社会学角度的论文有：民族社会工作与民族社区变迁，清代科尔沁社会体制中的努图克组织，赫哲族奇楞人社会关系，铁器在古代赫哲族社会的应用，关于内蒙古鄂伦春民族研究会的评价；从宗教信仰学的角度讨论印第安萨满的认知系统——解读《力量的传奇》，中国萨满教现状与发展态势，鄂温克族萨满信仰及其现状，赫哲族萨满的产生与由来的传说，满文本《尼山萨满》与达斡尔故事《尼桑萨满》《雅僧萨满》的关系，满语与萨满信仰，黑龙江地区两仙崇拜现象，萨满教信仰的本质特征，赫哲族与那乃族的萨满信仰变迁与遗存比较，试析达斡尔鄂温克族萨满信仰的异同性。人才培养方面，有满族自治县开设满语文课及传承满族语言文字的重要性，基础教育与民族语言文化的传承及其学术价值，清代蒙古书吏教育及其作用，诺贝尔奖及其顶尖人才培养，呼伦贝尔学院人口较少民族人才的培养等学术论文。

还有一些经济学方面的讨论。比如，东亚国家陆地运输和物流合作关系，走向现代化的鄂伦春传统经济社会，关于黑龙江省塔河县鄂伦春族经济社会，敖鲁古雅驯鹿人的经济与移动策略，关于鄂温克族传统文化与旅游经济等论文。

总而言之，经过两天的学术讨论，大家在前人丰厚的研究基础上，在前期丰硕科研成果的基础上，提出了许多鼓舞人心而发人深思的学术新观点、新理论，发出了许多全新的声音。其中，包括关于语言起源、萨满起源、历史起源、文化起源，以及神话故事的历史价值及其相互间产生的复杂多变的关系等新观点。这次研讨会，在很大程度上推进了满通古斯学研究，以及阿尔泰学和东北亚学，北极圈学研究事业。特别是，通古斯学与东北亚"一带一路"研究话题的引入，给我们的研究开启了新的思路、新的思考、新的视角、新的层面、新的话题。

在此，我代表本次研讨会筹委会向与会的专家学者表示最诚挚的谢意，最崇高的敬意！

图书在版编目(CIP)数据

"一带一路"战略及东北亚研究 / 朝克主编. -- 北京：社会科学文献出版社，2016.10
 ISBN 978-7-5097-7851-7

Ⅰ.①一… Ⅱ.①朝… Ⅲ.①东北亚经济圈 - 区域经济合作 - 研究 Ⅳ.①F114.46

中国版本图书馆CIP数据核字（2016）第238667号

"一带一路"战略及东北亚研究

主　　编 / 朝　克

出 版 人 / 谢寿光
项目统筹 / 宋月华　袁卫华
责任编辑 / 孙以年　袁卫华

出　　版 / 社会科学文献出版社·人文分社（010）59367215
　　　　　　地址：北京市北三环中路甲29号院华龙大厦　邮编：100029
　　　　　　网址：www.ssap.com.cn
发　　行 / 市场营销中心（010）59367081　59367018
印　　装 / 三河市尚艺印装有限公司

规　　格 / 开　本：787mm × 1092mm　1/16
　　　　　　印　张：33.75　字　数：564千字
版　　次 / 2016年10月第1版　2016年10月第1次印刷
书　　号 / ISBN 978-7-5097-7851-7
定　　价 / 178.00元

本书如有印装质量问题，请与读者服务中心（010-59367028）联系

▲ 版权所有 翻印必究